W0060121

# Fritz Schumacher · Reformkultur und Moderne

Hamburger Architektur Sommer 1994

# Fritz Schumacher

# Reformkultur und Moderne

Herausgegeben von Hartmut Frank

Gefördert von der Hamburgischen Kulturstiftung

# Inhalt

Kultur und Volksbildung im Mittelpunkt
der reformierten Großstadt: Fritz Schumacher,
Volkslesehalle und Mönckeberg-Brunnen,
Hamburg, 1913–1914. Bronzefigur von Georg Wrba

Hartmut Frank
**Vorwort**

Das vorliegende Buch erscheint anläßlich der Ausstellung *Fritz Schumacher und seine Zeit* in den Deichtorhallen Hamburg und konzentriert sich in erster Linie auf das umfangreiche Werk Fritz Schumachers. Es ist nur zum Teil eine Darstellung der Exponate, da die Ausstellung neben Schumachers Arbeiten vergleichbare Projekte einer Reihe zeitgenössischer Architekten aus verschiedenen europäischen Ländern und den Vereinigten Staaten zeigt, die mit ihm im Austausch standen oder ähnliche Ziele wie er verfolgt haben, sowie ausgewählte Werke von Künstlern, die er besonders geschätzt oder an seinen Projekten beteiligt hat. Eine separate Exponatenliste mit kurzen Erläuterungen zu den Ausstellungs-Stationen wird die entsprechenden Informationen enthalten. Im Laufe des Jahres wird dann eine weitere Veröffentlichung mit den Beiträgen eines ebenfalls anläßlich der Ausstellung durchgeführten wissenschaftlichen Kolloquiums folgen, das sich insbesondere den mit Schumachers Konzepten vergleichbaren architektonischen Strömungen in Europa und Nordamerika widmen und deren Aktualität für die gegenwärtige Baupraxis diskutieren wird.

Ein Anlaß von Buch, Ausstellung und Kolloquium ist der 125. Geburtstag Schumachers, der am 4. November dieses Jahres zu feiern wäre, ein weiterer der »Hamburger Architektur Sommer 1994«, der sich zum Ziel gesetzt hat, in Hamburg eine den umfangreichen baulichen Aktivitäten der letzten Jahre angemessene kulturelle Debatte anzuregen. Die Stadt erhält jetzt an der Schwelle zum nächsten Jahrtausend wieder einmal ein neues Gesicht, und es wäre schon deshalb an der Zeit, sich des Mannes etwas intensiver anzunehmen, der Hamburg zu einer modernen Großstadt gemacht hat und ihr zugleich jenes charakteristische Erscheinungsbild gegeben hat, von dem heute nach all den Zerstörungen der letzten fünfzig Jahre gerade noch Spuren erkennbar sind.

Aber auch ohne den Veränderungsschub, den Hamburg derzeit erfährt, ist die Beschäftigung mit Schumachers Werk überfällig. Im Gegensatz zu einigen anderen Heroen der Moderne war sein 100. Geburtstag im Jahre 1969 nicht mit einer großer Rückschau gewürdigt worden. Die verdienstvolle Ausstellung, die aus diesem Anlaß in der Hamburger Fachhochschule gezeigt wurde, war nicht breit genug angelegt, um überzeugend nachzuweisen, daß Schumachers Werk mehr war als eine ›Hamburgensie‹. Es ist aber gerade Schumachers überregionale Bedeutung, die eine intensivere Auseinandersetzung mit seiner Person und seinem Werk dringlich erscheinen läßt.

Schumacher spielte innerhalb der baukulturell wirksamen Reformströmungen in Europa zu Anfang dieses Jahrhunderts eine führende Rolle und genoß als ein entschiedener Vertreter der Moderne nicht nur in Deutschland, sondern gerade auch im Ausland höchstes Ansehen. Zumindest bis zum Zweiten Weltkrieg galten seine Hamburger Kommunalbauten und seine stadtplanerischen Arbeiten für Köln und für die Hansestadt als beispielhaft und waren auf zahlreichen Ausstellungen in aller Welt zu sehen: auf der Weltausstellung in St. Louis 1904 ebenso wie auf der großen Berliner Städtebauausstellung 1910. Kurz nach dem Ersten Weltkrieg ehrten Einzelausstellungen in Den Haag, in Montevideo und in Buenos Aires seine Arbeit. In der großen Wanderausstellung deutscher Architektur, die gegen Ende der zwanziger Jahre in den wichtigsten nordamerikanischen Großstädten zu sehen war, nahmen seine Arbeiten einen zentralen Platz ein. Die nach dem Ersten Weltkrieg gar nicht selbstverständlichen Ehrenmitgliedschaften im »American Institute of Architects« und im »Royal Institute of British

Architects« unterstreichen Schumachers internationale Anerkennung noch zusätzlich. Es war sicherlich kein Zufall, wenn ihn Lewis Mumford 1938 in seinem Buch *The Culture of Cities* zu den unbestrittenen Größen der europäischen Reformkultur zählte: »In almost every country, similar innovators appeared and the first essays towards new form were made. Voysey, Mackintosh, Baillie-Scott, Lutyens, Unwin, and Parker in England: van de Velde in Belgium: Wagner, Hoffmann, and Loos in Austria: Behrens, Poelzig, Schumacher in Germany, Berlage in Holland, Tony Garnier and the Perrets in France.«

Angesichts dieses Bekanntheitsgrades ist es ein erstaunliches Phänomen, daß über Fritz Schumacher bisher nur relativ wenig geforscht wurde. Abgesehen von seinen zahlreichen eigenen Schriften und den vielen zeitgenössischen Artikeln namhafter Autoren wie Erich Haenel, Fritz Stahl, Hermann Muthesius oder Alfred C. Bossom liegen kaum größere Veröffentlichungen über sein Werk aus jüngerer Zeit vor. Hans Poelzig und Peter Behrens haben längst ihren gebührenden Platz in der modernen Baugeschichte gefunden, ganz zu schweigen von Edwin Lutyens, Henry van de Velde, Hendrik Petrus Berlage oder Tony Garnier. Es gibt vermutlich nur ideologische und keine sachlichen Gründe für das auffällige Fehlen einer gründlichen Aufarbeitung seines Werkes, denn die Archive, in denen sich die bemerkenswert umfangreichen Reste desselben befinden, sind jedem Interessierten seit langem zugänglich.

Die Baugeschichtsschreibung hat die Bedeutung der Reformkultur der Jahrhundertwende für die moderne Architektur des 20. Jahrhunderts längst erkannt. Die Geschichte des Werkbundes und der Gartenstadtbewegung, selbst die des Dürerbundes und der Heimatschutzbewegung sind relativ gut aufgearbeitet. Auch die lange Jahre vorherrschende einseitige Fixierung der Baugeschichte auf die Stilismen der radikalen Moderne scheint heute so weit überwunden zu sein, daß Untersuchungen über andere Ausdrucksformen der Moderne möglich geworden sind. Diesen Wechsel unterstrich nicht zuletzt die 1992 im Deutschen Architektur-Museum in Frankfurt am Main veranstaltete Ausstellung »Reform und Tradition«, auf der unter anderem nach langer Zeit erstmals außerhalb Hamburg eine Reihe von Schumachers Arbeiten zu sehen waren.

Schumacher ist dennoch kein ›vergessener‹ Architekt, der ›wiederentdeckt‹ werden müßte. Zumindest in Hamburg, seiner wichtigsten Wirkungsstätte, ist er immer ein Mythos geblieben, und kaum ein Festredner, der sich in der Stadt zu baukulturellen Fragen äußern mußte, versäumte es, aus dem reichen Schumacherschen Schrifttum zu zitieren. Es gab auch immer eine fachwissenschaftliche Bearbeitung seines Werkes, nur eben keine, die dessen voller Breite gerecht würde. Hier muß an erster Stelle auf Werner Kaysers Bibliographie verwiesen werden, die einen hervorragenden Zugang zu Schumachers umfangreichem schriftstellerischen Werk und der bis 1984 erschienen Sekundärliteratur darstellt. Aber es fehlt nach wie vor etwas Entsprechendes für Schumachers architektonisches Werk. Die wenigen in den letzten Jahren erschienenen Aufsätze von Manfred F. Fischer, Hermann Hipp, Arnalda Venier oder Hartmut Frank konnten diese Lücke nicht schließen.

Möglicherweise hat der gewaltige Umfang des Schumacherschen Werkes und der von seinem Verfasser zu einem nicht geringen Teil selbst geschaffene Mythos einige Forscher abgehalten, ein solches Projekt zu beginnen. Aber noch mehr war es wohl der Zeitgeist, der es im Nachkriegsdeutschland nicht opportun erscheinen ließ, sich mit einem Architekten intensiver zu beschäftigten, an dessen Modernität schon in der zugespitzten Debatte um 1930 von einigen Kritikern Zweifel geäußert worden waren. Zwar war Schumacher 1933 von den Nationalsozialisten aus dem Amt entfernt worden und hatte in ihrer Herrschaftszeit nicht mehr als Architekt gearbeitet, aber war er nicht mit seinen roten Backsteinbauten und seinem Bemühen um eine ortstypische Architektur ein Vorläufer jener von den Nazis geforderten »Blut-und-Boden-Architektur«? Schumacher blieb nach

1945 als moderner Stadtplaner anerkannt, nicht zuletzt dank der Bemühungen der Deutschen Akademie für Städtebau und Landesplanung um sein Andenken. Aber er wurde zugleich in den Augen vieler Fachkollegen zu einem notorisch unmodernen Architekten, dessen Bauten beliebig verändert oder ohne Widerspruch abgebrochen werden durften.

Das vorliegende Buch soll demgegenüber einen neuen, kritischen Zugang zu Schumachers Werk in seiner Gesamtheit eröffnen. Es trennt deshalb weder zwischen dem architektonischen und dem städtebaulichen Werk, noch zergliedert es dieses in moderne und unmoderne Phasen. Sieben Aufsätze unterschiedlicher Autoren mit durchaus divergierenden Thesen führen anhand exemplarisch behandelter Tätigkeitsfelder, Werkperioden oder herausragender Projekte in Schumachers Werk ein. Ihnen folgt ein umfangreiches Verzeichnis seiner architektonischen, stadtplanerischen und gestalterischen Arbeiten in chronologischer Reihenfolge, das die gesamte Schaffenszeit von den neunziger Jahren des letzten bis in die dreißiger Jahre dieses Jahrhunderts behandelt. Diese Auflistung stellt den augenblicklichen Kenntnisstand über das Schumachersche Werk dar und ist erweiterungsbedürftig, denn zu ihrer Herstellung standen nur begrenzte Mittel und wenig Zeit zur Verfügung. Vor allem das Frühwerk Schumachers ist bisher nur soweit erfaßt, wie er selbst es in seinen Erinnerungsschriften beschreibt und es in zeitgenössischen Veröffentlichungen vorgestellt wurde. Eine systematische Erforschung der Möbelentwürfe und Innenraumgestaltungen steht ebenso noch aus wie eine detaillierte Analyse der zahlreichen Bebauungspläne für einzelne Stadtgebiete von Köln und Hamburg oder der bemerkenswerten, nur zum Teil erhaltenen technischen Bauten. Diese erste Werke-Liste soll im »Hamburgischen Architekturarchiv« fortgeschrieben werden, in dessen Publikationsreihe dieser Band erscheint.

Ebenso sind die Aufsätze, mit denen diese Materialsammlung eingeleitet wird, noch nicht das Ergebnis der erhofften vertieften Schumacher-Forschung. Sie dokumentieren den Diskussionsstand innerhalb der »Arbeitsgruppe Schumacher-Projekt«, die im Verlauf des vergangenen Jahres an der Hochschule für bildende Künste Hamburg mit der Vorbereitung der Ausstellung beschäftigt war. Das Buch kann schon deshalb keine abschließende Veröffentlichung sein. Es soll im Gegenteil andere zu neuen vertieften Forschungen anregen und die Tür öffnen zu einem architektonischen, stadtplanerischen und schriftstellerischen Œuvre von immenser Vielfalt und erheblicher Aktualität.

Die Ausstellung ist anders konzipiert als das Buch. In ihr dient das Werk Schumachers als roter Faden zu einem Zeitgemälde, das an die Breite der europäischen Reformkultur in den ersten drei Jahrzehnten dieses Jahrhunderts erinnern soll. Schumacher ist darin die Hauptperson, sein Werk das Bezugsfeld, um das herum Arbeitsproben von bedeutenden Zeitgenossen gruppiert sind. Das umfangreiche Vergleichsmaterial soll helfen, Schumacher in den ihm gebührenden Rahmen zu stellen und ihm so den internationalen Rang zurückzugeben, den er lange Jahre unbestritten genossen hat. Buch und Ausstellung sollen dem Besucher einen allgemeinen Zugang zu jener spezifischen Moderne eröffnen, die Schumachers Werk in besonders qualifizierter Weise vertritt. Sie wenden sich sowohl an die Fachwelt als auch an die breitere Öffentlichkeit des »Hamburgischen Architektur Sommers«. Die einen sollen sie anregen, sich aus heutiger Sicht mit den weitgreifenden Konzepten Schumachers zu befassen, den anderen sollen sie helfen, eine Baukultur wieder zu entdecken, die in beispielhafter Weise die Architektur als die Sozialste der Künste verstanden hatte.

Fritz Schumacher, Kaskade am Stadtparksee,
Hamburg, 1914–1915

Hartmut Frank
## »Genius loci und Genius temporis«. Fritz Schumachers Aufbruch zu einer modernen Großstadtarchitektur

Für ein Gebäude von der Art der Kaskade im Hamburger Stadtpark war den Politikern und Fachleuten, die nach dem Zweiten Weltkrieg über den Wiederaufbau des Stadtparks zu entscheiden hatten, jeder Sinn verlorengegangen. Sie wollten offenbar nur eines: Es so schnell wie möglich abbrechen lassen. Hätte nicht jemand auf die Idee kommen können, die Wasserspiele wieder in Gang zu setzen? Angesichts der Not der zerstörten Stadt war ihnen dieser Bau Fritz Schumachers aus den Jahren vor dem Ersten Weltkrieg in seiner Monumentalität direkt neben den Nissenhütten für die Ausgebombten auf den Parkwegen schlicht unerträglich. Sie ließen ihn verschwinden, als sie die Ruinen der benachbarten ausgebrannten Bauten der Stadthalle und des Stadtcafés abräumten, die Schumacher gleichzeitig mit der Kaskade rings um den Stadtparksee errichtet hatte, und deren Mauern immerhin noch bis zur Traufhöhe aufragten. Die fast masochistische Lust der Wiederaufbaugeneration, in ihrem Schmerz über die Zerstörungen das Wiederherstellbare noch zusätzlich zu beseitigen, können wir heute kaum nachempfinden. Aber selbst Fritz Schumacher, dem Erbauer der abgeräumten Bauten, war dieses Gefühl nicht völlig fremd. Kurz nach den ersten großen Bombenangriffen auf Hamburg notierte er angesichts der Zerstörungen: »... der Stadtpark verwüstet, die liebevoll gehegten, dem ersten Weltkrieg abgetrotzten Bauten dahin!«[1] Er bemerkte nicht, daß diese Bauten nur zum Teil zerstört waren. In seiner Betroffenheit wollte er ihren Wiederaufbau gar nicht erst erwägen. Sie waren für ihn wie sein gesamtes bisheriges Lebenswerk im Feuersturm des Krieges untergegangen, und er wollte ihnen nicht nachweinen.[2] Kurz vor seinem Tod suchte er diese Empfindungen noch einmal in Reimen zu artikulieren:

»Das schuf ich selber noch vor kurzer Zeit,
Das war ein Traum aus meinem Künstlerleben,
Das war ein Ringen mit der Wirklichkeit.
Und nun? Ein Haufen, – nichts von meiner Hand.
Ein Kunstwerk ragt allein, traurig zerhackt,
An dem erkannt ich's. Fort! – Ich halte stand!
Fort, eh mich's wirklich an dem Herzen packt.-
So könnt' ich manches Wiedersehen feiern,
Allein dies Trauern hat ja keinen Sinn.
Ich muß mein Schiff ja doch noch weiter steuern.
Dort hinten winkt ein Ziel – da muß ich hin.«[3]

Schumacher stand bereits am Ende eines Lebens, dem er mit den jetzt zerstörten Werken einen Sinn hatte geben wollen. Diese Ruinen waren Teile eines größeren Gebäudes, das andere jetzt weiterbauen mußten, Bausteine einer modernen Stadtlandschaft, einer schöneren und gesünderen Großstadt, die künftigen Generationen Raum zum Leben und zur kulturellen Entfaltung bieten sollte.
Auch jetzt, kurz vor seinem Tode, versuchte er noch, den städtebaulichen Kurs weiterzuverfolgen, dem er unbeirrt von allen politischen Umbrüchen sein Leben lang gefolgt war. Er hatte ihn auch nach seiner Entlassung als Hamburger Oberbaudirektor durch die Nationalsozialisten 1933 nicht aufgegeben. Zumindest als ein Vorbild, mit seinen Schriften und Vorträgen, hatte er weitergewirkt,[4] und ebenso versuchte er in der unmittelbaren Nachkriegszeit, sich Gehör zu

verschaffen. Seine letzte große Rede im Oktober 1945 im Hamburger Rathaus wurde deshalb ein leidenschaftliches Plädoyer für einen planmäßigen Wiederaufbau der Stadt. In dieser Rede faßte er ein letztes Mal die zentralen Ziele der Reformkultur des 20. Jahrhunderts zusammen, denen sich der moderne Städtebau verschrieben hatte, und empfahl sie als Grundlage einer sorgfältigen und langfristigen Planung.

Er behandelte in diesem Referat die klassischen Planungsprobleme des Jahrhunderts wie die Bodenordnung, die Verteilung der Standorte für Wohnen und Arbeiten, die Wohnungsfrage, den Verkehr und ähnliches. Zuvor aber erinnerte er an das »geistige Wesen« der zerstörten Städte, das die Planer nicht aus dem Sinn verlieren dürften: »Wenn wir jetzt vor den Trümmern einer dieser Städte stehen, mit der Aufgabe, sie wieder aufzubauen, gilt es, etwas von diesem unbestimmbaren Charakter ihres zerstörten Wesens einzufangen und sich doch nicht durch Zufälligkeiten ihrer historischen Reste bei unvermeidlichen Eingriffen beirren zu lassen. Von diesem historischen Fluidum läßt sich nicht viel reden, und doch möchte ich es hier allem anderen voranstellen, weil es in Gefahr steht, sich schnell zu verflüchtigen.«[5]

Schumacher war sich bewußt, daß die Aufgaben des Wiederaufbaus schwer waren. Aber er hielt sie für lösbar, wenn »die Schaffenden« sie nicht allein als technische, »mechanische« Probleme auffaßten und sich bei ihrem Tun der unwiederbringlichen Qualitäten der zerstörten Stadt bewußt blieben. Grundsätzlich sah er ihre aktuelle Aufgabe nicht anders als jene, der er selbst 1909 bei seinem Amtsantritt in Hamburg gegenübergestanden hatte. Zwar hatte er damals nicht die Folgen von Flächenbombardements zu beseitigen, aber die zu schnell gewachsene Großstadt schien ihm in ihrer Heterotypie von bedrohter historischer Bausubstanz, charakterloser Stilarchitektur der Neubauviertel und unbewußt gestalteten Ingenieurbauten fast so wüstenhaft wie die Trümmer, die sich 1945 vor ihm ausbreiteten.

Schumacher war damals mit einem klaren Konzept über die veränderte Rolle der Architektur in der modernen Stadt nach Hamburg gekommen. Ein artikuliertes Raumkonzept der künftigen Großstadt in ihrer ganzen Komplexität aber hatte er noch nicht. Ein solches mußte er sich in den Folgejahren erst mühsam erarbeiten. Er wollte anfänglich vor allem den großen städtischen Gemeinschaftsaufgaben eine neue, zeitgemäße Form geben, den traditionellen Aufgaben städtischer Selbstdarstellung ebenso wie den neuen technisch-organisatorischen Bauaufgaben, die aus den Zusammenballungen der städtischen Massen herrührten. Hierfür entwarf er seine Schulen, Krankenhäuser, Museen, Feuerwachen, Polizeistationen, Altenheime und anderes mehr als neuartige ›soziale Monumente‹. Sie sollten zu räumlichen Kristallisationspunkten werden, von denen eine ästhetische Gesundung der modernen Stadt ihren Ausgang nehmen konnte. Für Schumacher war die Stadt immer zugleich technisches, soziales und ästhetisches Phänomen, wohlgemerkt in dieser wichtenden Reihenfolge.[6] Die neue Ästhetik hatte vor allem dem kulturellen Ziel einer Sinngebung für das Leben in der modernen Großstadt zu dienen. Sie sollte »nützlich« sein, um ihren Zwecksetzungen zu dienen, und »harmonisch«, um ihrer kulturellen Bedeutung für die Gesellschaft gerecht zu werden. Wollte er diesem Ziel näherkommen, bedurfte es eines gestalterischen und planerischen Brückenschlags zwischen den üblichen ästhetischen, ›stilvollen‹ Lösungen für repräsentative Bauaufgaben auf der einen Seite und den nur technisch verstandenen, ›unkünstlerischen‹ Ingenieurbauten für die großstädtischen Versorgungsanlagen sowie der nur quantitativen Antwort des spekulativen Wohnungsbaus auf die städtische Wohnungsfrage auf der anderen.

In diesem Zusammenhang wandte er sich sein Leben lang gegen eine Architektur, die Gestaltungsfragen vorrangig als Formfragen auffaßte. In seinen frühesten Schriften distanzierte er sich bereits deutlich vom Historismus. Um die Jahrhun-

Fritz Schumacher, Finanzbehörde, Hamburg,
1914–1926

dertwende kritisierte er die Modewellen des Jugendstils und der ungeprüften Übernahme englischen Kunstgewerbes, und in den Jahren zwischen den Weltkriegen wandte er sich gegen den nur formalen Funktionalismus einiger Vertreter der modernen Architektur. Bereits in seiner Dresdner Antrittsvorlesung hatte er statt dessen den schöpferischen Mut des Baukünstlers gefordert, die neuen Aufgaben stilistisch ungebunden, aber in aller Rücksichtnahme auf ihren topographischen, historischen und stadträumlichen Kontext zu lösen. Das Individuelle und das Soziale, allenthalben als Gegensatzpaar für die moderne Gesellschaft bestimmend, erforderten unterschiedliche bauliche Charakteristiken, die kein einheitlicher Stil vertuschen dürfe.[7] 1904 hatte er anläßlich der Dresdner Städte-Ausstellung geschrieben: »Es ist der Kern der neuzeitlichen Anschauung der Baukunst, statt dieser Art der Stilarchitektur dem Stile der Sachlichkeit zuzustreben, der seine Reize zu entwickeln versucht aus der rein sachlichen, möglichst praktischen Lösung der jeweiligen Aufgabe, aus der Art, wie man gliedert und gruppiert, nicht wie man verziert und dekoriert. Dadurch ist innerlich die Brücke geschlagen zwischen den künstlerischen Bedürfnissen unserer Zeit und den bislang meist als unkünstlerisch empfundenen sozialen Bedürfnissen, welche die Kulturentwicklung auf dem Baugebiete mit sich brachte.«[8]

Die unterschiedlichen Aufgabenbereiche der modernen Großstadt erforderten ein neues, noch unerprobtes Raumdispositiv, für das die traditionelle Stadt kein Vorbild sein konnte. Die geforderte neue Raumkunst durfte sich deshalb nicht darin verlieren, die pittoresken Reize der Straßen und Plätze von Stadtanlagen des Mittelalters oder der Renaissance nachzuempfinden, sondern mußte selbst neue Wege finden. Der Architekt und der Stadtbaukünstler standen grundsätzlich vor ähnlichen schöpferischen Aufgaben. Der eine hatte für die neuen Bauaufgaben Gestaltungstypologien zu entwickeln, für die er sich nicht aus dem historischen Repertoire der Baukunst bedienen konnte, ohne in Gefahr zu geraten, sowohl den falschen Maßstab zu wählen als auch dem neuen Inhalt eine mißverständliche Form zu geben. Der andere konnte die vertraute alte Stadt weder erhalten noch ihre Straßen und Plätze in die Stadterweiterungsgebiete hinüberretten. Der Stadtbaukünstler mußte sich der Widersprüchlichkeit und der Massenhaftigkeit der großen Stadt stellen, ihrer sozialen Problematik, ihrer technischen Dimension und ihrer neuen kulturellen Rolle. Sowohl die Form des einzelnen Bauwerks als auch die des städtischen Raumes mußten nicht nur ihrem sachlichen Zweck entsprechen, sondern auch ihrer Zeit und ihrer Bedeutung am jeweiligen Ort gerecht werden.

Als Professor in Dresden von 1901 bis 1909 hatte Schumacher zwar das Städtebauseminar der Technischen Hochschule mitbegründet, aber seine sonstigen Aufgaben konfrontierten ihn noch nicht direkt mit der Problematik des städtischen Raumes. Er lehrte Raumkunst und Stilkunde, nebenher baute er in ganz Deutschland individuell ausgestattete Privathäuser und errichtete zahlreiche Grabmäler. Seine Dresdner Entwurfsarbeit und auch seine Lehre waren neben der Auseinandersetzung mit dem Historismus von architektonischen Fragen im engeren Sinne beherrscht, wie der Schaffung einer zeitgemäßen monumentalen Baukunst oder der Suche nach dem jeweils angemessenen architektonischen Ausdruck für das Private und das Öffentliche. Aber sowohl seine frühe und ausführliche Beschäftigung mit der englischen Arts-and-Crafts-Bewegung als auch seine Einbindung in die kulturreformerischen Bestrebungen des »Dürerbundes« und des »Deutschen Werkbundes« bewahrten ihn davor, über diese Arbeit zu einer Überschätzung des Ästhetischen oder gar zu dessen Loslösung vom gesellschaftlichen Hintergrund im Sinne eines ›l'art pour l'art‹ zu kommen. Als er sich 1897 als einer der ersten deutschen Architekturtheoretiker in einem Aufsatz mit den Theorien von John Ruskin beschäftigte,[9] lagen dessen Schriften noch nicht in deutscher Übersetzung vor, obwohl sich, vermittelt über Zeitschriften wie *The Studio*, bereits eine englische Mode im Kunstgewerbe andeutete.

Schumacher zeigte sich fasziniert von Ruskins Kulturkritik und seinem Versuch, die unerfreuliche Entwicklung der modernen künstlerischen Gestaltung mit der sozialen Frage in Verbindung zu bringen. Zudem bewunderte er ihn auch als einen der wenigen ›Kunstschriftsteller‹, dem es gelungen war, allein mit seiner Feder den Lauf der Architekturgeschichte zu beeinflussen. Ruskins Gedanken werden im folgenden eine breite Spur in Schumachers eigener Argumentation hinterlassen, ohne in jedem Falle noch direkt zitiert zu werden.[10] In dem genannten Aufsatz ging Schumacher von den zahlreichen Schriften Ruskins insbesondere auf das bereits 1849 erschienene Buch *The Seven Lamps of Architecture* ein und hob hervor, daß dieser »die Architektur und die mit ihr zusammenhängenden angewandten Künste als das Mittel auf(faßt), um den höchsten Impulsen menschlichen Empfindens Ausdruck zu verleihen. Die Architektur soll das Bewußtsein haben, daß eine historische Verantwortlichkeit auf ihr ruht... Und aus dieser historischen Bedeutung, welche die Architektur zu der Kunst macht, ohne die wir keiner geschichtlichen Erinnerung fähig sind, folgert Ruskin zwei Grundsätze, für die er in lebhaftester Weise eintritt: die pietätvolle Erhaltung der alten Bauwerke und: das Bestreben, der Architektur der Gegenwart so energisch wie irgend möglich den Stempel unserer Tage aufzudrücken.«[11]

Schumacher hatte vor der Übernahme der Leitung des Hochbauamtes in Hamburg im Jahre 1909 äußerst attraktive Berufungen an bekannte Hochschulen und auf Stadtbauratsstellen in anderen Großstädten abgelehnt.[12] Er wollte nach Hamburg, und so an einem Ort tätig werden, der bisher von den Reformbestrebungen weitgehend unberührt geblieben war. In einer wirklichen Großstadt wollte er praktisch erproben, was er in der Theorie bereits als Ziele der modernen Großstadtarchitektur und der Kulturarbeit des Architekten formuliert hatte.[13]

Seine Tätigkeit als Privatarchitekt hatte ihm neben seiner Lehre nur wenige Möglichkeiten eröffnet, einen praktischen Beitrag zu der von seiner Generation gesuchten neuen Monumentalbaukunst zu leisten. Neben zahlreichen über ganz Deutschland verteilten privaten Villen und seinen Ausstellungsbauten erhielt er nur drei öffentliche Bauaufträge, die ihm hierzu Gelegenheit gegeben hatten: die Umgestaltung des Bautzener Domes, die Bauten einer Handelshochschule in Leipzig und der eines Krematoriums in Dresden.

Dennoch konnte er in Hamburg nicht sofort in dem Maße wirken, wie er es sich wohl erträumt hatte. Er war kein Stadtbaudirektor, sondern lediglich der Leiter des Hochbauamtes geworden, und zahlreiche der von ihm der Stadtbaukunst zugerechneten Aufgaben wie die Planung der Hafen- und Verkehrsanlagen, aber selbst die Gestaltung der Wasserläufe und der Parks unterstanden anderen Ressorts. Erst 1924 nach einem dreijährigen Zwischenspiel in Köln wurde er Oberbaudirektor und durfte von Amts wegen den Hochbau und die Stadtentwicklung als einheitliche und inhaltlich verschränkte Bereiche koordinieren.

Schumacher begann seinen Sprung in die Praxis nicht etwa mit einer langwierigen Einarbeitungszeit in die verfestigten Strukturen der Hamburger Bauverwaltung, sondern kam mit dem Führungsanspruch des in Hamburg bis dahin fehlenden Dirigenten der Stadtbaukunst, den er sogleich mit einem architektonischen Feuerwerk einzulösen versuchte. In seinen Lebenserinnerungen schreibt er: »Beim Einzug in Hamburg war ich baukünstlerisch gewappnet, und das war mein Glück, denn sonst wäre ich verloren gewesen.«[14] Er war nicht nur theoretisch, sondern auch praktisch bestens vorbereitet, denn noch in Dresden hatte er vor seinem offiziellen Amtsantritt in einer achtmonatigen Vorbereitungsphase eine Reihe von Hamburger Großprojekten baureif ausgearbeitet: die Kunstgewerbeschule, die technischen Staatslehranstalten und das Tropeninstitut. Dazu kamen noch Vorentwürfe für die Schule Teutonenweg und das Museum für Hamburgische Geschichte. Zu diesen schon von ihrer Aufgabenstellung her durchaus programmatischen und symbolträchtigen Projekten gehörte noch ein weit

Fritz Schumacher, Handelshochschule, Leipzig, 1909

Fritz Schumacher, Institut zur Erforschung
von Schiffs- und Tropenkrankheiten,
Hamburg, 1912–1914, Entwurf, um 1910

Fritz Schumacher, Erweiterung des
Stadthauses, Hamburg, 1914

umfangreicheres und für die weitere Hamburger Arbeit bedeutungsvolleres: der Gesamtplan des Hamburger Stadtparks mit seinen sämtlichen Einzelanlagen und Bauten.

Das Stadtparkprojekt war Schumachers erste große städtebauliche Aufgabe überhaupt, und es gedieh ihm zu einem seiner bedeutendsten Werke.[15] In ihm verließ er erstmals das Konzept der nur hochbaulichen Intervention in den städtischen Raum und entwickelte in einer großen einheitlichen Anlage ein erstes Modell jener neuen Raumvorstellungen, die er später auf die gesamte Stadt und ihr Umland übertragen hat. Der neue Stadtpark war weit mehr als eine neue Grünanlage in einem Entwicklungsgebiet nördlich der bisher bebauten Stadt. Schon vom Programm her war es ein Park neuen Typs, der erste große Volkspark in Deutschland. Für Schumacher wurde er noch mehr. Der Park wurde zu einem Modell des neuen Großstadtraumes und zugleich zu einer Schule des neuen Raumempfindens für die Hamburger. Im Stadtpark sollten sie die Grundstimmungen ihrer Stadt erfahren können, jene für Norddeutschland charakteristischen feinen Nuancen der Topographie und des Lichtes. Sie sollten dort ihre Fähigkeit schulen, Orte und Räume in ihrer Eigenart zu empfinden und wahrzunehmen, ihre Besonderheiten zu erkennen und zu achten.

Dank des Stadtparks konnte man sich mit Fritz Schumachers neuem Hamburg vertraut machen, noch bevor er es, wenn auch letztlich nur in Bruchstücken, Plan für Plan, Bau für Bau in die Realität umgesetzt hatte. Seine Vision einer modernen Großstadt des 20. Jahrhunderts konnte man jederzeit besichtigen. Sie war mit dem Schiff über den Goldbekkanal, mit der U- und S-Bahn oder mit dem Automobil auf den aus der Umgebung heranführenden Straßen für jedermann leicht zu erreichen.

Man betrat dieses Modell des künftigen Hamburg von Südwesten her. Eine zurückhaltend mit durchbrochener Keramik verzierte Brücke aus roten Klinkern führte dort über einen von hohen Mauern gesäumten Kanal, der sich zur rechten Hand zu einem kleinen, feierlichen Hafenbecken ausweitete, auf ein schloßartiges Gebäude aus gleichem Material zu. Mit der Masse seines hohen, mansardartig geknickten Daches und den nur kleinen Fensteröffnungen in kaum gegliederten Wandflächen schien es dem Ankommenden wie bei einem mittelalterlichen Stadttor nur den zwingerartig vorspringenden Eingangsportikus als Weg zu weisen. Wich er nicht auf die seitlich vorbeiführenden Lindenalleen aus, sondern folgte dieser Weisung, so betrat er das Hauptgebäude des Parks, die Stadthalle, mit Festsälen, einem großen Restaurant und einer weiten, 9000 Besucher fassenden offenen Gartenterrasse.

Der ernste Torbau erwies sich im Inneren und auf seiner dem Park zugewandten Seite als eine heitere, mit hohen Fenstern und Baukeramik reich gegliederte Anlage, die über eine vorgelagerte Terrasse zum Stadtparksee hin abfiel und den Blick auf eine dahinter sanft ansteigende, weitläufige Landschaft mit zahlreichen Akzenten unterschiedlichster Art lenkte. Links im See war eine mit Pyramidenpappeln bestandene, diskret an Böcklins *Toteninsel* erinnernde Insel erkennbar, rechts hinter der Andeutung eines Hafenbeckens und dichten Bäumen lag wie ein kleines Palais das Stadtcafé versteckt. Den fernsten Sichtpunkt jenseits der Weite einer zentralen, von geraden Baumreihen begrenzten Grünfläche markierte in einer Schneise des sich dunkel abzeichnenden Sierichschen Wäldchens der von Oscar Menzel erbaute Wasserturm.

Lange, zum Wasser hinabführende Treppenreihen faßten das den Stadthallenterrassen vorgelagerte rechteckige Becken wie Tribünen an einer Art Wassertheater, das sich zum See und zur Weite der dahinter anschließenden Großen Wiese öffnete. Diese Blickrichtung folgte der Hauptachse des Parks, die die Stadthalle mit dem Wasserturm und dem Wasserspiel auf seiner Frontseite verband. Wo die gedachte Verbindungslinie zwischen diesen beiden Hauptgebäuden des Parks das Seeufer schnitt, hatte Schumacher mit dem Kaskadengebäude ein zweites

Fritz Schumacher, Kanalhafen und
Haupteingang, Stadtpark Hamburg, 1914–1916

Fritz Schumacher, Hauptrestaurant »Stadthalle«,
Stadtpark Hamburg, 1912–1916

größeres und freistehendes Wasserspiel errichtet, das dem Blick angesichts der schwer faßbaren Entfernung einen »Maßstabs-Anhalt« geben sollte.[16] Zugleich aber gelang es ihm, mit dieser »Wasserkunst« einen zentralen Ort im Park zu schaffen, der dem Genius loci Hamburgs in besonderer Weise huldigte. Als einziges Gebäude des Parks besaß es keinerlei praktische Funktion. Es war weder Restaurant, noch Konzertgebäude oder Umkleideraum für Wassersportler, nicht einmal Geräteschuppen oder Toilettenanlage. Seine einzige erkennbare Funktion bestand darin, einem imaginären Wasserlauf in der Hauptachse des Parks einen Endpunkt zu geben. Es war nichts als ein völlig zweckfreies, schmückendes Element des Parks.

Schumacher nutzte den Geländesprung zwischen dem künstlich in das Terrain gegrabenen See und der großen Wiese in ähnlicher Weise wie bei dem einige Jahre zuvor errichteten Bremer Denkmal zu Ehren des Schöpfers der Weserkorrektur, Ludwig Franzius, bei dem eine Treppenanlage die zur Stadt blickende Büste des Geehrten mit dem von diesem neuer Nutzbarkeit zugeführten Fluß verband. Hier im Stadtpark errichtete er einen etwas aus der Uferlinie zurückgesetzten Klinkerbau zwischen zwei zum Wasser hinabführenden Treppen und ließ aus einem segmentförmig sich vorwölbenden, von keramisch geschmückten Pilastern gegliederten Mittelrisalit durch halbkreisförmige Öffnungen drei breite Kaskaden über zwei vorgelagerte Stufen sich in den See ergießen. Dieses Kaskadengebäude war ein Denkmal besonderer Art. Es diente nicht der Ehrung irgendeiner Persönlichkeit, sondern ganz allgemein einer symbolischen Überhöhung des Wassers, des alltäglichsten, allgegenwärtigen und unstrittig wichtigsten Elementes einer Hafenstadt, und dieses wiederum tat es ganz ohne den zeitgemäßen plastischen Schmuck, ganz ohne Neptun und Nereiden, nur mit der Monumentalität einfacher architektonischer Körper. Dieses Wassermonument war das einzige Bauwerk des Parks, das nicht schon durch das detaillierte Raumprogramm des vorangegangenen Wettbewerbs vorgegeben war. Es war Schumachers persönliche Zutat, sein Signum im Raumkunstwerk des Parkes, das er aus den sich widersprechenden Vorgaben und den Anregungen unterschiedlichster Art einer sich bereits über ein Jahrzehnt hinziehenden Auseinandersetzung zusammengefügt hatte.[17]

Die Stadt hatte im Verlauf der heftigen Stadthygienediskussion nach der großen Choleraepidemie bereits seit 1901 Land für einen Stadtpark in Winterhude erworben und zuständigkeitshalber den Leiter des städtischen Ingenieurwesens, Vermehren, mit einem ersten Vorprojekt beauftragt. In vier Varianten schlug dieser einen Landschaftsgarten ganz im Sinne der im 19. Jahrhundert vorherrschenden sogenannten »englischen Gärten« vor und ignorierte die zeitgenössischen, ebenfalls aus England und den Vereinigten Staaten kommenden Reformbestrebungen für Großstadtparks. Vermehrens Entwurf stieß in Hamburger Reformkreisen auf den heftigsten Widerspruch, so daß sich der Senat 1904 veranlaßt sah, eine besondere Kommission zur Behandlung der Stadtparkfrage einzusetzen und die wichtigsten Kritiker, die Museumsdirektoren Justus Brinckmann und Alfred Lichtwark, sowie den Direktor des Ohlsdorfer Friedhofs Wilhelm Cordes neben Vermehren als Berater hinzuzuziehen. Der Einfluß dieser Berater auf das Programm des schließlich realisierten Parks ist nicht zu übersehen. Lichtwark berichtet in seinem Aufsatz *Park- und Gartenstudien*, daß Cordes die Bauten der Trinkhalle und der »Milchwirtschaft« vorgeschlagen habe, und daß Brinckmann die »Milchwirtschaft« gern nach dem Vorbild des Stockholmer Volksparks Skansen in einem schönen Bauernhaus aus den von ihm besonders geliebten Vier- und Marschlanden untergebracht hätte.[18]

Pate für diesen »Volkspark« ohne Vorbild in Deutschland, in dem die Besucher nicht länger nur als Gäste zum Spazierengehen gezwungen sein sollten, sondern den alle Schichten Hamburgs nach ihren Bedürfnissen »bewohnen« und mit ihren Freizeitaktivitäten beleben sollten, waren, wie Lichtwark in dem genannten

Fritz Schumacher, Franzius-Denkmal, Bremen, 1905

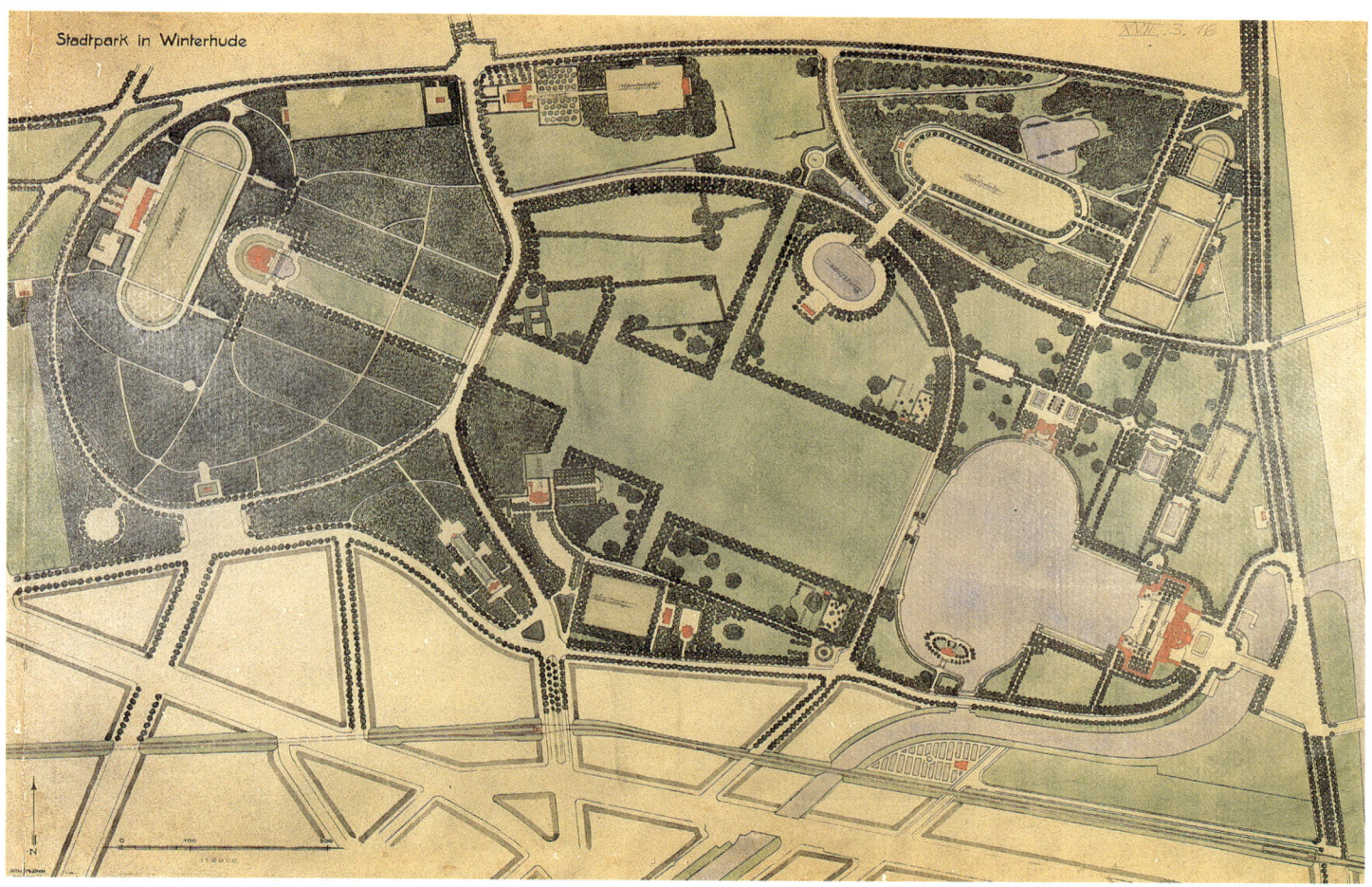

Fritz Schumacher, Stadtpark Hamburg,
Gesamtplan, um 1911

Aufsatz betonte, weder die mißverstandenen »englischen Gärten« des europäischen Kontinents mit ihren Bretzelwegen noch die repräsentativen Anlagen der fürstlichen Parks à la Versailles, sondern englische und amerikanische Anlagen, in denen das Betreten des Rasens ausdrücklich erlaubt war. Der von Frederick Law Olmsted nahezu fünfzig Jahre zuvor entworfene New Yorker *Central Park* mit seinem *Kinderberg*, seiner *Dairy Farm*, seinen Sportanlagen, Museen und zahlreichen Attraktionen stand ebenso unverkennbar hinter dem Programm wie die jüngeren Chicagoer Parks, über die seit der »Columbian Exposition« 1893 regelmäßig Berichte nach Europa gedrungen waren. Selbst der so heimattümelnd völkisch klingende Vorschlag Lichtwarks,[19] in dem neuen Park vor allem heimische Flora anzusiedeln, wurde in den reformierten Landschaftsgärten eines Jens Jensen oder der Gebrüder Olmsted in den Vereinigten Staaten seit geraumer Zeit mit großem Publikumserfolg praktiziert.

1906 schrieb der Senat schließlich auf Empfehlung der Parkkommission einen Entwurfswettbewerb aus, bei dem die Jury sich allerdings auf keinen ersten Preis einigen konnte. Sie vergab statt dessen je drei zweite und dritte Preise und kaufte drei Entwürfe an.[20] Bis auf die Arbeit Max Läugers aus Karlsruhe, für deren Realisierung sich als Anhänger des architektonischen Parks Alfred Lichtwark und der Hamburger Gartenarchitekt Leberecht Migge[21] in Vorträgen und Schriften einsetzten, blieben alle ausgezeichneten Arbeiten auf der Linie des Vorentwurfs. Der Wettbewerb hatte keine Entscheidung gebracht, weshalb der Senat Fritz Sperber, den gerade als Leiter des Ingenieurbaus berufenen Nachfolger Vermehrens, beauftragte, zwei konkurrierende Varianten aus den beiden Extrempositionen der Vorschläge zu erarbeiten. Diese, einen herkömmlichen Landschaftsgarten und einen geometrisierenden architektonischen Garten, fand Schumacher vor, als er noch vor seinem Amtsantritt vom Senat den Auftrag erhielt, sich gemeinsam mit Sperber der Stadtparkfrage anzunehmen.

Statt einer Zusammenarbeit ergab sich ein erbitterter Kampf zwischen zwei nur schwer zu vereinbarenden Auffassungen, den Schumacher schließlich dank seiner überlegenen entwurflichen und argumentativen Fähigkeiten klar für sich entscheiden konnte.[22] Zwar hatte Sperber prinzipiell Schumachers noch in Dresden angefertigtem Entwurf zugestimmt, der anfänglich wie ein Kompromiß zwischen den gegensätzlichen Auffassungen anmutete, weil er deutlich weniger geometrisch angelegt war als Läugers Vorschlag. Aber in der detaillierteren Ausführungsplanung zeigte es sich sehr schnell, daß Schumacher ein überzeugter Parteigänger des architektonischen Parks war, und da Sperber, der ebenso überzeugt die Gegenpartei vertrat, die Ausführungsarbeiten unterstanden, versuchte dieser an jedem Teilplan, die straffe architektonische Gestaltung wieder in einen Landschaftsgarten mit fließenden Raumgrenzen zurückzuverwandeln. Schumacher aber konnte am Ende stolz vermerken, daß es ihm gelungen war, gegenüber dem weicheren Vorentwurfskompromiß nicht nur eine strenge räumliche Fassung der Großen Wiese und des Sprunggartens mit harten Pflanzkanten durchzusetzen, sondern auch ganze Teilbereiche in seinem Sinne dem Plan neu hinzuzufügen, so das Planschbecken, die Anlage um das Heine-Denkmal, das Stadion hinter dem Wasserturm und die Serie der »architektonischen Gärten« im Anschluß an das Stadtcafé.[23]

Dieser Konflikt mit Sperber zog sich bis 1919 hin, bis zu Schumachers Wechsel nach Köln. Zwar wurde auf Schumachers Anregung 1914 die Grünplanung dem Ingenieurwesen entzogen und einem eigenen Gartenbauamt unter Otto Linne übertragen, aber Sperber konnte im Gegenzug Schumachers Rolle bei der Alsterkanalisierung auf Gestaltungsfragen reduzieren und ihm so die Federführung bei der Realisierung eines Grünzugs entlang der Alster entziehen, an dessen Seiten nach Schumachers Vorstellung die »Alsterstadt« als ein reformiertes großstädtisches Wohnviertel hätte liegen sollen. Anstelle der neuen Wohnstadt mit Kleinwohnungen entstand später ein Einfamilienhausviertel für Begüterte.

Fritz Schumacher, Grünanlagen am *Pinguinenbrunnen*, Stadtpark Hamburg, um 1912

Von den großen Plänen wurde lediglich der radiale Grünzug entlang der Alster von der Innenstadt zu den nördlichen Stadtteilen realisiert, bei dessen Ausstattung mit sorgfältig gestalteten Uferbefestigungen, Dampferanlegestellen, Wendebecken und Wanderwegen entlang des Flusses sich Schumacher wie schon beim Stadtpark voller Überzeugung ein bereits seit längerem bestehendes Konzept Lichtwarks zu eigen machen und in eine realisierbare Form bringen konnte. Lichtwark war allerdings schon einen Schritt weiter gegangen und hatte außer einer »Alsterstadt« auch einen »Alsterpark« vorgeschlagen,[24] der nach dem Vorbild der Chicagoer Parksysteme[25] die bestehenden Grünanlagen Hamburgs mit den geplanten entlang der Alster und dem neuen Stadtpark zu einem Netz von Grünanlagen über den gesamten Stadtraum zusammenfassen sollte.

In enger Geistesverwandtschaft zu Schumacher schrieb Lichtwark 1908: »Der praktisch und künstlerisch – beides ist eins! – seine Zwecke erfüllende Park kann nur von einer starken künstlerischen Persönlichkeit hingestellt werden. Alle Qualität, die die Dinge haben, stammt aus der Qualität des Menschen, der sie schafft.«[26] Die Hamburger Reformer suchten zu dieser Zeit einen Baukünstler wie Schumacher. Und auch der Gedanke, daß ein neuartiger Park der Katalysator einer neuen Architektur Hamburgs werden könnte, war von Lichtwark bereits ausgesprochen: »Ist der neue Park das erste große Werk der neuen Raumempfindung, wird er alle Herzen mitreißen und das künstlerische Wesen jedes Einzelnen auf eine höhere Stufe heben... Von dem neuen Park kann eine Gesundung aller Baukunst und Gartenkunst in Hamburg ausgehen, weil alles, was er Gutes hat, unmittelbar auf die Ausbildung des neuen Gefühls wirken wird.«[27]

Ganz in Lichtwarks Sinn wünschte sich Schumacher eine von den städtischen Massen ganz selbstverständlich für ihre Freizeitaktivitäten in Besitz genommene und »bewohnte« Anlage, so daß sich bei ihnen unmerklich ein neues Gefühl für die Natur und den städtischen Raum bilden könne. Der Großstadtmensch habe ein eigenartiges Verhältnis zur Natur, schrieb er in seinem Buch über den neuen Stadtpark: »Es ist nicht das Verhältnis des landschaftlichen Genießens, wie es die eigentliche, gleichsam unendliche Natur bietet, sondern es hängt in erster Linie zusammen mit irgendeiner Betätigung im Freien..., Spiel, Sport, Lagern, Rudern, Planschen, Reiten, Tanzen, dann ferner Musikgenuß – Kunstgenuß – Blumengenuß, leibliche Genüsse, das sind die Betätigungen, für die solch ein Park Gelegenheit schaffen muß... Man schafft ihn in Form bestimmt zugeschnittener Räume für alle angedeuteten Zwecke und (es gilt) diese Räume in eine organische Verbindung miteinander zu bringen, sodaß ein ineinandergreifendes Gefüge entsteht, ähnlich wie beim Grundriß eines großen Bauwerks. Die Aufgabe ist so gesehen eng verwandt mit anderen architektonischen Aufgaben unserer Zeit.«[28]

Enge und weite, lichte und dunkle, besinnliche und fröhliche Räume wechselten sich in immer neuer Folge ab – sowohl in der Sequenz der Hauptachsen als auch in der freien Gruppierung darum herum. Der Besucher wurde durch sie wie durch die Räume eines großen Gebäudes geführt mit all den dort vom Architekten inszenierten »Hemmungen und Beschleunigungen, Konzentrationspunkten und neutralen Ruheeindrücken. Zu den Lichtunterschieden kommen Niveauunterschiede und Treppen, sodaß der beherrschende Künstler vor dem Betrachter das ganze Traumland seiner Phantasie entrollen kann.«[29] Wasserflächen, Alleen, Wiesen, Sportanlagen, Architekturgärten, Plastiken und Gebäude vereinten sich so zu einem komplexen, vom Künstler »beseelten« und von seinen »Bewohnern« und Passanten gleichermaßen belebten Raumkunstwerk.

Schumacher gab in seinem Park den »harten« Raumelementen der Stadt den Vorrang vor den »weichen« der natürlichen Landschaft. Der traditionelle Landschaftsgarten hatte die Künstlichkeit der Geometrie und der Architektur bewußt gemieden und an ihre Stelle eine sublimierte Natur gesetzt, in der kulissenartig gestaffelte und sorgfältig differenzierte Bepflanzungen unbegrenzte, gewissermaßen unendliche Räume bildeten. Schumacher strebte mit seinen klar definierten Räumen das Gegenteil an. Sie sollten den Fluß des Natürlichen aufhalten und Fixpunkte bilden. Im Zusammenhang mit der Rolle von Geometrie und Proportion in der Architektur schrieb er einige Jahre später: »Wir bauen uns durch die Zahl gleichsam die festen Punkte, auf denen wir stehen können inmitten des ewigen Fließens, das uns umgibt. Wir bannen dieses Fließen durch die Zahl.«[30]

Jedoch gab er die malerischen Reize des Landschaftsgartens nicht völlig auf, sondern komponierte seinen Park nur zum Teil aus geometrisch aufeinander bezogenen Räumen und erzeugte so ein zweites Bezugsfeld mit einem naturähnlichen Landschaftsrahmen der Gesamtanlage. Die Natur blieb Bestandteil einer Anlage, die dennoch nicht verbarg, daß sie insgesamt künstlich, großstädtisch und das Produkt künstlerischer Gestaltung war. Das gegebene Gelände strukturierte er doppelt, indem er eine geometrisch definierte Großform in eine Landschaft aus Resten der vorgefundenen Knicks und Wälder sowie aus neuen landschaftsgärtnerischen Anlagen einbettete. In diesen zwei gegeneinander wirkenden Bezugssystemen ließ er dann die Teilräume dadurch ein besonderes Eigenleben entwickeln, daß er sie entsprechend ihrer Plazierung jeweils der einen oder der anderen Struktur zuordnete. Der Stadtpark folgte auf diese Weise weder der ›freien‹ formalen Doktrin des ›jardin anglais‹ noch der ›gebundenen‹ des Barockparks, »sondern sein geometrisch durchgebildetes Gerippe ist eingebettet in ein freier behandeltes Fleisch. Das hat nicht nur eine größere Mannigfaltigkeit zur Folge, sondern ist wohl auch die einzige Form, in der die formal streng gefaßten Räume als etwas in sich Geschlossenes zur Wirkung kommen, denn nur so können sie in vollem Maße die umschließenden Massen von Wänden erhalten, die das zweidimensionale Wesen der aufgeteilten Gartenflächen zum dreidimensionalen Leben des Raumes erhebt.«[31]

Mit seinen auch an anderer Stelle immer wieder verwendeten, der Biologie und der Medizin entlehnten Begriffen wie Körper, Skelett, Adern oder Zellen, die er auf das Raumkunstwerk überträgt, erweist Schumacher sich als Kind seiner von Darwins und Haeckels Evolutionstheorien geprägten Zeit. Er setzte damit seine eigene künstlerische Tätigkeit dem Wirken der Natur gleich. Auch hier beim Stadtpark nannte Schumacher die nur von der freien Willensentscheidung des entwerfenden Künstlers festgelegte Art der Bezüge »organisch«, nach denen die individuell gestalteten Teilräume zueinander und zu den ebenfalls von ihm erdachten übergreifenden Formsystemen der Gesamtanlage angeordnet wurden. Die Stadt, dieses künstliche von Menschen geschaffene Gegenmodell der Natur, solle sich wieder mit der Natur versöhnen. Der Park sei selbst keine Natur, aber er habe die Aufgabe, die Natur in den »Organismus« der Stadt zurückzubringen, sie für die ihr entfremdeten Städter wieder erlebbar zu machen. Damit wird der Park zu einem notwendigen Organ der großen Stadt wie ihre anderen Organe, die Wohnviertel, der Hafen oder die Geschäftsstadt, die jeweils ihre eigene gesellschaftliche Rolle und entsprechend ihre eigenen Charakteristika aufweisen. Dennoch müssen alle diese unterschiedlichen Organe verwandten Gestaltungsgesetzen folgen, wenn sie schließlich einen großen gemeinsamen und einheitlichen Stadtkörper bilden sollen.

Nach diesem Verständnis mußte auch die Gartenplanung als Raumkunst den Regeln der Architektur folgen. Entsprechend entwickelte Schumacher die individuelle Form der einzelnen Teilräume als Einheiten von Bauten, Pflanzungen und Freiräumen. Wie später bei seinen Bebauungsplänen für die innerstädtischen Sanierungsgebiete oder für die Neubaugebiete der »Wohnstadt Hamburg« erarbeitete er diese anhand detaillierter Modelle als dreidimensionale Räume. Für die Pflanzungen, die weniger genau zu definieren sind als Baukörper aus Stein, Holz, Stahl oder Ziegeln und nicht nur einen langsamen und langwährenden Wachstumsprozeß aufweisen, sondern sich zudem im Wandel der Jahreszeiten

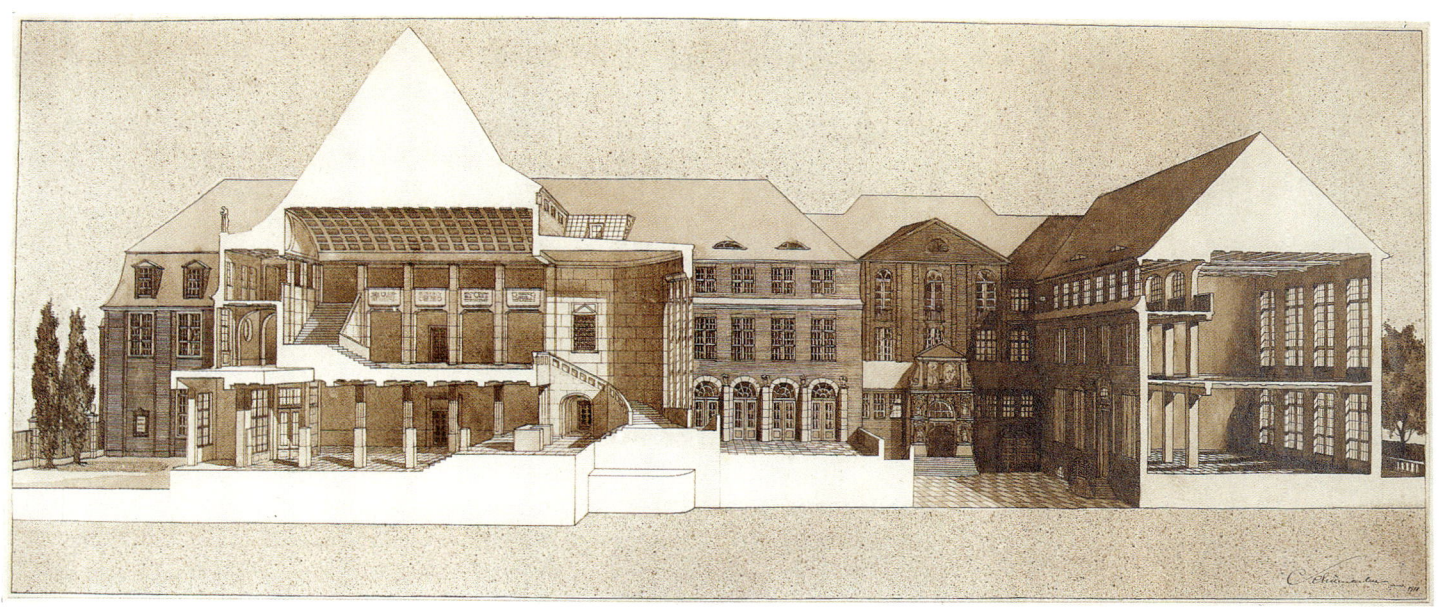

Fritz Schumacher, Museum für Hamburgische
Geschichte, Hamburg, 1913–1922

Fritz Schumacher, Bebauungsplan
Hamburg-Hamm, Massenmodell
im Rahmen des *Modellmäßigen
Bauens*, 1925–1926

ständig verändern, mußte er sich dabei auf mittlere Wachstumsgrößen und
sommerliche Belaubung beziehen, einen Zustand, der nicht etwa bei Fertigstellung der Anlage, sondern erst zu irgendeinem ferneren Zeitpunkt und auch dann
nicht als permanenter Zustand erwartet werden konnte. Er bildete die Räume des
Parks wie die der Stadt und ihrer Bauten, aber sie blieben lebendige, wachsende,
sich ständig verändernde Architekturen mit einem besonderen Charakter.

Nicht nur die Gartenkunst wurde nach diesem Verständnis Teil der Architektur,
zugleich wurde der gesamte Städtebau Gartenkunst. Der Park als organische
Raumfolge und das Parksystem als seine Erweiterung im städtischen Raum
begründeten bei Schumacher wie bei einer Reihe seiner Zeitgenossen das
Konzept der ›Stadtlandschaft‹, in die die unterschiedlichen Nutzungsbereiche
der modernen Großstadt eingebunden und ähnlich wie beim Park zu einem
sozialen Gesamtkunstwerk neuer Art zusammengefügt werden sollten. Nicht nur
die Parks und die öffentlichen Bauten der Stadt, auch die städtischen Teilräume
in sich und untereinander, die gesamte Stadt und ihr Umland wollte man letztlich
in einer raumkünstlerischen Einheit miteinander versöhnen.

Die Rolle der öffentlichen Monumentalbauten im städtischen Raumgefüge
übernahmen in Schumachers Stadtpark die Bauten der Restaurants, der Wasserturm und das Kaskadengebäude. Diese dienten den Achsensystemen als Hauptorientierungspunkte und machten den Park, noch bevor die Pflanzungen ihre
spätere Form erkennen ließen, sofort nach ihrer Fertigstellung nutzbar. Rings
um den aus einem Oval und einem Rechteck gebildeten und so als künstliche
Anlage erkennbaren Stadtparksee bildeten die Stadthalle, das Stadtcafé und das
Kaskadengebäude ein Ensemble in der Art jener »Knotenpunkte der Kulturarbeit«,[32] die Schumacher auch in der modernen Stadt schaffen wollte, um in den
demokratischen Gemeinwesen der Gegenwart mit ihrer Hilfe den städtischen
Raum auf ähnliche Weise zu definieren, wie es in früheren Geschichtsepochen
Repräsentationsbauten absoluter Fürsten- oder Kirchenmacht getan hatten. In
der Stadt mußten sich diese Bauten ihrer sozialen und räumlichen Führungsrolle
entsprechend aus der Masse der umgebenden Regelbebauung hervorheben. Ihre
Gestaltung war individueller oder sogar monumentaler als die der möglichst
einheitlich durchgebildete Blocks. Hier im Park waren sie von keinen Fassaden
umgeben, mit deren Formensprache sie in einen Dialog treten mußten, sondern
von den Freiräumen der verschiedenen Nutzungsbereiche und von den sie
begrenzenden oder gliedernden Pflanzungen, von Baumreihen, Baumgruppen,
Gehölzen, Gebüschen, Wiesen und Wasserflächen. Sie konnten sich also grundsätzlich ungebundener, nur ihrer jeweiligen Nutzung und symbolischen Rolle
entsprechend ohne stilistische Rücksichten frei im Grundriß und im Volumen
entwickeln.

Die fehlende kontextuelle Bindung ersetzte Schumacher durch freiwillige Bindungen in Form und Material. Er selbst weist darauf hin, daß er die Bauten des
Parks ursprünglich in hellem Naturstein geplant habe und nicht in rotem
Backstein: »Anfangs wagte der Architekt noch nicht recht, Ufermauern, Gartenbrüstungen und Zierarchitekturen in diesem spröden Material zu bewältigen,
denn es gab kein Vorbild, wo solche Gartenarchitektur in großem Stil in
Backstein durchgebildet ist.«[33] Er überarbeitete jedoch seine Entwürfe sehr bald
für eine Ausführung in rotem Backstein und folgte damit einer in Hamburg
bereits seit geraumer Zeit propagierten Gestaltungslinie,[34] für die sich vor allem
die hier besonders starke Heimatschutzbewegung einsetzte,[35] die sich von einer
allgemeinen Anwendung dieses Materials eine entscheidende Stärkung der
lokalen Identität und letztlich die Schaffung einer neuen ›Heimat‹ für die
entwurzelten Großstädter versprach. Auch Schumacher erhoffte sich von einer
bewußten Übernahme dieses Materials mit seinem starken sentimentalen Bezug
zur Erde, daß dieses ebenso wie die vorrangige Verwendung einheimischer
Pflanzen im Park einen positiven Einfluß auf die Bildung eines neuen Heimatbe-

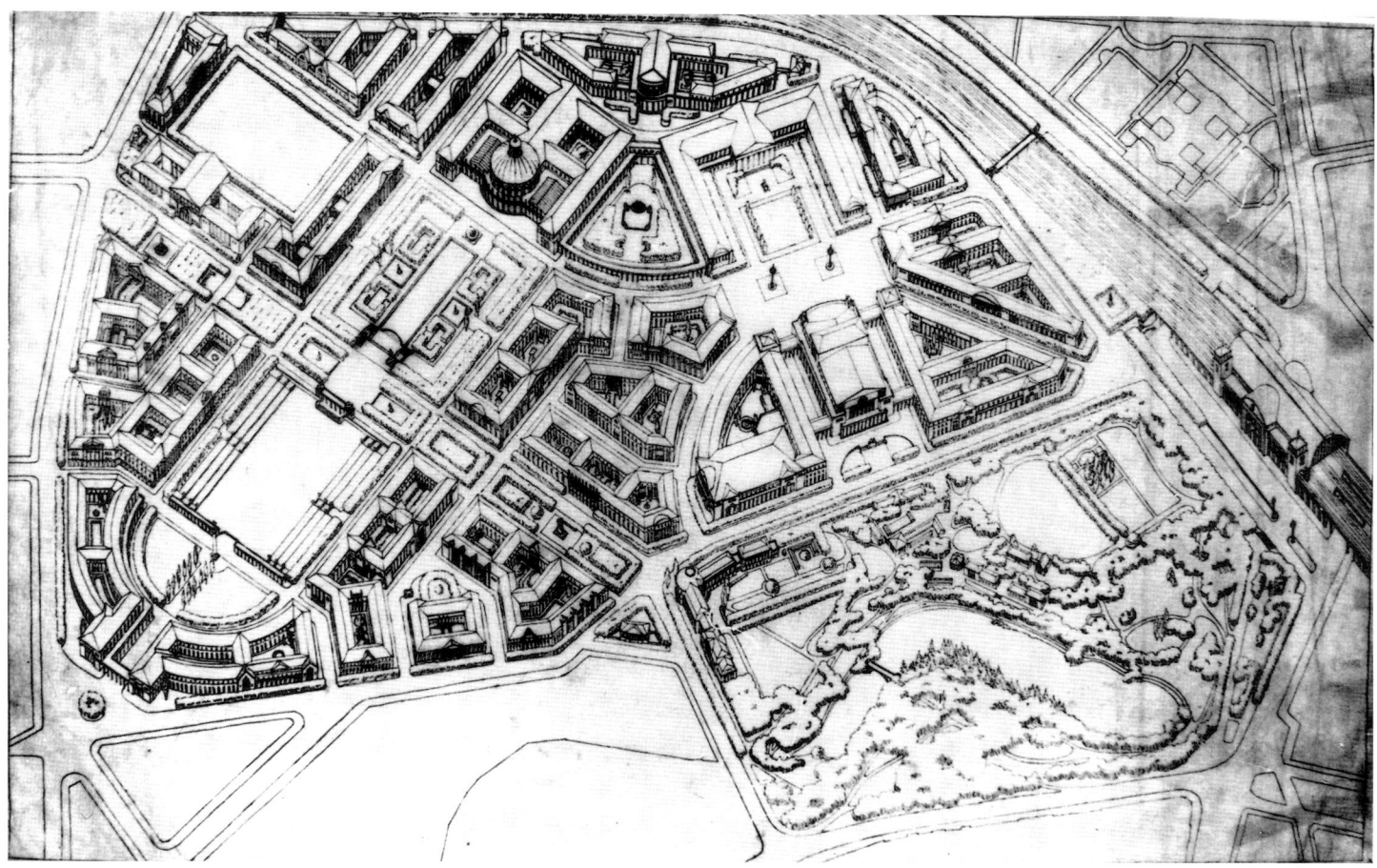

Fritz Schumacher, Bebauungsplan
Zoologischer Garten, Hamburg, um 1929

Fritz Schumacher, Verwaltungsgebäude,
Irrenanstalt Friedrichsberg, Hamburg,
1912–1914

Fritz Schumacher, Lazarettgebäude,
Irrenanstalt Friedrichsberg, Hamburg,
1912–1914

Fritz Schumacher, Volksschule Teutonenweg,
Hamburg, 1911–1912

Fritz Schumacher, Inspektorenwohnhaus,
Institut für Geburtshilfe, Hamburg, 1911–1914

wußtseins haben würde: »Hängen die als heimatlich empfundenen Formen, wie das wohl immer der Fall ist, mit einem ganz bestimmten Material zusammen, so wird der Einfluß, den dieses gleiche Material auf die typischen Erscheinungen der Großstadt ausübt, unwillkürlich und ungewollt etwas vom heimatlichen Charakter in sie hineinbringen.«[36]

Aber Schumacher argumentierte nur zum Teil wie die Heimatschutzbewegung. Er hatte auch seine Zweifel an vielen ihrer allzu traditionalistischen Forderungen, die »überall da versagen, wo es wirklich ernst wird, denn tief umgestaltende Kräfte, wie sie die Großstadtbewegung entfesselt, lassen sich nicht durch den äusseren Apparat von historischen Motiven bannen.«[37] Er machte sich dennoch in Hamburg ihre Forderung nach einer Neugewinnung der unterbrochenen norddeutschen Backsteinarchitektur schnell zu eigen und erwarb sich mit seinen beispielhaften Bauten in diesem Material bald einen Ruf, der weit über Hamburg hinausreichte und bis heute nachwirkt.

Allerdings trat Schumacher nicht für die ausschließliche Verwendung dieses Materials ein, was spätere Kritiker ihm gern unterstellten. In seinen Schriften warnte er im Gegenteil eindringlich davor, die Materialfrage ideologisch einzuengen und sie von einer »außerhalb der eigentlichen baulichen Leistung liegenden Absicht« beeinflussen zu lassen.[38] In seinem zum Standardwerk gewordenen Buch über das *Das Wesen des neuzeitlichen Backsteinbaus* wurde er noch deutlicher und schrieb: »Wenn wir zunächst nach dem Wert dieses Materials im Verhältnis zu anderen Baumaterialien fragen, so müssen wir uns vor dem Fanatismus hüten, der aus individueller Freude an einem Baustoff blind wird in Verehrung und Abneigung. An sich gibt es keine Rangordnung unter den Materialien ... Es wäre falsch und irreführend, die Vorliebe für den Backsteinbau mit der grundsätzlichen Mißachtung eines anderen Materials stützen zu wollen, wie es vielfach geschieht.«[39]

Entgegen landläufiger Meinung hielt Schumacher auch für Hamburg den Backstein nicht für das einzige dem Ort angemessene Material. Mehrfach verwies er auf die Hamburger Doppeltradition des Putzbaus und des Backsteinbaus.[40] In so sensiblen Bereichen der Innenstadt wie am Rathausmarkt oder um die Binnenalster herum lehnte er die Anwendung des roten Backsteins sogar grundsätzlich ab, wie es häufige Auseinandersetzungen in der Hamburger Baupflegekommission belegen.[41] Leicht wird auch vergessen, daß er in Hamburg selbst mehrere Bauten in Naturstein errichtet hat, so das Mönckeberg-Denkmal, die heutige Baubehörde an der Stadthausbrücke oder die Fassade seines eigenen Wohnhauses an der Alster. Sein Credo: »Klares Raumgefühl – einheitliche Gestaltung der Baumassen – Einheitlichkeit im Material, das sind die großen städtebaulichen Grundsätze«[42] entwickelte Schumacher keinesfalls aus einer Analyse historischer Hamburger Backsteinbauten, sondern aus einer Untersuchung zur Entstehung der Raumfolgen zwischen Binnenalster und Börse nach dem großen Brand von 1842, für die Chateauneuf bekanntlich Putzbauten mit flachen Dächern durchgesetzt hatte.

Schumachers Einsatz für den roten Backstein in der Großstadtarchitektur Hamburgs folgte einem klar nachvollziehbaren ästhetischen Kalkül. Die breite Zustimmung, die die Forderung nach der Wiederbelebung des Backsteinbaus in Hamburger Reformerkreisen bereits fand, kam seinem Wunsch nach der beruhigenden Wirkung eines einheitliches Baumaterials im baulichen Durcheinander der Großstadt sehr gelegen. Neben den herkömmlichen Instrumenten der Stadtplanung wie Festlegung von Bauklassen und Baulinien sah er in der Festschreibung eines einheitlichen Baumaterials ein weiteres Mittel zur Bändigung der grundsätzlich nach individuellem Ausdruck strebenden privaten Bauherren und ihrer Architekten. Der rote Backstein war für ihn vor allem eine Waffe gegen den herrschenden »Stil- und Materialkarneval« der modernen Großstädte.[43]

Unter den Bauten des Hamburger Stadtparks war allein der einem Vierländer Haus nachempfundene ländliche Gasthof, die sogenannte »Milchwirtschaft«, kein reiner Backsteinbau. Hier beugte Schumacher sich offensichtlich einer Vorgabe seiner Auftraggeber und errichtete ein reetgedecktes Fachwerkgebäude mit den Stilmerkmalen eines traditionellen Bauernhauses. Er selbst beschrieb, wie wenig der vorgeschlagene Gebäudetypus für die gestellte Aufgabe geeignet war.[44] Er zog seinem Gasthof dennoch das Kostüm des Bauernhauses an, versuchte aber dabei aus der Not eine Tugend zu machen und näherte es wenigstens in seiner plastischen Volumenentwicklung den übrigen Stadtpark-bauten an, indem er dem Hauptbau zwei seitliche Nebengebäude so angliederte, daß diese mit der Giebelfront einen großen Vorhof bildeten.

Alle Stadtparkbauten waren streng symmetrische, auf Haupt- und Nebenachsen des Parks ausgerichtete Gebäude. Die einzige Ausnahme bildete hierin das sogenannte »Landhaus«, eine Gastwirtschaft, für die der Stil eines Gutshauses vorgegeben war. Schumacher hatte sie eher in der Typologie eines vorstädtischen Privathauses gestaltet, unsymmetrisch mit einer nur auf einer Seite im Winkel angeschlossenen, einseitig offenen Pergola. Seine selbstgestellte Forderung nach Einheitlichkeit erfüllte er hier nur bezüglich des Baumaterials und der Ausbildung der schmückenden Details.

Der Prototyp aller übrigen Baukörper war in gewisser Weise die Kaskade, ein symmetrischer, glatter Körper aus rotem Sichtmauerwerk mit keramischen Schmuckbändern von Richard Kuöhl. Dieser kleinste von Schumachers Stadt-parkbauten wirkte in seiner einfachen Körperbildung monumentaler als diese. Seine auf die Fernwirkung hin gestaltete äußere Form war von keiner inneren Nutzung abhängig. Mit seinen zwei durch je ein Rechteckprisma betonten Treppenanlagen und dem leicht sich vorwölbenden Segment eines Zylinders auf ovalem Grundriß mit den Kaskadenausläufen in der Mitte war er zugleich selbständiger Baukörper und Teil der konkaven Uferlinie im ovalen Becken des Stadtparksees. Da er in den Hang gebaut war, entwickelte er sich nur zum See hin mit einer eigenen Plastizität und war von der großen Wiese aus lediglich durch eine Balustrade zum See hin und zwei seitlich abgerückte, die Uferlinie zusätzlich betonende Pergolen erkennbar. Ohne Dach, bestand dieses Gebäude nur aus einfachen stereometrischen Körpern, die ohne die Vermittlung zusätzlicher Elemente aneinandergesetzt waren. Mit seinen teils glatten, teils durch regel-mäßig herausragende Binder flächig und seriell gemusterten Backsteinmauern und dem zurückhaltenden keramischen Schmuck muß es für das damalige Empfinden vieler Besucher geradezu nackt gewirkt haben. Unter den frühen Schumacherbauten in Hamburg ist das Kaskadengebäude bei weitem das abstrakteste. Seine klaren Formen und die Härte seiner Mauerflächen machten es außer zu einem Monument des Wassers auch noch zu einem Monument des roten Backsteins. Den heutigen Betrachter muten die wenigen erhaltenen Bilder dieses Gebäudes modern an, wie eine Vorwegnahme der in der zweiten Hälfte der zwanziger Jahre entstandenen kubischen Bauten Schumachers, etwa der Finanz-behörde, den späteren Schulen oder den Bauten auf dem Ohlsdorfer Friedhof.

Die gleiche Anordnung der Volumen konnte man bei den anderen beiden Bauten am See wiederfinden, wenn diese auch wesentlich größer und von ihrem inneren Aufbau her komplizierter waren als die Kaskade und infolge ihrer hoch aufge-türmten Dachlandschaft nicht mehr die gleiche kubische Härte aufwiesen. Beim Stadtcafé wölbte sich der über die ganze Breite des Gebäudes reichende Innen-raum ebenfalls in einem Zylindersegment auf ovalem Grundriß aus dem Recht-eckprisma des Hauptbaus hervor. Zwei symmetrisch angeordnete Loggien umfaßten eine Außenterrasse und verbreiterten sich in einem Vorsprung noch einmal um ein kleines Hafenbecken mit einer Anlegestelle für Sportboote, zu dem von der Terrasse wiederum zwei Treppen hinabführten. Zum See hin war dieses Becken nach dem Vorbild des kleinen Elbhafens am Schloß Pillnitz bei Dresden

Fritz Schumacher, Stadtcafé, Stadtpark
Hamburg, 1914–1916

durch zwei zum Gebäude parallellaufende Mauern geschützt, auf denen hier zwei bronzene Tritonen ihre Hörner bliesen. Zur Landseite umschlossen zwei seitliche Anbauten wie bei der »Milchwirtschaft« den Eingangsbereich und bildeten einen kleinen Cour d'honneur, dem zwei geometrisch angelegte Gartenflächen vorgelagert waren.

Selbst bei dem raumgreifenden, weit stärker gegliederten Bau der Stadthalle ließ sich das Muster des Kaskadengebäudes sowohl in der Grundrißdisposition wie in der Baumassenausbildung und bei der Einbindung in den Außenraum ablesen. Es fand sich hier, noch deutlicher als schon beim Stadtcafé, gewissermaßen verdoppelt, nach zwei Seiten hin voll ausgebildet. Einmal ließ es sich in einer einfachen Ausbildung zum Parkeingang hin ablesen, wo der oben beschriebene, vorgewölbte Eingangsbau mit zwei flachen, seitlichen Vorbauten einen weiten Vorplatz bildete. Auf der Seeseite wurde das räumliche Grundmuster dann in seiner ganzen monumentalen Kraft zu einem komplexen Gebilde entwickelt. Hier waren es nicht nur die seitlichen Loggien der Restaurantterrassen, sondern gewissermaßen auch noch die Stufenreihen längs des rechteckigen vorgelagerten Wasserbeckens, die die Ausgangsfigur nachzeichneten. Der ovale Mittelrisalit war hier in einen leicht vorspringenden zentralen Baukubus integriert worden, der sich auch im Dachkörper höher entwickelte als die Seitenflügel. Aus dieser Dachfläche ragte dann ein weiterer ovaler Zylinder heraus, der wiederum mit einem großen ovalen Mittelsaal im Hauptbau korrespondierte und so im Äußeren dessen innere Raumentwicklung ablesbar machen sollte.

Es würde zu weit führen, diesen ausführlichen Beschreibungen von im Kriege beschädigten und längst abgebrochenen Bauten und ihrer Einbindung in die Außenräume des Stadtparks auch noch eine Beschreibung ihrer jeweiligen Innenräume folgen zu lassen. Aber aus der gegebenen Skizze des streng symmetrischen Aufbaus der Volumina dieser Bauten läßt sich bereits ohne Mühe ableiten, daß die innere Raumorganisation grundsätzlich diesem folgen mußte und daß nicht sie ihrerseits die Gestaltungslinie bestimmen konnten. Die zentralen Baukörper beherbergten in allen Stadtparkbauten große Räume, die mit der Erscheinung des Äußeren nicht in Widerspruch gerieten. Sie versuchten sich jeweils dem Ideal der einräumigen Bauten anzunähern, dem Friedrich Ostendorf in seiner Entwurfslehre einen so bedeutenden Platz eingeräumt hatte, weil nur mit ihnen wirklich monumentale Architektur zu bilden sei.[45]

Am Zusammenspiel der beschriebenen Bauten mit den Außenräumen des Stadtparks und seiner Gesamtanlage wird in klarer Form das Raumdispositiv ablesbar, das Schumachers gesamtes weiteres Werk bestimmen wird. In immer neuen, auf den jeweiligen örtlichen Kontext und die jeweilige Aufgabe eingehenden Variationen läßt es sich bei einer Vielzahl seiner Bauten, Parks und Wohnviertel wiederfinden. In einer seiner dichtesten Schriften hat Schumacher kurz nach seinem Kölner Intermezzo 1923 auf dem Krankenbett die Grundprinzipien seines Entwurfskonzeptes dargestellt,[46] und wir finden dort in großer Zahl Hinweise auf dieses Raumschema, dessen Verwandtschaft mit den großen barocken Raumkunstwerken er nie geleugnet hat.

Schumacher schrieb dort in Anlehnung an Albert Erich Brinckmanns[47] und Herman Soergels[48] Theorien zur Raumkunst: »Architektur ist die Verwirklichung konkaver Absichten durch konvexe Bildung.«[49] Dieser zunächst etwas dunkle Satz erhellt sich, wenn man im folgenden die sehr anschauliche Darstellung liest, wie die sinnliche Wahrnehmung des Raumkunstwerkes von der Bewegung des Betrachters abhängt. In vier einfachen Schemadarstellungen erläutert Schumacher die unterschiedlichen Wahrnehmungsvorgänge gegenüber einem Tafelbild, einer Vollplastik, einem Innenraum und einem Bauwerk, das in einen Außenraum eingebunden ist.[50] Dabei wird zum einen klar, daß ein Raumkunstwerk nur erfahrbar ist aufgrund der Bewegung des Betrachters in diesem Raum und durch seine Fähigkeit, die zeitlich verschobenen Einzelwahrnehmungen gedanklich zu einem einheitlichen Raumeindruck und Gesamtbild des komplexen Gebildes zusammenzufügen. Der Raum bedarf zu seiner Wahrnehmung der Zeit als einer vierten Dimension. »Dieser Zeitbegriff ist untrennbar mit dem vollen Erfassen des Wesens der Architektur verbunden. Wir stoßen hier an eine verwandte Überlegung, wie sie an der Schwelle der Relativitätslehre steht. Erst wenn wir den Zeitbegriff der Bewegung mit den Begriffen der drei Koordinatensysteme des Raumes verbinden, können wir das Phänomen voll erfassen, das uns im architektonischen Kunstwerk entgegentritt.«[51] Zum anderen macht Schumacher mit seinen Schemadarstellungen deutlich, daß der Außenraum ebenso wie der Innenraum grundsätzlich als konkav wahrgenommen wird. Der Grundeindruck des Konkaven überlagere die faktisch konvexe Ausbildung der Einzelbauwerke, die den jeweils betrachteten Außenraum bilden.

Die Schemazeichnung, an der Schumacher dieses Phänomen erläutert, ähnelt in erstaunlicher Weise dem soeben beschriebenen Raumdispositiv für die Bauten des Stadtparks. Schumachers Bauten sind tatsächlich fast immer auf diesen hier dargestellten Raumeindruck hin komponiert. Selbst freistehende Einzelbauten, die keine Veranlassung zum Anbringen von Flügelbauten boten, folgten bei ihm diesem Schema, etwa die Trinkhalle im Stadtpark, bei der die umgebende Gartenanlage den bergenden, geschlossenen Raumeindruck erzeugen mußte, oder die Anlage des Mönckeberg-Denkmals in der Innenstadt, bei dem eine öffentliche Bücherhalle und die ihr vorgelagerte Brunnenanlage von den wesentlich höheren umliegenden Geschäftshäusern derart ›gefaßt‹ wurden, daß sie von keiner Stelle aus ohne Blicküberschneidungen als freiplastischer Baukörper wahrgenommen werden konnten. Bei seinen Phantasien zur Umgestaltung Hamburger Plätze korrigierte er bestehende Stadträume derart, daß seiner Ansicht nach ohne Bezug zueinander gruppierte Einzelbauten durch Pergolen, Bepflanzungen, Ziermauern und das Einfügen neuer Gebäude zu einem geschlossenen Raumbild vervollständigt wurden.[52]

Weitergehende Konsequenzen als bei diesen überwiegend ästhetisch motivierten Korrekturen bestehender Platzanlagen hatte das von Schumacher im Stadtpark erstmals in voller Wirkungsbreite praktizierte Konzept des geschlossenen Raumes für die reformierten Bebauungspläne zu Stadterweiterungsgebieten am Dulsberg, in Horn, in Barmbek-Nord oder in der Jarrestadt.[53] Die künstlerischen Raumgebilde des Stadtparks, die einen sozialen Charakter nur aus ihren jeweiligen Nutzungsvorgaben erhalten hatten, wurden dort zu einem neuen Typus von Stadtraum weiterentwickelt, der in allen seinen Teilen von seiner sozialen Aufgabe geprägt war. Die wie beim Stadtpark an dreidimensionalen Modellen erarbeiteten Teilräume aber folgten dem gleichen Raumdispositiv: von harten Pflanzkanten und angrenzenden Baublöcken definierte Freiflächen bildeten jeweils das Herz der Siedlungen, und freistehende öffentliche Bauten, meist Schulen, hinter denen der Raum jeweils erneut von Wohnblocks geschlossen wurde, erzeugten darin optische Blickpunkte. Die Fahrstraßen dagegen folgten grundsätzlich nicht diesen Blickachsen, sondern tangierten die Freiflächen lediglich oder waren von diesen sogar um eine Blockbreite versetzt angeordnet. In dieser »Wohnstadt Hamburg« fanden Schumachers beim Stadtpark begonnenen raumkünstlerischen Modellversuche das von Anfang an erstrebte soziale Anwendungsfeld. Vor allem hier und in der neuen Geschäftsstadt, die an der Stelle der ›sanierten‹ Gängeviertel der Altstadt entstand, entfaltete Schumacher schließlich seine spezifische moderne Großstadtarchitektur.

Das Charakteristikum dieser Schumacherschen Moderne ist keine jener stilistischen Besonderheiten mehr, denen die Kunstkritik seit den zwanziger Jahren so großes Gewicht beimaß. Wie er im Stadtpark die heimatschützlerische »Milchwirtschaft« neben das Stadtcafé und die Kaskade mit ihrer unterschiedlichen Formensprache und doch ähnlichen körperlichen Ausbildung setzte, so konnte er später nach seinen Bebauungsplänen Architekten mit so unterschiedlichen

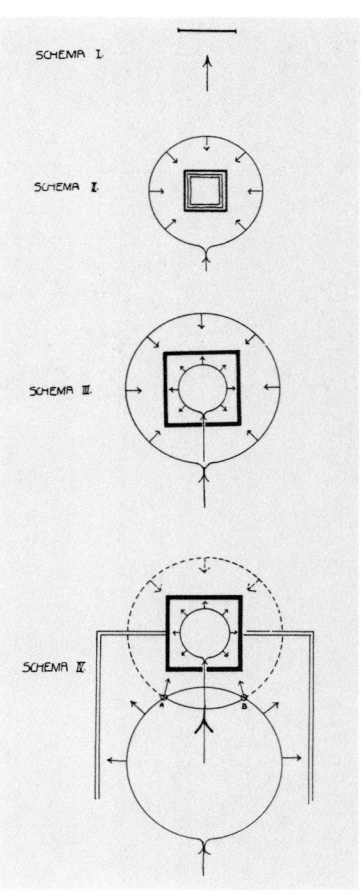

Fritz Schumacher, Schema zur räumlichen Wahrnehmung, um 1926

Auffassungen wie Karl Schneider, Fritz Höger, Hans und Oscar Gerson oder Paul Frank nebeneinander bauen lassen, ohne fürchten zu müssen, daß das gewünschte raumkünstlerische Ensemble nicht zustande käme. Fragen wie die nach Flachdach oder Steildach, nach Betonung der Horizontalen oder der Vertikalen, nach Hochhaus oder Flachbau, nach ›modernem‹ oder ›unmodernem‹ Baumaterial, weißem Putz- oder rotem Klinkerbau stellten sich ihm nicht generell, sondern nur im jeweiligen stadträumlichen Kontext. Schumacher hielt es für ziemlich unwahrscheinlich, »daß wir je wieder zu einer so bestimmt umrissenen Sprache kommen werden, wie frühere Epochen sie auf formalem Gebiete besaßen«, und forderte, »den Ausdruck des kulturellen Wesens unserer Zeit nicht in Formen irgendwelcher Art zu suchen, sondern in der charaktervollen Gestalt der baulichen Organismen, die wir zu schaffen haben. Der Organismus selbst ist die unserer Zeit gemäße Form, nicht das, was sich im Einzelnen an ihm ausgebildet zeigt.«[54] So gesehen bleibt es auch müßig, einen späten ›modernen‹ und einen ›unmodernen‹ frühen Schumacher zu unterscheiden. Eine Teilung seines Werkes nach formalen Gesichtspunkten der genannten Art läuft seiner eigenen Auffassung zuwider, wonach die dringendsten Erfordernisse einer Zeitepoche und der besondere Charakter eines Ortes die Phantasie des Entwerfers anzuregen und zu zügeln haben. Der schöpferische Entwerfer wisse, »daß es Architektur ohne Auseinandersetzung mit einem Stück Welt und einem Stück Menschenbedürfnis überhaupt nicht gibt, und daß die wirklich gesunde Phantasie sich erst auf diesem Stück Mutterboden entfalten kann. Ihre beiden Patengeister heißen *Genius loci* und *Genius temporis.*«[55]

Schumachers Raumvorstellung, die sich immer in optisch geschlossenen, endlichen Räumen verwirklichte, fand, wie wir wissen, nicht die ungeteilte Anerkennung seiner Zeitgenossen. Ihr standen nicht nur die Anhänger des traditionellen Landschaftsgartens entgegen, sondern auch jene ›avantgardistischen‹ Kollegen, die den natürlichen Raum für die gesamte Neue Stadt wiedergewinnen wollten, um in seinem unendlichen Fluß eine von den Fesseln der Raumkunst befreite Architektur aus nur konvexen, freiplastischen Raumkörpern errichten zu können. Für sie waren die Bestrebungen zur Schaffung eines modernen Stadtraumes mit den Mitteln der Raumkunst überflüssig und unzeitgemäß. Sie suchten statt dessen die völlige Auflösung des städtischen Raumes und verstanden entsprechend die Stadtplanung als eine rein technische Disziplin auf natur- und sozialwissenschaftlicher Grundlage, die nicht nur der künstlerischen Intervention nicht mehr bedurfte, sondern der diese grundsätzlich wesensfremd war.

Wir wissen, in welchem Maße sich diese Auffassung gerade während der vierziger Jahre durchsetzen konnte. Ihr ist der Abbruch der Stadtparkbauten vermutlich mehr geschuldet als den Kriegszerstörungen. Schumachers Konzept der Moderne war in der Wiederaufbauzeit nicht mehr durchsetzbar, und viele seiner Zuhörer konnten 1945 in seinem Hinweis auf das Fluidum Hamburgs, das es beim Wiederaufbau zu bedenken gäbe, nichts anderes erkennen als den rhetorischen Schlenker eines alten Mannes, der einer vergangenen Epoche angehörte. Schumacher vertrat für sie eine fremdgewordene Architektur, von der sie nicht mehr wußten, daß sie der Großstadt des 20. Jahrhunderts vor allem aus sozialen Gründen eine mit Ort und Zeit versöhnte neue Form geben wollte. Die ›Architektur‹ hieß inzwischen nur noch das ›Bauen‹, und die ›Stadtbaukunst‹ war zur ›Stadtplanung‹ mutiert. Beide waren nach ihrem neuen Verständnis keine künstlerischen Disziplinen mehr, sondern rationale Ingenieurwissenschaften, die objektiven Gesetzmäßigkeiten folgten.

Schumacher vertrat tatsächlich noch andere Ziele. Seine Architektur sollte in der umfassendsten Weise ›sozial‹ sein, und das bedeutete, daß sie nicht nur vom Inhalt ihrer Zwecksetzung her nützlich sein mußte, sondern daß ihre Benutzer und Betrachter sie mit ihren Gefühlen und Sinnen wahrnehmen sollten. Die »sinnliche Wirkung des baulichen Kunstwerkes« war für ihn das höchste Ziel der

Fritz Schumacher, Volksschule Bogenstraße,
Hamburg, 1929–1931

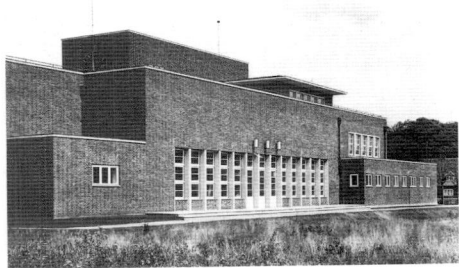

Fritz Schumacher, Volksschule Berne,
Hamburg, 1929–1930

Architektur. In seiner Schrift über *Das bauliche Gestalten* widmete er dieser Frage ein Kapitel. Dort erwähnt er das »Raumerlebnis der Seele«, von dem Lichtwark an einer Stelle in seinen *Reisebriefen* nach einem Besuch der Pariser Comédie française geschrieben hatte.[56] In dieser Metapher fand er die verschiedenen Sinneseindrücke beim Durchschreiten, Erfühlen und Wahrnehmen eines baulichen Kunstwerkes verdichtet, die Fähigkeit der Architektur, nicht nur den Weg des Menschen im Raum zu lenken, sondern auch über die Sinne seine Gefühle anzusprechen und so seine Seele zu berühren: »Dieses seelische Erleben eines architektonischen Organismus setzt sich nicht etwa um in ein anderes Seelenerlebnis, zu dem es den Anstoß gibt, es bleibt das, was es ist, etwas ganz Eigenwertiges und Eigentümliches, etwas Sinnliches. Es ist gleichbedeutend mit dem höchsten Erfassen der Baukunst, dem lebendigen Erfassen der Baukunst als Raumgefüge.«[57]

Schumachers Versuch, in einer ›organischen‹ Raumkunst der Architektur und dem Städtebau eine künstlerische, nur mit den Sinnen und Gefühlen zu erfassende Dimension zu erhalten, wird in jüngster Zeit wieder besser verstanden. Die heutige Architektur, die sich gerade von einigen der über Jahrzehnte erstarrten Dogmen ihrer Disziplin zu befreien sucht, droht ähnlich wie die Reformarchitektur der Jahrhundertwende, aus der Schumachers Werk hervorgegangen war, in ein nur oberflächlich formal verstandenes Künstlertum zu verfallen. Schumachers Raumkunst erhält dadurch eine neue Aktualität, denn sie zeigt, daß jenseits der Stilfrage das Ästhetische eine wichtige soziale Rolle zu erfüllen hat.

Der Stadtpark ist nicht völlig verschwunden und auch nicht Schumachers Hamburg. Die erhaltenen Bauten haben häufig ihr Aussehen stark verändert, aber noch immer sind Reste jenes Fluidums zu spüren, von dem Schumacher in seiner letzten Rede gesprochen und das er in seinem Werk so qualitätsvoll aufgenommen hatte. Dieses Fluidum gilt es aufzuspüren und für die heutige Zeit mit neuen Inhalten und in neuer Form nutzbar zu machen.

Fritz Schumacher, Polizeiwache Alsterdorf,
Entwurf, Hamburg, 1928

## Anmerkungen

1 Fritz Schumacher: Fahrt durch Hamburgs Ruinen. In: ders.: Selbstgespräche. Erinnerungen und Betrachtungen. Hamburg: Axel Springer 1949, S. 275.

2 Schumacher beklagt in seinen Schriften mehrfach nicht nur den Verlust der meisten seiner Bauten, sondern auch den seines gesamten zeichnerischen Werkes. Beides stellt sich aus heutiger Sicht etwas anders dar. (Vgl. Darstellung des Schumacher-Nachlasses bei: Werner Kayser: Fritz Schumacher. Architekt und Städtebauer. Hamburg: Christians 1984, S. 15–18.) Fast alle Schumacher-Bauten wurden im Zweiten Weltkrieg mehr oder weniger stark beschädigt, aber ihre überwiegende Mehrzahl ist heute noch erhalten. Die Abbrüche in der Nachkriegszeit übertreffen die Totalverluste der Kriegsjahre. Der künstlerische Nachlaß in den Hamburger Archiven ist trotz großer Lücken immer noch so umfangreich und qualitätsvoll, daß er eine eigene Veröffentlichung verdiente.

3 Fritz Schumacher: Trümmer. In: ders.: Nachlese. Philosophische Betrachtungen. Gedichte. (Postum hrsg. von Otto Rautenberg.) Hamburg: Privatdruck 1951, S. 48.

4 Konstanty Gutschow verfolgte bei seinen Arbeiten für einen Hamburger Generalbebauungsplan während des Krieges konsequent das Konzept der Stadtlandschaft weiter und informierte Schumacher regelmäßig über den Fortgang der Arbeiten, vgl.: Konstanty Gutschow: Generalbebauungsplan 1944: Erste Skizze. Gedruckter Bericht (Hamburgisches Architekturarchiv). Öffentlich äußert sich Schumacher zweimal zu Planungsfragen, am 22. 1. 1944 und am 10. 10. 1945; vgl.: Fritz Schumacher: Hamburg. Ausführungen bei der Verleihung des Lessingpreises am 22. Januar 1944. Hamburg: Johann Trautmann Verlag o. J.; sowie ders.: Zum Wiederaufbau Hamburgs. Rede im Rathaus am 10. Oktober 1945. Hamburg: Johann Trautmann Verlag 1945.

5 Schumacher: Zum Wiederaufbau (s. Anm. 4), S. 6 f.

6 Vgl. Fritz Schumacher: Kulturprobleme der Großstadt. In: ders.: Kulturpolitik. Neue Streifzüge eines Architekten. Jena: Diederichs 1930, S. 95 ff.

7 Fritz Schumacher: Das Bauschaffen der Jetztzeit und historische Überlieferung. Leipzig: Eugen Diederichs 1901, S. 20.

8 Fritz Schumacher: Architektonische Aufgaben der Städte. In: Robert Wuttke (Hrsg.): Die deutschen Städte, Bd. 1. Leipzig: Brandstetter 1904; hier zitiert nach: Fritz Schumacher: Streifzüge eines Architekten. Jena: Eugen Diederichs 1907, S. 144.

9 Fritz Schumacher: John Ruskin. Der Apostel der modernen englischen Kunstbewegung. In: Kunst und Handwerk 47 (1897/98), S. 123–128. Abgedruckt in: ders.: Im Kampfe um die Kunst. Straßburg: Heitz 1899.

10 Schumacher verweist später noch einmal nachdrücklich auf Ruskins Einfluß; vgl. ders.: Strömungen in deutscher Baukunst seit 1800. Leipzig: Seemann 1935, S. 105 f.

11 Schumacher: Ruskin (s. Anm. 9), S. 123.

12 Er erhielt unter anderem folgende Rufe: Akademiedirektor Breslau, Direktor der Kunstgewerbeschule Düsseldorf, Professor an der TH Stuttgart, Stadtbaurat in Charlottenburg.

13 Vgl. Fritz Schumacher: Stufen des Lebens. Erinnerungen eines Baumeisters. Stuttgart, Berlin: DVA 1934, S. 285 ff.

14 Schumacher: Stufen (s. Anm. 13), S. 288.

15 Fritz Schumacher: Ein Volkspark, dargestellt am Hamburger Stadtpark. München: Callwey 1928.

16 Schumacher: Volkspark (s. Anm. 15), S. 60.

17 Zur Planungsgeschichte des Hamburger Stadtparks vgl. vor allem: Michael Goecke: Stadtparkanlagen im Industriezeitalter. Das Beispiel Hamburg. Berlin, Hannover: Patzer 1981.

18 Alfred Lichtwark: Park- und Gartenstudien. Die Probleme des Hamburger Stadtparks. Berlin: Bruno Cassirer 1909, S. 72.

19 Lichtwark: Gartenstudien (s. Anm. 18), S. 96.

20 Drei zweite Preise gingen jeweils an: Gebr. Röthe und W. Bungarten, Bonn; H. Föth, P. Recht und P. Bachmann, Köln; P. Freye, Charlottenburg, Herm und Reuther, Steglitz; drei dritte Preise erhielten: J. P. Großmann, Leipzig; M. Meyer, R. Elkart und O. Wilkening, Hamburg; sowie F. Roeckle und C. Schwede, Stuttgart; drei Ankäufe: Max Läuger, Karlsruhe; G. Kuphaldt und E. Friesendorff, Riga; W. Petschow, Hamburg.

21 Leberecht Migge: Der Hamburger Stadtpark, Läuger und Einiges. In: Die Raumkunst, 1908, H. 17; sowie ders.: Der Hamburger Stadtpark und die Neuzeit. Die heutigen öffentlichen Gärten – dienen sie in Wahrheit dem Volke? Betrachtungen eines Praktikers. Hamburg: Conrad H. A. Kloss 1909.

22 Schumacher: Stufen (s. Anm. 13), S. 309.

23 Schumacher: Volkspark (s. Anm. 15), S. 26 f.

24 Lichtwark: Gartenstudien (s. Anm. 18), S. 118; sowie ders.: Eine Alsterstadt. In: Jahrbuch der Gesellschaft Hamburgischer Kunstfreunde 1910, S. 35 f.

25 Vgl. die zeitgenössischen Darstellungen bei: Werner Hegemann: Der Städtebau nach den Ergebnissen der allgemeinen Städtebau-Ausstellung in Berlin nebst einem Anhang: Die internationale Städtebau-Ausstellung in Düsseldorf. 2. Teil. Berlin: Wasmuth 1913; sowie Hugo Koch: Gartenkunst im Städtebau. Berlin: Wasmuth 1913.

26 Lichtwark: Gartenstudien (s. Anm. 18), S. 111.

27 Lichtwark: Gartenstudien (s. Anm. 18), S. 113 f.

28 Schumacher: Volkspark (s. Anm. 15), S. 17 f.

29 Fritz Schumacher: Das bauliche Gestalten. In: Handbuch der Architektur, IV. Teil. Leipzig: Gebhardt's 1926, S. 32.

30 Schumacher: Das bauliche Gestalten (s. Anm. 29), S. 38.

31 Schumacher: Volkspark (s. Anm. 15), S. 25.

32 Schumacher: Kulturprobleme (s. Anm. 6), S. 121.

33 Schumacher: Volkspark (s. Anm. 15), S. 12.

34 Vgl. Paul Bröcker: Über Hamburgs neue Architektur. Mit einem Geleitwort von Gustav Schiefler. Hamburg: Conrad H. A. Kloss 1908.

35 Zur Heimatschutzbewegung in Hamburg vgl.: Kurt Rauhschnabel: Stadtgestalt durch Staatsgewalt? Das Hamburger Baupflegegesetz von 1912. Hamburg: Christians 1984.

36 Schumacher, Kulturprobleme (s. Anm. 6), S. 138.

37 Schumacher, Kulturprobleme (s. Anm. 6), S. 138.

38 Fritz Schumacher: Das Wesen des neuzeitlichen Backsteinbaus. München: Georg Callwey 1921, S. 9.

39 Schumacher: Backsteinbau (s. Anm. 38), S. 10.

40 Zuletzt in seiner Rede vom 22. 1. 1944, Schumacher: Hamburg (s. Anm. 4), S. 14.

41 Vgl. bei Rauhschnabel: Stadtgestalt (s. Anm. 35).

42   Fritz Schumacher: Wie das Kunstwerk Hamburg nach dem grossen Brand entstand. Ein Beitrag zur Geschichte des Städtebaus. Berlin: Carl Curtius 1920, S. 55.

43   Schumacher: Strömungen (s. Anm. 10), S. 124.

44   Schumacher: Ein Volkspark (s. Anm. 15), S. 91.

45   Friedrich Ostendorf: Theorie des architektonischen Entwerfens. Berlin: Ernst & Sohn 1913; Schumacher setzt sich in seiner Schrift *Das bauliche Gestalten* (s. Anm. 29) ausführlich mit Ostendorf auseinander, der wie er selbst stark von der Lehre Carl Schäfers beeinflußt war. Er zitiert dort (S. 50) die postume Ausgabe von Ostendorfs Werk, ders.: Sechs Bücher vom Bauen. Berlin: Ernst & Sohn 1922.

46   Vgl.: Schumacher: Stufen (s. Anm. 13), S. 375 f.

47   Albert Erich Brinckmann: Platz und Monument. Berlin: Wasmuth 1908; ders.: Plastik und Raum als Grundformen künstlerischer Gestaltung. München: Piper & Co. 1922.

48   Herman Soergel: Theorie der Baukunst. Bd. I. Architektur-Ästhetik. München: Piloty & Loehle 1921, 3. Aufl.

49   Schumacher: Das bauliche Gestalten (s. Anm. 29), S. 27.

50   Schumacher: Das bauliche Gestalten (s. Anm. 29), S. 31.

51   Schumacher: Das bauliche Gestalten (s. Anm. 29), S. 30.

52   Fritz Schumacher: Zukunftsphantasien über alte Hamburg Plätze. Braunschweig, Hamburg: Georg Westermann 1921.

53   Vgl.: Fritz Schumacher: Vom Werden einer Wohnstadt. Bilder vom neuen Hamburg. Hamburg: Georg Westermann 1932; sowie Hermann Hipp: Wohnstadt Hamburg. Mietshäuser der zwanziger Jahre zwischen Inflation und Weltwirtschaftskrise. Hamburg: Christians 1982.

54   Schumacher: Das bauliche Gestalten (s. Anm. 29), S. 61 f.

55   Schumacher: Das bauliche Gestalten (s. Anm. 29), S. 44 f.

56   Schumacher: Das bauliche Gestalten (s. Anm. 29), S. 32.

57   Schumacher: Das bauliche Gestalten (s. Anm. 29), S. 32.

Fritz Schumacher, Idealentwürfe für eine
Monumentalbühne, Bühnenbild zu Johann
Wolfgang von Goethes *Iphigenie auf Tauris*,
um 1919

Christian Weller
## Reform der Lebenswelt durch Kultur.
## Die Entwicklung zentraler Gedanken Fritz Schumachers bis 1900

Als der vierzehnjährige Fritz Schumacher gemeinsam mit seinem Bruder Hermann Anfang des Jahres 1883 nach Bremen, seiner Geburtsstadt, zurückkehrte, stellte er beim Vergleich mit den Altersgenossen fest: »...wir dachten anders.«[1] Hinter ihnen lagen drei Jahre Kolumbien und sechs Jahre New York, nur von kurzen Aufenthalten in der Heimatstadt unterbrochen, denn ihr Vater, Hermann Albert Schumacher, war unmittelbar nach Gründung des Deutschen Reiches zunächst mit dem Aufbau einer Ministerresidentur in Bogotá, dann mit dem Generalkonsulat in New York betraut worden.[2] Den anstehenden Ortswechsel nach Peru machten die beiden Jungen nicht mit: Sie sollten nun endlich eine geregelte Schulbildung erhalten, nachdem es in dieser Angelegenheit bis dahin nur vereinzelte und eher unorthodoxe Ansätze gegeben hatte.

Der Unterschied der Lebenswelten war beachtlich. Im kleinen und überschaubaren Bremen begannen sich die partikularistischen, oft Jahrhunderte alten Traditionen nur allmählich aufzulösen, und die Schumachers als angesehene Patrizierfamilie – der Urgroßvater war der letzte auf Lebenszeit gewählte Bürgermeister der Hansestadt gewesen – pflegten sie besonders. So erinnert sich Fritz Schumacher später: »Wir Brüder hatten uns in einer Welt zurechtzufinden, die kein Theoretiker zu derjenigen, aus der wir kamen, entgegengesetzter hätte konstruieren können. Wir wild und abenteuerlich Aufgewachsenen kamen plötzlich in die unantastbare Ordnung...«[3]

Mit dem vielen Diplomatenkindern eigenen Geschick lebte Schumacher sich auch in diese, für ihn mit dem Reiz des Fremdartigen versehene Kultur ein. So entstand eine positive Grundhaltung, die ihm auch die Bewältigung des zeittypischen Bildungspensums am humanistischen Gymnasium als selbstgewählt erscheinen ließ, die andernorts Stoff für Tragödien des heraufbrechenden Generationenkonfliktes bildete.

Vermutlich läßt sich die eigenständige Haltung, die Schumacher in späteren Jahren zu Fragen der Traditionsbindung einnahm, auf die beschriebene Konstellation zurückführen: das Erleben seiner Jugend inmitten eines funktionierenden Traditionszusammenhanges nach einer weitgehend ungebundenen Kindheit in der modernsten Großstadt der damaligen Zeit. Die Liebe zum Althergebrachten erklärt sich daraus ebenso wie der unverkrampfte, freie Umgang damit.

Vor allem hat Schumacher im Extrem am eigenen Leib den Widerspruch zwischen Tradition und Moderne erfahren, der in diesen Jahren auf allen Gebieten, gerade auch innerhalb Deutschlands, aufbrach. Die beiden Schauplätze seiner frühen Jahre rückten in dieser Zeit zusammen, denn der sogenannte ›Amerikanismus‹ wurde in den Gründerjahren, in denen das Land einen immensen Industrialisierungsschub erlebte, zum integralen Bestandteil der deutschen Kultur, auch wenn viele Konservative das nicht wahrhaben wollten. Die aufbrechenden Widersprüche wurden von den erstarrten alten Formen nicht mehr bewältigt: So wie das Feudalsystem an der sich organisierenden Industriearbeiterschaft scheiterte, so versagten die historischen Stile an den neuen Bauaufgaben und die ›Bildungsphilister‹ an der neuen Kunst. Das intellektuelle Erfassen dieser Situation fällt erst in die Studienjahre Schumachers. Was sich aber bereits in der Schulzeit feststellen läßt, sind seine wohlwollende Aufmerksamkeit für die verschiedenen Seiten des Konfliktes und sein Drang, zu einer Synthese der Widersprüche zu kommen.[4]

Am Ende des hier behandelten Zeitraums, der Wende ins neue Jahrhundert, hatte Schumacher den Ansatzpunkt gefunden, von dem aus er die auseinanderstrebenden Tendenzen der Zeit gedanklich und dann auch praktisch zusammenführen wollte. Die hier gefundene Konzeption blieb trotz aller späteren Einflüsse und Weiterentwicklungen grundlegend sowohl für sein architektonisches wie auch für sein schriftstellerisches Werk: Die Befreiung der Kunst von den Entstellungen des Historismus soll den Zugang zu menschlichen und überzeitlichen Werten wieder eröffnen, und die Durchdringung des Alltags mit diesem Geist soll über die Umgestaltung der Umwelt letztlich den Menschen erheben und bessern. Ziel ist die »Wiedereroberung einer harmonischen Kultur«[5], wobei der Begriff der »Wiedereroberung« sowohl die Orientierung an Zuständen funktionierender Traditionszusammenhänge anklingen läßt als auch den Kampf um neue, den veränderten Bedingungen entsprechende Formen.

Eine Photographie, vermutlich aus dem Jahre 1901, zeigt Schumachers damaliges Arbeitszimmer. An ihr läßt sich der bis dahin erreichte Stand der Dinge ablesen: Der Wirkungsradius des Zweiunddreißigjährigen war noch recht begrenzt, neben der publizistischen Tätigkeit baute er Villen für private Bauherren, deren Wünsche er berücksichtigen mußte. Der Neuerungsgeist manifestierte sich also zunächst in der Gestaltung der eigenen Räume. Deren Mobiliar löst sich von den überkommenen Stilen, es wird auf einfache Grundformen reduziert und um zweckdienliche Zusätze erweitert. Schwungvolle Linien und betont ›werkgerechte‹ Handwerklichkeit stellen die Einheit her. Über dem Schreibtisch, dem Beweis einer ersten Wirksamkeit der geläuterten Kunst, wird der gedankliche Überbau in Form von Schumachers persönlichem Pandämonium sichtbar. Goethe als lorbeerbekränzter Dichterfürst tritt zwischen Max Klingers *Zeit und Ruhm* und einem Frauenbildnis Anselm Feuerbachs hervor – noch überragt von Arnold Böcklins *Toteninsel*.

Fritz Schumacher, Ausstattung des eigenen Arbeitszimmers, Dresden, um 1901

Das Fehlen des für Schumacher entscheidend wichtigen Friedrich Nietzsche mag auf einen Mangel an Bildnissen des gerade Verstorbenen zurückzuführen sein. In letzter Instanz stand aber doch wohl Goethes Suche nach einer allumfassenden Synthese für Schumacher höher im Rang als der von Nietzsche ausgehende starke Impuls zu radikaler Kulturkritik und -erneuerung, wobei Schumachers Goethe-Rezeption wiederum deutliche Spuren der lebensphilosophischen Diesseitigkeit und der Kunstreligiosität Nietzsches trägt. Die Bedeutsamkeit Goethes für Schumacher zeigt sich in dessen Auseinandersetzung vor allem mit dem Denken des Dichters,[6] die ihn sein Leben lang begleitete und weit über die zeittypische Bildungsbeflissenheit hinausging. Seine konstruktive Verwendung der Sinngebungsversuche des Künstlers und Denkers für den Aufbau eines modernen Weltbildes erinnert noch am ehesten an die frühen Schriften Rudolf Steiners.[7]

Fritz Schumacher, Insel im Hamburger Stadtpark, Entwurf, um 1910

Goethe, »der an der Schwelle steht von allen inneren Umgestaltungen unserer Zeit«,[8] war für Schumacher vor allem wichtig als Denker, der in einer »neuschöpferischen Tat«[9] die Grenzen zwischen Kunst und Wissenschaft, zwischen verschiedenen Kulturkreisen und Konfessionen überschritt, um ausgehend von einer ganzheitlichen und vertiefenden Betrachtung der Natur zu Sinnzusammenhängen ganz im Diesseits zu kommen.[10]

Eine solche monistische Auffassung ist auch gegenüber dem Symbolismus Arnold Böcklins möglich. Vor allem die *Toteninsel* wird von Schumacher als »eines der beredtesten Dokumente moderner Weltauffassung« gefeiert.[11] Der Behandlung menschlicher Grundthemen ohne Rückgriff auf den Fundus allegorischer Attribute und Anekdoten, rein aus der eindrücklichen Gestaltung einer Naturstimmung, wie sie sich in diesem Bild manifestiert, wird »ein grosser Einfluss auf unser künstlerisches Gefühl in allen Schaffensgebieten«[12] zugestanden. Von hier nehme das Streben nach einer »neuen Monumentalität«, »eine(r) feierliche(n), grosse(n) Architektursprache« seinen Ausgang.[13] In der Rückbesinnung auf ihre symbolschaffende Tätigkeit jenseits des Literarischen und Illustrativen gewinnt

Fritz Schumacher, Nietzsche-Denkmal,
Studie, 1898–1900

die Kunst für Schumacher einen eigenen Standort neben den alten, an Einfluß verlierenden Sinngebungsinstanzen, vor allem der Religion. Die Kunst ist »fähig, für die tiefsten Probleme ihre eigenen Lösungen zu finden«; sie »schafft selbständig auf einer Bahn für sich die Formeln einer eigenen, eigentümlichen Lebensphilosophie,... beugt sich keinem Einfluss äusserer Macht, sie spiegelt nur die Einflüsse innerer Mächte«.[14]

Dabei geht es Schumacher nicht um Ästhetizismus oder um architektonische Anleihen beim Malerischen. Die Eigenart und Selbständigkeit der verschiedenen Sparten der Kunst werden bei ihm eher betont.[15] Sein Enthusiasmus gilt einem allgemein Künstlerischen, an dem diese alle teilhaben, und das sich in einem Spannungsverhältnis zwischen zwei Polen situieren läßt: Als Aufhebung von Bindungen ermöglicht es der zum Leben erwachten Phantasie, befreit von gesellschaftlicher Arbeitsteilung und tradierten Formeln zum eigentlich Menschlichen vorzudringen. Verbindlichkeit erhält das Kunstwerk aber erst da, wo durch Reduktion auf das Wesentliche eine überindividuelle Gestaltung mit wirkungsmächtigem Stimmungsgehalt erreicht wird.

Nach dieser Auffassung stellt sich eine Einheit der Künste nur in einem Ausschnitt, wenn auch dem avanciertesten des gesamten Spektrums ein: zwischen Werken einer »monumentalen Gesinnung«, wie das Schlagwort der Zeit dafür heißt. Deren Wahrhaftigkeit soll das »Talmihafte« des nur Modischen entlarvend vor Augen führen und das rein Individuelle in den Hintergrund drängen.[16] Da sie den ganzen Menschen, nicht nur seine intellektuelle Seite ansprechen – auch dies ein Indiz der Nietzsche-Rezeption –, wird ihre Wirkungs- und Überzeugungskraft hoch eingeschätzt. Diese läßt sich noch steigern durch den hier möglich werdenden Verbund in umfassenden Gestaltungen. Der uns heute fremd gewordene Begriff der Monumentalität bezeichnet also in erster Linie das Streben nach ernsthafter Wirkung, nach einer konzertierten Aktion zur Schaffung von deutlichen Orientierungspunkten in einer als unübersichtlich empfundenen Welt. Die ›Stadtkrone‹ der mittelalterlichen Kathedrale[17] avancierte bekanntermaßen zu einem der Leitbilder dieser Bewegung. Ein anderes ist das Plakat, das in seiner auf das Wesentliche reduzierten Sprache das Stimmengewirr der Massengesellschaft zu durchdringen vermag; darauf weist die Forderung nach wirkungsvoller Einfachheit ebenso hin wie der reiche Ertrag, den gerade die Reformkultur um 1900 auf dem Gebiet der Plakatkunst erbracht hat.[18] Mit ihrem Führungsanspruch und ihrem Programm der Neugestaltung auf allen Gebieten läuten diese Künstler, zu denen mit eigener Sichtweise auch Schumacher gehört, das Zeitalter der Avantgarden ein.

Um 1900 bewegt sich Schumacher noch deutlich in den Grenzen des Kunstbetriebes. Später wird er seinen Wirkungskreis von der Innenraumgestaltung und dem Villenbau über die Realisierung von Wohnanlagen und Staatsbauten bis zum Städtebau und zur Landesplanung erweitern und dabei vor allem Fragen des Sozialen und Politischen immer stärker in ihrer Eigenständigkeit wahrnehmen. Aber noch 1909 bei seinem Amtsantritt in Hamburg definiert er sich in erster Linie als Künstler. So schreibt er an den zuständigen Senator: »Wenn mir die Stellung eines Hamburger Baudirektors übertragen würde, so würde ich mich dadurch verantwortlich fühlen für das künstlerische Niveau alles dessen, was unter staatlicher Leitung auf architektonischem Gebiete in Hamburg geschieht. Die künstlerische öffentliche Meinung in Deutschland würde das auch von mir verlangen.«[19] Die Verquickung eines idealistisch überhöhten Kunstbegriffes mit sozialreformerischen Zielen, die sich auch hier niederschlägt, wenn er als Ziele seiner Tätigkeit die »Vereinheitlichung der Geschmacksabsichten« und »die Hebung des Kulturzustandes« nennt,[20] bleibt bei allen Weiterentwicklungen prägend für sein Denken bis in die letzten Publikationen.[21]

Schumachers Denken wird außer von damals neuen Einflüssen wie der Lebensphilosophie Nietzsches, der aktuellen Kunstdebatte zum ›Fall Böcklin‹ oder den von Richard Wagner ausgehenden Bemühungen um das Gesamtkunstwerk auch durch klassische Bildungswerte bestimmt. Das Gymnasium vermittelt ihm wie den meisten seiner Altersgenossen die Werte des Neuhumanismus. Entsprechend finden wir auch bei ihm die an die Renaissance anknüpfende Orientierung am großen, universal gebildeten und fachübergreifend tätigen Individuum und einen emphatischen Bildungsbegriff, der noch im sozialen Engagement für Volksbildung diese mit Menschwerdung schlechthin identifiziert. Von hier aus läßt sich auch die Einschätzung Schumachers verstehen, selber an der Wende zu einem neuen Zeitalter zu leben, die sich fast naiv in seinen beiden frühen Arbeiten zu Baumeistern der Renaissance niederschlägt.[22]

Auch spätere Schriften verweisen auf einen reichen Fundus klassischer Bildung; für einen eigentlich nur nebenbei schreibenden Praktiker untypisch, sind sie von philologischer Sorgfalt und philosophischem Anspruch geprägt. Die kenntnisreiche Wiedergabe zentraler Gedanken von Plato, Aristoteles, Humboldt und Herder ist in seinen Werken ebensowenig ein Fremdkörper wie das Unternehmen, architekturtheoretische Texte aus annähernd zwei Jahrtausenden herauszugeben und zu kommentieren.[23] Hier ist auch das Vorbild des Vaters prägend gewesen, dessen Bedeutung für Schumacher kaum zu überschätzen ist. Wie dieser betrieb er neben der praktischen Berufstätigkeit historische Studien und widmete sich nach der Versetzung in den Ruhestand, die ebenfalls aus politischen Gründen erfolgte, ganz deren Publikation. Wie dieser in Bremen engagierte Schumacher sich in Hamburg für die Entstehung des Stadtparks und für die Kunstpflege. Auch haben die Arbeitsbereiche des Wirtschaftsfachmannes im diplomatischen Dienst das Blickfeld des Sohnes über die eigene Kunstbegeisterung hinaus erweitert und ihn früh mit Fragen der Ökonomie und Politik vertraut gemacht. Entsprechend wollte Schumacher zunächst Nationalökonomie studieren, nahm davon aber Abstand, als sein älterer Bruder Hermann dieses Fach wählte.[24] Über ihn, der 1899 eine Professur für Volkswirtschaft erhielt, blieb er allerdings mit diesem Fragenkreis stets in Kontakt.[25]

Ein besonderer Einfluß auf Schumacher ging von einer Einrichtung der Schule aus, die eine Elite der höheren Klassen auf das Studium vorbereiten sollte: dem seit 1822 bestehenden »Primaverein«.[26] Dieser ausgewählte Kreis von jeweils zwölf Primanern traf sich turnusmäßig, hin und wieder erweitert um Ehemalige, die nun bereits studierten. Hier herrschte ein »eigentümlich freie(r) Geist«.[27] Nach altüberlieferten Regeln hielt jeder Anwesende einen Vortrag über sein bevorzugtes Wissensgebiet; heiße Debatten und zuletzt geselliges Beisammensein schlossen sich an. Als Bezieher der Zeitschrift *Die Kunst für Alle* avancierte Schumacher schnell zum »Minister für bildende Kunst«,[28] und seinem »etwas verschlossenen Wesen gab dieser Verein erst die Gelegenheit, in geistigem Austausch und fröhlichem Beisammensein sein Inneres zu öffnen«.[29] Die ausgeprägte Fähigkeit, seine Position darzustellen und rhetorisch zu überzeugen, die für Schumacher in den späteren Jahren ein Hauptmittel bei der Durchsetzung seiner Vorstellungen wurde, hat er hier erworben.

Das Engagement in ›Freundschaftsbünden‹ von Künstlern und Intellektuellen zog sich vom »Primaverein« an durch sein ganzes Leben und markierte dessen Abschnitte. Neben geselligem Leben und geistiger Bereicherung brachten diese lockeren Organisationen Verbindungen, die Schumachers Karriere fördernd begleiteten. Nach dem Studium trat er der studentisch geprägten Vereinigung »Die Aumüller« in München bei. Hier ergaben sich Kontakte zu Verlegern,[30] auch die ersten Aufträge für Villen wurden hier vermittelt.[31] In Leipzig gehörte er dem Kreis »Die Stalaktiten« an,[32] in Dresden der Künstlervereinigung »Die Zunft«. Dieser Bund setzte sich bereits aus hochkarätigen Künstlern zusammen, hier wurde mit eigenen Ausstellungen, Publikationen und dem Erstreiten von Staatsaufträgen Kulturpolitik betrieben.[33] Die größte Wirksamkeit neben dem »Dürerbund«, zu dessen Vorstand er gehörte,[34] erreichte der von Schumacher

1907 mitgegründete »Deutsche Werkbund«. Dieses Bündnis einer Designerelite mit progressiven Industriellen überschritt den eher privaten Charakter der anderen Vereinigungen.[35] In seiner Hamburger Zeit gehörte er während der Novemberrevolution dem »Werkbund geistiger Arbeiter« an und später dem »Zwölferklub«,[36] der schon rein zahlenmäßig eine Altherrenausgabe des »Primavereins« darstellte.

Sein Studium ging Schumacher nicht so zielstrebig an, wie man es bei dem außerordentlichen Erfolg, den er später im Beruf gehabt hat, annehmen könnte. 1889 folgte er seinem Bruder nach München, der damals unbestrittenen Kunstmetropole des Reiches, war aber, wie gesagt, anfangs unentschieden über die Wahl des Studienganges. Eine erste Zeit verbrachte er mit dem Besuch von Lehrveranstaltungen verschiedener Fächer an unterschiedlichen Hochschulen der Stadt, bevor er sich auf die Architektur festlegte. Hier hoffte er, den Wunsch nach praktischer, auch sozialer Wirksamkeit mit seinen künstlerischen Interessen verbinden zu können. 1893 schloß er sein Studium trotz vielfältiger gesellschaftlicher Verpflichtungen mit Auszeichnung ab, nachdem er im Vorjahr ein Semester an der Technischen Hochschule Berlin verbracht hatte. Die ergänzende Praxis gab zu Beginn der Studienzeit ein Praktikum im Büro des Bremer Architekten Johann Georg Poppe, bei dem er unter anderem an der Innenausstattung eines Dampfschiffes zeichnete. Nach dem Abschluß des Studiums folgte eine Anstellung bei dem Münchener Stararchitekten Gabriel von Seidl, zunächst für den Wettbewerb, dann für die Ausführung des Bayerischen Nationalmuseums.

In den Hochschullehrern Friedrich von Thiersch und Carl Schäfer sowie in Gabriel von Seidl traf Schumacher auf die führenden Architekten des ausgehenden Historismus. Zu Paul Wallot, der diese Aufzählung erst vollständig macht, bestand erst später persönlicher Kontakt.[37] Sein dennoch spürbarer Einfluß ist auf seine Bauten, vor allem den Reichstag zurückzuführen, der Schumachers Generation als Beispiel einer beginnenden Überwindung des Historismus durch vereinfachende Monumentalität galt. Ein anderer Weg, der zu Wallot führte, ging über seinen Schüler Otto Rieth, der mit mehreren Bänden utopischer Architekturskizzen dessen Ideen weiterentwickelte und populär machte.[38] Schumachers 1900 in einer Mappe herausgebrachte *Studien* knüpfen direkt an diese Linie an und führen sie aus der Bindung an historische Stile heraus.

Durch Friedrich von Thiersch[39] erhielt Schumacher nicht nur die Einübung in dessen stilistisches Lieblingsgebiet, die italienische Renaissance. Thiersch war auch ein begnadeter Zeichner, der mühelos alle zur Verfügung stehenden Medien nutzte und mischte, um zu eindrucksvollen Präsentationen zu kommen.[40] Unter dieser Leitung erlebte der Student eine starke Förderung seiner zeichnerischen Begabung: Eine zum Abschluß des Studiums vorgelegte Mappe enthielt 96 großformatige Zeichnungen.[41] Die Anstellung bei Seidl läßt sich ebenso auf dieses zeichnerische Talent zurückführen wie die sich daran anschließende unter Hugo Licht in Leipzig. Schumachers Präsentation des Leipziger Rathauses erhielt 1900 auf der Weltausstellung in Paris eine Goldene Medaille, der Entwurf für ein Nietzsche-Denkmal die gleiche Auszeichnung 1904 in Saint Louis. Schumacher hatte so neben der Rhetorik auch die Kunst der optischen Darstellung in seinem Repertoire. Zusammen haben sie ihm eine später fast legendäre Überzeugungskraft gegeben.

Eine ganz andere Welt eröffnete ein Semester 1892 an der Technischen Hochschule Berlin. Dort lehrte Carl Schäfer,[42] dessen bevorzugter Stil die Gotik war. Ihr gegenüber empfand Schumacher zwar »mehr ein geistiges, als ein herzliches Vergnügen«.[43] Auch die Bauten Schäfers und seine denkmalpflegerische Konzeption stießen bei ihm, teilweise freilich erst in den Folgejahren, auf Widerstand.[44] Von starkem Einfluß aber war Schäfers Unterricht – auch auf einige spätere Weggenossen Schumachers wie Hermann Muthesius, Paul Schmitthenner und Hans Poelzig, mit dem ihn seit der Berliner Zeit eine Freundschaft verband.[45] In

Fritz Schumacher, Rathaus Leipzig, Präsentationszeichnung nach den Entwürfen von Hugo Licht, 1899

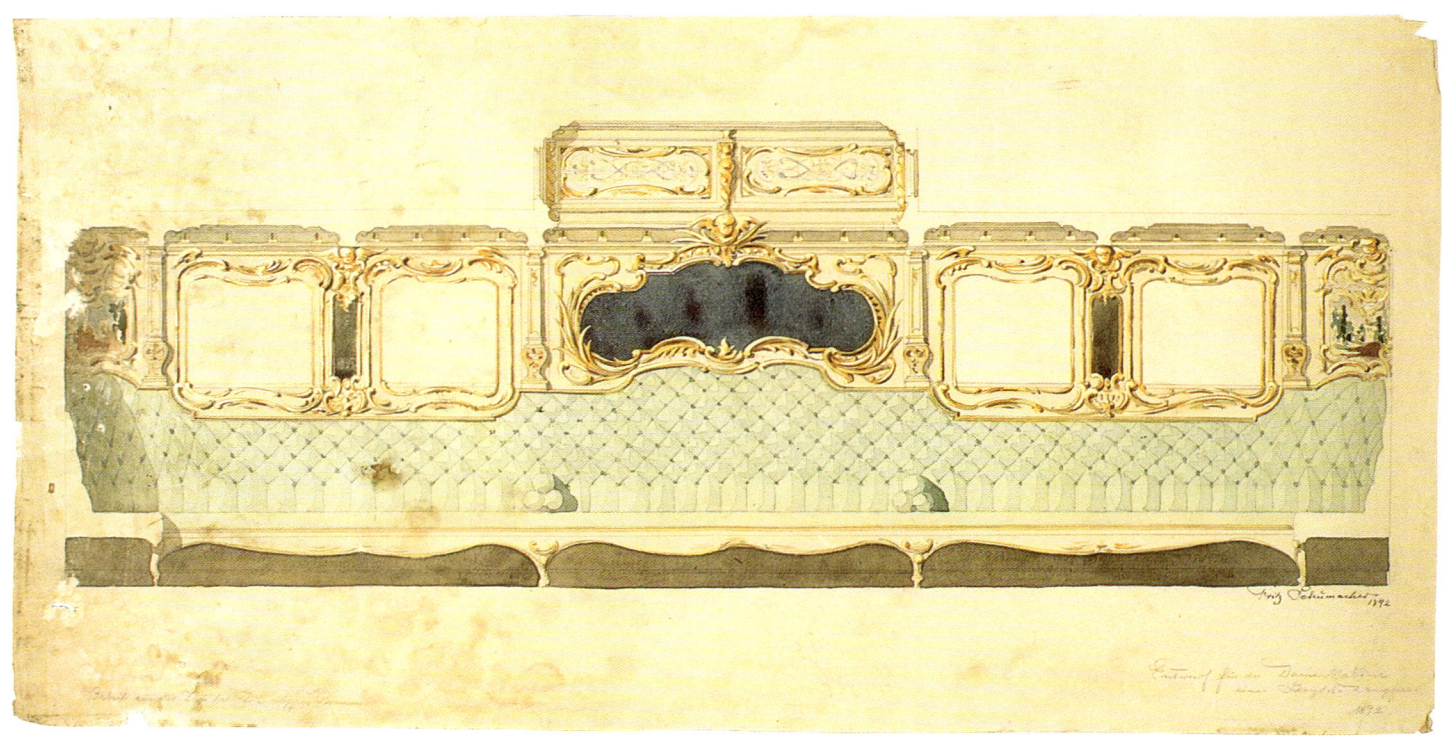

Fritz Schumacher, Innenausstattung des
Dampfers *Elbe*, Entwurf während eines
Praktikums bei dem Bremer Architekten
Johann Georg Poppe, 1892

ihrer unakademischen Ausrichtung an der praktischen Bauaufgabe und deren handwerklicher Grundlage nahm Schäfers Lehre spätere Ausbildungsreformen vorweg. Im gotischen Gewande transportierte sie moderne Gedanken über die Gewinnung der Gestaltung aus dem Zusammenhang von Funktion, Konstruktion und Material. Hier gelangte Schumacher zu der organischen Konzeption der Architektur, die mit seiner von Goethe geprägten Tendenz zur ganzheitlichen Betrachtung auf das beste harmonierte und fortan sein Denken und seine Schriften prägte: »Schäfer zeigte dem Neuling, wenn er mit ihm eine gotische Kirche entwarf, wie der Prozeß des architektonischen Denkens überhaupt vor sich geht; durch die Art, wie man Schnitt, Grundriß und Aufriß immer ineinander eingreifen lassen und wie man Form und Konstruktion stets gleichzeitig betrachten mußte, begann man, den Bau als Organismus aufzufassen.«[46]

Wieder andere Impulse brachte, als weiterer Vertreter des Historismus, Gabriel von Seidl, den Schumacher besonders verehrte.[47] Es muß für ihn eine große Bestätigung gewesen sein, bereits während des Studiums zeitweilig in den kleinen Kreis der Mitarbeiter dieses Architekten aufgenommen zu werden und nach dem Abschluß hier eine feste Anstellung zu finden. Anlaß war beide Male das Projekt des Bayerischen Nationalmuseums in München, einmal der Wettbewerb, dann, nach dem Zuschlag, die Ausführung. Hier eröffnete sich für Schumacher zum einen die Praxis eines Architekturateliers, einer realen Bauaufgabe, zum anderen war Seidl verglichen mit Thiersch und Schäfer freier im Umgang mit dem historischen Stilrepertoire, das er stärker seinem individuellen künstlerischen Empfinden unterordnete: »...das Archivarische interessierte ihn nicht gegenüber der unmittelbaren Wirkungskraft«.[48] Vor allem das Nationalmuseum wirkt in seiner malerischen Gruppierung von Gebäudeteilen verschiedener Anmutung wie ein resümierender Ausklang der Stilarchitektur, da Seidl versuchte, »für jede Zeitepoche die historische Raumform und damit die historische Stimmung anzustreben«.[49] So stellte Schumacher im Rückblick fest: »Ein reicheres Material, um daran als junger Werdender Erfahrungen zu sammeln, Beobachtungen zu machen und das wertvolle Gut der unwillkürlichen Eindrücke in sich aufzuspeichern, wird sich wohl nur schwer wieder finden lassen.«[50]

Seine ausgezeichneten Studienleistungen allein sind es allerdings nicht gewesen, die Schumacher ein Unterkommen in diesem Atelier verschafft haben. Durch Verbindungen seiner Familie und Bremer Bekannte erhielt er bereits zu Beginn seiner Münchener Zeit Anschluß an die kulturell führenden Kreise der Stadt. Vor allem Ferdinand von Miller[51] setzte sich für ihn ein, vermutlich auch bei dem befreundeten von Seidl. Der Bildhauer war, ähnlich wie Franz von Lenbach, ein Künstlerfürst mit mehreren repräsentativen Wohnsitzen und besten Verbindungen zum Hof. Durch ihn wurde auch der erste Privatauftrag an Schumacher vermittelt, der Umbau eines Schlosses in Tirol für den exzentrischen Kunstsammler Alexander Günther unmittelbar nach Studienabschluß.[52] Die weitreichenden Bauvorhaben kamen allerdings über die Realisierung eines großen Saales nicht hinaus, da Günther aus Gesundheitsgründen nach Italien ging und das Schloß verkaufte. Völlig auf sich gestellt hatte der Vierundzwanzigjährige die Aufgabe durch Studium der alten Techniken zu bewältigen und die örtlichen Handwerker anzuleiten. Seinem Mäzen bereitete es offensichtlich Freude, den begabten jungen Künstler überraschend mit schwierigen Aufgaben zu konfrontieren: »Ähnlich wie die geheimnisvolle Person in ›Wilhelm Meister‹ lenkte er, ohne daß ich es merkte, die Fäden meiner Erziehung, indem er mich in ungewöhnliche Lebenslagen brachte, und beobachtete mit amüsiertem Kennerblick, wie sie sich entwickelten.«[53] Günther zog Schumacher auch in den folgenden Jahren für Planungen am Gardasee heran und finanzierte zwischen 1895 und 1898 seine ausgedehnten Studienreisen.

Dem allseits interessierten Schumacher eröffnete sich in der bayerischen Kunstmetropole eine Vielzahl von Eindrücken. Theater, Literatur und vor allem

Fritz Schumacher, Schloß Prösels in Südtirol,
architektonische und landschaftliche Motive,
1893

bildende Kunst traten dabei allerdings bestimmend in den Vordergrund. Persönliche Kontakte ergaben sich außer zu den arrivierten alten Männern auch zu
jungen Künstlern, und typisch für Schumacher ist seine Offenheit sowohl
programmatischen Neuerungsbestrebungen als auch unbeugsamen Traditions-
wahrern gegenüber.[54] So verkehrte er ebenso in den Kreisen der »Gesellschaft für
modernes Leben«, die sich bewundernd und lautstark um Henrik Ibsen scharte,
wie im patriarchalen Hause ihres Hauptgegners, des Schriftstellers Paul Heyse:
»Da ich mit beiden Lagern Fühlung hatte, machte ich diese literarische Gärung
mit starker Anteilnahme mit. Künstlerisch war ich bei den Jungen, aber
menschlich gefielen sie mir nicht, da war mir Heyse lieber.«[55]
Es würde allerdings ein falsches Bild geben, wollte man Schumacher aufgrund
seiner guten Startbedingungen lediglich als privilegierten Bürgersohn darstellen.
Bereits während seines ersten Semesters starb der Vater und hinterließ die
Familie in finanziell beengten Verhältnissen: »Da die geistige Nahrung, zu der ich
das ganze Münchener Leben rechnete, keinesfalls zu kurz kommen sollte,
knappte ich der leiblichen alles ab, was nur eben ging, und einen ganzen Winter
habe ich... kaum zu Abend gegessen und in meinem Zimmer geschrieben und
gezeichnet, ohne zu heizen, was ganz gut ging, wenn man aus der Bettdecke eine
Art Toga machte. Am schlimmsten aber hatte, fürchte ich, meine Kleidung zu
leiden... Daß ich dennoch in den anspruchsvollsten Kreisen der Stadt freundlich
geduldet wurde, erfüllt mich nachträglich noch oft mit besonderer Dankbarkeit;
trotz bitterer Armut hat mir das ganze damalige München offengestanden.«[56]
Seinen kargen studentischen Lebensunterhalt bestritt Schumacher mit kurz-
fristigen Stipendien[57] und dem Verdienst aus eigener journalistischer Tätigkeit. Er schrieb Feuilletons, unter anderem für den *Pester Lloyd*, die *New
Yorker Staatszeitung*, die Bremer *Weser-Zeitung* und die *Gegenwart*, vornehmlich
über Literatur und bildende Kunst. Hier erarbeitete er sich die Leichtigkeit
des Schreibens, die er dann in so eindrucksvoller Art und Weise auf seinem eigentlichen Fachgebiet, Architektur und Städtebau, in Publikationen umgesetzt hat.
In besonderer Weise mitten hineingestellt in die Widersprüche seiner Zeit
zwischen Tradition und Aufbruch, zwischen saturiertem Luxus und sozialer Not,
ergriff Schumacher nicht einseitig Partei. Er war auf der Suche nach einem
Konzept der Synthese, zunächst sah und hörte er sich um. Vor allem sein
Aufenthalt in Berlin[58] während der Studienzeit ließ die Problematik der damaligen Wohnverhältnisse und die Not des großstädtischen Proletariats in sein
Blickfeld treten. Er setzte sich mit der aufstrebenden Sozialdemokratie und dem
religiös-sozialen Engagement der Heilsarmee auseinander, war aber auch begeistert von den Vorlesungen des deutschnationalen Heinrich von Treitschke und
einem Fackelzug zu Bismarck. In erster Linie scheinen ihn noch Gefühlswerte
und persönliche Eindrücke geleitet zu haben, aber anders als viele bürgerliche
Ästheten seiner Generation interessierte er sich für das parlamentarische System:
»Ich begann den Reichstag zu besuchen und mich mit politischen Dingen zu
beschäftigen.«[59]
Es war wenig später die Konzeption Friedrich Naumanns,[60] die Schumacher wie
so viele liberale und zeitkritische bürgerliche Reformer in ihren Bann zog.
Naumann strebte eine Verständigung von Arbeiterschaft und Bürgertum an. Er
befürwortete die Arbeit der Gewerkschaften und die sozialen Forderungen der
Arbeiterbewegung, wollte diese aber von der marxistischen Theorie, vor allem
vom Konzept des Klassenkampfes abbringen. Entsprechend enthusiastisch
begrüßte er die Ideen Eduard Bernsteins, dessen ›Revisionismus‹ sich in der
Sozialdemokratie aber nicht durchsetzte. Anders als dieser sah Naumann in der
nationalen Einigung die entscheidende Motivation zur Überwindung der Klas-
sengegensätze und in einer expansiven Weltmacht- und Handelspolitik Möglichkeiten auch für die Arbeiter, ihre soziale Lage zu verbessern. Seine nationale

Einstellung war dabei aber nicht mit obrigkeitsstaatlichem Denken verbunden.[61] Er war Mitglied in verschiedenen Reformbewegungen, schrieb selber auch zu Fragen von Kunst und Kunstgewerbe[62] und hat mit seinen Ideen vor allem den »Deutschen Werkbund« wesentlich beeinflußt.[63] Schumacher kam mit Naumann in Leipzig in Berührung, wo er von 1896 bis 1901 am Stadtbauamt beschäftigt war. In dieser Zeit versuchte Naumann, von dort aus eine politische Organisation zur Durchsetzung seiner Ziele im Rahmen des parlamentarischen Systems aufzustellen. Als Vorbereitung für eine noch zu gründende Partei rief er den Nationalsozialen Verein ins Leben. Dieser war zunächst eine Abspaltung innerhalb der protestantischen Sozialbewegung und richtete sich gegen deren Leitfigur Adolph Stoecker, vor allem gegen dessen antiliberale und antisemitische Haltung. Bei den Wahlen von 1898 erlangte Naumann ein Reichstagsmandat, insgesamt zeigte sich aber, daß seine Anschauungen keine Massenbasis erreichen konnten. Die Organisation wurde aufgelöst und ging in der kulturliberalen Freisinnigen Vereinigung auf.[64] Noch in seinen Lebenserinnerungen bleibt die Betroffenheit Schumachers, der dann während der Weimarer Republik der Deutschen Demokratischen Partei nahestand, über diesen Mißerfolg spürbar: »...ihr Scheitern ist mir... eine gewaltige, fast unbegreifliche Enttäuschung gewesen.«[65]

Nach Leipzig wurde Schumacher von dem Leiter des dortigen Hochbauamtes, Hugo Licht, geholt – auf eine Empfehlung von Theodor Fischer hin, der eine Zeitlang Schumachers Kollege im Büro von Seidls gewesen war.[66] Anlaß war der Wettbewerb für das Leipziger Rathaus, für den Schumacher ebenso eindrucksvolle Präsentationszeichnungen lieferte wie später für die Ausarbeitung, nachdem Lichts Entwurf den Zuschlag erhalten hatte. Die konfliktreiche Zusammenarbeit mit Licht markiert Schumachers Abkehr vom Historismus. Die Leipziger Zeit brachte für ihn den Durchbruch zu eigenen Anschauungen und seine Einbindung in die damals avantgardistischen Kreise, die dann 1901 zu seiner Berufung an die Technische Hochschule Dresden führte. Gefördert wurde die Gewinnung einer eigenen Position auf der einen Seite durch die Auseinandersetzung mit seinem Vorgesetzten, dessen künstlerische Arbeit er nicht sonderlich schätzte. Noch in den moderat abwägenden Lebenserinnerungen heißt es: »Lichts architektonisches Schaffen ging nicht vom Organismus des Gebäudes aus und entwickelte aus diesem Organismus den Rhythmus, der das bauliche Motiv in sich birgt, sondern ihm schwebte ein Motiv vor, das ihm für die betreffende Sache bezeichnend zu sein schien, und nun ruhte er nicht eher, als bis der Organismus diesem Motiv angepaßt war.«[67] In den Briefen an seinen Bruder sprach Schumacher in Bezug auf das Rathaus offener zunächst von einem »scheußlichen Werk«,[68] dann von einem eigenmächtig entwickelten Alternativentwurf[69] und ständigen Kämpfen um Verbesserungsvorschläge, von denen sich auch eine Reihe durchsetzen ließen.[70] Deutlich wird das Aufbegehren des aufstrebenden jungen Architekten gegen die Generation der Lehrer.

Auf der anderen Seite sammelte Schumacher in diesen Jahren in außergewöhnlichem Maße neue Eindrücke und knüpfte vielfältige Verbindungen. Wie in München so gewann er auch in Leipzig schnell Zugang zu den kulturellen Kreisen der Stadt, wobei der persönliche Kontakt zu dem von ihm verehrten Max Klinger einen besonderen Platz einnimmt.[71] Außerdem war es ihm durch die Förderung seines Mäzens, Alexander Günther, möglich, drei Monate jeden Jahres auf Studienreisen zu verbringen. Diese führten ihn 1895, noch vor Antritt seiner Stelle, nach Paris, 1896 nach Rom, 1897 nach London und 1898 in die Niederlande und Belgien.[72] Hier waren es vor allem zwei Bewegungen, die ihn prägten: das Bemühen der »Deutsch-Römer« in der Nachfolge der Maler Hans von Marées und Anselm Feuerbach um einen zeitlos monumentalen Stil und die bahnbrechende Gestaltungsreform im Kunstgewerbe Englands. Die erste bot den ästhetischen Maßstab als Verkörperung »monumentaler Gesinnung... inmitten

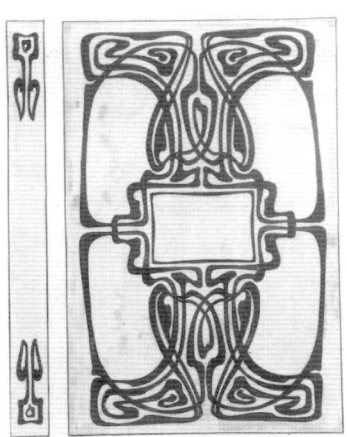

Fritz Schumacher, Entwürfe für
Buchausstattungen und Exlibris,
Leipzig, um 1899

der zerfahrenen Experimente der Zeit«,[73] die zweite den Ansatzpunkt zum Handeln. Gleich nach seiner Rückkehr aus England begann Schumacher in Publikationen und Vorträgen die englischen Theorien zu verbreiten und rechnete es sich als Verdienst an, John Ruskin für Deutschland »entdeckt« zu haben.[74] In der Folge wurde er von einer Reihe von Zeitschriften zur redaktionellen Mitarbeit herangezogen und so zu einem der Protagonisten der sich formierenden Reformbewegung. Er schrieb unter anderem in der *Kunst für Alle*[75] und der *Dekorativen Kunst.*

Von zentraler Bedeutung für ihn selbst war seine Zugehörigkeit zum Kreis um die Zeitschrift *Der Kunstwart,* für die er bereits während des Studiums tätig war, zunächst noch ohne Kennzeichnung der Artikel mit seinem Namen.[76] Schumachers Wertungen bewegen sich weitgehend innerhalb der von ihrem Herausgeber, Ferdinand Avenarius, gepflegten und propagierten »Gesinnung«[77] einer Zusammenführung »gesunder« Strömungen traditioneller und moderner Kunst in einer umfassenden »Ausdruckskultur«. Mit dieser sollten die bürgerlichen Reformbewegungen im Verein mit hoher und angewandter Kunst die moderne Lebenswelt umformen. Noch das von Schumacher geprägte Schlagwort von einer wieder zu erobernden »harmonischen Kultur« trägt die Prägung dieses Einflusses.[78] Auch vor diesem Hintergrund ist die eigenständige Position Schumachers innerhalb der Kunstgewerbebewegung zu verstehen: Zwar war er gegenüber den Stilneuerungen des Jugendstils aufgeschlossen und folgte ihnen auch zum Teil in seinen kunstgewerblichen Entwürfen, so in den Gestaltungen von Buchausstattungen und Exlibris, die sich aus Kontakten zu den führenden Leipziger Verlegern ergeben hatten und 1901 im Deutschen Buchgewerbemuseum ausgestellt wurden. Auf seine deutliche Gegenwehr stieß aber der avantgardistische Führungsanspruch vor allem Henry van de Veldes für sämtliche Bereiche der Gestaltung. Gerade die Architektur mit der öffentlichen Präsenz und der langen Lebnsdauer ihrer Hervorbringungen eigne sich wenig für Experimente. Auf allen Gebieten gelte es, an Lösungstypen anzuknüpfen, die im Verlauf der Tradition erarbeitet und weiterhin praktikabel seien; gänzlich neue Formen müsse man lediglich für bislang nicht bewältigte Aufgaben und Materialien entwickeln.[79] Mit dieser abgeklärten und sachlichen Position hob sich Schumacher deutlich aus den hitzig geführten Debatten der Zeit heraus. Sein Propagieren einer Versöhnung der einander feindlich gegenüberstehenden Lager von Traditionalisten und forciert Modernen erntete großen Zuspruch, so daß er an seinen Bruder schreiben konnte: »Gestern mein Vortrag über ›Individualismus im Innenraum‹ wurde aufgenommen wie das hohe C eines Tenorhelden. Im Januar werde ich im Grassi-Museum predigen...«[80]

Krönender Höhepunkt der Leipziger Zeit wurde das Jahr 1899: In diesem Jahr erschienen seine in Zeitschriften publizierten Aufsätze als Buch, seine gerade fertiggestellten, aufsehenerregenden Architekturphantasien, die *Studien,* wurden auf Ausstellungen gezeigt und für den Druck vorbereitet, und sein Theaterstück *Phantasien in Auerbachs Keller* erlebte mehrere Aufführungen.[81] Bei diesem Festspiel wurde, um die Bemühungen des Kunstgewerbemuseums und der Kunstgewerbereform bekannter zu machen, ein Massenaufgebot an Laiendarstellern eingebunden. In Schumachers Stück geraten Faust und Mephisto in eine Diskussion um Fragen der modernen Kunst, wobei alle Positionen kurzweilig, aber ausgewogen zur Darstellung kommen. Mephisto unterbricht immer wieder den Streit der Meinungen und zaubert lebende Bilder an die Wand der Gaststätte. In ihnen wird der Zuschauer durch die verschiedenen Stilepochen geführt, um im letzten, von Schumacher selbst inszenierten Tableau die Gewandungen der neuesten Stilkunst vorgeführt zu bekommen. Künstler wie Carl Anton Kaulbach, Emil Orlik, Richard Riemerschmid, Max Klinger, Hans Thoma, Otto Pankok entwarfen diese Kostüme. Schumacher schrieb an seinen Bruder: »Ich habe jetzt eine Meute von 200 Damen und Herren auf dem Hals. Für die eine Hälfte habe

Die künstlerische Gestaltung von Nutzbauten:
Fritz Schumacher, Badeanstalt Eppendorf,
Hamburg, 1913/14

ich persönlich jedes Costüm bestimmt, jede Farbe, jeden Stoff herausgesucht. Jeder erhält eine eigene Zeichnung dazu... Die ganze Stadt ist in Aufruhr!«[82] In dieser Zeit entwickelte Schumacher seine Konzeption einer modernen Architektur in der Auseinandersetzung mit dem Historismus Hugo Lichts, aber auch in Abgrenzung gegenüber dem Jugendstil mit seiner rein dekorativen Übertragung der Ideen des neuen Kunstgewerbes. Richtungsweisend für seine Vorstellungen waren neben allen neuen Eindrücken vor allem die künstlerische Eigenmächtigkeit von Seidls und die ›werkgerechte‹ und ›organische‹ Auffassung Schäfers. Sie wiesen ihm den Weg aus der Krise des Historismus, die er – ebenfalls 1899 – in einem Manuskript *Zur Haltung der Architektur des 19ten Jahrhunderts*[83] diagnostizierte. Obwohl diese Schrift Ausdruck des generationstypischen Unmuts und Aufbruchs ist, kommt sie doch aus allernächster Nähe zu wohlabgewogenen Einschätzungen auch der vorangegangenen Architektur, die der späteren historischen Forschung standhalten.[84]

Das Ungenügen der akademischen Architektur seiner Zeit sieht Schumacher darin, daß es ihr nicht mehr gelingt, die zeitgenössische Umwelt künstlerisch zu prägen. Durch ihr starres Festhalten an Regeln, die aus dem Sakral- und Palastbau vergangener Zeiten entwickelt wurden, sei sie unfähig geworden zur stilistischen Bewältigung moderner Bauaufgaben, wie dem Bahnhof oder dem Warenhaus, die mit der industrialisierten Massengesellschaft aufkommen, oder dem Gestalten mit völlig neuartigen Baustoffen, wie dem Eisen oder später dem Eisenbeton. Durch die Beschränkung auf einen immer marginaler werdenden Bereich elitärer »künstlerischer« Bauaufgaben habe der Architekt dem Ingenieur weitgehend das Feld überlassen. Die ständig anwachsende Menge sogenannter Nutzbauten werde nur noch von technischem, nicht mehr von künstlerischem Geist durchdrungen. Wo es zu Versuchen kommt, die verhängnisvolle Arbeitsteilung zu überbrücken, entstünden unbefriedigende Kompromißlösungen, in denen die akademische Gestaltung unverbunden vor zweckdienlichen Strukturen klebt. Ein solches Bauwerk kann nicht mehr als ›Organismus‹ gestaltet werden und wirken.

Aber auch innerhalb des kleinen abgezirkelten Bereiches akademischer Architektur entstehen keine lebendigen Schöpfungen mehr. Zunächst überraschend beruht für Schumacher der Historismus auf einem Bruch mit der Tradition. An die Stelle des auf Vorläufern aufbauenden Herausbildens von Lösungstypen für bestimmte Bauaufgaben in der architektonischen Praxis sei die abstrakte Orientierung an den Stillexika der Kunsthistoriker getreten. Die Phantasie des einzelnen, aus der heraus allein die notwendige Anverwandlung des Vorgefundenen kommen könnte, werde gelähmt von der Überfülle der Vorbilder und dem Zwang zu stilwissenschaftlicher Korrektheit. Schumachers Fazit lautet: »Alle Stile herrschen, sodaß man in voller aesthetischer Sklaverei steht, kein Stil ist beherrscht, sodaß man ebensogut sprechen kann von aesthetischer Anarchie.«[85] Die Wiedergewinnung der künstlerischen Gestaltung der Umwelt geht für den Architekten über die Befreiung der Phantasie von lähmenden Vorschriften und die Aufhebung der strikten Arbeitsteilung zwischen technischen und ästhetischen Anforderungen hin zu einer Gestaltung aller Bauaufgaben in der schöpferischen Weiterentwicklung aus bewährten Typen. Gerade in dieser aus dem Bereich des Künstlerischen ausgegrenzten Entwicklung neuer Gebäudetypen und Grundrißlösungen für die Anforderungen der modernen Industriegesellschaft sieht Schumacher die ernstzunehmende Leistung des 19. Jahrhunderts, an die es anzuknüpfen gelte. Dabei werde es nötig, die gewohnte akademische Blickrichtung zu ändern und nicht mehr von einem fertigen Stil auszugehen, sondern »aus dem sachlichen Bedürfnis der betreffenden Aufgabe heraus, einen Charakter zu entwickeln, der als etwas Künstlerisches wirkt«.[86] Die hierfür geforderte Rückbesinnung auf elementare Ausdrucksmittel läßt bereits die Architektur der neuen Generation erahnen, die sich seit Mitte der neunziger Jahre

Fritz Schumacher, Villa Ernst von Halle,
Berlin-Grunewald, 1900–1903, nicht
realisierter Vorentwurf

Fritz Schumacher, Hängebrücke,
Studie, 1898–1900

aus dem Historismus löst: »Vielleicht geschieht es ganz ohne Ausbildung von
Formen; durch die Silhouette, die durch einheitliche Geschlossenheit oder aber
durch malerische Gruppierung der sich aus dem Bedürfnis ergebenden Massen
erzielt wird, – durch die charakteristische, rhythmische Verteilung der Schatten-
flecke von Fenster und Thor gegenüber der geschlossenen Wand, – durch die
Materialbehandlung und ihren Wechsel, – durch die mächtige Kraft der
Farbe.«[87] Für Schumachers architektonisches Werk, auch das der Hamburger
Jahre, sind hier bereits die Leitlinien gegeben.

Schumachers erste selbstverantwortete Bauten, fünf Villen in Barmen, zeigen
bereits eine entsprechende Tendenz zur kompakten Silhouette, bleiben aber in
der Anmutung dem Vorbild der Renaissance noch verhaftet. Er folgte hier auch
noch nicht dem Konzept der Orientierung an der regionalen Bauweise, das in
Anlehnung an das Vorbild des englischen Landhauses zu einer harmonischen
Einbindung des Bauwerkes in die Umgebung führen soll. Später resümiert er:
»Ich war noch nicht selbständig genug, um meine architektonischen Ausdrucksmittel frei dieser besonderen Umwelt anzupassen, ich baute Münchener Häuser
herein, deutliche Kinder aus Seidls Umgebung...«[88]

Eigenständige architektonische Gestaltungen entwickelte Schumacher zunächst
auf dem Gebiet des utopischen Entwurfes. Zwischen Juni und Dezember 1898
entstanden über 50 Kohlezeichnungen, mit denen er versuchte, »allerlei typische
Gebilde nur aus der Masse heraus, ohne die Hilfsmittel der historischen Stile und
doch nicht kunstgewerblich sondern architektonisch zu meistern«.[89] Die Blätter
wurden auf Ausstellungen gezeigt,[90] und 20 von ihnen unter dem Titel *Studien* bei
dem angesehenen Verlag Baumgärtner herausgebracht. In diesem Verlag waren
bereits die vielbeachteten *Skizzen* Otto Rieths in mehreren Bänden erschienen,[91]
und Schumacher konnte so an eine bestehende Institution anknüpfen, sie für die
Ziele der neuen Bewegung einspannen und sich selber große Publizität sichern.
In einem zur Entstehungszeit seiner eigenen Arbeiten geschriebenen Artikel
wertet er Rieths Wiederentdeckung der freien Architekturskizze als Ausweg aus
dem Dilemma der damaligen Architektur: »Das ängstliche Denken an Regeln,
die Gründlichkeit, mit der man Fehler vermeiden will, das lähmt jene eigene
Bewegungsfähigkeit, die wir Phantasie nennen. Und was neu hinzugebracht wird
durch die ersten Zeiten des Büreaulebens, wo man einstweilen ein Bauwerk nur
im aufgetrennten Zustande in die Hände bekommt, ist auch nicht dazu angethan,
gerade diese Seite des Könnens zu fördern. Mit Recht wird man in diesem
Zustande jedem Anstoße dankbar sein, der die Fesseln, in denen man sich bewußt
oder unbewußt fühlt, auflockert... Rieth's Technik reizt zur Nachahmung; und
darin liegt das Befreiende..., daß man überhaupt versucht, sich in dieser Weise
über Wirkungen klar zu werden, daß man beginnt, zu probiren und zu studiren,
ohne den schwerfälligen Apparat korrekter Arbeit...«[92] Das Wegweisende dieser
Blätter sieht Schumacher nicht in deren an Wallot orientiertem Formenrepertoire, sondern in der Gewinnung einer neuen Art der räumlichen Gestaltung aus
»einer kräftigen, einheitlichen Stimmung« heraus.[93] Schumacher spricht auch
über seine *Studien*, wenn er dieses Bemühen um eindrückliche Wirkung in die
künstlerischen Tendenzen der Zeit, Impressionismus und Symbolismus, einord-
net: »Und ebenso, wie unsere Literatur heutzutage eine besonders komplizierte
Skala von Empfindungsnüancen anzuschlagen bestrebt ist, scheint in Rieth die
Natur des modernen Menschen vor allem darin zum Vorschein zu kommen, daß
er versucht, der verschiedenartigsten, bestimmt umrissenen Stimmungen zwischen dem... Heiter-Sinnlichen und dem Erhabenen architektonisch Herr zu
werden.«[94]

Die in den *Studien* vorherrschende Stimmung ist trotz der heterogenen Vielfalt
von Gebäudetypen durchweg eine ernst wirkende Schwere. Das liegt zum einen
an der gewählten Zeichentechnik. Wichtiger ist Schumachers Orientierung an
der neuen Monumentalkunst, die zum Beispiel in den Bismarck-Türmen von

Fritz Schumacher, Kaufhaus, Studie,
1898–1900

Fritz Schumacher, Montsalvat, Studie,
1898–1900

Fritz Schumacher, Kirchturm, Studie,
1898–1900

Fritz Schumacher, Krematorium,
Ohlsdorfer Friedhof, Hamburg,
1928–1933

Wilhelm Kreis oder dem Völkerschlachtendenkmal in Leipzig von Bruno Schmitz versucht, starke Wirkungen durch die Reduzierung auf massive Baukörper mit einfachen Konturen zu erreichen. Der Weg dazu führt zunächst über eine Verschmelzung der klassischerweise ausdifferenzierten Gebäudeteile, und so finden wir auch in den Phantasiebauten der *Studien* architektonische Grundformen, die mitsamt Bauschmuck aus hieratischen Felsblöcken gemeißelt zu sein scheinen. Die neue Bewegung kommt mit einem Pathos daher, das zu verstehen ist sowohl aus ihrer Opposition gegen das Allzunützliche des technikbegeisterten 19. Jahrhunderts als auch aus ihrem Willen, sich Gehör zu verschaffen. Da sie in der modernen Welt sinnstiftende Funktionen übernehmen will, entlehnt sie ihrer Vorgängerin, der Religion, Vorstellungen und Vokabular. Schumacher meint auch sich selbst, wenn er von »Leuten« spricht, »denen Wagner's Parsival, Böcklin's Toteninsel, des Zarathustra's Gesänge und Klinger's Radierungen zum Lebensbedürfnis gehören, die Ravennatische Mosaiken und Dante'sche Verse geniessen«.[95] Entsprechend finden wir in den Studien nicht nur Entwürfe für ein Wagner-Denkmal, sondern auch für eine Gralsburg oder das symbolistisch halb im Wasser versunkene *Grab einer Kaiserin.* Den größten Erfolg brachte Schumacher sein Nietzsche-Denkmal, ein archaischer Rundtempel mit Initiationsweg, bekrönt von einer aufwärts strebenden Jünglingsgestalt, im Prinzip also eine Zusammenfassung des gesamten Programms. Er wurde mehrfach in den Kreis um Elisabeth Förster-Nietzsche geladen und konnte noch dem bewunderten schwerkranken Meister in die Augen sehen, »die tiefer in die Abgründe des Menschenherzens und höher zu den eisigen Gipfeln seines Sehnens geschaut haben, als die eines zweiten lebenden Menschen«.[96]

Aber Nietzsche steht nicht nur für das kunstreligiöse Zarathustra-Pathos, sondern war auch ein scharfzüngiger Kritiker des neuen Deutschen Reiches, dabei vor allem in den *Unzeitgemäßen Betrachtungen* im Stil dem von Schumacher verehrten Heinrich Heine[97] nicht unähnlich. Im Unterschied zu diesem war Nietzsche ein eigentlich politisches Handeln allerdings fremd. Er faßte die Probleme der Zeit als Kulturerscheinungen auf, und seine Umwendung der Gesellschafts- in eine Kulturkritik hat alle bürgerlichen Reformbewegungen der Zeit nachhaltig geprägt. Sie ist für die Erweiterung und Demokratisierung des Kulturbegriffes ebenso ausschlaggebend wie für die Hypostasierung der Kunst zum Allheilmittel. Er lieferte die Schlagworte für die aufstrebende neue Generation: das Recht des neuen Lebens gegenüber der erstarrten Tradition, das Ansprechen des ganzen Menschen in der Kunst gegenüber der intellektuellen Vereinseitigung durch Schule und Wissenschaft. Reformpädagogik und Volksbildungsbewegung bezogen sich hierauf genauso wie die Reformer von Kunst und Kunstgewerbe. An allen diesen Bestrebungen hat Schumacher aktiv teilgenommen, und manches in seinen Schriften klingt geradezu wie eine Paraphrase von Nietzsche-Sentenzen wie der folgenden: »Kultur ist vor allem Einheit des künstlerischen Stiles in allen Lebensäußerungen eines Volkes. Vieles Wissen und Gelernthaben ist weder ein notwendiges Mittel der Kultur, noch ein Zeichen derselben und verträgt sich nötigenfalls auf das beste mit dem Gegensatz der Kultur, der Barbarei, das heißt: der Stillosigkeit oder dem chaotischen Durcheinander aller Stile. In diesem chaotischen Durcheinander der Stile lebt aber der Deutsche unserer Tage... Die Formen, Farben, Produkte und Kuriositäten aller Zeiten und aller Zonen häuft der Deutsche um sich auf und bringt dadurch jene Jahrmarkts-Buntheit hervor, die seine Gelehrten nun wiederum als ›Moderne an sich‹ zu betrachten und zu formulieren haben; er selbst bleibt ruhig in diesem Tumult aller Stile sitzen.«[98]

Vor diesem Hintergrund sind die Bemühungen von Schumachers Generation um einen neuen Stil zu verstehen: Das Zeitlose gegen den historischen Ballast, das Einfache und Feierliche gegen die »Jahrmarkts-Buntheit«, das massive Auftreten, um den »Tumult« zu übertönen. Aus der Kulturkritik läßt sich aber auch die

Fritz Schumacher, Krematorium, Ohlsdorfer
Friedhof, Hamburg, 1928–1933

kulturelle Aufgabe ableiten, mittels eines neuen Stils der ›Barbarisierung‹ der Umwelt entgegenzuwirken. Ganz folgerichtig werden daher diese insbesondere für den Bereich des Monuments geeigneten Charakteristika auch auf andere Gebiete übertragen. So finden sich in den *Studien* neben einem Bismarck-Denkmal Entwürfe für ein Warenhaus oder eine Brücke. Auch der erste stilistisch eigenständige Bau Schumachers, die um 1900 entstandene Villa Ernst von Halle in Berlin, verweist in der Verschmelzung der Baukörper zu einer gedrungenen Kontur auf diesen Zusammenhang. Eine solche skulpturale Auffassung läßt sich an vielen späteren Gebäuden Schumachers wiederfinden, sie ist aber in besonderem Maße in seinen Grab- und Denkmälern und vor allem in seinen sakralen Bauten dominant.

Hier spannt sich der Bogen von seinem ersten Staatsbau, dem Krematorium in Dresden, das 1906 zu den frühesten Bauten des später so genannten ›Zarathustra-Stiles‹ gehört, bis zu seinem letzten realisierten Projekt 1933, wiederum einem Krematorium, diesmal in Hamburg. Diese Bauaufgabe fesselte ihn in besonderem Maße. Er fertigte nicht nur eine Vielzahl von Entwürfen, sondern schrieb auch eine zusammenfassende Abhandlung zur Feuerbestattung für das Handbuch der Architektur.[99] Dabei interessierte ihn neben der unsichtbaren Bewältigung der Technik vor allem die Schaffung eines konfessionslosen Kultraumes für eine diesseitige Religiosität im Sinne Goethes: »Kann Kunst auch keine Schmerzen wirklich lindern, so kann sie dem Trauernden doch unbewußt durch Form, Farbe und Klang den Eindruck wecken, daß es eine Harmonie gibt, die über den Zerrissenheiten des Einzeldaseins steht.«[100] Noch für seinen letzten Bau bleibt das in den *Studien* aufgestellte Programm gültig, wenn nun auch sämtliche historisierenden Fesseln abgestreift sind: »So gilt es denn für die Wirkung des Sakralen einen Ausdruck zu finden, der seine Kraft nicht aus dem Material historischer Formen zieht, sondern aus dem Urmaterial, mit dem die Baukunst wirkt und schafft«, das unter anderem »in bestimmten feierlichen Verhältnissen der Massen, in der Lenkung des Lichtes und der Verteilung der Schatten, im sinnvollen Gebrauch der Farben und ihrer Verknüpfung mit edlen Baustoffen besteht«.[101] An seinen Bruder schreibt er: »In der zweiten Januarwoche wird mein Krematorium übergeben, nach 8jähriger Arbeit. Es wird mein letzter großer Bau sein und zugleich der persönlichste unter allem, was ich gebaut habe. Ich kann in ihm das gleiche zeigen, womit ich in Dresden meine Tätigkeit begann, daß meine stärkste Neigung nach der Seite des Sakralen liegt.«[102]

Erprobte Schumacher in den *Studien* die Außenwirkung von Gebäuden, so gab ihm ein anderes Experimentierfeld die Möglichkeit, Grundformen stimmungsbetonter Innenräume zu entwickeln: der Bühnenbildentwurf. Die Begeisterung für das Theater zieht sich durch Schumachers Leben von früher Jugend an; bereits im Elternhaus wurden kleine Stücke aufgeführt. Er selbst scheint eine ausgesprochen schauspielerische Begabung gehabt zu haben, die vor allem während seiner Münchener Jahre auf starke Resonanz traf.[103] In diese Zeit fällt auch die entscheidende Begegnung mit den Ideen Adolphe Appias, des noch vor Edward Gordon Craig bedeutendsten Theaterreformers des 20. Jahrhunderts. Schumacher erhielt bereits 1895 Einsicht in dessen erst vier Jahre später in Deutschland veröffentlichtes Manuskript zur modernen Umgestaltung der Wagner-Bühne.[104] Craig lernt er unmittelbar nach dessen Publikation über die *Kunst des Theaters* 1906 in Dresden kennen.[105] Die Reformer wendeten sich gegen die aus dem Historismus kommende Inszenierungspraxis einer möglichst originalgetreuen Rekonstruktion von Räumen, Möbeln und Kostümen im Stil der Zeit, in der das Stück angesiedelt ist, eine Herangehensweise, die sich noch im Naturalismus in der täuschend echten Wiedergabe von zeitgenössischen Alltagsinterieurs fortsetzte. Sie forderten eine »Entrümpelung« der Bühne und die Konzentration auf das für den »Geist der Dichtung« Wesentliche. Gegenstand ihrer Inszenierungs-

Fritz Schumacher, Bühnenbildentwurf zu
Lord Byrons *Manfred*, 1909

Fritz Schumacher, zentrale Halle, Museum
für Hamburgische Geschichte, Hamburg,
1913–1922

Fritz Schumacher, Innenraum,
Finanzbehörde, Hamburg, 1914–1926

vorschläge waren vor allem Stücke, die ganz im Sinne des zeittypischen Strebens nach Monumentalität als »überzeitlich« eingeschätzt wurden.

Auch Schumacher beschäftigte sich bei seinen Bühnenbildentwürfen vornehmlich mit Shakespeare, daneben mit Goethe, Wagner und Byron. Seine Inszenierung des *Hamlet* 1909 am Königlichen Schauspielhaus in Dresden[106] gehörte zu den ersten Realisierungen der neuen Theaterideen und war das Ergebnis eines langen Vorbereitungsprozesses. Zunächst ging es ihm um eine Beschränkung auf ein begrenztes Repertoire von Grundformen: »Bei Dichtungen von hoher Monumentalität kann man mit architektonischen Gliederungen auskommen, denen jede historisch festlegbare Formgebung fehlt: Pfeilern, Bögen, Treppen, Mauermassen.«[107] Aus ihnen entstand durch möglichst sparsame Variation eine Vielzahl von Raumeindrücken. In einer knappen und abstrakten Sprache wollte Schumacher das Typische des jeweiligen Schauplatzes und den damit verbundenen Gefühlswert vermitteln. Zu letzter Konsequenz gelangt er kurz nach dem Ersten Weltkrieg in seinen *Idealentwürfen für eine Monumentalbühne*. Hier werden auf einem Raster durch Verschieben von maximal acht Säulen und sechs aufrecht stehenden Flächen Räume unterschiedlichster Stimmung erzeugt. Schumacher hat dieses Konzept in Entwürfen an verschiedenen Stücken durchprobiert, von denen sich aber nur seine Versuche zu Goethes *Iphigenie auf Tauris* teilweise erhalten haben.[108]

Die Tendenz zur wirkungsvollen Inszenierung des Einzelraums und der Raumfolge, wie er sie immer wieder in Bühnenentwürfen erprobt hat, läßt sich auch in Schumachers architektonischem Schaffen wiederfinden. Bereits in seinen frühen Villen und Landhäusern versuchte er bewußt, durch unterschiedliche Deckenhöhen, zweigeschossige Hallen, Galerien und Einbauten Wirkungen zu erzielen, und das Krematorium in Dresden könnte der Schauplatz einer Wagner-Inszenierung sein. Aber auch bei den Hamburger Staatsbauten setzte er vor allem in den Eingangsbereichen gezielt die abwechslungsreiche Aufeinanderfolge von Räumen unterschiedlicher Größe ein, beispielsweise in der Kunstgewerbeschule und dem Museum für Hamburgische Geschichte, und er rang um die innere Gestaltung, vom umfassenden Farbkonzept bis hin zur Türklinke. So entstand an den Orten seines späteren Schaffens eine Vielzahl grandioser, festlicher und intimer Räume, immer klar in ihrem jeweiligen Gestus. Ganz im Sinne der um 1900 entwickelten Konzeption des bessernden Eingriffes in die Lebenswelt mit Mitteln der Kunst schreibt er noch in einer seiner letzten Publikationen: »Unter den Mitteln, die ihm (dem Architekten) beim Bauwerk gegeben sind, ist die Raumgestaltung das stärkste. Durch sie kann er die heimliche Musik der Verhältnisse am restlosesten zur Geltung bringen, vor allem aber ist der gestaltete Raum auch das wirkungsvollste Instrument, um den unbeteiligten Menschen künstlerisch zu fassen.«[109]

## Anmerkungen

1 Fritz Schumacher: Stufen des Lebens. Erinnerungen eines Baumeisters. Stuttgart, Berlin 1934, S. 55. An dieser Stelle möchte ich auf die beiden Arbeiten verweisen, die mir als grundlegende Arbeitshilfen zur Verfügung standen: Werner Kayser: Fritz Schumacher. Architekt und Städtebauer. Eine Bibliographie. Hamburg 1984; Jörn-Hanno Hendrich: Fritz Schumacher. Ein Architekt zwischen »Tradition und Neuschaffen«. Studienarbeit an der Hochschule für bildende Künste. Hamburg 1991 (Manuskript).

2 Zur Biographie des Vaters Hermann Albert Schumacher (1839–1890) vgl. Schumacher: Stufen (s. Anm. 1), S. 9–17 et passim.

3 Schumacher: Stufen (s. Anm. 1), S. 55; zur Schilderung der Kindheit vgl. ebd., S. 17–86.

4 So galt Schumachers erster Vortrag im »Primaverein« Arnold Böcklin, der zu dieser Zeit mit seinem Bild *Spiel der Wellen* einen Skandal ausgelöst hatte, vgl. Schumacher: Stufen (s. Anm. 1), S. 66f.

5 Fritz Schumacher: Die Wiedereroberung harmonischer Kultur. In: Der Kunstwart 21 (1907/08), 2. Viertel, S. 135–138. Es handelt sich um die Rede anläßlich der Gründung des Deutschen Werkbundes.

6 Vgl. unter anderem Fritz Schumacher: Goethe und die Architektur (1904). Wiederabgedruckt in: ders.: Streifzüge eines Architekten. Jena 1907; ders.: Goethes Weltanschauung. Buchbund Hamburg, 1932. Schumacher erwähnt Goethe in den meisten seiner Schriften; er schuf Bühnenbilder zu *Iphigenie auf Tauris* und *Palaeophron und Neoterpe*.

7 Vgl. Rudolf Steiner: Goethes Weltanschauung (1897, neue Ausgabe 1918). Berlin 1948. Ein Exemplar dieser Schrift befindet sich im Schumacher-Nachlaß (SUB Hamburg). Ein Vergleich der Abhandlungen kann hier nicht geleistet werden. Die Funktion der Berufung auf Goethe liegt für Steiner in der Ablösung von der Theosophischen Gesellschaft. Allein hier gibt es grundlegende Differenzen zwischen den beiden Autoren.

8 Fritz Schumacher: Die Tod-Darstellungen im Wechsel der Weltanschauungen. Manuskript. SUB, Schumacher-Nachlaß III B2a; die Datierung ist unsicher, vermutlich 1904 fertiggestellt, S. 20.

9 Schumacher: Tod-Darstellungen (s. Anm. 8), S. 19.

10 1904 steht für Schumacher noch die Vereinigung von Mittelalter und Antike im Vordergrund. Die Betonung des allgemein Weltanschaulichen findet sich explizit erst in den späteren Schriften zu Goethe.

11 Schumacher: Tod-Darstellungen (s. Anm. 8), S. 36. Alexander Günther, den Schumacher 1893 kennenlernte, war Besitzer der ersten Fassung gewesen, vgl. Schumacher: Stufen (s. Anm. 1), S. 141. Auf die Bedeutung Böcklins für Schumacher verweist ebenfalls Hermann Hipp: Fritz Schumachers Hamburg: Die reformierte Großstadt. In: Vittorio Magnago Lampugnani, Romana Schneider (Hrsg.): Moderne Architektur in Deutschland 1900 bis 1950. Reform und Tradition. Stuttgart 1992, S. (151–182) 151.

12 Schumacher: Tod-Darstellungen (s. Anm. 8), S. 36.

13 Schumacher: Tod-Darstellungen (s. Anm. 8), S. 37.

14 Schumacher: Tod-Darstellungen (s. Anm. 8), S. 37f.

15 Vgl. dazu seine Auseinandersetzungen mit dem Führungsanspruch Henry van de Veldes und anderer Kunstgewerbler auch auf dem Gebiet der Architektur, zum Beispiel in Fritz Schumacher: Streifzüge eines Architekten. Jena 1907; oder sein kunstphilosophisches Hauptwerk: ders.: Die Sprache der Kunst. Stuttgart, Berlin 1942.

16 Vgl. die entsprechende Argumentation zum Beispiel in Fritz Schumacher: »La Démocratisation du Luxe« (1897). In: ders.: Im Kampfe um die Kunst. Straßburg 1899.

17 Die Konzeption der ›Stadtkrone‹ speist sich aus verschiedenen romantischen Quellen, zum Beispiel den Kathedralenutopien Karl Friedrich Schinkels, durchläuft mit den Monumenten von Wilhelm Kreis und Bruno Schmitz eine nationalistische Phase und setzt sich in den expressionistischen Utopien der »Gläsernen Kette« (vor allem Max Taut) und des Bauhauses (Lyonel Feininger) fort. Schumachers Verdienst besteht darin, Nutzbauten wie Schulen, Feuerwachen, Verwaltungsgebäude durch monumentale Ausbildung als städtebauliche Orientierungspunkte einzusetzen. Er steht damit der sozial engagierten »Volkshaus«-Bewegung nahe.

18 Vgl. zum Beispiel: Fritz Schumacher: Plakatkunst? In: Deutsche Bauzeitung 33 (1899), S. 486–488 und 537.

19 Fritz Schumacher: Brief an Senator Holthusen vom 2. 4. 1909. SUB, Schumacher-Nachlaß VIII B1(3).

20 Fritz Schumacher: Brief an Senator Holthusen vom 12. 6. 1909. SUB, Schumacher-Nachlaß VIII B1(8).

21 Vgl. vor allem Fritz Schumacher: Kulturpolitik. Jena 1920; ders.: Die Sprache der Kunst. Stuttgart, Berlin 1942.

22 Schumacher plante einen ganzen Schriftenzyklus zur italienischen Architektur, vgl. Schumacher: Stufen (s. Anm. 1), S. 155. Die Bücher über Bramante, Sanmichele, Palladio, Vignola, Bernini blieben Projekte. Veröffentlicht wurde: Fritz Schumacher: Leon Battista Alberti und seine Bauten. Berlin 1899; nicht zu Ende geführt liegt als Manuskript vor: ders.: Filippo Brunellesco (1893/94). SUB, Schumacher-Nachlaß VII A1.

23 Vgl. als gelehrtes Hauptwerk Schumachers: Die Sprache der Kunst. Stuttgart, Berlin 1942; vgl. auch ders. (Hrsg.): Lesebuch für Baumeister. Berlin 1941.

24 Schumacher: Stufen (s. Anm. 1), S. 83.

25 Zu Schumachers Bruder Hermann (1868–1952) vgl.: Schumacher: Stufen (s. Anm. 1), S. 392f.; Hermann-Schumacher-Gesellschaft (Hrsg.): Hermann Schumacher. Wiesbaden 1955.

26 Vgl. Schumacher: Stufen (s. Anm. 1), S. 67–76; vgl. auch Theodor Spitta: Aus meinem Leben, München 1969, S. 58–75.

27 Schumacher: Stufen (s. Anm. 1), S. 66.

28 Schumacher: Stufen (s. Anm. 1), S. 71.

29 Schumacher: Stufen (s. Anm. 1), S. 67.

30 Fritz Schwarz, Leiter des auf Kunstpublikationen spezialisierten Verlagshauses Bruckmann, war Mitglied. Schumacher schrieb häufig in Zeitschriften des Hauses, vgl. Schumacher: Stufen (s. Anm. 1), S. 156.

31 Alfred Weddigen, für dessen Familie Schumacher in Barmen zwei Villen baute, war Mitglied, vgl. Schumacher: Stufen (s. Anm. 1), S. 178. Drei weitere Villen für reiche Familien der Stadt schlossen sich an diesen Auftrag an.

32 Vgl. Schumacher: Stufen (s. Anm. 1), S. 170f.; vgl. auch mit Beiträgen Schumachers: Stalaktiten. Aus der Chronika des illüstren und absonderlichen Männerbundes, so »Die Stalaktiten« sich benennt. O. O. u. J. (Leipzig 1904).

33 Vgl. den Beitrag von Heidrun Laudel im vorliegenden Band.

34 Vgl. Gerhard Kratzsch: Kunstwart und Dürerbund. Göttingen 1969, S. 466. Der Dürerbund wurde 1902 in Dresden von Ferdinand Avenarius gegründet, eine Mitarbeit Schumachers, der mit der Zeitschrift des Gründers, dem Kunstwart, eng verbunden war, ist anzunehmen; vgl. Schumacher: Stufen (s. Anm. 1), S. 418.

35 Vgl. Joan Campbell: Der Deutsche Werkbund 1907–1934. Stuttgart 1981.

36   Zu beiden Vereinigungen vgl. den Beitrag von Maike Bruhns über »Großstadtkultur und Baukunst« im vorliegenden Band.

37   Zu Paul Wallot (1841–1912) vgl. Schumacher: Stufen (s. Anm. 1), S. 226f. und 414; vgl. auch die Aufzählung in Fritz Schumacher: Die Architektur im 19. Jahrhundert. Manuskript. Leipzig 1899. SUB, Schumacher Nachlaß III B. 1 (1), S. 3: »Zwischen Schinkel, (Gilly), Semper, Friedrich Schmidt, (Gropius und) Wallot (gestrichen: und Bruno Schmitz) tauchen nur wenige Charakterköpfe auf, die sich sofort einprägen.« Vgl. auch W. Mackowsky: Paul Wallot und seine Schüler. Berlin 1912.

38   Vgl. Fritz Schumacher: Otto Rieth's Schaffen. In: Kunst und Handwerk 49 (1898/99), S. 105–117. Zur Würdigung durch die junge Architektengeneration vgl. Schumacher: Stufen (s. Anm. 1), S. 411.

39   Zu Friedrich von Thiersch (1852–1921) vgl. Schumacher: Stufen (s. Anm. 1), S. 130f. und 402; außerdem Winfried Nerdinger: Friedrich von Thiersch. Ein Münchner Architekt des Späthistorismus. München 1977; sowie Horst Marschall: Friedrich von Thiersch. Bauten und Entwürfe. Diss. TU München 1976.

40   Vgl. Winfried Nerdinger (Hrsg.): Die Architekturzeichnung. München 1986, S. 138–141.

41   Schumacher: Stufen (s. Anm. 1), S. 130.

42   Zu Carl Schäfer (1844–1908) vgl. Schumacher: Stufen (s. Anm. 1), S. 120ff. und 402; sowie Jutta Schuchard: Carl Schäfer. 1844–1908. Leben und Werk des Architekten der Neugotik. München 1979.

43   Schumacher: Stufen (s. Anm. 1), S. 122.

44   Zum Streit mit Schumacher anläßlich der Restaurierung des Doms in Meißen vgl. Schuchard: Schäfer (s. Anm. 42), S. 25.

45   Zu Schülern und Lehre Schäfers vgl. zusammenfassend Schuchard: Schäfer (s. Anm. 42), S. 70. Man muß die Gruppe progressiver Schüler unterscheiden von einer neugotisch geprägten Schäfer-Schule im engeren Sinn. Zwischen diesen Lagern kommt es zu Konkurrenzkämpfen, wie zum Beispiel an der TH Dresden zwischen Hugo Hartung und Schumacher; vgl. dazu den Beitrag von Heidrun Laudel im vorliegenden Band.

46   Schumacher: Stufen (s. Anm. 1), S. 121.

47   Zu Gabriel von Seidl (1848–1913) vgl. Schumacher: Stufen (s. Anm. 1), S. 136f., 143–150 und 403.

48   Schumacher: Stufen (s. Anm. 1), S. 150.

49   Schumacher: Stufen (s. Anm. 1), S. 150.

50   Schumacher: Stufen (s. Anm. 1), S. 150.

51   Zu Ferdinand von Miller (1848–1927) vgl. Schumacher: Stufen (s. Anm. 1), S. 102–105 und 399 et passim.

52   Zu Alexander Günther (1838–1924) vgl. Schumacher: Stufen (s. Anm. 1), S. 140f. und 405; zu Schloß Prösels in Tirol vgl. Schumacher: Stufen (s. Anm. 1), S. 137–143; vgl. auch Manfred F. Fischer: Fritz Schumacher auf Schloß Prösels – ein Jugendwerk. In: Der Schlern 67 (1993), S. 765–772; Ludwig Walter Regele: Der Kunstsammler und sein junger Baumeister. Eine Münchner Geschichte um Schloß Prösels in Südtirol. In: Arx 6 (1981), S. 8–10; Helmut Stampfer: Schloß Prösels bei Völs am Schlern. O. O. 1986 (zweite, verbesserte Auflage).

53   Schumacher: Stufen (s. Anm. 1), S. 152; gemeint ist die literarische Figur des Abbé der »Turmgesellschaft« in Goethes Wilhelm Meister.

54   Vgl. dazu auch später, in seiner Leipziger Zeit, sein Engagement sowohl in der modernen »Literarischen Gesellschaft« (Lesungen von Henrik Ibsen, Arthur Schnitzler, Otto Erich Hartleben, Richard Dehmel, Frank Wedekind) als auch bei deren Antipoden, dem Bund »Die Stalaktiten«; Schumacher: Stufen (s. Anm. 1), S. 169–171.

55   Schumacher: Stufen (s. Anm. 1), S. 99.

56   Schumacher: Stufen (s. Anm. 1), S. 114.

57   Fritz Schumacher: Brief an Hermann Schumacher vom 4. 3. 1891 (an Bedingungen geknüpftes Stipendium durch die Bremer Senator Lührmann); Brief vom 24. 3. 1891 (Unterstützung durch die verwandte Familie Iken). Germanisches Nationalmuseum, Schumacher-Nachlaß.

58   Vgl. Schumacher: Stufen (s. Anm. 1), S. 117–129; Schilderungen der in diesem Passus aufgeführten Begegnungen und Einflüsse finden sich dort.

59   Schumacher: Stufen (s. Anm. 1), S. 125.

60   Zu Friedrich Naumann (1860–1919) vgl. Schumacher: Stufen (s. Anm. 1), S. 127 und 212; vgl. auch Theodor Heuss: Friedrich Naumann. Stuttgart, Berlin 1937; Peter Theiner: Sozialer Liberalismus und deutsche Weltpolitik. Friedrich Naumann im wilhelminischen Deutschland. Baden-Baden 1983; Stefan-Georg Schnorr: Liberalismus zwischen 19. und 20. Jahrhundert. Baden-Baden 1990.

61   Als gründliche, nicht auf Naumann beschränkte Studie vgl. Dieter Düding: Der Nationalsoziale Verein 1896–1903. Der gescheiterte Versuch einer parteipolitischen

Synthese von Nationalismus, Sozialismus und Liberalismus. München, Wien 1972.

62   Vgl. Heinz Ladendorf (Hrsg.): Friedrich Naumann. Werke, Bd. 6: Ästhetische Schriften. Köln, Opladen 1964.

63   Vgl. Joan Campbell: Der Deutsche Werkbund. Stuttgart 1981.

64   Vgl. Düding: Nationalsozialer Verein (s. Anm. 61).

65   Schumacher: Stufen (s. Anm. 1), S. 127.

66   Schumacher: Stufen (s. Anm. 1), S. 148.

67   Schumacher: Stufen (s. Anm. 1), S. 167.

68   Fritz Schumacher: Brief an Hermann Schumacher vom 1. 3. 1897. Germanisches Nationalmuseum, Schumacher-Nachlaß.

69   Fritz Schumacher: Brief an Hermann Schumacher vom 10.–13. 10. 1897. Germanisches Nationalmuseum, Schumacher-Nachlaß.

70   Fritz Schumacher: Brief an Hermann Schumacher vom 8. 12. 1898. Germanisches Nationalmuseum, Schumacher-Nachlaß.

71   Zu Max Klinger (1857–1920) vgl. Schumacher: Stufen (s. Anm. 1), S. 172–178 und 409.

72   Zur Schilderung dieser Reisen vgl. Schumacher: Stufen (s. Anm. 1), S. 180–193.

73   Schumacher: Stufen (s. Anm. 1), S. 183; die Bewertung bezieht sich auf Hans von Marées.

74   Fritz Schumacher: Brief an Hermann Schumacher vom 10. 11. 1897. Germanisches Nationalmuseum, Schumacher-Nachlaß. Über seinen ersten öffentlichen Vortrag, der im Leipziger Verein der Kunstfreunde die englische Kunstgewerbebewegung vorstellte, berichtet er in: Fritz Schumacher: Brief an Hermann Schumacher vom 2. 12. 1897. Germanisches Nationalmuseum, Schumacher-Nachlaß. Gemeint ist der Aufsatz von Fritz Schumacher: John Ruskin, der Apostel der modernen englischen Kunstbewegung (1897). Wiederabgedruckt in: ders.: Im Kampfe um die Kunst. Straßburg 1899.

75   Vgl. zum Beispiel Fritz Schumacher: Aus meinem Londoner Skizzenbuch. In: Die Kunst für Alle 13 (1897/98), S. 21–24 und 37–40.

76   Vgl. Schumacher: Stufen (s. Anm. 1), S. 418; die Angabe, er sei »schon in den ersten Jahren seines Bestehens« dort tätig gewesen, ist wohl ungenau. Der Kunstwart wurde im Oktober 1887 gegründet, als Schumacher noch in Bremen zur Schule ging; vgl. Kratzsch: Kunstwart (s. Anm. 34).

77 Vgl. Kratzsch: Kunstwart (s. Anm. 34).

78 Vgl. Schumacher: Wiedereroberung (s. Anm. 5). Der Deutsche Werkbund und der zum Kunstwart gehörige Dürerbund waren auf vielfältige Weise miteinander verknüpft, Avenarius, Naumann, aber auch Schumacher spielten in beiden Organisationen wichtige Rollen; vgl. Kratzsch: Kunstwart (s. Anm. 34).

79 Vgl. unter anderem: Fritz Schumacher: Die Sehnsucht nach dem Neuen (1897), Der Individualismus im Wohnraume (1898). Beide wiederabgedruckt in: ders.: Im Kampfe um die Kunst. Straßburg 1899; vgl. zu dieser Thematik später: ders.: Tradition und Neuschaffen (1901). Wiederabgedruckt in: ders.: Streifzüge eines Architekten. Jena 1907.

80 Fritz Schumacher: Brief an Hermann Schumacher vom 8. 12. 1898. Germanisches Nationalmuseum, Schumacher-Nachlaß.

81 Fritz Schumacher: Phantasien in Auerbachs Keller. Festspiel zur Feier des fünfundzwanzigjährigen Bestehens des Kunstgewerbemuseums zu Leipzig. Leipzig 1899; zur Aufführung vgl. Schumacher: Stufen (s. Anm. 1), S. 203–207; Ernst Schwedeler-Meyer: Festspielkunst. Das fünfundzwanzigjährige Jubiläum des Leipziger Kunstgewerbemuseums. In: Die Kunst 15 (1900), S. 193–200.

82 Fritz Schumacher: Brief an Hermann Schumacher vom 20. 10. 1899; zur Aufzählung der beteiligten Künstler vgl. Brief vom 21. 9. 1899. Beide: Germanisches Nationalmuseum, Schumacher-Nachlaß.

83 SUB, Schumacher-Nachlaß III B.1(1).

84 Vgl. zum Beispiel ohne Kenntnis des Schumacherschen Manuskriptes: Leonardo Benevolo: Geschichte der Architektur des 19. und 20. Jahrhunderts. München 1978, Bd. 1.

85 Fritz Schumacher: Zur Haltung der Architektur des 19ten Jahrhunderts. SUB, Schumacher-Nachlaß III B1(1), S. 14.

86 Schumacher: Haltung (s. Anm. 85), S. 31.

87 Schumacher: Haltung (s. Anm. 85), S. 32.

88 Schumacher: Stufen (s. Anm. 1), S. 179.

89 Schumacher: Stufen (s. Anm. 1), S. 198.

90 Leipziger Kunstverein und Glaspalast München, 1899; Erste Deutsche Bauausstellung Dresden, 1901, hier Verleihung der Staatsmedaille; weitere Ausstellungsorte konnten bis jetzt nicht genauer dokumentiert werden.

91 Otto Rieth: Skizzen. Vier Folgen. Leipzig 1890–99.

92 Fritz Schumacher: Otto Rieth's Schaffen. In: Kunst und Handwerk 49 (1898/99), S. (105–116) 106.

93 Schumacher: Rieth (s. Anm. 92), S. 110.

94 Schumacher: Rieth (s. Anm. 92), S. 110.

95 Fritz Schumacher: Die Ausstellung der Darmstädter Künstlerkolonie. In: Dekorative Kunst 8 (1901), S. (417–431) 428; für den Hinweis auf diese Textstelle danke ich Jörn-Hanno Hendrich.

96 Schumacher: Stufen (s. Anm. 1), S. 199; zur Schilderung der Begegnungen mit dem Nietzsche-Kreis und Nietzsche selbst vgl. Schumacher: Stufen (s. Anm. 1), S. 199–201.

97 Vgl. zu Schumachers Bemühungen um die Errichtungen eines Heine-Denkmals in Hamburg den Beitrag von Maike Bruhns über »Großstadtkultur und Baukunst« im vorliegenden Band.

98 Friedrich Nietzsche: Unzeitgemäße Betrachtungen. Erstes Stück. In: Werke. München, Wien 1980, Bd. 1, S. 140.

99 Fritz Schumacher: Die Feuerbestattung. In: Handbuch der Architektur, Teil 4, Halbbd. 8, Heft 3b. Leipzig 1939.

100 Schumacher: Feuerbestattung (s. Anm. 99), S. 14.

101 Schumacher: Feuerbestattung (s. Anm. 99), S. 14.

102 Fritz Schumacher: Brief an Hermann Schumacher vom 30. 12. 1932. Germanisches Nationalmuseum, Schumacher-Nachlaß.

103 Vgl. Schumacher: Stufen (s. Anm. 1), S. 101 und 133–135; so erhält er im Anschluß an eine Aufführung das Angebot einer Aufnahme in die Schauspielschule des Münchener Hoftheaters; vgl. ebd., S. 135.

104 Adolphe Appia lebte von 1862 bis 1928. Schumacher erhielt das Manuskript zur Ansicht von der Übersetzerin, der späteren Gattin des Verlegers Hugo Bruckmann, Fürstin Cantacuzena; vgl. Schumacher: Stufen (s. Anm. 1), S. 266. Appias Buch erschien 1895 in Paris unter dem Titel *La mise en scène du drame wagnérien*.

105 Edward Gordon Craig: Die Kunst des Theaters. Leipzig 1905 (zeitgleich in Englisch). Zu Craig vgl. Schumacher: Stufen (s. Anm. 1), S. 266–268.

106 Vgl. Schumacher: Stufen (s. Anm. 1), S. 268–272; Fritz Schumacher: Wandlungen im Bühnenbild. Hamburg 1948, S. 36–42; ders.: Die Hamlet-Inszenierung des Dresdener Hoftheaters. In: Moderne Bauformen 8 (1909),
S. 289–294. Die Aufführung fand ein außergewöhnliches Echo; vgl. Oskar F. Walzel: Bühnenfragen der Gegenwart. In: Internationale Wochenschrift für Wissenschaft, Kunst und Technik 3 (1909), S. 491–506 und 523–536; Erich Haenel: Neue Deutsche Bühnenkunst. In: Dekorative Kunst 18 (1910), S. 181–190; vgl. auch Claudia Trübsch: Jugendstil im Bühnenbild des deutschsprachigen Theaters. Phil. Diss. Wien 1969 (Manuskript), S. 122–128.

107 Fritz Schumacher: Die Sprache der Kunst. Stuttgart, Berlin 1942, S. 83.

108 Die Entwürfe zu Goethes *Iphigenie* befinden sich im Schumacher-Nachlaß der SUB Hamburg; Erläuterungen bei Schumacher: Wandlungen (s. Anm. 106), S. 44–47.

109 Fritz Schumacher: Die Sprache der Kunst. Stuttgart, Berlin 1942, S. 240.

Fritz Schumacher, Krematorium, Dresden-
Tolkewitz, 1908–1911

Heidrun Laudel
# Im Spannungsfeld zwischen Tradition und Neuschaffen.
# Fritz Schumachers Dresdner Jahre

Dresden hat es sich immer zum eigenen Ruhme angerechnet, einen Mann wie
Fritz Schumacher in den Jahren zwischen 1901 und 1909 an sich gebunden zu
haben. Das mag erstaunen, wenn man bedenkt, daß Schumacher nur wenige
sichtbare Zeichen seines Wirkens in dieser Stadt hinterlassen hat. Man kennt ihn
als Erbauer des beeindruckenden Krematoriums auf dem Johannisfriedhof in
Dresden-Tolkewitz. Man weiß aber kaum etwas von den Grab- und Denkmälern,
die er entwarf, oder von dem einen Villenbau, den er für einen Kollegen an der
Technischen Hochschule, den Professor für Technische Mechanik, Martin
Grübler, in Dresden-Plauen errichtete. Im Vergleich zu dem, was in den Jahren
vor dem Ersten Weltkrieg im allgemeinen in Dresden gebaut worden ist, nimmt
sich der Anteil, den Schumacher daran hatte, sehr bescheiden aus. Natürlich hat
Schumacher diese Situation auch selbst als unbefriedigend empfunden. Noch im
zeitlichen Abstand – als ihn seine äußerst fruchtbare Tätigkeit andernorts völlig
ausgesöhnt haben dürfte – erwähnt er eine »gewisse Bitterkeit«, die er empfand,
Bauaufträge von überall her, nur nicht aus Dresden angetragen bekommen zu
haben.[1]
Und dennoch ist das allgemeine Urteil über Schumacher und dessen Verhältnis zu
Dresden nicht unbegründet. Es waren keine verlorenen Jahre, die er in der Stadt
verbrachte. Es war im Gegenteil eine Zeit äußerst fruchtbaren Tuns, wenn er sie
auch nicht in erster Linie als Bauschaffender durchlebte, sondern als einer der
»Hauptkämpen« in den Auseinandersetzungen um Architektur und Kunsthandwerk. Den unbestrittenen Gipfelpunkt dieses Wirkens stellte die Organisation
der Dritten Deutschen Kunstgewerbeausstellung 1906 dar, in deren Folge am
5./6. Oktober 1907 der »Deutsche Werkbund« in München ins Leben gerufen
wurde.
Als Gründungsredner auserwählt, sprach Schumacher in München Gedanken
aus, die von über Jahre gereiften Erkenntnissen zeugten und bei allen theoretischen Zwistigkeiten *das* trafen, was damals Konsens unter den anwesenden
Künstlern und Firmenvertretern gewesen sein dürfte. Es müsse ein neuartiger
Bund zwischen Entwerfenden und Ausführenden entstehen, war seine Forderung, wobei das Anliegen weit über das Wollen feinsinniger Ästheten hinauszuge-
hen habe, vielmehr auf die Entwicklung einer harmonischen Kultur aus dem
Kreis der Schaffenden ausgerichtet sein müsse. Nur so sei das letztliche Ziel zu
erreichen, den Franzosen und Engländern etwas Eigenständiges entgegenzuset-
zen, der deutschen Wirtschaft Kraft zu verleihen.[2]
Sicher ist es richtig, die Rolle Schumachers in der allgemeinen Reformbewegung
als das Fazit der Dresdner Zeit zu sehen. Dennoch soll hier nicht vordergründig
dieser Themenkreis behandelt werden, sondern vielmehr das Umfeld hervortreten, das Schumacher in der Hauptstadt Sachsens vorgefunden und aus dem er
möglicherweise Impulse empfangen hat. Natürlich wissen wir darüber schon
vieles durch Schumachers eigene Erinnerungen. Aber so lebendig das Bild ist, das
Schumacher von der Stadt und den Menschen, denen er hier begegnete,
gezeichnet hat, es ist nicht ganz frei von Bewertungen, die im nachhinein, aus der
Perspektive eines erfahrungsreichen Lebens gefällt sind. Insofern scheint es
durchaus lohnend zu sein, einige Aspekte seines Schaffens vor dem Hintergrund
des kulturellen Lebens einer Stadt auszuloten, von der damals übereinstimmend
gesagt wurde, daß sie mit Beginn des neuen Jahrhunderts München den Rang als
führende Kunststadt abgelaufen hatte.

Allerdings war das noch nicht in vollem Umfange spürbar, als Schumacher 1901 als 31jähriger nach Dresden kam. Auch daß er in diese Stadt übersiedelte, dürfte mehr dem Zufall geschuldet, denn langgehegte Absicht gewesen sein. An der Technischen Hochschule der Stadt wurde der Nachfolger für den verstorbenen Richard Eck (1845–1900) gesucht, und überraschend war die Wahl auf ihn gefallen. Für das Fach, das er zu vertreten hatte, für die Bauformenlehre, das Freihand- und Ornamentenzeichnen, war zweifellos jene Sammlung von Architekturskizzen, der durch Otto Rieth angeregten, in Kohle gezeichneten und gerade publizierten Phantasieentwürfe von Bedeutung. Sie hatten ihm auf der Ersten Deutschen Bauausstellung 1900 in Dresden eine Staatsmedaille eingebracht.[3]

Das wird es aber nicht allein gewesen sein, weshalb gerade er von den Dresdnern als der geeignete Kandidat angesehen worden ist, wobei – wie Schumacher wohl richtig vermutet – das Urteil von Cornelius Gurlitt (1850–1938) ausschlaggebend gewesen sein wird.[4] Der junge Mitarbeiter im Büro von Hugo Licht (1841–1923), war auch dadurch aufgefallen, daß er sich seit geraumer Zeit in verschiedensten Artikeln sehr bestimmt zu Fragen der Kunst, des Kunsthandwerkes und der Architektur äußerte. Er ließ dort eine Position erkennen, die für einen jungen, noch emotionsgeladenen Menschen um 1900 erstaunlich war, in der Folge aber durch die reale Entwicklung bestätigt wurde. Er trat nämlich ganz prononciert gegen die Tendenz jener Jahre auf, die wir heute als Jugendstil im engeren Sinne bezeichnen, wandte sich gegen den übertriebenen Einfluß der bildenden Künstler, nannte die Suche nach einem absolut neuen Stil »ein krankhaftes Ideal« und stellte ebenso in Frage, daß das Kunstgewerbe die neuen Impulse für die Architektur liefern könne.[5] Manche seiner Aussagen erinnern an Argumente, wie sie Adolf Loos gegen die »Ornamenthölle« der Wiener Sezession ins Feld führte, wenn auch Schumacher nicht den unübertroffenen bissig-polemisierenden Ton des Österreichers angeschlagen hat. Aber auch er wandte sich gegen die vielbeschworene Phantasie des Malers, die das Kunstgewerbe beleben sollte, und empfand es geradezu als positiv, daß der Durchschnittshandwerker von dieser Phantasie nicht »geplagt« sei.[6] Eine Sammlung der in den verschiedensten Zeitschriften erschienen Beiträge war schon 1899 unter dem Titel *Im Kampfe um die Kunst* bei Heitz in Straßburg verlegt worden.

Vermutlich war es dieses zweite, das schriftstellerische Talent Schumachers, das die Verantwortlichen bewog, ihm vor anderen den Vorzug zu geben. Das könnte beispielsweise auch erklären, weshalb sein einstiger Mitstreiter im Büro von Hugo Licht, der künstlerisch außerordentlich begabte Wilhelm Kreis (1873–1955), nicht im Gespräch gewesen ist.[7] Immerhin hielt sich Kreis schon seit reichlich zwei Jahren als Assistent von Paul Wallot (1841–1912) in Dresden auf.

Wie die Vorgänge im einzelnen auch immer abgelaufen sein mögen, es paßt ganz einfach zur Person Gurlitts, daß er einen entscheidenden Anteil an Schumachers Berufung nach Dresden gehabt hat. Man kann sich gut vorstellen, daß dem Bauhistoriker, der von sich selbst gesagt hat, ständig auf der Suche nach Neuem gewesen zu sein, ein junger Architekt imponiert hat, der in einer Zeit großer Unsicherheit so unbekümmert und bestimmt sein Urteil abgab; von dem man einfach erwarten konnte, daß er einen frischen Wind in den damals überalterten Lehrkörper einbringen würde. In seinem Urteil über Schumacher könnte Gurlitt noch durch seinen zeitweiligen Assistenten, den Kunsthistoriker Erich Haenel (1875–1940), bestärkt worden sein. Mit ihm war Schumacher 1899 auf Reisen gewesen.

Schumacher seinerseits hat mit größter Hochachtung von Gurlitt gesprochen. In seinen Erinnerungen zeichnete er als dessen Bild das des Vaters eines »alttestamentarischen Stammbaumes«, auf den letztlich alles zurückzuführen war. Er schätzte sich glücklich, manches Gespräch auch über persönliche Fragen in der häuslichen Studierstube Gurlitts geführt zu haben.[8] Dennoch wird zwischen den

PLAN FÜR BEBAUUNG DER
KRONPRINZENSTRASSE
BREMEN·SCHWACHHAUSEN

Fritz Schumacher, Entwurf zur Bebauung der
Kronprinzenstraße, Bremen, 1907

beiden letztlich sehr unterschiedlichen Männern immer eine bestimmte Distanz bestanden haben. So erstaunlich sicher Schumacher in vielem urteilte, auch bei ihm ist zu dieser Zeit noch etwas von jener nietzscheanisch geprägten Jugendlichkeit spürbar, die den Satz des Philosophen von der »Umwertung aller Werte« auf ihre Weise umdeutete, die das heraufziehende Neue mehr erfüllte, denn wirklich schon zu fassen vermochte. Demgegenüber war der fast zwanzig Jahre ältere Gurlitt schon natürlicherweise der Überlegenere, der Abgeklärtere, der seine Argumente breit zu fundieren wußte.

Gurlitt war in dem Kreis der Lehrenden in vielerlei Hinsicht eine Ausnahmeerscheinung. Von Hause aus Architekt, hatte er sich sehr bald für das Gebiet der Baugeschichte entschieden, das mit seiner Berufung an die Technische Hochschule Dresden im Jahre 1894 einen ganz neuen Stellenwert erhielt. Aber er hat dieses Fach nie eng faktologisch beziehungsweise archivalisch aufgefaßt, sondern immer in den Zusammenhang mit den zu lösenden Problemen seiner Zeit gestellt, und sich von daher auch anderen Themenkreisen zugewandt. Man weiß nicht, was man zuerst benennen soll, um anzuzeigen, wo Gurlitt neue Wege beschritten hat. War es seine Hinwendung zum Barock, einer bis dahin verpönten Phase der Baugeschichte, mit der er die Tradition der Dresdner Baugeschichtsforschung im 20. Jahrhundert begründete? War es sein nimmermüdes Wirken auf dem Gebiet der Denkmalpflege, wo er über Jahrzehnte kaum eine Sitzung in der von ihm mitbegründeten »Kommission zur Erhaltung der Kunstdenkmäler« versäumte? War es sein Vorstoß auf dem Gebiet des Städtebaus? Denn er ist es gewesen, der schon im Sommersemester 1902 an der Technischen Hochschule ein Seminar für Städtebau einrichtete, und es ist durchaus denkbar, daß Schumacher von ihm manche Anregung auf einem Gebiet empfangen hat, das ihn erst in Hamburg voll und ganz in Anspruch nahm.

Kurz, Gurlitt war ein Mann, der sein Wissenschaftsgebiet in einer ungewöhnlichen Breite betrieb. Er selbst hatte »die eigenartige Furcht«, den weiten Blick zu verlieren und zum bornierten Fachgelehrten zu werden, einen Grundzug seines Schaffens genannt.[9] Wenn diese breite Interessiertheit bisweilen auch die Skepsis der Fachkollegen herausforderte, die eine ungenügende Tiefe seiner Untersuchungen bemängelten, so sicherte sie ihm doch Kompetenz und Mitspracherecht auf vielen ganz unterschiedlichen Gebieten. Sie war aber auch der Grund dafür, daß er immer etwas auf einsamen Posten stand. Sein Urteil, das oftmals schroff ausfiel, war gefragt und zugleich gefürchtet. Schumacher schildert ihn in seinen Erinnerungen als eine Kampfesnatur, die im offiziellen Dresden nicht immer gut angesehen gewesen sei.[10] Dabei klingt ein wenig Unverständnis an – so, als habe er nicht recht begreifen können, weshalb dieser so überlegene Mann nicht einen etwas moderateren Ton hätte anschlagen können.

Im zeitlichen Abstand betrachtet, tritt Gurlitt wohl vor allem als Vater der modernen Denkmalpflege hervor. Auf diesem Gebiet hat er zweifellos das fruchtbarste Erbe hinterlassen. Er war es, der schon sehr bald der allgemein üblichen und teilweise äußerst verhängnisvollen Praxis des Restaurierens im einheitlichen Stile entgegenwirkte. Seine denkmalpflegerischen Vorschläge waren von der Auffassung getragen, Überliefertes lediglich zu sichern und Ergänzungen als solche zu kennzeichnen.

Als glückliches Ergebnis eines so begriffenen Umganges mit Baudenkmalen hat Gurlitt noch Jahre später die von Fritz Schumacher entworfenen Einbauten im Petridom zu Bautzen angeführt.[11] Den Anstoß für die innere Neugestaltung des protestantischen Teiles der Simultankirche gab der Wunsch der Gemeinde nach einer neuen größeren Orgel, die die renommierte ortsansässige Firma Eule anfertigte. In diesem Zusammenhang sollten die Musikertribüne vergrößert, die darunter befindliche Loge der Landstände ersetzt und die Emporen an der Nordwand, die dort schon seit längerem fehlten, wieder eingefügt werden. An einem aufgeforderten Wettbewerb nahmen neben Schumacher noch dessen

Fritz Schumacher, Einbauten im Petridom zu
Bautzen, 1909/10

Kollege an der Hochbauabteilung der Technischen Hochschule Dresden, Oswin Hempel (1876–1965), und der Bautzener Architekt Kempe teil. Nach reiflicher Beratung legte man eine Reihenfolge der Entwürfe fest, setzte die Arbeit von Oswin Hempel auf Platz eins, die von Schumacher auf Platz zwei und das Projekt Kempes, dem, wie es hieß der »feinere Reiz« und die »zeitliche Eigenart« fehlte, auf den dritten Platz.[12] Was dann letztlich verwirklicht wurde, war ein verändertes Projekt Schumachers, das er im Ergebnis einer im Oktober 1908 an Ort und Stelle vorgenommenen Verhandlung zwischen der Denkmalkommission und den örtlichen Vertretern erarbeitete und zwei Monate später einreichte. Es ging dabei vor allem um eine andere Gestalt des Orgelprospektes, den Schumacher zunächst auf eines seiner Schaubilder als Tektur aufklebte und danach in eine neue perspektivische Zeichnung einfügte, in der er zugleich die ornamentale Durchbildung der unteren Emporenbrüstung und des Rahmens der zentralen Loge für die Landstände veränderte.[13]

Bei der Ausführung arbeitete er eng mit dem Kunsthandwerker Karl Groß (1869–1934) zusammen, dem späteren Direktor der Kunstgewerbeschule. Die zeitgenössischen Photos lassen den effektvollen Kontrast zwischen den vergoldeten Ornamenten und den hölzernen Flächen erkennen. Im Vergleich mit Hempels Projekt ist bei dem ausgeführten die Forderung in der Ausschreibung, das »Neuhinzuzufügende als solches« erkennbar zu machen, noch etwas entschiedener verwirklicht. Das besondere Problem bestand darin, ein überliefertes Kleinod aus dem 17. Jahrhundert einzubeziehen, die in derben, frühbarocken Formen gehaltene Fürstenloge. Schumacher hat das getan, indem er ebenso wie Hempel die Felderteilung übernahm, aber deren Durchbildung bewußt flächig hielt, so daß sich die Loge von 1673 mit ihren gewundenen Pilastern als skulpturales Gebilde deutlich abhebt.

Karl Weißbach, Gebäude der Mechanischen Abteilung der Technischen Hochschule Dresden, 1900–1904

Von Gurlitt abgesehen, entstammte die übrige Lehrerschaft, auf die Schumacher traf, als er am 1. April 1901[14] sein Dresdner Lehramt antrat, eher der alten Schule. Ein Semester lang erlebte er auch noch den kurz vor seiner Emeritierung stehenden Rudolf Heyn (1835–1916), den Architekten des Hauptgebäudes am Bismarckplatz, der die Hochbauabteilung gegründet und über mehrere Jahrzehnte im Sinne einer soliden technischen Grundlagenausbildung gewirkt hatte. Die Entwurfslehre stand mit Ernst Giese (1832–1903) und Karl Weißbach (1841–1905) ganz in der Tradition der Neorenaissance. Karl Weißbach, ebenfalls seit Bestehen der Hochbauabteilung im Lehramt und zum Zeitpunkt des Eintritts von Schumacher gerade Vorsteher der Hochbauabteilung, war der konsequenteste Fortsetzer der Semper-Nikolai-Schule. Seine Domäne war nach wie vor der Wohnungsbau und innerhalb dessen wiederum die Vorstadtvilla. Die von ihm auf diesem Gebiet gesammelten Erfahrungen legte er 1902 in dem entsprechenden Band des *Handbuches der Architektur* nieder.[15] Nach Weißbachs Entwürfen wurden damals gerade die neuen Hochschulgebäude auf der südlichen Anhöhe errichtet: die Bauten der Mechanischen Abteilung, des Maschinenlaboratoriums und des Elektrotechnischen Institutes. Sie erregten einiges Aufsehen, wobei deren gestalterische Lösung verschiedentlich Kritik erfuhr. Zwar gab es keinen Zweifel daran, daß sich bei der Grundrißdurchbildung und Ausstattung ein Meister seines Faches bewährt hatte, aber die Baukörper erschienen doch etwas spröde, und mancher Dresdner stieß sich an den unverputzten Ziegelfassaden, weil sie ganz untypisch für die Stadt waren. Wie das damalige Urteil im einzelnen aus heutiger Sicht auch abzuwägen wäre, man muß registrieren, daß Weißbach mit diesem Alterswerk einen Zweckbau von auffälligem Äußeren geschaffen hatte. Die ungewöhnlich kräftig durchgebildeten sandsteinernen Überdeckungen der Fenster, aus denen massige Schlußsteine hervortreten und die zum Rot der Ziegelwände kontrastieren, wirken wie Rudimente und zugleich auch Verweise auf eine in Überwindung begriffene Stilarchitektur.

In unmittelbarer Nachbarschaft von Schumacher lehrte Carl Weichardt (1846–1906) die Fächer Ornamentenentwerfen, Figurenzeichnen und angewandte Perspektive. Auch Weichardt, einstiger Mitarbeiter von Ludwig Bohnstedt (1822–1885), war ein ausgesprochener Renaissancist. Schumacher charakterisierte ihn 1906 in seinem Nachruf als einen Künstler, der gerade darin vorbildhaft gewesen sei, daß er sich stets an den edelsten klassischen Schöpfungen orientierte.[16] Man könnte meinen, die Einschätzung wäre durch den Anlaß geschönt. Denn Schumacher hatte sich vor der Dresdner Zeit durchaus kritisch zu der durchgängigen Praxis des Stilisierens in den Formen der Renaissance an den technischen Lehranstalten geäußert.[17] Er nahm aber in dieser Frage keine kategorische Haltung ein. Dafür mögen zwei Gründe maßgebend gewesen sein: Erstens sah er sich durch nichts gedrängt, etwa selbst diese Richtung aufzugreifen. Er war selbständig genug, um eigene Wege zu beschreiten. Zweitens hielt er ein gewisses Maß an Tradition für notwendig, um die Architektur vor Verwilderung zu bewahren. Insofern hat er auch seine Tätigkeit bei Hugo Licht als lehrreich und nützlich empfunden, obwohl er dessen Architektur nicht sonderlich zugeneigt war.

Man kann das noch allgemeiner fassen: Nichts deutet darauf hin, daß sich Schumacher im krassen Konflikt mit seinem Umfeld an der Technischen Hochschule befunden hat, obwohl das angenommen werden könnte und später zum Beispiel von Oskar Reuther (1880–1954) – offensichtlich in Erinnerung an seine Studentenzeit – behauptet worden ist.[18] Im Gegenteil, die ganze Atmosphäre an der technischen Bildungsanstalt, wo sich immer mehr die ausgesprochenen Fachspezialisten durchsetzten, behagte ihm, weil sie ihn wie die jüngeren Kräfte im allgemeinen in dem Hochgefühl stärkten, an einer Zeit außerordentlicher technischer Entwicklungen teilzuhaben. So zeugt Reuthers Einschätzung wohl mehr von der spezifischen Ausstrahlung, die Schumacher auf die Studenten geübt haben wird.

Wie Schumacher zum Historischen stand, hat er vor allem durch seine Antrittsvorlesung vom 10. Mai 1901 wissen lassen, für die er den programmatischen Titel *Das Bauschaffen der Jetztzeit und historische Überlieferung* wählte, und den er einige Jahre später beim Wiederabdruck noch prägnanter in *Tradition und Neuschaffen*[19] umwandelte. Wesentlicher Tenor seines Vortrages war eine Absage an jenes Neuerertum, das glaubte, jegliche Formen – auch die der Baukunst – aus dem »naiven unbeeinflußten Instinkt des Künstlers« entwickeln zu können. Ihm trat Schumacher mit der Auffassung entgegen, daß der Schaffensmaßstab eines Architekten die historische Entwicklung sei. Darin unterscheide er sich vom Maler, der sich die Natur unmittelbar zum Vorbild nehmen könne.[20] Schumacher griff hier einen Gedanken auf, der der tragende des klassischen Historismus gewesen und am konsequentesten von Gottfried Semper verfolgt worden ist. Die Nähe zu Semper wird noch deutlicher, wenn er von den »organischen Entwicklungsgedanken, die uns die Geschichte des baulichen Werdens aufdeckt«, spricht[21] und damit ganz unmittelbar an Sempers eigenwillige Interpretation der Geschichte der Baukunst in Analogie zu den faszinierenden Erkenntnissen der Naturwissenschaft anknüpft. Schumacher hatte unmittelbare Veranlassung, sich mit Sempers theoretischem Werk zu beschäftigen. Denn die ›Stillehre des Kunstgewerbes‹, ein Fach, das Gurlitt dem theoretisch veranlagten jungen Mann abgetreten hatte, wurde in Dresden seit Richard Steches (1837–1893) Zeiten in unmittelbarer Anlehnung an Sempers *Praktische Ästhetik* gelesen und dabei sogar der zur Entstehungszeit des Werkes ganz ungewöhnliche Titel einer *Stillehre in den technischen und tektonischen Künsten* übernommen. Doch auch Schumacher ist letzten Endes nicht zum eigentlichen künstlerischen Anliegen Sempers vorgedrungen. Es ist hier nicht der Ort, um dazu den Nachweis im einzelnen zu führen. Nur soviel sei angemerkt: Ähnlich wie der etwas ältere Hendrik Petrus Berlage

(1856–1934) hat er aus Sempers Schriften einen Zusammenhang zwischen materiellen Faktoren und der künstlerischen Form herausgelesen, der wohl für die Moderne, nicht aber für den Repräsentanten des klassischen Historismus kennzeichnend ist.[22]

Schumacher plädierte für die historische Überlieferung und lehnte zugleich die herrschende Stilarchitektur ab. Denn sie stellte für ihn ein »Historisieren« dar, aus dem keine neue Kraft zu gewinnen war. In dieser Auffassung mochte er im Anblick des Dresdner Baugeschehens noch bestärkt worden sein. Denn das, was einst die Qualität der »Dresdner Schule« ausgemacht hatte, die stimmig durchgebildete Renaissance nach italienischem Vorbild, war mit der Aufnahme aller möglicher Zierformen unter dem Vorzeichen nationaler Architektur schon Ende der achtziger Jahre in Verfall geraten. Noch um 1900 fühlten sich junge Kräfte von dem Baugeschehen in der Stadt eher abgestoßen. Oswin Hempel sprach in seinen Erinnerungen für den ganzen Kreis seiner Studiengefährten, wenn er hervorhebt, sie wären »damals der in Pathos und Form schwelgenden Dresdner Strömung« entflohen.[23] Hempel ging nach München ins Büro von Martin Dülfer (1859–1942) und damit in jene Stadt, in der viele – auch Schumacher – am ehesten Keime des Neuen wachsen sahen.

Gurlitt beispielsweise verkehrte seine Sympathie für München in eine Kritik an Dresden. Er warf den Dresdnern vor, einen ähnlichen Umbruch, wie er sich in München vollzog, Anfang der neunziger Jahre verhindert zu haben. Damals hatte Wilhelm Rettig (1845–1920) mit der Markthalle am Antonsplatz und der Dreikönigsschule, die er zusammen mit dem für München so wichtigen Theodor Fischer (1862–1932) entwarf,[24] in Anlehnung an die Bürgerhausarchitektur des 18. Jahrhunderts eine einfachere Formensprache gewählt. Mit einem solchen Vorstoß in eine andere Richtung zog er sich aber vor allem den Zorn des Dresdner Handwerks zu, das bei Verbreitung derartiger Bauten um seine Aufträge fürchtete. Das Ganze weitete sich zur Affäre aus und kostete Rettig letzten Endes die Stelle des Stadtbaumeisters.

Eineinhalb Jahrzehnte später bot sich eine völlig veränderte Situation. Was sich in München in ersten Anfängen gezeigt hatte, schien in Dresden reichliche Früchte zu tragen. Mehr und mehr bestimmten die neuen Kräfte das Feld der Architektur. 1904 kehrte Oswin Hempel in seine Studienstadt zurück, wurde Assistent bei Schumacher und drei Jahre später dessen Kollege in der Nachfolge Carl Weichardts. Neben Hempel begannen weitere junge Architekten – Wallot-Schüler wie er – sich in einer schlichteren, selbstverständlicheren Architektursprache zu artikulieren: Rudolf Kolbe, Max Herfurt. 1906 gelang es, den in München schon fest etablierten Martin Dülfer nach Dresden zu ziehen. Die Übernahme des Lehrstuhles von Karl Weißbach durch ihn und die Tatsache, daß Dresden mit der Berufung von Kurt Diestel (1862–1946) als erste Lehreinrichtung dieser Art den obligaten Stilentwurf aufgab, zeigte den endgültigen Umbruch an.

Schumacher hatte sich mit Nachdruck für die Berufung Dülfers eingesetzt, wobei es ihm auch darum ging, keinesfalls die pragmatische Richtung zu stärken, wie sie bereits von Hugo Hartung (1859–1932) vertreten wurde. Das zeichnete sich aber ab, weil Dülfer zwischenzeitlich ablehnte und damit der in Karlsruhe ansässige Friedrich Ratzel (1869–1907) aufrückte, der wie Hartung aus der Schule Carl Schäfers stammte. Wenn es im Lehrkörper Spannungen gab, dann waren sie durch die ganz unterschiedlichen Positionen getragen, die Schumacher und Gurlitt im Gegensatz zu Hartung vertraten.[25] Auf jeden Fall konnte Schumacher vom Zeitpunkt der Berufung Dülfers an das Gefühl haben, nun auch an der Hochbauabteilung weitgehend unter seinesgleichen zu sein.

Was sich in Dresdens Architektur und Kunst zu vollziehen begann, wurde sehr bald publik. Einen gewichtigen Anteil hatten daran die *Dresdner Künstlerhefte*,

Fritz Schumacher, Entwurf für eine Kirche
in Hagen, 1908

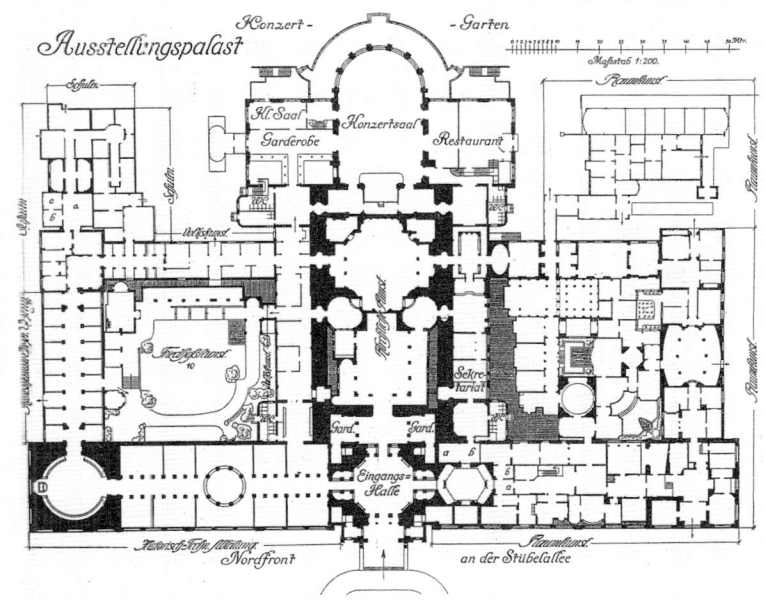

Fritz Schumacher, Gestaltung des Hauptsaales
der Dritten Deutschen Kunstgewerbeausstellung,
Dresden, 1906

Fritz Schumacher, Protestantischer
Kirchenraum auf der Dritten Deutschen
Kunstgewerbeausstellung, Dresden, 1906

Fritz Schumacher, Wohnzimmer auf der
Dritten Deutschen Kunstgewerbeausstellung,
Dresden, 1906, Aquarell von Max Pechstein

Wilhelm Kreis, Große Skulpturenhalle auf der Internationalen
Kunstausstellung, Dresden, 1901

Fritz Schumacher, Einbauten in der
großen Halle auf der Deutschen
Städte-Ausstellung, Dresden, 1903

eine Sonderreihe der *Modernen Bauformen*, Publikationsorgan der auf Initiative
Hans Erlweins gebildeten Künstlervereinigung »Die Zunft«. Auf bestem Glanz-
papier, geschickt photographiert, präsentierte dort die Dresdner Architektenschaft in Gemeinschaft mit den bildenden Künstlern ihre neuesten Leistungen:
zunächst ihre Exponate von der Dritten Deutschen Kunstgewerbeausstellung
1906 und in der Folge alle wichtigen Werke ihrer Mitglieder. Besonders breiten
Raum nahmen jene Bauten und Anlagen ein, die damals im Zuge des Ausbaues
der Stadt unter der Leitung des aus der süddeutschen Schule stammenden Hans
Erlwein (1872–1914) entworfen wurden und die bald das Kolorit des *Neuen
Dresden* ausmachten.

Zweifellos wären eine ganze Reihe von Einflüssen anzuführen, die die Dresdner
Entwicklung beförderten. Letztlich wird aber immer ein Mann genannt, von dem
der auslösende Impuls kam: der Maler Gotthardt Kuehl (1850–1915) Aus der
Münchner Sezession stammend, war Kuehl 1895 an die Kunstakademie berufen
worden und hatte sofort entscheidend in das allgemeine Kulturleben der Stadt
eingegriffen, indem er nicht nur zielgerichtet an der Reorganisation der künstlerischen Lehranstalt mitwirkte, sondern zugleich auch als glänzender Organisator
von Kunstausstellungen hervortrat. Den nun in großer Zahl stattfindenden
Präsentationen gab er dadurch einen ganz neuartigen Charakter, daß er in ihnen
auch das Kunsthandwerk darbot. Auf Kuehl, den »Ausstellungsdiktator«, wie
ihn Schumacher genannt hat[26], ging beispielsweise auch die Idee zurück, der
pompösen und, wie man damals sagte, »wenig stilvollen« zentralen Halle des
Ausstellungspalastes an der Stübelallee (1894–1896 von Hauschild und Bräter
errichtet) mit jeder Exposition ein neues Aussehen zu geben. Man kann es heute
kaum noch nachvollziehen, daß es die junge Architektenschaft als besondere Ehre
und Herausforderung empfand, mit dieser Aufgabe betraut zu werden, daß auch
Schumacher nicht ohne Stolz berichtet, dreimal zu einer solchen Ausstattung
herangezogen worden zu sein: zur Städte-Ausstellung 1903, zur Großen Kunstausstellung im Folgejahr und schließlich zur Kunstgewerbeausstellung von
1906.[27] Die überlieferten Photos, die sicherlich noch die günstigsten Standpunkte
gesucht haben, hinterlassen den Eindruck von räumlicher Leere. Das trifft für die
Skulpturenhalle auf der Internationalen Kunstausstellung 1901 von Wilhelm
Kreis zu, aber auch für die von Schumacher gestaltete Eingangssituation auf der
Deutschen Städte-Ausstellung, deren eingestellte Tonnen etwas Monströses
haben. Es hat den Anschein, als sei hier schier Unmögliches versucht worden,
nämlich einen räumlichen Koloß, der einer ganz anderen architektonischen
Tradition entstammte, gleichsam mit einer neuen Stilistik zu überformen.

Befriedigender fiel die Lösung 1906 aus, als die ganze Ausstellung unter dem
Motto der Raumkunst stand und sich Schumacher konsequent auf die Dimensionen der Halle einließ, indem er entschied, hier die Kirchenräume einzuordnen.
Wie auch immer die Aufgabe im einzelnen bewältigt worden ist, an ihr wird
deutlich, auf welche spezifische Weise sich in Dresden Neues durchgesetzt hat.
Ausgelöst durch Kuehls Initiativen, gewann hier nicht jene Sparte der Malerei die
Oberhand, die sich auf die alltägliche Gebrauchskunst bis hin zu den Augen-
blicksideen der Plakatgestaltung orientierte, sondern diejenige, die sich von
vornherein auf die Architektur einließ: die Monumentalmalerei. Ein entscheiden-
der Schritt in Richtung einer Verbindung von bauenden und bildenden Künsten
wurde gegangen, als 1897 an der Kunstakademie ein besonderer Lehrstuhl für
Ornamentmalerei eingerichtet und dafür der in Berlin tätige Otto Gußmann
(1896–1926) nach Dresden berufen wurde. Gußmann, der sich anfangs sehr eng
an Wilhelm Kreis angeschlossen hatte, zeitweise sogar mit diesem die Wohnung
teilte, zeichnete bald für eine ganze Reihe von Ausgestaltungen monumentaler
Räume der Stadt verantwortlich. Er schuf unter anderem die Fresken für das
Vestibül des Ständehauses (1899–1903 von Paul Wallot) und solche für den
Kuppelsaal des Neuen Rathauses (1905–1910 von Bräter und Roth); er malte die

Innenräume der Lukaskirche (1898–1903 von Weidenbach) und der Christus-kirche (1902–1905 von Schilling und Gräbner) aus.

Schumacher konnte mit ihm bei der Umsetzung seines Entwurfs für den »Protestantischen Kirchenraum« auf der Kunstgewerbeausstellung zusammenar-beiten, einem Werk, das nicht nur räumlich, sondern auch konzeptionell im Zentrum des Interesses stand. Es lieferte den Anlaß zur Einberufung eines Zweiten Kongresses für Protestantischen Kirchenbau Anfang September 1906 nach Dresden.

Der von Schumacher geschaffene Raum lebte von der Klarheit der Komposition, dem Zueinander eines tonnenüberwölbten Gemeindesaales und der durch einen großen Bogen abgetrennten Apsis – zwei Räume, die nicht nur in ihrer Stereometrie, sondern auch im Farbklang voneinander abgesetzt waren: Zu dem in warmen Farben gehaltenen Altarplatz kontrastierten die kühlen blauen und grauen Töne des übrigen Raumes. Die besondere Gestaltidee Schumachers lag zweifellos in der plastischen Verschmelzung von Altartisch,[28] Kanzel und Orgelbalustrade, mit der er als einer dem Protestantischen gemäßen Lösung zu überzeugen wußte. Lediglich hinsichtlich der zentralen Anordnung der Orgel erhob man Bedenken, weil das nicht ihrer gottesdienstlichen Bedeutung ent-sprach. Darum wissend, hatte sie Schumacher vergleichsweise bescheiden, ganz ohne Prospekt vor das von Gußmann gestaltete Mosaikbild gestellt.

Im ganzen gesehen stellte der »Protestantische Kirchensaal« ein besonders reiches Werk der Raumkunst dar. Unter der Regie und weitgehend auch der eigenen Entwurfstätigkeit des Architekten waren die Deckenbemalung, die Mosaike, die Glasfenster, die marmorne Kanzelbrüstung, die Kandelaber und die Boden-fliesen zu harmonischem Zusammenklang gebracht.

Das Grundschema dieses Kirchenraumes übernahm Schumacher in seinem Entwurf für die Heilandskirche in Dresden-Cotta, mit dem er sich unter 68 Konkurrenten durchsetzen konnte. Es gelang ihm, selbst die im Kirchenbau erfahrene Dresdner Architektenfirma Schilling und Gräbner aus dem Felde zu schlagen, deren Christuskirche zu Dresden-Strehlen allgemeine Bewunderung erregt hatte. Die genauere Prüfung seines Entwurfes ergab allerdings, daß er mit den vorhandenen Mitteln nicht auszuführen war. Den Auftrag zur Ausführung erhielt Rudolf Kolbe. Es wäre für Schumacher ohnehin schwierig geworden, nach seinem Weggang aus Dresden einen Bau zu leiten, zu dem erst im Frühjahr 1914 der Grundstein gelegt wurde und dessen Fortgang sich – durch den Krieg unterbrochen – bis 1927 hinzog.

Schumachers Kirche zeigte sich außen als ein kräftig durchgebildetes Gefüge von Einzelkörpern, aus dem ein massiger rechteckiger Eingangsturm emporwuchs. In dieser Gestalt unterschied sie sich prinzipiell von einer ganzen Reihe anderer Vorschläge, die nämlich versucht hatten, die Kirche und die zugehörigen Bauten zu einem Gemeindezentrum zu verbinden, so den vielproklamierten Gedanken aufgreifend, daß in einer protestantischen Kirchengemeinde das Kultische nicht zu dominieren habe. Schumacher hat nach einem solchen Ansatz nicht gesucht. Dieser widersprach seiner ganzen damaligen Architekturauffassung, seinem Drang, solche Bauten ins Denkmalhafte zu führen. Besonders auffällig wird das bei seinem Entwurf für eine freireligiöse Gemeinde aus dem Jahre 1903, wo aus einem vergleichsweise schlichten Hallenbau alle Kraft in die gewaltigen Stein-massen eines übermächtigen Turmes strömt. Solche Beispiele bezeugen seine Suche nach bestimmten Bereichen der Architektur, in denen noch ein großer Empfindungsausdruck baulich umzusetzen war. Schumacher verabscheute die nüchternen Parochialkirchen mit ihren »trockenen Versammlungssälen«, die er in den neuen Stadtteilen entstehen sah. Noch immer war für ihn der Kirchenbau ein Feld, auf dem sich Architektur wie in der Vergangenheit als Monumental-kunst bilden ließ, auf dem nicht nur einem einfachen Bedürfnis Rechnung getragen, sondern einer Idee Gestalt verliehen werden konnte.[29]

Innenperspektive und Grundriß seines Entwurfes für die Heilandskirche zeigen den tonnenüberwölbten Gemeinderaum durch breite seitliche Konchen erweitert, die aber hinter den Emporenwänden versteckt bleiben: eine geschickte Verschmelzung von neuartiger amphitheatralischer Versammlungsstätte und traditioneller Emporenkirche. Interessant ist, daß die farbige Zeichnung des Architekten gegenüber dem Kirchenraum von 1906 eine viel flächigere Ornamentik erkennen läßt. Selbst wenn man davon ausgeht, daß Schumacher hier nur mit Andeutungen gearbeitet hat, ist festzustellen, daß in den Gußmannschen Ausmalungen die konturenstarke Ornamentik bisweilen ein Eigenleben führt.

Schumachers unübersehbarer Hang zu monumentalen Gestaltungen, den er mit vielen Zeitgenossen teilte, dürfte auch von dem Streben bestimmt gewesen sein, architektonische Disziplin zu wahren. Solche Dimensionen zwangen zu tektonischer Bildung, schlossen modische Eskapaden weitgehend aus. Allerdings wurde auf der Kunstgewerbeausstellung von 1906 generell sichtbar, daß die Jahre des Gärens vorüber waren. Die Mehrzahl der Künstler hatte in ihren Raumausstattungen zu Gestaltungen zurückgefunden, die gegenstandsbezogen waren und die Eigenart des baulichen Gefüges respektierten. Einzig die von van de Velde gestaltete Museumshalle im Sächsischen Haus schien noch aus einer augenblicklichen Gestaltidee des Künstlers geboren zu sein. Sie mußte sich denn auch harsche Kritik gefallen lassen, die den gebürtigen Belgier, Direktor der Kunstgewerbeschule zu Weimar, um so mehr traf, als sie von bestimmten politischen Kreisen zu chauvinistischer Hetze benutzt wurde.

Das Echo auf die Ausstellung war ungewöhnlich breit. Insbesondere die Dresdner Künstlerschaft erregte mit ihren Leistungen Aufsehen. Dabei war auch die Vielfalt beeindruckend. Die Palette reichte vom exklusiven Wohnraum, wie ihn Wilhelm Kreis im Sächsischen Haus schuf, bis zum aufsehenerregenden Maschinenmöbel für eine »minderbemittelte« Käuferschaft, die Richard Riemerschmid (1868 – 1957) für die Dresdner Werkstätten für Handwerkskunst von Karl Schmidt entworfen hatte.

Interessant war das Resümee, das Hans Erlwein zog. Er stellte fest, die Ausstellung habe »die Augen der ganzen gebildeten Welt auf Dresden gelenkt und Bewunderung für die geleistete Organisation und Arbeit gezeitigt«, jedoch nicht nur das, sie habe auch »etwas Neid für den guten Erfolg eingetragen«. So betrachte man nun die Leistungen der Dresdner Künstler auch in der Erwägung, »welcher von ihnen da und dorthin geeignet sein könnte«. Er erwähnte eine Reihe von Angeboten, die schon eingetroffen seien: für ihn nach Köln, für Wilhelm Kreis und Karl Groß nach München, für Schumacher als Nachfolger Halmhubers nach Stuttgart. Der Artikel wandte sich vor allem an die öffentliche Hand, gemeint war damit in erster Linie die Staatsverwaltung, die begreifen müsse, daß der Ruf der Stadt und ihr Bestand an Künstlern nur zu wahren wäre, wenn entsprechende Aufträge vergeben würden.[30] Erlwein sprach hier ein Problem an, das ein allgemein verbreitetes war und dem zu begegnen zu den Zielen der von ihm gegründeten »Zunft« gehörte. Er hatte diese Künstlervereinigung wenige Monate nach seiner Ankunft in Dresden im Juni 1905 ins Leben gerufen,[31] um – wie er schrieb – »modernem künstlerischen Geist« zum Durchbruch zu verhelfen. Bei der Auftragsvergabe gerieten gerade die an den Schulen Lehrenden wie Schumacher und Kreis ins Hintertreffen, zumal sie keine gebürtigen Dresdner waren. Für beide hat sich Erlwein im Namen der »Zunft« ganz energisch eingesetzt, um die anerkannt guten Kräften für Dresden zu erhalten.

An Schumacher waren im Laufe der Jahre eine ganze Reihe Angebote von außerhalb herangetragen worden: so 1903 die Stelle des Direktors an der Breslauer Kunstakademie und 1906 der Stuttgarter Lehrstuhl, der ihn wegen der Nähe zu Theodor Fischer sehr gereizt hat.[32] Immer in der Hoffnung lebend, daß sich die Verhältnisse in Dresden für ihn günstiger gestalten würden, hatte er in

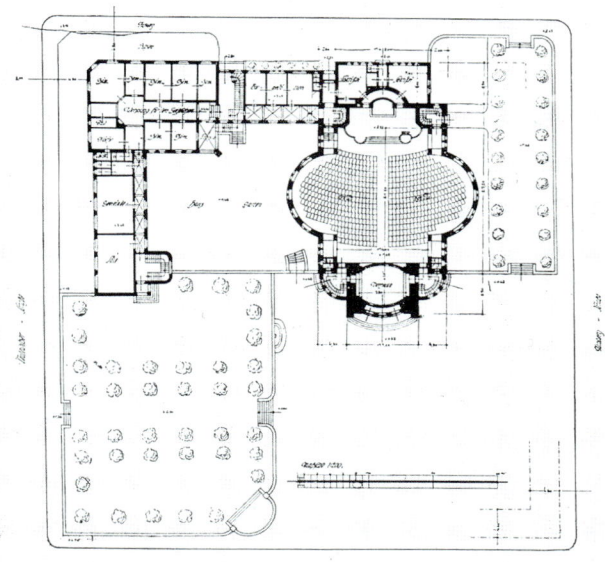

Fritz Schumacher, Entwurf für die
Heilandskirche, Dresden-Cotta, 1909

diesen Fällen abgelehnt. Anders war es, als ihn zu Beginn des Jahres 1907 die Nachricht erreichte, daß man ihn für die Stelle des Stadtbaurates in Charlottenburg ins Auge gefaßt habe. Nun, da die Anspannung der Kunstgewerbeausstellung hinter ihm lag und sich ähnlich große Unternehmungen in Dresden nicht abzeichneten, in Charlottenburg aber attraktive Bauaufgaben winkten, war er gewillt, dem Ruf Folge zu leisten.

Davon Kenntnis erhaltend, startete Erlwein gemeinsam mit den »Zünftlern« im Februar 1907 umgehend eine breite Aktion, um in der Stadtverordnetenversammlung zu erwirken, Schumacher den anstehenden Bau des Krematoriums zu übertragen. Er setzte alle Hebel in Bewegung, nutzte jegliche nur gegebene Verbindung zu einflußreichen Persönlichkeiten, schrieb zugleich an das Kultusministerium, bat Gurlitt um ein Schreiben, das den Verantwortlichen verdeutlichen sollte, welchen Verlust der Weggang Schumachers für die Technische Hochschule darstellen würde.[33] Kurz, es war eine Art Lawine, die er ins Rollen brachte und die innerhalb kürzester Zeit, nach wenigen Tagen, Erfolg zeitigte. Schumacher erhielt den Bauauftrag und auch seitens des Kultusministerium wurde ihm für die baldige Zukunft ein größerer staatlicher Bau in Aussicht gestellt. Der ganze Vorgang war immerhin so bemerkenswert, daß die *Deutsche Bauzeitung* nicht versäumte, über ihn zu berichten.[34] Mit welchem Elan Schumacher an die neue Aufgabe heranging, verdeutlicht die Tatsache, daß er einen Wohnungswechsel vollzog, sich in das erste und zweite Obergeschoß der von dem Fabrikanten Karl August Lingner aufgekauften Villa in der Winckelmannstraße 22 einmietete, um sich ein geräumigeres Atelier einrichten zu können.

Hans Erlwein, Stadthaus, Dresden-Neustadt, 1914

Von der Künstlervereinigung »Zunft« ist in den verschiedenen Publikationen bisher wenig Notiz genommen worden, obwohl sie über einige Jahre hinweg ein wichtiger Faktor im kulturellen Leben der Stadt gewesen ist und Erlwein als Gründer und erster Vorsitzender ihre Ziele mit bewunderungswürdiger Zähigkeit verfolgt hat. Sukzessive hatte er ein schon vorhandenes Häuflein von Künstlern, das sich allwöchentlich an einem Tisch im Viktoriahaus traf und zu dem auch Schumacher gehörte, in eine Vereinigung überführt, die nicht mehr nur das lockere Beisammensein pflegte, sondern wirkungsvoll nach außen hervortrat. Schon im April 1906 schloß er einen Vertrag mit Julius Hoffmann in Stuttgart zur Herausgabe der schon erwähnten *Dresdner Künstlerhefte* als Annex der *Modernen Bauformen*. Von Beginn des Jahres 1907 an orientierte er sich mit Erfolg auf eine gemeinsame Präsentation der »Zünftler« auf der Großen Kunstausstellung 1908 hin, der weitere derartige geschlossene Darbietungen auf anderen Ausstellungen folgen sollten. Gelegentliche Zwistigkeiten, wie sie gerade unter Künstlerpersönlichkeiten nicht ausbleiben konnten, hat Erlwein immer wieder zu schlichten gewußt. Nur im Falle des Malers und Bildhauers Richard Guhr (1873–1956), des Schöpfers der männlichen Figur auf dem Dresdner Rathausturm, ist ihm das nicht gelungen. Es war ihm schließlich leid, immer wieder von neuem persönliche Aussprachen zu führen, wenn Guhr seine Angriffe führte, die unter anderem auch Schumacher trafen.[35] Im Oktober 1907 erklärt er in einem Brief an sämtliche Mitglieder, es sei der »Kunstmaler Guhr als ausgeschieden zu betrachten«.[36] Ein Jahr später mußte er erleben, daß Guhr zu einem der Hauptakteure im sogenannten ›Dresdner Künstlerstreit‹ wurde, mit dem der Vorwurf in Umlauf kam, Erlwein nutze seine Stellung als Stadtbaumeister, um Aufträge vom Hochbauamt einzig und allein Mitgliedern der »Zunft« zukommen zu lassen.[37]

Auch wenn sich die vorgebrachten Argumente Punkt für Punkt entkräften ließen, war nicht zu übersehen, daß die Tendenz zur »verschworenen Gemeinschaft« in der »Zunft« gegeben, auch gewollt war. Erlwein nannte schon im Frühjahr 1906 die damaligen »Künstler-Abende an den Freitagen im ›Zacherl‹« eine für die »Beteiligten beliebte und *gegen* die Nichtbeteiligten zweckmäßige Einrichtung« (Hervorhebung H.L.). Das lag in der Natur der Sache: Man wollte

Übereinstimmungen in künstlerischen Fragen erzielen und damit Einfluß gewinnen, was sich in der Anfangszeit zum Beispiel auch in einer gewissen Distanz zu Karl Schmidt niederschlug. Zwar nannte Erlwein dessen Bestrebungen in Hellerau löblich, nur seien sie zu sehr an einen Münchener Künstler, an Riemerschmid, gebunden, »dessen Bedeutung allenthalben überschätzt« würde.[38] Wir können davon ausgehen, daß hier ein Urteil ausgesprochen worden ist, das die Mehrheit der »Zünftler« teilte. Auch Schumacher dürfte Vorbehalte gegen einen Mann gehabt haben, der so sehr vom Malerischen herkam, auch wenn er mit ihm ab 1908 in der »Bau- und Kunstkommission Hellerau« im Hinblick auf das Experiment der ersten deutschen Gartenstadt in fruchtbarem Austausch gestanden hat.

Eine gewisse Problematik einer solchen Vereinigung bestand auch darin, daß einerseits eine straffe Führung für notwendig erachtet wurde, daß andererseits das Agieren Erlweins, den Schumacher einen »geborenen Herrscher« genannt hat,[39] nicht immer als angenehm empfunden worden ist. Auch Schumacher scheint sich bisweilen vereinnahmt gefühlt zu haben. Darin mag der Grund zu suchen sein, daß er sich etwa ab Mitte 1907 etwas rar machte, seine Tätigkeit auf die des Mittelsmannes zwischen »Werkbund« und »Zunft« beschränkte.[40]

Natürlich konnte Schumacher auch auf das Arbeitspensum verweisen, das seine Tätigkeit an der Technischen Hochschule von ihm forderte, zumal er dort seit dem 1. März 1908 auch noch den Abteilungsvorstand innehatte und weiterhin mit größtem Engagement jenes Lehrfach betrieb, das erst durch ihn den gebührenden Stellenwert in der Ausbildung erlangte: das des ›Inneren Ausbaues‹ beziehungsweise der ›Raumkunst‹. Der Aufwand wurde ihm gelohnt. Der Zulauf zu seinen Übungen war ungewöhnlich groß. Er habe statt der »6 regulären Stunden persönlich regelmäßig 12 Stunden, manchmal noch mehr Correktur ausgeübt«, schrieb er im Juli 1908 an das Kultusministerium.[41] Seinem Antrag, einen zweiten Assistenten anstellen zu dürfen, wurde stattgegeben – ein bis dahin einmaliger Vorgang.

Mag Schumacher Erlweins Eifer in Sachen »Zunft« auch etwas überzogen gefunden haben, so einte beide Männer in jedem Falle das Grundanliegen, das ja für die gesamte Bewegung stand, die bauenden und bildenden Künstler zu gemeinsamem Wirken zu führen. Die Aufgabenfelder, die sich damals den Architekten auftaten und auf denen Schumacher in den Dresdner Jahren vornehmlich tätig wurde, forderten dazu förmlich heraus. Neben der Raumkunst war das vor allem auch die Grab- und Denkmalkunst, die Architekten, Maler und Bildhauer aufs engste verband und vor dem Ersten Weltkrieg eine ausgesprochene Blüte erlebte. Den Architekten bot sie Gelegenheit zu ausgesprochen künstlerischem Tun. Hier konnten sie die in sich ruhende, vollendete Gestalt schaffen, deren dauerhafter Charakter schon in der Spezifik der Aufgabe angelegt war. Hier konnten sie Zeichen setzen gegen die sich abzeichnenden stürmischen Entwicklungen, gegen die Tendenz des Ephemeren, ja des Flüchtigen.

Schumacher, von dem eine ganze Reihe von Grabstätten in Leipzig, Dresden, Uerdingen am Rhein, Krefeld und Plauen entworfen worden sind, brachte es gerade auf diesem Gebiet zu anerkannter Meisterschaft. Die Palette seiner Entwürfe reichte von der weitausgreifenden Raumanlage mit mittlerer skulpturenumstandener Apsis – für die Familie Meißner in Leipzig – über Urnengrabmäler bis zu den von Paul Rößler bemalten Holzkreuzen für Kindergrabstätten, die die Dresdner Werkstätten von Karl Schmidt gefertigt hatten und die auf der Dritten Deutschen Kunstgewerbeausstellung zu sehen waren. Abgesehen von den Holzarbeiten lebte die Qualität der von ihm gestalteten Grabstätten von der kraftvollen Tektonik, die auf den Architekten als Gestalter verweist. Das Familiengrab für den einstigen Professor für Technische Mechanik, Otto Mohr, auf dem Tolkewitzer Friedhof zeigt sich als einfaches Gefüge aus acht Pfeilern und umlaufenden, kräftigen Balken. Der bildnerische Schmuck ordnet sich der

Fritz Schumacher, Villa Grübler, Dresden, 1903

Grundkomposition unter. Relieftafeln mit trauernden Frauengestalten im oberen Teil der Pfeiler, die von Selmar Werner geschaffen wurden, korrespondieren mit den akroterienartigen Aufsätzen über dem Balken. Der junge Bildhauer Oskar Döll (1886–1914) berichtet in einem Brief vom 23. Oktober 1908, wie erfreut er war, als ihm Schumacher eines Tages auf die Schulter geklopft und gesagt habe: »... das haben Sie gut gemacht«, und wie schließlich der anwesende Georg Wrba (1872–1939) die Situation für seinen Schüler genutzt habe, indem er Schumacher festnagelte: »Woaßt Schumacher, wannst wieder was Figürliches hast, nocha machts der Döll.«[42] Tatsächlich hat Schumacher den jungen Bildhauer wenig später für zwei Grabstätten in Plauen herangezogen, bei denen Döll wohl zugleich als Steinmetz fungierte.

Schumacher und die ihm künstlerisch Verbundenen reizte an der Denkmalgestaltung, daß sie so etwas wie die Inkarnation des Steinbaus war. Hier nahm die Arbeit bildkünstlerische Züge an, konnte das Steinerne an sich geformt werden. Der Gedanke, daß der »Stein gleichsam als große gewachsene Masse ... wie an Ort und Stelle herausgeschält erscheinen« sollte,[43] beseelte ihn einst bei seinen Phantasieentwürfen, wird aber auch bei den weniger repräsentativen Bauaufgaben spürbar. Selbst bei den Wohnhäusern – bei der Villa Brauer in Lüneburg (1899), bei der Villa Heinrich Ed. Osthaus in Hagen (1905), bei der Villa Werner Sombart in Schreiberhau (heute: Szklarska Poreba, 1906) – ist außer etwas von diesem Streben nach Plastizität der Masse erkennbar. Einen Teil tragen dazu die mächtigen gebrochenen Walmdächer bei, die sich kraftvoll auf die Umfassungsmauern absetzen. Aber auch die kurvigen Bildungen der Erker verstärken einen solchen Eindruck. Der Villa, die Schumacher 1903 für Professor Grübler baute, verlieh der effektvolle Schwung der Dachhaut und des darin eingebetteten Fensterbandes an der Straßenfront ein spezifisches Aussehen. Im Inneren aber ist von der Schwere des Steinbaus nichts mehr zu spüren. Hier dominiert die Flächigkeit des Holzes, kommen seine Gestaltungen der Schlichtheit englischer Wohnräume nahe. Bei solchen ganz unterschiedlichen Durchbildungen beginnt man zu ahnen, was Schumacher vor Augen stand, wenn er das Streben nach einheitlicher Stilistik als nicht zeitgemäß ablehnte und auf Bauaufgaben verwies, für die die Vergangenheit keine Vorbilder bereithielt, die also gleichsam – und hier artikuliert er sich schon ganz im Sinne der klassischen Moderne – »organische Neuschöpfungen« seien.[44]

Er selbst hatte in Dresden nicht genügend Gelegenheit, dieser Vision einer neuen Baukultur zum Durchbruch zu verhelfen. Das realisierte hier ein anderer: Hans Erlwein. Dieser konnte ab 1905 als Stadtbaurat, unterstützt durch den kunstsinnigen Oberbürgermeister Beutler, den technischen und sozialen Ausbau der Stadt mit allen daran gebundenen Aufgaben (Schlachthof, Gas- und Wasserwerk, Feuerwehrbauten, Stadthaus, Schulen) bis hin zu den Kleinbauten (Wartehallen und Bedürfnisanstalten) betreiben. In schlicht-barockisierenden Formen gehalten, zeigten sie in Dresden den endgültigen Bruch mit der Renaissance-Tradition an. Selbst Wohn- und Verwaltungsgebäude präsentierten sich nicht mehr als Stil im Sinne des Historismus. Sie entlehnten der vergangenen Architektur nur noch bestimmte Stimmungswerte, um sich so entsprechend der Heimatschutzbewegung der Zeit harmonisch in den Stadtorganismus beziehungsweise das Landschaftsbild einzuordnen. Schumacher mag die Möglichkeiten, schöpferisch tätig zu werden, die Erlwein gegeben waren, etwas neidvoll betrachtet haben. Zugleich werden sie ihn in seinem Entschluß bestärkt haben, die Lehrtätigkeit die ihn so ausgefüllt hatte, aufzugeben, und dem Ruf nach Hamburg zu folgen. Am 1. September 1909 trat er dort das Amt eines Stadtbaudirektors an, das ihn an all die Bauaufgaben heranführte, die er unter Erlweins Führung hatte in Dresden entstehen sehen.[45]

Mit Dresden blieb Schumacher unter anderem durch den Bau des Krematoriums noch einige Zeit verbunden, einem Gebäude, das von ihm ganz bewußt in

Fritz Schumacher, Villa Sombart,
Schreiberhau, 1906–1908

Fritz Schumacher, Grabmal der Familie Mohr,
Johannisfriedhof, Dresden-Tolkewitz, 1906

Kontrast zu der von Erlwein geschaffenen, zwar durch Schmuck bereicherten, aber weitgehend sachlich-gehaltenen Alltagskultur gesetzt worden ist. Zu Schumachers Vorstellung von Architektur gehörte es, daß er in ihr Refugien der Kunst erhalten wissen wollte. Seine diesbezüglichen Äußerungen haben bisweilen etwas Beschwörendes, so als wären sie von der Furcht getragen, daß noch größere heraufziehende Umwälzungen kulturzerstörend wirken könnten. Die Bauaufgabe des Krematoriums war in besonderem Maße geeignet, solchen Tendenzen zu begegnen. Es war einerseits Kultstätte, bestimmt für die aus dem Alltag gehobene Festfeier, und bot andererseits durch die Neuartigkeit der Feuerbestattung die Voraussetzung zu schöpferischer Formfindung. Im Ergebnis war ein Bau entstanden, der beispielhaft für die monumentale Strömung in der Architektur vor dem Ersten Weltkrieg geworden ist. In seiner Hauptfront erscheint vor dem Rund der säulenumstandenen Feierhalle das Motiv des ins Kolossale getriebenen Einganges, der sich mit dem Wasserbecken und den geschwungenen Treppenläufen zu einem räumlichen Ganzen schließt. Im Hintergrund bildet die Feueranlage, die sich in den seitlichen Schornsteinen markiert, so etwas wie einen Rahmen um den eigentlichen Kultraum. Ein bauliches Monument war errichtet, das von dem ausgeprägten Kunstwollen Schumachers in dieser Phase seines Schaffens zeugte, wobei er wußte, daß eine so begriffene Baukunst nur Bestand haben konnte, wenn der Zug ins Große, ins Idealische in Form tiefster menschlicher Empfindungen noch glaubhaft zu machen war.

Fritz Schumacher, Krematorium, Dresden-
Tolkewitz, 1908–1911

## Anmerkungen

1  Fritz Schumacher: Stufen des Lebens. Stuttgart 1935, S. 234.

2  Fritz Schumacher: Wiedereroberung harmonischer Kultur (Rede auf der Gründungsversammlung des Deutschen Werkbundes). In: Der Kunstwart 21 (1907/08), S. 135–138.

3  Fritz Schumacher: Studien. Leipzig 1900.

4  Schumacher: Stufen (s. Anm. 1).

5  Fritz Schumacher: Im Kampfe um die Kunst. Beiträge zu architektonischen Zeitfragen. Straßburg 1899, S. 14, 30 u. a.

6  Fritz Schumacher: Der Maler und das Kunstgewerbe (1898). Wiederabdruck in: Im Kampfe (s. Anm. 5), S. 87.

7  Man kann nicht mit Bestimmtheit sagen, daß an Kreis nie gedacht worden ist, denn eine gesonderte Personalakte zu Schumacher, die die Einzelheiten des Berufungsgeschehen verdeutlichen könnte, existiert in den Beständen zur Technischen Hochschule Dresden nicht. Es ist allerdings auch anzunehmen, daß Kreis selbst nicht besonders daran interessiert gewesen ist, an einer technischen Lehreinrichtung zu arbeiten, zumal er sich gerade zu diesem Zeitpunkt mit der Realisierung der Bismarcktürme genügend anderen Verpflichtungen gegenüber sah. Ein Jahr später ist er dann aber an die Kunstgewerbeschule für das Fach Raumkunst berufen worden und hat damit genau das Gebiet vertreten, zu dem Schumacher nach und nach sein Lehrgebiet umformte.

8  Schumacher: Stufen (s. Anm. 1), S. 225 f.

9  Cornelius Gurlitt: Selbstdarstellung. In: Kunstwissenschaft der Gegenwart in Selbstdarstellungen, hrsg. von Johannes Lahn. Leipzig 1924, S. 1.

10  Gurlitt: Selbstdarstellung (s. Anm. 9), S. 226.

11  Cornelius Gurlitt: Sächsische Denkmalpflege. Dresden 1919, S. 63.

12  Bericht der Kommission zur Erhaltung der Kunstdenkmäler im Königreich Sachsen, Tätigkeit in den Jahren 1906, 1907 und 1908. Dresden 1908, S. 4.

13  Vgl. Fundus der Zeichnungen im Pfarramt St. Petri in Bautzen.

14  Durch seine eigenen Angaben hat Schumacher hinsichtlich seiner Übersiedlung nach Dresden und seines Eintrittes in die TH Dresden viel Verwirrung gestiftet. Er führt das Jahr 1899 als den Beginn der Dresdner Etappe an. Vgl. Schumacher: Stufen (s. Anm. 1), S. 215. Die Akten der TH Dresden weisen aber eindeutig eine Berufung des Architekten »Friedrich Wilhelm Schumacher per 1. April 1901 zum außerordentlichen Prof. für Bauformenlehre, Freihand- und Ornamentzeichnen und Stillehre des Kunstgewerbes« aus. Sächsisches Hauptstaatsarchiv (künftig: Sächsisches HStA): Min. für Volksbildung, Nr. 15.262, Bl. 260.
Auch im Dresdener Adreßbuch taucht sein Name erst zu diesem Zeitpunkt auf. Er bewohnte zunächst einige Zimmer in der 2. Etage der Winkelmannstraße 41 in der Dresdner Südvorstadt, ganz in der Nähe der Hochschule.

15  Karl Weißbach: Wohnhäuser. In: Handbuch der Architektur, 4. Teil, 2. Halbbd., Heft 1.

16  Fritz Schumacher: Nachruf für Prof. Carl Weichardt, gestorben am 5. Oktober 1906. In: Bericht über die Königl. Sächs. Technische Hochschule zu Dresden für das Studien-Jahr 1906/07. Dresden 1908, S. 36 f.

17  Fritz Schumacher: Monumentalkunst. In: Im Kampfe (s. Anm. 5), S. 34.

18  Oskar Reuther: Die Hochbauabteilung. In: Ein Jahrhundert Sächsische Technische Hochschule 1828–1928. Dresden 1928, S. 41. Reuther, der 1920 als Nachfolger von Gurlitt den Lehrstuhl für Geschichte der Baukunst übernahm, hatte in den Jahren 1899–1904 an der Hochbauabteilung studiert.

19  Fritz Schumacher: Tradition und Neuschaffen. In: Ders.: Streifzüge eines Architekten. Jena 1907, S. 31–59.

20  Schumacher: Tradition und Neuschaffen (s. Anm. 19), S. 41.

21  Schumacher: Tradition und Neuschaffen (s. Anm. 19), S. 40.

22  Vgl. dazu: Heidrun Laudel: Gottfried Semper, Architektur und Stil. Dresden 1991, S. 117–130.

23  Oswin Hempel: Nachlaß im Sächsischen Landesamt für Denkmalpflege.

24  Fischer hat allerdings bestritten, einen nennenswerten Anteil an diesen Bauten gehabt zu haben. Möglicherweise fürchtete er, in den über Dresden hinaus bekannt gewordenen Skandal verwickelt zu werden. Wiedergegeben bei Winfried Nerdinger: Theodor Fischer. Architekt und Städtebauer 1862–1932. Berlin 1988, S. 130.

25  Zu den Vorgängen um die Berufung Dülfers vgl. Sächsisches HStA: Min. für Volksbildung, Nr. 15.332, Personalakte Martin Dülfer.

26  Schumacher: Stufen (s. Anm. 1), S. 232.

27  Schumacher: Stufen (s. Anm. 1), S. 233.

28  Aus ausstellungstechnischen Gründen war allerdings der Altar in diesem Raum nicht aufgestellt. Schumacher dachte ihn sich als schlichten Tisch in der Art, wie er in der Torgauer Schloßkapelle zu Luthers Zeiten gebildet worden war. Bericht über den Zweiten Kongreß für Protestantischen Kirchenbau. Dresden 1906, S. 72.

29  Schumacher: Monumentalkunst. In: Im Kampfe (s. Anm. 5), S. 42.

30  Hans Erlwein: Die Kunststadt Dresden. Ein Blick in die Zukunft am Tage des Ausstellungsschlusses, Manuskript, Stadtarchiv Dresden: Akten der »Zunft«.

31  Erlwein gibt dieses Gründungsdatum in einem ein Jahr später verfaßten Bericht an. Hans Erlwein: Tagebuch über die Gründung der Zunft vom 10. September 1906. Stadtarchiv Dresden: Akten der »Zunft«.

32  Schumacher: Stufen (s. Anm. 1), S. 273.

33  Stadtarchiv Dresden, Akten der »Zunft«, Briefe Erlweins und anderer vom 6.–9. Februar 1907 an das Kultusministerium und einzelne Stadtverordnete.

34  Uebertragung städtischer und staatlicher Bauten an Hochschullehrer. In: Deutsche Bauzeitung 41 (1907), Nr. 14, S. 100.

35  Guhr hatte Schumacher in einer Zusammenkunft Ende 1906 vorgeworfen, sich mit unlauteren, unkünstlerischen Mitteln in Szene zu setzen.
Aus den überlieferten Briefen geht nicht hervor, worum es sich im einzelnen handelte. Möglicherweise bezog es sich noch auf die Kunstgewerbeausstellung, bei der Schumacher nun einmal eine herausragende Stellung eingenommen hatte und damit bei Guhr Aversionen geweckt haben könnte. Schumacher war darüber so erbost, daß er den Posten im Redaktionsausschuß niederlegte. Er wollte damit zugleich mit Nachdruck anzeigen, daß solche Verhaltensweisen dem Anliegen der »Zunft« zuwiderliefen und nicht geduldet werden könnten. Schreiben Schumachers vom 12. Dezember 1906, Stadtarchiv Dresden: Akten der »Zunft«, Kapsel VI.

36  Brief Erlweins an alle Mitglieder vom 11. Oktober 1907. Stadtarchiv Dresden: Akten der »Zunft«, Kapsel VI.

37  Vgl. dazu Erklärung der »Zunft« im Dresdner Anzeiger vom 6. November 1908.

38  Sitzungsprotokoll der »Zunft« vom 21. Dezember 1906. Stadtarchiv Dresden: Akten der »Zunft«, Kapsel VII.

39 Schumacher: Stufen (s. Anm. 1), S. 277.

40 Ziemlich erbost schrieb Schumacher im September 1908 an Erlwein, daß seine mündlichen Mitteilungen, obwohl er alle Register gezogen habe, offensichtlich übergangen würden und er gegen seinen Willen als Vorsitzender des Ausstellungsausschusses belassen worden sei. Er habe bereits ein arbeitsreiches Amt in der »Zunft«, indem er die Interessen dieses Kreises im »Werkbund«, den außersächsischen Kunstmächten gegenüber, zu wahren suche. Zudem fühle er sich durch die Aufgabe des Vorstehers der Hochbauabteilung an der Technischen Hochschule schon über Gebühr strapaziert. Stadtarchiv Dresden: Akten der »Zunft«, Kapsel VI.

41 Schreiben Schumachers an das Ministerium des Kultus und öffentlichen Unterrichts vom Ende Juli 1908. Sächsisches HStA: Min. für Volksbildung, Nr. 15.733, S. 3.

42 Brief aus Dresden an Gerbig in Suhl. Zitiert in: Der Bildhauer Oskar Döll (1886–1914) und Dresden. Ausstellungskatalog. Dresden 1987, S. 10f.

43 Schumacher: Stil und Mode. In: Im Kampfe (s. Anm. 5), S. 15.

44 Schumacher: Sehnsucht nach dem Neuen. In: Im Kampfe (s. Anm. 5), S. 15.

45 Die Stelle des Hamburger Baudirektors war zuvor unter anderem Hans Erlwein angetragen worden, der abgelehnt hatte. Schumacher begann seinen Dienst in der Baubehörde der Hansestadt im November 1909.

Fritz Schumacher, Verwaltungsgebäude
Oberschulbehörde, Hamburg, 1911–1912

Maike Bruhns
**Großstadtkultur und Baukunst. Fritz Schumacher in Hamburg**

Schumachers Leit- und Vorbilder

Über Fritz Schumachers Wirken zu sprechen ohne Kenntnis seiner Bindung an Kunst, ist kaum möglich. Große Maler und Bildhauer beeinflußten seinen Kunstbegriff und seine Tätigkeit als Architekt. Kunst hieß für ihn nicht allein bildungsbürgerlich ästhetische Rezeption, sondern praktisches Einfügen in Bauten und städtebauliche Vorhaben. Gelegentlich griff er zur Feder, um über Künstler[1] zu schreiben, ihre Werke stilistisch zu analysieren, um Positionen zu beziehen und zu verteidigen.[2] Gern trat er mit Künstlern persönlich in Verbindung. So verstand es sich für ihn von selbst, seine großen Reisen mit einem Besuch ansässiger bekannter Künstler zu verbinden. Künstlerfreundschaften bildeten »den hellen Hintergrund meines Lebens«.[3] Sein Urteil wandelte sich, doch standen ihm manche Künstler, gleich Leitgestirnen, zeitlebens näher als andere, später in sein Leben tretende. Gern berichtete er auch Erlebnisse anekdotischer Art mit Künstlern.

Persönliches Engagement stand am Beginn: Schon am Bremer Gymnasium betätigte er sich im Deutschunterricht als Spezialist in Kunstfragen, hielt ehrgeizig Vorträge über Arnold Böcklin, Adolph Menzel und Albrecht Dürer. Seine Kenntnisse verdankte er der Zeitschrift *Kunst für Alle*, in der er mit »unvergeßlicher Spannung«[4] zeitgenössische Kunst kennenlernte: Werke von Menzel, Carl Spitzweg, Max Liebermann, Fritz von Uhde. Bleibende Eindrücke hinterließ die phantastische Götterwelt des Bremer Wandbildmalers Arthur Fitger, sie prägte früh seine Ideen von Wandmalerei.[5]

Das ganze Ausmaß seiner Kunstkenntnisse zu beschreiben, ist hier nicht der Ort. Seine Schriften nennen in unterschiedlichem Kontext in der älteren Kunst Meister wie Giotto, Leonardo da Vinci, Michelangelo, Raffael, Tizian, Correggio, Donatello, Dürer, Mathias Grünewald, Hans Holbein, Rembrandt, Vermeer van Delft, Meindert Hobbema, Adriaen Brouwer, Anthonis van Dyck, Peter Paul Rubens, Francisco de Goya. Unter den Malern der Romantik und des 19. Jahrhunderts schätzte er als »Meister der Rahmenkunst«: Caspar David Friedrich, Philipp Otto Runge, Menzel, Hans Thoma, Anselm Feuerbach, Wilhelm Leibl, Liebermann, Max Slevogt, Lovis Corinth, Uhde, Edouard Manet und die französischen Impressionisten.[6] Im Vorfeld der Moderne beeindruckten ihn Paul Cézanne, Vincent van Gogh, Paul Gauguin, Edvard Munch.[7]

Schumachers Ideen von Monumentalkunst waren an Giotto, Michelangelo und Veronese orientiert. Wesentlich wurde auch Ferdinand Hodler mit der strengen Statuarik der Bildfiguren und Übernahme der Achsen des existenten Raums.[8] Piranesi, der Porträtist von Monumentalarchitektur, gehörte ebenso in diese Reihe wie der »Verherrlicher der Nutzbauten einer modernen Großstadt«, Joseph Pennell.[9] Im 19. Jahrhundert schlossen sich Johann Gottfried Schadow, Peter von Cornelius, Ludwig Schwanthaler und Wilhelm von Kaulbach an.[10]

Hans von Marées und Adolf von Hildebrand standen ihm als »stille große Marksteine des ewig Monumentalen ... inmitten der zerfahrenen Experimente der Zeit«[11] stets vor Augen. Ihr Einfluß auf sein späteres Wirken ist nicht zu unterschätzen.[12] 1896 war Schumacher in Rom den Letzten des Marées-Kreises begegnet, Ludwig Tuaillon, Otto Greiner, Ludwig von Hofmann, Artur Volkmann. Er verehrte auch Adolf von Hildebrand tief, lernte seine »mächtige Wirkung« während der Aufstellung des Wittelsbacher Brunnens in München kennen, eignete sich seine Ideen an und arbeitete mehrfach mit ihm zusammen. Hildebrand verfocht den Gedanken des »idealen Kunsterziehungsstaats« als soziale Utopie, er lehrte die »Reliefauffassung«, eine schichtenweise Wahrnehmmung der auf Vorderansicht konzipierten Figur, die Schumacher für seine Wandbildthemen übernahm.[13] Hildebrand wie Marées integrierten Architektonisches in ihre Arbeiten: ». . . der eine Hüter eines strengen Architekturgefühls in der Malerei, der andere Hüter einer architektonisch gebundenen Auffassung in der Plastik«.[14]

Unter den Bildhauern waren Michelangelo und Auguste Rodin, Aristide Maillol und George Minne die großen Leitbilder, denen sich andere, monumental arbeitende, zugesellten: Tuaillon, Hermann Hahn, Hildebrand, Hugo Lederer, Georg Wrba, ergänzend später der junge Reinhold Begas, August Gaul und Ernst Barlach. Diese erhielten von Schumacher Aufträge in der »kunstarmen« Stadt Hamburg.[15]

In den Münchner Studienjahren wurde Arnold Böcklins Kunst lebendig, als Schumacher 1890 ein Akademiefest »auf dem Meeresgrund« erlebte, eine Huldigung an Böcklin, »für dessen Kunst die Begeisterung in jenen Jahren den Höhepunkt erreichte«.[16] Böcklins *Toteninsel*-Motiv prägt Schumachers Wirken sichtlich, insbesondere die frühen Denkmalentwürfe und Studien, sein Stadtparkkonzept und einige Monumentalbauten. Bezeichnenderweise dachte Schumacher 1943 während der Flucht aus dem brennenden Hamburg an die *Apokalyptischen Reiter* Dürers und Böcklins. Bekanntschaften ergaben sich zuweilen fast zwangsläufig: mit Franz von Lenbach während der Errichtung des Künstlerhauses in München; sie hatte keinen Bestand.[17] Für Slevogt hegte er schon Zuneigung, als dieser sich in München noch durchsetzen mußte und nur Lacherfolge erzielte.[18] Mit Corinth hatte er während seiner Leipziger Jahre Verbindung, er kam aus Berlin »herüber« in den Kreis um Max Klinger. Corinth fügte sich dem Kreis problemlos ein, allerdings vermochte Schumacher in diesen Jahren dessen Bedeutung noch nicht zu ermessen, wie er ehrlich einräumte.[19] Klinger wurde über Jahre Mentor und Freund: »Klinger spielte in den letzten Jahren in meinen künstlerischen Begriffen eine so bedeutsame Rolle, daß der Gedanke, mit ihm zu arbeiten, mich mit jenem Gemisch von Freude und Furcht erfüllte, das ich ganz großen Menschen gegenüber immer behalten habe.«[20] Schumacher war bald Mitglied der kleinen intellektuellen Freundesgruppe und berichtete ausführlich über die Erlebnisse mit ihm wie die »starke Vorliebe für alles Technische und Freude an seltsamen Experimenten, die sich daraus entwickelte«.[21] In Klingers Nietzsche-Büste subsumierte sich Schumachers Verehrung für den Philosophen und den Künstler gleichermaßen, der Aufbruch der Neuen Zeit, der Reform und Moderne vereinte, das Kardinalthema seines eigenen Wirkens.[22] Die Graphik Klingers verstand er als »Seelengeschichte unserer Zeit« und schätzte sie höher als die seinerzeit berühmten Arbeiten.[23]

1897 besuchte Schumacher die Belgier Constantin Meunier und Fernand Khnopff. Meunier, zeitlebens unterbewerteter Schöpfer der monumental-naturalistischen Arbeiterplastik, zählte für Schumacher zu »den Wohltätern der Menschheit«, weil er es verstand, »aus den Qualen der Zeit den Funken der Kunst zu schlagen«.[24] Ganz gegensätzlich präsentierte sich der Symbolist Khnopff in einem vornehmen Brüsseler Palast, umgeben von gemalten Visionen: »schwermütige, brünstige, geheimnisvolle«[25] Bilder. Schumacher sah in Khnopffs »Hyperkultur des Gefühls« eine Verbindung zu der gleichzeitigen belgischen Architektur und Kunst.[26]

In Dresden erlebte er in der Kunstgewerbeausstellung von 1906 den »Ausstellungsdiktator« Gotthardt Kuehl, dessen Œuvre-Schwerpunkt Dresdner Veduten, wie die Sicht auf die von Wilhelm Kreis gebaute Augustusbrücke, waren.[27] Der Berliner Bildhauer Georg Wrba, der die Restaurierung des Zwingers durchführte, wurde aufgrund seiner Aufgeschlossenheit gegenüber Architektur

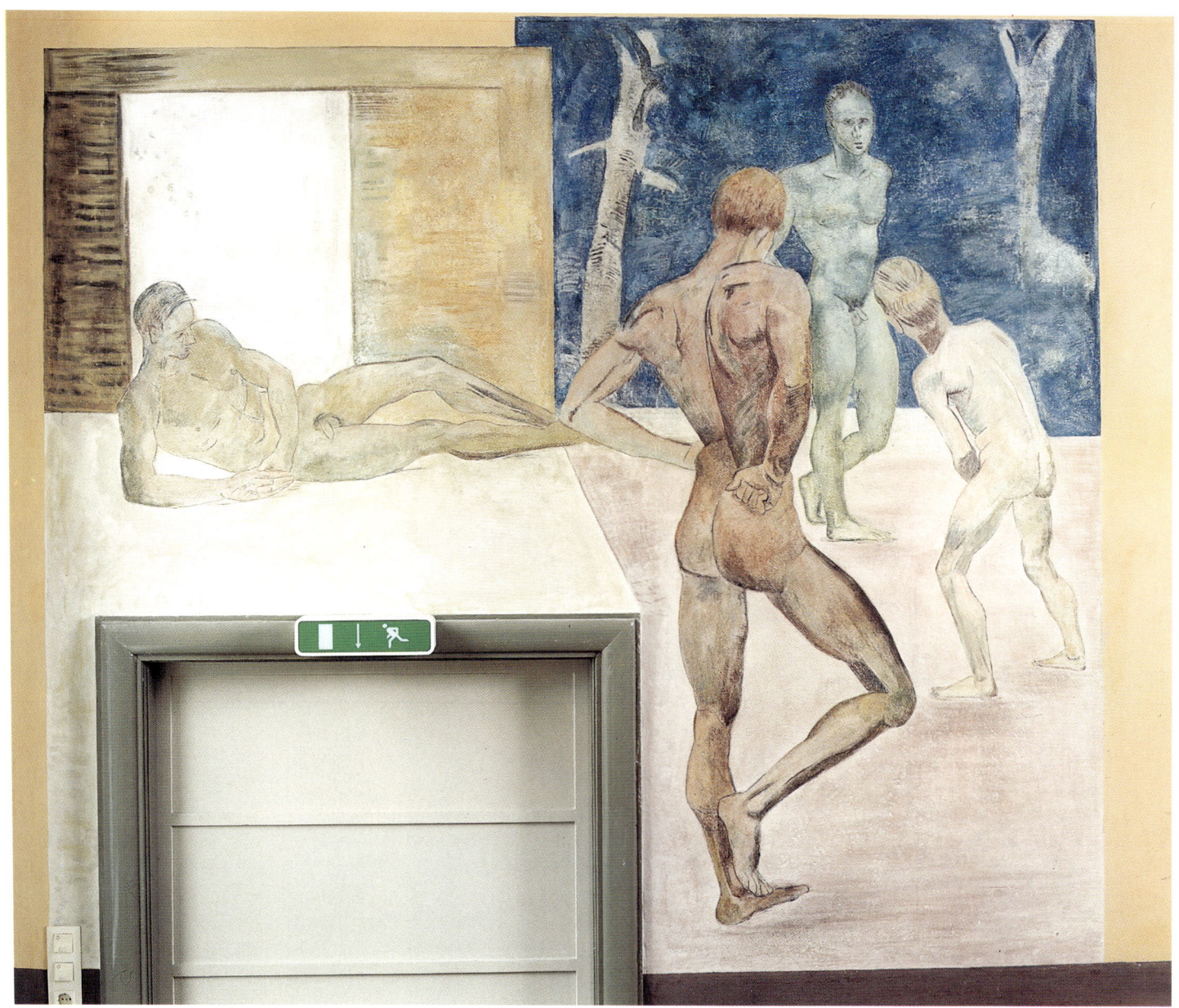

Heinrich Stegemann, *Kraft und Schönheit*,
Wandfresko der Aula Schule Bogenstraße,
Ausschnitt, Hamburg, 1929

sein Freund.[28] Schumacher beauftragte ihn am Krematorium in Dresden-Tolkewitz.[29] Wrba, Otto Gußmann, Hans Erlwein und Schumacher bildeten in Dresden einen Freundeskreis. Ebenfalls hier ergab sich die kuriose Situation, daß die jungen »Brücke«-Maler seine Studenten waren. 1929 berichtete er über seine Erfahrungen.[30] Er hatte sich im Lauf der Zeit mit ihren Arbeiten vertraut gemacht, gestand aber ehrlich ein, daß ihm ihre leidenschaftliche Heftigkeit fremder blieb als Noldes herbe Persönlichkeit und flammende Kunst. Von den Malern des »Blauen Reiters« erwähnte er nur Franz Marc als hoffnungsreichen Unvollendeten, der unablässig um die Form rang.[31] Seine Aufgeschlossenheit für die Moderne endete bei Piet Mondrian, vor dessen Bildern er 1924 im Haus von J. J. P. Oud eingestehen mußte: »...dieser Vergleich gab mir eine Ahnung, daß hier ein Harmoniegesetz seinen Ausdruck fand, das ich nicht miterlebe... Wer kann sagen, welche Schwingungen es gibt, auf die man nicht reagiert?«[32] Die Arbeiten der Futuristen und Dadaisten tolerierte er dagegen hellsichtig als Ausdruck des Kritikbedürfnisses der Großstadt und einer bewußten Primitivität mit tragischem Hintergrund.[33]

Die Hamburger Jahre brachten eine weitere Verbindung: »Die Begegnung mit Ernst Barlach ist eine der schönsten Bereicherungen meines Lebens gewesen.«[34] Schumacher verstand Barlachs Arbeit als absoluten Gegensatz zu Hildebrands »Kultus der sinnlichen Form, die im nackten Menschen das stärkste Mittel sieht«, nämlich als »Kultus des geistigen Ausdrucks, der alle Ablenkung durch den Reiz der nackten Glieder verschmäht und auch Disharmonien nicht aus dem Wege geht, wenn sie Seelisches aussagen«.[35] Sein Gespür für künstlerische Qualität und menschliche Größe überwand in diesem Fall mühelos die Spanne zwischen Klassizismus und tektonischem Expressionismus.

## Hamburgs Kulturszene

Als Schumacher 1909 nach Hamburg kam, fand er eine Gesellschaft vor, die geistig und kulturell durch wenige Persönlichkeiten bestimmt wurde. Aus seinen Schriften und Korrepondenzen lassen sich Verbindungen und Aktivitäten nachzeichnen.[36]

In Alfred Lichtwark, dem Direktor der Hamburger Kunsthalle, versierten Kunstpädagogen und »geborenen«[37] Kulturpolitiker, trat ihm ein geistig aktiver Mensch entgegen, ein Vorkämpfer vieler seiner Ideen, bei deren diplomatischer Durchsetzung jedoch ein schwieriger Mitstreiter. Lichtwark hatte sich impulsiv für Hamburgische Belange, für Baupflege,[38] Stadtparkrealisierung, Innenausstattung des Rathauses, Alsterkanalisation ›Alsterstadt‹ eingesetzt; er hatte das eklektizistische Stadtbild und die Inkompetenz des Hamburgischen Ingenieurwesens in Städtebaufragen kritisiert, den Backsteinbau propagiert. Insofern war er eine »Portalfigur« bei Schumachers Anfängen.[39] Und er hatte, nicht zuletzt, mit der Aktion »Sammlung von Bildern aus Hamburg« den Impressionismus in Hamburg durchgesetzt, weshalb er noch 1909 angegriffen wurde.[40] In Hamburg galt er weniger als im übrigen Deutschland. Schumacher besuchte vor 1914 gern die Hittfelder Kolonie mit den beiden Brennpunkten Lichtwark und Leopold von Kalckreuth.[41]

Justus Brinckmann, der Direktor des Museums für Kunst und Gewerbe, war ein leidenschaftlicher Sammler, Förderer der Kunstgewerbe-Bewegung und der Bildhauertradition in Hamburg. Er stand Schumacher weniger nah. Im Vorlauf des Bauprojekts ›Milchwirtschaft‹ im Stadtpark unternahmen sie einen Erkundungsausflug in die Vierlande, um die regionale Bauernkultur, die Brinckmann »entdeckt« und publiziert hatte, in situ zu studieren.[42]

Lichtwarks Nachfolger an der Kunsthalle wurde 1914 Gustav Pauli, ein Freund französischer Kunst, weniger der neuesten expressiven Strömungen. Er wirkte als Fachmann, ordnete und komplettierte während seiner Dienstzeit die Kunst-

Kurt Löwengard, *Hafen*, Mittelteil des
Wandbildtriptychons der Schule Schlankreye,
Hamburg, 1930

hallen-Sammlung und brachte sie auf ein gleichmäßig hohes Niveau.[43] Da er mit Sauerlandt und Schumacher gutachtend für die »Senatskommission für Kunstpflege« tätig war, ergaben sich laufend Zusammenarbeit und Austausch über Kunst, selten kontroverser Art.

Max Sauerlandt wurde 1919 der Nachfolger Brinckmanns am Museum für Kunst und Gewerbe. Sein Verdienst war die Förderung und Verbreitung der Moderne, speziell des Expressionismus, auch in Hamburg.[44] Schumacher hielt Abstand zu Sauerlandts und Paulis gelegentlichem Dissens wegen der Künstlerförderung, etwa im Fall des Wasserspeiers von Richard Haizmann und Wilhelm Dannebooms Wandbildern; sie pflegten einen höflich-distanzierten Umgang. Sein Versuch, 1920 auch Sauerlandt in den »Werkbund«-Kreis zu integrieren, war nur von kurzer Dauer.[45] Sauerlandt ermunterte Schumacher 1931 mit »freundlichen Rippenstößen« zu der Niederschrift der Erinnerungen an seine ehemaligen Architekturstudenten, die Dresdner »Brücke«-Maler Pechstein, Kirchner und Heckel, die in Hamburg in Sauerlandt, Rosa Schapire und Schiefler unermüdliche Förderer gefunden hatten.[46]

Gustav Schiefler war der Chronist der Hamburger Kulturszene und vielseitig kulturell tätig.[47] Als versierter Graphikkenner engagierte er sich früh für moderne Kunst, besonders für Liebermann, Munch, Nolde und Kirchner. Dem Nachwuchs der »Hamburgischen Sezession«, besonders Rolf Nesch und Karl Kluth, wurde er ein hilfreicher Mäzen.[48] Seit 1911 bestand Bekanntschaft mit Schumacher, aus der eine herzliche Freundschaft erwuchs.[49] Sie korrespondierten vorwiegend über Hamburger Kulturfragen.[50] Schiefler besuchte Schumacher 1921 in Köln. Zu der »Lehrerversammlung« im Jahre 1925 hatte Schiefler ein Schumacher-Porträt für die Festschrift verfaßt. Schumacher revanchierte sich zu Schieflers 70. Geburtstag 1927 mit einer Hommage, in der er die unprätentiöse Persönlichkeit und Verdienste um Kunst und Kultur würdigte.[51] Zu Schumachers 60. Geburtstag schrieb Schiefler am 3. November 1929: »Vor wenigen Tagen hörte ich noch in Berlin, daß viele Architekten dort mit Neid nach hier blicken, wo ... Sie ... Ihres hohen und verantwortungsvollen Amtes walten können.«[52] Es wundert nicht, daß er zu Schumachers Entlassung freundschaftlich herzliche Worte fand.[53]

Schumacher ehrte in der Totenrede im Jahre 1935 den Freund durch ein Bekenntnis zu ihrer gemeinsamen Leidenschaft, der Sensibilität für wirkliche Kunst: »... seine Liebe galt der werdenden, der ringenden Kunst ... das ist eine schwerere, eine seltene Liebe. Sie bedeutet nicht nur Genuß, sondern auch Kampf ... Er verstand die werdende Kunst ... Es war eine besondere Art des Mäzenatentums ... ein Mäzenatentum des Geistes.«[54]

Geistigen Konsens hatte Schumacher ebenfalls mit dem Privatgelehrten Aby Warburg. Er gründete 1902 eine kulturwissenschaftliche Bibliothek, erwarb 1909 das Haus Heilwigstraße 114 und begann dort mit Hilfe von Assistenten, unter anderen Wilhelm Waetzoldt, Fritz Saxl, Gertrud Bing, Edgar Wind, die Bibliothek zu einem wissenschaftlichen Forschungsinstitut auszubauen. Schumacher charakterisierte sie als »etwas Einmaliges in der Welt«.[55] Warburg war eine bekannte Persönlichkeit, einer der Aktivisten der Universitätsgründung im Jahre 1919. Im Tagesgeschehen betätigte er sich als aufmerksamer Kritiker und Beobachter. Seit 1924 entstand unter seiner Leitung auf dem Grundstück neben dem Wohnhaus in der Heilwigstraße ein Bibliotheksbau mit ovalem Lese- und Vortragssaal. Als Warburg 1929 starb, hatte er sein Lebenswerk, das *Mnemosyne*-Projekt, nicht vollendet. Die Bibliothek ging Hamburg in der NS-Zeit verloren, sie wurde 1933 nach London überführt.[56] Schumacher war Warburg in Freundschaft verbunden;[57] er konnte auf den Bau der Bibliothek jedoch nur beratend Einfluß nehmen, da er nach der Rückkehr aus Köln zu beschäftigt war. Darum empfahl er Warburg als Architekten seinen Freund Gerhard Langmaack. Die Straßenfront des Baus verrät mit vier Fassaden-Pilastern, Gesims und steilem

Mansarddach den Einfluß Schumachers. Zwei monumentale Lampen lotsten ehemals den geistig Durstenden in das Haus, sie glichen Leuchttürmen.[58] Die einmalige elliptische Form des Lesesaals war nicht Schumachers Idee, wie er postulierte,[59] sondern Langmaacks Werk. Sie erfüllte Warburgs Vorstellung von der Ellipse als Ausdruck der Bewegungen des Kosmos und der polaren Anlage des Menschen zwischen Seele und Geist.[60] Schumacher entwarf für den inneren Eingang als Leitmotiv den griechischen Schriftzug *Mnemosyne*,[61] und Warburg dankte: »So werden Sie zum Schutzgeist des großen Saales: Mir kann nichts lieber sein.«[62]

Von 1912 an datiert eine Korrespondenz Schumachers mit dem Universitätsgründer und Bürgermeister Werner von Melle, beidseitig in respektvoll höflichem Ton geführt.[63] Schumacher unterrichtete den Anteilnehmenden von seinen Entscheidungen bezüglich Hamburg und sandte seine Schriften. Auch Melle äußerte 1933 Bedauern über Schumachers Entlassung.

Mit dem Dichter, Utopisten und Orgelbauer Hans Henny Jahnn, dem vor 1933 eine beachtliche Anhängerschar erwachsen war, wurde Schumacher erst 1931 bekannt. Jahnn hatte als »Orgelsachberater der Oberschulbehörde« in achtjährigem Streit die Orgel der Lichtwarkschule durchzusetzen geholfen.[64] Ab Dezember 1931 korrespondierte er mit Schumacher, um dem Krematorium eine klanglich zufriedenstellende Orgel zu verschaffen. Der hochfahrenden Anfrage antwortete Schumacher harsch mit einem Verweis auf die Finanzierungslage des stillgelegten Krematoriumbaus. Ein halbes Jahr später bot Jahnn eine selbstkonstruierte Kleinorgel zu günstigen Konditionen an. Der Ton wurde freundlicher, die Orgel auf der Empore installiert und in einer Werbeschrift vorgestellt.

Von den Hamburger Dichtern lud Schumacher in den ersten Jahren Gustav Frenssen und den verehrten Richard Dehmel in sein Haus. Oft kam Carl Hauptmann hinzu.[65]

Eine direkte Verbindung zu der Künstler-Elitegruppe »Hamburgische Sezession« ergab sich durch Emil Maetzel, Oberbaurat und Leiter der Städtebauabteilung, zugleich Maler, Mitbegründer der Sezession und unermüdlicher Aktivist in Künstlerbelangen. Ihm ist letztlich die Gründung der »Senatskommission für Kunstpflege« zu danken, mit deren Hilfe in der Wirtschaftskrise um 1930 zahlreichen Künstlern geholfen wurde. Die Sezession verstand sich nicht allein als kulturpolitische Interessengemeinschaft, sondern betrieb auf breiter Ebene Kunstentwicklung. Schumacher wählte für Freiplastik- und Wandbildaufträge bevorzugt Sezessionskünstler. Als Innovationen ihren Ruf nach auswärts trugen, kam mit der Machtergreifung das Verbot und die Verfemung als »entartet«.

Das Hamburger Kulturleben war von Tendenzen geprägt, die die spezifische Situation spiegeln. In den »Zwölferklub« wurde Schumacher schon vor dem Umzug nach Hamburg gewählt. Seine Interessen waren geistiger Art. Bei den Zusammenkünften in den Wohnungen war jeweils ein Vortrag zu halten (und einfache Gastlichkeit vorgeschrieben). Dem Kreis gehörten bekannte Persönlichkeiten an; als Gäste lasen Dichter und Wissenschaftler.[66]

Der »Werkbund Geistiger Arbeiter« hatte sich nach dem Ersten Weltkrieg angesichts der politischen Ohnmacht von Senat und Bürgerschaft zusammengefunden,[67] um »eine Nebenregierung zu gründen«[68] oder, laut Schiefler, »eine Art Kulturparlament«. Die Vereinigung war exklusiv aus geistig Aktiven gebildet, »Bürgerlichen und Sozialisten durcheinander«,[69] die Zielsetzung entsprechend geistig-ethischer bis sozialer Art. Sie reichte von Volkserziehung zu Städtebau und globaler Wahrung der Menschenwürde. Schumacher war von Beginn »ganz natürlich« das »beherrschende Mitglied des Vorstands«.

1921 berichtete Schiefler ihm nach Köln: »Hochschulgesetz und Groß Hamburg haben einmal wieder ein ziemlich volles Haus gebracht... Es besteht wohl eine gewisse Gefahr, daß der Zug nach links zu stark wird. Ihre Einwirkung vermissen wir oft schmerzlich. Die Stellung zur Hochschulbehörde hat dem Werkbund viel

Feinde gemacht. Pauli, Rathgen und Sauerlandt sind in Folge dessen ausgetreten. Ich meinerseits habe sie gebilligt.«[70] Die »Werkbund«-Arbeit erwies sich als effizient, denn die Bürgerschaft übernahm die von ihm erarbeiteten Statuten der neu zu gründenden Hamburger Universität.

## Einheit aller Künste. Schumachers Selbstverständnis und Kunstbegriff

»Raumkunst als Einheit aller Künste« galt Schumacher als Maxime.[71] Im »organischen«, anthropomorphen Bau sollten verschiedene »Kräfte« wirksam werden, um »dem menschlichen Gebilde den Schein der Spannung inneren Lebens zu geben«, wurzelnd in der Antike, in der Aufklärung, in Goethes morphologischer Theorie.[72] Die Idee des organischen Baus bestimmte Schumachers Weltanschauung, beherrscht seine Schriften. Erstmalig sah er seine Vorstellungen in den Bauten der Dresdner Kunstgewerbeausstellung im Jahre 1906 verwirklicht. Die Idee des Gesamtkunstwerks im Einzelbau, der Synthese aller Künste unter dem Primat der Architektur[73], prägte folgerichtig die frühen Hamburger Projekte. Später verwirklichte er sie in öffentlichen Bauten und Anlagen, in Schulen, im Wohnbereich, in der Stadtplanung in gewandelter Form, indem er den Künsten mehr Autonomie zugestand.

Schumacher nannte sich »Baukünstler«, er verstand sich theoretisch und praktisch als Künstler.[74] Vor 1909 arbeitete er künstlerisch, schuf Zeichnungen, Graphik, Exlibris, Bühnenbildentwürfe. Um die Hamburger Stellung bewarb er sich als »Künstler« und nannte als Bedingung die Möglichkeit zur Realisierung seines »künstlerischen Programms«.[75] Daraus bezog er die Sicherheit seiner Position als Theoretiker, Vordenker und Volkserzieher und gleichzeitig realisierendem Praktiker, letztlich den Anspruch eines schöpferischen (Kunst-)Herrschers – im Dienst der Sache: »Was früher durch den despotischen Willen eines Herrschers erreicht wurde – der einheitliche Geist der Gestaltung – muß jetzt durch das selbstlose Wollen eines dienenden Künstlers erreicht werden.«[76] Souveränität und Integrität um der Sache willen kennzeichnen Schumachers sendungsbewußtes Selbstverständnis.

Der Preis für die Führungsrolle war hoch: »Das Gefühl einer großen Einsamkeit wird wohl jeder bekommen, der in Hamburg künstlerisch schafft«.[77] Es galt, sich in Kämpfen gegen Gleichgültigkeit, den bürokratischen Apparat, künstlerisches Unverständnis und Besserwisserei zu behaupten. Hamburg war in seinen Augen eine zutiefst kunstferne Stadt, in der die Eß- und Wohnkultur weit vor der künstlerischen rangierten.[78] Er sah sich demgegenüber als »städtebaulicher Dirigent«.[79] Eine Riege von qualifizierten Mitarbeitern unterstützte ihn, darunter Oberbaurat Maetzel, Baurat Ockert, Tüngel und andere.[80] Bei Künstleraufträgen machte er Vorgaben, mischte sich jedoch in die Ausführung nicht ein, begleitete allenfalls als übergeordnete Instanz ratgebend das Entstehende »wohlwollend«.[81]

Schumachers Kunstbegriff läßt sich, auf die Bauten bezogen, präzisieren: Das absolute Primat gebührte der Architektur. Alle anderen Künste hatten sich in unterschiedlichem Grad von Selbständigkeit nach dem Vorbild der mittelalterlichen Kathedrale beizuordnen. Der Plastik mutete er zunächst relative Bau-Abhängigkeit als Fassadenplastik oder, im Übergang zum Kunstgewerbe, als Baukeramik zu; als die Ergebnisse nicht zufriedenstellend ausfielen, ging er zur Kombination von Freiplastik und Baukörper über. Pragmatisch architektonisch von einem »ewig Monumentalen«[82] mit eigenen Gesetzen und Wirkungen ausgehend, beurteilte er auch die Gattungen entsprechend: Bei Plastik ging er von der Linienführung aus, kam zu Verteilung der Massen und den Beziehungen zum umgebenden Raum. Mit der Malerei verhielt es sich ähnlich. In seinen Bauten gestand er ihr nur als monumentalem Wandbild Wirkung zu, denn hier gehörte das Bild wandfest in den künstlerischen Kontext der Raumverhältnisse.

Fritz Schumacher, Kleinkinderhaus,
Hamburg, 1914–1916

Fritz Schumacher, Schwesternhaus Eppendorfer Krankenhaus, Hamburg, 1912–1914

Der Backstein

Baukunst begann am kleinsten Detail des Baukörpers, dem Backstein. In seiner Verwendung ging Schumacher eigene Wege, distanzierte sich, römische, lombardische und mittelalterliche Traditionen vor Augen, energisch von der eklektizistischen regionalen Backsteinverwendung in Neugotik und Historismus und bemühte sich um eigenständigen Einsatz in monumentalen Bauten. In Lichtwark begegnete er, wie bereits erwähnt, einem Vorkämpfer seiner Ideen hinsichtlich der Kräfte der Bodenverbundenheit des Regionalen.[83] Die Heimatschutzbewegung,[84] die Ideen des »Deutschen Werkbunds« und der Reform-Architekten erwuchsen aus denselben lebensreformerischen Wurzeln. Die Architektur setzte ihren Schwerpunkt auf eine Verbindung moderner Konstruktionsbestrebungen mit regionalen materialgerechten Baustoffen, in Hamburg dem Backstein. Nach mehrjähriger Erfahrung publizierte Schumacher 1920 die programmatische Schrift *Das Wesen des neuzeitlichen Backsteinbaus*, ein Handbuch immensen Wissens, Erfahrungsbericht und, nicht zuletzt, Werbung.[85] Es behandelt grundsätzlich und detailliert die ästhetische und technisch-funktionale Seite, auch die Grenzen des Materials.

Die Entscheidung für den Backstein ergab sich aufgrund der regionalen Verhältnisse, denn er überzeugte durch Farbigkeit und Wetterbeständigkeit. Schumacher wählte den harten, durablen Klinker,[86] der den früher verwendeten, weicheren Handstrichstein[87] ablöste und eine eigenständige Wirkung besaß.[88] Der Backstein sollte farbig variieren, nicht gelb oder orange,[89] nicht einförmig[90] sein. Klinker hatten den irisierenden Glasschimmer der Sinterung und die Charakteristika »natürlichen Entstehens« als Ausdruck handwerklicher Fertigung aufzuweisen. Die Ziegeleien kamen bald seinen Vorstellungen nach.[91] Fugung und Format spielten eine Rolle: Erstere sollte auf die Wand abgestimmt, lieber dunkel als einfach grellweiß sein. Das bewundernswerte »große Format« der monumentalen Wände der Petrikirche erwies sich für neuzeitliche Aufgaben als ungeeignet. Schumacher ging zu einem kleineren Format über. Der Hauptreiz des Backsteinbaus bestand in den Licht- und Farbeffekten und der lebendigen Oberfläche der flächigen Mauer. Hier war »nirgends Phrase, nirgends Pose. Vielleicht gibt es keine Kunstleistung, in der sich das deutsche Wesen so klar, so groß und so selbständig geäußert hat«.[92]

Schumacher experimentierte kontinuierlich: In den ersten vier Jahren kombinierte er in einigen Bauten Backstein und Werkstein (Muschelkalk) nach der traditionellen Methode seines Vorgängers, Bauinspektor Erbe.[93] Er fühlte sich verpflichtet, galt es doch, die »grollenden Steinmetzmeister« zu beschwichtigen, die sich durch die gleichzeitige Bevorzugung der Baukeramiker vernachlässigt fühlten.[94] Ein weiteres Experiment stellt die obere Hoffront der Kunstgewerbeschule dar, wo Klinker mit graugrün glasierten ornamentalen Steinzeugplatten wechseln. Es folgte Fassadengliederung durch farbig alternierende Ziegelvariation, wodurch eine stille, aber spürbare Spannung erzeugt ist.[95] Ein letzter Schritt bedeutete der Übergang zu reinen Ziegelbauten, deren Backsteingliederungen noch heute ihren ästhetischen Reiz ausmachen. »In der Beschränkung auf ein einheitliches Material liegt die Quelle einer tiefen künstlerischen Kraft. Der Weg zum letzten Ausdruck der Monumentalität führt stets zu solcher Beschränkung.«[96]

Die frühen Bauten zeigen eine plastische Betonung wesentlicher Zonen, wie des Portals, des Dachs sowie des Eingangs, der Aula und ein ausladendes Steil- oder Mansarddach. Giebel, Mittelrisalite mit Portalrundbauten, Erker, turmartige An- und Aufbauten, Rundapsis, vereinfachte Strebepfeiler, Pilaster und Lisenen lassen einen kraftvollen Gliederungswillen erkennen. Hier handelt es sich um freie Varianten historischer Motive, die auf Tradition anspielen, jedoch historistische Zitate vermeiden.[97]

Daß zum Backsteinbau »Bauschmuck« gehörte, war für Schumacher nur konsequent; er bezog damit eine gegensätzliche Position zur avantgardistischen ›Moderne‹, die ästhetischen Purismus predigte. Bauschmuck begann bei dekorierten Backsteinflächen, etwa Schmuckverbänden, Mustermauerwerk, bei Mauerungen mit Ziegelreliefs oder bei Wandgliederungen. Im Gesamtbild sollte er sparsam verwendet werden, darum beschränkte er den Schmuck auf betonte Zonen, hütete sich vor Kontrasten und Überdekoration. Die meist reich ausgestatteten frühen Hamburger Bauten lassen bei jedem neuen Projekt das Bemühen um eine »lebendige Backsteinsprache«[98] erkennen; es entstanden auf diese Weise mit Hilfe des Backsteins phantasievolle Unikate. So zeigte das Kaskadengebäude im Stadtpark beispielsweise eine Klinkerkombination, die nicht nur die konvexe Wölbung betonte, sondern seitlich der Wasserführung herabrieselndes Wasser imaginierte: mit Ziegeln. So verband sich Statisches mit Bewegung, Stein und Wasser.

In den Jahren aktiver Bauzeit bis 1933 konnte Schumacher seine Ideen verwirklichen. Er schuf eine beispiellose Erweiterung der Hamburger Bausubstanz, ein »Reich«[99] in Backstein. Die Klinkerbauweise wurde in den zwanziger Jahren vorherrschend; mehr Ansehen als Schumachers Bauten errang nur das Chilehaus Fritz Högers.

Baukeramik und Keramische Plastik. Die Manufakturen

Die gemusterte Ziegelfassade erfüllte Schumachers Vorstellungen nur teilweise, sein Ziel war »Liebenswürdigkeit«. Wo runde Formen erwünscht waren, setzte er ergänzend den Formstein ein. Wo Teile optisch hervorzuheben waren, griff er zu Baukeramik, einem neuen Mittel im Repertoire des Bauschmucks. Baukeramik war in Hamburg kaum bekannt, obwohl sich norddeutsche Renaissance-Bauten mit Terrakottaschmuck in der Nähe befanden. Nach altpersischen Vorbildern hatten französische Keramiker Verfahren für wetterfestes Steinzeug entwickelt, das Richard Kuöhl in Meißen erprobte.[100] Schumacher machte sie an seinen Bauten populär.[101]

Baukeramik bestand aus Klinkerton, der bis zur Sinterung gebrannt wurde, sie besaß die Farbe der Klinker und bot, wie Formsteine, den Vorteil unbegrenzter Abformung vom Gipsmodell, im Unterschied zu den Werksteindekorationen, bei denen jedes Teil neu gemeißelt werden mußte. Baukeramik löste in Schumachers Bauten letztlich den Werkstein ab.[102] Er setzte sie niemals flächendominierend ein, sie blieb auf Portale, Brüstungen, Ecken beschränkt, bereicherte und schmückte partiell. Entscheidend blieb stets die Wirkung der Ziegelmauer und der plastischen Baublöcke. Sehr eindrucksvoll präsentiert sich Kuöhls Klinkerkeramik an der Krugkoppelbrücke mit einem Dreimuschelmotiv, plastischen Weinranken und zweischwänzigen Meerwesen neben einem Klinkerrelief mit Liebespaar im Segelboot auf stürmischen Wogen, einer symbolischen Darstellung des Menschenlebens.

Durch farbige Glasuren erhielt die Keramik einen dunkelbunten Charakter von edelsteinartiger Wirkung. Sie wurde als koloristische Betonung bestimmter Details an Figur oder Ornament eingesetzt, nicht als durchgehend bunte Flächenglasierung, und diente der Aufheiterung des strengen Ziegelbaus.[103] Am Kleinkinderhaus Winterhuder Weg finden sich beispielsweise fünf Klinkermedaillons mit plastischen Kinderfiguren, deren Hemdchen einen schwachen farbigen Akzent vor den dunklen Grund setzen. Die Keramikplatten an der Fassade und die Klinkerfiguren auf den Balkonecken sind ebenfalls teilglasiert, das ganze ist ein liebenswürdiges Ensemble.[104] Reicher ist die Ausstattung an der Volksschule am Tieloh, wo Kuöhl sechs große Märchenfiguren das Gesims über dem Zeichensaal tragen läßt. Über dem Portal blicken drei fröhliche Kinderfiguren auf die Eintretenden herab, Zeugnisse eines neuen Geistes, der die Schulen

Fritz Schumacher, Institut für Geburtshilfe, Hamburg, 1911–1914

Fritz Schumacher, Volksschule am Tieloh, Fassadenfiguren, Hamburg, 1912–1914

der Kaiserzeit attraktiver zu gestalten suchte. Die »reizenden Keramiken« fanden Anklang, wurden aber auch kritisiert.[105]

Wo der Bauschmuck Monumentalität vermissen ließ, setzte Schumacher unglasierte Klinkerplastik ein, die in den örtlichen Manufakturen bis zu 150 cm Höhe hergestellt werden konnte. Klinkerfiguren symbolisieren die Funktion des Hauses, etwa an der festungsartigen Davidswache, wo behelmte Kriegerköpfe unmißverständlich auf die Präsenz des Staats verweisen.

Nur versierte Keramiker waren in der Lage, die vielseitigen Bauaufgaben zu erfüllen. Schumacher beschäftigte vorwiegend Richard Kuöhl, der ihm als gestandener Keramiker und Modelleur 1912 nach Hamburg gefolgt war, ein Plastiker, »der für volkstümliche Baukeramik einen ganz besonderen Sinn besaß«.[106] Er kam aus dem Handwerk und verstand, neben Gipsformen- und Modellherstellung, aus halbfestem Ton Plastiken zu schneiden oder aufzubauen,[107] eine »naive«, einfache Technik, die Schumacher das Ideal des Handbetriebs am Bau zu verwirklichen schien. Kuöhls Baukeramiken zeigen florale oder figurale Motive, seine Klinkerplastiken zeigen niedlichen Charakter: Putten, Volkstypen, Märchenfiguren, heitere Kindergruppen mit »lieben« Tieren, wie Reh, Schäfchen, Kaninchen; sie sind »volkstümlich«, weil eingängig, bestücken in großer Anzahl Schulen, Plätze, Brücken. Mehrfach erhielt Kuöhl von Schumacher anspruchsvollere Aufgaben, wie die Ausstattung der Stiftungsschule von 1815, der Volksschule am Tieloh, der Polizeiwache am Spielbudenplatz, des Krematoriums. Der Architekt schlug die Motive vor, die Detailausführung oblag dem Keramiker. Insgesamt war die Kooperation[108] für beide Teile produktiv, Kuöhl stellte sich auf Schumachers Wünsche ein, und der Architekt war weitsichtig genug, ihn nur als Keramiker zu beschäftigen, denn als freier Bildhauer leistete Kuöhl kaum Überzeugendes. Weil er von der Idee der »Volkstümlichkeit« der Baukeramik überzeugt war, nahm Schumacher das derbe Modellieren in Kauf.[109] Daß Klinkerplastik nicht tümelnd ausfallen muß, von tektonischen Grundsätzen bestimmt sein kann, zeigen allerdings die keramischen Tiere von Ludwig Kunstmann und Hans Martin Ruwoldt, sowie die schlanken und eleganten Knabenakte von Arthur Berger und Hans Friedrich Silber, letztere am Turnhalleneingang der Volksschule am Rübenkamp.

Für die große baukeramische Produktion benötigten Architekt und Künstler entsprechende Manufakturen. In Hamburg arbeitete Hans Wessely mit Kuöhl zusammen.[110] Weitere Herstellerfirmen waren die Kieler Kunstkeramik-Manufaktur, Bautler und Co. in Braunschweig, Hermann Mutz in Altona, Richard Blumenfeld in Velten in der Mark, Gerstenkorn und Meimerstorf in Wandsbek bei Hamburg, Villeroy und Boch in Lübeck-Dänischburg.[111]

Figürliche Fassaden-Plastik

An frühen Bauten ließ Schumacher Fassadenplastik in Werkstein ausführen, dort, »wo stark belebende Akzente erforderlich waren«.[112] Werksteinteile und Plastik ergänzten sich, letztere meist in hinweisender Funktion.[113] Nach mittelalterlichem Muster suchte Schumacher, die Plastik fest in die Fassaden einzubinden: »...die Skulptur... wird nicht da draußen irgendwo gemacht und nun als Schmuck zum Bauwerk hinzugetan, sondern ein Stück des Baukörpers belebt sich gewissermaßen von innen heraus an der entscheidenden Stelle zur organischen Schmuckform wie bei einem Kristallisationsprozeß«. Voraussetzung war »eine Stilisierung von Form und von Gebärde, die beide im Bann der Architektur bleiben«.[114] Dieser Punkt sollte über das Gelingen entscheiden.

Schumacher hat sich wiederholt über bürokratische Widerstände gegen die Bildhaueraufträge geäußert, die aus der Kompetenzenteilung zwischen Bau- und Finanzdeputation entstanden: »In meinen Bauten aber kamen gleichzeitig mehr als zwanzig verschiedene junge Hamburger Bildhauer zu Worte. Meistens mußte

Fritz Schumacher, Brücke
Von-Essen-Straße, Hamburg, 1926–1927.
Freiplastik von Ludwig Kunstmann

Fritz Schumacher, Stiftungsschule von 1815,
Hamburg, 1914–1915

ich um jedes einzelne Werk mit allen diplomatischen Künsten ringen, damit es nicht den mörderischen Streichungen der Finanzdeputation zum Opfer fiel.«[115] Gleichzeitig lösten die Bauprojekte eine Lawine von Auftragsgesuchen unbeschäftigter Bildhauer aus, von denen manche eigens von außerhalb zuzogen.[116] Einige fanden Arbeit, viele waren zusätzlich baukeramisch tätig, wie Artur Storch, Karl Weinberger, Oscar Ulmer, Kuöhl und Kunstmann. Die Bildhauer fügten sich Schumachers Vorgaben, der sich davon die Entwicklung einer »wirklich einheimischen Baukultur« versprach: »... eine künstlerische Kultur läßt sich in einer Stadt nur aufbauen, wenn man versucht, seine Ziele Hand in Hand mit der ansässigen Künstlerschaft zu erreichen, selbst wenn dabei manches, ehe die innere Fühlung mit der Architektur gewonnen war, weniger gut gelingen sollte...«[117] – eine typische Schumacher-Stilisierung, denn außer Ulmer kam das Gros der bevorzugten Bildhauer von außerhalb.[118]

Oscar Ulmer schuf 1918 sechs große, freistehende Muschelkalk-Figuren für die Fassade des Gewerbehauses, drei jeden Geschlechts, die mit ihren Attributen Gewerbezweige symbolisieren.[119] Sie erscheinen schlank, überlebensgroß, auf Untersicht konzipiert und monumental-steif, demonstrieren Überlegenheit. Ihre ikonographischen Bezüge zu kunstgeschichtlichen Vorläufern lassen sich heute nur schwer nachvollziehen. Mit der restlichen Fassadendekoration, Wappenkartuschen, Schiffsmedaillons, Meereswesen, bilden sie ein einheitliches, harmonisches Ensemble.

Von Richard Luksch stammen die Figuren am Gebäude der Technischen Lehranstalten am Lübecker Tor. Den Eingang bewachen zwei überlebensgroße Figuren, kraftvolle Athleten, »die gebundenen und die befreiten Naturgewalten«.[120] Außen schmücken vier weibliche Nischenfiguren mit gebeugten Häuptern die Pfeiler des Vorbaus, Personifikationen der technischen Wissenschaften mit entsprechenden Attributen. Die Schönheit ihrer fließenden Konturen, die anmutige, ruhige Standhaltung verraten den Wiener Jugendstil. Schließlich tragen im obersten Geschoß sieben markige Atlanten in großer Höhe das Gebälk. Alle Figuren, um 1914 in Werkstein ausgeführt, ordnen sich gleichwertig und qualitätvoll der plastischen, in Details reichen Fassadengliederung ein, sie besitzen also jene Monumentalität und Stilisierung, um die es Schumacher zu tun war.

Artur Storch schuf für die Realschule Uferstraße keramische Pfeilerverkleidungen mit floralen Motiven und vier Relieffiguren, in ägyptischer Manier stilisiert, die mit ihren Attributen, Schriftrolle und Ammonit, Wissen und Erkenntnis symbolisieren. Eine freiplastische antikisierende Brunnenfigur, *David*, korrespondierte hervorragend mit den Reliefs und schloß das Ensemble begrenzten, aber exquisiten Bauschmucks. In der Hansaschule Bergedorf war Storch ebenfalls mit klassizistischen Figuren, vier antiken Schriftstellern und einer Athena, vertreten.

An anderen Gebäuden arbeiteten mehrere Bildhauer, beispielsweise am Verwaltungsgebäude der Oberschulbehörde: Artur Storch und Emil Obermann modellierten die molligen Werkstein-Putten am ersten Obergeschoß, Kuöhl übernahm die Ornamente, Ulmer schuf die maßstäblich große, schlanke Mutter-Sohn-Gruppe[121] an der Hausgrenze. Der Gesamteindruck geriet entsprechend weniger einheitlich.

Eine Reihe Bildhauer wurde mit Einzelprojekten beauftragt, ihre Namen sind heute vergessen, darunter die Gruppe Berger und Silber, Hans Luce, Emmerich Oehler, Bildhauer Hersener.

Das Gros der Fassadenplastik läßt sich der Kategorie eines monumentalen Naturalismus zuordnen, wie etwa die Schülergruppen von Kunstmann und Hersener an der Volksschule Teutonenweg, oder die mütterlichen Figuren mit Kindern von Karl Weinberger, die symmetrisch auf den Pfeilern des Altans am Schwesternhaus des Eppendorfer Krankenhauses sitzen. Die Ausführung wich in

Fritz Schumacher, Gewerbehaus, Hamburg,
1912–1915

diesem Fall von Schumachers Vorgabe stehender Figuren ab, schwerlastende Monumentalität war das Ergebnis.

Schumachers Ideen wurden an den frühen Bauten am ehesten von den Arbeiten von Luksch und Storch erfüllt. Ensembles von einer Hand gerieten harmonischer als kombinierte. Die Bildwerke stehen stilistisch zwischen Naturalismus, Jugendstil und Klassizismus. Wo Ausgewogenheit und Monumentalität gefragt und vorgegeben waren, entstand oft Steifheit oder gar Klobigkeit, die dann in der NS-Zeit akzeptiert und bruchlos weiterentwickelt wurde. Generell erzielte die Plastik nicht den Erfolg, den Schumacher erhofft hatte. Eine Ursache bildete die Bindung und Unterordnung unter die Architektur, die dem Bildhauer kaum Freiraum ließen. Wo die Plastik an späteren Bauten in freier Raum-Beziehung Gelegenheit zur Behauptung erhielt, glückte das Experiment. Verursachend mag sich ferner das Fehlen eines verbindlichen, starken Zeitstils ausgewirkt haben. Als der eigentliche Boom der Bauplastik im Hamburger Expressionismus der frühen zwanziger Jahre einsetzte, war Schumacher bereits in Köln. Schumachers Distanz gegenüber dem Expressionismus ist dokumentiert.[122]

Brunnen

Brunnen nehmen das Element Wasser in den Dienst der Architektur. Schumacher hatte die vier großen Brunnendenkmäler Adolf von Hildebrands vor Augen, als er schrieb: »Er zeigt uns, daß Wasser gefaßt und gelenkt von Architektur wohl das schönste Mittel ist, um Plastik und Baukunst unlöslich miteinander zu verbinden.«[123]

Gegenüber den Schwierigkeiten, Aufträge für Fassadenplastik durchzusetzen, gestaltete sich der Brunnenbau in jeder Hinsicht einfacher: »Schließlich habe ich mir die generelle Erlaubnis erwirkt, an den kleinen Trinkbrunnen meiner Bauten bescheidene Kunst zu entfalten, und wagte es dabei manchmal, ganz unerprobten Anfängern den Auftrieb eines solchen Auftrags zu geben, meist ohne enttäuscht zu werden.«[124] Er beschäftigte für 62 Brunnen nicht weniger als 20 Bildhauer. Ausdrücklich verwies Schumacher auf die eigene Entscheidung beim Entwurf, bei der Berücksichtigung der Eigenheit des Bildhauers sowie Erprobung möglichst vieler künstlerischer Techniken: »Neben Kalkstein-, Marmor- und Bronzearbeiten wurde auch der Eisenguß gepflegt. Treibarbeiten in Messing und Kupfer spielten eine Rolle«,[125] doch Keramik war auch hier dominierend.

Manche Gebäude erhielten mehrere Brunnen. Freistehend zierten sie Hallen, Terrassen, Höfe, wo sie optische Blickfänge bildeten, in der Wirkung einer Freiplastik vergleichbar. Ihre Gestalt entspricht zeitgenössischen Denkmalanlagen: Ein bekrönendes Motiv, meist eine Figur, ein heraldisches Motiv oder ein Tier, ist auf einer Säule, einer Kugel, einem Podest über einem Becken oder einer Schale plaziert. Die wandfesten Brunnen sind schlichter, meist kleine gefliste Trinkanlagen, in denen Wasser aus einer Wandfigur in ein oder mehrere Becken rinnt und springt. Manche wurden lediglich in Klinker gemauert und der hinterfangenden Wand eingebunden, wo die Finanzknappheit zur Beschränkung auf einfache Materialien zwang.

Herausragend und aufwendig gestaltet sind der Basedow-Brunnen im Turnhof des Johanneums und ein Amazonen-Brunnen von Franz von Stuck in roter Mutzkeramik aus dem Jahre 1911 im Lehrerinnen-Seminar. Der Hallenbrunnen des Gewerbehauses ist ein Werk von Storch, ein achtteiliges Steinbecken auf dekorativem Terrazzomosaik, aus dem sich auf einer Steinkugel eine weibliche Bronzefigur mit Füllhorn erhebt – Symbol der (Wirtschafts-)Fülle, des Gedeihens. Symbolisch war auch Storchs Figur des *David* vor dem Portal der Realschule Uferstraße gedacht, »als Symbol der Zeit des Kampfes, in der die Schule entstand«.[126] Von Ulmer stammt der monumentale Steinbrunnen mit einer anmutigen Mutter-Kind-Gruppe am Institut für Geburtshilfe. Richard

Fritz Schumacher, Eweiterungsbau des
Ziviljustizgebäudes, Hamburg, 1927–1930.
Freiplastik von Albert Woebcke, Brunnen
von Richard Kuöhl

Haizmann fertigte ein kupfernes Weltkugelsymbol, Wilhelm Rex eine volkstüm-liche Vierländer Gruppe. Von den bekannteren Hamburger Bildhauern beschäf-tigte Schumacher Friedrich Wield, Albert Woebcke, Ludwig Kunstmann, Karl Opfermann, Fritz Bürger[127] schließlich mit einer vergoldeten Schalenträgerin im Spielhof der Schule Meerweinstraße. Richard Kuöhls[128] Majolika-Brunnen im Grundbuchamt gehört zu den ansehnlichsten, schon wegen seiner stattlichen Höhe. Er besteht aus drei Blütenschalen, über die sich eine Schachtelhalm-Säule erhebt, an deren Fuß drei Putten tanzen. Sie ist von einer Krugträgerin bekrönt. Die Figuren bestehen aus unglasierter schwarzer Klinkermasse, die Majolikateile sind mit dunkelgrüner, blauer und weißer Zinnglasur überzogen. Der Kontrast zwischen der streng abstrakten Betonarchitektur der Halle, Empore und Treppen und dem organischen Formenapparat des handwerklichen Brunnens ist von hohem Reiz.

Schumacher war mit der Ausführung der Brunnen zufrieden, es war ein beachtliches Potential an Kunst realisiert worden, und sie waren »typisch« geraten, wie er 1935 resümierte: »Alle diese mannigfachen Brunnen... sind nur bescheidene Werke... Will man in einer Stadt künstlerisches Leben wecken, so nützt wenig das gelegentliche Gastspiel noch so hervorragender Prominenter, man muß versuchen, den festen Stamm eines ›Ensembles‹ zu bilden, auf das man sich verlassen kann.«[129] Sein Optimismus hinsichtlich des Ensembles war verfrüht, die Mehrzahl der Brunnenkünstler geriet wie die Bildhauer der Fassadenplastik in Vergessenheit.[130]

Innenausstattungen und Details

Bei seinen Entwürfen für Innenausstattungen ging Schumacher von ›Werk-bund«-Positionen aus; er propagierte die Einbeziehung des Kunstgewerbes und Handwerks unter den Aspekten Zweckmäßigkeit und Materialgerechtigkeit in den architektonischen Rahmen zu einem Gesamtkunstwerk der »Raumkunst«.[131] Die bevorzugt künstlerische Ausstattung beschränkte sich auf bestimmte, fre-quentierte Zonen wie Portale, Hallen, Treppenhäuser, Versammlungsräume, Aulen, gelegentlich auch Turnhallen. Alle anderen Räume blieben schlicht. Fast sämtliche Bauten erhielten Brunnen. Besonders gestaltet waren nach finanzieller Möglichkeit Treppenbrüstungen mit plastisch geschmückten Geländerpfosten, Treppengitter, Wandfliesen, Kamin- und Heizungsverkleidungen, Lampen, Fenster. Glasmalerei erhielten nur wenige, aufwendiger ausgestattete Bauten, darunter bedeutende, wie die Kunstgewerbeschule, das Johanneum, das Lehre-rinnenseminar, die Kapelle XIII und das Krematorium in Ohlsdorf, wo Ervin Bossanyi 1932 kongeniale Farbkompositionen schuf. Lampen waren meist schlicht gestaltete, eckig verglaste Eisenfassungen. Kostbarer fielen die Hallen-leuchten in den Technischen Lehranstalten aus, wo ruhiges Marmorlicht »als bedeutsamer Schmuck«[132] herrschte. Türdrücker waren nur in der Finanzdepu-tation und am Krematorium besonders geschmückt, hier stützen zwei Löwen die Vorderpfoten auf ein Hamburger Wappen, dort legt eine sitzende Trauernde den Kopf elegisch auf eine Urne. Beides sind Ausführungen von Kuöhl nach Schumachers Entwurf.[133]

Einzelne Bauten

Zu Schumachers hervorragenden Bauten zählt die Kunstgewerbeschule, die 1913 eingeweiht wurde. Direktor Richard Meyer wahrte eine mittlere Linie zwischen Handwerk und Kunst. Hier, wo die Architektur vorrangig galt, konnte Schuma-cher die Idee der Einheit aller Künste verwirklichen, indem er die Lehrer, besonders Richard Luksch, zur Mitgestaltung heranzog. Berühmt wurden dessen überlebensgroße Keramik-Relief-Figuren, ein Paar vor durchbrochenem Grund

Fritz Schumacher, Kunstgewerbe-schule, Hamburg, 1911–1913

Otto Fischer-Trachau, Farbgestaltung der
Eingangshalle, Kunstgewerbeschule,
Hamburg, 1911

rechts und links des Eingangspavillons. Die stilisierten Figuren in muschelförmigen Ornamenten wirken als eingebundene dekorative Mauerteile, zugleich als eigenständiger plastischer Blickfang.[134] Weitere Luksch-Arbeiten sind eine attraktive Mutter-Kinder-Gruppe von 1913 im Schmuckhof, um die 1928 eine Kontroverse entstand,[135] das Portalrelief in der Halle über dem Vortragssaal sowie zwei dekorative Tierfiguren am Verbindungstrakt und – in Gemeinschaft mit den Schülern – die glasierten Steinzeugplatten der Fassaden. Schumacher schätzte seine Arbeit sehr und bedauerte, ihn in nicht weiter beauftragen zu können – zum Schaden der Allgemeinheit.[136] Johannes Bossard fertigte drei figürliche Reliefs für die Rückseite des Schmuckhofs. Den Eingangspavillon schmückte ein Deckenmosaik von Willi Titze und keramische Fliesen, außen elegante Gitter und eine Zapfen-Bekrönung von Friedrich Adler. In der Halle dominiert noch heute das Jugendstil-Grisaillefenster mit drei Aktfiguren über floralen Motiven von Carl Otto Czeschka, das Schumacher »für eine der besten Arbeiten« hielt, »die in Hamburg entstanden sind«,[137] farblich vorzüglich auf das monumentale Betontreppenhaus abgestimmt. Die Wandbilder Willy von Beckeraths im Vortragssaal, die den Reigen der Monumentalbilder in Hamburg einleiteten, konnten keine rechten Freunde gewinnen. Warburg bewunderte bei der Einweihung 1918 Beckeraths Mut zum »Unmodernen«.[138]

Im Museum für Hamburgische Geschichte kam Schumacher ein naheliegender sinnvoller Einfall: Er verwendete für die künstlerische Ausstattung Spolien, Reste abgebrochener Alt-Hamburger Häuser, die unarchiviert in einem alten Haus gestapelt waren. So kamen das Petri-Portal, geschnitzte Hausbalken, eine ganze Kaufmannsdiele, Steinportale, Wappen und anderes zu festem Einbau: »Ich habe all dies alte Gut ohne Ausnahme durch Verwendung wieder lebendig gemacht.«[139] Im gesamten Museum wurden ausschließlich alte »herrliche« Haustüren verwendet – in Erinnerung an seine architektonischen Anfänge bei Gabriel Seidl und an Schloß Prösels.

Das Gewerbehaus vereint in genialer Komposition verschiedene Institutionen und Interessen unter einem Dach, hier logierten eine Behörde, Büros für Handwerkszweige und gewerbefördernde Einrichtungen sowie eine Arbeitsvermittlungsstelle. Schon die Fassade präsentiert sich vielseitig, als durchdachtes Programm. Es war einer der ersten und eigenständigsten Hamburger Bauten Schumachers. Seine reiche Ausstattung wurde durch Eigenarbeit wie durch Stiftungen verschiedener Gewerbe ermöglicht, nachdem die Finanzdeputation den Etat gekürzt hatte. Die Koordination der Stiftungen und Aufträge hatte Schumacher fest in der Hand.[140] Was diese nicht leisten konnten, übergab er professionellen Künstlern: »Bei diesem Bau hatte ich infolge zahlreicher Stiftungen zum erstenmal Gelegenheit, durch Vergebung von Glasfenstern, landschaftlichen Wandbildern, Radierungszyklen und plastischen Werken mit freien Hamburger Künstlern verschiedenster Art in Verbindung zu treten.«[141] Sämtliche Details der Innenausstattung sind von ihm selbst entworfen.[142] So entstand ein stilistisches Ensemble in zweckmäßiger Solidität mit einer Ausstattung, die der Handwerkstradition verpflichtet war und technischen Fortschritt bezeugte: »Zu den größten künstlerischen Leistungen Schumachers im Gewerbehaus zählt, daß er ohne edle Verkleidungsmaterialien, allein durch die Bearbeitung der Betonoberfläche ... eine fast prunkvolle, jedenfalls repräsentative Wirkung hervorrufen konnte.«[143] Die Ausstattung des Innungsflügels fiel karger aus, hier kommt die kühne Treppenhausarchitektur Schumachers deutlicher zur Wirkung.[144]

Die Finanzdeputation gehörte zu Schumachers finanziellen »Sorgenkindern«, er bezeichnete sie als »ein ungewöhnliches Dokument unbeugsamen Erhaltungswillens in großer Not«[145] und stellte diesen mehrfach stillgelegten, 1926 vollendeten Verwaltungsbau an die Seite des Chile- und Ballinhauses. Hier unternahm er einen Versuch, die Ausstattung mit Baukeramik auch im Innern durchzuführen,

Fritz Schumacher, Finanzdeputation am
Gänsemarkt, Hamburg, 1914–1926. Majolika-
Eingangshalle von Richard Kuöhl

der gelang: »Diese Halle ist im Gegensatz zur puritanischen Schlichtheit des übrigen Inneren ganz in farbiger Majolika durchgeführt, wozu ich mich nicht nur aus formalen Gründen entschloß, sondern vor allem, um die künstlerische Baukeramik wieder etwas zu beleben, deren ganze Blüte im Kriege zum Erliegen gekommen war.« Kuöhl und Wessely schufen das hinreißende Ambiente der Eingangshalle in Grünweiß und Beige, geprägt durch Majolika-Säulen in Schachtelhalmformen,[146] ein gefliestes Tonnengewölbe und eine apsisartige Abschlußwand mit einem Brunnen. Über dem Becken erhebt sich vor der Kachelwand eine große Steingutfigur, eine Krugträgerin auf stilisiertem Froschkopf. Hier erreichte die Kooperation von Architekt, Keramiker und Manufaktur ein eindrucksvolles Niveau, das sich an historischen Vorbildern messen läßt. Das Äußere des Verwaltungsbaus, der seine Wirkung aus strenger Gliederung und dunklem Klinkermaterial mit begrenzten plastischen Klinkermustern bezieht, ist von Kuöhl sparsam mit farbiger Klinkerkeramik versehen. Schumacher wollte noch einmal das wetterfeste Steinzeug verwenden, doch wie stets in zurückhaltender Weise: »… ich mußte fürchten, daß das Errungene verlorenginge, wenn man nicht wieder dahinterfaßte.«[147] An Brüstung und Fensterbekrönung des Eckturms finden sich in großer Höhe dunkelbunte Klinkerkeramiken. Über den Eingängen verweisen drei Reliefs, ein Hamburger Stadttor-Wappen, ein Wikingerschiff und eine Kogge auf stürmisch gezackten Wellen symbolisch auf die Gebäudefunktion: Das Finanzamt trägt das Geld des Bürgers davon. Die Gänsemarktfront ziert in großer Höhe ein Hamburger Wappen zwischen heraldischen Figuren.

Der Stadtpark

Schumacher hat über seine Idee des Volksparks wiederholt referiert.[148] Er sollte auf demokratische Weise sozialen wie ästhetischen Zwecken dienen mit Sport und Spiel, verschiedenartigen musikalischen, künstlerischen und leiblichen Genüssen. »Daraus ergibt sich die Forderung, daß alle künstlerischen Anlagen nicht Selbstzweck sein dürfen.«[149] Die Plastik in dem vielseitig funktionablen, »organischen« Park sollte qualitativ hochrangig sein und im Freien Leben gewinnen, zugleich den kunstentwöhnten Hamburgern neue Erfahrungsmöglichkeiten, »Genüsse« anbieten.[150] Der Stadtparkverein[151] sorgte für Bepflanzung und den Ankauf von Kunstwerken. Deren Aufstellung erfolgte sukzessive nach 1923; 1936 standen bereits siebzehn Kunstwerke.[152]
Bekannte auswärtige Künstler waren mit Arbeiten vertreten: Georg Wrbas bronzene *Diana* auf einer Hirschkuh von 1910 ist ein Sinnbild des Lebens in und mit der Natur. Sie vereint Schnelligkeit und angespannte Ruhe. Schumacher sah das Thema im Formalen reflektiert, lobte das »Spiel der Formen dieses reichgegliederten und reich bewegten Körpers«, den Gegensatz zu den ruhigeren und einfacheren Formen des Tieres, »die vielfach sich schneidenden Linien, die gegeneinander spielen«. Am Ausgang des kleinen Hafens des Stadtcafés befanden sich ehemals zwei bronzene *Zentauren*, ebenfalls Arbeiten von Wrba aus dem Jahren 1912. Nach Abbruch des Cafés wurden sie an den Ausgang des Stadtparksees versetzt. Für den Rosengarten schuf August Gaul 1912 eine *Pinguin*-Versammlung auf dem Brunnenrand, eine fröhliche Gruppe kleiner gravitätischer Bronzefiguren. Auch hier hob Schumacher die Formvereinfachung als das eigentlich Künstlerische hervor.[153] 1927 kamen die Figuren von Georg Kolbe, die beiden *Kauernden*, zur Aufstellung,[154] sie wurden flankierend vor den Korridor plaziert, der zum Wasserturm führt, abgrenzend, jedoch nicht trennend, wie Schumacher in seiner Eröffnungsrede betonte.[155] Darum sollten sie als liegende Figuren auf den Raum bemessen sein, zugleich als durchbrochene Masse vor dem hellen Himmel wirken. Die etwas abstrus kauernde oder kriechende Haltung verteidigte Schumacher: »›Körperbewegung‹ könnte man dies Thema nen-

nen..., und wir Menschen aus einer Zeit des Sports verstehen sehr wohl, daß dies ein schöner Inhalt für eine künstlerische Arbeit ist.« Er rühmt die Überschneidung der Linien, der Umrisse, die Kontroverse von aufsteigenden und abfallenden Linien: »In solchen Eigentümlichkeiten liegt das Architektonische dieser Figuren... Das Widerspiel von Bewegung und Gebundenheit ist der innerste, künstlerische Reiz dieser Werke.«

Hamburger Künstler erhielten ebenfalls Gelegenheit, Skulpturen für den Stadtpark zu schaffen: Elena Luksch-Makowskys keramische Plastik *Frauenschicksal* scheint auf den ersten Blick »dekorativ«. Schumacher interpretierte feinfühlig: »Sie kann nicht schreiten wohin sie will, sie kann sich nicht bewegen, wie sie mag, das Leben der Mutter wird durch anderes Leben am Erdboden gefesselt... Ihr Haupt aber kann sich frei bewegen. Oben im Geistigen ahnen wir noch eine zweite Welt.« Hans Martin Ruwoldts liegender *Panther* in Muschelkalk von 1925/26 ist eines der hervorragenden Werke Hamburger Bildhauer im Stadtpark, eine großzügig angelegte, sprungbereite Raubkatze mit kraftvollem Kontur und züngelnder Schwanzspitze: »Ein echtes plastisches Meisterwerk« urteilte Hugo Sieker.[156] Die *Krugträgerin* von Friedrich Wield war 1912 in Paris entstanden und fand den Beifall Maillols.[157] Eine sitzende Aktfigur balanciert mit erhobenen Armen einen Krug auf dem Kopf. Auch Schumacher konnte sich dem Zauber der Figur nicht entziehen, bewunderte den symmetrischen Aufbau, die geschlossene Gestik und strenge formale Gebundenheit der Haltung. Durch Formen-Einfachheit scheint die Gestalt zu wachsen, wirkt momumental. »Es entsteht eine unsichtbare Brücke zwischen Plastik und Architektur. Das, was wir zuerst in seinem Stimmungsausdruck ›feierlich‹, dann in seinem Wirkungsausdruck ›monumental‹ nannten, können wir in seiner Beziehung zu andern Künsten auch als ›architektonisch‹ bezeichnen.«[158]

Weitere Plastiken kamen hinzu,[159] Schenkungen und Stiftungen.[160] Aufsehen erregte die Enthüllung einer weiblichen Brunnenfigur in weißem Marmor von Albert Woebcke im Jahre 1930 im Rondell am Landhaus aufgrund ihrer Proportionen.[161] Durch Inflation und Weltwirtschaftskrise gingen dem Stadtpark interessante Kunstwerke verloren. Ein Stier von Ludwig Tuaillon[162] und ein *Friedensmal*[163] kamen auf diese Weise nicht zur Aufstellung.

Die Plastiken beschäftigten die Öffentlichkeit in stärkerem Maß, als Schumacher beabsichtigt hatte. Hugo Sieker mäkelte im Mai 1927: »Der Park verlangt Freiplastik ... Die Plastiken im Stadtpark sind dieser Aufgabe noch nicht gewachsen, nehmen sich etwas willkürlich und unbedeutend aus.« Außer den Figuren Kolbes ließ er nur die *Pinguine* von Gaul gelten.[164] Positiver äußerte sich Paul Klinckwort im Juli 1927, er fand die Kunstwerke insgesamt märchenhaft, speziell Kolbes Arbeiten »einzigartig, groß, schön!«.[165] Andere Rezensenten urteilten negativer: »halbfertiggeknetete Molluskenmädchen« oder »gräßliche Muschelkalkverrenkungen«. Sie wendeten sich auch gegen weitere Aufstellungen: »Der Stadtpark ist nämlich voll! ... Wir wollen nicht an jeder Ecke auf etwas Steiniges stoßen ... Etwas, das gestiftet wurde, weil es woanders nicht mehr zu gebrauchen war ... Hinaus mit dem Plunder!«[166] Der Tenor war insgesamt jedoch eher positiv und des erzieherischen Impetus des Architekten eingedenk.[167]

Als Schumacher-Werk im weitesten Sinn war der Park ein Architektur-Kunstwerk: Der Hafen bot am Eingang einen »monumentalen Gesamteindruck«, der See eine »architektonische Form«, die Kaskade eine »Wasserkunstanlage«,[168] die Insel im See war eine Adaption von Böcklins *Toteninsel*, das Café mit dem von Loggien umgebenen Hafen ein weiteres Böcklin-Zitat.

Die Baukeramik der Parkbauten, Brücken, Bollwerke führte Kuöhl aus, die Farbgestaltungen der Innenräume übernahm Otto Fischer-Trachau. Im Mai 1924 wurde die Stadthalle eingeweiht, ein großes Ereignis. »Bewährte Künstler besorgen die Innenausstattung, die an Glanz und Pracht alles übertreffen wird, was wir bisher in Hamburg zu sehen gewohnt waren«, versprach die Presse. Glanz

Elena Luksch-Makowsky, *Frauenschicksal*, Stadtpark Hamburg, 1910–1912

Friedrich Wield, *Krugträgerin*, Stadtpark Hamburg, 1912

und Pracht waren nach Schumachers Entwürfen ausgeführt: »Der große Saal, dreigeteilt, von Otto Fischer-Trachau wundervoll ausgemalt, getaucht in eine Symphonie vollendet abgestimmter Farben, in der das sanfte Grün die Oberhand hat. Säle und Gärten bieten etwa 12 000 Personen Platz.«[169] »Eigenartig und geschmackvoll«[170] lautete das Urteil über Fischer-Trachaus Arbeit. In die ovale Kuppel des zentralen Saals malte er ein monumentales figurales Deckengemälde zum Thema *Tanz und Liebe* vor dunkelblauem sternenbesetztem Himmel, der in gestuften gelben Farbwellen harmonisch in die Farbigkeit der Anschlußräume überleitete. Es folgte ein Seitensaal mit roten Wänden, Säulen und überdeckender Kuppel, die als Blüte ausgemalt war, ein weiterer grüner Seitensaal mit floraler Trompe-l'œil-Malerei, ferner ein zart-duftig gestalteter *Saal der Lauben*, in dem sich Vögel tummelten. In den sogenannten *Hochzeitssaal* hatte Richard Hopp ein allegorisches Deckenbild gemalt. Alte Farbabbildungen[171] lassen die Pracht der farblich und ausstattungsmäßig komplett durchgestalteten Räume erahnen, obgleich dort nur die Entwürfe Fischer-Trachaus abgebildet sind. Der dekorative theatralische Stil besitzt Wurzeln in ägyptischer Grabmalerei, pompejanischen Fresken, byzantinischen Mosaiken, in der Raumkunst der Jahrhundertwende und – im Expressionismus, der in Hamburger Bauten zu gleicher Zeit eine Blüte erlebte. Hier wurde die Idee der Einheit der Künste weitgehend verwirklicht durch Schumachers Architektur, Fischer-Trachaus festlich-vornehme Malerei, die kunstgewerbliche Ausstattung Kuöhls.[172] Das Stadtcafé erschien demgegenüber zurückhaltender und bescheidener gestaltet, die anderen Wirtschaften, ›Landhaus‹ und ›Milchwirtschaft‹, blieben schlicht.

Farbgestaltungen kennzeichnen bereits Schumachers frühe Bauten; in späteren finden sich radikalere Lösungen, indem die Farben als »architektonisch-koloristische Sprache« in Raumfolgen integriert werden: »Der Raum ist nicht mehr einfach ein farbiger Ring von Wänden mit einer hellen oder dunklen Decke darüber. Die große Wirkungsmöglichkeit, die darin liegt, die Wände eines und desselben Raums farbig zu kontrastieren durch durchsichtige Wände hindurch... oder aber statt der Wände die Deckenfläche zum Träger des koloristischen Effekts zu machen – alles das ist eine der wertvollsten Bereicherungen unseres architektonischen Ausdrucks.«[173] Die Farbgestaltungen in Schumachers Bauten stehen im Zusammenhang mit den Wandfärbungen Klingers in Leipzig, mit der von Bruno Taut in Magdeburg ins Leben gerufenen Farbenbewegung und dem 1925 in Hamburg gegründeten Bund zur Förderung der Farbe im Stadtbild.[174] Einer der Hauptaktivisten der Wandfarbbewegung in Hamburg war Fischer-Trachau.

Späte Bauten

Nach der Phase traditionsgebundener, »liebenswürdiger« Vorkriegsbauten wandelte sich Schumachers Baukonzeption bereits im Ersten Weltkrieg zu »Einfachheit und Monumentalität«.[175] »Herbere Strenge« und »verbissene Knappheit«[176] prägen speziell die Schulbauten ab 1927, deren Etat in der Weltwirtschaftskrise immer wieder gekürzt wurde, so daß einige zeitweilig als Bauruinen stillagen. Zu strengem Sparen gezwungen,[177] schlug Schumacher den Weg der »reinen Sachlichkeit« ein: Er verzichtete auf eine symmetrisch frontal ausgerichtete Fassade, gruppierte, den praktischen Bedürfnissen entsprechend, »Baukuben in verschiedener Größe, rück und vorspringend, aufsteigend und absinkend«.[178] Er suchte den rationellsten Grundriß für »Riesenkörper« mit 32 bis 38 Klassen in Doppelbelegung der Gänge, Verbreiterung der Trakte, Verwendung eines Flachdachs[179] bei Verzicht auf das aufwendige Steildach. Der Schwerpunkt liegt auf Konstruktion und Funktion gemäß den Vorstellungen des Neuen Bauens. Sozialhygienische Gesichtspunkte, Durchlichtung, Lüftung, Farbigkeit prägen nun auch den Volksschulbau; in der Einrichtung von Fachräumen, Werkräumen, Aulen oder

Otto Fischer-Trachau, Farbgestaltung des
Roten Saals, Hauptrestaurant, Stadtpark
Hamburg, 1924

Albert Woebcke, Brunnen im Lyzeum, Cuxhaven, 1929

Versammlungsräumen verwirklicht sich die Reformpädagogik: »Die Schule ist die weitaus bedeutendste öffentliche Aufgabe der Nachkriegszeit geworden und zugleich diejenige, deren Programm am liebevollsten, aber auch am experimentierfreudigsten durchgearbeitet ist. Wohl selten spiegeln sich geistige Bewegungen so deutlich in Bauten wider wie die pädagogischen Bewegungen der Nachkriegszeit, die dem Kinde statt des Verstandesdrills Verständnis der Natur, Gestaltungsfreude, Körperpflege und Musik bringen wollten.«[180] Kulturpioniere in den neuen Siedlungsquartieren sollten sie sein, Zentren einer kulturellen Erziehung, die weiterwirkte, zugleich frohe Stätten des Jugendlebens. »Repräsentant des vollausgereiften Volksschulbauprogramms« wurde die Veddelschule.[181]

Der Sparzwang betraf auch den plastischen Schmuck der Bauten. Ornamentaler und figürlicher Fassadenschmuck entfiel, ebenfalls Hinweise auf die Funktion der Bauten. Die Idee des Gesamtkunstwerks wird nun relativiert. »Unsere augenblickliche Kunstrichtung widerstrebt in ausgesprochener Weise dem Schmuck, so daß der Augenblick, um eine Synthese von Plastik, Malerei und Architektur zu versuchen, recht ungünstig erscheint«, Bauplastik wandelt sich zu Freiplastik, der Bau selbst wird Plastik.[182] Eine neue Nüchternheit, Kargheit und Strenge bestimmen den Wechsel von Fensterbändern und Mauerteilen in vertikaler wie horizontaler Gliederung, Ehrlichkeit gegenüber dem Stahlbetonskelett läßt teilweise auf Klinkerverblendung verzichten. Der Backstein gewinnt an den Fassaden eine neue sprachliche Dimension durch verhaltenere, einheitlichere Dekoration. Ziegelbänder oder erhabene Ziegelstreifen gliedern dreidimensional, besonders eindrucksvoll an der Berufsschule Angerstraße, wo breite Streifen von Klinker-Wellenbändern die Wand mit zarten Reliefs beleben und an der fensterlosen Schmalseite mit glatten Mauerstreifen und dem gläsernen Treppenhaus kontrastieren. Monumentalität ergibt sich aus rhythmischer Ziegelreihung an der Fassade des Justizverwaltungsgebäudes an der Drehbahn oder an Kapelle XIII in Ohlsdorf. Von den Bauhaus-Idealen, besonders von Gropius, grenzte sich Schumacher jedoch entschieden ab.[183] In seiner Gestaltung blieb als charakteristischer Zug ein Schmuckbedürfnis, das er nun »Freudigkeit« nannte und das seine späten Schulbauten trotz ihrer neuartigen Formen mit dem früheren Werk verband.[184] Er stellte sich den Maximen der Neuen Sachlichkeit, erweiterte sein »bauliches Kunstwerk« jedoch mit künstlerischen Mitteln um die »Dreieinigkeit von Verstandeskraft, Sinnenkraft und Seelenkraft« zum anthropozentrischen, »organischen« Bau, der materialgerecht, zweckmäßig und schön sein sollte.[185] Architektonisch, ausstattungsmäßig, funktional sind die 31 Schulbauten Individuen. Seinen letzten Bau, das Krematorium in Ohlsdorf, bezeichnete er schließlich als sein reifstes Werk, als Plastik per se.[186] Er verkörperte in besonderer Weise Schumachers leitende Idee: die Monumentalität.

Die »Senatskommission für Kunstpflege«

Nach der Einrichtung der »Senatskommission für Kunstpflege«[187] stand Schumacher ab 1928 endlich ein Instrument effizienter Kunstförderung zur Verfügung. Ihr gehörten sechs »Herren des Senats« an, Geschäftsführer wurde Staatsrat Alexander Zinn. Beratend, meist entscheidend betätigten sich Schumacher, Sauerlandt und Pauli, wobei Schumacher außerdem Auftragserteilung und Künstlerbetreuung oblagen. Das erklärte Ziel der Kommission war, die Hamburger Kunst möglichst breit, außerhalb der Museen, in staatlichen Bauten der Öffentlichkeit zugänglich zu machen. Die Förderaktion verhieß beiden Seiten Vorteile: In der Notzeit der Weltwirtschaftskrise erhielten die Künstler Gelegenheit zur Realisierung größerer Projekte, zugleich ein, wenn auch bescheidenes, Honorar. Die Not der Künstler war eminent, sie bedrohte in vielen Fällen die Existenzgrundlage.[188]

Fritz Schumacher, Berufsschule Angerstraße,
Hamburg, 1926–1927

Fritz Schumacher, Lyzeum, Cuxhaven, 1929

Fritz Schumacher, Volksschule Wiesendamm,
Hamburg, 1928–1929

Fritz Schumacher, Volksschule Bogenstraße,
Hamburg, 1929

Für Schumacher bot sich die Möglichkeit gezielter Kunstförderung und eines weiteren Versuchs der Verwirklichung der ›Einheit aller Künste‹. Indem die Bauten mit Wandbildern, Brunnen und Plastiken versehen wurden, konnten reformpädagogische Ideen Gestalt annehmen, den in Massenwohnquartieren lebenden Menschen ästhetischen Anschauungsunterricht zu erteilen. Der »Wandschmuck« in Schulen bestand bis dahin in ästhetischer Kargheit aus Wilhelm II.-, Hindenburg- und Ebert-Porträts. Es war ein bewußtes Experiment, ein Risiko für einen »lebenswürdigen Alltag«, Verbindung mit dem »tätigen Leben«.[189] Zwar gab es Kontroversen, doch zeigte sich das Gros der Künstler dankbar, manche erwiesen Schumacher geradezu Verehrung.[190] Mit der Machtergreifung kam am 4. Oktober 1933 auch das Ende der Senatskommission. Die letzten Vorhaben wurden nicht mehr ausgeführt.[191]

Das Wandbildprogramm

Schumacher definierte seine Ideen von monumentaler Wandmalerei unmißverständlich: Die Mutter der Künste, die Architektur, nahm das Wandbild in ihren »Organismus« wieder auf, erneuerte das »segensreiche Bündnis zwischen Baukunst und Malerei«.[192] Als Rahmenbild war es »heimatlos«, beliebig verfügbar geworden. Das Wandbild sollte sich dem Raum als eigenständiges Medium integrieren. Entscheidend war dabei die Gestaltung des Bildraums, der einen möglichst parallelen Vordergrundsbezug besitzen, erst im Hintergrund Weite entfalten, keinesfalls einen separaten Raum mit Diagonalzügen entwickeln sollte.[193] Entsprechend beigeordnet hatte die »malerische Gestaltung« auszufallen; zu vermeiden waren besondere Beleuchtung, Betonung des seelischen Ausdrucks, dissonierende Farbigkeit. Schumachers These für Monumentalmalerei hieß: »Alles tritt in den besonderen Dienst des jeweiligen Raumes, dessen Wand belebt wird, und zwar nicht etwa, um sich ihm unterzuordnen, sondern um ihn durch Einordnen zu beherrschen.«[194]

Wandmalerei war ein diskutiertes Desiderat in Hamburg, das die Gemüter bewegte.[195] Lichtwarks Bestrebungen, Wände von Staatsbauten als Übungsfeld für Hamburger Künstler zu erhalten, die Affäre um die Historienbilder Hugo Vogels im Hamburger Rathaus,[196] die Tätigkeit Beckeraths und Fischer-Trachaus und die Sezessionsausstellung »Raumgestaltung« im Jahre 1928 im Kunstverein wirkten vorbereitend. Von auswärts kamen anregende Vorbilder von den Kubisten sowie von Schlemmer und Baumeister. Viele Hamburger Künstler hatten in den zwanziger Jahren längere Zeit in Italien gearbeitet und brachten Interesse an der Freskomalerei mit, darunter Anita Rée, Otto Thämer, Karl Kluth. Schumacher wählte bei der Auftragsvergabe Künstler, die noch unerfahren in Monumentalmalerei waren und förderte »wohlwollend« und nachdrücklich.[197] Er überließ im Neubau die freie Wahl der Wand und beobachtete, daß größere Flächen bevorzugt wurden, daß eine Tendenz zu Monumentalmalerei vorherrschte.[198] Von sechzehn ausführenden Künstler gehörten zehn der »Hamburgischen Sezession« an.[199]

Komposition rangierte vor Perspektive, Maltechnik und Stil.[200] Hier zeigten sich gravierende Unterschiede. Mit der Plazierung auf der Wand fiel die Entscheidung, ob Architektur oder Malerei am Ende dominierten oder gegenseitige Steigerung gelang. Einige Künstler setzten ihr Bild ins Zentrum der Wandfläche, andere malten diese vollständig aus. Manche mußten sich mit vorhandenen Wandelementen auseinandersetzen. So gruppierte Karl Kluth verschiedene Szenen locker um eine Tür, eine Lösung von improvisatorischer Wirkung in der Schule Alstertal. Erich Hartmann bezog in Fuhlsbüttel Deckentonne und Bühnenbogen in den (zwölf Meter breiten!) Bildraum ein. Anita Rée mußte zweimal Türen in die Komposition einarbeiten und löste die Aufgabe genial, wie Schumacher meinte. Otto Thämer und Heinrich Stegemann entschieden sich für

Anita Rée, *Orpheus*, Wandbild der Oberrealschule für Mädchen, Caspar-Voght-Straße,
Hamburg, 1931

Anita Rée, *Kluge und törichte Jungfrauen*,
Wandbild der Gewerbeschule Uferstraße,
Ausschnitt, Hamburg, 1929

die klassische Al-fresco-Technik »der beherzten Männer«, die auch Schumacher als »monumentalste« schätzte.[201] Die bekannten Zeitstile sind in den Bildern vertreten, darüber hinaus jener just in Hamburg entwickelte neue Malstil der Sezession, den Munch und Kirchner beeinflußt hatten, dessen Merkmale abstrahierende Form- und Gegenstandszeichen waren sowie eine Verbindung von übergreifenden Farbflächen mit farbiger Konturierung und Zeichnung unter Vermeidung von Lokalfarbigkeit.[202]

Thematisch entstand ein breites Spektrum: Viele Bilder traten in direkte Beziehung zu Leben und Umwelt der Schüler. Hartmann malte, dem Reformprogramm der Schule folgend, Szenen von Lehren und Lernen im Freien in arkadischer Landschaft;[203] seine Darstellungen des modernen Studentenlebens stießen dagegen auf Aversion und Ablehnung.[204] Zeitgemäße Mädchenbeschäftigung führte Gretchen Wohlwill mit Bildern von Pflanzen, Musizieren, Lesen in der Emilie-Wüstenfeld-Schule vor Augen.[205] Monumentale, aber durchaus unterschiedliche Hafenthemen malten Rolf Nesch[206] und Kurt Löwengard[207], Bilder von dem Alltag in der Großstadt, von Werftarbeitern auf dem Heimweg über den Strom: »Der eine sah ihn als Stätte der Arbeit, der andere als Tor zum Meere.«[208] Arbeitsszenen in Hamburg zeigte auch Walter Tanck in seinen Wandbildern im Sitzungssaal des Alten Rathauses Admiralitätsstraße.[209] Andere wählten heimische Fluß- und Seemotive,[210] niederdeutsche Landschaften, die Schumacher als dekorativ kategorisierte. Zeitgemäß zeigten Bilder Körperertüchtigung in sportlichen Wettkämpfen, lustvolle Freizeitbeschäftigung, Segeln und Musizieren, oder schlicht nur »Lebensfreude«. Trends wurden bewußt gemacht, wie die Freikörperkultur der emanzipatorischen Jugendbewegung. Heinrich Stegemann formulierte in bedeutenden monumentalen Aktbildern »Kraft und Schönheit«. Wohin dieser Körperkult wies, zeigen Otto Thämers Fresken, die sichtlich an Marées und Hodler orientiert waren und muskulöse Akte, athletisch-stilisierte blonde Typen und quellenschöpfende Mütter in heroischer Reihung vorführten. Schumacher fand hier seine Monumentalbild-Ideen in technischer Hinsicht erfüllt,[211] weitgehender als in dem thematisch vergleichbaren *Lebensfreude*-Bild von Kluth in der Schule Graudenzer Weg, einer dynamischen Komposition von leuchtend expressiver Farbigkeit, tiefem Bildraum und freudiger Emotion.[212] Er verstellte sich damit den Zugang zu dem bedeutenderen Werk.[213]

Religiös-mythische Themen wählten Danneboom und Anita Rée. Diese entschied sich in der Berufsschule Uferstraße für das Gleichnis von den klugen und törichten Jungfrauen,[214] »die Geschmückten, die ihre kostbare Zeit versäumten, und die schmucklosen, die ihr geistiges Gut wahrten und die Zeit nicht vertändelten...«, oder »die alte und neue Zeit...«[215] und spielte damit auf Zeitwende und Ideale der Frauenbewegung, Einsicht und Selbstbewußtsein an. Die Botschaft galt den Elevinnen einer der neuen Berufsschulen für Mädchen Hamburgs. Vom Kolorit zeigten sich Zeitgenossen beeindruckt: Auf rotem Grund schritten zehn Frauen mit silbergrauem Inkarnat und blauschwarzen Haaren, in blaßblaue Tücher gewandet. Goldene Strahlen verhießen das Paradies, goldfarben waren Schmuck und Lichter, während die Lämmer symbolisch schwarz und weiß auftraten. »Festlich und groß«, lobte Schumacher. Das zweite Wandbild Anita Rées stellte den *Orpheus*-Mythos dar, auf die Raumfunktion besser abgestimmt, weil es Musik und Bewegung vereinte.[216] Orpheus bringt mit Gesang und Leier die verschiedensten Tiere in wirbelnde, gegenläufige Bewegungen: Wald- und Haustiere, Exoten und Phantasiegeschöpfe. Die paradiesische Wiese in märchenhafter Farbigkeit besitzt ikonographische Wurzeln in Ravenna und Rom, sie appelliert antizipatorisch an gegenseitige Toleranz und friedliches Miteinander der Temperamente, wie es Musik und Kunst im Orpheus-Mythos vollzogen. Für die jüdische Malerin, die öffentliche Angriffe der braunen Presse erfuhr, war das Wandbild ein Rückzug in eine Ideal-Welt.

Nach Abschluß von 24 Wandbildern veranstaltete Schumacher 1932 eine »Werbeaktion«,[217] zwei Rundfahrten stellten die Kunstwerke in situ vor. Er verstand die Wandbildaktion im ganzen als Erfolg, kein Künstler habe enttäuscht, alle hätten die Hoffnungen übertroffen, die man in sie gesetzt habe, und das seinerseits eingegangene Risiko mit Engagement und qualifizierter Arbeit eingelöst: »Es war selbstverständlich, daß nicht alles Allgemeingültigkeit erreichen konnte, wenn man die verschiedensten jungen Künstler, die bisher nur den goldenen Rahmen kannten, plötzlich auf eine Wand losließ... Wenn ich überblicke, was in vier Jahren für etwa 40 000 Mark an Hamburgs Wänden entstand, glaube ich an die Möglichkeit, eine einheimische Wandmalerei zu entwickeln.«[218]

Auch bei Presse und Sachverständigen, wie Heise, Sauerlandt, Pauli und Rosa Schapire, fand die Aktion mehrheitlich Beifall: »An den Aufgaben für Schulen, öffentlichen Plätzen... wuchsen die Künstler, wie die Rundfahrt schlagend zeigte, über ihre privaten Ideen (unpolitische gemalte Blumentöpfe und nackte Mädchen) hinaus, wuchs ihre Kunst aus der Sphäre des Privaten in die Sphäre der Volksgemeinschaft.«[219] Heise wies auf die multiplikatorische Effizienz: »Örtlich begrenzte künstlerische Kraftfelder sind durch diese Schulgemälde erschlossen... die Schmuckstücke unserer Volkshäuser... sind zu Bildungselementen des täglichen Lebens berufen.«[220] Kritik erfolgte einzig vom braunen *Hamburger Tageblatt*, das die expressiven und von jüdischen Künstlern gemalten Bilder als »Schwachsinn« und »Artfremdheit« brandmarkte.[221]

## Freiplastik

Weniger geschlossen und überschaubar verlief die Auftragsvergabe der Senatskommission an Bildhauer. An Schumachers späteren Bauten wurde Freiplastik im Unterschied zu den Vorkriegsbauten separat plaziert, sie findet sich im direkten Ambiente, meist in räumlicher Beziehung, aber »ohne durch architektonische Zwänge behindert zu werden«.[222] Schumacher machte nun weniger Vorgaben, ließ, wie bei den Wandbildern, freiere Hand: »... die meisten Bildhauer vermögen ihr Wesen nur in größerer Freiheit zu entfalten«.[223] Für die Aufträge wählte er meist jüngere Künstler aus der »Hamburgischen Sezession«, Ruwoldt, Wield, Opfermann und Woebcke.

Friedrich Wield schuf 1926 eine Freiplastik für die Gewerbeschule Uferstraße, eine *Kauernde* in Sandstein. Als Schumacher das monumentale Werk erblickte, mußte er zugeben, daß ein eigenständiges Werk entstanden war: »Sein plastisches Gefühl entfloß eben nicht dem Strom, der aus dem Mittelalter stammt, sondern jenem anderen Strom, der in mannigfacher Abwandlung aus der Antike zu uns herüberfließt. Nicht das Wirken durch Gewand und Geste im Rahmen der strengen Linien der Architektur reizte ihn, er wollte selber eine Architektur in Menschenleibern schaffen.«[224] Die *Kauernde* »behauptet« sich noch heute eigenwillig und bestimmt gegenüber dem hinterfangenden mächtigen Bauwerk.

Durch Bauplastik und den tektonisch aufgefaßten *Panther* im Stadtpark hatte sich Hans Martin Ruwoldt Schumacher empfohlen. 1928 arbeitete er zwei *Seehunde* für das Familienbad Ohlsdorf, die mattschwarz glasiert werden sollten: »Wenn's glückt, wird es die erste Anwendung Schumachers, eine vollglasierte Plastik aufzustellen und vom rohen Klinker abzugehen.«[225] Die Innovation bestand in glasierter Keramik, die sich nach der Periode der bunten Fassadenkeramik erstmalig als autonome Plastik im Spannungsfeld der Architektur behauptete. In den Innenhof der Walddörferschule Volksdorf setzte Ruwoldt 1930 zwei spielende junge *Panther* in schwarzer Keramik auf einen drei Meter hohen, gemauerten Pfeiler. Schumacher hatte das Thema vorgeschlagen, kritisierte den ersten Entwurf als »zahm«, den zweiten »wilden« mit balgenden Jungtieren hieß er gut.[226] Die Panthergruppe, ein Knäuel organisch-lebendiger

Muskelformen, beherrscht in ihrer hohen, luftigen Aufstellung das gesamte Ensemble, sie kontrastiert gewichtig mit der strengen Architektur des horizontal-gelagerten Schulgebäudes.

Albert Woebcke schuf 1928 eine freistehende, überlebensgroße Figur für das Grundbuchamt, eine große *Stehende* mit angewinkeltem Bein und erhobenen Armen. Die erste Fassung erfror 1929 im ungeheizten Atelier, Schumacher befürwortete die Finanzierung eines neuen Modells, denn »ich halte die Figur für eine Arbeit, die einen schönen Aufstieg in Wöbkes Schaffen bedeutet«.[227] Erst das übernächste Modell kam zur Aufstellung. Der kräftige, naturalistische Frauenakt empfängt den Besucher vor dem rund vorstoßenden Mittelrisalit des Hofs. Seine Monumentalität korrespondiert, wenn auch auf anderer Ebene, mit der des abstrakt-plastischen Gebäudeblocks in seinem Rücken.

Mancher Auftrag ließ sich aus Finanzierungsgründen nicht verwirklichen: So kamen die Skulpturen Karl Opfermanns für das neue Krematorium über das Modell nicht hinaus.[228]

Kunst im Städtebau definierte Schumacher als »Sinn für den Rhythmus der Massen und den Rhythmus des Raumes«,[229] also als Architekturgliederung im Kontext des sozialen Monuments der Kleinwohnungsblöcke. Diese erhielten keine künstlerische Ausstattung, aber in den Kommunikationszonen und Grün-zügen wurden einzelne Freiplastiken aufgestellt.[230]

Es erwies sich als unproblematischer, im öffentlichen Raum Aufgaben für Bildhauer zu finanzieren als an Einzelbauten. Schumacher sorgte mit Gartenbau-direktor Otto Linne für Kunst in weiteren Hamburger Parks und auf Spielanla-gen.[231] So kam ein *Puter* in Muschelkalk 1928/30 von Wilhelm Rex auf den Spielplatz Averhoffstraße, ein *Bär* von Karl Weinberger sollte den Wehberschen Park verunsichern. Reichlich Ärger verursachte ein Fabeltier, ein abstrahierter, phantastischer *Wasserspeier* von Richard Haizmann für das Planschbecken Hum-boldtstraße;[232] er kam zur Freude der Kinder zur Aufstellung. Eine große *Stehende* im Hammer Park von Paul Hamann wurde von der Bevölkerung mit einem Spottgedicht bedacht.[233]

## Denkmäler

Denkmalkunst war für Schumacher zwischen Architektur und Plastik angesie-delt, »hervorgewachsen aus dem Gestaltungswillen des Bauenden«.[234] Ein *Bür-germeister-Mönckeberg-Brunnen* sollte das Gedenken an den Initiator der Mönckebergstraße an exponiertem Ort wahren. Es entstand, in architektoni-schem Kontext mit einer kleinen Bücherhalle, eine kraftvolle Anlage, zu der Schumacher seinen Dresdner Freund Georg Wrba als Bildhauer heranzog. Der Denkmalbrunnen wurde 1915 vollendet, doch erst nach 1921 aufgestellt. Ein von einem Löwen bekrönter quadratischer Pylon erhob sich über verschiedene Becken, er trug an der Spitze das Bürgermeisterporträt. Architektur und Konzept der seitlichen Figurengruppen von Wrba stammen von Schumacher. Diese sollten die Wegrichtungen vermitteln, konnten darum nur Liegefiguren sein. Wrba schuf einen männlichen und weiblichen Akt, die sich in unterschied-licher Gestik jeweils auf einen wasserspeienden Seehund stützen, realistische, monumentale Bronzen: »Die Bewegung ... ist von großem malerischen Reiz und zeigt von allen Seiten gesehen ein besonders reiches Spiel der Formen. Aus der weichen Biegung des Leibes ... entwickelt der Künstler unvermerkt die Umriß-linien, die er für den Gesamtaufbau des Brunnens gebraucht ... Beim Manne ist vor allem die handelnde Bewegung, bei der Frau die genießende Bewegung zum Ausdruck gebracht. Beide Gestalten sind Symbole des blühenden Lebens, das sich unter dem Bürgermeister, dem der Brunnen gewidmet ist, entfaltet hat.«[235] Im Ensemble gewinnt der Denkmalbrunnen zusätzliche Funktion als architekto-nische Freiplastik.

Mit Heinrich Heine tat sich Hamburg seit jeher schwer, wie die Geschichte der beiden Heine-Denkmäler in Hamburg erweist.[236] Das Denkmal im Stadtpark geht auf eine Initiative des Kritikers Alfred Kerr zurück, seit 1909 wurde in Hamburg durch Schiefler geworben und als Bildhauer Hugo Lederer gewonnen.[237] 1912 war es fertiggestellt. Da man sich schwer auf einen Aufstellungsort einigen konnte, blieb es vorerst in Berlin, später in der Hamburger Kunsthalle. Schumacher setzte sich erfolgreich für einen Standort im Stadtpark ein und schlug vor, das Denkmal in ein Wasserbecken zu stellen. Aus Kostengründen wurde jedoch davon abgesehen. Erst 1926 konnte die Einweihung stattfinden. Für einige Jahre besaß Hamburg damit das einzige offizielle Heine-Denkmal in Deutschland. Lederer gestaltete den Dichter als Reflektierenden, Sinnenden in der klassischen Melancholiker-Haltung. Schumacher sah vorrangig den Lyriker: »Nicht den Politiker, nicht den Spötter, – den Träumer will er uns zeigen, den liederreichen Lyriker, der in die Natur hineinlauschte, zugleich aber in sein eigenes Herz.« Und einen Städter: »Diese elegante Stellung des wohlgepflegten Menschen verdeutlicht nicht nur die Anmut seiner Geistigkeit, sondern zugleich auch die Gebundenheit des zivilisierten Lebenskünstlers.«[238] Das Heine-Denkmal fand Anklang, doch war von Anfang auch Haß von Antisemiten und Ablehnung der Deutschnationalen spürbar.

Hugo Lederer, Heinrich-Heine-Denkmal, Stadtpark Hamburg, 1926

Für das monumentale Kriegsgedächtnismal an der kleinen Alster setzte sich Schumacher persönlich ein, galt es doch, ein Werk von Ernst Barlach für Hamburg zu gewinnen.[239] Nach einem Wettbewerb im Jahre 1929 mit überregionaler Beteiligung hatte sich die Jury für eine schlichte, 21 Meter hohe Muschelkalkstele des Architekten Klaus Hoffmann entschieden. Schumacher bemühte sich um Barlach für die leere Rückseite der Stele. Dessen Wettbewerbs-Vorschlag war eine Kolossalplastik *Der Erschütterte* gewesen. Die vorbereitenden Begegnungen hat Schumacher mehrfach lebendig geschildert. Der Künstler war ihm in Auftreten und seiner »trostlosen« Lebensform fremd, er besaß aber dennoch ein Gespür für die Außergewöhnlichkeit und die Ausstrahlung seiner Arbeiten.[240] Barlach baute für das geplante Relief ein neues Atelier, und Schumacher begleitete die Phasen der Entstehung mit Anteilnahme. Das 7,5 Meter hohe, eingeschnittene Motiv zeigt eine aufrechte Frau, die die Arme tröstend um ein sich anschmiegendes Mädchen gelegt hat und über dessen Kopf ruhig und ernst ins Weite blickt. Komposition und Linienverläufe sind einfach, geschlossen und streng statuarisch. Die Enthüllung des Denkmals am 2. August 1931 war eine einsame Zeremonie, das offizelle Hamburg hielt sich fern. Schumacher versuchte auf seine Weise, zu werben, konnte jedoch dem unpopulären Werk keine Freunde gewinnen.[241] Für ihn blieb es ein soziales Werk, weil mit nur zwei Figuren überparteilich Menschliches ausgedrückt wurde: »...gefaßt blickt die Frauengestalt in die Weite, in die Zukunft. Wir sehen das mutige Sich-Behaupten in schwerer Bedrängnis. So zeigt die Darstellung nicht nur etwas von dem, wofür in einem furchtbaren Krieg schließlich doch gekämpft wird: die Familie als Symbol des Volksganzen, sondern sie zeigt zugleich die Standhaftigkeit des Volkes in ergreifender Weise.«[242] Das Relief entsprach Schumachers Vorstellung von Monumentalität, es begeisterte ihn in der tektonischen Figurenauffassung und formalen Vereinfachung. Und er verstand es wie Barlach als eine geniale Vision – auch des Kommenden.

Ernst Barlach, Kriegsgedächtnismal, Rathausplatz Hamburg. 1932

Schumacher konnte am Ende seiner aktiven Zeit zufrieden konstatieren: sein Künstler-Weg hatte ihn weit geführt, vom Reißbrett über die Werkstatt des Handwerks in die Kulturpolitik.[243] Seine Ideen hatten sich weitgehend verwirklichen lassen in Förderung von Handwerk und Kunst, in einer Ausschmückung der Architektur von ungeahntem Ausmaß sowie der Präsentation der Schönheit von Backstein und Keramik. Im Bereich Wandbild und Plastik hatte er Beträchtliches bewirkt, zunächst innerhalb der Konzeption des Gesamtkunstwerks, eingebunden in den Kontext der Architektur, später in autonomerem Miteinander. Wenn am Ende die Wandbildmalerei als Werkgruppe stärkere Publizität erreichte, war sie weniger der Künstlerqualität zuzuschreiben als dem Auftragsumfang. Die Stadt hatte einen einmaligen Kunstfrühling erlebt, der in ganz Deutschland registriert wurde.[244] »Hamburg war bis vor kurzem eine besonders plastikarme Stadt: Man konnte die öffentlichen Denkmäler beinahe an den Fingern einer Hand herzählen. Jetzt kann man zwischen seinen Häusern und Straßen Werken begegnen von Adolf Hildebrand, Hahn, Wrba, Lederer, Gaul, Kolbe und Barlach, und nicht nur Arbeiten dieser außerhamburgischen Meister unserer Zeit, sondern auch Werken der Künstler der eigenen Stadt, wie Ruwoldt, Wield, Wöbke, Kuöhl, Ulmer, Opfermann, Kunstmann und manchen anderen...«[245]

Beilage zu
Fritz Schumacher
Reformkultur undModerne
herausgegeben von Hartmut
Frank
Stuttgart 1994
aus Anlaß
der Ausstellung

# Fritz Schumacher
## und seine Zeit
Deichtorhallen Hamburg
20. Mai bis 17. Juli 1994

**Fritz Schumacher und seine Zeit**
Ausstellung in den
Deichtorhallen Hamburg
vom 20. Mai bis 17. Juli 1994

**Veranstalter:**
Deichtorhallen Hamburg
in Zusammenarbeit mit der
Hochschule für bildende Künste
Hamburg

**Gesamtleitung:**
Zdenek Felix

**Idee, Konzept und Vorbereitung:**
Hartmut Frank

**Arbeitsgruppe
„Schumacher-Projekt"
an der HfbK Hamburg:**
Barbara Brakenhoff
Maike Bruhns
Susanne Harth
Dieter Schädel
Barbara Scharf
Christian Weller

**weitere Mitarbeiter:**
Jasmin Hagenmeyer
Beate Kortmann
Gisela Schädel-Meisch
Regine Wroblewski

**wissenschaftliche Berater:**
Povl Abrahamsen, Kopenhagen
Herman van Bergeijk, Delft
Carola Hein, Paris
Werner Heinen, Köln
Heidrun Laudel, Dresden
Helmut Leppien, Hamburg
Wolfgang Voigt, Hamburg
Volker Welter, Edinburgh

**Mitarbeiter der Deichtorhallen:**
Organisation und Aufbau:
Christine Fichtner
Thomas Heldt-Schwarten
Ulrike König
Anahita Krzyzanowski
Angelika Leu
Hilke Möller
Sigrid Niederhausen
Technische Leitung:
Rainer Wollenschläger
Konservatorische Betreuung:
Christian Scheidemann

**Ausstellungsarchitektur:**
Architekturbüro Martin Schreiber:
Christoph Winkler,
Andreas Horlitz

**Lichttechnik:**
Peter Riegel (iGuzzini)

**Seidensegel:**
Gisela Meyer-Hahn

**Bautechnische Beratung:**
Bernhard Winking

**Modellbauberatung:**
Sigmar Wolf

**Modelle:**
Peter Wischhusen Modellbau
Seminar Frank HfbK
Studio Rosenbusch HfbK
DREI DE Modellbau

**Vitrinen:**
Kai Krauskopf und andere

**Entwurf Kaskade:**
Norbert Baues

**Installation**
Kaskade: drei plus eins

**Grafik:** Ursula Schönbach

**Sponsoren:**

iGuzzini illuminazione
Deutschland GmbH

Hamburgische Kulturstiftung

Helge Schmid, Elektrotechnik,
Rensburg

Körber-Stiftung FVS
(Stifter Prof. Dr. Alfred Toepfer)

Alsen-Breitenburg,
Zement- und Kalkwerke GmbH

Landeszentralbank in der
Freien und Hansestadt

HamburgFrank Gruppe

Wittmunder Klinker

Paul Hammers GmbH,
Stahlbetonbau

Firma Hochtief
Aktiengesellschaft,
vormals Gebr. Helfmann

Wischhusen Modellbau

THYSSEN HÜNNEBECK GmbH
Dyckerhoff & Widmann AG

INTERPANE Sicherheitsglas,
Hildesheim

INTERPANE Buxtehude

Philipp Holzmann AG Hamburg

Landhaus Scherrer

Freundeskreis der Hochschule für
bildende Künste e.V.

Freie und Hansestadt Hamburg,
Wirtschaftsbehörde,
Strom- und Hafenbau

Karl H. Ditze-Stiftung

Benthack Baustoffe, Hamburg

farbe-seide-raum,
gisela meyer-hahn, hamburg

Sikkens GmbH, Farben und Lacke

HANSEATICA Unternehmens
Consulting GmbH

DREI DE Modellbau

OHM, Autotelefon, Hamburg

2

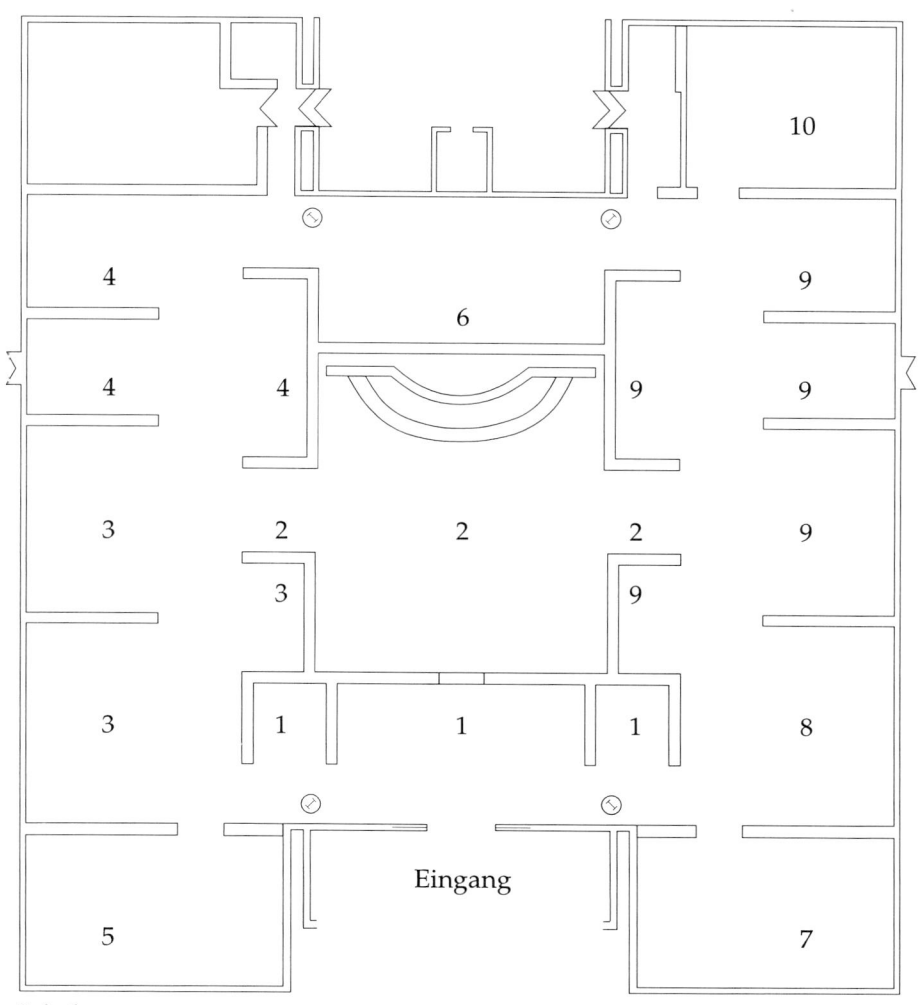

Inhalt

**Liste der Exponate**

## LISTE DER EXPONATE
### Einleitung

Die Auflistung der Exponate folgt der Einteilung der Ausstellung in Stationen, die sich im Anschluß an die der Biografie gewidmete erste Abteilung um inhaltliche Schwerpunkte in Schumachers Werk gruppieren.

Nach den kurzen Einführungstexten folgen innerhalb jeder Station zunächst die Arbeiten Schumachers in chronologischer Reihenfolge. Sofern die Blätter nicht von Schumacher selbst mit Jahresangaben versehen wurden, folgt die Datierung dem kommentierten Verzeichnis der Werke Fritz Schumachers von Dieter Schädel und anderen. Diese von uns hinzugefügten Angaben sind in Klammern gesetzt. An die Werke Schumachers schließen sich - in alphabetischer Reihenfolge - die Referenz-Arbeiten zeitgenössischer Architekten und Stadtplaner des In- und Auslandes an, die parallel oder in Konkurrenz zu Schumacher verwandte Bestrebungen verfolgten. Zum Abschluß jeder Station werden die in der Ausstellung vertretenen Objekte der bildenden Kunst aufgeführt. Die Auflistung folgt der alphabetischen Reihenfolge der Künstler, deren Werk Schumacher schätzte und mit denen er teilweise bei seinen Bauwerken zusammenarbeitete.

Die Numerierung der Exponate nimmt die Gliederung der Ausstellung auf: Die erste Ziffer bezeichnet jeweils die Station, die Zahl nach dem Punkt steht für eine durchlaufende Numerierung innerhalb der jeweiligen Station. Durch Fortfall von Exponaten aus konservatorischen oder Kostengründen ist das Fehlen einzelner Nummern möglich.

## Station 1
### Biografisches

Zu Schumachers Lebensdaten im Überblick vergleiche Hartmut Frank (Hrsg.): Fritz Schumacher. Reformkultur und Moderne. Stuttgart 1994.

### Schriften

Fritz Schumacher hat im Laufe seines Lebens ein umfangreiches schriftstellerisches Werk hervorgebracht. Bereits als Schüler verfaßte er Theaterstücke und Gedichte. Als Student bestritt er einen Teil seines Lebensunterhaltes durch Beiträge über kulturelle Ereignisse für verschiedene Zeitschriften. Ab 1897 galt seine publizistische Arbeit vornehmlich dem eigenen Fachgebiet, wobei die Aufsätze und Bücher vornehmlich der Durchsetzung kulturpolitischer oder planerischer Ziele dienten. Nach seiner Versetzung in den Ruhestand durch die Nationalsozialisten war Schumacher nicht mehr als Architekt tätig sondern begriff sich selbst als Schriftsteller. Es entstanden gewichtige Publikationen mit Lebenserinnerungen aber auch zu architekturhistorischen und kunstphilosophischen Themen. Die umfassende Schumacher-Bibliographie (Werner Kayser, Hamburg 1985) verzeichnet mehrere Hundert Titel. Die hier gezeigte Auswahl gibt einen Überblick über die wichtigsten eigenständig erschienen Schriften.

### 1.1
**Fritz Schumacher**
(1869-1947)
Skizzenbuch, Schülerzeit Bremen
Germanisches Nationalmuseum, Nürnberg

### 1.3
**Fritz Schumacher**
(1869-1947)
Veröffentlichungen
Staats-und Universitätsbibliothek Hamburg Carl von Ossietzky, Hochschule für bildende Künste Hamburg,
Hartmut Frank, Staatsarchiv, Hamburg,
Wolfgang Voigt, Hamburg

### 1.4
Personalfotos und Foto Wohnhaus Schumacher, Hamburg
Staats- und Universitätsbibliothek Hamburg Carl von Ossietzky

### 1.5
**Gert von Bassewitz**
Fotoserie zu Bauten von Fritz Schumacher, 1994

### 1.6
**Friedrich Ahlers-Hestermann**
(1883-1973)
Bildnis Fritz Schumacher, 1944
Öl auf Leinwand, ca. 90 x 75 cm
Fritz-Schumacher-Schule, Hamburg

### 1.7
**Leopold Graf Kalkreuth**
(1855-1928)
Bildnis Fritz Schumacher, 1916
Radierung, 20 x 18 cm
Hamburger Kunsthalle

### 1.8
**Ludwig Kunstmann**
(1877-1961)
Büste Fritz Schumacher, 1924
Bronze, ca. 45 x 25 x 28 cm
Hamburger Kunsthalle

### 1.9
**Hugo Meier-Thur**
(1881-1943)
Bildnis Fritz Schumacher, 1923
Holzschnitt, 34 x 24,5 cm
Wolfgang Voigt, Hamburg

### 1.10
**Anita Rée**
(1885-1933)
Bildnis Fritz Schumacher
Silberstiftzeichnung, 32 x 24 cm
Volkwin Marg, Hamburg

### 1.11
**Heinrich Stegemann**
(1888-1945)
Bildnis Fritz Schumacher, 1927
Öl auf Leinwand, 106 x 92 cm
Hamburger Kunsthalle

### 1.12
**Friedrich Wield**
(1880-1940)
Büste Fritz Schumacher, 1924
Bronze, Höhe ca. 30 cm
Staats- und Universitätsbibliothek Carl von Ossietzky

## Station 2
## Volkspark

Der Hamburger Stadtpark (1908-1930) stellt eine Wendemarke in Schumachers Werk dar. Hier konnte er eine großflächige Raumgestaltung mit komplexem Nutzungsprogramm und ein erstes Modell seines Konzeptes der städtischen Raumbildung entwickeln. Schumacher faßte dabei die Ergebnisse der schon ein Jahrzehnt währenden Hamburger Diskussion um einen neuen Park zusammen, in der sich die Museumsdirektoren Alfred Lichtwark und Justus Brinckmann, sowie die Gartenarchitekten Wilhelm Cordes und Leberecht Migge besonders engagiert für einen „Volkspark" nach dem Vorbild der reformierten Landschaftsgärten in den amerikanischen Großstädten New York und Chicago eingesetzt hatten.

Der Hamburger Stadtpark wurde der erste Park dieser Art in Europa, ein architektonischer Park mit zahlreichen Attraktionen für eine aktive Großstadtbevölkerung, in dem das „Rasenbetreten" ausdrücklich erlaubt war, und zugleich eine gebaute Kritik an der Pseudonatürlichkeit des im 19. Jahrhundert vorherrschenden „jardin anglais". Ein klares Bezugssystem verband individuell gestaltete Einzelräume für Spiel, Sport und Erholung. Pflanzungen, Freiflächen, Bauten und zahlreiche Freiplastiken namhafter Künstler wurden zu einem einheitlichen Raumkunstwerk zusammengefügt, in dessen Zentrum das Kaskadengebäude als ein Monument des Wassers dem Hamburger „genius loci" eine besondere Reverenz erwies.

2.1-10
**Fritz Schumacher**
(1869-1947)
Zeichenstudien zum Stadtpark Hamburg, 1909
2.1 Trinkhalle mit Kurgarten, Papier auf Karton, 19 x 22 cm
2.2 Parksee, Papier auf Karton, 8,5 x 30 cm
2.3 Stadtcafe Parkseite, Papier auf Karton, 19 x 22,5 cm
2.4 Stadthalle mit Kanalhafen, Papier auf Karton, 15,5 x 29,5 cm
2.5 Platzanlage, Papier auf Karton, 8,5 x 29,5 cm
2.6 Landhaus, Hofansicht, Papier auf Karton, 17 x 27 cm
2.7 Stadtcafe Wasserseite, Papier auf Karton, 14,5 x 29,5 cm
2.8 Stadthalle, Wasserseite, Papier auf Karton, 17,5 x 28,5 cm
2.9 Kaskade, Papier auf Karton, 14,5 x 28 cm
2.10 Insel, Papier auf Karton, 15 x 28,5 cm
Staatsarchiv Hamburg

2. 11
**Fritz Schumacher**
(1869-1947)
Stadtpark Hamburg, (1911-30)
Lageplan, 1:2000, Papier, koloriert, auf Karton, 68,5 x 102 cm
Staats- und Universitätsbibliothek Hamburg Carl von Ossietzky

1.12
**Fritz Schumacher**
(1869-1947)
Stadtpark Hamburg, (1911-30)
Gesamtanlage Zustand 1928
Modell: Karsten Bergmann, Lutz Bestgen, Silke Bukowski, Jasmin Hagenmeyer, Silke Perdelwitz, Christina Schadewinkel, Anja Warnecke
Holzfunier, Polystyrol, Polyesterharz, 420 x 65 x 268 cm
Arbeitsgruppe Schumacher-Projekt, Hochschule für bildende Künste Hamburg

2.13
**Fritz Schumacher**
(1869-1947)
Stadthalle, Stadtpark Hamburg, (1912-16 (1924))
Modell: DREI DE: Erk Foth, Martin Haase
Holz, Grundplatte 150 x 150 cm
Arbeitsgruppe Schumacher-Projekt, Hochschule für bildende Künste Hamburg

2.14-17
**Fritz Schumacher**
(1869-1947)
Milchwirtschaft, Stadtpark Hamburg, (1911-14)
2.14 Vorder-, Rück- und Seitenansicht, Lichtpause, Aquarell, 38 x 56,5 cm
2.15 Teilansicht Außenfassade, 1911, Lichtpause, Aquarell, 52,5 x 107,5 cm
2.17 Teilinnenansicht, 1911, Lichtpause, Aquarell, 43 x 89,5 cm
Staats- und Universitätsbibliothek Hamburg Carl von Ossietzky

2.18
**Fritz Schumacher**
(1869-1947)
Trinkhalle, Stadtpark Hamburg, 1914
Ansichten, Feder auf Transparent, 58 x 73,5 cm
Plankammer der Baubehörde, Hamburg

2.19
**Fritz Schumacher**
(1869-1947)
Landhaus, Stadtpark Hamburg, (1914-15)
Hofansicht, Feder auf Transparent, 69 x 83,5 cm
Plankammer der Baubehörde, Hamburg

2.20
**Fritz Schumacher**
(1869-1947)
Stadtcafe, Stadtpark Hamburg, (1914-16)
Ansicht von der Seeseite, Fotografie, 18 x 24 cm
Staatsarchiv Hamburg

2.21
**Fritz Schumacher**
(1869-1947)
Stadtcafe, Stadtpark Hamburg, (1914-16)
Modell: DREI DE: Erk Foth, Martin Haase
Holz, Grundplatte 60 x 60 cm
Arbeitsgruppe Schumacher-Projekt, Hochschule für bildende Künste Hamburg

2.22
**Fritz Schumacher**
(1869-1947)
Kaskade am Stadtparksee, Hamburg, (1914-15)
Modell: DREI DE: Erich Foth,

Martin Haase
Kunststoff weiß, Grundplatte
30 x 70 cm
Arbeitsgruppe Schumacher-
Projekt, Hochschule für bildende
Künste Hamburg

2.23
**Fritz Schumacher**
(1869-1947)
Kaskade am Stadtparksee,
Hamburg, (1914-15)
Modell: drei plus eins
Sperrholz, Holz, Kunststoff,
bemalt, 1400 x 514 x 380
Arbeitsgruppe Schumacher-
Projekt, Hochschule für bildende
Künste Hamburg

2.24-31
**Fritz Schumacher**
(1869-1947)
Erweiterungsplanung Friedhof
Ohlsdorf, Hamburg, 1914
2.24 Lageplan 1: 2000,
Fotoreproduktion einer
Bleistiftzeichnung,77,5 x 191 cm
2.25 Eingang Bramfelder Straße,
Fotoreproduktion einer
Bleistiftzeichnung, 29,5 x 22,5 cm,
2.26 Insel, Feder auf Transparent,
22 x 33,5 cm
2.27 See mit Brücke,
Fotoreproduktion einer
Bleistiftzeichnung, 22 x 33,5 cm
2.28 Kapelle, Bleistift auf
Transparent, 22 x 33,5 cm
2.29 Grabstätte der Gefallenen
von 1914, Feder auf Transparent,
22 x 33,5 cm
2.30 Parkanlage mit Mittelachse,
Feder auf Transparent,
51,5 x 84 cm,
2.31 Parkansicht mit Gebäuden,
Fotoreproduktion einer
Bleistiftzeichnung, 38,5 x 69 cm
2.31a Ehrenhalle, Bleistift auf
Transparent, 50 x 67 cm
2.31b Kapelle, Fotoreproduktion
einer Bleistiftzeichnung,
22 x 33,5 cm
Staatsarchiv Hamburg


**Referenz**

2.32
**Erwin Barth**
(1880-1933)
Friedhof Osterholz, Bremen
3 Pastellzeichnungen, 50 x 78 cm,
41,5 x 68,5 cm, 38 x 63,5 cm
Technische Universität Berlin,

6

Universitätsbibliothek,
Plansammlung

2.33
**Erwin B7arth**
(1880-1933)
Jungfernheide, Berlin
2.33 a Lageplan, 29,3 x 52,2
2.33 b Vogelschau, 31,7 x 75,5 cm
Technische Universität Berlin,
Universitätsbibliothek,
Plansammlung

2.34
Baubehörde Hamburg,
Gartenwesen
Stadtpark Hamburg, 1926
Gesamt-Lageplan, 1:2000,
Lichtpause, 68 x 105 cm
Staatsarchiv Hamburg

2.35
**Wilhelm Cordes**
(1840-1917)
WettbewerbStadtpark Hamburg,
1902
Grundplan, Skizze der
Mittelachse, Blaupause,
35,5 x 64,5 cm
Staatsarchiv Hamburg

2.36
**Patrick Geddes**
(1854-1932)
Pittencrief Park, Dunfermline,
Schottland, 1904
Gesamtplan, Blaupause, Tusche,
Wasserfarben, 71,5 x76,5 cm
Carnegie Dunfermline Trust,
Schottland

2.37-41
**Patrick Geddes**
(1854-1932)
Pittencrief Park, Dunfermline,
Schottland, 1904
2.37 „The Old Stables", retuschier-
te Fotografie, 68 x 46 cm
2.38 Arena in „Queen´s Garden",
Perspektive, 19,4 x 28 cm
2.39 Eingangtor, Perspektive,
19,5 x 28 cm
2.40 „Monastery Place",
Fotografie, 16,4 x 25,2 cm
2.41 „Monastery Place", retu-
schierte Fotografie, 19,1 x 25,4 cm
Strathclyde University Archives,
Glasgow

2.42-45
**Hans Grässel**
(1860-1939)
Ostfriedhof, München, nach 1900

2.42 Bogengang des
Leichengebäudes, Fotografie,
koloriert, 24 x 31 cm
2.43 Brunnen, Fotografie, koloriert, 24 x 31 cm
2.44 Gesamtansicht des
Leichengebäudes, Fotografie,
koloriert, 48 x 62 cm
2.45 Aufbahrungsnische in der
Halle der Trauerversammlungen,
Fotografie, koloriert, 48 x 62 cm
Stadtmuseum München

2.46-51
**Hans Grässel**
(1860-1931)
Waldfriedhof, München, nach
1907
2.46 Wächterhaus beim
Nebeneingang, Fotografie,
koloriert, 24 x 31 cm
2.47 Haupteingang, Fotografie,
koloriert, 24 x 31 cm
2.48 Halle der
Trauerversammlungen,Fotografie,
koloriert, 24 x 31 cm
2.49 Teilansicht aus dem
Gräberfeld, Fotografie, koloriert,
24 x 31 cm
2.50 Brunnen, Fotografie,
koloriert, 24 x 31 cm
2.51 Soldatengräber, Fotografie,
koloriert, 24 x 31 cm
Stadtmuseum München

2.52
**Jens Jensen**
(1860-1951)
Douglas Park, Chicago,1905
koloriert, 40,5 x 50,8 cm
Chicago Park District

2.53
**Jens Jensen**
(1860-1951)
Humboldt Park, Chicago, 1907
koloriert
Chicago Park District

2.54
**Jens Jensen**
(1860-1951)
Park No.1, Chicago, 1912
Chicago Park District,

2.55
**Jens Jensen**
(1860-1951)
South Park District, Chicago, 1908
Chicago Park District

2.56
**Alfred Lichtwark** (1852-1914)
Wettbewerb Stadtpark Hamburg,
1905
Grundplan, Skizze der
Mittelachse, Feder auf
Transparent, koloriert, 46 x 74 cm
Staatsarchiv Hamburg

2.57
**Otto Linne**
(1869-1937)
Hammer Park, Hamburg, 1924
Bestandsplan, 1: 2500, Druck,
28,5 x 42 cm
Staatsarchiv Hamburg

2.58
**Otto Linne**
(1869-1937)
Erweiterung Friedhof Ohlsdorf,
Aschengarten, 1922
Gartenplan, Feder auf
Transparent, 29 x 66,5 cm
Garten- und Friedhofsamt der
Umweltbehörde Hamburg

2.59
**Harry Maaß**
(1880-1946)
Heiligengeistfeld, Hamburg, 1912
Grundplan, Tusche auf
Transparent, 63 x 97 cm
Architektur-Archiv Schleswig-
Holstein

2.60
**Harry Maaß**
(1880-1946)
Stadtpark „Der neue See", Bad
Schwartau, 1934
Vogelschau, Lichtpause, koloriert,
24 x 43 cm
Architektur-Archiv Schleswig-
Holstein

2.61
**Olmsted Brothers**
**Frederick Law Olmsted jun.**
(1870-1957),
**John Charles Olmsted**
(1852-1920)
Park No.6, Chicago, 1904
Chicago Park District

2.62
**Olmsted Brothers**
**Frederick Law Olmsted jun.**
(1870-1957),
**John Charles Olmsted**
(1852-1920)
Sherman Park, Chicago, 1904
Chicago Park District

2.63-65
**Frederick Law Olmsted**
(1822-1903)
Central Park, New York, um 1863
2.63 Eingangstor, Wasserfarben,
36 x 63 cm
2.64 Blick von Punkt A (Teich an
der 59. Straße), 72 x 57 cm
2.65 Blick vom Punkt A (See),
72 x 57 cm
NYC Municipal Archives

2.66-69
**Ed. Vermehren**
Stadtpark Hamburg, 1902
2 Lagepläne (Skizzen A und C),
1: 10 000, Lichtpausen, koloriert,
56,5 x 63,5 cm
Staatsarchiv Hamburg


Kunst

2.70
**Ludwig von Hofmann**
(1861-1945)
Abendruhe, um 1900
Öl auf Leinwand, ca. 130 x 85 cm
Hamburger Kunsthalle

2.71-75
**Ludwig von Hofmann**
(1861-1945)
5 Pastellzeichnungen, um 1900
2.71 Ruderer, 32,4 x 48,5 cm.
2.72 Wittenbergen, 30 x 39,5 cm,
2.73 Frau im Park, 35,5 x 50 cm
2.74 Teufelsbrück, 31 x 46,5 cm
2.75 Elbufer, Flotowpark,
24 x 37 cm
Hamburger Kunsthalle

2.76
**Georg Kolbe**
(1877-1947)
Weiblicher Torso, 1925-29
Weiterbearbeitung des
Gipsmodells der „Großen
Kriechenden" für den Stadtpark
Hamburg
Bronze, 155 cm
Georg-Kolbe-Museum, Berlin

2.77
**Georg Kolbe**
(1877-1947)
Kleine Kriechende, 1922
Modell für die „Große
Kriechende" im Stadtpark
Hamburg
Bronze, 16,2 x 25,5 cm
Georg-Kolbe-Museum, Berlin

2.78
**Richard Luksch**
(1872-1936)
Elbin, 1913
Bronze, 167 cm
Privatbesitz, Hamburg

2.79
**Max Pechstein**
(1881-1955)
Abends, 1911
Öl auf Leinwand, 98 x 75 cm
Schleswig-Holsteinisches
Landesmuseum Schloß Gottorf,
Schleswig

2.80
**Hans Martin Ruwoldt**
(1891-1969)
Liegender Luchs, um 1925
Indischer Granit, 71 x 18 x 34 cm
Privatbesitz, Hamburg

2.81
**Friedrich Wield**
(1880-1940)
Krugträgerin, 1912
Original der im Stadtpark
Hamburg aufgestellten
Keramikdublette
Kunststein, 112 x 57 x 57 cm
Hamburger Kunsthalle

2.82
**Unbekannt**
Pantherkopf, Fassadenschmuck
Planetarium, Stadtpark Hamburg,
um 1915
Keramik, ca. 80 x 25 x 28 cm
Denkmalschutzamt Hamburg

Station 3
**Stadtlandschaft**

Auf der Dresdener Städteausstellung von 1903, an deren Organisation Schumacher maßgeblich beteiligt war, deutete sich in Deutschland erstmals eine neue, positive Sicht der modernen Großstadt an. War diese bisher vor allem als der Ort des gesellschaftlichen Verfalls, als Herd von Epidemien und revolutionären Umtrieben interpretiert worden, so wurde sie jetzt als eine historische Tatsache anerkannt, die nicht ohne Preisgabe der Produktivität der modernen Großindustrie aufgegeben werden konnte. Ziel sollte daher nicht ihre Auflösung sein, sondern sie mußte derart reformiert werden, daß sie auch für die städtischen Massen zu einer bewohnbaren Heimstatt wurde und insgesamt ein Symbol der kulturellen Entwicklung der Gegenwart darstellte.
In Weiterentwicklung der Ideen Camillo Sittes vom Städtebau als künstlerischer Disziplin suchte Fritz Schumacher, die moderne Großstadt als ein soziales Gesamtkunstwerk zu gestalten. Die heterogenen Elemente der Stadt sollten in unterschiedlichen Zonen ihren Ort finden und durch vereinheitlichende Gestaltungsmaßnahmen zu einer organischen Gesamtheit zusammengefügt werden. In Hamburg konnte er dieses Konzept nur fragmentarisch an einzelnen Bebauungsplänen erproben, aber in Köln erhielt er zwischen 1920 und 1923 die Gelegenheit, bei der Arbeit an einem umfassenden Entwicklungsplan eine moderne Großstadt in aller Komplexität neu zu ordnen und zu gestalten. Ein System von Grünzügen versöhnt in dieser Stadtlandschaft die Stadt mit ihrem Umland. Die Bebauung staffelt sich von den Großbauten der Innenstadt für Kultur, Verwaltung und Geschäft über mittel- und kleinstädtischen Vorbildern nachempfundene Wohnblöcke in einem System von sorgfältig individualisierten Teilräumen zum Stadtrand hin abflachend bis zu einer gestalteten Peripherie mit Sport- und Freizeitanlagen.

8

3.1
**Fritz Schumacher**
(1869-1947)
Bebauungsplanung Groß-Borstel, Hamburg, 1911
Spielplatz mit Schule und Turnhalle, Perspektive, Bleistift auf Transparent, 33 x 61 cm
Staatsarchiv Hamburg

3.3-11
**Fritz Schumacher**
(1869-1947)
Alsterkanalisierung, Hamburg, (1913-16)
3.3 Beckenerweiterung, Perspektive, Bleistift auf Transparent, 36 x 74 cm
3.4 Alsterkanal, Perspektive, Bleistift auf Transparent, 38 x 57,5 cm
3.5 Brücke an der Schleuse, Perspektive, Bleistift auf Transparent, 33 x 54 cm
3.6 Bootsanleger, Perspektive, Bleistift auf Transparent, 21,5 x 38,5 cm
3.7 Grünanlage und Brücke Sengelmannstraße, Vogelschau, Bleistift auf Transparent, 43 x 57 cm
3.8 Kanalgabelung mit Grünanlage und Bebauung, Vogelschau, Bleistift auf Transparent, 49 x 41 cm
3.9 Kanalabzweigung mit Brücke und Eckbebauung, Perspektive, Bleistift auf Transparent, 19 x 41 cm
3.10 Brückenanlage mit Treppe Alsterdorfer Damm, Perspektive, Bleistift auf Transparent, 37 x 50,5 cm
3.11 Brücke, Vogelschau, Bleistift auf Transparent , 45 x 39 cm
Staatsarchiv Hamburg

3.12
**Fritz Schumacher**
(1869-1947)
Bebauungsplanung St. Georg, Lübeckertorfeld, Hamburg, (um 1919)
Platzgestaltung mit Spielplatz und Schule, Perspektive, Bleistift auf Transparent, 40 x 62,5 cm
Staatsarchiv Hamburg

3.13-14
**Fritz Schumacher**
(1869-1947)
Wettbewerb zur Bebaung des inneren Festungsrayons in Köln,

1919
2 Perspektiven, Bleistift auf Transparent, 30 x 50 cm
Staatsarchiv Hamburg

3.15-18
**Fritz Schumacher**
(1869-1947)
Wettbewerb zur Bebaung des inneren Festungsrayons in Köln, 1919
3 Vogelperspektiven, Drucke, 38,5 x 55 cm, 37,5 x 47,5 cm, 33,5 x 58,5 cm
Staats- und Universitätsbibliothek Hamburg Carl von Ossietzky

3.19
**Fritz Schumacher**
(1869-1947)
Bebauungsplanung vor dem Dammtor, Hamburg, (um 1920)
Vogelperspektive, Bauplatz zwischen Esplanade und Bahndamm, Kohle auf Transparent, 57 x 32 cm
Staatsarchiv Hamburg

3.21
**Fritz Schumacher**
(1869-1947)
Pfarrhaus St. Georg, Hamburg, 1920
Kirchplatz, Vogelschau, Bleistift auf Transparent, 76 x 56 cm
Staatsarchiv Hamburg

3.22-26
**Fritz Schumacher**
(1869-1947)
Generalsiedlungsplan Köln, (1920-23)
2 Perspektiven, Drucke, 36 x 45 cm, 40 x 63 cm
Staats- und Universitätsbibliothek Hamburg Carl von Ossietzky

3.27-30
**Fritz Schumacher**
(1869-1947)
Kirchplatz, St. Pantaleon, Köln
Studien zum Generalsiedlungsplan Köln, (1920-23)
3.27 Ansicht von der Straße, koloriert, 30,5 x 41,5 cm
3.28 Innenhof mit Brunnen, koloriert, 29,5 x 38,5 cm
3.29 Rückseite mit Gartenanlage, koloriert , 26 x 40,5 cm
Staats- und Universitätsbibliothek Hamburg Carl von Ossietzky

**3.31**
**Fritz Schumacher**
(1869-1947)
Schattenwirkung neuer Gebäude
Studie zum Generalsiedlungsplan
Köln, (1920-23)
Transparent auf Karton, Blei- und
Buntstift, 68 x 89 cm
Historisches Archiv der Stadt Köln

**3.32**
**Fritz Schumacher**
(1869-1947)
Innerer Festungsrayon, Köln,
um 1923
Fluchtlinienplan, Umlegungsgebiet
zwischen Neußer-, Auer-, Nichler-,
Kuen-, Amsterdamer Straße und
Neußer Wall, 1: 1000, Feder und
Deckfarbe auf Karton, 8
Einzelblätter bis zu 90 x 110 cm.
Historisches Archiv der Stadt Köln

**3.33**
**Fritz Schumacher**
(1869-1947),
**Fritz Encke**
(1861-1931)
Grünanlagen im inneren
Festungsrayon, Köln, (um 1923)
Lageplan, 1: 2500, Lichtpause, kolo-
riert, 2 Blatt: 100 x 102 und 100 x
101 cm
Historisches Archiv der Stadt Köln

**3.34**
**Fritz Schumacher**
(1869-1947)
Verlegung der Universität nach
Groß-Borstel, Hamburg, 1928
Vogelsschau, Lichtpause, koloriert,
56 x 57 cm
Staatsarchiv Hamburg

**3.35**
**Fritz Schumacher**
(1869-1947)
Generalsiedlungsplan Bremen, 1929
Lichtpause auf Leinen, koloriert,
100 x 196 cm
Stadtplanungsamt Bremen

**Referenz**

**3.36**
**Wilhelm Arntz**
(1885-1959)
Innerer Festungsrayon Köln, 1920
Skizze zur Bebauung des linksrhei-
nischen Brückenkopfes, 1:1000,
Lichtpause, Buntstift, ca. 80 x 60 cm
Historisches Archiv der Stadt Köln

9

**3.37-40**
**Hendrikus Petrus Berlage**
(1856-1923)
Stadterweiterungsplanung Den
Haag, 1908
3.37 Platz der drei Friedhöfe,
Aquarell, 35,1 x 94,1 cm
3.38 Platz mit Kirche, Bleistift,
17,4 x 29,8 cm
3.39 Platz mit öffentlichem
Gebäude, Bleistift, 24,5 x 42,5 cm
3.40 Gesamtplan, Druck,
81 x 107,8 cm
Collection Netherlands
Architecture Institute, Rotterdam,
Holland

**3.41**
**Hendrikus Petrus Berlage**
(1856-1923)
Stadterweiterungsplanung
Amsterdam-Süd, 1915
Perspektive, Kreide, Bleistift, 112,3
x 125,3 cm
Collection Netherlands
Architecture Institute, Rotterdam,
Holland

**3.42-44**
**Joseph Brix**
(1859-1938),
**Felix Genzmer**
(1856-1929)
Wettbewerb Groß Berlin, 1910
3.42 Lageplan, Gemeinde
Lankwitz
3.43 Marktplatz, Lankwitz
3.44 Baublock mit mittlerer
Freifläche, Lankwitz
Technische Universität Berlin,
Universitätsbibliothek,
Plansammlung

**(9.111)**
**Eduard Cuypers**
(1859-1927)
Kolonie für die „Indische
Verlofgangers", Den Haag, 1920
Vogelschau, Kreide, 71 x 110 cm
Collection Netherlands
Architecture Institute, Rotterdam,
Holland

**3.45**
**Tony Garnier**
(1869-1948)
„Villas au bord de l'eau", 1924
Perspektivskizze, 78 x 117 cm
Musée des Beaux Arts de Lyon

**3.46-48**
Hermann Jansen (1869-1945)
Wettbewerb Südgelände,

Schöneberg bei Berlin, 1910
3.46 Lageplanentwurf
3.47-48 2 Perspektivskizzen
Technische Universität Berlin,
Universitätsbibliothek,
Plansammlung

**3.49-50**
**Hermann Jansen**
(1869-1945)
Kleinsiedlung „Friesland",
Emden, 1916/17
3.49 Lageplan
3.50 Perspektive
Technische Universität Berlin,
Universitätsbibliothek,
Plansammlung

**3.51-57**
**Hermann Jansen**
(1869-1945)
Rayonerschließung, Köln, 1919
3.51 Perspektive mit Rundkirche
3.52 Perspektive mit Grünfläche
3.53 Lageplan Gebiet zwischen
Bachemer und Aachener Str.
3.54 Lageplan Gebiet zwischen
Luxemburger und Aachener Str.
3.55 Tafel 55-56 aus
„Der Städtebau"
3.56 Tafel 53-54 aus
„Der Städtebau"
3.57 Tafel 57-58 aus
„Der Städtebau"
Technische Universität Berlin,
Universitätsbibliothek,
Plansammlung

**3.58**
**Hermann Jansen**
(1869-1945)
Innerer Festungsrayon, Köln, 1919
Flächennutzungsplan, 1:5000,
Bleistift, Buntstift, 75 x 60 cm
Historisches Archiv der Stadt
Köln

**3.59**
**Léon Jaussely**
(1875-1932)
Wettbewerb Groß-Berlin, 1910
Bauklassenplan, koloriert,
60 x 150 cm
Collections de l´Academie
d´Architecture, Paris

**3.60-61**
**P.V. Jensen Klint**
(1853-1930)
Wohnbebauung um die
Grundtvigkirche
3.60 Lageplan, Tusche, 58 x 68 cm
3.61 Ansicht, Tusche,

37 x 153,5 cm
Kunstakademiets Bibliotek,
Kopenhagen

3.62
**Gustav Linden**
(1879-1964)
Arbeiterwohnsiedlung Norra
Lund, Norrköping, 1921
3.62 Strukturplan, Tusche,
Bleistift, Wasserfarben,
66,5 x 76,5 cm
3.62a Lageplan, Bleistift,
Wasserfarben, 47,4 x 46,9 cm
Das Schwedische
Architekturmuseum Stockholm

3.63
**Sir Edwin Lutyens**
(1869-1944)
Hampstead Garden Suburb, 1909
Perspektive, 50 x74 cm
Royal Institute of British
Architects, London

(2.64-66)
**Theodor Nußbaum**
(1885-1956)
Äußerer Festungsrayon, Köln,
1927-1928
2.64 Abschnitt zwischen
Luxemburger und Bachemer
Straße, 1928, Vogelschau, Tusche,
34,5 x 99 cm
2.65 Abschnitt zwischen Aachener
und Luxemburger Straße, 1927,
Grundriß, Tusche, 48 x 101 cm
2.66 Radialer Grünzug vom
Volksgarten zum äußeren
Grüngürtel, 1927, Lichtpause,
Buntstift, 109 x 85 cm
Historisches Archiv der Stadt
Köln

3.67
**Gustav Oelsner**
(1879-1956)
Generalsiedlungsplan für das
Groß-Hamburger Gebiet, 1923
Kartenblätter Südwest und
Südost, 1: 25000, Druck mit farbi-
gen Eintragungen
Staatsarchiv Hamburg

3.68
**Hans Poelzig**
(1869-1936)
Wettbewerb Rathausplatz,
Rüstringen, 1913
Schaubild
Technische Universität Berlin,
Universitätsbibliothek,
Plansammlung

3.69
**Hans Poelzig**
(1869-1936)
Wettbewerb Kaufmannshaus
(Börse), Köln, 1922
Perspektive
Technische Universität Berlin,
Universitätsbibliothek,
Plansammlung

3.70-71
**Henri Prost**
(1874-1959)
Regionalplan der Pariser Region,
1934
3.70 „Die Ausfallstraßen von Paris
gegen Südwest und Süd",
Vogelperspektive, koloriert, 150 x
100 cm
3.71 „Die großen Ausfallstraßen
von Paris", Vogelperspektive,
koloriert, 150 x 60 cm
Collections de l´Academie
d´Architecture, Paris

3.72-74
**Steen Eiler Rasmussen**
(1898-1992)
Gartenstadt Hirtshals
3.72 Lageplan, 92 x 62,5 cm
3.73 Perspektive, Aquarell, 59 x
39.5 cm
3.74 Perspektive, Aquarell, 59 x
39,5 cm
Kunstakademiets Bibliotek,
Kopenhagen

3.75-77
**Camillo Sitte**
(1843-1903),
**Siegfried Sitte**
Bebauungsplan Marienberg, 1903
3.75 Lageplan, Mehrfarbendruck,
35,5 x 38,5 cm
3.76 Kirchenplatz, Tusche auf
Karton, aquarelliert, 28 x 37 cm
3.77 Perspektive Kirchplatz,
Tusche auf Zeichenpapier, 28,5 x
37 cm
Sitte-Archiv, Institut für Städtebau
der Technischen Universität Wien

## Kunst

3.78
**Friedrich Ahlers-Hestermann**
**(1883-1973)**
Vorfrühling Blankenese, 1921
Öl auf Leinwand, 70 x 59 cm
Altonaer Museum, Hamburg

3.79
**Pierre Bonnard**
(1867-1947)
Abend am Uhlenhorster
Fährhaus, 1913
Öl auf Leinwand, 50 x 65,5 cm
Hamburger Kunsthalle

3.80
**August Gaul**
(1869-1921)
Merkur, 1913
Bauplastik für das Klöpper-Haus
von Fritz Höger
Bronze, ca. 180 cm
Hamburger Kunsthalle

3.81
**Richard Luksch**
(1872-1936)
Junge Frau auf einer Muschel
knieend, 1921
Marmor, 66 x 38 x 25 cm
Hamburger Kunsthalle

3.82
**Richard Luksch**
(1872-1936)
Jungfernbrunnen, 1910
Alabastermodell, ca. 60 x 150 cm
Museum für Kunst und Gewerbe
Hamburg

3.83
**Karl Müller**
(1865-1942)
Kohlelöschen im Hafen, vor 1920
Öl auf Leinwand, 51 x 70 cm
Privatbesitz, Hamburg

3.84
**Edouard Vouillard**
(1868-1940)
Blick auf die Binnenalster, 1913
Gouache auf Pappe, 74 x 55,2 cm
Hamburger Kunsthalle

3.85
**Alfred Woebcke**
(1896-1980)
Stehender Mädchenakt, 1928/29
Vorarbeit für die „Stehende" vor
Fritz Schumachers Erweiterung
des Ziviljustizgebäudes
Bronze, 50 x 20 x 11 cm
Hamburger Kunsthalle

3.86
**Georg Wrba**
Europa auf dem Stier, vor 1903
Bronze, 29,5 x 32,5 x 13cm
Hamburger Kunsthalle

Station 4
**Wohnstadt**

Für Schumacher und zahlreiche
Zeitgenossen setzte eine Reform
der Großstadt, in der sich die
soziale Frage in besonderer
Schärfe stellte, eine Lösung der
Wohnungsfrage voraus. Der her-
kömmliche Verwertungsmecha-
nismus des städtischen Bodens,
die sogenannte Bodenspekulation,
hatte sich als unfähig erwiesen,
die städtischen Massen in ange-
messener Weise mit Wohnraum
zu versorgen, weshalb von der
Boden- und Wohnungsreformbewegung während und nach dem
Ersten Weltkrieg besondere staatliche Bauprogramme zur massen-
haften Errichtung von
Kleinwohnungen gefordert wurden.

In vielen Ländern Europas, außer
in Deutschland vor allem in den
Niederlanden und in
Skandinavien, hatten sich der
Reformbewegung nahestehende
Architekten seit der
Jahrhundertwende der Probleme
des Massenwohnungsbaus ange-
nommen und nicht nur neue
Wohnungstypologien entwickelt,
sondern auch die Grundelemente
einer neuen sozialen Baukultur
entwickelt, die dann in den
Großsiedlungen der zwanziger
Jahre zu den wichtigsten
Bestimmungsfaktoren des moder-
nen Großstadtraumes wurden.
Schumachers 'Wohnstadt
Hamburg' mit den neuen städti-
schen Wohnquartieren wie
Barmbek-Nord, Dulsberg oder
Horn vetritt die Bestrebungen die-
ser Wohnungsreformbewegung in
besonders qualifizierter Weise.

4.1-4
**Fritz Schumacher**
(1869-1947)
Bebauungsplanung Wohldorf-
Ohlstedt, Hamburg, 1911
4.1 Lageplan, Lichtpause,
35 x 55 cm
4.2 Blick auf Gebäude B+C, Schule
und Kirche, Perspektive, Bleistift
auf Karton, 47,5 x 70 cm
4.3 Blick auf Gebäude F,
Krankenhaus, Perspektive,
Bleistift auf Karton, 35,5 x 55,5 cm
4.4 Blick auf Gebäude G ,
Feuerwache,Perspektive, Bleistift
auf Karton, 35 x 56 cm
Staatsarchiv Hamburg

4.5-6
**Fritz Schumacher**
(1869-1947)
Bebauungsplanung Farmsen-
Berne, Hamburg, 1912
2 Studien für Platzanlagen,
Perspektiven, Lichtpausen,
48 x 26 cm und  47 x 47 cm
Staatsarchiv Hamburg

4.7
**Fritz Schumacher**
(1869-1947)
Bebauungsplanung Volksdorf,
Hamburg, 1918
Vogelperspektive zum
Bebauungsplan, Bleistift auf
Transparent, 83 x 72 cm
Staatsarchiv Hamburg

4.8-12
**Fritz Schumacher**
(1869-1947)
Bebauungsplanung Barmbek-
Nord, Hamburg, 1916
4.8 Lageplan (mit Eintragung der
Standpunkte für die
Perspektiven), Aquarell,
47,5 x 37 cm
4.9-12 4 Vogelperspektiven über
den Habichtplatz, Feder auf
Transparent, 20 x 40 cm
Staatsarchiv Hamburg

4.13
**Baubehörde Hamburg,
Hochbauabteilung**
4.13 Genehmigter Bebauungsplan
Dulsberg, Hamburg,1915,
Tusche auf Transparent,
ca. 50 x 40 cm

4.14
**Fritz Schumacher**
Umgestaltung des genehmigten
Bebauungsplanes Dulsberg,
Hamburg, 1918
Tusche auf Transparent,
56 x 48,5 cm
Staatsarchiv Hamburg

4.15-22
**Fritz Schumacher**
(1869-1947)
Bebauungplanung Dulsberg,
Hamburg, (1918-19)
4.15-21 Blockbebauung mit
Geschoßwohnungsbau,
6 Vogelperspektiven,
Feder auf Transparent,
36,5 x 46 cm,
40 x 36 cm, 34 x 45,5 cm,
33 x 44,5 cm, 38 x 44 cm,
45 x 70 cm
4.22 Blockbebauung mit
Geschoßwohnungsbau und
Schule Alter Teichweg,
Vogelperspektive, Bleistift auf
Transparent, 42 x 69 cm
Staatsarchiv Hamburg

4.23-26
**Fritz Schumacher**
(1869-1947)
Kleinhaussiedlung Langenhorn,
Hamburg, (1919-21)
4.23 Doppelhäuser, Perspektive,
Bleistift auf Transparent,
28 x 55 cm
4.24 Platzbebauung, Perspektive,
Bleistift auf Transparent,
28 x 55 cm
4.25 Platzanlage mit
Kirche,Vogelschau, Papier auf
Karton, Bleistift, koloriert,
21 x 21 cm
4.26 Reihenhäuser, Perspektive,
Feder auf Transparent,
42,5 x 67 cm
Staatsarchiv Hamburg

4.27-29
**Fritz Schumacher**
(1869-1947)
Staatswohnungsbauten Dulsberg,
Block V, Hamburg, (1921-23)
4.27 Lageplan, Lichtpause,
koloriert, 74 x 70 cm
4.28 Ansichten, Lichtpause,
72,5 x 109 cm
4.29 Perspektive Innenhof,
Lichtpause , 41 x 54,5 cm
Hamburger ArchitekturArchiv

## Referenz

**4.30-31**
**Povl Baumann**
(1878-1963)
Wohnblock Struenseegade
4.30 Lageplan, Tusche,
59,5 x 83,5 cm
4.31 Ansicht , Tusche,
33 x 83,5 cm
Kunstakademiets Bibliotek,
Kopenhagen

**4.33**
**Hermann Distel,**
**August Grubitz**
Bebauungsplanung Volksdorf,
Hamburg, 1921
Isometrie zum Bebauungsplan,
Lichtpause, 92 x 77,5 cm
Staatsarchiv Hamburg

**4.34**
**Willem Marinus Dudok**
(1884-1974)
Arbeiterwohnungsbau,
Hilversum, 1916
Ansichten, Tusche, Transparent
auf Leinen, 87 x 100 cm
Gemeinde Hilversum,
Streekarchief, Niederlande

**4.35-37**
**Karl Ehn**
Wohnhausanlage, Wien XIX.,
Heiligenstädterstraße-Hagenwiese
(Karl-Marx-Hof), 1926-30
4.35 Hoffassade Heiligenstädter
Straße, Stiegen 71-87,
Lichtpause,
54 x 216 cm
4.37 Gassenansicht Boschstraße,
Stiegen 46-36, Lichtpause,
72 x 230 cm
4.37 Grundriß 3. Stock, Stiegen 34-
46, Lichtpause, Buntstift,
60 x 195 cm
Magistrat der Stadt Wien

**4.38**
**Theodor Fischer**
(1862-1938)
Kleinwohnungsanlage Alte Heide,
München, 1918-1930
Gesamtanlage, Vogelschau
Architekturmuseum der
Technischen Universität München

**4.39**
**Tony Garnier**
(1869-1948)
„Quartier des Etats-Unis, les jar-
dins des jeux d'enfants", 1929

Perspektive, Druck, Tusche,
67 x 87,5 cm
Musée des Beaux Arts de Lyon

**4.43-45**
**Jan Gratama**
(1877-1947)
Arbeiterwohnungen im
Stadterweiterungsgebiet
Amsterdam-Süd, 1921
3 Perspektiven, Tusche,
52 x 70,2 cm, 50,6 x 68,5 cm,
50,5 x 68,8 cm
Collection Netherlands
Architecture Institute,
Rotterdam, Holland

**4.46-47**
**Th. Henningsen und**
**Ivar Bentsen**
(1876-1943)
Gartenstadt Bakkehusene, 1921
4.46 Lageplan mit Gartenanlagen
und Grundrissen, Aquarell,
53,5 x 52 cm
4.47 Perspektive, Tusche,
50 x 67,5 cm
Kunstakademiets Bibliotek,
Kopenhagen

**4.48**
**Sigurd Lewerentz**
(1885-1975)
(Lewerentz & Stubelius)
Wohnungen für Arbeiter der
Forsbacka-Fabrik, 1915
Grundrisse, Ansichten, Schnitt,
Tusche, Bleistift, Buntstift,
46,5 x 66,5 cm
Das Schwedische
Architekturmuseum Stockholm

**4.49**
**Fritz Neugebauer**
Wohnbebauung Siedlung
Steenkamp (heute:
Riemenschneiderstieg),
Hamburg-Altona, 1914
Ansichten und Schnitte,
Lichtpause auf Leinen,
Buntstift, 60 x 86 cm
Bauprüfarchiv,
Bezirksamt Altona, Hamburg

**4.50-51**
**Gustav Oelsner**
(1879-1956)
Städtischer Baublock
Düppelstraße,
Hamburg-Altona, 1925
4.50 Grundriß, Bleistift auf
Transparent, 50 x 85 cm
4.51 Ansichten, Bleistift auf

Transparent, 54 x 85 cm
Hamburger ArchitekturArchiv

**4.52-53**
**Gustav Oelsner**
(1879-1956)
Siedlung Steenkamp, Häuser
Grotenkamp/Osdorfer Weg,
Hamburg-Altona, 1926
4.52 Ansichten und Schnitte,
Lichtpause, 65 x 91 cm
4.53 Grundriß Erdgeschoß,
Lichtpause, 65 x 100 cm
Bauprüfarchiv,
Bezirksamt Altona, Hamburg

**4.54**
**Gustav Oelsner**
(1879-1956)
Bebauung Lunapark,
Hamburg-Altona, 1928
Ansichten, Lichtpause auf Leinen,
84 x 123 cm
Hamburger ArchitekturArchiv

**4.55-57**
**Friedrich R. Ostermeyer**
Baublock Fuhlsbüttler
Straße/Dennerstraße/Mildestieg,
Hamburg, 1926/27
4.55 Ansicht Dennerstraße,
Bleistift auf Transparent,
38 x 146 cm
4.56 Ansichten Mildestieg und
Dennerstraße/Fühlsbüttler Straße,
Bleistift auf Transparent,
39 x 134 cm
4.57 Hofansicht Dennerstraße,
Bleistift auf Transparent,
38 x 112 cm
Hamburger ArchitekturArchiv

**4.58-59**
**Friedrich R. Ostermeyer**
Wohnanlage Friedrich-Ebert-Hof,
Hamburg-Altona, 1928
4.58 Ansichten, Lichtpause,
64 x 122 cm
4.59 Lageplan, Lichtpause,
65,5 x 101cm
Bauprüfarchiv,
Bezirksamt Altona, Hamburg

**4.60-61**
**Friedrich R. Ostermeyer**
Wohnanlage Hohenzollernring,
Hamburg-Altona, 1930
4.60 Ansicht Straßenseite,
Lichtpause, 65 x 142 cm
4.61 Grundriß Erdgeschoß,
Lichtpause, 54 x 86 cm
Bauprüfarchiv, Beziksamt
Altona, Hamburg

4.62
**Jacobus Johannes Pieter Oud**
(1890-1963)
Siedlung Oud-Mathenesse,
Rotterdam
Lageplan, Typenentwurf, Druck,
60,5 x 63 cm
Collection Netherlands
Architecture Institute,
Rotterdam, Holland

4.64-65
**Auguste Perret**
(1874-1954)
Wohnhaus „Rue Renouard",
Paris, 1925-30
4.64 Ansicht zur Rue Berton,
92 x 73 cm
4.65 Seitenansicht, 95,5 x 44,3 cm
I.F.A. Centre d´archives d´archi-
tecture du XXe siècle, Paris

4.66-67
**Richard Riemerschmid**
(1868-1957)
Arbeiterwohnungen für die
Textilindustrie, Hagen, 1907
4.66 Vogelperspektive, Farbstifte,
Tempera, 104,3 x 69 cm
4.67 Einfamilienhaus, Feder auf
Transparent, 46,8 x 34,2 cm
Architekturmuseum der
Technischen Universität München

4.68-69
**Hubert Ritter**
(1886-1970)
Wohnanlage „Rundling",
Lößnig, 1929/30
Stadtarchiv Leipzig

4.70-71
**Anton Rosen**
Notwohnungen Haraldsgade
4.70 Lageplan, Tusche,
68,5 x 36 cm
4.71 Grundriß, Schnitt , Tusche,
78 x 60 cm
Kunstakademiets Bibliotek,
Kopenhagen

4.72
**Paul Schmitthenner**
(1858-1916)
Gartenstadt Plaue bei
Brandenburg
Lageplan mit Perspektiven,
86 x 90 cm
Archiv Paul Schmitthenner,
München

4.73
**Karl Schneider**
(1892-1945)
Wohnblock
Habichtsplatz/Habichtstraße,
Hamburg, 1927/28
Modell: Claus Peter Singer
Holz
Karl-Schneider-Archiv,
Hochschule für bildende Künste
Hamburg

4.74
**Karl Schneider**
(1892-1945)
Wettbewerb Kleinwohnungsbau
Jarrestadt (1. Preis),
Hamburg, 1926
Modell: Jörn-Hanno Hendrich
Holz
Karl-Schneider-Archiv,
Hochschule für bildende Künste
Hamburg

4.75-76
**Kurt Meyer**
Städtisches Siedlungsamt Altona
Kaufhaus für die
Steenkamp-Siedlung,
Hamburg-Altona, 1919
4.75 Vorderansicht,
Blaupause, 29,5 x 61,5 cm
4.76 Grundriß Erdgeschoß,
Blaupause, 33,5 x 62,5 cm
Bauprüfarchiv,
Bezirksamt Altona, Hamburg

4.77
**Heinrich Tessenow**
(1876-1950)
Gartenstadt in Hohensalza,
1911-1914
Ansicht der Straßenseite, 1911
Feder, 25,5 x 27,6 cm
Kunstbibliothek Berlin

4.78
**Heinrich Tessenow**
(1876-1950)
Ländliche Siedlerstätte in
Rähnitz/Dresden, um 1919
Ansicht der Gartenseite eines
Einfamilien- Reihenhauses,
Feder, 18,9 x 24,4 cm
Kunstbibliothek Berlin

**Kunst**

4.79
**Otto Fischer-Trachau**
(1878-1958)
Mond über der Vorstadtstraße
(Bahrenfeld), 1920
Tempera, 75 x 56 cm
Altonaer Museum Hamburg

4.80
**Elsa Haesgen-Dingkuhn**
(1898-nach 1982)
Liebespaar, 1929
Öl auf Leinwand, 74 x 66 cm
Hamburger Kunsthalle

4.81
**Ludwig Kunstmann**
(1877-1961)
Weiblicher Akt, vor 1916
Eichenholz, 55 x 16 x 12 cm
Hamburger Kunsthalle

4.82
**Richard Kuöhl**
(1880-1961)
Mädchen mit Reh, um 1920
Keramik, 60 x 32 cm
Denkmalschutzamt,
Kulturbehörde Hamburg

4.83
**Constantien Meunier**
(1831-1905)
Grubengas, 1893
Bronze, 84 x 40 x 40 cm
Hamburger Kunsthalle

**4.84 Karl Opfermann**
(1891-1960)
Schlanke Frau, 1932
Modell für nichtausgeführte
Figuren Opfermanns an Fritz
Schumachers Hamburger
Krematorium
Teakholz, 103 x 21 x 16 cm
Hamburger Kunsthalle

## Station 5
## Privathäuser

Die Entwicklung der bürgerlichen Individualkultur des ausgehenden 19. Jahrhunderts hatte dem privaten Wohnhaus eine zentrale Rolle zugewiesen. In ihm konnte sich jede Persönlichkeit den angemessen Rahmen der privaten Selbstverwirklichung und öffentlichen Repräsentation schaffen. Die als Vorbild wirkende englische „Arts and Crafts"-Bewegung hatte sich vor allem im Privathaus und seiner Ausstattung artikulieren können, und hier wurden Gestaltungen realisiert, bei denen das Gebäude und der umgebende Garten mit den Möbeln, der Ausschmückung und dem Hausgerät als eine künstlerische Einheit aufgefaßt wurden.

Von Schumachers zahlreichen Villenbauten und ihren Einrichtungen sind nur Fragmente erhalten, aber im Verein mit seinen zeitgenössischen Veröffentlichungen unterstreichen sie außer einer deutlichen Beeinflussung durch englische Vorbilder sein Bemühen, nicht wie zahlreiche Vertreter des Jugendstils in „L'Art pour l'Art" zu verfallen, sondern stattdessen aus Konstruktion und Material indivuell auf den Bauherren bezogene gestalterische Lösungen zu gewinnen.

### 5.2-4
**Fritz Schumacher**
(1869-1947)
Schloß Prösels,
Blumenau/Südtirol, 1893
5.2 Gesamtansicht, Feder,
51 x 53 cm
5.3 Gesamtansicht, Aquarell,
18, x 27 cm
5.4 Teilansicht, Aquarell,
27 x 18 cm
Staats- und Universitätsbibliothek Hamburg Carl von Ossietzky

### 5.5
**Fritz Schumacher**
(1869-1947)
Villa Günther, Fasano/Italien,
(um 1895)
5.5 Eingangsseite, 1904,
Perspektive, Karton, Feder,
koloriert, 47,5 x 53 cm

14

Staats- und Universitätsbibliothek Hamburg Carl von Ossietzky

### 5.7-8
**Fritz Schumacher**
(1869-1947)
Villa Klug, Dehnitz bei Wurzen,
1899
5.7 Gesamtansicht Gartenseite,
Perspektive, 31,5 x 41 cm
5.8 Gesamtansicht Straßenseite,
Perspektive, 31,5 x 41 cm
Staats- und Universitätsbibliothek Hamburg Carl von Ossietzky

### 5.9
**Fritz Schumacher**
(1869-1947)
Landhaus Iken, Rockwinkel bei
Bremen, (1900)
Modell: Peter Wischhusen,
Modellbau
Polystyrol weiß, Grundplatte
30 x 42 cm
Arbeitsgruppe Schumacher-Projekt, Hochschule für bildende Künste Hamburg

### 5.10-11
**Fritz Schumacher**
(1869-1947)
Villa von Halle,
Berlin-Grunewald, 1900
5.10 Grundrisse, Schnitt,
Lichtpause, ca. 70 x 80 cm
5.11 Ansichten, Schnitt,
Lichtpause, ca. 70 x 80 cm
Landesarchiv Berlin

### 5.12-14
**Fritz Schumacher**
(1869-1947)
Teile einer Zimmereinrichtung,
Flensburg, um 1905
5.12 Kredenz, Holz, 264 x 290 cm
5.13 2 Eckschränke, Holz,
210 x 50 x 50 cm
Schleswig-Holsteinisches Landesmuseum Schloß Gottorf, Schleswig

### 5.15-16
**Fritz Schumacher**
(1869-1947)
Wohnhaus Brauer, Lüneburg,
1905
5.15 Grundrisse, Lichtpause,
koloriert, ca. 60 x 70 cm
5.16 Lageplan, Ansichten, Schnitt,
Lichtpause, ca. 50 x 85 cm
Bauaufsichtsamt Lüneburg

### 5.17-23
**Fritz Schumacher**
(1869-1947)
Gartensaal für Schloß
Pfauenmoos, Berg/St. Gallen,
(1905-07)
5.17 Gartensaal, Grundriß und
Ansichten, Lichtpause, koloriert,
60 x 65 cm
5.18 Gartensaal, Ansichten und
Schnitte, Lichtpause, koloriert,
58 x 75 cm
5.19 Grundrisse, 1:100,
Entwurfsvariante Architekt
Blunschli, Lageplan 1:200 mit
handschriftlichen Eintragungen
Schumachers, Lichtpause, Blei
übermalt, 68 x 42 cm
5.20 Ansicht Gartensaal mit
Außenanlagen, 1907, Fotografie,
16,5 x 23 cm
5.21 Ansicht Gartensaal,
Fotografie, 13 x 18 cm
5.22 Ansicht
Verbindungsgang/Haupthaus,
Fotografie, 13 x 18 cm
5.23 Ansicht
Verbindungsgang/Gartensaal,
Fotografie, 13 x 18 cm
Familienstiftung der Freiherren
Heyl zu Herrnsheim,
Berg St. Gallen

### 5.24
**Fritz Schumacher**
(1969-1947)
Wohnzimmer der Dritten
Deutschen
Kunstgewerbeausstellung,
Dresden, 1906
Innenansicht von Max Pechstein
(1881-1955)
Karton, Aquarell, 54 x 75 cm
Staats- und Universitätsbibliothek Hamburg Carl von Ossietzky

### 5.25
**Fritz Schumacher**
(1869-1947)
Villa Sombart, Schreiberhau
(heute: Szkarska Poreba),
(1906-08)
Großfoto, 59 x76 cm
Staats- und Universitätsbibliothek Hamburg Carl von Ossietzky

### 5.26
**Fritz Schumacher**
(1869-1947)
Villa Sombart, Schreiberhau
(heute: Szkarska Poreba),
(1906-08)
Modell 1:100 Peter Wischhusen,

Modellbau
Polystyrol weiß, Grundplatte
30 x 42 cm
Arbeitsgruppe Schumacher-
Projekt Hochschule für bildende
Künste Hamburg

5.27-30
**Fritz Schumacher**
(1869-1947)
Bebauung
Kronprinzenstraße(heute:
Richard-Dehmel-Straße), Bremen,
1907
5.27 Richard-Dehmel-Str. 2,
Ansichten, Blaupause, 32 x 72 cm
5.28 Richard-Dehmel-Str. 4,
Ansichten und Grundrisse,
Blaupause, 57 x 74 cm
5.29 Richard-Dehmel-Str. 6/8,
Lageplan, Blaupause, 29 x 49 cm
5.30 Richard-Dehmel-Str. 6/8,
Ansichten und Schnitt, Blaupause,
34 x 102 cm
Bauordnungsamt Bremen

5.31-38
**Fritz Schumacher**
(1869-1947)
Villa Osthaus, Hagen, (1908)
Ansichten und Innenräume, um
1910, historische Fotografien,
30 x 22 cm
Elisabeth Voß, Hagen


Referenz
·
5.39-42
**Peter Behrens**
(1868-1949)
Haus Cuno, Hagen, 1909
5.39 Grundriß Erdgeschoß,
Tusche auf Leinenpapier,
31 x 41cm
5.40 Grundriß Obergeschoß,
Tusche auf Leinenpapier,
32 x 43 cm
5.41 Westfassade, Tusche auf
Leinenpapier, 32 x 44 cm
5.42 Ostfassade, Tusche auf
Leinenpapier, 32 x 43 cm
Karl-Ernst-Osthaus-Archiv,
Hagen

5.43
**Wilhelm Bräck**
Wohnhaus Harry Maaß,
Klingenberg, 1925/26
Perspektive, Bleistift auf
Transparent, 41,5 x 75
Architektur-Archiv
Schleswig-Holstein

5.44-45
**Johannes L. M. Lauweriks**
(1864-1932)
Wohnhäuser „Am Stirnband",
Hagen, 1912
5.44 Vogelperspektive,
Blaupause, 53,5 x 57,5cm
5.45 Dachaufsicht, Lageplan mit
Darstellung der Gartenanlagen,
Lichtpause, 52,0 x 83,5 cm
Karl-Ernst-Osthaus-Archiv,
Hagen

4.46
**Sir Edwin Lutyens**
(1869-1944)
Buckhurst, Withyham, Sussex,
1903
Gartenplan
Royal Institute of British
Architects, London

5.47
**Harry Maaß**
(1880-1946)
Garten für das Wohnhaus Harry
Maaß, Klingenberg, 1925/26
Grundplan, Tusche auf
Transparent, 49,5 x 54 cm
Architektur-Archiv Schleswig-
Holstein

5.48
**Harry Maaß**
(1880-1946)
Garten für das Wohnhaus
Clausen, Halle, 1931
Grundplan, Tusche auf
Transparent, 46 x 54 cm
Architektur-Archiv
Schleswig-Holstein

5.49-50
**Alfred Messel**
(1853-1909)
Landhaus Wertheim, Cladow bei
Berlin
2 Perspektiven
Technische Universität Berlin,
Universitätsbibliothek,
Plansammlung

5.51
**Alfred Messel**
(1853-1909)
Haus Meyerheim Berlin
Zeichnung: Axel Gyldahl
Technische Universität Berlin,
Universitätsbibliothek,
Plansammlung

5.52-53
**Hermann Muthesius**
(1861-1927)
Haus Bouncken, Hamburg-
Blankenese, 1922
5.52 Grundrisse, Lichtpause,
32,5 x 46 cm
5.53 Ost- und Südansicht,
Lichtpause, 31 x 56,5 cm
Bauprüfarchiv, Ortsamt
Blankenese, Hamburg

5.55
**Joseph Maria Olbrich**
(1867-1908)
Sommersitz eines Kunstfreundes,
Weltausstellung, St. Louis,
1903/04
Teezimmer, Perspektive, Bleistift,
Aquarell, 22,1 x 33,6 cm
Kunstbibliothek Berlin

5.56
**Richard Barry Parker**
(1867-1941)
Hilltop, Caterham, Surrey,
1909-1910
Innenraum, 25 x 39 cm
Royal Institute of British
Architects, London

5.57-58
**Hans Poelzig**
(1969-1936)
Einzelhaus auf der
Kunstgewerbeausstellung, Breslau
1904
5.57 Ansichten
5.58 Grundrisse
Museum für Verkehr und
Technik, Berlin

5.59
**Richard Riemerschmid**
(1868-1957)
Bibliothek Wilhelm Weigand,
1902-03
Grundriß mit Wandumklappung,
Millimeterpapier, Feder, Bleistift,
aquarelliert, 34 x 36 cm
Architekturmuseum der
Technischen Universität München

5.60
**Richard Riemerschmid**
(1868-1957)
Wohnhaus L. Hoffmann,
Halle/Saale, 1909-10
Perspektivische Ansicht,
Lichtpause, Tempera/Kreide,
32,3 x 23,8 cm
Architekturmuseum der
Technischen Universität München

5.61
**Otto Rudolf von Salvisberg**
(1882-1940)
Wohnhaus Clausen, Halle,
1931/32
Fotografie, 12 x 16,5 cm
Architektur-Archiv
Schleswig-Holstein

5.62-63
**Heinrich Tessenow**
(1876-1950)
Einrichtungen für
Einfamilienreihenhäuser,
Hohensalza, 1911
5.62 Wohn- und Eßzimmerecke,
Feder, 17,9 x18,9 cm
5.63 Einfaches Schlafzimmer,
Feder, 19,2 x 19,2 cm
Kunstbibliothek Berlin

5.64-67
**Frank Lloyd Wright**
(1869-1959)
American System-Built Houses,
1915-19
3 Drucke, 27 x 38 cm
1 Druck, 21 x 28 cm
Oak Park Public Library

## Kunst

5.68
**Ernst Eitner**
(1867-1955)
Frühling (Der Künstler und seine
Familie), 1901
Öl auf Leinwand, 198 x 150 cm
Hamburgher Kunsthalle

5.69
**Otto Fischer-Trachau**
(1878-1958)
Entwurf für ein Deckengemälde
in der Stadthalle, Stadtpark
Hamburg, 1923
Gouache, 40 x 54 cm
Privatbesitz, Hamburg

5.70
**Max Liebermann**
(1847-1935)
Der Garten des Künstlers am
Wannsee, 1918
Öl auf Leinwand, 70 x 90 cm
Hamburger Kunsthalle

## Station 6
## Arbeiten für das Theater

Die Begeisterung für das Theater
zieht sich durch Fritz
Schumachers Leben von früher
Jugend an. Er verfaßte 1899 ein
vielbeachtetes Festspiel zum
25jährigen Bestehen des Leipziger
Kunstgewerbemuseums und
scheint auch selbst eine ausge-
sprochene schauspielerische
Begabung gehabt zu haben.
Bereits während seiner
Münchener Studienjahre beschäf-
tigte er sich mit den Ideen von
Adolphe Appia, dem neben
Edward Gordon Craig bedeutend-
sten Theaterreformer an der
Schwelle zum 20. Jahrhundert.
Wie bei einer ganzen Reihe seiner
Werkbund-Kollegen führte auch
bei ihm der Anspruch auf umfas-
sende Neugestaltung zum
Entwurf von Bühnenbildern. Die
Reformer wendeten sich gegen
die aus dem Historismus kom-
mende Inszenierungspraxis einer
möglichst originalgetreuen
Rekonstruktion von Räumen,
Möbeln und Kostümen im Stil der
Zeit, in der das Stück angesiedelt
ist. Sie forderten eine
„Entrümpelung" der Bühne und
die Konzentration auf das für den
„Geist der Dichtung" Wesentliche.
Schumachers Inszenierung des
„Hamlet" gehörte 1909 zu den
ersten Realisierungen der neuen
Theaterideen. Zunächst ging es
ihm um eine Beschränkung auf
ein begrenztes Repertoire von
Grundformen. Aus ihnen entstand durch möglichst sparsame
Variation eine Vielzahl von
Raumeindrücken. In einer knap-
pen und abstrakten Sprache woll-
te Schumacher das Typische des
jeweiligen Schauplatzes und den
damit verbundenen Gefühlswert
vermitteln. Zu letzter Konsequenz
gelangte er kurz nach dem Ersten
Weltkrieg in seinen
„Idealentwürfen für eine
Monumentalbühne". Hier werden
auf einem Raster durch
Verschieben von maximal acht
Säulen und sechs aufrecht stehen-
den Flächen Räume unterschiedlichster Stimmung erzeugt.
Schumacher hat dieses Konzept in
Entwürfen an verschiedenen
Stücken erprobt. Er dachte dabei

vor allem an Bühnenräume für
die „Bewegungschöre" des von
ihm außerordentlich geschätzten
„Ausdruckstanzes" der 20er Jahre.
Aus seinen bühnenkünstlerischen
Versuchen bezog Schumacher
starke Impulse für die Gestaltung
der von ihm erbauten
Privathäuser und Staatsbauten.
Sowohl in den Innenräumen von
oft starkem Gestus als auch in seinen Inszenierungen wirkungsvoller Raumfolgen finden sich
Anklänge an seinen Bühnenbilder.

## Grafik

Um die Jahrhundertwende gehör-
te Fritz Schumacher zu den
Protagonisten der Kunstgewerbe-
reform. Als Vertreter einer
Generation, die in Ablösung vom
Historismus einen „Neuen Stil"
suchte, erprobte auch er die neuen
Ideen zunächst an kleineren
Gestaltungsaufgaben, bevor sich
die Möglichkeit zur architektonischen Umsetzung bot. Unter den
um 1900 entstandenen, dem
Jugendstil nahen Entwürfen nehmen die buchkünstlerischen
Arbeiten einen zentralen Platz ein.
Schumacher hatte bereits als
Vierzehnjähriger gemeinsam mit
seinem Bruder in New York eine
kleine Privatpresse betrieben.
Während seiner Leipziger Jahre
(1895-1900) kam er in Kontakt zu
einer Reihe der dort ansässigen
Verleger, für die neben Exlibris
und Vorsatzpapieren auch ganze
Buchausstattungen entstanden,
die 1901 in einer Einzelausstel-
lung im Deutschen Buchgewerbemuseum gezeigt wurden. Seine
Gestaltungen verraten in ihrem
Bemühen um handwerkliche
Sauberkeit, klare Schriften und
blockhafte Anordnung englische
Einflüsse. Der Versuch, sich in
Schrift und Buchschmuck von
historischen Formen zu befreien,
gehört in den Kontext des
deutsch-flämischen Jugendstils.
Bemerkenswert ist, daß
Schumacher die neuen Formen
nicht für luxuriöse Vorzugsaus-
gaben einsetzte, sondern
Volksausgaben des für die Reformbewegung zentralen Verlages
Eugen Diederichs gestaltete.

6.1
**Fritz Schumacher und
Hermann Schumacher**
Eine Begrüßungs- und
Abschiedsfeier in New York.
Erinnerungsblatt an den 3.
Februar 1883. (Ihrem lieben Vater
zum Andenken an die Jahre 1874-
1883 gewidmet.)
Handdruck der Schumacher-
Brothers, New York 1883.
Staats- und Universitätsbibliothek
Hamburg Carl von Ossietzky

6.2-3
**Fritz Schumacher**
(1869-1947)
Entwurf für eine Medaille
anläßlich der Sächsisch-
Thüringischen Gewerbe- und
Industrie-Ausstellung, Leipzig,
1897
Vorderseite und Rückseite, Feder,
31,5 x 28 cm
Staats- und Universitätsbibliothek
Hamburg Carl von Ossietzky

6.4
**Fritz Schumacher**
(1869-1947)
Phantasien in Auerbachs Keller,
Leipzig, 1899
Festspiel zur Feier des fünfund-
zwanzigjährigen Bestehens des
Kunstgewerbemuseums zu
Leipzig. Buch
Hartmut Frank, Hamburg

6.5
**Fritz Schumacher**
(1869-1947)
Phantasien in Auerbachs Keller,
Leipzig 1899
Plakat für das Festspiel zum fünf-
undzwanzigjährigen Bestehen des
Kunstgewerbemuseums
Papier, ca. 100 x 70 cm
Museum für Kunst und Gewerbe
Hamburg

6.6-9
**Fritz Schumacher**
(1869-1947)
Graphische Entwürfe für
Buchschmuck, (um 1900)
6.6-7 2 Aquarelle, 22 x 20 cm,
26,5 x 21 cm
6.8-9 2 Federzeichnungen,
30,5 x 25,5 cm, 37 x 24 cm
Staats- und Universitätsbibliothek
Hamburg Carl von Ossietzky

6.10-15
**Fritz Schumacher**
(1869-1947)
Graphische Entwürfe, (um 1900)
5 Aquarelle, 40 x 29 cm, 46 x 31
cm, 47,5 x 34 cm, 43,5 x 37,5 cm, 25
x 18 cm
Staats- und Universitätsbibliothek
Hamburg Carl von Ossietzky

6.16-6.17
**Fritz Schumacher**
(1869-1947)
6.16-17 Exlibris, (um 1900)
6.16 auf einem Tableau 4 Exlibris
für: Sita Schumacher, Max
Brockhaus, Albert Dufour Feronee,
Dr. Georg Strube
6.17 auf einem Tableau 8 Exlibris
für: Georg Hirzel, Franziska von
Stinzing, Wolfgang Stinzing,
Anton Kippenberg, Carl Lorch,
Berta Lorch, Emmy Schumacher
Kunstbibliothek Berlin

6.18-31
**Fritz Schumacher**
(1869-1947)
Exlibris, (1900-1901)
6.18 Exlibris für Ernst Nemo,
Papier auf Karton, Feder,
23 x 16 cm
6.19 Exlibris für Ernst Otto Lieders,
Papier, Feder,
36,5 x 25,5 cm
6.20-24 5 Exlibris
6.25-31 8 Exlibris
Staats- und Universitätsbibliothek
Hamburg Carl von Ossietzky

6.32-34
**Fritz Schumacher**
(1869-1947)
Buchausstattungen für den Verlag
Eugen Diederichs, (1900-1905)
6.32 Walter Pater. Die Renaissance.
Leipzig 1900
6.33 Hippolyte Taine. Philosophie
der Kunst. 2 Bde. Leipzig 1902-03.
6.34 Ralph Waldo Emerson. Essays.
2 Bde. Leipzig 1904 und 1905.
Staats- und Universitätsbibliothek
Hamburg Carl von Ossietzky

6.35
**Fritz Schumacher**
(1869-1947) u.a.
Festzeitung der
Künstlervereinigung „Die Zunft"
zum 29. Oktober 1909 (zum
Abschied Schumachers aus
Dresden). Text: Fritz Schumacher
und Heinrich Tscharmann.

Zeichnungen: S. Erler.
Staats- und Universitätsbibliothek
Hamburg Carl von Ossietzky

6.36-43
**Fritz Schumacher**
(1869-1947)
Bühnenbildentwürfe zu William
Shakespeare „Hamlet",
Königliches Schauspielhaus
Dresden, 1909
8 Aquarellkopien, ca. 20 x 30 cm
Theatermuseum München.
Früher: Deutsches Theater
Museum Clara Ziegler-Stiftung

6.45-47
**Fritz Schumacher**
(1869-1947)
Bühnenbildentwürfe zu Lord
Byron „Manfred", Dresden,
um 1909
kolorierte Federzeichnung,
22 x 29,5 cm
Theaterwissenschaftliche
Sammlung der Universität Köln

6.48
**Fritz Schumacher**
(1869-1947)
Bühnenbildentwurf zu dem
Märchenspiel „Der singende
Baum", Dresden, um 1909
kolorierte Federzeichnung,
18,5 x 29,5 cm
Theaterwissenschaftliche
Sammlung der Universität Köln

6.49-50
**Fritz Schumacher**
(1869-1947)
Bühnenbildentwurf zu William
Shakespeare „Macbeth", Dresden,
um 1909
kolorierte Federzeichnung,
19,5 x 28 cm
Theaterwissenschaftliche
Sammlung der Universität Köln

6.51-53
**Fritz Schumacher**
(1869-1947)
Bühnenbildentwürfe zu William
Shakespeare „Hamlet",
Königliches Schauspielhaus
Dresden, 1909
6.51-52 kolorierte Fotografien,
ca. 15 x 25 cm
6.53 Bühnengrundrisse,
Reproduktionen, ca. 8 x 10 cm
Staats- und Universitätsbibliothek
Hamburg Carl von Ossietzky

**Fritz Schumacher**
(1869-1947)
Szenenbilder für eine
Monumentalbühne, Entwürfe zu
Johann Wolfgang von Goethe
„Iphigenie auf Tauris", Hamburg,
um 1918
Federzeichnung und Kreide,
ca. 15 x 20 cm
Staats- und Universitätsbibliothek
Hamburg Carl von Ossietzky

6.60
**Fritz Schumacher**
(1869-1947)
Entwurf für eine
Monumentalbühne, um 1918
Modell 1:10: Dirk Danielsen,
Studio Rosenbusch
MDF braun,
120-270 x 270 x 120 cm
Arbeitsgruppe
Schumacher-Projekt,
Hochschule für bildende Künste
Hamburg

6.61-64
**Fritz Schumacher**
(1869-1947)
Bühnenbild-
Entwürfe für William Shakespeare
„Macbeth", Deutsches
Schauspielhaus Hamburg, 1919
Federzeichnung und Wasserfarbe,
15 x 30 cm, 25 x 40 cm
Hamburger Theatersammlung

6.65
**Fritz Schumacher**
(1869-1947)
Mnemosyne, Schriftzug für den
Eingang der Bibliothek Warburg,
Hamburg, 1925
Schriftentwurf auf Papier,
Länge: 120 cm
Dieter Langmaack, Hamburg

**Referenz**

6.66
**Adolphe Appia**
(1862-1928)
Bühnenbildentwurf zu Richard
Wagner „Rheingold", 1892
Faksimile, 48 x 63 cm
Hamburger Theatersammlung

6.67
**Adolphe Appia**
(1862 -1928)
Abstrakter Bühnenbildentwurf
(Espace Rhythmique)

„Die Treppe", 1909
Faksimile, 47 x 65 cm
Hamburger Theatersammlung

6.68
**Peter Behrens**
(1868-1940)
Buchausstattung
Ein Dokument deutscher Kunst.
Die Ausstellung der
Künstler-Kolonie in Darmstadt.
Darmstadt 1901.
Museum für Kunst und Gewerbe
Hamburg

6.69
**Edward Gordon Craig**
(1862-1966)
Die Kunst des Theaters.
Leipzig 1905
Buch
Hamburger Theatersammlung

6.70
**Edward Gordon Craig**
(1862-1966)
A Production. Being thirty-two
Collotype Plates of Designs
projected or realized for The
Pretender of Henrik Ibsen at the
Royal Theatre Copenhagen 1926.
London 1930
Hamburger Theatersammlung

6.71
**Otto Eckmann**
(1845-1902)
Buchausstattung
Gustav Kühl. Zur Psychologie
der Schrift. Offenbach 1904.
Museum für Kunst und Gewerbe
Hamburg

6.72
**Ludwig von Hofmann**
(1861-1945)
Der Sonnentempel.
Bühnenbildentwurf zu
Wolfgang Amadeus Mozart
„Die Zauberflöte", um 1922
Gouache, 33 x 43 cm
Theaterwissenschaftliche
Sammlung der Universität Köln

6.75
**Hans Poelzig**
(1869-1936)
Prolog im Himmel.
Bühnenbildentwurf zu
Johann Wolfgang von Goethe
„Faust. Erster Teil",
Berlin 1920
Pastell, 33 x 63 cm

Theaterwissenschaftliche
Sammlung der Universität Köln

6.76
**Henry van de Velde**
(1863-1957)
Buchausstattung
Friedrich Nietzsche. Ecco Homo.
Leipzig: Insel Verlag 1908.
Museum für Kunst und Gewerbe
Hamburg

**Kunst**

6.78
**Georg Kolbe**
(1877-1947)
Der Tänzer, 1913
Bronze, 65,5 x 41 x 12,5 cm
Hamburger Kunsthalle

18

Station 7
**Denkmale**

Bei der seine Generation bewegenden Frage nach der Entwicklung einer zeitgemäßen Architektursprache in der Ablösung vom Historismus nahm Fritz Schumacher seinen Ausgangspunkt von der Idee der Monumentalität. Noch bevor er größere Bauaufträge erhielt, entwickelte er ein neuartiges Formenrepertoire anhand von utopischen Idealentwürfen, in denen er architektonische Grundformen zu wuchtiger Einfachheit zurückführte, und erprobte die gewonnenen Grundsätze an Denk- und Grabmalen. Er stand dabei im Kontext der europäischen Denkmalsdiskussion, die um die Jahrhundertwende neue Wege für das ungegenständliche Denkmal eröffnete und sich dann, angesichts der Schrecken und Opfer des Ersten Weltkrieges, in Entwürfen für Kriegsdenkmale äußerte, die von qualifizierten Architekten in ganz Europa mit ähnlichen Mitteln gestaltet wurden. Ihre Wirkung sollte durch Geschlossenheit des Stils gesteigert werden, dem folgende Gestaltungsprinzipien zugrundeliegen: die Dominanz der Architektur über die Plastik, die Abstraktion des Abbildcharakters und die Einbindung der Anlage in ihre Umgebung. Die Konzeption der Setzung eines dominierenden Mittelpunktes in einer als unübersichtlich empfundenen Umwelt durch Zusammenführen aller Bezüge in einem symbolträchtigen Bauwerk wird nicht nur in Schumachers Franzius-Denkmal oder Mönckeberg-Brunnen erkennbar, sie prägt auch den städtebaulichen Einsatz seiner späteren Staatsbauten. Schumachers Grabmale standen im Einklang mit der Grabmalreformbewegung um 1900: Unterordnung der Plastik unter die Grabmalarchitektur, heller, poröser Stein statt der bis dahin beliebten dunklen, glänzenden Materialien, sowie Bemühungen um größere Einheitlichkeit der Grabfelder.

7.1
**Fritz Schumacher**
(1869-1947)
Grabumlegungen im Neubau der Johanniskirche, Leipzig, (1895)
Bleistift auf Transparent
Stadtarchiv Leipzig

7.2-8
**Fritz Schumacher**
(1869-1947)
Studien, Idealentwürfe, 1898
Nietzsche-Denkmal
Kirchturm
Kaufhaus
Kuppel eines Justizpalastes
Montsalvat
Leopardi-Brunnen
Klosterkirche
jeweils Karton, Kohle, 73 x 51 cm
Staats- und Universitätsbibliothek
Hamburg Carl von Ossietzky

7.9
**Fritz Schumacher**
(1869-1947)
Studien, Leipzig 1900
Mappe mit 20 Lichtdrucken
Germanisches Nationalmuseum, Nürnberg

7.11
**Fritz Schumacher**
(1869-1947)
Relieftafel für Ernst Hartig, 1904
Zinkguß, ca. 80 x 80 cm
Kustodie der Technischen Universität Dresden

7.12
**Fritz Schumacher**
(1869-1947)
Franzius-Denkmal, Bremen, (1905)
Modell 1:1
Christiane Axer,
Christoph Dittmann,
Grisella Kreiterling,
Studio Rosenbusch
Multiplex Natur, Wismut,
150 x 300 x 70 cm
Arbeitsgruppe Schumacher-Projekt, Hochschule für bildende Künste Hamburg

7.13-19
**Fritz Schumacher**
(1869-1947)
Entwürfe für Grabmale, 1905-07
7.13 Entwurf für ein Grabmal, 1905, Feder auf Transparent, 40,5 x 22 cm
7.14 Grabmal Kunkhardt, 1905,

Bleistift auf Transparent, 30,5 x 41cm
7.15 Entwurf für ein Grabmal, 1906, Feder auf Transparent, 42,5 x 24,5 cm
7.16 Entwurf für ein Grabmal, 1906, Bleistift auf Transparent, 61,5 x 53,5 cm
7.17 Grabmal Fußbahn, 1906-07, Feder auf Karton, 53 x 37,5 cm
7.18 Entwurf für ein Grabmal, 1907, Bleistift auf Transparent, 47,5 x 40,5 cm
7.19 Grabmal von Halle, 1907, Bleistift auf Transparent, 57,5 x 69 cm
8.1 Grabmal der Familie Floh, 1906, Karton, Blei, Feder, 51x 65 cm
Staats- und Universitätsbibliothek
Hamburg Carl von Ossietzky

7.20
**Fritz Schumacher**
(1869-1947)
Denkmal für die Gefallenen der Deutschen Marine, Wilhelmshaven, 1910
kolorierte Fotografie, 60 x 40 cm
Staats- und Universitätsbibliothek
Hamburg Carl von Ossietzky

7.21
**Fritz Schumacher**
(1869-1947)
Parkanlage als Teil eines Denkmals, Studie, 1913
Perspektive, Druck, 22 x 47 cm
Staatsarchiv Hamburg

7.23-25
**Fritz Schumacher**
(1869-1947)
Volkslesehalle und Mönckebergbrunnen, Hamburg, (1912-1926))
7.23 Säule, Bleistift auf Transparent, 78 x 50 cm
7.24 Innenraum, 1912, Tusche auf Transparent, 35 x 40 cm
7.25 Gesamtkomplex, Fotografie, 20,5 x 28,5 cm
Plankammer der Baubehörde Hamburg

7.26
**Fritz Schumacher**
(1869-1947)
Gedenkstätte zwischen zwei Kastanien, (um 1916)
Perspektive, Bleistift auf Transparent, 34,5 x 49 cm
Staatsarchiv Hamburg

7.27
**Fritz Schumacher**
(1869-1947)
Spiel- und Kampfplatzanlage
als Kriegsgedenkstätte, 1916
Vogelperspektive, Feder auf
Transparent, 42 x 61,5 cm
Staatsarchiv Hamburg

7.28-29
**Fritz Schumacher**
(1869-1947)
Ehrenhof am Wasserturm,
Stadtpark Hamburg, (1916)
7.28 Gesamtanlage, Vogelper-
spektive, Druck, 63,5 x 52 cm
7.29 Laubengang und Säulenhalle,
Perspektive, Papier auf
Karton,11,5 x 29 cm
Staats- und Universitätsbibliothek
Hamburg Carl von Ossietzky

7.30
**Fritz Schumacher**
(1869-1947)
Kriegsgedächtnismal,
Idealentwurf, 1916
Fotoreproduktion, 63 x 55,5 cm
Staats- und Universitätsbibliothek
Hamburg Carl von Ossietzky

**Referenz**

7.34-35
**Ivar Bentsen,**
**P.V. Jensen Klint**
(1853-1930)
Grundtvig-Gedächtnishalle,
1912
7.34 Fassade,Tusche, 45 x 60 cm
7.35 Grundriß, Schnitte,
Ansichten, Tusche, 35 x 43 cm
Kunstakademiets Bibliotek,
Kopenhagen

7.36
**Hermann Billing**
(1867-1946)
Wettbewerbsentwurf Franzius-
Denkmal, Bremen, um 1905
Perspektive, 70 x 100 cm
Universität Karlsruhe, Institut
für Baugeschichte

7.37-38
**Paul Bonatz**
(1877-1956)
Denkmalentwürfe, 1915
2 Perspektivskizzen, Lichtpausen,
25 x 35 cm und 67,5 x 52.7
Universität Stuttgart, Institut für
Architekturgeschichte

7.39
**Tony Garnier**
(1869-1948)
„Ossuaire de la Marne", 1921
Perspektivskizze, 24 x 49 cm
Fondation Renaud Lyon

7.40
**Tony Garnier**
(1869-1948)
„Monument aux morts de l'Ile
aux Cygnes", 1925
Ansicht, Bleistift, Tusche,
77,6 x 132 cm
Musée des Beaux Arts de Lyon

7.41-43
**Wilhelm Kreis**
(1873-1955)
Wettbewerb für Bismarcksäulen,
1898
3 Varianten
Wilhelm Kreis Archiv, Burg
Arntz, Bad Honnef

7.44
**Wilhelm Kreis**
(1873-1955)
Bismarck-Turm auf dem Gähkopf,
um 1902
Perspektive,Feder, ca. 30 x 20 cm
Baurechtsamt der Stadt Stuttgart

7.45
**Sir Edwin Lutyens**
(1869-1944)
„The Cenotaph", Whitehall,
London, 1919-1920
25,5 x 20,5 cm
Royal Institute of British
Architects, London

7.46
**Sir Edwin Lutyens**
(1869-1944)
„War Memorial to the Missing of
the Somme", Thiepval, 1923-1930
25,5 x 20,5 cm
Royal Institute of British
Architects, London

7.47
**Joseph Maria Olbrich**
(1867-1908)
Grabmale, 1898 und Eingang zur
Ausstellung von 1901, Darmstadt,
1900
a  Perspektive einer monumentalen Mauer, Feder, 12,3 x 7 cm
b bPerspektive eines Zentralbaus,
Feder, Bleistiftspuren, 10,2 x 11cm
c  Perspektive eines Zentralbaus,
Feder, Bleistiftspuren,

15,9 x 11,4 cm
d  Haupteingang zur Ausstellung
von 1901, Vorentwurf 1900,
Perspektive, Bleistift,
10,2 x 10,2 cm
e  zwei gedruckte Wiedergaben
von Zeichnungen
Kunstbibliothek Berlin

7.48
**Hans Poelzig**
(1869-1936)
Grabmal für Karl August Lingner,
1920
Papier auf Leinwand, 59 x 48,5 cm
Deutsches Hygiene-Museum,
Dresden

7.49-50
**Otto Rieth**
(1858-1911)
Idealentwürfe
2 Federzeichnungen, 36.7 x 24 cm
Technische Universität Berlin,
Universitätsbibliothek,
Plansammlung

7.51-52
**Bruno Schmitz**
(1858-1916)
Bismarckwarte, Westend
Charlottenburg, 1911
7.51 Lageplan, 80 x 153 cm
7.52 Ansicht , Schnitt,
143 x 109 cm
Technische Universität Berlin,
Universitätsbibliothek,
Plansammlung

**Kunst**

7.53
**Ernst Barlach**
(1870-1938)
Kriegsgedächtnismal Hamburg,
Modell, 1931
Gips, Höhe ca. 190 cm mit Sockel
Schleswig-Holsteinisches
Landesmuseum Schloß Gottorf,
Schleswig

7.54
**Max Klinger**
(1857-1920)
Die Toteninsel, um 1909
Radierung (nach Arnold Böcklin),
90 x 125 cm
Kunsthalle Hamburg

7.55
**Max Klinger**
(1857-1920)
Nietzsche-Büste, nach 1900
Gips, 40 cm
Rudolf Tschäpe, Potsdam

7.56
**Hugo Lederer**
(1871-1940)
Heinrich-Heine-Statuette, des von
den Nationalsozialisten entfernten
Denkmals im Stadtpark Hamburg
1912
Bronze, 52 cm
Europa-Kolleg, Hamburg

Station 8
**Sakralbauten**

Auf der Dresdener
Kunstgewerbeausstellung von
1906, die direkt zur Gründung
des Deutschen Werkbundes
führen sollte, hatte Schumacher
unter anderem einen evangelischen Kirchenraum gestaltet,
mit dem er eine breite Debatte
über den Kirchenbau auslöste.
Im Gegensatz zu Theodor
Fischer oder Auguste Perret hatte
Schumacher keine Gelegenheit,
seine Siege bei Kirchenbauwettbe-
werben in realisierte Bauten umzusetzen, aber die erhaltenen
Entwürfe zeigen sein Bemühen,
einen neuen Typus von öffentlichen Bauten zu schaffen, der
sich weniger an historischen
Vorbildern orientierte, als vielmehr versuchte, einen Ort für ein
zeitgemäßes Gemeindeleben zu
schaffen und mit seiner Hilfe
den städtischen Raum zu akzen-
tuieren.

Schumachers Werk ist in der
Frühzeit und am Ende von bemerkenswerten Krematoriumsbauten
bestimmt. Sowohl der Bau in
Dresden-Tolkewitz als auch der in
Hamburg-Ohlsdorf zeigen sein
Bemühen, hier ähnlich wie Peter
Behrens, Willem Marinus Dudok
oder Ragnar Östberg in Anlehnung an traditionelle Sakralbau
ten Gebäude für einen modernen,
konfessionel nicht gebundenen
Totenkult zu schaffen.

8.2
**Fritz Schumacher**
(1869-1947)
Entwurf einer Kirche,
Gardone/Italien, 1894
Gesamtansicht, Perspektive,
Karton, Blei, Kreide, 54 x 39,5 cm
Staats- und Universitätsbibliothek
Hamburg Carl von Ossietzky

7.10
**Fritz Schumacher**
(1869-1947)
Krematorium, Idealentwurf, 1902
Karton, Kohle, 68,5 x 55,5 cm
Staats- und Universitätsbibliothek
Hamburg Carl von Ossietzky

8.4-12
**Fritz Schumacher**
(1869-1947)
Orgel- u. Emporeneinbau im pro-
testantischen Teil des St. Petri-
Domes zu Bautzen, 1907-09
8.4 Perspektivische Ansicht der
Orgelempore, Feder, laviert,
Karton, 45 x 63,3 cm
8.5 Perspektivische Ansicht der
nördlichen Empore, Feder, laviert,
Karton, 28,5 x 40,6 cm
8.6 Perspektivische Ansicht der
Orgelempore, Feder, laviert,
Karton, 42,8 x 60,3 cm
8.7 Perspektivische Ansicht der
Emporeneinbauten, Feder, laviert,
Karton, 62 x 81,2 cm
8.8 Perspektivische Ansicht der
Emporeneinbauten, Lichtpause,
50 x 68 cm
8.9 Grundriß der
Emporeneinbauten, Lichtpause,
farbig angelegt, 61,7 x 37 cm
8.10 Grundriß, Aufriß und Schnitt
der Sängerempore, Lichtpause,
auf Leinwand aufgezogen,
48 x 55,2 cm
8.11 Ansicht, Grundriß und
Schnitt der nördlichen Empore
mit Treppe, Lichtpause,
109 x 63,3 cm
8.12 Grundriß, Aufriß und Schnitt
des Orgelprospektes, Lichtpause,
88,6 x 109 cm
Ev.Luth. Kirchenvorstand
St. Petri, Bautzen

8.13
**Fritz Schumacher**
(1869-1947)
Wettbewerb für eine Kirche,
Hagen, (1908)
Gesamtansicht, Perspektive,
Karton, Feder, 50,5 x 68,5 cm
Staats- und Universitätsbibliothek
Hamburg Carl von Ossietzky

8.14-15
**Fritz Schumacher**
(1869-1947)
Wettbewerb Heilandskirche,
Dresden-Cotta, 1909
Innenansicht, Farbstift auf brau-
nem Karton, 82 x 83 cm
Aufrisse und Schnitte, Feder,
118 x 80 cm
Kirchengemeinde Dresden-Cotta

8.16-17
**Fritz Schumacher** (1869-1947)
Krematorium, Dresden-Tolkewitz,
(1909-12)

Entwurfzeichnung Eingangsfront,
Fotoreproduktion, 52 x 47,5 cm
Großfotografie, 55,5 x 76 cm
Staats- und Universitätsbibliothek
Hamburg Carl von Ossietzky

8.18-25
**Fritz Schumacher**
(1869-1947)
Krematorium, Dresden-Tolkewitz,
1909-12
8.18 Grundriß Untergeschoß
Hauptgebäude, Lichtpause blau,
66 x 89,4 cm
8.19 Ansicht und Schnitt
Seitengebäude, Lichtpause blau,
79 x 62,3 cm
8.20 Hauptansicht, Lichtpause
braun, 103,8 x 64,5 cm
8.21 Querschnitt mit Ansicht der
zentralen Wand, Lichtpause
braun, 65,5 x 74,3 cm
8.22 Ansichten des Urnenhofs,
Lichtpause braun, 97,5 x 79,8 cm
8.23 Grundriß, Ansicht und
Schnitt des östlichen
Wohngebäudes, Lichtpause
braun, 80 x 99 cm
8.24 Grundriß des
Hauptgeschosses, Lichtpause
blau, 76,5 x 104,3 cm
8.25 Schnitte zum Hauptgebäude,
Lichtpause blau, 77,6 x 105,5 cm
Sächsisches Hauptstaatsarchiv
Dresden

8.26-28
**Fritz Schumacher**
(1869-1947)
Entwurf einer Kirche im Bereich
des inneren Festungsrayons, Köln,
1921
8.26 Druck, 28 x 39,5 cm
8.27 Feder, 33 x 49 cm
8.28 Feder, 29 x 40 cm
Staats- und Universitätsbibliothek
Hamburg Carl von Ossietzky

8.29
**Fritz Schumacher**
(1869-1947)
Friedhofskapelle Finkenwerder,
Hamburg, 1926
Grundriß und Ansichten, Bleistift
auf Transparent, 35 x 100 cm
Plankammer der Baubehörde,
Hamburg

8.30
**Fritz Schumacher**
(1869-1947)
Eingangstor zum Friedhof
Finkenwerder, Hamburg, 1927

Bleistift auf Transparent,
30,5x 34,5 cm
Plankammer der Baubehörde,
Hamburg

8.31-32
**Fritz Schumacher**
(1869-1947)
Krematorium Ohlsdorf,
Hamburg, (1928-33)
8.31 Ansicht von der Straße,
Druck, 20 x 27 cm
8.32 Ansicht von der Friedhofs-
seite, Druck, 20 x 32,5 cm
Staatsarchiv Hamburg

8.33
**Fritz Schumacher**
(1869-1947)
Kirche
Perspektive, Lichtpause, Aquarell,
auf Karton, 30 x 16 cm
Staatsarchiv Hamburg

**Referenz**

8.34-35
**Erik Gunnar Asplund**
(1885-1940)
Woodland Crematorium,
Stockholm, 1935
8.34 Lageplan, Bleistift, Buntstift,
64,4 x 108,5 cm
8.35 Perspektivskizze, Bleistift,
Buntstift, 22 x 35,9 cm
Das Schwedische
Architekturmuseum Stockholm

8.36-38
**Peter Behrens**
(1868-1949)
Krematorium Hagen-Delstern,
1906/08
8.36 Grundriß Obergeschoß,
Blaupause, 23 x 32 cm
8.37 Querschnitt, Lichtpause,
26.5 x 32.5 cm
8.38 Längsschnitt , Blaupause,
27.7 x 31.6 cm
Karl-Ernst-Osthaus-Archiv,
Hagen

8.39-41
**Peter Behrens**
(1868-1949)
Evangelische Kirche, Hagen-
Wehringshausen, 1908
8.39 Fassade Südostseite und
Schnitt, 1:200, Variante A, Bleistift,
40 x 70 cm
8.40 Grundrisse Erdgeschoß und
Obergeschoß, 1: 200, Bleistift,

49.8 x 76.3 cm
8.41 Fassade Südostseite und
Schnitt , 1:200, Variante B,
Bleistift, 40 x 79.4 cm
Kaiser Wilhelm Museum, Krefeld

8.42-44
**Hendrikus Petrus Berlage**
(1856 - 1923)
Pantheon der Menschheit, 1915
8.42 Ansicht und Grundriß,
Bleistift, 87,6 x 66,2
8.43-44 2 Perspektiven, Kreide,
32,8 x 21,5 cm und 33,2 x 20,1 cm
Collection Netherlands
Architecture Institute, Rotterdam,
Holland

8.45
**Eduard Cuypers**
(1859-1927)
Entwurf für eine Kapelle beim
Altenheim, Schinnen, 1923
Innenraumperspektive,
Buntstift, 75 x 59 cm
Collection Netherlands
Architecture Institute, Rotterdam,
Holland

8.45a-d
**Willem Marinus Dudok**
(1884-1974)
Urnenhalle „te Westerveld", 1926
4 Zeichnungen
Dudok Stichting, Niederlande

8.46
**Theodor Fischer**
(1862-1938)
Wettbewerb für die
Garnisonskirche, Ulm, 1906
Perspektivskizze, Feder, aquarel-
liert auf Transparent, 39 x 29 cm
Architekturmuseum der
Technischen Universität München

8.47-49
**Oswin Hempel**
(1876-1965)
Orgel- u. Emporeneinbau im
protestantischen Teil des St. Petri-
Domes zu Bautzen, 1907
8.47 Aufriß der Orgelempore,
Feder, laviert, Karton,
99 x 65,5 cm
8.48 Aufriß der nördlichen
Empore, Feder, laviert, Karton,
97,4 x 65,2 cm
8.49 Grundriß des
Emporeneinbaus, Feder,
70 x 55,5 cm
Ev.Luth. Kirchenvorstand
St. Petri, Bautzen

8.50-52
**William Kempe**
Orgel- u. Emporeneinbau im
protestantischen Teil des
St. Petri-Domes zu Bautzen,
1906-07
8.50 Aufrisse Orgelempore und
nördliche Seitenempore, Feder,
farbig angelegt,
Karton, 62,5 x 85 cm
8.51 Perspektivische Ansicht des
Domes mit Innenraumperspekti-
ve, Feder, farbig angelegt,
Karton, 62,5 x 85 cm
8.52 Aufriß und Grundriß der
Orgel, Feder, farbig angelegt,
Karton, 62,5 x 85 cm
Ev. Luth. Kirchenvorstand
St. Petri, Bautzen

8.53
**P.V. Jensen Klint**
(1853-1930)
Grundtvigkirche
Giebelansicht, Tusche, 118 x 71 cm
Kunstakademiets Bibliotek,
Kopenhagen

8.54
**Rudolf Kolbe**
(1873-1947)
Entwurf Heilandskirche,
Dresden-Cotta, 1910
Perspektive, Deckfarbe auf hellem
Karton, 94 x 70 cm
Kirchengemeinde Dresden-Cotta

8.55
**Sigurd Lewerentz**
(1885-1975)
Entwurf für ein Krematorium
auf dem Ostfriedhof, Malmö, 1930
Tusche, 47,8 x 92,0 cm
Das Schwedische
Architekturmuseum Stockholm

8.56
**Sir Edwin Lutyens**
(1869-1944)
Philips Mausoleum,
Golders Green, Barnet , 1914
70 x 66,5 cm
Royal Institute of British
Architects, London

8.57
**Ragnar Östberg**
(1866-1945)
Krematorium, Hälsingborg,
1924-34
Tusche, 29 x 52,6 cm
Das Schwedische
Architekturmuseum Stockholm

8.58-59
**Auguste Perret**
(1874-1954)
Kirche „Notre Dame de Raincy",
1922-23
8.58 Fassade, 72,5 x 47,5 cm
8.59 Kuppel, 73 x 49,8 cm
I.F.A. Centre d´archives d´archi-
tecture du XXe siècle, Paris

8.60-61
**Aage Rafn**
(1890-1953)
Krematorium
8.60 Lageplan, Aquarell,
68 x 103 cm
8.61 Perspektive, Aquarell,
94 x 63 cm
Kunstakademiets Bibliotek,
Kopenhagen

8.62-63
**Rudolf Schilling**
(1859-1933),
**Julius Gräbner**
(1858-1917)
Wettbewerb Heilandskirche,
Dresden-Cotta, 1909
8.62 Aufrisse, Feder auf hellem
Karton, 73 x 34 cm
8.63 Aufriß, Innenansichten
und Schnitt, Feder auf hellem
Karton, 73 x 34 cm
Kirchengemeinde Dresden-Cotta

8.64-65
**Karl Schneider**
(1892-1945)
Wettbewerb Notkapelle XII,
Friedhof Ohlsdorf, Hamburg,
(1920)
8.64 Ansichten, Grundriß,
Lichtpause, Papier auf
Karton, 50,5 x 78 cm
8.65 Perspektive, Papier
auf Karton, Kohle, 55 x 40 cm
Garten- und Friedhofsamt
Hamburg

8.66-67
**Edvard Thomsen**
(1884-1980)
Krematorium
Isometrie, 1:400,
Tusche, 87 x 87 cm
Ansicht, Tusche, 29 x 70 cm
Kunstakademiets Bibliotek,
Kopenhagen

8.68
**Henry Wilson**
(1864-1934)
Erweiterung der
St. Bartholomew-Kirche,
Brighton, Sussex, 1898
Innenraumperspektive,
33,5 x 78 cm
Royal Institute of British
Architects, London

8.69-70
**Carl Zimmermann**
(1832-1911),
**Friedrich Ruppel**
Kapelle Nr. 6, Friedhof Ohlsdorf,
Hamburg, 1904
8.69 Perspektivische
Gesamtansicht, Karton, Aquarell,
48,5 x 70 cm
8.70 Lageplan, 1:2000,
Papier auf Karton, koloriert,
45 x 34,5 cm
Staatsachiv Hamburg

## Station 9
## Staatsbauten

Die bürgerliche Industriegesellschaft verkörpert sich im städtischen Raum nicht wie die vergangener Zeiten in wenigen Schlössern, Kathedralen und Rathäusern, sondern in einer großen Zahl öffentlicher Bauten unterschiedlichster Zwecksetzung. Die moderne Großstadtarchitektur hat hier eine besondere Gestaltungsaufgabe. In den Feuerwachen, Polizeistationen, Krankenhäusern, Schulen, Verwaltungsbauten und sonstigen öffentlichen Einrichtungen legt die Gesellschaft Zeugnis ab von ihrem kulturellen Entwicklungsstand. Ihre Bauten fassen Schumacher und viele seiner Zeitgenossen deshalb als soziale Monumente auf, die aus der Masse der sonstigen Bebauung hervorgehoben werden und eine besondere Gestaltung erfahren müssen. Durch ein einheitlichen Gestaltungsregeln folgendes Äußeres sollen sie sofort als Staatsbauten erkennbar sein, zugleich aber durch ihre individuelle, der jeweiligen Aufgabe und Umgebung angemessene Form ihren Standort unverwechselbar bestimmen und vorbildhaft auf die Umgebung wirken.

Schumacher verstand seine Hamburger Staatsbauten als Katalysatoren einer modernen Baukultur, sie sollten nicht allein der modernen Großstadtarchitetur Sinn geben, sondern zugleich den städtischen Raum neu definieren und charakterisieren.

### 9.1
**Fritz Schumacher**
(1869-1947)
Rathaus, Leipzig,
(1897-99)
Fotoreproduktion, Karton,
24 x 31 cm
Staats- und Universitätsbibliothek
Hamburg Carl von Ossietzky

### 9.2-3
**Fritz Schumacher**
(1869-1947)
Handelshochschule,
Leipzig, (1908)
9.2 Teilansicht der Straßenfront,
Perspektive, Fotoreproduktion,
42 x 51 cm
9.3 Großfoto, 59 x 64 cm
Staats- und Universitätsbibliothek
Hamburg Carl von Ossietzky

### 9.4
**Fritz Schumacher**
(1869-1947)
Krankenhaus Eppendorf,
Schwesternhaus, Hamburg,
(1910)
Ansicht Eingangsseite, Feder auf
Transparent, 50 x 96,5 cm
Plankammer der Baubehörde,
Hamburg

### 9.5
**Fritz Schumacher**
(1869-1947)
Krankenhaus Eppendorf,
Schwesternhaus, Hamburg, 1910
Hofansicht, Perspektive, Aquarell,
40,5 x 71 cm
Staats- und Universitätsbibliothek
Hamburg Carl von Ossietzky

### 9.6
**Fritz Schumacher**
(1869-1947)
Volksschule Rübenkamp,
Hamburg, 1910
Straßenfront, Perspektive,
Fotoreproduktion, 24 x 36 cm
Staatsarchiv Hamburg

### 9.7
**Fritz Schumacher**
(1869-1947)
Technische Staatslehranstalten,
Hamburg, (1910-14)
Ansicht Lübecker Tor, Feder auf
Transparent, 48 x 81 cm
Plankammer der Baubehörde,
Hamburg

### 9.8
**Fritz Schumacher**
(1869-1947)
Technische Staatslehranstalten,
Hamburg, (1910-14)
Vorhalle mit Galerie,
Innenraumperspektive, Bleistift,
24 x 16,8 cm
Staatsarchiv Hamburg

### 9.9-10
**Fritz Schumacher**
(1869-1947)
Oberschulbehörde Hamburg,
(1911-12)
9.9 Straßenseite, Perspektive,
Bleistift auf Transparent,
69 x 56 cm
9.10 Dienstgebäude,Ansicht,
Lichtdruck, koloriert, 73 x 59 cm
Plankammer der Baubehörde,
Hamburg

### 9.11
**Fritz Schumacher**
(1869-1947)
Volksschule Lutterothstraße,
Hamburg, (1911-12)
Großfoto
Staatsarchiv Hamburg

### 9.12
**Fritz Schumacher**
(1869-1947)
Volksschule Teutonenweg,
Hamburg, (1911-12)
Straßenfront, Perspektive, Karton,
koloriert, 70 x 40 cm
Staatsarchiv Hamburg

### 9.13-16
**Fritz Schumacher**
(1869-1947)
Staatliche Kunstgewerbeschule,
Hamburg, (1911-13)
9.13 Innenraumperspektive
Eingangshalle, Bleistift auf
Transparent, 42 x 50 cm
9.14 Innenraumperspektive Aula,
Feder auf Transparent,
50,5 x 49 cm
9.15 Lageplan, Ansicht Vorhof,
Schnitt, 1909, Feder auf
Transparent, 69 x 67 cm
9.16 Grundriß Erdgeschoß, 1909,
Feder auf Transparent, 71 x 68 cm
Plankammer der Baubehörde,
Hamburg

### 9.18-19
**Fritz Schumacher**
(1869-1947)
Irrenanstalt Friedrichsberg,

Hamburg, (1911-14)
9.18 Gewächshaus, 1920,
Grundriß, Ansicht, Lichtpause,
koloriert, 68 x 88 cm
9.19 Lazarett, Ansichten, Schnitt,
Tusche auf Transparent,
55 x 91 cm
Plankammer der Baubehörde,
Hamburg

9.20-21
**Fritz Schumacher**
(1869-1947)
Irrenanstalt Friedrichsberg
Hamburg, 1911
9.20 Verwaltungsgebäude,
Perspektive, Aquarell, 32,5 x 38 cm
9.21 Lazarett , Perspektive,
Aquarell, 32,5 x 73,5 cm
Staats- und Universitätsbibliothek
Hamburg Carl von Ossietzky

9.22-23
**Fritz Schumacher**
(1869-1947)
Institut für Geburtshilfe (Finkenau),
Hamburg, (1911-14)
9.22 Ansicht Uferstraße, Bleistift
auf Transparent, 48,5 x 80,5 cm
9.23 Ansicht Finkenau, Bleistift auf
Transparent, 55 x 99 cm
Plankammer der Baubehörde,
Hamburg

9.24
**Fritz Schumacher**
(1869-1947)
Institut für Geburtshilfe (Finkenau),
Hamburg, 1911
Inspektorenwohnhaus, Perspektive,
Aquarell, 33 x 41 cm
Staats- und Universitätsbibliothek
Hamburg Carl von Ossietzky

9.25
**Fritz Schumacher**
(1869-1947)
Feuerwache Petroleumhafen,
Hamburg, 1912 Ansichten,
Lichtpause, koloriert,69 x 99,5
Plankammer Strom- und Hafenbau,
Wirtschaftsbehörde, Hamburg

9.26
**Fritz Schumacher**
(1869-1947)
Feuerwache Petroleumhafen,
Hamburg, (1912)
Modell: DREI DE: Erk Foth,
Martin Hasse
Kunststoff, rot gespritzt,
Grundplatte 100 x 100 cm
Arbeitsgruppe Schumacher-Projekt,

Hochschule für bildende Künste
Hamburg
9.27
**Fritz Schumacher**
(1869-1947)
Stadthauserweiterung, Hamburg,
1912
Straßenfront, Perspektive,
Aquarell, 33, 5 x 43,5 cm
Staatsarchiv Hamburg

9.28-29
**Fritz Schumacher**
(1869-1947)
Kunstvereinsgebäude
Außenalster, Hamburg, 1912
9.28 Gesamtanlage, Vogelschau,
Bleistift auf Transparent,
37 x 40 cm
9.29 Alsterufer, Perspektive,
Karton, Bleistift, 34 x 72 cm
Staatsarchiv Hamburg

9.30
**Fritz Schumacher**
(1869-1947)
Realschule Uferstraße, Hamburg,
1912
Hauptgebäude mit Vorhof,
Perspektive, Druck auf Karton,
60 x 55 cm
Staatsarchiv Hamburg

9.31-32
**Fritz Schumacher**
(1869-1947)
Gelehrtenschule Johanneum,
Hamburg, 1912 - 14
9.31 Vorderansicht, koloriertes
Modell-Foto, 58,5 x 93 cm
9.32 Rück- und Seitenansicht,
koloriertes Modell-Foto,
58,5 x 93 cm
Staatsarchiv Hamburg

9.33
**Fritz Schumacher**
(1869-1947)
Tropeninstitut, Hamburg,
(1912-14)
Ansicht, Berhard-Nocht-Straße,
Karton, koloriert, 40 x 64 cm
Staatsarchiv Hamburg

9.34
**Fritz Schumacher**
(1869-1947)
Tropeninstitut, Hamburg,
(1912-14)
Ansicht, Hafenstraße,
Karton, Aquarell, 40 x 63 cm
Staats- und Universitätsbibliothek
Hamburg Carl von Ossietzky

9.35-42
**Fritz Schumacher**
(1869-1947)
Gewerbehaus, Hamburg,
(1912-15)
9.35 Raum Nr. 59,
Wandabwicklung, 1915, Bleistift
auf Transparent, 46,5 x 62 cm
9.36 Grundrisse, Feder auf
Transparent, 70 x 47 cm
9.37 Innenansichten
Sitzungszimmer, Bleistift auf
Transparent, 64 x 90,5 cm
9.38 Zimmer der
Betonbauarbeitgeber,
Innenansichten, Bleistift auf
Transparent, 52 x 78,5 cm
9.39 Schreibtisch, Bleistift auf
Transparent, 29 x 50 cm
9.40 Innenraumperspektive,
Bleistift auf Transparent,
50,5 x 70 cm
9.41 Hofansicht, Schnitt, Feder auf
Transparent, 46 x 70 cm
9.42 Perspektive Treppenhaus
Nebenflügel, Lichtpause,
koloriert, 64 x 81 cm
Plankammer der Baubehörde,
Hamburg

9.43-47
**Fritz Schumacher**
(1969-1947)
5 Beleuchtungskörper aus dem
Gewerbehaus, Hamburg,
(1912-15)
Eisen und Glas,
150 x 50 cm, 50 x 50 cm, 70 x 30
cm, 30 x 30 cm, 60 x 39 cm
Handwerkskammer Hamburg

9.48
**Fritz Schumacher**
(1869-1947)
Kleinkinderhaus, Hamburg, 1913
Perspektive, Gesamtansicht von
der Straße, Aquarell, 37,5 x 89 cm
Staatsarchiv Hamburg

9.49
**Fritz Schumacher**
(1869-1947)
Polizeiwache am Spielbudenplatz
(Davidswache), Hamburg, 1913
Ansichten, Feder auf Transparent,
48,5 x 66 cm
Plankammer der Baubehörde,
Hamburg

9.50-51
**Fritz Schumacher**
(1869-1947)
Polizeiwache am Spielbudenplatz

(Davidswache), Hamburg,
(1913-14)
9.50 Perspektive Gesamtansicht,
29 x 25 cm
9.51 Fassade, Großfotografie
Staatsarchiv Hamburg

9.52
**Fritz Schumacher**
(1869-1947)
Lotsenhaus, Hamburg, (1913-14)
Ansicht, Feder auf Transparent,
100 x 70 cm
Plankammer Strom- und
Hafenbau, Wirtschaftsbehörde,
Hamburg

9.53
**Fritz Schumacher**
(1869-1947)
Lotsenhaus, Hamburg, (1913-14)
Modellfoto, 63 x 87 cm
Plankammer der Baubehörde,
Hamburg

9.54-55
**Fritz Schumacher**
(1869-1947)
Polizeiwache Alsterdorf,
Hamburg, (1913-14)
9.54 Perspektive, Bleistift auf
Transparent, 37 x 47 cm
9.55 Straßenansicht, Bleistift auf
Transparent, 47,5 x 46 cm
Plankammer der Baubehörde,
Hamburg

9.56-58
**Fritz Schumacher**
(1869-1947)
Museum für Hamburgische
Geschichte, Hamburg, (1911-22)
9.56 Teilansicht Innenhof, 1911,
Modellfoto (retuschiert),
26 x 22 cm
9.57 Ansicht von der
Holstenstraße, 1911, Modellfoto
(retuschiert), 17,5 x 28,5 cm
9.58 Ansicht Hauptgebäude, Ecke
Wallanlagen, 1911, Modellfoto
(retuschiert), 17,5 x 28,5 cm
Staatsarchiv Hamburg

9.59-60
**Fritz Schumacher**
(1869-1947)
Museum für Hamburgische
Geschichte, Hamburg, (1911-22)
9.59 Saal d. Bauerntrachten,
Aquarell, 30 x 50,5 cm,
Zeichnung:
Otto Fischer-Trachau (1878-1958)
9.60 Perspektive Eingangsfront,

1912, Aquarell, 36 x 51 cm
Staats- und Universitätsbibliothek
Hamburg Carl von Ossietzky

9.61-67
**Fritz Schumacher**
(1869-1947)
Museum für Hamburgische
Geschichte, Hamburg, (1911-22)
9.61 Vorentwurf Gesamtkomplex,
Perspektive, Tusche auf
Transparent, 45 x 60 cm
9.62 Vorentwurf, Vogelschau,
Bleistift auf Transparent,
65 x 71 cm
9.63 Eingangsseite,
Perspektivischer Schnitt und
Ansicht, Tusche auf Transparent,
46 x 98 cm
9.94 Ehrenhalle, Kohle auf
Transparent, 55 x 65 cm
9.65 Einganghalle und Ehrenhalle,
Perspektivischer Schnitt, Bleistift
auf Transparent, 68 x 78 cm
9.66 Eingangshalle und
Ehrenhalle, Tusche auf
Transparent, 41 x 44,5 cm
9.67 Grabplatten, 1:20, Bleistift
auf Transparent, 46 x 42 cm
9.67a Fotografie, 1911,
20,5 x 28,5 cm
Plankammer der Baubehörde,
Hamburg

9.68-70
**Fritz Schumacher**
(1869-1947)
Polizeiwache, Bezirksbüro und
Standesamt Eilbek, Hamburg,
(1913-1926)
9.68 Perspektive, Bleistift auf
Transparent, 46 x 47 cm
9.69 Südwestfassade, Bleistift auf
Transparent, 40,5 x 59 cm
9.70 Nordwestfassade, Bleistift auf
Transparent, 41,5 x 59,5 cm
Plankammer der Baubehörde,
Hamburg

9.71
**Fritz Schumacher**
(1869-1947)
Seglerheim mit
Arbeiterspeisehalle,
Hamburg, 1914
Ansichten, Feder auf
Transparent, 61 x 95
Plankammer Strom- und
Hafenbau, Wirtschaftsbehörde,
Hamburg

9.72
**Fritz Schumacher**
(1869-1947)
Finanzdeputation Hamburg,
(1914 -1926)
Perspektive, Bleistift auf
Transparent, 56,5 x 50 cm
Plankammer der Baubehörde,
Hamburg

9.73
**Fritz Schumacher**
(1869-1947)
Volksschule Ahrensburgerstraße
(heute: Krausestraße),
Hamburg, 1915
Straßenfront, Perspektive, Druck
auf Karton, koloriert, 37,5 x 87 cm
Staatsarchiv Hamburg

9.74
**Fritz Schumacher**
(1869-1947)
Hansaschule Bergedorf,
Hamburg, 1916
Innenansicht der Aula,
Bleistift auf Transparent ,
48 x 54 cm
Staatsarchiv Hamburg

9.75
**Fritz Schumacher**
(1869-1947)
Bedürfnisanstalt Alsterdorfer
Damm, Hamburg, 1919
Ansichten, Bleistift auf
Transparent, 55 x 88 cm
Plankammer der Baubehörde,
Hamburg

9.76-77
**Fritz Schumacher**
(1869-1947)
Museum für Heimatkunde,
Bergedorf, (1920)
9.76 Perspektive, Bleistift auf
Transparent, 47,5 x 62 cm
9.77 Lageplan und Ansicht
Kuhberg, 1919, Bleistift auf
Transparent, 45,5 x 61 cm
Plankammer der Baubehörde,
Hamburg

9.78
**Fritz Schumacher**
(1869-1947)
Universitätsbibliothek, Hamburg,
1924
Ansichten der Hauptfassade,
Bleistift auf Transparent,
46,5 x 60 cm
Staatsarchiv Hamburg

9.79-82
**Fritz Schumacher**
(1869-1947)
Neues Zoologisches Museum,
Hamburg, (1924-28)
9.79 Gartenplan, 1:200, 1924,
Bleistift, Buntstift, Transparent,
43 x 80 cm
9.80 Treppenhalle, 1:100, 1927,
61 x 85 cm
9.81 Innenraumperspektive der
großen Halle, 1924, Bleistift auf
Transparent,  45 x 58 cm
9.82 Perspektivansicht der
Hauptfront, Karton, Kohle,
56 x 82 cm
Staatsarchiv Hamburg

9.83-84
**Fritz Schumacher**
(1869-1947)
Polizeiwache Oberalster,
Hamburg, (1925-26)
9.83 Perspektive, 1912, Bleistift
auf Transparent, 35 x 39 cm
9.84 Lageplan, Grundrisse,
Ansichten, Schnitt, Bleistift auf
Transparent, 41 x 68 cm
Plankammer der Baubehörde,
Hamburg

9.85
**Fritz Schumacher**
(1869-1947)
Altersheim Groß-Borstel,
Hamburg, 1926
Vogelperspektive, Lichtpause,
koloriert, 51,5 x 50 cm
Staatsarchiv Hamburg

9.86-89
**Fritz Schumacher**
(1869-1947)
Polizeiwache Geffkensraße,
Hamburg, (1927)
9.86 Lageplan, Bleistift auf
Transparent, 33,5 x 40 cm
9.87 Ostansicht, Bleistift auf
Transparent, 33,5 x 40 cm
9.88 Nordansicht, Bleistift auf
Transparent, 33,5 x 40 cm
9.89 Südansicht, Bleistift auf
Transparent, 33,5 x 40 cm
Plankammer der Baubehörde,
Hamburg

9.90
**Fritz Schumacher**
(1869-1947)
Gorch-Fock-Halle, Hamburg,
1927
Lichtpause, 40 x 65 cm
Bauprüfarchiv, Ortsamt

Finkenwerder, Hamburg
9.91
**Fritz Schumacher**
(1869-1947)
Erweiterung Ziviljustizgebäude,
Hamburg, (1927-30)
Halle, Großfoto
Staats- und Universitätsbibliothek
Hamburg Carl von Ossietzky

**9.92 Fritz Schumacher**
(1869-1947)
Erweiterung Ziviljustizgebäude,
Hamburg, (1927-30)
Ansicht Parkseite, Tusche auf
Transparent, 47 x 70 cm
Plankammer der Baubehörde,
Hamburg

9.93-94
**Fritz Schumacher**
(1869-1947)
Feuerwache Rugenberger Hafen,
Hamburg, 1928
9.93 Ansicht gegen den Hafen,
Bleistift auf Transparent,
50 x 55,5 cm
9.94 Seitenansicht, Bleistift auf
Transparent, 50 x 55,5 cm
Plankammer der Baubehörde,
Hamburg

9.95
**Fritz Schumacher**
(1869-1947)
Bedürfnisanstalt
Hoheluftchaussee, Hamburg,
1928
Ansichten, Bleistift auf
Transparent, 43,5 x 72 cm
Plankammer der Baubehörde,
Hamburg

9.96
**Fritz Schumacher**
(1869-1947)
Höhere Realschule und
Volksschule Volksdorf
(heute:Walddörferschule),
Hamburg, ( 1928-29)
Turnhalle, Großfoto
Staatsarchiv Hamburg

9.97
**Fritz Schumacher**
(1869-1947)
Schule Wiesendamm, Hamburg,
(1928-29)
Großfoto
Staatsarchiv Hamburg

9.98
**Fritz Schumacher**
(1869-1947)
Bedürfnisanstalt Süderstraße,
Hamburg, 1929
Lageplan, Grundrisse, Ansichten,
Bleistift auf Transparent,
41 x 72 cm
Plankammer der Baubehörde,
Hamburg

9.99-100
**Fritz Schumacher**
(1869-1947)
Volksschule Tirolerstraße, 1930
9.99 Ansicht Süd, Bleistift auf
Transparent, 37,5 x 76,5 cm
9.100 Ansicht Nord, Bleistift auf
Transparent, 37,5 x 76,5 cm
Plankammer der Baubehörde,
Hamburg

9.101
**Fritz Schumacher**
(1869-1947)
Bedürfnisanstalt Winterhuder
Marktplatz, Hamburg, 1933
Grundriß, Ansicht, Bleistift auf
Transparent, 40,5 x 75,5 cm
Plankammer der Baubehörde,
Hamburg

**Referenz**

9.102
**Akademisk Arkitektførenings
Tegnehjaelp, Frederik Appel**
Technische Fachschule
Ansichten und Grundrisse,
Tusche, Aquarell, 38 x 94,5 cm
Kunstakademiets Bibliotek,
Kopenhagen

9.103
**Akademisk Arkitektførenings
Tegnehjaelp, unbekannt**
„Det Danske Købestaevne i
Fredericia" (Werksgebäude)
72 x 39 cm
Kunstakademiets Bibliotek,
Kopenhagen

9.104
**Alfred Abel**
(1882-1968)
Pressa Messebau, Köln, 1928
Perspektive, farbig aquarelliert,
auf Karton, 25,2 x 34,8 cm
Architekturmuseum der
Technischen Universität München

9.105
**Erik Gunnar Asplund**
(1885-1940)
Park östlich vom
Observatoriumshügel zwischen
Stadtbücherei und
Handelshochschule, 1929
Gestaltungsvorschlag,
Tusche, 67 x 98 cm
Das Schwedische
Architekturmuseum Stockholm

9.106
**K.P.C. de Bazel**
(1869-1923)
Geschäftshaus „Nederlands
Handelsmatschappij",
Amsterdam, 1919-1926
Perspektive, Tusche,
25,2 x 44,8 cm
Collection Netherlands
Architecture Institute,
Rotterdam, Holland

9.107
**Hendrikus Petrus Berlage**
(1856-1923)
Börse, Amsterdam, 1884-1903
Innenraumperspektive,
Tusche, 49.4 x 65,8 cm
Collection Netherlands
Architecture Institute,
Rotterdam, Holland

9.108
**Hendrikus Petrus Berlage**
(1856-1923)
Geschäftshaus für „De
Algemene", Leipzig, 1901
Ansicht, Tusche, 84,1 x 67,3 cm
Collection Netherlands
Architecture Institute,
Rotterdam, Holland

9.109
**Erich Blunck**
(1872-1950)
Wohnhaus mit zwei Giebeln,
Lübeck, Breite Straße
61 x 45 cm
Technische Universität Berlin,
Universitätsbibliothek,
Plansammlung

9.110
**Erich Blunck**
(1872-1950)
Wohnhaus, Lübeck, Breite Straße
59,5 x 45,5 cm
Technische Universität Berlin,
Universitätsbibliothek,
Plansammlung

9.112
**Eduard Cuypers**
(1859-1927)
Boarding House, Dordrecht , o.J.
Perspektive, Buntstift,
34 x 73 cm
Collection Netherlands
Architecture Institute,
Rotterdam, Holland

9.113
**Willem Marinus Dudok**
(1884-1974)
Snelliusschule, 1931
Ansichten, Schnitte, Tusche auf
Transparent, 102 x 124 cm
Gemeinde Hilversum,
Streekarchief, Niederlande

9.114
**Willem Marinus Dudok**
(1884-1974)
Trompschule 1917
Grundriß, Ansicht, Perspektive,
Bleistift, Aquarell, 50 x 64 cm
Gemeinde Hilversum,
Streekarchief, Niederlande

9.115
**Willem Marinus Dudok**
(1884-1974)
Werks- und Dienstgebäude, 1916
Ansichten, Tusche, 56 x 66 cm
Gemeinde Hilversum,
Streekarchief, Niederlande

9.116
**Alfred Erbe**
Schule am Berliner Tor,
Hamburg, 1906
Perspektive, Aquarell,
46,5 x 57 cm
Staatsarchiv Hamburg

9.116 a
**Alfred Erbe**
Erweiterungsbau der Kunsthalle,
Hamburg, 1908
Ansicht Glockengießerwall,
Bleistift auf Papier,
koloriert, 34 x 90 cm
Plankammer der Baubehörde,
Hamburg

9.117-120
**Hans Erlwein**
(1872-1914)
Feuerwache Louisenstraße,
Dresden, 1913
9.117 Grundriß Erdgeschoß und
1. Obergeschoß, Feder, farbig
angelegt, Karton, 71 x 85 cm
9.118 Grundrisse 2. und 3.

Obergeschoß , Feder, farbig
angelegt, Karton, 71 x 85 cm
9.119 Grundriß Kellergeschoß und
Schnitte, Feder, farbig angelegt,
Karton, 70,6 x 84,5 cm
9.120 Aufrisse der Straßen- und
Hofseite, Feder, farbig angelegt,
Karton, 71, 4 x 85 cm
Sächsisches Hauptstaatsarchiv,
Dresden

9.121
**Theodor Fischer**
(1862-1938)
Höhere Töchter- und Gewer-
beschule, München, Luisenstraße
7-9, 1897-1901
Perspektive, Tinte auf Transparent
aquarelliert, 52,5 x 37 cm
Architekturmuseum der
Technischen Universität München

9.122
**Theodor Fischer**
(1862-1938)
Wettbewerb
Kaiser-Wilhelm Volkshaus,
Lübeck, Am Holstentor, 1913
Perspektivskizze
Architekturmuseum der
Technischen Universität München

9.123
**Theodor Fischer**
(1862-1938)
Ledigenheim für Männer,
München, Bergmannstraße 35,
1925-1927
Perspektive Fassade mit
Haupteingang, Tusche auf
Transparent, 53,7 x 76,5 cm
Architekturmuseum der
Technischen Universität München

9.124-125
**Kay Fisker** (1893-1965),
**Poul Stegmann,**
**C.F. Møller**
Wettbewerb
Universität Århus, 1930
9.124 Lageplan, 73 x 102 cm
9.125 Perspektive, 97 x 64  cm
Kunstakademiets Bibliotek,
Kopenhagen

9.126
**Tony Garnier**
(1869-1948)
„Bourse du travail", Lyon, 1920
Perspektive, 60 x 90 cm
Archives Municipales de Lyon

9.127-128
**Ludwig Hoffmann**
(1852-1932)
Opernhaus am Königsplatz,
Berlin, 1913
2 Entwurfsskizzen, Ansichten,
Bleistift, ca. 30 x 40 cm
Landesarchiv Berlin

9.129
**Charles Holden**
(1875-1960) in: Harry Percy
Adams (1865-1930)
Kinderkrankenhaus, Belgrave,
1899-1901
Hauptansicht
Royal Institute of British
Architects, London

9.130
**Charles Holden**
(1875-1960)
in: Adams & Holden (seit 1907)
Krankenhaus, Bristol, 1909-1912
Perspektive
Royal Institute of British
Architects, London

9.131
**Charles Holden**
(1875-1960)
in: AHP Adams Holden Pearson
(seit 1913)
„London Transport Building",
Broadway 55, London, 1926-1929
Perspektive
Royal Institute of British
Architects, London

9.132
**Fritz Höger**
(1877-1949)
Wohn- und Geschäftshaus
Peter Petersen, Hamburg,
Lübeckerstraße/Litzowstraße,
1910
Ansichten, Bleistift , Tusche,
35,2 x 58 cm
Kunstbibliothek Berlin

9.133-134
**Fritz Höger**
(1877-1949)
Wettbewerbsentwürfe für den
Neubau der „Alsterlust",
Hamburg, 1914
9.133 Lageplan, 1:1000, Bleistift ,
Tusche, 35,4 x 54,3 cm
9.134 Perspektivische Ansicht, von
der Außenalster gesehen, Bleistift,
28,2 x 83,8 cm
Kunstbibliothek Berlin

9.135
**Fritz Höger**
(1877-1949)
Chilehaus, Hamburg, (1922-24)
Modell
Holz, 85 x 200 cm
Scandinavian Partners mbH,
Hamburg

9.136-137
**Fritz Höger**
(1877-1949)
Chilehaus, Hamburg, 1922-24
9.136 3 Schnitte, Lichtdruck,
180 x 90 cm
9.137 Grundriß 1.-5.Obergeschoß,
Lichtdruck, koloriert, 85 x 185 cm
Hamburger ArchitekturArchiv

9.138
**Fritz Höger**
(1877-1949)
Sprinkenhof, Hamburg,
(1927-1943)
Vorentwurf (1927/28?) für die
Fassadengestaltung
Burchardstraße, Bleistift,
38 x 65 cm
Kunstbibliothek Berlin

9.139-141
**Hack Kampmann** (1856-1920),
**Aage Rafn** (1890-1953),
**Arne Jacobsen** (1902-1976)
Polizeihof Kopenhagen
9.139 Grundriss, Tusche,
53,5 x 75 cm
9.140 Perspektive des Hofes,
Aquarell, 58 x 55 cm
9.141 Perspektive des Hofes,
Aquarell, 63 x 94 cm,
Kunstakademiets Bibliotek,
Kopenhagen

9.142
**Wilhelm Kreis**
(1873-1955)
Entwurf zum Deutschen
Hygiene-Museum, Dresden
Hauptansicht, Lichtpause,
59 x 115,5 cm
Deutsches Hygiene-Museum,
Dresden

9.143
**Wilhelm Kreis**
(1873-1955)
Museum für deutsche
Vorgeschichte, Halle an der Saale,
1910
Wilhelm Kreis Archiv,
Burg Arntz, Bad Honnef

9.144
**Wilhelm Kreis**
(1873-1955)
Ausstellungshalle „Gesolei",
Ausstellung für Gesundheit,
soziale Fürsorge und
Leibesübungen, Düsseldorf, 1926
Wilhelm Kreis Archiv, Burg
Arntz, Bad Honnef

9.145
**Hugo Licht** (1841-1923)
**Fritz Schumacher** (1869-1947)
(Mitarbeit)
Gestaltung des Konzert- und Aus-
stellungssaales des Messehauses
Städtisches Kaufhaus, Leipzig,
1897 Zeitgenössische Fotografie,
13 x 18 cm
Stadtarchiv Leipzig
9.146
**Otto Linne**
(1869-1937)
Museum für Hamburgische
Geschichte, Hamburg, (1911-22)
Gartenplan, 1920, Bleistift und
Buntstift auf Transparent,
76 x 130
Plankammer der Baubehörde,
Hamburg

9.147
**Martin Nyrop**
(1849-1921)
Rathaus, Kopenhagen
9.147 Seitenfassade,Tusche,
46 x 64 cm
9.147a Haupteingang, Aquarell,
76 x 67 cm
Kunstakademiets Bibliotek,
Kopenhagen

9.148
**Joseph Maria Olbrich**
(1867-1908)
Hallenschwimmbad, Darmstadt,
1905
Aufriß Ost- und Nordfassade
sowie Perspektive von Nordosten,
Bleistift, Feder, Aquarell,
30,2 x 45,5 cm
Kunstbibliothek Berlin

9.149
**Hans Poelzig**
(1869-1936)
Wettbewerb Messehaus,
Hamburg, 1925
Perspektive von der
Mönckebergstraße
Technische Universität Berlin,
Universitätsbibliothek,
Plansammlung

9.150
**Alfredo Puls,**
**Emil Richter**
Chilehaus, Hamburg, 1924
Perspektive, Lichtpause,
42 x 74 cm
Hamburgisches
ArchitekturArchiv

9.151
**Baudirektor Rank**
Erweiterung der Börse,
Hamburg, um 1920
Perspektive, Bleistift auf
Transparent, 55 x 61 cm
Plankammer der Baubehörde,
Hamburg

9.152
**Baudirektor Rank**
Finanzdeputation, Hamburg, 1922
Perspektive, Kohle auf
Transparent, 55 x 61 cm
Plankammer der Baubehörde,
Hamburg

9.153
**Emil Schaudt,**
**Walther Puritz**
Curiohaus, Hamburg
Perspektive der Hofseite,
Aquarell, 35 x 50 cm
Plankammer der Baubehörde,
Hamburg

9.154-155
**Ingeborg Waern-Brugge**
(1899-1991) &
**Kerstin Göransson-Ljungman**
(1901-1971)
Frederick Een's Memorial, Mütter-
und Kinderhaus, Stockholm, 1932
9.154 Ansicht, Tusche,
37,2 x 29,6 cm
9.155 Grundriß, Tusche,
27,3 x 34,8 cm
Das Schwedische
Architekturmuseum Stockholm

9.156
**Zimmermann, Carl J. C.**
(1832-1911)
Hafenkrankenhaus, Hamburg
Grundriß, Ansicht, Lichtdruck,
71 x 51,5 cm
Plankammer der Baubehörde,
Hamburg

9.157
**Zimmermann, Carl J. C.**
(1832-1911)
Polizeiwache beim Chilehaus,
1904
Ansichten, Tusche auf
Transparent, 60 x 87 cm
Plankammer der Baubehörde,
Hamburg

9.158
**Zimmermann, Carl J. C.**
(1832-1911)
Hafenpolizeiwache
Ansichten, Schnitt, Lichtdruck,
koloriert, 92 x 65 cm
Plankammer der Baubehörde,
Hamburg

**Kunst**

9.159
**Fritz Kronenberg**
(1901-1960)
Boote, 1932
Detail des zerstörten Wandbildes
„Estemündung" für die Schule
Osterbrook, Hamburg
Öl auf Leinwand, ca. 80 x 120 cm
Privatbesitz, Hamburg

9.160
**Richard Kuöhl**
(1880-1961)
Legionärskopf, Fassadenschmuck
der Polizeiwache am
Spielbudenplatz, Hamburg, 1914
Keramik, ca. 30 x 30 cm
Denkmalschutzamt Hamburg

9.161-162
**Richard Kuöhl**
(1880-1961)
Knabe und Mädchen,
Fassadenkeramiken der
Volksschule am Tieloh, 1914
Keramik, je 105 x 39 x 14 cm
Museum für Hamburgische
Geschichte, Hamburg

9.163
**Richard Kuöhl**
(1880-1961)
Türgriffe für die
Finanzdeputation, Hamburg,
(1914-26)
Privatbesitz, Hamburg

9.164
**Richard Kuöhl**
(1880-1961)
Türgriffe für das Krematorium
Ohlsdorf, Hamburg, (1928-30)
Privatbesitz, Hamburg

9.165
**Kurt Löwengard**
(1845-1940)
Hafentriptychon, Mittelteil eines
Wandbildes der Handelsschule
Schlankreye, 1930-31
Öl auf Leinwand, 177 x 200 cm
Staatliche und Wirtschaftsgymna-
sium Schlankreye, Hamburg

9.166
**Rolf Nesch**
(1893-1975)
Hafentriptychon, Mittelteil eines
Wandbildes, ehemals Volksschule
Wendenstraße, 1930
Öl auf Leinwand, 149 x 198 cm
Gesamtschule Alter Teichweg,
Hamburg

9.167
**Anita Rée**
(1885-1933)
Cäcilia, Vierte der Törichten
Jungfrauen, 1929
Studie für das Wandbild „Die klu-
gen und die törichten Jungfrauen"
der Gewerbeschule Uferstraße,
1928
Rötel, 48 x 37 cm
Privatbesitz, Hamburg

9.168
**Hans Martin Ruwoldt**
(1891-1969)
„Fische und Vögel" für die Schule
Fraenkelstraße, Modell, 1930/31
Gips, 9 x 15 cm
Museum für Kunst und Gewerbe
Hamburg

9.169
**Arthur Storch**
(1870-1947)
Knabe auf einer Schildkröte
stehend, um 1914
Studie für den Brunnen einer
Schule
Bronze, 145 x 55 x 55 cm
Hamburger Kunsthalle

9.170
**Elfriede Lohse Wächtler**
(1899-1940)
Frauenporträt, 1929
aus der Reihe

„Friedrichsberger Köpfe"
Kohle und Pastell, ca. 25 x 25 cm
Hamburger Kunsthalle
9.171
**Elfriede Lohse Wächtler**
(1899-1940)
Schlafende, 1929
aus der Reihe „Friedrichsberger
Köpfe"
Kohle und Kreide, ca. 25 x 25 cm
Hamburger Kunsthalle

9.172
**Elfriede Lohse-Wächtler**
(1899-1940)
Eine alte Patientin, 1929
aus der Reihe „Friedrichsberger
Köpfe"
Blei und Buntstift, 20,2 x 26 cm
Privatbesitz, Hamburg

Station 10
**Bauten der Technik**

Der Wunsch, der modernen
Gesellschaft in einer spezifischen
Monumentalität Gestalt zu geben,
konnte nicht vor den Bauten der
Technik halt machen. Erst ihre
Gestaltung konnte im eigentlichen
Sinn „Monumente der Moderne"
hervorbringen. Hinter diesem
Wunsch steht nicht, wie einige
Kritiker unterstellen, Technik-
feindschaft, sondern gerade
Technikbegeisterung. Mit dem
Gestaltungswunsch wird dem
Techniker nicht seine Kompetenz
streitig gemacht, sondern der
Architekt bietet seine Mittel, um
das technische Bauwerk über
seine engere Funktion hinaus in
den umfassenden Gestaltungs-
kanon der gesamten gebauten
Umwelt einzubinden.

Schumacher hatte nur bei wenigen technischen Bauten
Gelegenheit, seine Fähigkeiten
unter Beweis zu stellen, da dieser
Bereich außerhalb der
Zuständigkeit des Hochbauwesens lag. Unter seinen entsprechenden Projekten nehmen neben
den zahlreichen Hamburger
Brücken die nicht mehr erhaltenen, gemeinsam mit Gustav Leo
geschaffenen Flugzeughallen
einen besonderen Platz ein. Der
Vergleich mit technischen Bauten
Hans Poelzigs, Ferdinand
Kramers oder Gilbert Scotts zeigt,
daß Schumacher hier keinen einsamen Kampf führte, sondern daß
auch die monumentale Gestaltung
technischer Bauten ein allgemei-
neres Bestreben einer europäischen Architektengeneration war.

10.1
**Fritz Schumacher**
(1869-1947)
Gasometer Fuhlsbüttel, Hamburg,
1912
Feder auf Transparent, 56 x 56 cm
Hamburger Gaswerke

10.2-3
**Fritz Schumacher**
(1869-1947)
Krugkoppelbrücke, Hamburg,
(1927-28)
10.3 Brückenpfeiler mit Keramik,
Bleistift auf Transparent
10.4 Wartehäuschen, Ansichten,
Bleistift auf Transparent
Staatsarchiv Hamburg

10.4
**Fritz Schumacher**
(1869-1947)
Krugkoppelbrücke, Hamburg,
(1927-28)
Großfoto
Staats- und Universitätsbibliothek
Hamburg Carl von Ossietzky

10.5
**Fritz Schumacher**
(1869-1947)
Brücke Von-Essen-Straße,
Hamburg, (1926-27)
Fotografie
Staats- und Universitätsbibliothek
Hamburg Carl von Ossietzky

10.6
**Fritz Schumacher**
(1869-1947)
Brücke Flurstraße, Kanalhafen am
Stadtparkrestaurant, Hamburg,
(1914-16)
Teilansicht und Details,
Lichtpause
Staatsarchiv Hamburg

10.7
**Fritz Schumacher**
(1869-1947)
Segelflughalle, Travemünde,
(1927-28)
Modell: Peter Wischhusen,
Modellbau
Polystyrol weiß, Grundplatte
90 x 90 cm
Arbeitsgruppe Schumacher-
Projekt, Hochschule für bildende
Künste Hamburg

10.8
**Fritz Schumacher**
(1869-1947)
Schleidenbrücke, Hamburg, (1929)
Fotografie
Staats- und Universitätsbibliothek
Hamburg Carl von Ossietzky

**Referenz**

10.9
**Theodor Fischer**
(1862-1938)
Camsdorfer Brücke,
Jena, 1908-1913
Perspektive, Bleistift und Kohle
auf Zeichenpapier, 89,5 x 63,5 cm
Architekturmuseum der
Technischen Universität München

10.10
**Charles Holden**
(1875-1960)
in: AHP Adams Holden Pearson
(seit 1913)
Arnos Grove, U-Bahn-Station,
Enfield, 1931
Ansicht
Royal Institute of British
Architects, London

10.11
**Fritz Höger**
(1877-1949)
Wasserturm, Norderney, 1928
Perspektivische Ansicht, Bleistift
und Kohle, 54,1 x 32,1 cm
Kunstbibliothek Berlin

10.12
**Cyrillus Johansson**
Wasserturm, Vaxholm, 1923
Bleistift, Tusche, 55,3 x 70,0 cm
Das Schwedische
Architekturmuseum Stockholm

10.13
**Pieter Lodewijk Kramer**
(1881-1961)
Brücke Nr.404, Amsterdam-Süd,
1917
Bleistift, Buntstift, 25 x 47 cm
Collection Netherlands
Architecture Institute, Rotterdam,
Holland

10.14
**Pieter Lodewijk Kramer**
(1881-1961)
Brücke Nr. 242, Binnenamstel,
Amsterdam, 1921
Tusche, Buntstift, 29 x 99 cm

Collection Netherlands
Architecture Institute, Rotterdam,
Holland

10.15
**Wilhelm Kreis**
(1873-1955)
Friedrich-August-Brücke,
Dresden, 1906
Präsentationszeichnung
Wilhelm Kreis Archiv,
Burg Arntz, Bad Honnef

10.16-17
**Joseph Maria Olbrich**
(1867-1908)
Wassertürme, Hamburg, 1906
10.16 Wasserturm auf der
Sternschanze,
Perspektive,Lichtpause, Aquarell
und Farbstift getönt,
65,8 x 33,5 cm
10.17 Wasserturm auf dem
Gelände des Waisenhauses,
Perspektive, Fotografie, Bleistift
und Pinsel. 40,2 x 38,0 cm
Kunstbibliothek Berlin

10.18-19
**Hans Poelzig**
(1869-1936)
Wasserturm, Hamburg, 1910
2 Perspektiven
Technische Universität Berlin,
Universitätsbibliothek,
Plansammlung

10.20
**Hans Poelzig**
(1869-1936)
Kraftwerk Schulau, Hamburg
Schaubild der
Ausführungsvariante, 82 x 152 cm
Museum für Verkehr und
Technik, Berlin

10.21
**Baudirektor Rank**
Pumpwerk Marschlande,
Hamburg, 1922
Grundrisse, Ansichten, Bleistift
auf Transparent, 42 x 76 cm
Plankammer der Baubehörde,
Hamburg

10.22
**Richard Riemerschmid**
(1868-1957)
Luftfahrthalle, Deutsche
Verkehrsausstellung, München,
1925
Ansicht Südgiebel, Feder, Bleistift,
Tempera / Zeichenkarton,
80 x 59,5 cm

Architekturmuseum der
Technischen Universität München

10.23
**Giles Gilbert Scott**
(1880-1960)
(mit Halliday & Agate)
„Battersea Power Station", London,
1930
Perspektive, gezeichnet von
A.C.Webb
Royal Institute of British Architects,
London

**Kunst**

10.24
**Alexander Friedrich**
(1895-1968)
Die Brücke, 1918
Öl auf Leinwand, 91 x 91 cm
Altonaer Museum, Hamburg

10.25
**Richard Kuöhl**
(1880-1961)
Hamburger Wappen von der
Wiesendammbrücke, um 1930
Keramik, ca. 120 x 80
Denkmalschutzamt Hamburg

**Nachtrag**

X.1
**Fritz Schumacher**
(1869-1947)
Erweiterungsplanung Friedhof
Ohlsdorf, Hamburg, (1914-15)
Gesamtanlage, Vogelschau, Druck,
73,5 x 122
Plankammer der Baubehörde,
Hamburg

X.2
**Fritz Schumacher**
(1869-1947)
Volksschule Ahrensburgerstraße
(heute: Krausestraße), Hamburg,
1915
Perspektive Vorderfront, Kohle auf
Transparent, 43,5 x 86 cm
Plankammer der Baubehörde,
Hamburg

X.3
**Fritz Schumacher**
(1869-1947)
Volksschule Ahrensburgerstraße
(heute: Krausestraße), Hamburg,
1915
Perspektive Rückfront, Kohle auf
Transparent, 62,5 x 95 cm
Plankammer der Baubehörde,
Hamburg

X.4
**Fritz Schumacher**
(1869-1947)
Krematorium Ohlsdorf, Hamburg,
(1928-33)
Perspektive Gesamtansicht, Kohle,
Blei, Transparent,
40 x 55 cm
Plankammer der Baubehörde,
Hamburg

X.5
**Fritz Schumacher**
(1869-1947)
Krematorium Ohlsdorf, Hamburg,
(1928-33)
Stele an der großen Freitreppe, 1:1,
1931, Kohle, Bleistift, Transparent,
121 x 90 cm
Plankammer der Baubehörde,
Hamburg

X.6
**Wilhelm Cordes**
Friedhof Ohlsdorf, Hamburg, 1897
Lageplan, Druck, koloriert,
68 x 92 cm
Plankammer der Baubehörde,
Hamburg

X.7
**Wilhelm Cordes**
Entwurf für ein Denkmal, 1920
Gesamtanlage, Perspektive 60 x 65
cm
Plankammer der Baubehörde,
Hamburg

33

## Danksagung

Architekturmuseum der TU
München

Bauaufsichtsamt Lüneburg

Baurechtsamt Stuttgart

Bayerisches Hauptstaatsarchiv,
München

Berlin Document Center

Bezirksamt Wien 19

Denkmalbehörde Krefeld

Evangelisch-Lutherisches
Landeskirchenamt Sachsens,
Dresden

Fondation Appia, Bern

Friedhofsamt Leipzig

Friedhofsverwaltung Berlin-
Wannsee

Friedhofsverwaltung Krefeld

Friedhofsverwaltung Plauen im
Vogtland

Gartenbauamt Bremen

Generalkonsulat der Republik
Polen in Hamburg

Grünflächenamt Dresden

Hamburger Gaswerke

Historisches Museum der Stadt
Wien

Hochbauamt der Stadt Chur,
Abteilung Gartenbau

Hochschule für bildende Künste
Hamburg

Jüdischer Friedhof Berlin-
Weißensee

Institut für Städtebau der
Universität Wien

Kirchliches Friedhofsamt Leipzig

Kulturbehörde Hamburg

Kustodie der Technischen
Universität Dresden

Lehrwerkstatt Lübecker Ufer der
Wirtschaftsbehörde Hamburg,
Strom und Hafenbau

Museum der Stadt Wien
Museum für Hamburgische
Geschichte

Naturschutz- und
Grünflächenamt Berlin-Weißensee

Norddeutscher Rundfunk

Sächsische Landesbibliothek
Dresden, Abteilung Deutsche
Fotothek

Sächsisches Hauptstaatsarchiv
Dresden

Scandinavian Partners GmbH

Senatsverwaltung für
Stadtentwicklung und
Umweltschutz, Berlin

Staatliche Landesbildstelle
Hamburg

Stadtarchiv München

Stadtarchiv Plauen im Vogtland

Stadtentwicklungsbehörde
Hamburg

Stadtplanungsamt Krefeld, Untere
Denkmalbehörde

Städtisches Friedhofs- und
Bestattungswesen Dresden

Stadtverwaltung Kirn

Universität Stuttgart, Institut für
Architekturgeschichte

Waldfriedhof Dresden

Zentralinstitut und Museum für
Sepulkralkultur, Kasse

Dieter Schädel

**Nachtrag zum Verzeichnis
der Werke Fritz Schumachers**

Museum für Heimatkunde
Entwurf, nicht ausgeführt
Hamburg-Bergedorf, Große Straße,
1920

Planetarium Hamburg
Entwurf, nicht ausgeführt
Hamburg-Winterhude, Vossberg
1926

Planetarium Hamburg
Entwurf, nicht ausgeführt
Hamburg-Neustadt, Wallanlagen,
Glacischaussee
1927

Einbau eines Planetariums
in den Wasserturm im Hamburger
Stadtpark
Hamburg-Winterhude, Borgweg
1927

Volksschule Rungestraße
Entwurf, nicht ausgeführt
Hamburg-Barmbek, Rungestraße
1931

Pförtnerhäuschen Friedhof
Ohlsdorf, Hamburg-Ohlsdorf,
Fuhlsbüttler Straße
1932

Wohnhäuser für 2-6 Familien
Entwurf, nicht ausgeführt
Hamburg-Ohlsdorf, Materialplatz
an der Thalstraße
nicht datiert

Schule Curschmannstraße
Entwurf, nicht ausgeführt
Hamburg-Eppendorf,
Curschmannstraße
nicht datiert

Umbau der Blumenmarkthalle
Entwurf, nicht ausgeführt
Hamburg-Altstadt, Klosterwall
nicht datiert

Neudatierung aufgrund
veränderter Quellenlage:
Werk 293
Bebauungsplan Zoologischer
Garten
Hamburg-Rotherbaum,
Dammtor/Planten un Blomen
Auftraggeber: Freie und
Hansestadt Hamburg um 1911

35

Redaktionsschluß für die
Exponatenliste war der
12. Mai 1994.
Später eingegangene
Informationen und
Korrekturen konnten
nicht mehr berücksichtigt
werden.

**Impressum**

**Liste der Exponate:**
Susanne Harth

**Texte:**
Hartmut Frank,
Christian Weller

**Redaktion:**
Christian Weller

**Grafik:**
Ursula Schönbach

**Herstellung:**
Grossmann Offset,
Hamburg

## Anmerkungen

1 Angaben dazu bei Werner Kayser: Fritz Schumacher. Architekt und Städtebauer. Eine Bibliographie. Arbeitshefte zur Denkmalpflege in Hamburg, Nr. 5, Hamburg 1984, Nr. 149, 922.

2 Fritz Schumacher: Expressionismus und Architektur. In: Kulturpolitik. Neue Streifzüge eines Architekten. Jena 1920, S. 174.

3 Fritz Schumacher: Stufen des Lebens. Erinnerungen eines Baumeisters. Berlin, Stuttgart 1935, S. 276.

4 Schumacher: Stufen (s. Anm. 3), S. 71.

5 Schumacher: Stufen (s. Anm. 3), S. 72, 76, 242, 395.

6 Fritz Schumacher: Selbstgespräche. Erinnerungen und Betrachtungen. Hamburg 1949, S. 16, 140. Fritz Schumacher: Strömungen in deutscher Baukunst seit 1800. Köln 1935, 2. Aufl. 1955, S. 91. Stufen (s. Anm. 3), S. 72, 115, 291.

7 Im Haus von Dr. Linde in Lübeck sah Schumacher den Lebensfries und die Familienporträts. Munch wurde für die Hamburgische Sezession das wegweisende Vorbild, indirekt also auch für die Wandbilder in Schumacher-Bauten.

8 Fritz Schumacher: Rundblicke. Stuttgart und Berlin 1936, S. 91, 242. Wandlungen im Bühnenbild. Hamburg 1948, S. 44, 48. Stufen (s. Anm. 3), S. 245. Die Sprache der Kunst. Stuttgart, Berlin 1942, S. 76, 177. Selbstgespräche (s. Anm. 8), S. 22, 23.

9 Schumacher: Sprache (s. Anm. 8), S. 189. Rundblicke (s. Anm. 8), S. 41.

10 Schumacher: Strömungen (s. Anm. 6), S. 91.

11 Schumacher: Stufen (s. Anm. 3), S. 115, 149, 183.

12 Schumacher: Selbstgespräche (s. Anm. 6), S. 196f. Sprache (s. Anm. 8), S. 178f.

13 Schumacher: Selbstgespräche (s. Anm. 6), S. 196–199. Stufen (s. Anm. 3), S. 242ff., 264, 376. Sprache (s. Anm. 8), 77, 196ff.

14 Schumacher: Stufen (s. Anm. 3), S. 264. Strömungen (s. Anm. 6), S. 81.

15 Schumacher: Stufen (s. Anm. 3), S. 244, 386. Selbstgespräche (s. Anm. 8), S. 199ff., 202.

16 Schumacher: Stufen (s. Anm. 3), S. 96, 141.

17 Schumacher: Stufen (s. Anm. 3), S. 406.

18 Schumacher: Stufen (s. Anm. 3), S. 115, 158, 228, 293, 406.

19 Schumacher: Stufen (s. Anm. 3), S. 174, 408.

20 Schumacher: Stufen (s. Anm. 3), S. 172.

21 Schumacher: Stufen (s. Anm. 3), S. 172–178.

22 Nietzsche als symbolhafter Kämpfer gegen die Fin-de-Siècle-Stimmung, der Genius, der eine neue Welt in sich gebiert. Schumacher hatte den Todkranken wegen eines Nietzsche-denkmal-Entwurfs aufgesucht. Schumacher: Strömungen (s. Anm. 6), S. 103. Paul Kuehn-Leipzig: Das Nietzsche-Archiv zu Weimar, Darmstadt 1904, S. 14f.

23 Schumacher: Sprache (s. Anm. 8), S. 184f., 187, 191ff. Stufen (s. Anm. 3), S. 409.

24 Schumacher: Stufen (s. Anm. 3), S. 190ff., 410.

25 Schumacher: Stufen (s. Anm. 3), S. 191f., 410.

26 Viktor Horta, Van de Velde. Schumacher: Stufen (s. Anm. 3), S. 192.

27 Schumacher: Stufen (s. Anm. 3), S. 232, 415.

28 Schumacher: Stufen (s. Anm. 3), S. 279f., 422.

29 Jürgen Schieferdecker: Schumacher und sein Krematorium in Dresden-Tolkewitz. In: Arbeitsgruppe Fritz Schumacher Colloquium (Hrsg.). Hamburg 1992, S. 34.

30 Schumacher: Stufen (s. Anm. 3), S. 283f., 422.

31 Schumacher: Selbstgespräche (s. Anm. 6), S. 141. Expressionismus (s. Anm. 2), S. 177.

32 Schumacher: Rundblicke (s. Anm. 8), S. 172.

33 Schumacher: Selbstgespräche (s. Anm. 6), S. 141.

34 Er verschaffte ihm den Auftrag zur Gestaltung des Kriegsdenkmals an der kleinen Alster. Schumacher: Selbstgespräche (s. Anm. 6), S. 102–109. Sprache (s. Anm. 8), S. 185, 191. Stufen (s. Anm. 3), S. 428.

35 Schumacher: Selbstgespräche (s. Anm. 8), S. 200.

36 Archivierte Briefwechsel geben authentische Einblicke in die überwiegend schriftliche Kommunikation. Schumachers Korrespondenzen sind bisher noch nicht in vollem Umfang gesichtet.

37 Gustav Schiefler: Eine Hamburgische Kulturgeschichte 1890–1920. Hamburg 1985, S. 61f.

38 Manfred F. Fischer: Fritz Schumacher, das Hamburger Stadtbild und die Denkmalpflege. Hamburg 1977, S. 75, Anm. 114. Schumacher: Stufen (s. Anm. 3), S. 306.

39 Schumacher: Stufen (s. Anm. 3), S. 296.

40 Schumacher berichtet von dem beschämenden Vorfall im Kunstverein. Schumacher: Stufen (s. Anm. 3), S. 293.

41 Schumacher: Stufen (s. Anm. 3), S. 317.

42 Schumacher: Stufen (s. Anm. 3), S. 423f.

43 Edith Oppens: Der Mandrill. Hamburg 1969, S. 85ff. Carl Georg Heise: Gustav Pauli zum Gedächtnis. In: Jahrbuch der Hamburger Kunstsammlungen 11 (1966), S. 10. Schumacher: Gustav Pauli zum 65. Geburtstag. In: Der Kreis 8 (1931), S. 65–69.

44 Er warb publizistisch für Gustav Wolff, Richard Haizmann, Naum Slutzky, Karl Ballmer, Rolf Nesch u. a. und beriet Künstler, so Herbert Mhe, Rolf Nesch. Maike Bruhns (Hrsg.): Rolf Nesch. Zeugnisse eines ungewöhnlichen Künstlerlebens in turbulenter Zeit. Gifkendorf 1993. SUB Hamburg: Nachlaß Sauerlandt, Mappe 10a.

45 SUB Hamburg, Nachlaß Max Sauerlandt, SUB Hamburg, Mappe 10a, fünf Briefe aus den Jahren 1928–1931.

46 Fritz Schumacher: Aus der Vorgeschichte der ›Brücke‹. In: Der Kreis 1932, H. 1. Maike Bruhns: Rosa Schapire und der Frauenbund zur Förderung deutscher bildender Kunst. In: Henrike Junge (Hrsg.): Avantgarde und Publikum. Zur Rezeption avantgardistischer Kunst in Deutschland 1905–1933. Köln 1992, S. 269.

47 Schiefler: Kulturgeschichte (s. Anm. 37).

48 Bruhns: Nesch (s. Anm. 44). Schumacher: Stufen (s. Anm. 3), S. 293.

49 Mitteilung der Urenkelin Indina Kampf, die freundlicherweise die Einsichtnahme in den Nachlaß ermöglichte.

50 Vorläufiger Standort Staatsarchiv Hamburg. Nachlaß Gustav Schiefler, Briefe. 1908/III, 1913/II, 1917/II, 1918/II, 1920/I, 1921/I, 1923/I.

51 Fritz Schumacher: Gustav Schiefler und Hamburgs öffentliches Leben. In: Der Kreis

1927, H. 12. Außer Schumacher beteiligten sich: Max Sauerlandt »Kunsturteil«, Gustav Pauli »Der Sammler Gustav Schiefler«, Carl Mönckeberg »Die ›Schiefler-Abende‹«, Robert Johannes Meyer, Carl Götze, Rosa Schapire »Gustav Schiefler und die Kunst unserer Zeit«, Hans W. Fischer »Gustav Schiefler und die Literatur«.

52   Nachlaß Schiefler (s. Anm. 50), Briefe, Bd. 59, 1929/I.

53   Nachlaß Schiefler (s. Anm. 50), ungebundene Briefe 1933.

54   Totenrede im Nachlaß von Ottilie Schiefler, Staatsarchiv Hamburg.

55   Schumacher: Stufen (s. Anm. 3), S. 319.

56   Sie gehört seit 1944 als Warburg-Institute zur Londoner Universität. Michael Diers: Stichworte zur Einführung. Bernhard Buschendorf: Auf dem Weg nach England – Edgar Wind und die Emigration der Bibliothek Warburg. In: Diers (Hrsg.): Porträt aus Büchern. Bibliothek Warburg und Warburg-Institute. Kleine Schriften des Warburg-Archivs im Kunstgeschichtlichen Seminar der Universität Hamburg, Heft 1, Hamburg 1993.

57   Schumacher: Selbstgespräche (s. Anm. 6), S. 300.

58   Siehe dazu Hipps brillant vorgetragene These, daß die Fassade selbstbewußt das geistige Programm der Bibliothek ankündigt und, Warburgs Antikenrezeption folgend, symbolisch auf ein Schatzhaus der Bücher und gleichzeitig auf das Bankmetier der Finanziers des Hauses verweist. Hermann Hipp: Strebende und tragende Kräfte – Die Fassade der K. B. W. In: Diers: Porträt (s. Anm. 56), S. 43 ff.

59   Schumacher: Selbstgespräche (s. Anm. 6), S. 302. Tilmann von Stockhausen: Die Kulturwissenschaftliche Bibliothek Warburg. Architektur, Einrichtung und Organisation, Hamburg 1992.

60   Der Lesesaal wurde schließlich quer zum Grundstück gelagert, ein konstruktiver moderner Rundbau im Geist Le Corbusiers in kühner Kontroverse zu der traditionsverhafteten Backsteinfassade. Karen Michels: Ein Versuch über die K. B. W. als Bau der Moderne. In: Diers: Porträt (s. Anm. 56), S. 71 ff.

61   Gedächtnis, Erinnerung – Hinweis auf das Forschungsgebiet, das Nachleben der Antike.

62   Warburg an Schumacher am 18. 8. 1925.

63   SUB Hamburg, Korrespondenz im Nachlaß von Melle.

64   SUB Hamburg, Nachlaß Jahnn, Mappe 4 und Mappe 8, »Kleinorgel« Jahnn/Walcker 1932–35, Kundenkorrespondenz. Freundlicher Hinweis von Sandra Hiemer, Hans Henny Jahnn-Arbeitsstelle der Universität Hamburg.

65   Schumacher: Stufen (s. Anm. 3), S. 325 f., 452 ff. SUB Hamburg, Dehmel-Archiv 5740.

66   Schumacher: Selbstgespräche (s. Anm. 6), S. 299. Stufen (s. Anm. 3), S. 313 f. Er erwähnt Aby Warburg, Senator Strandes, Professor Sieveking, Ingenieur Zippel, den Maler Schnars-Alquist, den Industriellenführer Heye, den Lesehallengründer Hallier, den Architekten Groothoff. An Gästen: den Schriftsteller Linde, Wilhelm Waetzoldt, Gorch Fock.

67   Schiefler: Kulturgeschichte (s. Anm. 37), S. 401 ff. Vorsitz: Gustav Schiefler, Mitglieder u. a. Alexander Zinn, Hans W. Fischer, Polizeioberst Danner, Ernst Lewalter, Dr. Peter Petersen, Görland, Pauli, Rathgen, Carl Mönckeberg, Riess.

68   Definition von Richard Tüngel in einer Rede vor der Deutschen Akademie für Städtebau und Landesplanung zum 10. Todestag von Schumacher. SUB Hamburg, Nachlaß Fritz Schumacher XA 165.

69   Schumacher: Stufen (s. Anm. 3), S. 336.

70   Nachlaß Schiefler (s. Anm. 50), Briefe, Bd. 42, 1921/I.

71   Schumacher: Stufen (s. Anm. 3), S. 247. Sprache (s. Anm. 8), Vorwort.

72   Schumacher: Der Geist der Baukunst. Stuttgart 1938. Strömungen (s. Anm. 6). Hipp: Kräfte (s. Anm. 56).

73   Schumacher: Stufen (s. Anm. 3), S. 386.

74   Als Künstlerarchitekt und Tektoniker stand er in der Tradition der Renaissance, schrieb über Alberti und Brunellesco, und stand damit im Gegensatz zu den Malerarchitekten. Fritz Schumacher: Das Wesen des neuzeitlichen Backsteinbaues. München 1920, S. 16.

75   Auch die Empfehlungsschreiben von Paul Wallot und Gabriel Seidl kennzeichnen Schumacher als »ausgezeichneten Künstler«. Staatsarchiv Hamburg: Baudeputation B 191, Bewerbungsschreiben an Senator Holthusen vom 2. 4. 1909.

76   Schumacher: Strömungen (s. Anm. 6), S. 183. Ähnlich: »Erkenntnisse für den Wiederaufbau zerstörter Städte«, wo Schumacher architektonische Arbeiten ausschließlich in künstlerischem Vokabular ausdrückt. Schumacher: Nachlaß (s. Anm. 68), IX A 5a.

77   Schumacher: Stufen (s. Anm. 3), S. 312.

78   Schumacher: Stufen (s. Anm. 3), S. 314 f.

79   Schumacher: Probleme der Großstadt. Leipzig 1940, S. 143. Stufen (s. Anm. 3), S. 298, 312, 380. Hier spricht Schumacher auch von seinem Büro als »persönlichem Atelier«.

80   Schumacher: Stufen (s. Anm. 3), S. 379, 387 f.

81   Friedrich Ahlers-Hestermann: Rede am 7. 2. 1948 anläßlich der Fritz-Schumacher-Feier des Senats.

82   Schumacher: Wandlungen (s. Anm. 8), S. 29.

83   Alfred Lichtwark: Eine Auswahl seiner Schriften. Besorgt von Wolf Mannhardt, Berlin 1917, Bd. 1, S. 164 f., S. 228. Der Hamburgische Städtebau im 19. Jahrhundert. In: Jahrbuch der Gesellschaft Hamburgischer Kunstfreunde, Bd. 17, 1911.

84   Bereits vor 1933 wendete sich Schumacher von der Heimatschutzbewegung ab, erteilte auch dem aus gleichem Geist entstandenen »Block« eine Absage. Schumacher: Strömungen (s. Anm. 6), S. 122. Dörte Nicolaisen: Studien zur Architektur in Hamburg 1910–1930. Diss. München 1974, Nijmegen 1985, Hamburg 1985, S. 43.

85   Schumacher nannte seine begleitenden Vorträge, Broschüren und Schriften zu Recht »getarnte Kampfschriften«. Sie halfen, seine Ziele durchzusetzen und erreichten nachweislich ihr Publikum. Schumacher: Stufen (s. Anm. 3), S. 388.

86   Ziegelsteine aus kalkarmem, eisenhaltigem Ton, die bis zur Sinterung gebrannt werden, wobei die Oberfläche leicht verglast. Der Klinker »klingt« beim Aneinanderschlagen. Lutz Tittel: Backsteinbau in Hamburg. Hamburg Porträts 7 (1977), Museum für Hamburgische Geschichte.

87   Im lombardischen Ziegel, der aufgrund der Handzuschneidung durch Unregelmäßigkeit der Formate, Schichthöhen und Fugenbreiten gekennzeichnet ist, sah Schumacher ein Vorbild von großem ästhetischem Reiz, dem die Verwendung von Handstrichsteinen nahekam. In Handstrichsteinen wurde das Schwesternhaus am Eppendorfer Krankenhaus und das Pastorenhaus an der Michaeliskirche ausgeführt.

88   Schumacher: Wesen (s. Anm. 74), S. 49.

89   Diese weicheren, einfacheren und niedrig gebrannten Backsteine nannte er »Plebejer«. Schumacher: Wesen (s. Anm. 74), S. 17.

90   Gleichmäßige Wände aus maschinengefertigten Steinen in Kombination mit Werksteinelementen, wie sie das 19. Jahrhundert bevor-

zugte, lehnte Schumacher als unlebendig und nicht materialgemäß ab.

91 Folgende Backsteine fanden u. a. in seinen Bauten Verwendung: Backsteine von der Porta Westfalica, aus der Oeynhauser Gegend, Rennberger Ziegel, Oldenburger Klinker (an den späten Schulbauten). Schumacher und eine Reihe Privatarchitekten, Bensel, Schöß, Bomhoff, Groll, Elingius und Distel, beauftragten die Ziegeleien mit der Herstellung von Handstrichsteinen und Klinkern statt maschinengefertigter Massenware und veränderten deren Produktionsmethoden. Schumacher: Stufen (s. Anm. 3), S. 306.

92 Schumacher: Wesen (s. Anm. 74), S. 21.

93 Z. B. am Johanneum, an den Technischen Staatslehranstalten, dem Schwesternhaus, dem Verwaltungsgebäude am Dammtorwall, der Oberschulbehörde, dem Gewerbehaus. Tittel bezeichnet diese Bauphase als erste Phase in Schumachers Hamburger Schaffen. Dagegen sprechen die gleichzeitigen Versuche mit Kombination anderer Baustoffe oder reine Ziegelbauten. Lutz Tittel: Zur Verwendung von Bauplastik an Schumachers Staatsbauten in Hamburg 1909–33. In: Uni-Forschung – Wissenschaftsberichte aus der Universität Hamburg (Kulturgeschichte und Kulturkunde), VIII/1975, S. 179 ff.

94 Schumacher: Stufen (s. Anm. 3), S. 306. Staatsarchiv Hamburg Baupflegekommission 80: Eingabe der Bildhauerinnung wegen Ornamentgestaltung und Gesuch um Vergabe staatlicher Aufträge 1912, 1925–1927.

95 An der Badeanstalt Eppendorf wechseln Handstrichsteine mit Eisenklinkern, während Gesimse, Gurte, Abschlüsse und Einfassungen nur in dunklem Klinker gemauert sind. Ähnlich die Fassade der Volksschule Lutterothstraße.

96 Schumacher: Wesen (s. Anm. 74), S. 44.

97 Nicolaisen: Studien (s. Anm. 84), S. 38, S. 54 ff., 69, 173. Muthesius, der 1919 in diesen Bauten »notgedrungene Beschränkung in Schmuck und Gliederung« und eine Wahrung der »großen schlichten Form« ausmachte, ist nicht zuzustimmen, die Bauten nehmen sich stark traditionsverhaftet aus. Hermann Muthesius: Schumachers Bautätigkeit in Hamburg. In: Dekorative Kunst, 1919, H. 4.

98 Die Bauzeichnungen zeigen detaillierte Angaben der Musterung, die Bauten waren bereits im Konzept durchdekoriert. Manches wurde allerdings während der Bauzeit geändert, wie Timpe anhand der Fassadengliederung des Gewerbehauses nachweist. Stefan Timpe: Das Gewerbehaus von Schumacher in Hamburg. M.A.-Arbeit Universität Hamburg 1987. Schumacher: Stufen (s. Anm. 3), S. 305.

99 Schumacher: Wesen (s. Anm. 74), S. 6. Karl Schaefer: Hamburger Staatsbauten von Fritz Schumacher. 1. Bd., Berlin 1919, S. XII. Schaefer vergleicht Schumachers Aufgaben mit den Bauleistungen des Mittelalters oder der baulustiger Fürsten in der Barockzeit. An 85 Prozent der Wohnungsbauten der zwanziger Jahre war Schumacher maßgeblich beteiligt, er baute u. a. 21 Schulen.

100 Schumacher: Wesen (s. Anm. 74), S. 32. Auslösend waren die gewaltigen farbigen Steinzeug-Reliefs der Perserkönige (Palast des Artaxerxes Mnemon im Louvre). Auf der Pariser Weltausstellung war 1900 Baukeramik ausgestellt, die die Keramiker in Meißen zu Experimenten aktivierte. Rudolf Schmidt: Architekturplastik. Bildhauer Kuöhl. Berlin 1929, S. VII.

101 Mit Baukeramik hatten vor Schumacher in Hamburg die Architekten Wurzbach, Leon Freitag und Erich Elingius gearbeitet.

102 Tittel erkennt darin eine zweite Werkphase der Hamburger Bauten, die er mit dem Schwund des aufwendigen Steildachs zugunsten eines einfacheren Dachs, dem Einsatz von Handstrichsteinen und Ersatz der Werkstein- durch Klinkerplastik kennzeichnet. Dem widerspricht, daß Kuöhl seit 1912 in Hamburg Keramik lieferte für die Technischen Lehranstalten, für die Polizeiwache am Hammerdeich 1912, 1913 für die Polizeiwache am Spielbudenplatz. Die Entwicklung lief zeitlich parallel. Tittel: Bauplastik (s. Anm. 93).

103 Anregung können die farbigen Lüneburger Tonreliefs des 16. Jahrhunderts geboten haben. Schaefer: Staatsbauten (s. Anm. 99), S. XI. J. J. Scharvogel: Neuer Hamburger Backsteinbau. In: Dekorative Kunst 25 (1917), S. 377 ff. Schumacher: Wesen (s. Anm. 74), S. 126. Strömungen (s. Anm. 6), S. 133 f.

104 Schumacher: Stufen (s. Anm. 3), S. 301. Die Medaillons fertigte Kuöhl, die farbigen Platten Kunstmann, die Figuren die Bildhauer Emmerich Oehler und Alexander Diebitsch. Schumacher: Hamburger Staatsbauten, Bd. II, S. 26.

105 Besonders an Davidswache und Michaeliskirche. Schumacher: Stufen (s. Anm. 3), S. 312. Scharvogel: Backsteinbau (s. Anm. 103) nennt die Baukeramik an der Davidswache und Volksschule am Tieloh dagegen »mustergültig«.

106 Fritz Schumacher: Plastik im Freien. Versuche im Betrachten von Kunstwerken. Braunschweig 1928. Ein Volkspark, München 1928. Eine Zusammenstellung der Arbeiten, Rezensionen, Literatur durch Roland Jaeger befindet sich im Denkmalschutzamt Hamburg. Schumacher: Stufen (s. Anm. 3), S. 306.

107 Schumacher: Wesen (s. Anm. 74), 1920 S. 35 f. Kuöhls Schüler (seit 1933), Erich Schwarz, erinnert sich hingegen an das freie plastische Schneiden aus Ton nicht. Seinen Angaben zufolge war Kuöhl versiert im Modellieren aus Ton, knetete Modelle bis 1:50 und überließ den zahlreichen Mitarbeitern die Ausführung, womit sich auch die starken stilistischen Unterschiede erklären lassen. Gespräch vom 11. 1. 1994.

108 Schaefer: Staatsbauten (s. Anm. 99), S. X. Kuöhls Anpassungstalent sollte ihm später zustatten kommen, als er für die braunen Machthaber im Stil der Kriegsdenkmäler weiterarbeitete. Er blieb einer der erfolgreichsten Hamburger Bildhauer. Nach 1945 weigerten sich die Hamburger Künstler, ihn in den BBK aufzunehmen. Autorengruppe Hedinger u. a.: Ein Kriegsdenkmal in Hamburg, Hamburg 1979.

109 Schumacher: Wesen (s. Anm. 74), S. 35. Ähnlich Schumacher über Klinkerplastik im Stadtpark: Schumacher: Plastik (s. Anm. 106).

110 Keramikmanufaktur am Falkenried. Kuöhl und Wessely waren Freunde. Ein Photo- und Dokumentationsalbum im Firmennachlaß enthält Nachweise für 25 Schumacher-Aufträge.

111 Die Kieler Kunstkeramik-Manufaktur fertigte für Tropeninstitut, Walddörferschule, Volksschulen Teutonenweg, Langenfort, am Tieloh; Bautler für die Stiftungsschule von 1815, Polizeiwache am Spielbudenplatz; Mutz für die Kunstgewerbeschule; Blumenfeld für die Klinkerkeramik; Villeroy für die Majoliken der Finanzdeputation.

112 Schaefer: Staatsbauten (s. Anm. 99), S. X.

113 Tittel: Bauplastik (s. Anm. 93); Nicolaisen: Studien (s. Anm. 84), S. 175. Timpe: Gewerbehaus (s. Anm. 98), S. 64 f. Die Eingänge zur Badeanstalt Eppendorf z. B. kennzeichnen Meereswesen, den Zugang zum Standesamt jedoch – sinniger Hinweis – drei Kleinkinder.

114 Schumacher: Sprache (s. Anm. 8), S. 272.

115 Schumacher: Stufen (s. Anm. 3), S. 386.

116 Staatsarchiv Hamburg, Baudeputation B 288: Gesuche von Bildhauern und Kunstmalern um Erteilung von Aufträgen 1909–19.

117 Schumacher: Stufen (s. Anm. 3), S. 303.

118 Stilisierung der Wirklichkeit um der Klärung der »Grundzüge einer Formung« willen. Hermann Hipp: Fritz Schumachers Hamburg. Die reformierte Großstadt. In: Vittorio M. Lampugnani u. Romana Schneider

(Hrsg.): Moderne Architektur in Deutschland 1900 bis 1950. Reform und Tradition, Stuttgart 1992, S. 168.

119 Zu den folgenden Ausführungen vgl. Timpe: Gewerbehaus (s. Anm. 98), insbesondere S. 64 f., 103, 113, Anm. 23, 396, 398.

120 Schaefer: Staatsbauten (s. Anm. 99), S. XIV.

121 Ihre Ikonographie wird nicht klar. Die Frauenfigur trägt ein Krone und eine Kugel – eine Weltkugel? Die Kinderfigur ist ein schlanker Jünglingsakt – es handelt sich offenbar nicht um eine Madonnengruppe, eher um eine Allegorie der Weisheit oder Schulgelehrsamkeit.

122 Schumacher: Expressionismus (s. Anm. 2), S. 190. Hier stellte Schumacher die Frage, wieweit der als »Umsturz in der Kunst«, als »Gotik«, als »geistig-abstrakte« Bewegung empfundene Expressionismus für die Architektur relevant werden könne: »... die Architektur muß die besonnenste unter den Künsten bleiben, da sie in ihren Werken nicht nur sich selbst, sondern auch einem Stück Natur verantwortlich ist.«

123 Schumacher: Sprache (s. Anm. 8), S. 273, 275.

124 Schumacher: Stufen (s. Anm. 3), S. 386. Ähnlich, aber ausführlicher: Rundblicke (s. Anm. 8).

125 Schumacher: Brunnen an Hamburger Staatsbauten. In: Die Kunst, 71. Bd., 36. Jg., 1. Teil Freie Kunst, München 1935. Schumacher: Rundblicke, Stuttgart und Berlin 1926.

126 Schumacher: Staatsbauten II (s. Anm. 104), S. 23.

127 Haizmann in der Berufsschule Angerstraße, Rex in der Luisenschule Bergedorf, Wield in der Schule Alstertal, Woebcke in der Höheren Mädchenschule Cuxhaven, Kunstmann mit einer Messingmöve in der Schule Veddel, Opfermann in der Volksschule Langenfort.

128 Kuöhl erhielt nach vorläufiger Kenntnis mehr als zehn Brunnen-Aufträge von Schumacher, darunter den Klinkerbrunnen in der Volksschule Amalie-Dietrich-Weg mit einer großen, wandfesten Klinkerfigur. Die anderen waren kleine keramische Wandbrunnen.

129 Schumacher: Brunnen (s. Anm. 125), S. 342. Eine detaillierte Untersuchung zu den Brunnen in Schumacher-Bauten ist ein Desiderat, wie eine der Wandbilder und der Bauplastik.

130 Der abrupte Abbruch der Bautätigkeit Schumachers 1933 wirkte zum Nachteil der Bildhauer und Wandbildmaler. Den Bildhauern blieb die Wahl, sich den neuen Direktiven anzupassen, wie es Kuöhl und Kunstmann taten. Zu den vergessenen Brunnen-Bildhauern zählen u. a. Glissmann, Obermann, Laubner, Storch, Rex, Bürger, Weinberger. Auskünfte zum derzeitigen Forschungsstand: Maike Bruhns: Archiv für NS-verfolgte Kunst in Hamburg.

131 Fritz Schumacher: Die Dresdner Kunstgewerbeausstellung. In: Der Kunstwart 2 (1906), Nr. 19, S. 399 f. Tittel: Bauplastik (s. Anm. 93), S. 179.

132 Schaefer: Staatsbauten (s. Anm. 99), S. XIV. Die Lampen besaßen dünn geschliffene Marmorplättchen statt Glas in kubischen Eisenfassungen.

133 Schmidt: Kuöhl (s. Anm. 100).

134 Nach der Zerbombung eines Teils der Hochschule wurde der Pavillon abgerissen. Die Reliefs befinden sich heute im Hof an den seitlichen Flügeln.

135 Staatsarchiv Hamburg: Senatskommission für Kunstpflege, Eb 208, B 9.

136 Ein Versuch, Luksch 1929 mit einem Entwurfs-Auftrag für einen Brunnen in der Eingangsrotunde der Kunsthalle zu helfen, mußte ausgesetzt werden, weil Luksch im Staatsdienst stand. Seit 1929 durfte die Senatskommission nur freischaffende Künstler beauftragen. Schumacher: Stufen (s. Anm. 3), S. 299.

137 Schumacher: Stufen (s. Anm. 3), S. 299.

138 Die emotionsbetonte, dekorativ-symbolistische, trockene, buntfarbige Malerei zu dem Thema Die ewige Welle war zwischen 1911 und 1918 entstanden. Beckerath hatte auch als Lehrer an der Schule nicht viel Nachfrage. Staatsarchiv: Kunstpflege (s. Anm. 135), C 4.

139 Schumacher: Stufen (s. Anm. 3), S. 304. Wappen, Heilige, Putten sind Werke Kuöhls.

140 Timpe: Gewerbehaus (s. Anm. 98), S. 66, dort auch Quellenangaben.

141 Schumacher: Stufen (s. Anm. 3), S. 303. Die Fassadenfiguren fertigte Ulmer, die Medaillons in den Fassadengittern Kunstmann, den Glasfensterentwurf im Sitzungssaal Czeschka, den Katzenbrunnen Alphons Ely. Radierungen sind nicht mehr vorhanden.

142 Ausgenommen der »Saal der Bauhütte« und eine Trinkstube, die H. August Meyer ausstattete.

143 Timpe: Gewerbehaus (s. Anm. 98), S. 68, Anm. 259, 262.

144 Die Erfahrungen aus dem Innungsflügel-Treppenhaus verwertete Schumacher später im Ziviljustiz-Erweiterungsgebäude, das seine Idealvorstellung von der Verknüpfung von Funktionalität und Monumentalität realisiert. Schumacher: Selbstgespräche (s. Anm. 6), S. 236.

145 Schumacher: Selbstgespräche (s. Anm. 6), S. 232 ff.

146 Die Eingangshalle heißt im Volksmund Bananensaal, Silva Pita sieht in den Säulen Palmenvariationen. Katrin Silva Pita: Die Finanzdeputation am Gänsemarkt. Manuskript, Seminar Fritz Schumacher, undatiert.

147 Schumacher: Selbstgespräche (s. Anm. 6), S. 235.

148 Schumacher: Volkspark (s. Anm. 106). Plastik (s. Anm. 106).

149 Schumacher: Aus dem Kampf um die Gestaltung des Stadtparks, Manuskript wohl 1913, Nachlaß (s. Anm. 68), VI A 17, XII A 3.

150 Im Stadtbild ließ er größere Plastiken aufstellen, z. B. Hermann Hahns Reiter, heute vor der Hamburger Kunsthalle, und Hildebrands bronzene Bürgermeister-Burchard-Büste an der Michaeliskirche. Schumacher: Plastik (s. Anm. 106), S. 32 f.

151 Im Vorstand waren 1919 Alfred O'swald, Dr. W. A. Burchard, Antonie Amsinck, Tilly Krogmann, Gustav Pauli, Melita Roosen, Schumacher, Baudirektor Sperber, Otto Linne, Mary Warburg. Bei Ankäufen gutachteten jeweils Linne und Schumacher.

152 Im Mai 1923 waren lediglich die Monumentale Steinbank und die Zentauren von Wrba am Stadtcafé aufgestellt. Hamburger Fremdenblatt, 30. 5. 1923. Im Sommer 1926 war der Großteil plaziert. Hamburger Nachrichten, 22. 6. 1926. Presseangaben aus: Staatsarchiv Hamburg: Staatliche Pressestelle 135-1 I-IV Stadtpark.

153 Die Pinguine wurden so oft gestohlen, daß sie heute durch Kunststoffrepliken ersetzt sind. Hamburger Anzeiger, 5. 3. 1930.

154 Aus dem Ausschreibungswettbewerb war Kolbe gegenüber Wield als Sieger hervorgegangen.

155 Hamburger Nachrichten, 22. 5. 1927.

156 Hamburger Anzeiger, 30. 5. 1927. Früher auf einer Freifläche nahe dem Planetarium aufgestellt, befindet er sich heute auf verkürztem Sockel am Stadtparkeingang.

Renate Clausen-Gaedke: Der Bildhauer Hans Martin Ruwoldt (1891–1969). Werkmonographie, Manuskript, Diss. Kiel 1991, S. 121 ff.

157   Sie erhielt 1913 den für Maillol bestimmten Ehrenplatz im Salon d'Automne. Schumacher teilt mit, daß das Werk den Auftraggeber enttäuschte und damit frei war für den Erwerb durch die Stadt. Das Steinwerk kam in die Kunsthalle, in den Stadtpark eine Keramikkopie. Schumacher: Ansprache bei der Totenfeier für Friedrich Wield, 17. 6. 1940.

158   Schumacher: Plastik (s. Anm. 106), S. 29.

159   Schumacher erwähnt in seiner Schrift nicht: Wilhelm Rex' *Knabe mit zwei Gänsen*, Steinbrunnen, 1916; Ulmers bronzenen *Knabe mit Fischen*, 1925; Hans Waetkes (1864–1927) *Kinder mit Fohlen*, Stein, 1927. Heinz Zabel: Plastische Kunst in Hamburg. Reinbek 1986, S. 54 ff.

160   So eine bronzene *Badende* von Reinhold Begas von 1870 aus dem Nachlaß von Dr. Lippert und ein liegender Hund von Ludwig Winck. Auf Stiftungen geht der Erwerb der *Diana* von Wrba zurück, die *Zentauren* (Guido Möring und Frau Bretschneider), der *Pinguin-Brunnen* (E. Luttrop), die große Bronze *Diana mit Hunden* von Arthur Bock von 1911 (Dr. Oscar Troplowitz), die *Kauernden* von Kolbe (Emma Budge).

161   Hamburger Anzeiger, 30. 7. 1930: Neues vom Stadtpark.

162   Schumacher: Stufen (s. Anm. 3), S. 410.

163   Wilhelm Rex ersuchte 1929 Bürgermeister Rudolf Ross um Finanzierung eines *Friedensmals*, das im Gegensatz zu den allerorten errichteten Kriegsmälern an menschliche Gemeinschaft und Ethik appellieren sollte, zweiteilig ausgebildet als »Säule des Ich« und »Säule des Wir«, je zehn Meter hoch, figurenbekrönt und am Sockel reliefiert. Er fand wohl Protektion, aber keine Finanzierung der Ausführung.

164   Hamburger Anzeiger, 30. 5. 1927.

165   Hamburgischer Correspondent, 31. 7. 1927.

166   Hamburger Anzeiger, 30. 7. 1930 und 14. 12. 1929: Park oder Raritätensammlung.

167   Hamburger Fremdenblatt, 1. 7. 1933.

168   Schumacher: Volkspark (s. Anm. 106).

169   Hamburger 8-Uhr-Abendblatt, 19.4.1924, und Hamburger Anzeiger, 21. 5. 1924: Einweihung der Stadthalle.

170   Hamburgischer Correspondent, undatierter Ausschnitt.

171   In: Moderne Bauformen, 25 (1926), H. 1/2.

172   Festschrift zur Einweihung der Stadthalle Hamburg, Hamburg o. J. (1924). Martin Feddersen: Dekorative Arbeiten von Otto Fischer-Trachau, Hamburg (s. Anm. 171).

173   Fritz Schumacher: 24 Wandbilder in Hamburger Staatsbauten. Hamburg 1932, S. 5. Ähnlich: Schumacher: Sprache (s. Anm. 8), S. 250 ff. Farbgestaltungen fanden sich z. B. in der Luisenschule Bergedorf von dem Maler Groth, in der Volksschule Schaudinnsweg von Franz Porsche, am Pachthof von Paul Bollmann. Staatsarchiv: Kunstpflege (s. Anm. 135), Eb 51.

174   Schumacher: Stufen (s. Anm. 3). Nicolaisen: Studien (s. Anm. 84), S. 83. Kayser: Bibliographie (s. Anm. 1), S. 31 f.

175   Fritz Schumacher: Grundlagen der Baukunst, Studien zum Beruf d. Architekten, München 1916. Vortrag 1916 (?) im Gewerbehaus. Schumacher: Wesen (s. Anm. 74), S. 44. Nicolaisen: Studien (s. Anm. 84), S. 173, 178 ff.

176   Schumacher: Stufen (s. Anm. 3), S. 384 f. Architektonische Regungen der Nachkriegszeit. In: Hamburg und seine Bauten mit Altona, Harburg-Wilhelmsburg 1918–1929. Hamburg 1929.

177   Fritz Schumacher: Hamburgs staatliche Baupolitik der Nachkriegszeit. In: Zeitschrift für Kommunalwirtschaft 22 (1932), Nr. 21/22. Stufen (s. Anm. 3), S. 384.

178   Fritz Schumacher: Wege zur »Neuen Sachlichkeit« 1933. In: Lesebuch für Baumeister, Berlin 1947, S. 469.

179   Z. B. die Volksschulen auf der Veddel 1929/31, Schaudinnsweg 1929/30, Bogenstraße 1928/33, Wendenstraße 1929/30, Amalie-Dietrich-Weg 1928/29, Graudenzer Weg 1928/30, Meerweinstraße 1930, Berne 1930, Marienthalerstraße 1928/29, Höhere Mädchenschule in Cuxhaven 1929/30, Berufsschule Angerstraße 1926/27 usw. Schumacher verzichtete jedoch nicht völlig auf das geneigte Dach, wie andere Bauten aus dieser Periode zeigen, z. B. das Altersheim in Groß-Borstel, die Schule in Langenhorn.

180   Schumacher: Strömungen (s. Anm. 6), S. 164. Stufen (s. Anm. 3), S. 301.

181   Die Volksschule auf der Veddel erhielt 4 Wandbilder, 2 Brunnen, 1 Hofplastik, 1 Hafenbild, ein »kleines zeitgenössisches Museum in einer Hamburger Volksschule«. Schumacher: Rundblicke (s. Anm. 8), S. 243.

182   Diese Phase sieht Tittel auch als selbständige Entwicklung, als dritte Periode in Schumachers Bauschaffen an. Tittel: Bauplastik (s. Anm. 93). Schumacher: Nachlaß (s. Anm. 68), VI C 2 »Kunstpflege«.

183   Schumacher: Selbstgespräche (s. Anm. 6), S. 144.

184   Nicolaisen: Studien (s. Anm. 84) sieht in diesem Festhalten an der Idee einer Verbindung von Tradition und Neuschaffen eine Gefahr: »In jenen Bauten herrscht ... eine neue Grammatik, die nicht aus der Tradition abgeleitet werden kann; es sind lediglich die Akzidenzien, die Traditionselemente aufnehmen.« Es handelt sich jedoch um ein neues, qualitätvolles Konzept, das Schumacher hier verwirklicht. Zu: »Freudigkeit«: Schumacher: Stufen (s. Anm. 3), S. 385.

185   Schumacher: Stufen (s. Anm. 3), S. 384 f. Hamburger Echo, 7. 11. 1947.

186   »Es wird mein letzter großer Bau sein und zugleich der persönlichste unter allen, die ich hier gebaut habe.« Schreiben an Hermann Schumacher am 30. 12. 1932. Germanisches Nationalmuseum Nürnberg, Nachlaß Fritz Schumacher.

187   Die Neuformierung der seit 1920 existierenden Kommission ging auf einen »saugroben« Angriff Emil Maetzels auf die anwesenden Senatoren während der Eröffnung der Sezessionsausstellung 1925 zurück. Schumacher stellte sich hinterher vor ihn und nutzte die Gelegenheit, die Forderungen der Künstler nach staatlicher Förderung zu unterstützen. Mitteilung von Richard Tüngel 1957 (s. Anm. 68). Die Zeit, 13. 11. 1947. Schumacher: Nachlaß (s. Anm. 68), X A 13+16. Wandbilder (s. Anm. 173). Baupolitik (s. Anm. 177). Leo Lippmann: Mein Leben und meine amtliche Tätigkeit. Hamburg 1964. Staatsarchiv: Kunstpflege (s. Anm. 135), Vorwort.

188   Von den 500–600 Hamburger Künstlern konnte höchstens 1 Prozent vom Umsatz seiner Werke leben (Hamburger Echo, 6. 2. 1931). Das Ausmaß der Verelendung spiegeln eine große Anzahl erschütternder Künstler-Schreiben an die Senatskommission.

Stufen (s. Anm. 3), S. 383. Schumacher hielt 1925 einen Vortrag vor der Lehrerversammlung in Hamburg. Schon 1935 räumte er ein, daß die Ziele vielleicht doch zu hochgesteckt gewesen waren. Schumacher: Das Volksschulhaus als großstädtischer Typenbau. In: Hamburg in seiner wirtschaftlichen und kulturellen Bedeutung für Deutschland. Festschrift für die deutsche Lehrerversammlung in Hamburg 1925. Nicolaisen: Studien (s. Anm. 84), S. 177. Zur Differenzierung und Entwicklung der Schultypen: Schumacher: Nachlaß (s. Anm. 68), XII A 4: Entwicklung der Volksschule (nach 1930).

189  Schumacher: Rundblicke (s. Anm. 8), S. 241 ff. Nachlaß (s. Anm. 68), Manuskript VI C2 »Kunstpflege«.

190  Z. B. Anita Rée, Gretchen Wohlwill, Eduard Bargheer. Viele porträtierten ihn unbeauftragt. Ahlers-Hestermann berichtet von Schätzung, Hochachtung, Bewunderung. Ahlers-Hestermann: Rede (s. Anm. 81).

191  Z. B. ein Brunnenauftrag Ruwoldts für das Krematorium, ein Deckengemälde von Ludwig Neu für das Johanneum, ein zur Diskussion stehendes Wandbild für das Kirchenpauer-Gymnasium, die geplanten Wandbilder Löwengards und Bargheers in den Schulen Bogenstraße und Pachthofweg. Staatsarchiv: Kunstpflege (s. Anm. 135), Eb 281, D 15, 16.

192  Schumacher: Sprache (s. Anm. 8), S. 169.

193  Den Vorbildern Giotto, Veronese, Hodler und der Hildebrandschen Raumauffassung der Reliefstaffelung folgend.

194  Schumacher: Sprache (s. Anm. 8), S. 174 ff. Strömungen (s. Anm. 6), S. 92.

195  Vorworte zum Katalog der 8. und 11. Sezessions-Ausstellung. Einen ersten Anlauf hatte Erich Hartmann 1925 mit einem Gesuch um Arbeitsbeschaffung durch Auftragserteilung für Kunst an Schulen unternommen. Staatsarchiv: Kunstpflege (s. Anm. 135), Eb 135.

196  Schumacher: Selbstgespräche (s. Anm. 6), S. 300.

197  Ahlers-Hestermann: Rede (s. Anm. 81). Hamburger Freie Presse, 4. 2. 1948: Was ich Fritz Schumacher danke. Schumacher: Nachlaß (s. Anm. 68), X A 13 (19).

198  Schumacher: Stufen (s. Anm. 3), S. 384 ff.

199  Manche erhielten mehr als einen Auftrag: Eduard Bargheer (2), Willem Grimm (2), Arnold Fiedler, Erich Hartmann (3), Karl Kluth (2), Fritz Kronenberg, Kurt Löwengard, Rolf Nesch, Anita Rée (2), Gretchen Wohlwill. Nicht zur Sezession gehörten Wilhelm Danneboom, Eduard Hopf (2), Paul Kayser, Walter Tanck, Otto Thämer (3), Heinrich Stegemann. Die Zuteilung kann als Index für Schumachers Wertschätzung gelten. Zu den Malern: Volker Detlef Heydorn: Maler in Hamburg. Bd 1–3, Hamburg 1974. Roland Jaeger und Cornelius Steckner: Zinnober. Kunstszene Hamburg von 1919–1933. Hamburg 1983. Zu den Wandbildern: Maike Bruhns: Forschungsbericht über Bargheer, Kluth, Löwengard, Nesch, Wohlwill. Behörde für Forschung und Wissenschaft, Hamburg 1987. Archiv für NS-verfolgte Kunst in Hamburg.

200  Schumacher: Sprache (s. Anm. 8), S. 169.

201  Schumacher: Rundblicke (s. Anm. 8), S. 242.

202  Bilder von Kluth, Grimm, Löwengard, Nesch, Bargheer, Wohlwill, Hartmann und Hopf, partiell auch Stegemann.

203  In Turnhalle und Volkshaus der Volksschule Ratsmühlendamm (zerstört durch Umbau), wo auch Unterricht im Freien stattfand. Staatsarchiv: Kunstpflege (s. Anm. 135), Eb 135.

204  Im Studentenheim Neue Rabenstraße 13. Schumacher kritisierte die Bilder bereits 1930 als »befremdlich«, wegen der Dissonanz zwischen Realität und Stilisierung: Nachlaß (s. Anm. 68), VI C 2. Das Triptychon wurde im Sommer 1933 von A. Paul Weber übermalt. Staatsarchiv: Kunstpflege (s. Anm. 135), Eb 135. Hermann Hipp: Ein bürgerliches Stadthaus mit reicher Vergangenheit. In: Uni HH 16 (1985), Nr. 3.

205  Staatsarchiv: Kunstpflege (s. Anm. 135), Eb 373. 1936 übermalt von Ary Bergen, 1945 neutral überstrichen, 1993 restauriert.

206  In die Aula der Volksschule Wendenstraße. Zwei Tafeln des Triptychons heute in der Schule Alter Teichweg, die dritte ist 1943 verbrannt. Staatsarchiv: Kunstpflege (s. Anm. 135), Eb 231.

207  In das Jugendheim der Schule Schlankreye. Beschädigt, 1983 restauriert. Staatsarchiv: Kunstpflege (s. Anm. 135), Eb 201.

208  Schumacher: Rundblicke (s. Anm. 8), S. 244. Nachlaß (s. Anm. 68), VI C 2. Ähnlich Carl Georg Heise im Hamburger Fremdenblatt, 21. 12. 1931. Das Vorbild ist klar erkennbar: es ist das Bild der Arbeiter auf dem Heimweg von Edvard Munch. Maike Bruhns: Kurt Löwengard (1895–1940). Ein vergessener Hamburger Maler. Hamburg 1989. Rolf Nesch, St. Pauli und Hamburger Brücken. Hamburg 1989.

209  Staatsarchiv: Kunstpflege (s. Anm. 135), Eb 334.

210  Siehe hierzu im einzelnen: Staatsarchiv: Kunstpflege (s. Anm. 135), Eb 15, 74, 122, 135, 151, 164, 174, 182, 324, 337.

211  Schumacher: Wandbilder (s. Anm. 173). Wandmalerei in Hamburger Staatsbauten. In: Museum der Gegenwart, 3 (1932), Nr. 2, S. 48.

212  Maike Bruhns: Karl Kluth. In: Hamburger Lebensbilder, Bd. 3, Hamburg 1989.

213  Dieser Sachverhalt ist nur am Grad seines Engagements abzulesen, doch wird er mit der Erteilung von drei Aufträgen an Thämer, gegenüber von nur zweien an Kluth bestätigt. Thämer fand mühelos Anschluß an die Kunstvorstellungen des NS-Regimes, wie zahlreiche Wandbildaufträge nach 1933 belegen. Kluth gehörte zu den verfemten und verfolgten Künstlern.

214  Gewerbeschule Uferstraße Lehrerinnenzimmer (zerstört). Staatsarchiv: Kunstpflege (s. Anm. 135), Eb 263. Maike Bruhns: Anita Rée, Leben und Werk einer Hamburger Malerin 1885–1933. Hamburg 1986.

215  Schreiben im Oktober 1928 an Schumacher.

216  Gymnastiksaal der Höheren Mädchenschule Caspar-Voght-Straße (übermalt, 1945 restauriert; er wurde später mit einer Verschalung überdeckt, vergessen, wiederentdeckt von Maike Bruhns 1983, 1986 restauriert). Staatsarchiv: Kunstpflege (s. Anm. 135), Eb 263.

217  Schumacher: Sprache (s. Anm. 8), S. 174 ff. Rundblicke (s. Anm. 8), S. 241 ff. Stufen (s. Anm. 3), S. 386.

218  Schumacher: Stufen (s. Anm. 3), S. 387.

219  Sisibus im Hamburger Echo am 6. 2. 1931. Auch Schumacher verstand die Wandbildaufträge als Aufträge der »Volksgemeinschaft«: Nachlaß (s. Anm. 68), III A 8: Kunst in Zeiten der Not.

220  Hamburger Fremdenblatt, 21. 12. 1931.

221  Staatsarchiv Hamburg, Staatliche Pressestelle 5235. Hamburger Tageblatt, 19. 10. 1932: Die Wandmalereien in den Hamburger Staatsbauten.

222  Schumacher: Wandbilder (s. Anm. 173), S. 4.

223  Schumacher: Rundblicke (s. Anm. 8), S. 247. Ähnlich: Nachlaß (s. Anm. 68), VI C2: Kunstpflege.

224  Schumacher: Totenfeier (s. Anm. 157).

225  Ruwoldt an seine Frau am 29. 3. 1928. Die Arbeiten wurden von der Manufaktur Teichert in Meißen ausgeführt.

226  Bericht des Ruwoldt-Schülers Manfred Sihle-Wissel. Daß bei diesem Entwurf der Schwanz des einen Tieres nicht unterzubringen war, habe Schumacher nicht gestört. So blieb er unausgeführt.

227  Staatsarchiv: Kunstpflege (s. Anm. 135), Eb 371.

228  Staatsarchiv: Kunstpflege (s. Anm. 135), Eb 241.

229    Schumacher: Großstadt (s. Anm. 112),
S. 78.

230    Z. B. 1928 von Ruwoldt am Habichts-
platz ein *Kamel* und ein *Büffel* (zerstört); von
Ludolf Albrecht *Tanzende Mädchen*, Bronze,
1930; von Kunstmann *Mutter mit drei Kindern*,
Stein, 1923 am Dulsberg.

231    Staatsarchiv: Kunstpflege (s. Anm. 135),
D 5: Kleine Plastiken für das Gartenwesen.
Schumacher: Nachlaß (s. Anm. 68), VI C 2:
Kunstpflege.

232    Pauli lehnte ihn als dilettantisch ab,
Sauerlandt und Linne befürworteten ihn,
Schumacher enthielt sich klug. Haizmann
spielte schließlich Sauerlandt gegen Pauli und
Schumacher aus, eine einmalige Konstellation
innerhalb der Senatskommission. Die Kinder
nahmen das »bizarre Gebilde« zu Schumachers
Verwunderung ohne Hemmungen an. Schumacher: Nachlaß (s. Anm. 68), VI C 2. Staatsarchiv: Kunstpflege (s. Anm. 135), D 5, Eb
129. Gabriele Franke: Richard Haizmann und
sein Barmbeker Werk. Fabeltier/»Juden-
geschöpf«. Hamburg 1990.

233    »Im Hammer Park, da steht ein nacktes
Mädchen – Igitt, wie man nur sowas machen
kann . . .« (vollständiger Text im Archiv für NS-
verfolgte Kunst in Hamburg, Maike Bruhns)
1926. Eine weitere Figur für den Hammer Park
war ein Bronze-*Putto* von Alphons Ely. Staatsarchiv: Kunstpflege (s. Anm. 135), Eb 93.

234    Schumacher: Sprache (s. Anm. 8),
S. 261.

235    Schumacher: Plastik (s. Anm. 106),
S. 35 f. Staatsbauten II (s. Anm. 104), S. 13.
Nicolaisen: Studien (s. Anm. 84), S. 117.

236    Erwin Heizmann: Draußen vor der
Museumstür. In: Verfolgt und Verführt, Kunst
unterm Hakenkreuz in Hamburg. Hamburger
Kunsthalle 1983, S. 99 ff. Schiefler: Kulturge-
schichte (s. Anm. 37), S. 241 ff. Staatsarchiv
Hamburg Baudeputation B 1904. Nachlaß
Gustav Schiefler (s. Anm. 50), Briefe, Bd. 35,
1913/II.

237    Alternativ wurde auch mit Max Klinger
verhandelt.

238    Schumacher: Plastik (s. Anm. 106),
S. 27. Er monierte lediglich den aufsteigenden
Adler des Sockelreliefs als übermäßig heroisch.

239    Schumacher: Selbstgespräche
(s. Anm. 6), S. 202–209. Verfolgt und Verführt
(s. Anm. 236), S. 102 f. Kayser: Bibliographie
(s. Anm. 1), S. 72 f. Staatsarchiv: Kunstpflege
(s. Anm. 135), Eb 16.

240    Aus den Verhandlungen um Motiv,
Plazierung und Ausführung erwuchs eine
dichte Geschichte. Joachim Matthaei

berichtete, daß Schumachers Identifikation bis
zu Imitation von Redeweise und Gestik
Barlachs führte. Schumacher: Nachlaß
(s. Anm. 68), X A 16.

241    Das Hamburger Ehrenmal. Bekenntnisse
deutscher Kunstfreunde. Zusammengetragen
von Schumacher, Hildebrand, Gurlitt und
hrsg. mit Unterstützung von Alexander Zinn.
Hamburg 1931. Mit Beiträgen von Schumacher, Wilhelm Waetzoldt, Ludwig Justi,
Cornelius Gurlitt, Hermann Giesau, Hans
Poelzig, Thomas Mann, Georg Kolbe, Emil
Nolde, Paul Fechter. Schumacher: Nachlaß
(s. Anm. 68), IIII A 9, Manuskript, Rede am
25. 11. 1930.

242    Schumacher: Nachlaß (s. Anm. 68),
X A 16.

243    Schumacher: Stufen (s. Anm. 3), S. 388.

244    Richard Tüngel: Rede (s. Anm. 68).

245    Schumacher: Rundblicke (s. Anm. 8),
S. 250. Stufen (s. Anm. 3), S. 386.

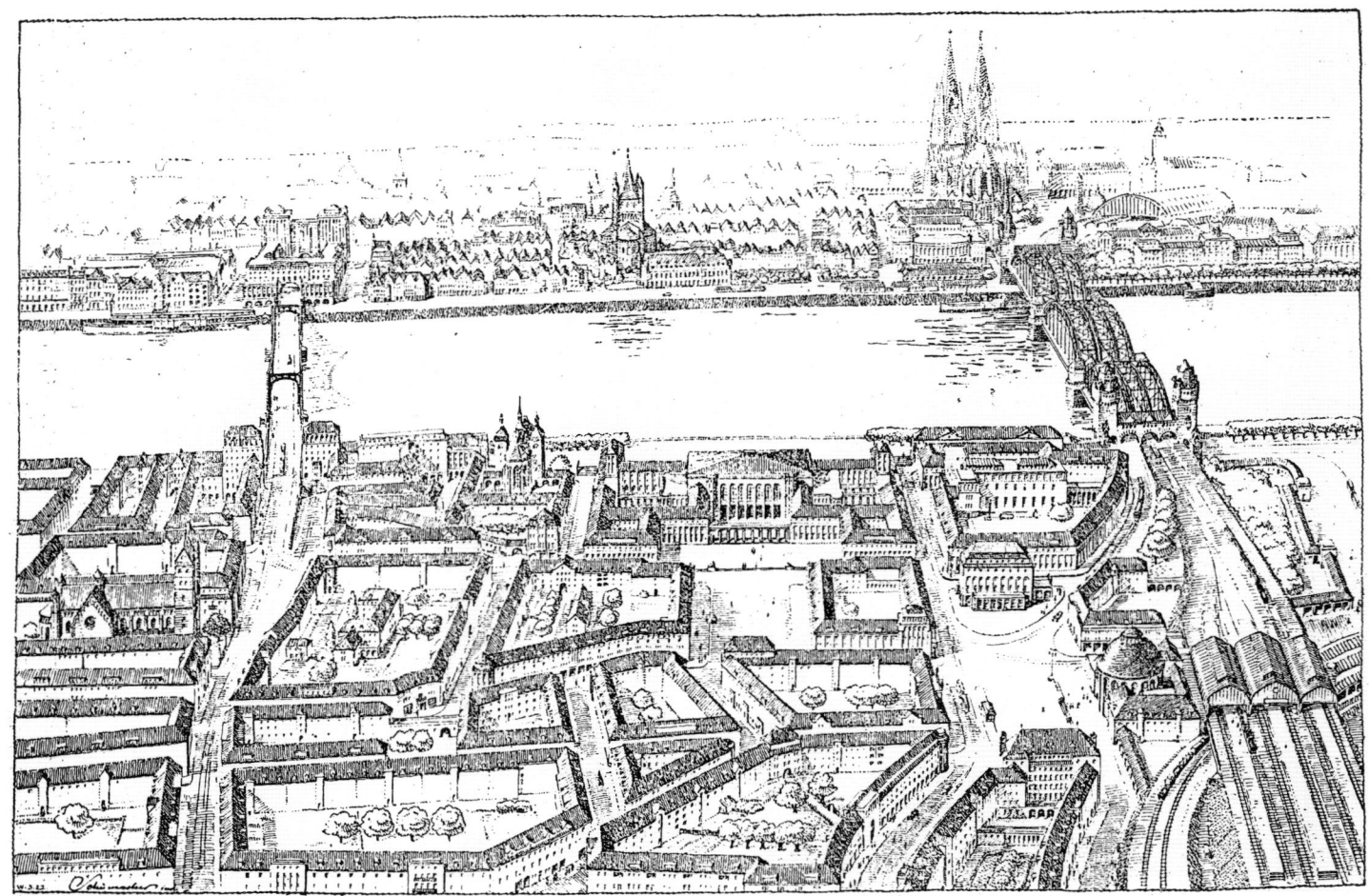

Fritz Schumacher, Generalsiedlungsplan für
Köln, Gestaltung des rechtsrheinischen
Gebietes und Silhouette der Altstadt, 1922–1923

Hartmut Frank
**Vom sozialen Gesamtkunstwerk zur Stadtlandschaft.**
**Fritz Schumachers Generalplan für Köln**

Spätestens seit der Dresdner Städte-Ausstellung 1903,[1] an deren Durchführung er maßgeblich beteiligt war, suchte Fritz Schumacher nach Lösungen für die Probleme der modernen Großstadt. Die Großstadt blieb ein Generalthema seines architektonischen Werkes, und in seinen Schriften ging er bis zu seinem Tode immer von neuem auf sie ein.[2]

Schumachers Artikel über »Die Architektonischen Aufgaben der Städte« im Katalog zur Dresdner Ausstellung macht deutlich, wie sehr seine Einschätzung der Problematik sich bereits von der im 19. Jahrhundert herrschenden großstadt-feindlichen Argumentation, etwa eines Wilhelm Heinrich Riehl,[3] entfernt hatte. Schumacher will nicht länger die Großstadt revidieren. Sie ist für ihn eine historische Gegebenheit, für die er eine Form sucht, die mithelfen soll, deren innere Widersprüche zu einem Ausgleich zu bringen. Er argumentiert durchaus ähnlich wie der Philosoph Georg Simmel, der in seinem vielbeachteten Referat *Die Großstädte und das Geistesleben*[4] auf einer Tagung während der Städte-Ausstellung erstmals über die Großstädte als Zentren der künftigen Kultur nachgedacht hatte.

Simmel sah in der modernen Metropole den Ort, an dem die Auseinandersetzun-gen zwischen dem mit gleichen Rechten ausgestatteten »allgemeinen Menschen« mit dem um seine »qualitative Einzigkeit« ringenden Individuum ausgetragen werden und sich so die entscheidenden Lebensströme der Epoche artikulieren: »Damit aber treten sie, mögen ihre einzelnen Erscheinungen uns sympathisch oder antipathisch berühren, ganz aus der Sphäre heraus, der gegenüber uns die Attitüde des Richters ziemte. Indem solche Mächte ganz in die Wurzel wie in die Krone des ganzen geschichtlichen Lebens eingewachsen sind, dem wir in dem flüchtigen Dasein einer Zelle angehören – ist unsere Aufgabe nicht, anzuklagen oder zu verzeihen, sondern allein zu verstehen.«[5]

Die Großstadt erscheint in dem Diskurs, der hier bei Simmel, Schumacher und anderen erkennbar wird, nicht länger mehr nur als Gefahrenherd für Volk und Gesellschaft, als ein Ort, wo sich revolutionäre Massen zusammenballen, von dem gefährliche Seuchen ausgehen und in dem alle sittlichen Bande zerbrechen, sondern sie wird, gleichsam von außen, von einer höheren Warte aus betrachtet zu einer unabänderlichen historischen Gegebenheit, deren Wirkung auf die Kultur der eigenen Zeit und auf die geistige und seelische Entwicklung des einzelnen nicht länger übersehen werden darf. Sie erscheint neben all den zugestandenen sozialen Mißständen auch als ein bewundernswertes Produkt des technischen Fortschritts und als ein Hort individueller Freiheiten.

Ist die Bedeutung der Großstadt für die Kultur der modernen Gesellschaft einmal anerkannt, so erhält auch der Gedanke, sie zu reformieren, eine über das Technische weit hinausweisende kulturelle Dimension. Die nützlichere, gesün-dere und schönere Stadt wird zur Voraussetzung einer neuen Großstadtkultur. Erst diese aber garantiert eine bessere künftige Gesellschaft und damit letztlich die ersehnte Lösung der sozialen Frage. Das entscheidend Neue an der Dresdner Diskussion von 1903 ist, daß sich hier erstmals in Deutschland die soziale Frage und die Frage nach der Gestalt der Stadt zu mischen beginnen. Die von Camillo Sitte bereits 1889 erhobene Forderung nach einer schöneren, vom Künstler geplanten Stadt[6] erhielt hier an der Schwelle zum 20. Jahrhundert eine neue, inhaltlich andere Richtung, die den jungen, mit den verschiedenen sozialen und kulturellen Reformbewegungen der Zeit sympathisierenden Architekten ein gewaltiges Tätigkeitsfeld in den zahlreichen zu schnell gewachsenen deutschen Großstädten eröffnete.

Schumacher schreibt in dem genannten Aufsatz: »Die Stadt hat es in der Hand, den ganzen Typus der Umgebung festzulegen, in der wir aufwachsen, in der sich unser Leben abspielt und der wir nicht entrinnen können. Diese fast unumschränkte kulturelle Macht hat sie noch nie in der Entwicklung der Menschheit besessen. Dadurch wird die Stadtverwaltung vor künstlerische Probleme gestellt, die eines eigenen Studiums bedürfen, wenn sie vollgültig gelöst werden sollen, ja wo es noch mehr wie anderswo neben sachkundiger Arbeit einer genialen Hand bedarf.«[7] Aus der Rückschau mutet es nahezu prophetisch an, wenn er dann etwas später ausgerechnet die ästhetischen Mißstände jener Stadt beklagt, in der er den wichtigsten Teil seines Lebenswerkes schaffen wird: »Daß wir nach dieser Richtung von architektonischer Seite aus noch nicht erreicht haben, was erreichbar ist, zeigt am deutlichsten Hamburg. In den unvergleichlich großartigen Eindrücken, die hier Ingenieurkunst geschaffen hat, tritt uns fast ohne Ausnahme eine kleine, fremde, hilflose Architektur entgegen. Was hätte ein Mann vom Schlage des Theodor Fischer oder Bruno Schmitz aus Hamburgs Neuanlagen machen können, ohne daß dadurch die materiellen Grenzen zugunsten des Begriffes ›Kunst‹ hätten erweitert zu werden brauchen.«[8]

In einer faszinierenden historischen Studie *Wie das Kunstwerk Hamburg nach dem großen Brand entstand* hat er später den Hamburgern das architektonische Vermächtnis von Gottfried Semper und Alexis de Chateauneuf für ihre Stadt als Ausgangsbasis seines eigenen Projektes vorgestellt: »Hamburg hat den städtebaulichen Geist, für den wir heute kämpfen, schon einmal besessen.«[9] Dennoch ließ sich während seiner Amtszeit das »Kunstwerk Hamburg« im gegebenen politischen und gesellschaftlichen Rahmen nicht verwirklichen, sondern sein gestalterischer Eingriff mußte sich auf Ansätze beschränken und in seiner Gesamtheit letztlich Stückwerk bleiben. In seinen Hamburger Staatsbauten konnte Schumacher ohne Zweifel große Teile seines Traumes von einer modernen Großstadtarchitektur realisieren. Aber er mußte in Hamburg auch die Begrenztheit der architektonischen Intervention in den Großstadtkörper schmerzlich erfahren. Als Leiter des Hochbauamtes blieben ihm ganze Sektoren der städtischen Planung verschlossen, zudem entzogen die engen politischen Grenzen des Stadtstaates weite Gebiete des städtischen Gesamtraumes seinem planerischen Zugriff.

Den Traum einer ganzheitlich gestalteten Großstadt konnte Schumacher weder in Hamburg noch andernorts je in vollem Umfange realisieren, aber er konnte ihn bei der Generalplanung für Köln, die ihm in den Jahren 1920 bis 1923 übertragen war, zumindest einmal in aller Komplexität artikulieren. Das Einleitungskapitel über »Das Problem der Großstadt«, mit dem Schumacher 1924 seinen »Generalplan für Köln« in einem Buch der Öffentlichkeit vorstellte, macht in seiner Grundsätzlichkeit deutlich, daß er sowohl den Plan selbst als auch dessen Veröffentlichung in Buchform als programmatisch weit über seinen eigentlichen Gegenstand hinausreichend verstand.[10]

Das Problem der Großstadt war für ihn einer der Prüfsteine des 20. Jahrhunderts, an dem sich das Schicksal der künftigen Menschheit entscheiden würde. Vehement wandte er sich gegen die Forderung nach einer Zertrümmerung der bestehenden Städte, wie sie im Umfeld der kulturpessimistischen Positionen Oswald Spenglers[11] gerade in den Jahren nach dem verlorenen Ersten Weltkrieg wieder verstärkt laut geworden waren. Zur Herleitung seiner eigenen optimistischen Handlungsmaxime zitiert er Friedrich Nietzsche: »Das was ihr als Übervölkerung der Erde in greisenhafter Kurzsichtigkeit fürchtet, gibt dem Hoffnungsvolleren eben die große Aufgabe in die Hand: Die Menschheit soll einmal ein Baum werden, der die ganze Erde überschattet, mit vielen Milliarden Blüten. Die Aufgabe ist unsäglich groß und kühn: wir alle wollen dazu tun, daß der Baum nicht vor der Zeit verfaule.«[12] Die Frage, ob die Stadt der Zukunft sich zu einer erstarrten seelenlosen Maschine oder zu einem lebensvollen Rahmen neu zu erweckender seelischer Kräfte der Gemeinschaft entwickelt, würde sich schließlich daran entscheiden, ob es dem Städtebauer gelinge, einen nicht nur künstlerisch befriedigenden, sondern auch sozial funktionierenden Plan als Leitlinie der künftigen Entwicklung zu formulieren. »Die Seelenlosigkeit der Gesamtanlage und die Kulturlosigkeit der Einzelzelle, das sind die beiden Punkte, an denen das Riesenunternehmen des neunzehnten Jahrhunderts, das die Großstadt darstellt, schließlich vor unserem heutigen Urteil gescheitert ist.«[13]

Konrad Adenauer, seit 1917 Kölner Oberbürgermeister und führender Politiker der Zentrumspartei, nutzte die unsichere politische Gesamtsituation der nach dem verlorenen Ersten Weltkrieg von englischen Truppen besetzten und dadurch von Berlin relativ unabhängigen Stadt zu einer gründlichen Revision ihrer Entwicklungsplanung. Adenauer sah in Köln die künftige Handelsmetropole Westdeutschlands, wenn nicht gar die Hauptstadt eines separaten Rheinstaates. Die erwartete Millionenstadt würde von der neuen europäischen Verkehrsordnung mit einer internationalisierten Rheinschiffahrt, wie sie die Siegermächte des Weltkrieges durchgesetzt hatten, und einer damit notwendigerweise einhergehenden stärkeren Ausrichtung der westdeutschen Industriegebiete auf die Häfen Rotterdam und Antwerpen erheblich profitieren. Sein neues Köln sollte eine Musterstadt werden, eine im Sinne der katholischen Soziallehre reformierte Großstadt, die den Vergleich mit den meist sozialdemokratisch geführten anderen Großstädten nicht zu scheuen brauchte.[14]

Er bat deshalb Anfang 1919 Fritz Schumacher in Konkurrenz zu dem Berliner Hermann Jansen und dem Kölner Alfred Stooß um ein städtebauliches Gutachten über den inneren Rayon der ehemaligen Befestigungswerke Kölns. Dieses 320 Hektar große Gebiet, das sich zwischen dem vom damaligen Stadtbaurat Joseph Stübben 1881 geplanten Stadterweiterungsring[15] und einem wildwuchernden Gürtel von Vorstädten erstreckte, war nach Kriegsende immer noch unbebaut, obwohl die Festungsanlagen bereits im letzten Jahrhundert in den vor der Stadt gelegenen, äußeren Rayon verlegt worden waren und schon seit dieser Zeit über eine weitere ringförmige Stadterweiterung an ihrer Stelle nachgedacht worden war. Als Haupterschließung dieses Ringes war die noch in Stübbens Amtszeit dort für den Bau eines Hauptsammlers angelegte Kanalstraße gedacht.[16]

Stübbens Nachfolger, der in der Wohnungsreformbewegung und beim Deutschen Bund Heimatschutz aktive Carl Rehorst,[17] hatte unter Berücksichtigung dieses Vorlaufes einen Bebauungsplan aufgestellt, der seit 1911 Gesetz war.[18] Dieser sah ganz im Sinne der in den Jahren nach der Jahrhundertwende herrschenden Kritik an der gründerzeitlichen Mietskasernenstadt eine Wohnbebauung mit maximal drei Geschossen in großzügig bemessenen und im Inneren durchgrünten Blöcken vor.[19] Der größte Teil des Planungsgebietes war trotz der Nähe zum Stadtzentrum in der Art einer Gartenstadt für eine offene, lediglich eingeschossige Bebauung ausgewiesen. Dementsprechend erforderte die geringe Bau- und Bevölkerungsdichte nur ein Minimum an gemeinschaftlich genutzten Grünflächen und öffentlichen Einrichtungen.

Die geringe Dichte war wegen der zentralen Lage der Grundstücke von den Grundeigentümern als partielle Enteignung kritisiert worden. Zugleich waren in der Nachkriegszeit die Nachfrage nach Villengrundstücken drastisch gesunken und angesichts der allgemeinen Wohnungsnot auch politisch ein anderer Typus von Wohnungsbauten erwünscht. Adenauer hatte deshalb kurz nach seinem Amtsantritt für das Gebiet in Anlehnung an die berühmte Frankfurter *lex Adickes*[20] ein Umlegungsgesetz initiiert, das im März 1919 Gesetz wurde. Dieses sah eine Neuverteilung der Grundstücke derart vor, daß nicht nur wie in Frankfurt 35 Prozent der Gesamtfläche zugunsten öffentlicher Freiflächen und Straßen enteignet werden konnten, sondern sogar 50 Prozent, allerdings bei vollem Ausgleich der Wertverluste für die betroffenen Grundbesitzer. Dieses

Gesetz konnte jedoch nur dann gleichzeitig den Erwartungen der Grundeigentümer auf eine höhere Ausnutzung und denen der Stadt auf mehr öffentliche Nutzflächen entgegenkommen, wenn ein neuer Plan auf den verringerten Bauflächen eine höhere Ausnutzung als der gültige Bebauungsplan vorsah. Für die beauftragten Stadtplaner gerieten diese widerstreitenden Interessen noch zusätzlich mit den generell auf eine Verringerung der städtischen Bebauungsdichten abzielenden Reformkonzepte ihrer eigenen Disziplin in Konflikt.

Die drei Wettbewerbsteilnehmer traten mit verwandten Planungskonzepten, aber mit unterschiedlichen Voraussetzungen an. Alfred Stooß[21] war Stadtbauinspektor in Köln und hatte bereits die Rehorstschen Planungen mitbearbeitet. Nach dessen überraschendem Tod im Januar 1919 war er als stellvertretender Amtsleiter mit diesem Planungsgutachten beauftragt worden. Hermann Jansen hatte ebenfalls gründliche Kölner Erfahrungen. Er gehörte 1911 zusammen mit Joseph Stübben, Rudolph Eberstadt und anderen zu den Gutachtern, die Rehorsts Bebauungsplan für den inneren Rayon begutachtet und befürwortet hatten.[22] Wie der gleichaltrige Schumacher zählte Jansen zu diesem Zeitpunkt unbestritten zu den führenden deutschen Stadtplanern der mittleren Generation. Er war einer der ersten frei praktizierenden Stadtplaner Deutschlands. Für zahlreiche kleinere Städte und Gemeinden, die keine eigenen Stadtplanungsämter einrichten konnten, hatte er Bebauungspläne im Sinne der Reformbewegung aufgestellt. Neben seiner beachtlichen planerischen Praxis war er Mitherausgeber der seit 1902 in München erscheinenden Zeitschrift *Der Baumeister*. Spätestens sein erster Preis im Wettbewerb zu einem Rahmenplan für Groß-Berlin von 1909 hatte ihn auch über Deutschland hinaus bekannt gemacht. 1918 war er Mitglied der Preußischen Akademie der Künste in Berlin geworden und die Stuttgarter Technische Hochschule hatte ihn 1919 als »Begründer und Führer der modernen Städtebaukunst« zum Ehrendoktor ernannt. Die Technische Hochschule Berlin-Charlottenburg verpflichtete ihn sich kurz darauf, 1920, als Leiter ihres Städtebauseminars.[23]

Schumachers umgekehrter Weg über die Lehre und die theoretische Beschäftigung mit der modernen Großstadt in die praktische Stadtplanung muß hier nicht noch einmal aufgezeichnet werden. Im Gegensatz zu seinen Konkurrenten hatte er zuvor nicht in Köln gearbeitet. Er war Adenauer und den Kölner Fachkollegen durch seine Hamburger Tätigkeit bekannt, die ihn in kürzester Zeit in die Spitzengruppe der deutschen Stadtplaner gebracht hatte. Seine Hamburger Projekte hatten eine breite Publizität erfahren, so der Durchbruch der Mönckebergstraße und ihre Umwandlung in eine großstädtische Einkaufsstraße, der Stadtpark, die reformierten Bebauungspläne für Dulsberg und Barmbek-Nord oder der Bau der Siedlung Langenhorn. Er galt bereits bei Ausbruch des Ersten Weltkrieges unbestritten als einer der erfolgreichsten städtischen Baubeamten Deutschlands. Dazu kam, daß er sich in den letzten Kriegsjahren in mehreren Veröffentlichungen intensiv mit der Wohnungsfrage, in der er das zentrale Problem der modernen Großstadt erkannt hatte, auseinandergesetzt hatte.[24]

Sowohl Schumacher als auch Jansen und Stooß[25] versuchten, die Aufgabe unter Preisgabe eines zentralen Dogmas der Reformbewegung durch den Vorschlag einer relativ dichten, das heißt mehrgeschossigen Wohnbebauung statt der obligaten ›Cottages‹ oder Einfamilienreihenhäuser zu lösen. Mit einer großzügigen Freiflächenplanung wollten alle drei sowohl die von der Wohnungsreform seit Jahren kritisierten eugenischen Nachteile der vorgeschlagenen Bauweise kompensieren wie auch die beklagenswerten hygienischen Verhältnisse der benachbarten dichtbevölkerten Wohnquartiere der inneren und der äußeren Stadt ausgleichen. Es gelang Schumacher, sich gegenüber seinen Konkurrenten mit einem Vorschlag durchzusetzen, der nicht nur auf eine Wohnstadt mit gesunden Kleinwohnungen abzielte, sondern auch zugleich der Vision einer neuen westdeutschen Metropole Gestalt gab. Dabei scheint er die äußerst eng

Fritz Schumacher, Bebauungsplan für
Groß-Borstel, Hamburg, 1911

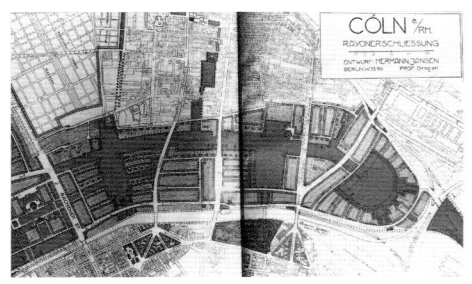

Hermann Jansen, Wettbewerbsentwurf für
die Bebauung des inneren Rayons, zentraler
Bereich, Köln, 1919

gesetzten wirtschaftlichen Auflagen am besten erfüllt zu haben und mit den
vorhandenen Strukturen am schonendsten umgegangen zu sein.[26]

Jansen schlug eine reine Wohnstadt vor, die dem aktuellen Stand der deutschen
Wohnungsreformdiskussion voll und ganz entsprach. Ihren Kernbereich bildete
eine großzügige Freifläche mit Sportplätzen, Parks und Gärten, die den gesamten
Bogen des inneren Rayons durchzog. An diese schlossen zu beiden Seiten
Wohnbauten an: in einigen Randbereichen niedrige Reihen- und Doppelhäuser,
als Regelbebauung aber vier- bis fünfgeschossige Wohnbauten in langgestreckten, geschlossenen Blocks mit großen Innenhöfen, die mit ihren Schmalseiten zur
Grünanlage beziehungsweise zur Straße hin orientiert waren. Um diesem Grünzug
eine größtmögliche Einheitlichkeit zu geben, hob Jansen die oben erwähnte,
um 1890 von Stübben angelegte Kanalstraße fast in ihrer vollen Länge auf und
reduzierte die Zahl der ihn durchquerenden Radialstraßen auf ein äußerstes
Minimum. Unter Hinweis auf die Notlage der Nachkriegszeit wies er nur wenige
Flächen für zusätzliche öffentliche Bauten aus, vor allem sah er keine nennens-
werte Ausweitung der in der mittelalterlichen Enge ihrer Altstadt gefesselten
Kölner City vor. Lediglich im Bereich zwischen Aachener und Venloer Straße
erhielt Jansens Raumdispositiv durch einige öffentliche Bauten einen vorsichti-
gen architektonischen Akzent, sonst aber vermied er jedwede Andeutung von
repräsentativer innerstädtischer Raumgestaltung.

Auch wenn Jansens Vorschlag den Rehorstschen Plan sowohl in stadthygieni-
scher wie in wirtschafts- und sozialpolitischer Hinsicht deutlich verbesserte, löste
er nicht die über den Wohnungsbau hinausreichenden Forderungen der Aufgabe
und fand entsprechend geringen Zuspruch bei den Kölnern. Der Nestor der
deutschen Stadtplaner, Joseph Stübben, der in einer kritischen Besprechung
Schumachers Projekt auf das Äußerste lobte, verdammte Jansens Vorschlag als
bedauerlich kurzsichtig und als Ausdruck eines unerwünschten Wechsels der
städtebaulichen Grundanschauungen, allerdings, ohne Jansen beim Namen zu
nennen oder sein Projekt auch nur einer Abbildung für würdig zu erachten.[27]
Stübben schreibt: »So ist der Schumachersche Entwurf ein künstlerisch hoch-
stehendes Werk, ausgezeichnet durch klar gegliederte Raumbildung, achsiale
architektonische Ordnung und eine Fülle prächtiger Stadtbilder.«[28]
Stübbens Lob überrascht, denn Schumachers Vorschlag für den inneren Rayon
setzte sich nicht nur von Jansens grüner Wohnstadt ab, sondern auch von der
kompakten Mietskasernenstadt des stadteinwärts unmittelbar angrenzenden
Neustadtringes. Dieser war nach Stübbens in den achtziger Jahren aufgestelltem
Fluchtlinienplan mit höchsten Ausnützungsmöglichkeiten des Terrains für die
privaten Grundeigentümer angelegt und lediglich durch die baumbestandene
Allee der Ringstraße und kleine Schmuckplätze vor öffentlichen Gebäuden und
Kirchen gegliedert worden. An großzügigere Freiflächen konnte seine auf
höchsten Gewinn aus der Bodenspekulation ausgerichtete Zeit noch nicht
denken. Zwar hatte die Planung der Straßenzüge und des Parzellenzuschnitts
einen erheblichen Einfluß auf die bauliche Gestaltung, aber was jenseits der
Bauflucht im Blockinneren passierte, galt als Privatangelegenheit und keinesfalls
als Bestandteil der Arbeit eines Stadtbaumeisters.[29]
An der grundsätzlichen Beschränkung des Städtebaus auf Fluchtlinie und
Parzellenzuschnitt hatte auch Camillo Sittes Plädoyer für eine Neubesinnung auf
die ästhetische Dimension des Städtebaus wenig ändern können.[30] Dennoch hatte
die von Sittes Schrift ausgelöste Debatte die Zunft der deutschen und österreichi-
schen Stadtplaner gründlich in Bewegung gebracht, so daß Schumacher anmer-
ken konnte: »Aber wenn Sitte auch den Kern der Sache noch nicht bloßlegte und
zudem in seinen künstlerischen Anschauungen allerlei romantischen Neigungen
nachgab, so war doch dieser Aufruf an die Schaffenden, sich der Kunst des
baulichen Aussenraumes und seiner Anordnung wieder bewußt zu werden, eine
überaus verdienstvolle Tat.«[31] Hierbei lag für Schumacher das Entscheidende

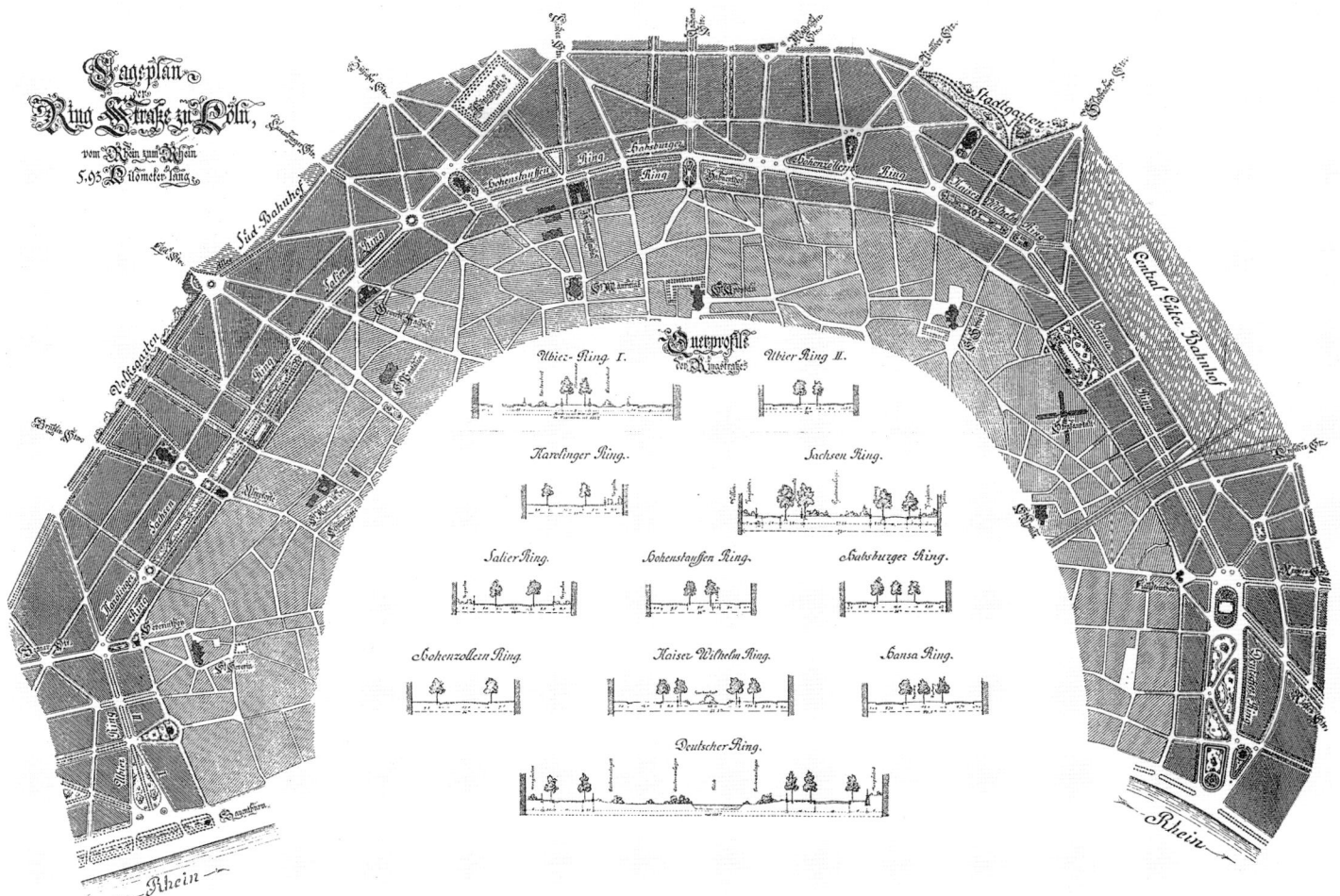

Hermann Joseph Stübben, Lageplan und
Querprofile der Ringstraße, Köln, 1888

nicht in der durch diese Schrift ausgelösten romantischen Begeisterung für historische Stadtbilder und dem Schwelgen in malerischen Platzgebilden,[32] sondern darin, daß sie den Anhängern eines künstlerischen Städtebaus aus seiner Generation den Weg bereitete: »Wichtiger war die Tatsache, daß am Schluß des Jahrhunderts der Künstler wieder Anspruch erhob auf den Städtebau, und daß einem Manne wie Theodor Fischer um die Mitte der neunziger Jahre die Leitung der Münchener Stadterweiterung übertragen wurde.«[33]

Fischer, Jansen, Rehorst, Schumacher und andere definierten die Stadtbaukunst in der Sitteschen Tradition neu, indem sie die künstlerische Gestaltung des Stadtraumes mit den sozialen und technischen Erfordernissen der Zeit zu verknüpfen suchten. Als schöpferische Künstler erhoben sie einen umfassenden Führungsanspruch in der Diskussion um die Gestalt der modernen Stadt. Der Plan der neuen Stadt erschöpfte sich für sie nicht länger in einem abstrakten Netz von geraden oder gekurvten Fluchtlinien, nicht in der rationalen Anordnung von öffentlichen Versorgungseinrichtungen oder verkehrstechnischen Anlagen im Raum und in der Anlage öffentlicher Schmuck- und Grünzüge. Die technisch-mechanischen Probleme der Städte hatte die Gründergeneration des modernen Städtebaus bereits weitgehend gelöst, die Defizite, derer sich die junge Generation annahm, lagen im gestalterischen und im sozialen Bereich. In den komplexen Stadtentwicklungsprozeß wollten sie als Künstler und Dirigenten lenkend und schöpferisch eingreifen, um aus dem Ganzen ein durch ihre künstlerische Tat »beseeltes«, über das ästhetische weit hinausreichendes soziales Gesamtkunst-werk zu machen.

Dieses Ziel richtete die Entwurfsarbeit des Stadtbaukünstlers auf zwei zentrale Bereiche: Als Künstler interessierte ihn die Gestaltung des städtischen Raumes in seiner Gesamtheit, als Sozialplaner die Stadt als Wohnort und Lebensraum gesellschaftlicher Gruppen mit unterschiedlichen Bedürfnissen. Daß diese bei-den Ziele nicht unverbunden existieren, erweist sich spätestens bei der Fest-legung der baulichen Ausnützung in den einzelnen Stadtquartieren und dann bei der Dimensionierung der städtischen Baublöcke. In diesem Sinne betrachtete Schumacher nicht länger die Gestaltung von Straßen und Plätzen als seine städtebauliche Hauptaufgabe, sondern die Schaffung einer neuen Art von städtischen Räumen, bei denen je nach ihrer Zweckbestimmung Baumassen und Freiflächen derart zueinander in Beziehung gesetzt wurden, daß nicht länger entlang der Fluchtlinien zwischen innen und außen getrennt werden konnte. Die Struktur des Straßennetzes interessierte so außer als technische Infrastruktur nur als eine Determinante des städtischen Raumes neben zahlreichen anderen. Eine zentrale Bedeutung erhielt dagegen die Behandlung der Blöcke, weil deren Zuschnitt nicht nur den Raum, sondern letztlich die Wohnungstypologie bestimmte: »Die Aufgabe ist, Blöcke zu gestalten, die nicht nur in ihren äusseren Eigenschaften als Platzwände gute Dienste leisten, sondern die vor allem in ihrer inneren Eigenschaft als Wohnungsberger zu gesunden und neueren sozialen Forderungen angepaßten Bauformen zwingend führen.«[34]

Jansen hatte Stübbens Kanalstraße aufgehoben und an ihrer Stelle eine groß-flächige Grünanlage vorgeschlagen. Schumacher dagegen behielt wie vorher schon Rehorst diese Straße bei, allerdings nur als schmale Wohnstraße mit untergeordneter Bedeutung für den Stadtverkehr und für den neuen Stadtraum des inneren Rayons. Zwar sah auch er zentrale Grünanlagen vor, aber nicht als einheitliche Fläche, sondern als eine ringartige Kette von miteinander verbunde-nen, stark gegliederten Einzelanlagen in enger Verbindung mit den Gebäuden. Während Jansens kontinuierliches Band inmitten einer reinen Wohnbebauung gleichsam den Dorfanger ländlicher Siedlungen nachbildete, entwickelte Schu-macher durch die Verbindung der Freiflächen mit starken architektonischen Akzenten einen neuartigen repräsentativen Großstadtraum, mit dem er, wie er schreibt, endlich ein echtes Raumkunstwerk seiner Zeit schaffen wollte: »Ich

Fritz Schumacher, Wettbewerbsentwurf für
die Bebauung des inneren Rayons, Grünzug
in einem Wohngebiet, Köln, 1919

Fritz Schumacher, Wettbewerbsentwurf für
die Bebauung des inneren Rayons, Aachener
Weiher mit Blick auf ein öffentliches Gebäude,
Köln, 1919

Fritz Encke, Grünanlagen in Fritz Schumachers
Bebauungsplan für den inneren Rayon, Köln,
um 1924

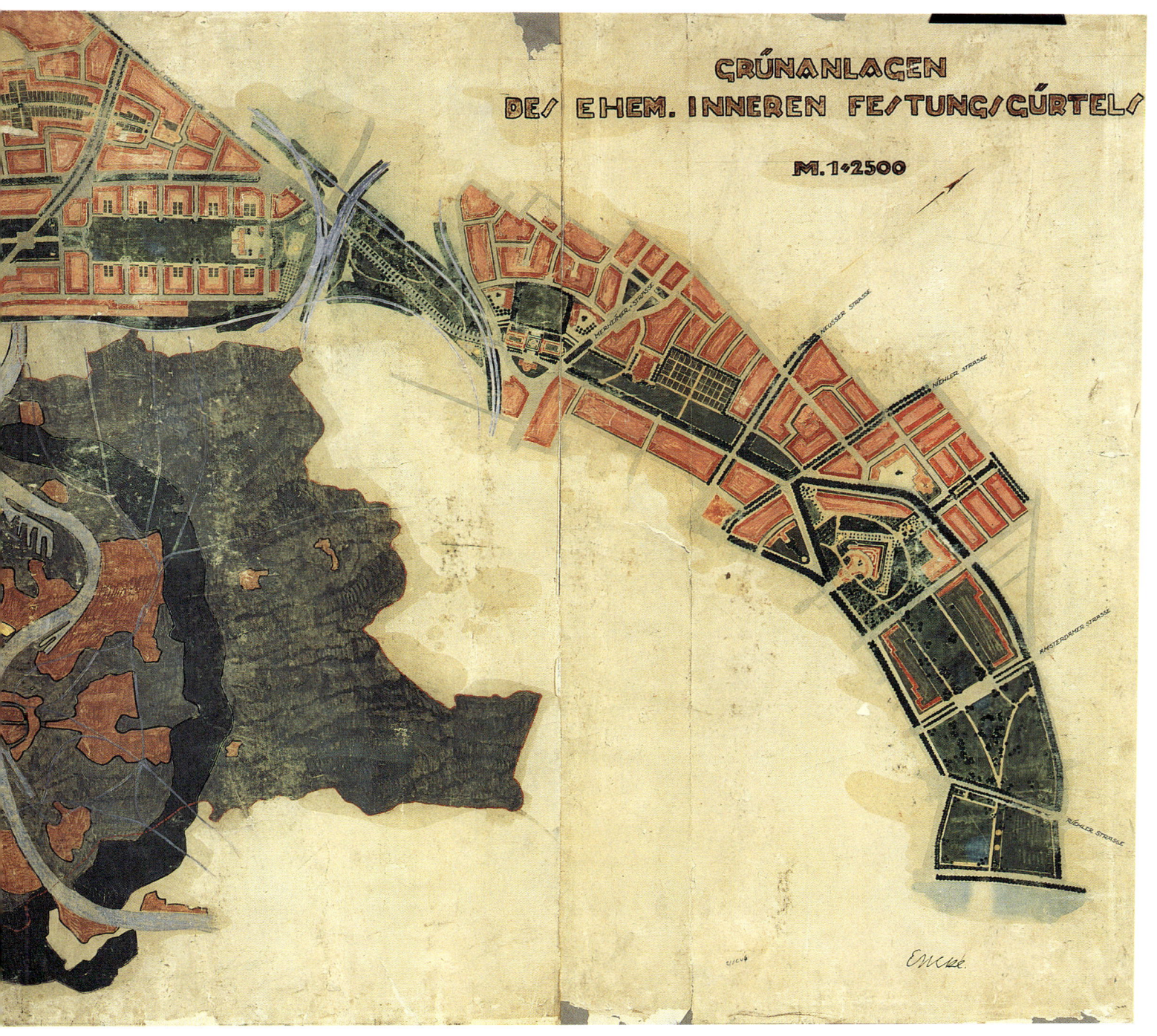

GRÚNANLAGEN
DES EHEM. INNEREN FE/TUNG/GÚRTEL/

M. 1:2500

glaube, daß die architektonischen Gipfelungen der kommenden Großstadt, die das Monument ihres kulturellen und sittlichen Lebens darstellen, nicht wie früher in einem einzelnen Bauwerk zum Ausdruck kommen werden. Wir müssen sie vielmehr suchen in Zusammenhängen von Freiflächen mit Bauten, in großgedachten Komplexen, in denen Raumbildungen der freien Luft mit steinernen Raumbildungen zusammenwirken. ... erst Vereinigung von Bauten und Plätzen, also Gebilde, deren städtebauliche Natur ein wichtiges Moment ihres Seins bildet, können das sinnfällig ausdrücken, was uns heute bewegt.«[35] Schumacher wollte seinen Entwurf für den inneren Rayon nicht auf Wohnfunktionen beschränken. Seine Stadterweiterung sollte mehrere Aufgaben zugleich erfüllen und das innerstädtische Wohnen mit neuen öffentlichen Bauten und neuen Geschäftshäusern verbinden. Um den Entwicklungsdruck der City-Funktion auf die zentralgelegenen Quartiere der historischen Altstadt zu verringern, schlug er die Verlagerung eines Teils der Geschäftsstadt in ein neues Zentrum bei einem neuen Bahnhof an der Aachener Straße vor. In Erinnerung an die Hamburger Binnenalster betonte er dieses Zentrum mit einem großen Wasserbecken, in dem sich die neuen Geschäftshäuser, in der späteren Überarbeitung sogar mehrere Hochhäuser,[36] spiegeln sollten.

Trotz der zahlreichen öffentlichen Bauten im Bereich des inneren Rayons orientierte Schumacher sich nicht länger am Eindruck der Wiener Ringstraße, dem die Stadterweiterungen des ausgehenden 19. Jahrhunderts immer wieder nachgeeifert hatten. Das einigende Band seines Ringes wurde nicht von einer Straße gebildet, sondern durch die Grünflächen, die mit den Gebäuden zu einer Kette individuell charakterisierter Räume zusammengefaßt waren. Die stets frei stehenden öffentlichen Gebäude und die Wohnblocks wurden dabei jeweils auf einer Seite zu den Freiflächen und auf der anderen zu den die Blöcke durchquerenden und sie zugleich erschließenden Straßen hin orientiert. Diese Straßen waren von relativ niedrigen Baublocks[37] gesäumt und mit Baumreihen begrünt. Sie bildeten ebenfalls geschlossene Raumfolgen, deren Rhythmus sich im Gegensatz zu den Grünflächen mit ihren Fußgängerwegen vor allem für den fahrenden Passanten als ein Wechsel von geschlossenen Straßenwänden und Durchblicken auf die dahinterliegenden Freiflächen und die aus der Bauflucht zurückgesetzten öffentlichen Gebäude erschloß.

Schumachers Projekt fand im Dezember 1919 die einhellige Zustimmung der Kölner Stadtverordneten. Aber da Schumacher erst nach längerem Zögern bereit war, zu dessen weiterer Bearbeitung sich für drei Jahre von Hamburg beurlauben zu lassen, hatte Adenauer in der Zwischenzeit auch Paul Bonatz als Generalplaner zu gewinnen versucht.[38] Verärgert darüber, daß er den Ruf dann doch nicht erhielt, hatte Bonatz mit seinen Studenten an der Technischen Hochschule Stuttgart außerhalb des Gutachterverfahrens unaufgefordert einen Gegenvorschlag zu Schumacher erarbeitet. Diesen veröffentlichte er in der Zeitschrift *Der Städtebau*[39] und löste damit in der Fachwelt eine Grundsatzdebatte über die Pläne für die Kölner Stadterweiterung aus.[40] Bonatz verspottete Schumachers Folgen geschlossener Räume, architektonischer Gärten und axialer Bezüge auf öffentliche Bauten als »fürstlichen Städtebau des 18. Jahrhunderts« und forderte statt dessen, den inneren Rayon völlig unbebaut als Grünfläche zu erhalten. »Man darf an die Ausfallstraßen keine symmetrischen Kommoden stellen, sondern man muß alle Neubauten dem Innenrand und dem Außenrand anschmiegen und das ganze Grünland als fortlaufende Freifläche lassen: Sport, Spiel, Reiten, Promenaden, Ausstellungen, ›die Freifläche verteidigen‹.«[41] Doch abgesehen davon, daß Bonatz' ›Freiflächen-Purismus‹ bei den Kölnern, insbesondere bei den Grundeigentümern, keine Chance hatte gegen Schumachers mit rhetorischem Geschick und realistischer Darstellungsweise erfochtene öffentliche Unterstützung, war sein Gegenprojekt bezüglich der Dichte-Vorstellungen und der Bedeutung der Grünplanung durchaus verwandten Geistes. Der Hauptunterschied lag im

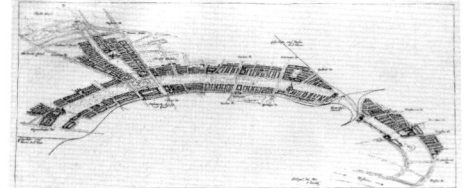

Paul Bonatz, Vorschlag für die Bebauung des inneren Rayons, Köln, 1920

Fritz Schumacher, Generalsiedlungsplan für
Köln, Modell des inneren Rayons, Ausschnitte,
1922–1923

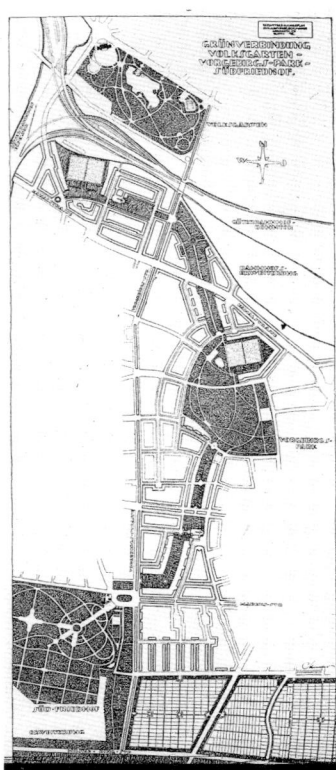

Fritz Schumacher, Generalsiedlungsplan für Köln, radialer Grünzug
vom Volksgarten zum äußeren Rayon,
1922–1923

Konzept der Gesamtstadt. Bonatz trennte städtische Funktionen wie Verkehr, Arbeit, Wohnen, Erholung strenger voneinander, vor allem verband er sie nicht wie Schumacher durch eine vereinheitlichende monumentale Gestaltung zu einem neuen Gesamtkunstwerk. Bonatz wollte keine Ausdehnung der kommerziellen und kulturellen großstädtischen Funktionen auf das Gebiet des inneren Rayons, sondern grenzte die bestehenden Stadtgebiete mit einem breiten Grünzug voneinander ab, und erwartete, daß die City-Funktionen sich in der Altstadt gewissermaßen naturhaft durchsetzen würden und diese dann entsprechend immer wieder umgebaut und umgestaltet werden müßte.[42]

Folgt man Heinrich de Fries, dem Herausgeber der Zeitschrift *Der Städtebau,* so war allein der Entwurf Jansens mit seiner Betonung des Wohnens und der weitgehenden Öffnung der Blöcke richtungweisend modern, wogegen die Vorschläge Schumachers und Bonatz' noch nicht »die üblichen Bahnen der Stadtbaukunst«[43] verlassen hätten. De Fries kritisierte bei beiden vor allem das Konzept einer raumbildenden Grünplanung und Blockgestaltung und forderte stattdessen, die Blöcke in Zeilen aufzulösen sowie das »Streifengrün« in ein »Raumgrün« umzuwandeln, in das die »Zellen« der Volkswohnungen »einfach und kühn« hineingesetzt werden sollten. Das von de Fries geforderte »klare Bekenntnis zur modernen Großstadt« bedeutete nichts anderes, als dem Volkswohnungsbau gegenüber allen anderen Teilfunktionen der Stadt einen absoluten Vorrang einzuräumen, durchaus auch vor dem Verkehr und der Freiflächenplanung.

De Fries' Vorwurf, Schumacher vernachlässige den Wohnungsbau, ist angesichts der Kölner Projekte nur schwer und angesichts seiner theoretischen Äußerungen zur Wohnungsfrage überhaupt nicht verständlich. Fast wortgleich mit de Fries hatte Schumacher kurz zuvor in seinem Sammelband *Kulturpolitik* geschrieben: »Das Problem der Großstadtentwicklung ist aber im letzten Grunde gleichbedeutend mit der Wohnungsfrage.«[44] Schumacher bekannte sich engagiert zur Großstadt, und der Volkswohnungsbau war geradezu ein Generalthema seiner Arbeit in Hamburg. Aber für de Fries erübrigte sich ein Nachweis. Das Unzeitgemäße, ja Rückschrittliche von Schumachers Vorschlägen entlarvte sich für ihn und nachfolgende Kritiker nicht im Konzeptionellen, sondern im Formalen, in der als konventionell klassifizierten »Stilarchitektur« und in den nach künstlerischen, also »unsachlichen« Gesichtspunkten gestalteten Stadträumen. Da Schumacher und andere »Stadtbaukünstler« eine moderne Großstadt vorschlugen, in der die Ästhetik der neuen mit der der alten Stadt versöhnt, in der Stadträume gestaltet und nicht aufgelöst werden sollten, bedurfte dessen Kölner Plan nach der Ansicht eines erklärten Vorkämpfers der utopischen Moderne wie de Fries keines weiteren Kommentares. Das Auseinanderklaffen der Ansichten des alten Stübben und des jungen de Fries kennzeichnete mehr als einen Generationskonflikt. Jenseits aller Übereinstimmungen über den sozialen Gehalt der modernen Stadtplanung zeichnete sich hier der Beginn jener erbitterten, die folgenden Jahrzehnte beherrschenden Kontroverse quer durch die ganze Disziplin ab, nicht über den Inhalt, sondern über die Form der Neuen Stadt, über den Stil der Moderne und über ihr Verhältnis zur Bautradition.

Für Schumacher kam die Debatte über seinen Entwurf zu früh. Sein Wettbewerbsentwurf für den inneren Rayon war tatsächlich noch nicht der entscheidende Schritt aus der Sitteschen Tradition. Er enthielt zwar im Ansatz die wesentlichen Elemente seines Konzeptes der Großstadt als Gesamtkunstwerk, aber er behandelte doch nur einen sehr speziellen Planungsfall und war räumlich auf ein relativ begrenztes Teilgebiet der Stadt beschränkt. Erst der erweiterte Planungsauftrag zu einem Generalplan für das gesamte Kölner Stadtgebiet, den Schumacher im Anschluß an den Wettbewerb angeboten bekam, erschloß ihm die Möglichkeit, sein Konzept detailliert und in voller Breite auszuarbeiten.

Schumacher ließ sich nach langem Drängen Adenauers in Hamburg für die Dauer von drei Jahren beurlauben und wurde 1920 Beigeordneter der Stadt Köln[45] mit

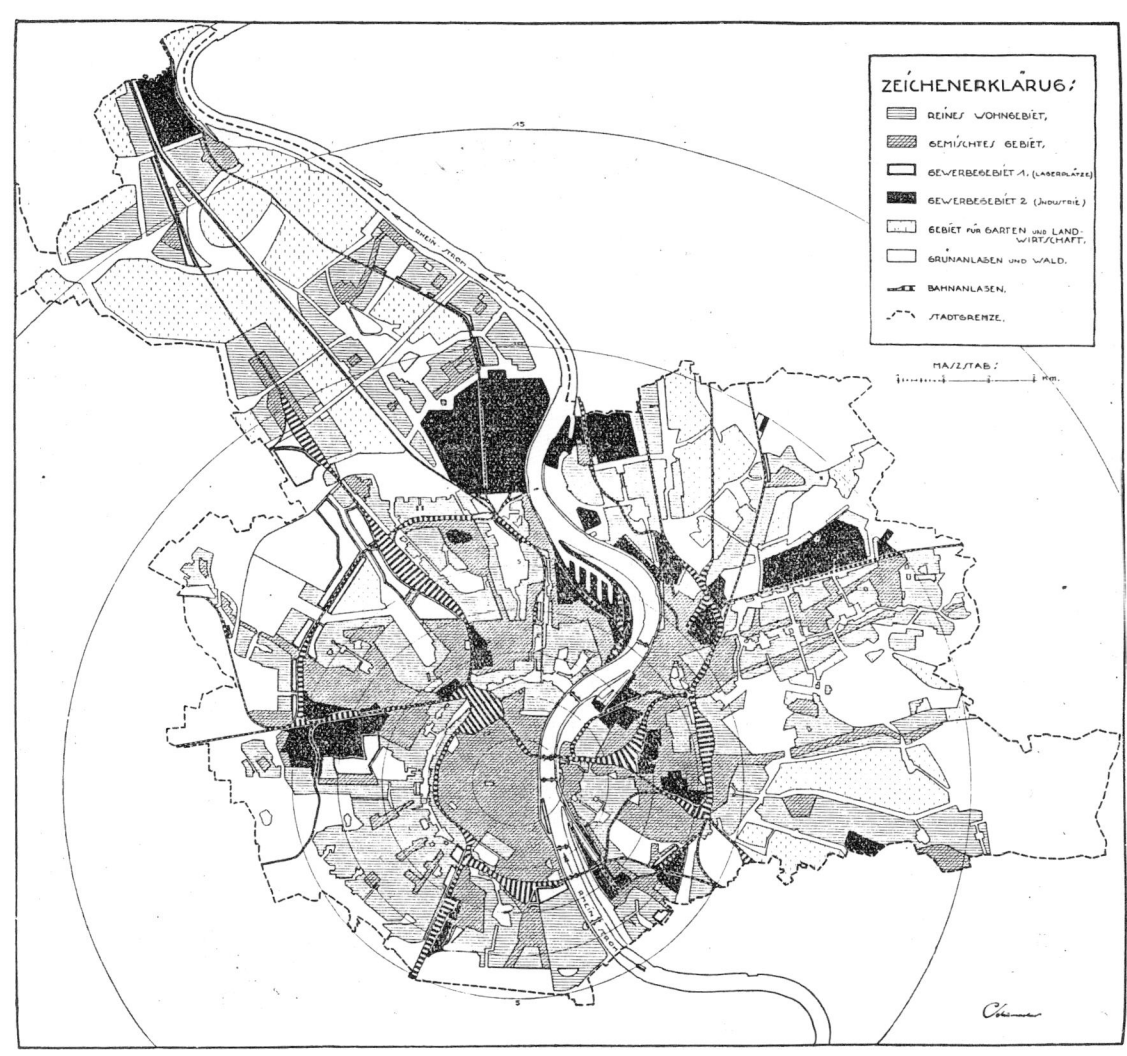

Fritz Schumacher, Generalsiedlungsplan Köln,
Nutzungszonenplan, 1922–1923

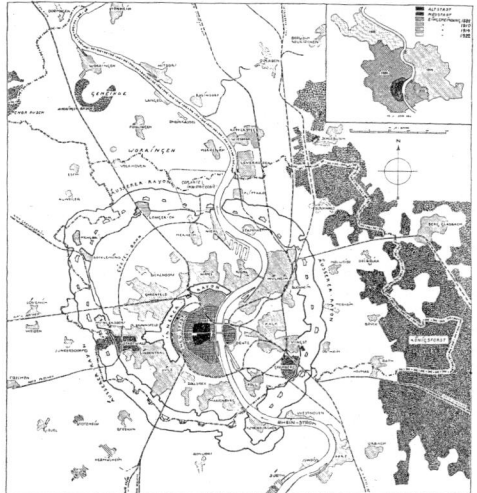

Plan der historischen Entwicklung der Stadt
Köln bis 1918, Darstellung von Fritz Schumacher

Fritz Schumacher, Generalsiedlungsplan Köln,
System der Grünanlagen und Freiflächen,
1922–1923

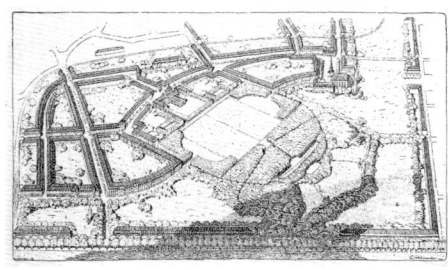

Fritz Schumacher, Generalsiedlungsplan
für Köln, äußerer Rayon, Umgestaltung eines
Forts und anschließende Wohnbebauung,
1922–1923

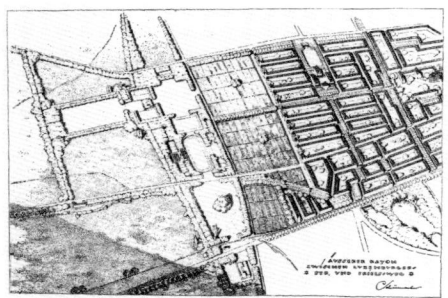

Fritz Schumacher, Generalsiedlungsplan
für Köln, äußerer Rayon, Übergang von der
Bebauung zum Grüngürtel, 1922–1923

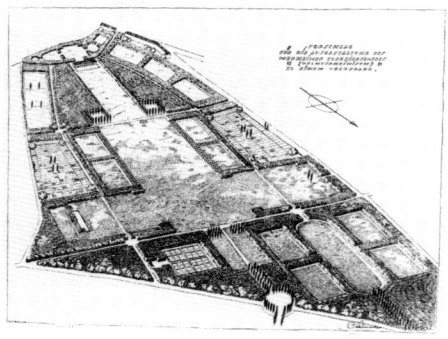

Fritz Schumacher, Generalsiedlungsplan für
Köln, äußerer Rayon, Umwandlung des
Merheimer Exerzierplatzes in einen Volkspark,
1922–1923

dem Auftrag, einen Entwicklungsplan für die Stadt und ihr Umland aufzustellen. Dieser 1923 vorgelegte Generalplan für ein Gebiet von 25 346 Hektar hätte die Fachdebatte mehr verdient als der Wettbewerb, der naturgemäß noch nicht mehr als eine Konzeptskizze liefern konnte. Da diese Debatte aber schon stattgefunden hatte, fand Schumachers Leistung, in Deutschland den bedeutsamen qualitativen Sprung vom künstlerischen Städtebau zur geplanten Stadtlandschaft vollzogen zu haben, nicht mehr die ihrer Bedeutung gemäße Würdigung.

Obwohl Schumacher in Köln anfänglich nur mit seinen beiden aus Hamburg mitgebrachten Mitarbeitern Friedrich Schumann und Wilhelm Arntz arbeiten konnte, boten sich ihm dort von den planerischen Voraussetzungen her nahezu ideale Bedingungen. Er erhielt erstmals die Gelegenheit, seine Reformvorstellungen nicht nur mit punktuellen Interventionen wie in Hamburg, sondern in ihrer ganzen Komplexität und mit einem großen einheitlichen Entwurf für das riesige Gebiet einer der größten deutschen Städte zu erproben. Das Planungsgebiet, für das in Köln konkrete Vorschläge zu erarbeiten waren, hatte sich durch die Eingemeindung der nördlich der Stadt gelegenen Gemeinde Worringen, durch die völlige Aufhebung des Kölner Festungsstatuts und durch die Forderungen der Alliierten nach einer gründlichen Schleifung aller militärischen Anlagen im äußeren Rayon gewaltig vergrößert.

Der weite Ring des äußeren Rayons um das Kölner Stadtgebiet stand seit 1920 aufgrund eines besonderen Reichsgesetzes über das ›Enteignungsrecht von Gemeinden bei Aufhebung oder Ermäßigung von Rayonbeschränkungen‹ der Stadt für ihre Freiflächen- und Siedlungspolitik zu geringsten Bodenpreisen zur Verfügung.[46] Für Köln aber bedeutete die Aufhebung des Jahrhunderte gültigen Festungsstatuts noch weit mehr als den plötzlichen Zugriff auf dringend benötigte Entwicklungsfläche: »In Wahrheit bedeutet dieses Aufhören der Festungseigenschaft nicht mehr und nicht weniger als eine Umgestaltung der inneren Blickrichtung für die gesamte Stadt.«[47] 1920 konnte sie sich erstmals bewußt ihrem Umland zuwenden und unbehindert von militärischen Erwägungen mit diesem in einen neuartigen, nur von den eigenen Entwicklungserfordernissen bestimmten planerischen Dialog eintreten.

In enger Kooperation mit dem Kölner Gartendirektor Fritz Encke[48] entwickelte Schumacher erstmals ein Gesamtkonzept von bebauten und freigehaltenen Flächen, das in seiner Komplexität noch weit über die Freiflächenplanung seines Gutachtens für den inneren Rayon hinausreichte.[49] Für ihr neues Freiflächensystem gingen die beiden von dem vierzig Kilometer langen und einem Kilometer breiten Festungsgebiet des äußeren Rayons mit 12 nach dem Kriege zerstörten Forts, 23 Zwischenwerken und 146 Stützpunkten aus. »Ziel war es, aus diesen Stätten der Zerstörung Stätten der Erholung zu machen: Volkswiesen, Sportplätze, Waldschulen, Licht- und Luftbäder und dergleichen Grünanlagen für das soziale Bedürfnis.«[50] Diesen weiten Kranz zusammenhängender Freizeitanlagen und Grünflächen verbanden sie sowohl nach außen mit den entfernteren Erholungsgebieten des Umlandes als auch über radiale Grünzüge mit den Freiflächen der inneren Stadt, insbesondere denen des inneren Rayons.

Fritz Encke scheint in Köln für Schumacher ein idealer Kooperant gewesen zu sein. Wie Schumacher ein Jahrzehnt zuvor bei seinem Hamburger Stadtpark hatte dieser in Köln bei den dortigen Parkplanungen, beim Vorgebirgs- und beim Blücherpark, engagiert für den architektonischen Park gekämpft. Ausgehend von den weiten Planungsflächen des ehemaligen Festungsgürtels sahen beide gemeinsam die Möglichkeit, für die gesamte Stadt ein Netz von Grünflächen und Freizeitanlagen zu entwickeln, wie es bis dahin in Deutschland noch nirgendwo realisiert werden konnte, obwohl es konzeptionell seit dem Groß-Berlin-Wettbewerb von 1910 schon mehrfach angedacht worden war[51] und die Parksysteme von Boston und Chicago seit den großen Städtebauausstellungen in Dresden, Berlin und Düsseldorf in Fachkreisen allgemein bekannt waren.[52]

Für die mehr als zwei Millionen Einwohner, die Köln in der letzten Ausbaustufe des vorgelegten Planes am Ende des Jahrhunderts beherbergen sollte,[53] sah Schumacher ein im wesentlichen durch das neue Grünsystem gegliedertes, vom Stadtrand zur Stadtmitte hin in der Dichte nur geringfügig zunehmendes Siedlungsgebilde mit einer klar gestaffelten Quartierstypologie vor. Der Übergang dieses Gebildes zum Umland hin war ebenso sorgfältig und vorausschauend gestaltet wie sein Inneres. Für die Neubaugebiete gab es klare bauordnerische Festlegungen und für die Umgestaltung der bestehenden Baugebiete und der historischen Altstadt genau definierte Interventionsfelder im Bereich der Sanierung, der Denkmalpflege und der Schaffung öffentlicher Einrichtungen.

Die von außen an den Ring von Freizeitanlagen im ehemaligen äußeren Rayon anschließenden Wohnquartiere mit ihrer Einzelhausbebauung und ihren Einfamilienreihenhäusern erhielten in den radialen Grünzügen Standorte für die notwendigen Schulen, Sozialeinrichtungen und Kirchen zugewiesen. Diese Grünzüge sollten dann durch die bestehenden Vorstadtbebauungen hindurch bis zum inneren Parkring weitergeführt werden. Die dafür nötigen Eingriffe in bestehende Bebauungspläne erschienen Schumacher gerechtfertigt durch die mit ihnen einhergehenden infrastrukturellen Verbesserungen und Aufwertungen der bis dahin unterversorgten Stadtviertel.

Schumacher schlug keine einheitliche Wohnstadt vor, sondern eine Serie von Typologien für unterschiedliche Bedürfnisse und soziale Situationen, die aber jeweils den zeitgemäßen hygienischen Erkenntnissen der Wohnungsreformbewegung entsprechen sollten. »Heute müssen wir uns schon klar machen, daß in Wahrheit die Großstadt eine ganze Skala abschattierter Wohnformen für die arbeitenden Klassen nötig hat, vom bäuerlichen Kleinhaus beginnend – über das kleinstädtische Familienhaus – zum mittelstädtischen Etagenhaus«. Ausgespart bleibt wohlgemerkt das »großstädtische Etagenhaus«, aber in beziehungsvoller Anspielung auf die überall im Deutschland der Nachkriegszeit aktive Kleinsiedler- und Gartenstadtbewegung fügt er sogleich, um Mißverständnissen vorzubeugen, hinzu: »Man darf in diesem Zusammenhang eines nicht vergessen: Ebenso charakteristisch für unsere Zeit wie die Sehnsucht nach der Idylle ist die Unfähigkeit, sie zu ertragen.«[54]

Die moderne Großstadt besteht nicht nur aus Wohnbebauung, sondern ist auch Standort von Industrie, Handel, Verwaltung und Kultur. Für die Entwicklung der Industrieanlagen sah Schumacher insbesondere die gerade eingemeindeten Gebiete Worringens vor. Sie liegen nördlich des äußeren Rings der Grünanlagen und sind durch diesen von der eigentlichen Stadt getrennt. Die Altstadt und der neugestaltete innere Rayon sollten die Geschäftsstadt, die Verwaltungsbauten und die übergeordneten kulturellen Einrichtungen aufnehmen, so daß insgesamt eine neue Siedlungsform erkennbar wurde, bei der sich die Gesamtstadt in ihrer Höhenentwicklung von den Kirchtürmen und Hochhäusern des kulturellen und kommerziellen Zentrums über die in ihrem Bautypus höchstens ›mittelstädtischen‹ Wohngebiete, Stadtrandsiedlungen und die Industriezonen schnell abflachend im Siedlungsraum ausbreiten konnte und dabei sowohl ihre inneren räumlichen Mängel ausglich als auch den historischen Widerspruch zwischen Stadt und Land harmonisierte.

Hatte Schumacher für die Neubaugebiete und die Umgestaltung der äußeren Stadtteile räumlich strukturelle und typologisch bauordnerische Vorgaben zum Hauptinstrument seiner Planung gemacht, so schlug er für die innere Stadt neben einer Neugewichtung des Netzes der Durchgangsstraßen eine Reihe von exemplarischen Einzelinterventionen im Umfeld der historischen Bauten vor. Das begründete er vor allem mit den Widersprüchen, die zwischen den Erfordernissen des modernen Verkehrs sowie den Umwandlungs- und Verdrängungsprozessen im Zentrum einer Millionenstadt auf der einen Seite und der Gefährdung der wertvollen Kulturdenkmäler auf der anderen aufbrachen. Schumacher verstand

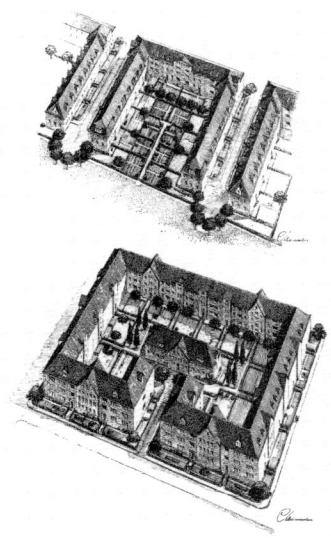

Fritz Schumacher, Wettbewerb zur Bebauung des inneren Rayons, Vorschläge zur Typologie von mehrgeschossigen Wohnhäusern (›mittelstädtische‹ Wohnform), 1919

Fritz Schumacher, Generalsiedlungsplan
für Köln, Vorschlag zur Rathauserweiterung,
1922–1923

Fritz Schumacher, Umgestaltung
des Michaeliskirchhofs, Hamburg,
1911–1912

sich aber auch bei dieser Aufgabe nicht in erster Linie als bewahrender Denkmalpfleger, sondern als verständnisvoller Anwalt der Modernisierung. Die Veränderungsprozesse konnte auch er nicht aufhalten, also suchte er ihrem Lauf einen weniger zerstörerischen Weg zu bahnen und die Spuren bereits erfolgter Veränderungen zu reparieren. »Unsere Aufgabe ist, dem störenden Eingriff in irgendeiner Weise doch wieder den Eindruck des organisch Entstandenen zu geben.«[55]

Die vorgeschlagenen Eingriffe und Reparaturen im Kölner Altstadtbereich zeigen Schumachers Vorgehensweise. Immer sucht er die notwendige Modernisierungsmaßnahmen mit einer charakteristischen oder monumentalen Gestaltung zu verbinden. So betonen die Umgestaltungsvorschläge für die Umgebung des Domes und der Kirchen St. Pantaleon und Groß St. Martin in Sittescher Manier die historische Würde des ›heiligen Köln‹ ganz ähnlich wie seine Neugestaltung der Umgebung von St. Michaelis in Hamburg einige Jahre zuvor. Der Entwurfsvorschlag zur Erweiterung des Kölner Rathauses und zur Neuordnung seiner Umgebung versucht in kontextualistisch heimatschützlerischer Anlehnung an Fragmente historischer Bausubstanz den neuen Nutzungsanforderungen vorsichtig Raum und Gestalt zu geben. Vergleichbar, aber durchaus schon etwas freier, steht daneben der Vorschlag zur Reparatur des durch den Durchbruch einer Nord-Süd-Straße in der Flucht der neuen Hängebrücke über den Rhein entstandenen Platzes beim Gürzenich und der Gürzenichstraße. Schumacher begründet dies damit, daß diese Straße auf den zentralen Kreuzungspunkt der modernen Verkehrsströme der Stadt am Heumarkt führt. Diese Vorschläge haben durchaus Ähnlichkeit mit seinen in der Kölner Zeit entstandenen *Zukunftsphantasien über alte Hamburger Plätze*,[56] mit denen er aus der Distanz weiterhin auf die Hamburger Stadtgestaltungsdebatte Einfluß zu nehmen suchte.

Der Heumarkt und die beiden Brückenköpfe der kurz vor dem Ersten Weltkrieg fertiggestellten modernen Stahlbrücke über den Rhein erforderten aus Schumachers Sicht eine selbstbewußtere und zeitgemäßere Intervention als die vorhergenannten Situationen. Hier, zwischen dem Verkehrsknoten und der zentralen Brücke, sah er das Herz des neuen Köln, wo ähnlich wie bei dem Geschäftszentrum vor dem Aachener Tor eine monumentale moderne Gestaltung den City-Charakter der westdeutschen Handelsmetropole betonen sollte.[57] In seinen Planungen überspannte hier, als Tor zur City, ein zwölfgeschossiges Geschäftshaus die Nord-Süd-Straße, während auf dem gegenüberliegenden rechten Ufer zwei die Straße flankierende siebengeschossige Bauten den Eingang zum neugestalteten Stadtteil Deutz markierten. Mehr noch als die von Schumacher angeregten Kontorhäuser Fritz Högers um den Hamburger Burchardplatz waren diese Bauten als Monumente der modernen Geschäfts- und Arbeitswelt konzipiert. Sie dienten der symbolischen Überhöhung eines markanten Ortes in der Stadt und sollten sich in der städtischen Silhouette der gegenüberliegenden Rheinufer selbstbewußt neben den Türmen der historischen Stadt behaupten können. Daß sie sich dennoch in das Ensemble harmonisch einfügten, zeigt die genaue zeichnerische Analyse, die Schumacher zur Untersuchung der beiden Uferfronten von den verschiedensten Standpunkten aus anstellte.[58]

Schumacher konnte keines seiner architektonischen Projekte für Köln realisieren. Das lag zum einen an der wirtschaftlichen Situation der ersten Nachkriegsjahre mit ihrer fatalen Inflation und zum anderen daran, daß die meisten der äußerst detailliert entwickelten Entwürfe nicht als Bauvorlagen, sondern als Illustration einer möglichen Realisierung des Entwicklungsplanes gedacht waren. Schumacher folgte hier der Methode des ›modellmäßigen Entwerfens‹. Testentwürfe und dreidimensionale Modelldarstellungen begleiteten alle seine städtebaulichen Arbeiten. In Köln diente dieses Vorgehen nicht nur der Kontrolle des eigenen Arbeitsergebnisses, sondern auch der Überzeugung der Politiker, die über die Planungen zu befinden hatten. In Hamburg konnte Schumacher die

Fritz Schumacher, Generalsiedlungsplan für
Köln, Umgebung von St. Pantaleon, 1922–1923

Fritz Schumacher, Generalsiedlungsplan für Köln, Hochhaus am linksrheinischen Brückenkopf, überarbeitete Fassung, 1922–1923

Methode später noch verfeinern und gemeinsam mit den Architekten, die mit der Ausführungsplanung beauftragt waren, an den Modellen deren Entwürfe im Sinne des ursprünglichen Raumkonzeptes überprüfen.

Lediglich der Entwurf des Brückenkopf-Hochhauses beschäftigte Schumacher nach seiner Rückkehr in die Hansestadt noch einmal. Zusammen mit dem Kölner Architekten Georg Falck fertigte er dafür 1923 unter veränderten Rahmenbedingungen eine zweite Variante für das Warenhaus Tietz an. Aber auch dieses Projekt wurde nicht realisiert, und Schumacher schlug resigniert einen offenen Wettbewerb ohne seine Beteiligung für die gestellte Aufgabe vor.[59]

Dennoch blieb Schumachers Kölner Generalplan nicht folgenlos. Fritz Encke arbeitete konsequent an der Realisierung des Grünplanungskonzeptes, und Schumachers Mitarbeiter Wilhelm Arntz erhielt den Auftrag, die Planungsarbeit fortzusetzen. Erste Teilprojekte, wie die Anlage des Bassins am Aachener Tor, die Verlegung der Dürener Straße und die Realisierung des südlichen Teiles der Grünanlagen des äußeren Rayons, wurden im Rahmen umfangreicher Notstandsarbeiten[60] direkt nach der Inflationszeit in Angriff genommen, und spätere Pläne, insbesondere der Wiederaufbauplan von Rudolf Schwarz nach dem Zweiten Weltkrieg, nahmen von neuem Bezug auf die Schumacherschen Überlegungen und griffen insbesondere das Konzept einer harmonisch in der Kölner Bucht sich entwickelnden Stadtlandschaft wieder auf.

Schumachers Projekt für Köln war eine komplexe Zusammenfassung des städtebaulichen Wissens im Deutschland der Jahre nach dem Ersten Weltkrieg. Es wurde ein Manifest der Neuen Stadt ohne zugleich ein Manifest des Neuen Bauens zu sein. Die spätere Architekturgeschichtsschreibung fand entsprechend an diesem Werk keinen Gefallen. Solange sie ihr Augenmerk fast ausschließlich auf die Ikonographie des Neuen Bauens richtete, konnte ihr dieses Projekt mit seiner ostentativ den Merkzeichen einer radikalen modernen Architektur widersprechenden Formensprache kaum beachtenswert erscheinen. Schumachers Werk wurde dementsprechend von der späteren Architekturkritik bald geteilt in das eines rückschrittlichen Architekten und eines fortschrittlichen Stadtplaners.[61] Sein Konzept des sozialen Gesamtkunstwerkes unterlag spätestens in den politisierten Stildiskussionen nach dem Zweiten Weltkrieg einer sich nur noch organisatorisch-verwaltend verstehenden Planungspraxis und einer vorgeblich individuellen Architektur, die stolz darauf war, sich endlich aus den Fesseln des Städtebaus befreit zu haben.

Schumacher suchte in Anlehnung an den von ihm verehrten Friedrich Nietzsche, der zugleich die ›Asphaltseelen‹ der modernen Großstadtbewohner verhöhnt und in den Großstädten den blühenden Baum der künftigen Menschengeschlechter gesehen hatte, nach einer Seelenrettung des modernen Menschen in einer neuen, ›organisch‹ gestalteten Großstadt-Umwelt. Stadtplaner und Architekten waren für ihn in diesem Sinne Kulturarbeiter. Die Defizite der modernen Großstadt stellten kaum technische, sondern in ihrer sozialen Qualität vor allem kulturelle Probleme dar: »Das Geschlecht, das jetzt an der Arbeit ist, hat einem neuen Stande, dem Stande des Künstler-Architekten, eine feste Grundlage für die Zukunft zu erobern.«[62] Dieser sei durch die soziale Frage auf andere Weise und weitaus stärker als der Architekt der Vergangenheit herausgefordert. Und die Wirkungslosigkeit seiner bisherigen, nur künstlerisch gestaltenden Arbeit beweise zur Genüge, daß er sich mit anderen Disziplinen zusammenschließen müsse, denn »nicht der gestaltende Künstler allein und nicht der organisierende Sozialpolitiker allein können dem Problem Großstadt helfend näherkommen, sondern nur ihre Vereinigung«.[63]

Unter seinen Fachkollegen aber stieß er, wie wir schon gesehen haben, zum Teil auf Widerspruch. Nach dem verlorenen Krieg und der gescheiterten Revolution schickten sich einige unter ihnen an, der neuen Gesellschaft eine vom Ballast der Tradition gereinigte Neue Stadt in neuer Architektur zu gestalten und ihnen schien es höchste Zeit, den ›Künstler-Architekten‹ durch den ›Ingenieur-Architekten‹ zu ersetzen. Hinter diesem Dissenz steckte weniger eine tatsächlich veränderte Rolle des Architekten, sondern der alte Streit um Form und Inhalt, der sich diesmal in der Frage nach dem utopischen oder realistischen Gehalt einer Planung und nach dem Grad von Abstraktion oder Realismus in der Gestaltung entzündete. Dieser Dissens erhielt große Publizität und überlagerte bald den sicherlich ebenso wichtigen Konsens, der sich in Deutschland in den ersten beiden Jahrzehnten des 20. Jahrhunderts über die moderne Großstadt und über die Ziele der Stadtplanung herausgebildet hatte. Denn über alle stilistischen Differenzen hinweg waren sich die deutschen Architekten und Stadtplaner weitgehend darüber einig, daß die Stadt der Zukunft das soziale, hygienische und organische Gegenbild der existierenden Stadt werden müsse. Die große Gärungszeit des deutschen Städtebaus gehörte in den Jahren nach dem Ersten Weltkrieg bereits der Vergangenheit an. Eine fünfzigjährige Debatte hatte eine neue Disziplin neben der Architektur entstehen lassen, nahe verwandt, aber durchaus mit eigenen neuen Konzepten, Dogmen, Orthodoxien und Häresien.

Spätestens seit dem Groß-Berlin-Wettbewerb von 1910[64] herrschte weitgehend Einigkeit über die Trennung von Wohnen, Arbeiten und Verwalten, über die ökonomische Rolle der Verkehrs- und die soziale Bedeutung der Grünplanung sowie über die gestalterische Rolle der öffentlichen Bauten. In ihrer Argumentation wurde die neue Disziplin wirksam unterstützt von einer empirisch abgesicherten, ebenfalls neu entstandenen Kommunal- und Sozialwissenschaft und von populären Reformorganisationen wie der Boden- und der Wohnungsreformbewegung, dem »Heimatschutzbund«, dem »Deutschen Werkbund«, der Gartenstadt- und Siedlerbewegung, um nur die wichtigsten zu nennen.

Der Konsens über die Neue Stadt war breiter als der über das Neue Bauen. Der 1927 anläßlich des gewaltigen propagandistischen Erfolges der Stuttgarter »Werkbund«-Ausstellung am Weißenhof von maßgeblichen Kritikern verkündete »Sieg des Neuen Bauens« ist kaum zugleich als Sieg eines neuen Städtebaukonzeptes zu sehen. Zwar gab es auch heftig diskutierte Vorschläge für einen nur funktional und nicht mehr künstlerisch verstandenen Städtebau, aber diese Konzepte blieben theoretische Erörterungen, denen sich keine Praxis eröffnete. Selbst die rigidesten Vorschläge für Wohnsiedlungen mit einheitlich in Nord-Süd-Richtung aufgereihten Zeilenbauten stellten das nach der Jahrhundertwende aufgestellte Konzept der aufgelockerten, nach Bauzonen gegliederten und durchgrünten Großstadt nicht in Frage, sondern ordneten sich ihm reibungslos ein.

Mit diesem Konzept der Stadtlandschaft erschließt sich der Stadtplanung eine neue territoriale Dimension. Der Gestaltungsanspruch des Stadtbaukünstlers, der in der Sitte-Nachfolge noch auf den Platz und den Straßenraum beschränkt geblieben war und sich mit dem Konzept des sozialen Gesamtkunstwerkes den gesamten städtischen Raum erobert hatte, dehnte sich jetzt auf die Region aus. Der Regionalplaner konnte allerdings immer weniger Raumkünstler sein, weil seine Arbeit sich mehr und mehr von der Einflußnahme auf das tatsächliche Baugeschehen entfernte. Der Generalplan für Köln mußte so trotz seiner realistischen Prämissen notwendig zur Utopie werden, zur Idealvorstellung eines harmonisch und einheitlich gestalteten Stadtkörpers, die zwar nicht realisiert wurde, aber als Leitidee für Teilkonzepte und für das städtebauliche Denken der folgenden Jahrzehnte wirksam blieb. Schumachers Köln konnte ebensowenig gebaut werden wie sein Hamburg. Seine widerspruchsfreie Großstadt des 20. Jahrhunderts ließ sich nur in Fragmenten realisieren: in den sozialen Monumenten für Hamburg und den Grünanlagen für Köln.[65]

## Anmerkungen

1  Fritz Schumacher: Architektonische Aufgaben der Städte. In: Robert Wuttke (Hrsg.): Die deutschen Städte. Bd. 1. Leipzig 1904. Abgedruckt in: Fritz Schumacher: Streifzüge eines Architekten. Jena 1907.

2  Vgl. u. a.: Fritz Schumacher: Kulturproblem der Großstadt. In: ders.: Kulturpolitik. Neue Streifzüge eines Architekten. Jena 1919; Fritz Schumacher: Probleme der Großstadt. Leipzig 1940. Postum veröffentlichte die Deutsche Akademie für Städtebau und Landesplanung: Fritz Schumacher: Vom Städtebau zur Landesplanung und Fragen städtebaulicher Gestaltung. Tübingen 1950.

3  Vgl.: Wilhelm Heinrich Riehl: Die Naturgeschichte des Volkes als Grundlage einer deutschen Social-Politik. 4 Bde. (I. Land und Leute, II. Die bürgerliche Gesellschaft, III. Die Familie, IV. Wanderbuch). Stuttgart 1866 ff. (Zur Großstadt siehe insbesondere Bd. I und IV.)

4  Georg Simmel: Die Großstädte und das Geistesleben. In: Th. Petermann (Hrsg.): Die Großstadt. Vorträge und Aufsätze zur Städte-Ausstellung. Dresden 1903, S. 185.

5  Simmel: Großstädte (s. Anm. 4), S. 205 f.

6  Vgl.: Camillo Sitte: Der Städtebau nach seinen künstlerischen Grundsätzen. Wien 1889.

7  Schumacher: Architektonische Aufgaben der Städte (s. Anm. 1), S. 138 u. 141.

8  Schumacher: Architektonische Aufgaben der Städte (s. Anm. 1), S. 161 f.

9  Fritz Schumacher: Wie das Kunstwerk Hamburg nach dem großen Brand entstand. Berlin 1920, S. 55.

10  Fritz Schumacher: Das Problem der Großstadt. In: Fritz Schumacher (unter Mitwirkung von Wilhelm Arntz): Köln, Entwicklungsfragen einer Großstadt. München 1923.

11  Oswald Spengler: Der Untergang des Abendlandes. 2 Bde. München 1920.

12  Friedrich Nietzsche: Der Wanderer und sein Schatten. Zitiert nach: Schumacher: Das Problem der Großstadt (s. Anm. 10), S. 28.

13  Nietzsche: Wanderer (s. Anm. 12), S. 16.

14  Adenauers Planungsvorstellungen für Köln fassen zwei Berichte der Deutschen Bauzeitung zusammen: Ein Wald- und Wiesengürtel um Köln. In: Deutsche Bauzeitung 54, 1920, Nr. 51 (26. 6. 1920); sowie: Wirtschaftliche Zukunftspläne der Stadt Köln. In: Deutsche Bauzeitung 54, 1920, Nr. 80 (6. 10. 1920).

15  Vgl.: Joseph Stübben: Der Städtebau (Handbuch der Architektur, 4. Teil, 9. Halbbd.). Darmstadt 1890, S. 252.

16  Zur Vorgeschichte der Planung vgl.: Schumacher: Köln (s. Anm. 10), S. 45 ff.

17  Carl Rehorst (1866–1919) war nach seinem Studium an der Technischen Hochschule Charlottenburg ab 1899 Stadtbaurat von Halle (Saale) und Landesbaurat der Provinz Sachsen, bevor er 1907 Beigeordneter der Stadt Köln wurde.

18  Vgl.: Meldung im Zentralblatt der Bauverwaltung vom 18. 11. 1911, S. 584.

19  Ein Ausschnitt des zentralen Bereiches des Rehorstschen Planes zwischen Venloer und Aachener Straße ist bei Schumacher: Köln (s. Anm. 10), S. 49 abgebildet. Zwei Umzeichnungen des gesamten Planes aus der Dissertation von Paul Gerhard: Die Entstehung der städtebaulichen Frage in unseren Großstädten und die Mittel ihrer Lösung, vor allem in Köln, Düsseldorf 1923, finden sich als Karten 4 und 5 im Anhangband zu Henriette Meynen: Die Kölner Grünanlagen. Die städtebauliche und gartengeschichtliche Entwicklung des Stadtgrüns und das Grünsystem Fritz Schumachers. Düsseldorf 1979.

20  Das vom Frankfurter Oberbürgermeister Franz Adickes (1846–1915) eingebrachte »Gesetz betreffend die Umlegung von Grundstücken in Frankfurt a. M.« war am 28. 7. 1902 verabschiedet worden und galt der Reformbewegung als beispielhaft. Außer in Köln fand es auch in Wiesbaden und in den kriegszerstörten Städten Ostpreußens Nachahmung.

21  Alfred Stooß (1881–1956) arbeitete seit 1910 in Köln, seit 1913 als Stadtbauinspektor.

22  Vgl.: Zentralblatt der Bauverwaltung, 18. 11. 1911, S. 584.

23  Zur Biographie Hermann Jansens (1869–1945) vgl.: Wolfgang Bangert: Hermann Jansen, Leben und Werk. In: Mitteilungen der Deutschen Akademie für Städtebau und Landesplanung 1970, H.14; sowie: Wolfgang Hofmann: Hermann Jansen. In: Wolfgang Ribbe/Wolfgang Schäche (Hrsg.): Baumeister. Architekten. Stadtplaner. Biographien zur baulichen Entwicklung Berlins. Berlin 1987.

24  Vgl.: Fritz Schumacher: Die Kleinwohnung. Leipzig 1917; ders.: Hamburgs Wohnungspolitik von 1818 bis 1919. Ein Beitrag zur Psychologie der Großstadt. Hamburg 1919.

25  In einigen Veröffentlichungen wird neben Stooß, Schumacher und Jansen auch der Kölner Gartendirektor Fritz Encke als Bearbeiter eines Projektes genannt. Vgl.: Meldung im Zentralblatt der Bauverwaltung, 1919, S. 620. Ein eigenes Gutachten für den inneren Rayon von ihm ist nicht bekannt. Dagegen erwähnt Schumacher Enckes Beteiligung am Projekt des Stadtbauinspektors Stooß (Schumacher: Köln (s. Anm. 10), S. 90). Schumacher hebt den Anteil von Encke an der weiteren Bearbeitung des Kölner Gesamtplanes mehrfach hervor; vgl.: Fritz Schumacher, Erschließung des inneren Rayons der Stadt Köln. In: Der Städtebau 18, 1921, H. 7/8, S. 72.

26  So seine eigene Argumentation in seinen Erinnerungen. Vgl.: Fritz Schumacher: Stufen des Lebens. Stuttgart, Berlin 1935, S. 342 f.

27  Joseph Stübben: Bebauungsplan für den ›Rayon‹ der Stadtumwallung in Köln. In: Zentralblatt der Bauverwaltung, Nr. 55 (10. 7. 1920), S. 350–354. (Hier auch zwei Abbildungen zum Plan von Stooß.)

28  Stübben: Bebauungsplan Rayon (s. Anm. 27), S. 354.

29  Vgl. das Kapitel über die Baublöcke in: Joseph Stübben: Der Städtebau (s. Anm. 15), S. 54–61.

30  Vgl.: Sitte: Der Städtebau nach seinen künstlerischen Grundsätzen (s. Anm. 6).

31  Fritz Schumacher: Strömungen in deutscher Baukunst seit 1800. Leipzig 1935, S. 97.

32  Letzteres warf er zum Beispiel Karl Henrici (1842–1927) vor, dem anfänglichen Kölner Weggefährten Stübbens, der zu dem glühendsten deutschen Sitte-Verehrer geworden war. (Schumacher: Strömungen (s. Anm. 31), S. 97.) Henrici suchte Sittes Anregungen in seinen eigenen Projekten für Dessau und München bereits zu Beginn der neunziger Jahre zu realisieren. Als Professor an der Technischen Hochschule Aachen und als Vorstandsmitglied des »Deutschen Bundes Heimatschutz« trug er maßgeblich zur Ausbreitung des Konzeptes der ›Stadtbaukunst‹ in Deutschland bei. Vgl.: Gerhard Curdes, Renate Oehmichen (Hrsg.): Künstlerischer Städtebau um die Jahrhundertwende. Der Beitrag von Karl Henrici. Köln 1981.

33  Schumacher: Strömungen (s. Anm. 31), S. 98.

34  Fritz Schumacher: Kulturprobleme der Großstadt. In: ders.: Kulturpolitik. Jena 1920, S. 100.

35 Schumacher: Das Problem der Großstadt (s. Anm. 10), S. 25.

36 Schumacher: Köln (s. Anm. 10), S. 97 u. 99.

37 Nur 38 Hektar des Baulandes von insgesamt 180 Hektar ließen viergeschossige Bebauung zu, 99 Hektar dreigeschossige und 43 Hektar sogar nur zweigeschossige. Vgl. den ausführlichen Erläuterungsbericht zum Wettbewerbsentwurf: Fritz Schumacher: Bebauungsplan für den ehemaligen Festungsrayon der Stadt Köln. In: Deutsche Bauzeitung 54, 1920, Nr. 16, Nr. 22, Nr. 23, Nr. 25.

38 Vgl.: Paul Bonatz: Leben und Bauen. Stuttgart 1950, S. 95 ff. Auch Schumacher geht später auf die Kölner Konfrontation mit Bonatz ein. Vgl.: Fritz Schumacher: Selbstgespräche. Erinnerungen und Betrachtungen. Hamburg 1949, S. 111 f. Allerdings erwähnt er nicht einen konkurrierenden Ruf Adenauers an Bonatz.

39 Paul Bonatz: Vorschlag für die Bebauung des Umlegungsgebietes im inneren Festungsrayon der Stadt Köln. In: Der Städtebau, 1921, H. 5/6, S. 41–46.

40 Vgl.: Hermann Jansen: Erschließung des Rayons der Stadt Köln. In: Der Städtebau, 1920, H. 11, S. 105 f.; sowie ders.: ebenda, 1921, H. 9/10, S. 105 f.; Fritz Schumacher: Erschließung des inneren Rayons der Stadt Köln. In: Der Städtebau, 1921, H. 7/8, S. 69–74 sowie S. 108.

41 Bonatz: Leben (s. Anm. 38), S. 97.

42 Bonatz: Vorschlag (s. Anm. 39), S. 43.

43 Heinrich de Fries: Städtebaugedanken. In: Der Städtebau, 1920, S. 50–53. Vgl. auch: Heinrich de Fries: Wohnstädte der Zukunft. Berlin 1919; sowie: Peter Behrens. Vom sparsamen Bauen. Berlin 1918. (Entstanden unter der Mitarbeit von Heinrich de Fries.)

44 Schumacher: Kulturprobleme der Großstadt (s. Anm. 34), S. 101.

45 Schumacher wurde in Köln für zehn Jahre zum Beigeordneten gewählt, das heißt zu einem den einzelnen technischen Ressorts übergeordneten Bürgermeister mit deutlich weiteren Befugnissen als ein Hamburger Oberbaudirektor. Vgl.: Schumacher: Stufen (s. Anm. 26), S. 348.

46 Die Gemeinden konnten das Land zu den Preisen von 1914, als die Rayonbelastungen noch galten, enteignen. Vgl.: Schumacher, Köln (s. Anm. 10), S. 80.

47 Schumacher: Köln (s. Anm. 10), S. 81.

48 Fritz Encke (1861–1931) war nach längerer Lehrtätigkeit an der Gärtnerlehranstalt Wildpark von 1903 bis 1926 Gartendirektor in Köln. Zu Encke vgl.: Heinz Wiegand, Entwicklung des Stadtgrüns in Deutschland zwischen 1890 und 1925 am Beispiel der Arbeiten Fritz Enckes. Berlin, Hannover o. J. (Diss. 1977).

49 Zur Geschichte der Kölner Parks und Schumachers und Enckes Anteil daran vgl. die umfassende Arbeit von Henriette Meynen: Die Kölner Grünanlagen (s. Anm. 19).

50 Schumacher: Köln (s. Anm. 10), S. 113.

51 Vgl. die für die deutsche Debatte beispielhafte Dissertation von: Martin Wagner: Das sanitäre Grün der Städte. Schriften der Zentralstelle für Volkswohlfahrt, H. 11. Berlin 1915.

52 Vgl.: Werner Hegemann: Amerikanische Parkanlagen, Zierparks, Nutzparks, Außen- und Innenparks, Nationalparks, Park-Zweckverbände. Berlin 1911; sowie Hugo Koch: Gartenkunst im Städtebau. Berlin 1913.

53 Angabe in: Schumacher: Köln (s. Anm. 10), S. 123.

54 Schumacher: Köln (s. Anm. 10), S. 23.

55 Schumacher: Köln (s. Anm. 10), S. 219.

56 Fritz Schumacher: Zukunftsphantasien über alte Hamburger Plätze. Braunschweig, Hamburg 1921.

57 Vgl.: Fritz Schumacher: Städtebauliches aus dem alten Köln. In: Deutsche Bauzeitung 63, 1924, H. 1–8.

58 Schumacher: Köln (s. Anm. 10), S. 218 ff.

59 Schumacher: Stufen (s. Anm. 26), S. 367.

60 Schumacher: Stufen (s. Anm. 26), S. 370.

61 Der Disziplin der Stadtplanung selbst galt das Schumachersche Werk im Gegensatz zur Architekturgeschichte bis heute als besonders beachtens- und nachahmenswert, wie u. a. die ihm gewidmeten Veröffentlichungen der Deutschen Akademie für Städtebau und Landesplanung belegen: Erwin Ockert: Fritz Schumacher. Sein Schaffen als Städtebauer und Landesplaner. Tübingen 1950; Fritz Schumacher: Vom Städtebau zur Landesplanung und Fragen städtebaulicher Gestaltung. Tübingen 1951.

62 Vgl.: Fritz Schumacher: Grundlagen der Baukunst. Studien zum Beruf des Architekten. München 1916, S. 178.

63 Schumacher: Grundlagen der Baukunst (s. Anm. 62), S. 18.

64 In diesem Wettbewerb erhielt Hermann Jansen einen der zwei ersten Preise, ein in der Fachpresse besonders hervorgehobener dritter ging an Möhring, Petersen und Eberstadt. Vgl.: Die preisgekrönten Entwürfe mit Erläuterungsberichten des Wettbewerbes Groß-Berlin 1910. Berlin 1910.

65 Einige Argumentationen dieses Aufsatzes habe ich bereits an anderer Stelle veröffentlicht: Hartmut Frank: La metropoli come opera d'arte totale e sociale. Il caso di Schumacher ad Amburgo e Colonia. In: Guido Zucconi (Hrsg.): Camillo Sitte e i suoi interpreti. Milano 1992; ders.: The Metropolis as a Comprehensive Work of Art. Fritz Schumachers Plan for Cologne. Document of a forgotten Modernity. In: Jean Clair (ed.): The 1920s. Age of the Metropolis. The Montreal Museum of Fine Arts 1991 (Ausstellungskatalog); ders.: Schumachers soziale Stadtbaukunst. In: Arbeitsgruppe Fritz-Schumacher-Kolloquium (Hrsg.): Zur Aktualität der Ideen von Fritz Schumacher. Hamburg 1993.

Fritz Schumacher, Studie zur Bebauungsplanung Dulsberg-Gelände, Hamburg-
Barmbek, 1918–1919

Susanne Harth
## Stadt und Region. Fritz Schumachers Konzepte zu Wohnungsbau und Stadtgestalt in Hamburg

Fritz Schumacher hat sich in seinem Leben auf vielfältige Weise mit Fragen der Gestaltung befaßt: vom kunstgewerblichen Einzelstück bis zur herrschaftlichen Villa, vom Typengrundriß im Wohnungsbau bis zur Anlage der Siedlung, von der Neuordnung des Stadtquartiers bis zur Planung der Region. Besonders in der Beschäftigung mit Stadt und Region waren seine planerischen Absichten immer auch verbunden mit sozialen Zielsetzungen. In seinen Überlegungen zur Gestaltung der Stadt orientierte er sich an den in ihr lebenden Menschen und suchte ihre Lebensbedingungen zu verbessern. Besonders intensiv widmete er sich Fragen des Wohnens, an dieser Stelle sah er die Menschen am direktesten von der Planung betroffen; Auswirkungen falscher Planung wirkten hier am härtesten. Gesundes Wohnen – und darin eingeschlossen auch die begleitende Infrastruktur, insbesondere nutzungsfähige Grünanlagen – durfte kein Privileg für Begüterte sein, sondern sollte für breite Bevölkerungskreise ermöglicht werden.

Schumacher hatte eine Professur für Entwerfen an der Technischen Hochschule Dresden, als ihn im Frühjahr 1909 eine Einladung von Hamburgs Bausenator Gottfried von Holthusen erreichte. Der Leiter des Hochbauwesens, Carl Zimmermann, war 1907 in den Ruhestand gegangen; ein Nachfolger wurde von der Baudeputation unter den Vertretern der Reformbewegung gesucht – insgesamt waren mehr als 50 Männer in Erwägung gezogen worden. Nachdem sowohl der Dresdener Stadtbaurat Hans Erlwein als auch der Münchener Bauamtsleiter Hans Grässel kurz vor ihrer Berufung abgesagt hatten, kam Schumacher für diesen Posten ins Gespräch.[1] Er trennte sich schweren Herzens von Dresden, aber entschied sich schließlich doch gegen die scheinbar vorgezeichnete Hochschulkarriere. Er suchte die praxisnahe Tätigkeit und fühlte sich durch die Aufgaben in Hamburg herausgefordert.[2]

Als Schumacher an seinem 40. Geburtstag den Dienst in der Hamburger Verwaltung antrat, fand er für große Teile der Stadt gesetzliche Bebauungspläne vor, die jedoch in keiner Weise seinen Vorstellungen von sinnvollen Vorgaben für ein gesundes Wohnen entsprachen: Sie waren in ihren groben Festlegungen – nur die Hauptstraßenzüge teilten sehr große Baublöcke – zugeschnitten auf jene Hinterflügelbauweise, die Schumacher in allen seinen Äußerungen zum Wohnen immer wieder heftig kritisierte. Diese Bauweise war in den sich entwickelnden Großstädten des 19. Jahrhunderts eine Antwort auf die drängende Wohnungsfrage gewesen, und auch in weiten Teilen Hamburgs bestimmte diese Form des Geschoßwohnungsbaus das Wohnen. Ein besorgniserregendes Problem der Wohnungsnot war in Hamburg wie überall um die Jahrhundertwende insbesondere der Mangel an Kleinwohnungen.[3] Eine Verschärfung der Situation brachte der Erste Weltkrieg: Die Kriegszerstörungen und der Stillstand der Bautätigkeit während des Krieges erschwerten den Wiederaufbau. Hinzu kam die einige Jahre später einsetzende Bevölkerungszunahme. So war immer deutlicher der Staat gefordert, sowohl als Gesetzgeber wie als Träger subventionierter Bautätigkeit. Als Bauaufgabe im Wohnungsbau verschwand die Villa für den privaten Bauherrn zunehmend zugunsten geschlossener Wohnviertel und Siedlungen. Die Bedeutung des Städtebaus nahm zu.[4]

Schumacher formulierte ausführlich Vorschläge zum Umgang mit der Wohnungsnot; diese leitete er ebenso wie seine Gedanken zu Städtebau und Landesplanung über Jahrzehnte hinweg ein mit einer harschen Kritik an den bestehenden Wohnverhältnissen in den sogenannten ›Schlitzbauten‹: »Mag die Massenanhäufung der Menschen in hohen Stockwerkshäusern an sich schon etwas Bedrückendes haben, zu etwas Erschreckendem wird sie doch erst infolge der Art, *wie* sie sich abspielt, mit einem Worte, infolge der Art, wie die Baumasse der Häuser entwickelt ist: durch die langen Hinterflügel mit ihren mangelhaft belichteten Räumen, durch die Luftlosigkeit der an schlitzartigen Höfen liegenden Zimmer, durch den stagnierenden Eindruck von Wohnungen, die niemals voll durchlüftet werden können.«[5] Es sind bei dem Hamburger Typ des Vierspänners (d. h. es werden vier Wohnungen pro Geschoß von einem Treppenhaus erschlossen) jene Wohnungen, die sich ausschließlich in den Hinterflügeln befinden, die besonders betroffen sind von den mangelhaften Verhältnissen der Wohnhygiene.

So ausführlich Schumacher das Zinshaus kritisiert, so sieht er gleichzeitig auch, daß dies eine Wohnform ist, welche in der Großstadt immer vorkommen wird. Es liegt ihm nicht an der *vollkommenen* Verdrängung dieses Typus, wichtiger ist eine Vielfalt der Wohnformen in der Stadt: »... es wird praktisch stets auf eine ganze Reihe von Typen hinauslaufen und alle werden der gleichen liebevollen Aufmerksamkeit bedürfen.«[6] Er unterscheidet dabei drei Typen: neben der »Großstadtkaserne« und der »Einzelhauskolonie« präsentiert er den »Mitteltypus«,[7] der zwischen diesen beiden Extremen steht und nach Schumacher die ideale Lösung der Kleinwohnungsfrage für Hamburg darstellt. Dieser Haustyp orientiert sich am mittelstädtischen Wohnungsbau: Zwar verfügt er nur über Etagenwohnungen und auf »das Ziel einer gesunden Sehnsucht von Tausenden«,[8] den eigenen Hausgarten, muß verzichtet werden, doch bietet er mit seiner geringen Geschoßzahl (drei bis vier Geschosse) und dem begrünten Hof zur gemeinschaftlichen Nutzung eine deutliche Verbesserung gegenüber dem geschmähten Schlitzbau.

Im Gegensatz zu dem von Schumacher bevorzugten Mitteltypus favorisierte der Brüsseler CIAM-Kongreß 1930 das Hochhaus als die Lösung der Kleinwohnungsfrage. Walter Gropius hatte im Verlauf des Kongresses die Frage nach Hoch-, Mittel- oder Flachbau gestellt: »Der Kongreß konstatiert, daß diese Wohnform« – gemeint ist das Hochhaus – »zu einer Lösung des Problems der Kleinstwohnung führen kann ... Es ist deshalb notwendig, daß der Hochbau auf seine Möglichkeiten hin geprüft ... wird, selbst wenn sich Widerstände finanztechnischer, baugesetzlicher und gefühlsmäßiger Art erheben sollten«.[9] Schumacher hat das Hochhaus als Wohnform immer deutlich abgelehnt.[10] So blieben ihm auch Le Corbusiers Vorschläge zur Großstadtreform, wie zum Beispiel die Wohntürme der ›Ville Radieuse‹, fremd, und er betrachtete es als einen Vorzug, daß der Gedanke Le Corbusiers »in Deutschland trotz eifriger und geistreicher Verfechter im allgemeinen keinen Widerhall gefunden hat«.[11] Schumacher bezeichnet die ›Ville Radieuse‹ als Verführung und Verlockung, der selbst umsichtige Männer anheimfielen, und Le Corbusier, der alle »Kunststücke geistreicher Journalistik«[12] beherrsche, wirft er das Verhalten eines »Wunderdoktor(s)«[13] vor, der so tue, als habe er ein Allheilmittel für das Zeitproblem ›Großstadt‹ gefunden. Doch es wird auch Achtung vor der so fremden Meinung erkennbar, wenn Schumacher nach einer Reise zum Internationalen Wohnungs- und Städtebaukongreß in Paris 1928 formuliert: »Wenn es einem Manne gelingt, in allen Erdteilen die Gemüter in dem Maße in Bewegung zu setzen, wie Le Corbusier das getan hat, muß er Träger von Tendenzen sein, die über das Individuelle hinaus allgemeine Bedeutung für seine Zeit haben.«[14]

Zur Lösung der Kleinwohnungsfrage favorisiert Schumacher im Laufe seiner Berufstätigkeit verschiedene Wege. Die große Wohnungsnot als Folge des Ersten Weltkriegs vor Augen, sieht er eine Lösung nur im Geschoßwohnungsbau. Kurz vor seinem Ausscheiden aus dem Amt hingegen, zu Beginn der dreißiger Jahre, angesichts der Landflucht und der abnehmenden Bevölkerungszahl, hält er die Variante der Kleinwohnungssiedlungen im Grünen mit eigenem kleinen Gartenfleck nicht nur für das allzeit wünschenswerte Ideal, sondern auch für umsetzbar.

Fritz Schumacher, Kapelle XIII,
Ohlsdorfer Friedhof, Hamburg,
1927–1928

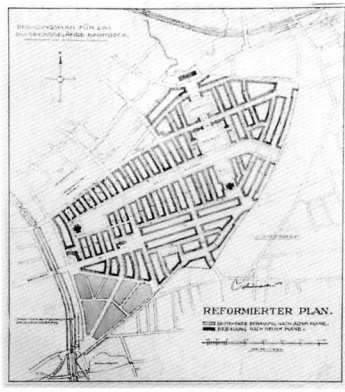

Fritz Schumacher, Gesetzeskräftiger
Bebauungsplan Dulsberg-Gelände,
Hamburg-Barmbek, 1915

Fritz Schumacher, Reformierter
Bebauungsplan Dulsberg-Gelände,
Hamburg-Barmbek, 1918

Zu Beginn der zwanziger Jahre werden in Hamburg fast zeitgleich die beiden von Schumacher zu unterschiedlichen Zeiten bevorzugten Kleinwohnungslösungen realisiert: Der Geschoßwohnungsbau auf dem Dulsberg-Gelände und die den Gartenstadt-Idealen folgende Siedlung in Langenhorn-Nord.

Das Dulsberg-Gelände in Barmbek war eines der Gebiete, für das Schumacher einen gesetzeskräftigen Bebauungsplan vorfand, »der Schauer erregen kann, wenn man ihn sich verwirklicht denkt«.[15] Tiefe Baublöcke sahen eine Mischung von Wohn- und Gewerbenutzung vor, der »einzige Grünfleck« war »unbegreiflicherweise mitten im Zug einer Ausfallstraße geplant«.[16] Schumacher hat nicht versucht, die Mängel des alten Planes zu korrigieren, sondern er hat neu entworfen. Während des Ersten Weltkriegs entstand eine Planung, die Schumacher selbst als beispielhaft für seine Bestrebungen im Städtebau empfand. Sie war für ihn der »einzig bedeutsame Fall in Hamburg«,[17] bei dem durch Ersatz des alten Planes auf einen Schlag alle drei wichtigen Kriterien für eine Verbesserung der Wohnqualität erreicht werden konnten: Vergrößerung der Grünanlage, geringere Geschoßzahl und Verhinderung von Hinterflügelbauten durch Reform des Bautypus.[18] Der durchgehende Grünzug mit verschiedenen Einrichtungen für Spiel und Aufenthalt für alle Altersstufen prägte jetzt das Quartier. Ihn umgaben dreigeschossige Bauten, nur an den Hauptverkehrsstraßen waren vier Geschosse vorgesehen. Ausgehend vom Grünzug und von den Hauptstraßen stufte sich das Wegenetz ab bis zu den Fußwegen in den ruhigen Höfen der Wohnblocks. Durch die Festlegung der Bautiefen war das Entstehen von Wohnungen mit Querlüftung gesichert. Die ersten Blocks dieser Anlage entstanden 1921–1923 zwischen den Straßen Alter Teichweg und Dulsberg-Nord, Lothringer Straße und Elsässer Straße nach dem von Schumacher entworfenen Grundriß-Typus. Es ist dies eines der frühesten Beispiele der »sogenannten ›Zeilenbauweise‹, die etwa zehn Jahre später zum neu entdeckten Schlachtruf des fortschrittlichen deutschen Wohnungswesens wurde«.[19] Die Zwischenräume zwischen den Zeilenbauten waren im Wechsel als Kinderspielplatz oder Hausgarten angelegt, zum Grünzug hin waren die Zeilen durch niedrige Ladentrakte miteinander verbunden.

Weitere Abschnitte des Dulsberg-Geländes, von der Stadt Hamburg sowie von privaten Bauherren realisiert, fanden zu anderen gestalterischen Lösungen: Das Gelände wurde mit Schumachers Zustimmung »bewußt als Experimentiergebiet«[20] angesehen, auf dem Verschiedenes möglich war, solange Grundsätze der Wirtschaftlichkeit und der Wohnhygiene gewahrt blieben. »Auf Kosten der Einheitlichkeit der Wirkung ist der ›Dulsberg‹ dadurch zu einer interessanten Ausstellung verschiedenster Formen geworden, nach denen man den Kleinwohnungsbau auf gegebener Fläche organisieren kann.«[21] Aus heutiger Sicht hat »der Stadtteil... dies verkraftet, da die übergeordnete Planung Fritz Schumachers die Vielfalt zur Gesamtwirkung verband«.[22] Die Siedlung galt als so vorbildlich, daß sie nach den Zerstörungen des Zweiten Weltkriegs – der Dulsberg bestand 1945 nur aus ausgebrannten Ruinen – wieder aufgebaut wurde. Auch wenn die Häuser dabei in Teilen vereinfacht oder verändert wurden, so zeigt doch der Gesamteindruck der Siedlung bis heute mehr das Verbindende dieser städtebaulichen Anlage als die Vielfalt der Detaillösungen.

Fast gleichzeitig mit der Planung für das Dulsberg-Gelände entstand die Kleinhaus-Siedlung Langenhorn (1919–1920). Hier wurde jene Wohnform umgesetzt, die Schumacher – abgesehen von wirtschaftlichen und anderen Zwängen – für die dem Menschen nächste und beste Form des Wohnens hielt. Schon während des Krieges war den »gequälten Massen das Kleinhaus mit Gartenfleck immer wieder als das Ideal vor Augen geführt worden...«.[23] Jetzt sollte es entstehen, die Gründe dafür lagen bemerkenswerterweise in einer Notsituation: Sowohl Zeit- als auch Materialknappheit sprachen gegen den Mitteltypus, die Großhausform, die dann wenig später am Dulsberg entstand.

Fritz Schumacher, Studien zur Bebauungsplanung Dulsberg-Gelände, Hamburg-
Barmbek, 1918–1919

Mit Behelfsmaterialien sollten Kleinhäuser gebaut werden, die man allerdings »nach Lage des dafür gewählten Geländes und der angewandten Bauweise als ›endgültig‹ ansehen konnte«.[24] Es wurde vorerst keine Kanalisation vorgesehen, und die Grundstücksgröße orientierte sich mit 750 qm an der Fläche, die einer Familie in sinnvoller Weise eine Gartenbewirtschaftung mit Erträgen für die eigene Ernährung erlaubte. Um die Erschließungskosten möglichst gering zu halten, entstanden auch hier Zeilen. Diese Reihenhäuser hatten jeweils Gärten in der Breite zweier Einheiten – damit nicht übermäßig schmale und lange Gartenflächen entstanden –, so daß bei einer Viergruppe vorne und hinten jeweils zwei Gärten lagen. Die Gesamtanlage mit circa 800 Häusern folgt der vorhandenen Nord-Süd-Gliederung zwischen Eisenbahnstrang, Tangstedter Landstraße und dem östlich verlaufenden Grünstreifen. Neben den Reihenhäusern mit den ungewöhnlichen Grundstückszuschnitten, die beidseitig der Hauptachse an der Tangsteder Landstraße liegen, entstand an den Querachsen eine offene Bebauung mit Doppelhäusern. Bauliche Betonungen mit Platzausbildungen liegen an diesen Achsen: eine Ladengruppe, ein Verwaltungsgebäude, die Schule mit vorgelagertem großen Sportplatz. »Auch sozial war die Kolonie für Hamburg ein ganz neuer Versuch ... weil hier zum ersten Mal das lange vergebens ersehnte Ideal weiter Volkskreise, die Kleinhaus-Gartenkolonie, eine Verwirklichung fand.«[25]

Diese Sehnsucht nach dem eigenen Heim drückt sich heute leider in einem starken Hang zur sichtbaren Individualisierung aus, so daß das ehemals einheitlich gestaltete Siedlungsbild sehr gelitten hat. Der heutige Anstrich der Putzbauten in eher dunklen und kräftigen Farbtönen läßt nicht mehr die ursprüngliche Absicht der Farbgebung erkennen, die, »in den verschiedensten lichten Farben gegeneinander abgestimmt, ... dem Ganzen einen fröhlichen Charakter«[26] geben sollte. Dem Gedanken ›Farbe im Stadtbild‹, der in der Architektur der zwanziger Jahre eine besondere Bedeutung erhielt, wurde für diese Siedlung Rechnung getragen durch ein differenziertes Farbkonzept des Künstlers Otto Fischer-Trachau.

In beiden Gebieten wird die Wohnnutzung angemessen ergänzt durch Infrastruktur, insbesondere durch Schulbauten. Auf dem Dulsberg entstanden nach Entwürfen Schumachers zwei Schulen: Als erstes Bauwerk der Siedlung in den Jahren 1919–1923 die Volksschule Ahrensburger Straße (heute Gymnasium Krausestraße). Ihre gekrümmte Backsteinfassade faßt den Schulhof ein und bezeichnet das westliche Ende der Siedlung auf besonders markante Weise; die Verwendung dieser konkaven Figur ist bei den mehr als 35 Schulen, die Schumacher für die Hansestadt errichtete, einzigartig geblieben. Zehn Jahre später (1929–1931) entsteht die Volksschule am Graudenzer Weg (heute Gesamtschule Alter Teichweg), das Ineinanderfügen von schlichten kubischen Formen läßt hier eine Annäherung an das Neue Bauen erkennen. In der Siedlung Langenhorn ist die 1928–1930 errichtete Schule – ihr hohes Walmdach ist für diese Zeit eher ungewöhnlich – bauliches wie soziales Zentrum. Sie liegt »wie ein barockes Schloß im Achsensystem der Siedlung«,[27] der vorgelagerte Sportplatz unterstreicht die Solitär-Lage.

Neben den Einrichtungen des Gemeinbedarfs sind die Freiflächen besonders wichtiger Bestandteil der von Schumacher geplanten Wohnquartiere. In der Kleinhaus-Siedlung Langenhorn prägen durch die offene Bauweise vorrangig private Grünflächen die Siedlungsstruktur. Dies trifft ebenso zu für jene Planungen, die Schumacher für die Walddörfer Volksdorf, Wohldorf und Großhansdorf entworfen hat. »Ihr Bebauungsplan ist so gestaltet, daß auch bei voller Besiedelung ein gartenmäßiger Eindruck gewahrt bleibt.«[28] Im Gegensatz zu den Walddörfern, die für Schumacher aufgrund ihres landschaftlichen Wesens ausgewogene Zentren sind, ist Farmsen für ihn ein »willkürlicher Fetzen«:[29] Es fehle der Mittelpunkt, auch die Anbindung an die Bahn hat dem Ort keinen

Fritz Schumacher, Studie zur Kleinhaus-
Siedlung Hamburg-Langenhorn, 1918

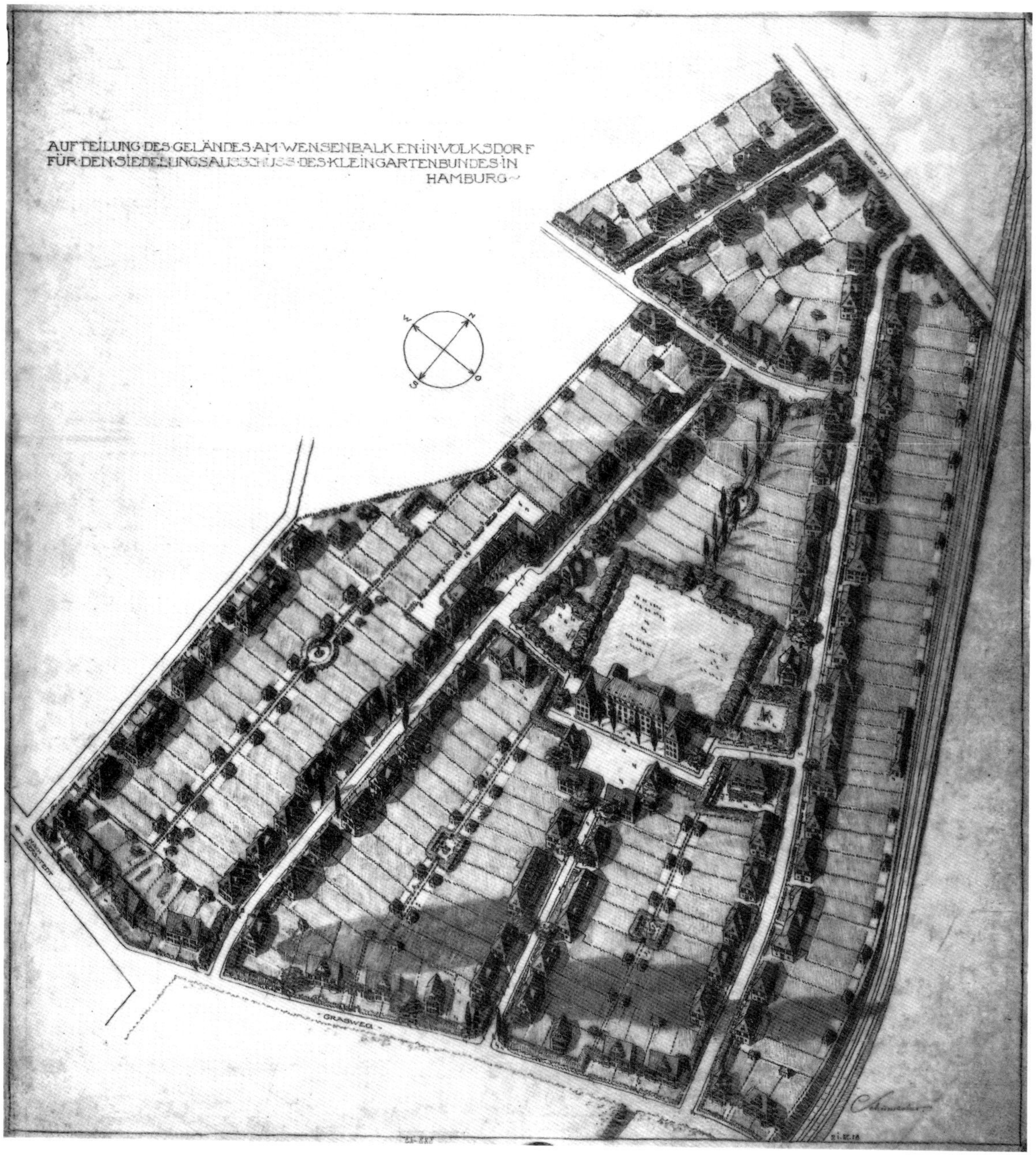

Fritz Schumacher, Studie zur Bebauungsplanung Wensenbalken-Gelände, Hamburg-
Volksdorf, 1918

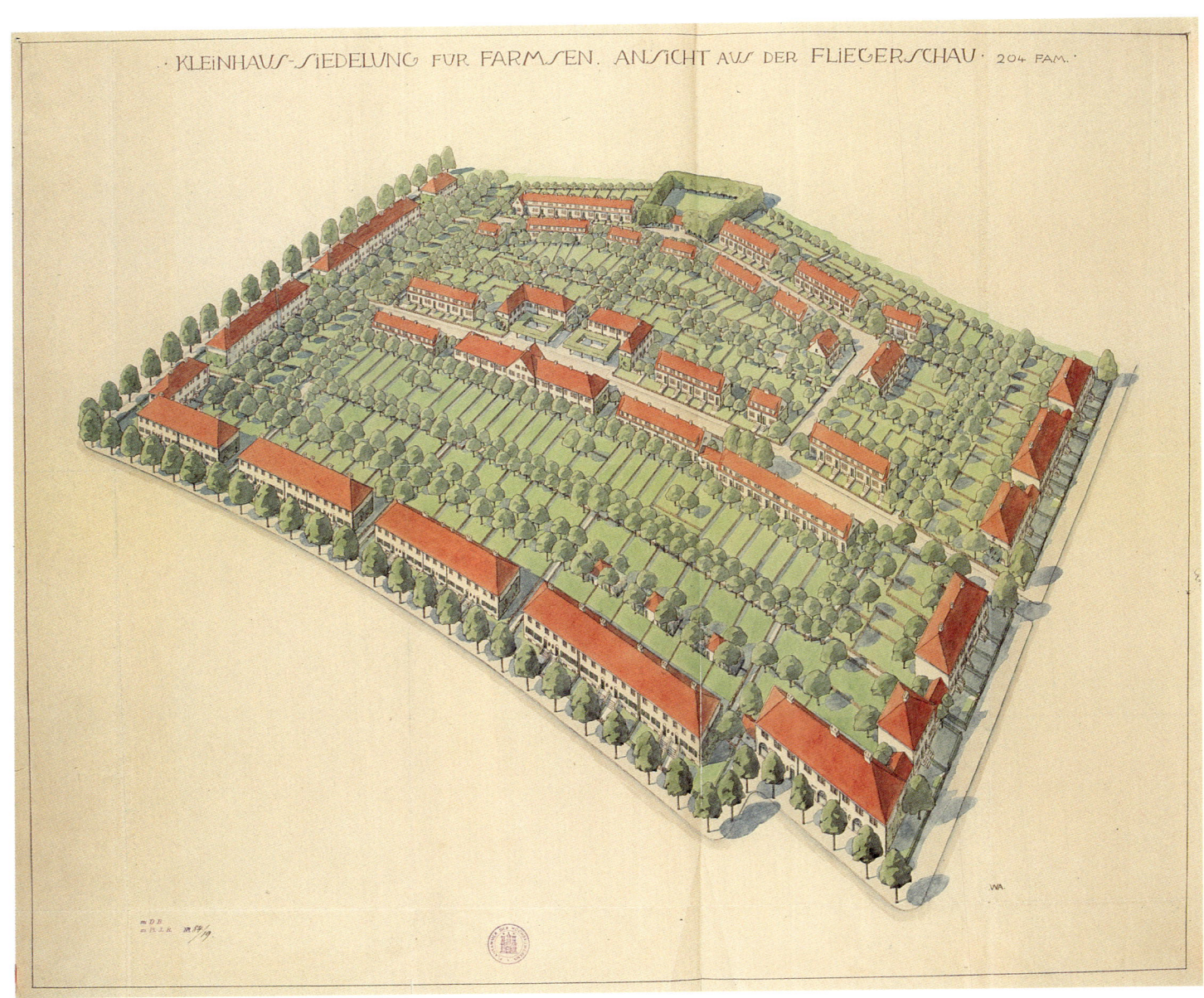

Fritz Schumacher, Kleinhaus-Siedlung
Hamburg-Farmsen, 1912

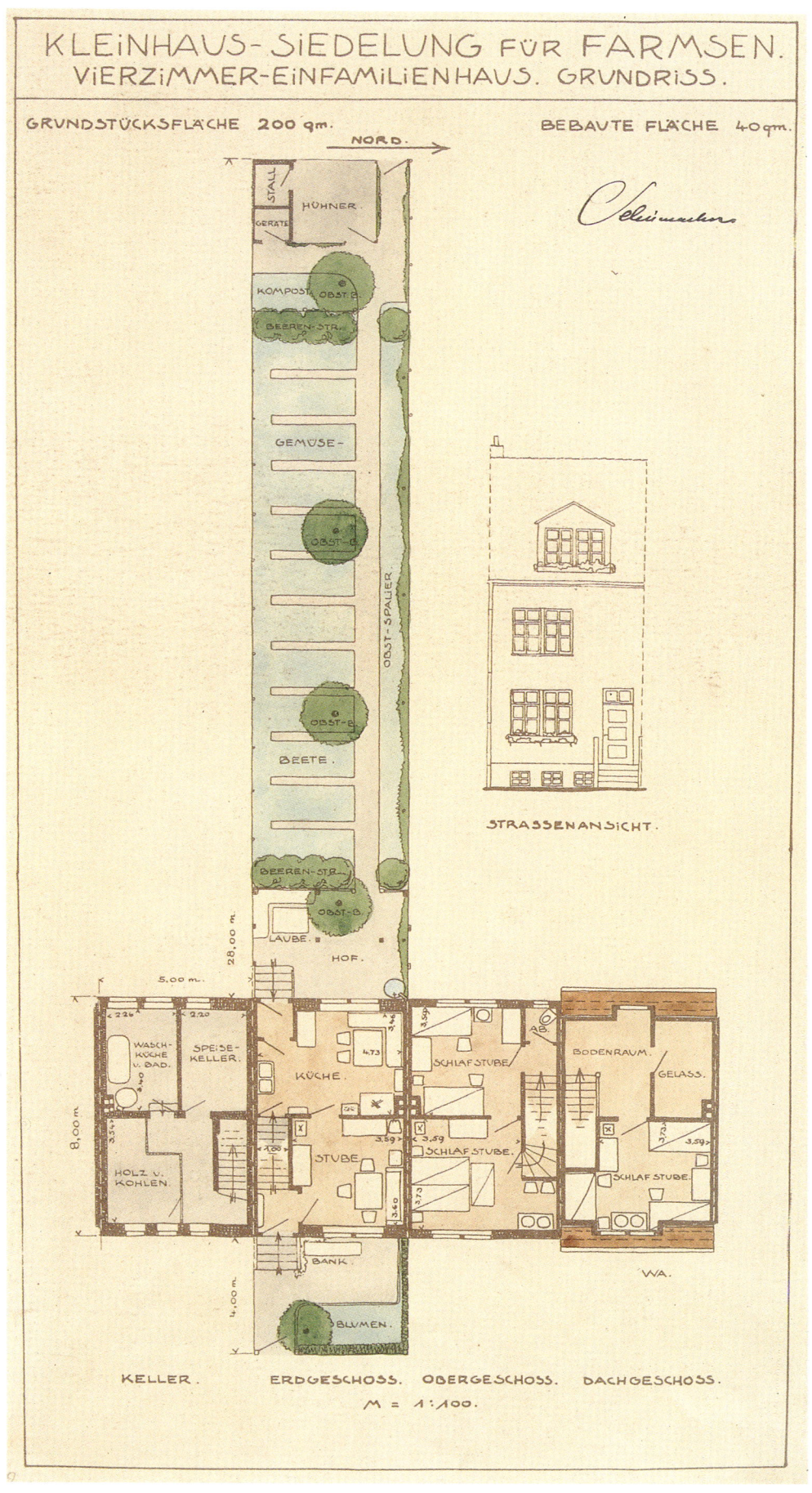

Fritz Schumacher, Kleinhaus-Siedlung
Hamburg-Farmsen, 1912

Schwerpunkt geben können. Für Farmsen entwirft Schumacher eine Kleinhaus-Siedlung, in der sich Reihenhäuser um einen zentralen Platz gruppieren. Auch hier finden sich die typischen schmalen Gärten, die in dieser Siedlung alle hinter den Häusern liegen. Den privaten Hausgarten – vom Hausbewohner individuell anzulegen und zu nutzen – anerkennt Schumacher als das vom überwiegenden Teil der Bevölkerung erstrebte Ideal, es sollte, wo immer möglich, realisiert werden. Um so wichtiger ist ihm die Schaffung *nutzbarer* Grünflächen in Quartieren mit Geschoßwohnungsbau, in denen die eigene Grünfläche für jeden Haushalt nicht verwirklicht werden kann: »Gerade weil Hamburg ... sich Klein-haus-Siedlungen als Form der Kleinwohnung nur schwer leisten kann, und so der einzelne kein Stückchen Gartenland sein eigen nennt, ist das der Allgemeinheit gehörende öffentliche Grün in dieser Stadt von doppelter Wichtigkeit. Die Grünfrage tritt in einen notwendigen und untrennbaren Zusammenhang mit der Wohnfrage. Man darf allgemein sagen: Je mehr eine Bevölkerung auf das Etagenhaus angewiesen ist, um so mehr muß dafür gesorgt werden, daß ihr ausreichend Grünanlagen zur Verfügung stehen.«[30] So wird von Schumacher versucht, vorhandene »vereinzelte Grünflecken« sowie vorgefundenen »schönen Baumbestand«[31] zu einem Grünstreifen miteinander zu verbinden, so daß sich neben der vielfältigen Nutzbarkeit der Flächen auch, im Sinne einer verbesserten Wohnhygiene, ein Grünsystem ergibt, »das die Häusermassen durchzieht, wie eine große Ventilationsanlage«.[32] Erst die Verbindung von punktuell vorhandenem Einzelgrün zu einem geschlossenen und weite Bereiche der Stadt durchlaufenden *Grünzug* bietet dem »Großstadtwanderer weite Auslaufmöglichkeiten«[33]. Solche Aufgaben konnten von den in älteren Plänen ausgewiesenen Grünflächen nicht erfüllt werden: Sie lagen meist als Platzanlagen im Straßennetz, konnten »sehr hübsche Motive und schöne Einzelschöpfungen«[34] sein, aber es fehlte ihnen die nutzbringende Beziehung zu den anderen Teile der Stadt beziehungsweise zu den dort lebenden Bewohnern.

Die Schaffung solch großstädtischer ›Wanderwege‹ – in der Einzelanlage teilweise bescheiden, in ihrer Bedeutung als Bindeglied zu großen Grünanlagen aber nicht zu unterschätzen – gelang Schumacher bei der Reform des alten Bebauungsplans von Barmbek-Nord. Zwar erlangte sein Reformplan keine Gesetzeskraft, doch konnten durch mosaikartige Verwirklichung seiner städtebaulichen Zielsetzungen die Blöcke verkleinert und die Grundstücke so geschnitten werden, daß sie die Entwicklung des neuen niedriggeschossigen Wohnhaustypus begünstigten; vor allem entstanden öffentliche Freiflächen, die auch diesem klassischen Arbeiterviertel zu einem Grünzug verhalfen. Dieser Grünzug verbindet den Stadtpark mit dem Hauptfriedhof Ohlsdorf. Auch auf die Gestaltung dieser beiden großen Grünanlagen der Stadt nahm Schumacher Einfluß.

Mit dem Stadtpark hatte Schumacher sich schon vor seinem offiziellen Amtsantritt in Hamburg beschäftigt. 1908 war vom Ingenieurwesen der Baubehörde ein Wettbewerb für den Stadtpark ausgelobt worden. Zuständig war der Oberingenieur Fritz Sperber, der nach dem Tode von Franz Andreas Meyer im Jahr 1901 das Ingenieurwesen leitete. Sperber war ein erbitterter Gegner der neuen ›architektonischen‹ Gartenkunst, und damit – nicht allein auf diesem Feld – ein Gegner Schumachers. Schumachers Vorgänger Zimmermann hatte dem Ingenieurwesen freie Hand gelassen, so daß Schumacher sich gezwungen sah, vom Vorgänger aufgegebenes Terrain zurückzuerobern.[35] Noch von Dresden aus hatte er sich Einfluß auf die Planung des Stadtparks gesichert, obwohl formal zuständig nicht das zukünftig von ihm geleitete Hochbauwesen, sondern das Ingenieurwesen war. Er beanspruchte für sich die künstlerische Leitung des Projekts und begründete dies mit der herausragenden städtebaulichen Bedeutung des Parks und mit seiner eigenen zukünftigen Position. Noch bevor er in Hamburg mit seiner Arbeit begann, sah er im Ingenieurwesen seinen zukünftigen Dauergegner und bat, die Gefahr eines Kampfes um Zuständigkeiten auszuschal-

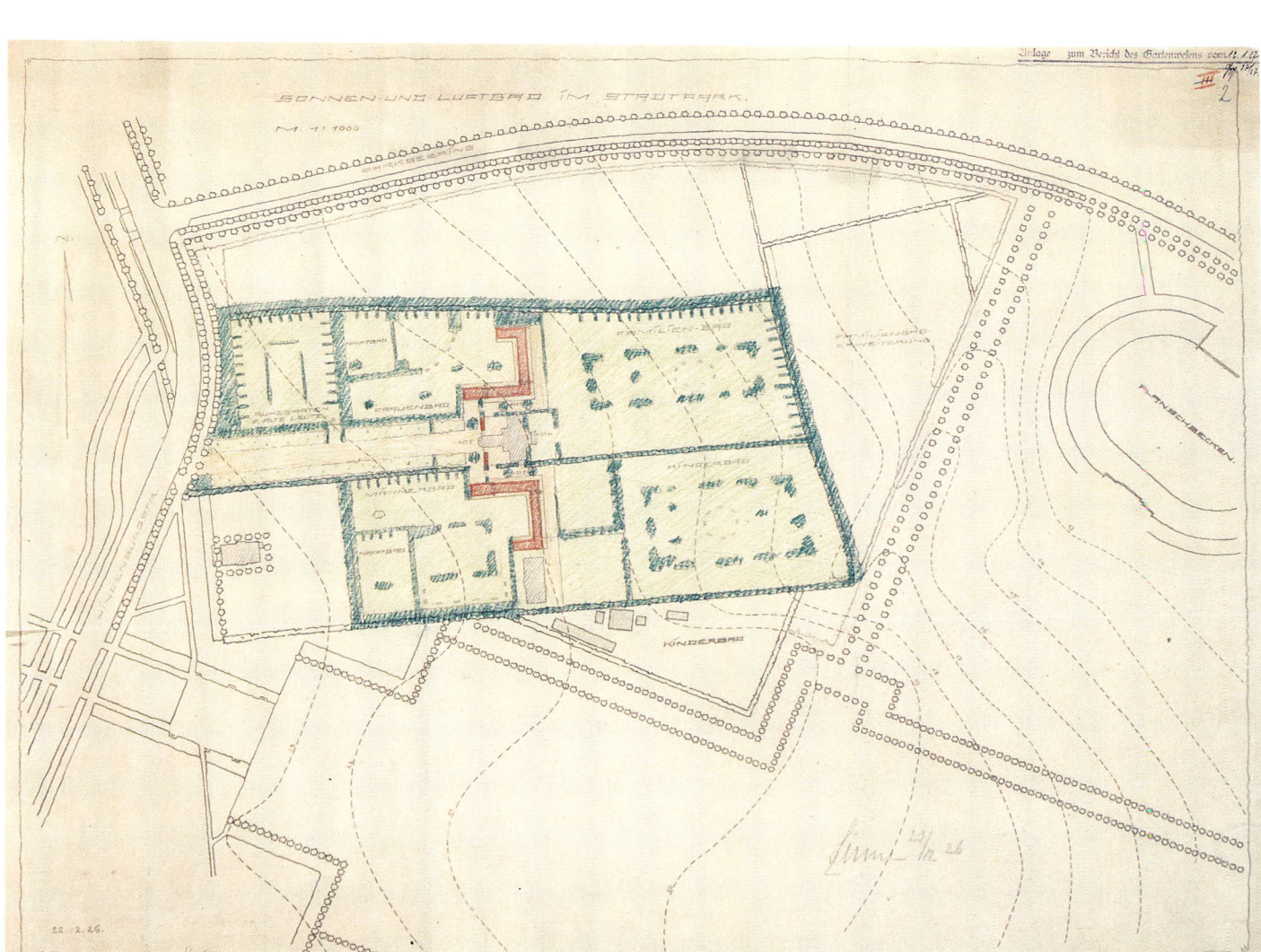

Fritz Schumacher und Otto Linne,
Sonnen- und Luftbad, Stadtpark Hamburg,
1927

ten, indem hierzu vorab klare Regelungen erfolgten. Senator Holthusen sicherte ihm einen »weitgehenden Einfluß«[36] auf die Stadtpark-Planung zu. Und Schumacher widmete sich in dem einen Jahr, welches er, als Übergangszeit, noch in Dresden verbrachte, »vor allen Dingen« diesem Entwurf, denn er ist es, der ihn »in erster Linie nach Hamburg gelockt hatte«.[37]

Schumacher sah seine Aufgabe in der Schaffung eines »Volksparks«, »nicht ganz unähnlich der Aufgabe eines Freiluft-›Volkshauses‹..., das für die mannigfachsten Betätigungen größerer Menschenmassen geeignete *Räume* schafft«.[38] Diese verschieden zu nutzenden Räume werden dann so miteinander in Beziehung gesetzt, daß der »übliche Promenierpark gleichsam unter der Hand mitentsteht«.[39] Der Volkspark reagiert damit auf die Bedürfnisse des Großstadtmenschen, auf die verlorene Nähe zur Natur, auf das Zusammenleben vieler Menschen in beengten Wohnverhältnissen. Er ist der Not näher als dem Bedürfnis nach Prunk und Luxus, »aus dem *repräsentativen* Park früherer Zeiten ist der *soziale* Park unserer Zeit geworden, aus dem Fürstenpark der Volkspark«.[40] Auch aus der eher strengen, architektonischen Form des Parks soll keine Nähe zu Parkanlagen des 18. Jahrhunderts abgeleitet werden, der »öffentliche Park unserer Zeit (ist) eine ganz neue Aufgabe«.[41]

Drei Monate nach seinem Amtsantritt legte Schumacher mit Sperber einen gemeinsam erarbeiteten Entwurf vor, der die Ergebnisse des Wettbewerbs auswertete und in *eine* Planung band. Alfred Lichtwark, Direktor der Hamburger Kunsthalle, der in alle kulturpolitischen Belange genauso gerne eingriff, wie er sich zu Fragen der Stadtgestalt äußerte, meinte zu dem gefundenen Kompromiß: »Der nach meiner Empfindung vom Baudirektor herrührende Theil ist ein Wurf, das Übrige hält sich in der Überlieferung des Hamburger Tiefbaus...«.[42] Lichtwark hatte die einseitig ›landschaftlichen‹ Ausrichtungen der öffentlichen Parkanlagen in Hamburg immer wieder heftig kritisiert und die Förderung des ›architektonischen‹ Gartenstils gefordert.[43]

Obwohl ein Kompromiß, ist der Stadtpark, besonders nach seiner endgültigen Herrichtung in den zwanziger Jahren, im Sinne der Erneuerungsbestrebungen der Gartenkunst gestaltet.[44] Abbildungen und Beschreibungen aus den zwanziger und dreißiger Jahren zeigen, daß der Stadtpark nach den Vorstellungen Schumachers und Lichtwarks von der Bevölkerung genutzt wurde. Der Park befriedigte als Volkserholungsstätte die unterschiedlichsten sozialen Bedürfnisse und steigerte dies durch seine künstlerische Raumentfaltung.[45]

Fritz Schumacher, Hauptrestaurant »Stadthalle«, Stadtpark Hamburg, 1909

Für die Gestaltung und Herrichtung des Stadtparks war ab 1914 die selbständige Dienststelle ›Gartenwesen‹ mit dem Gartendirektor Otto Linne zuständig. Linne war vor seiner Berufung nach Hamburg in Magdeburg, Erfurt und zuletzt in Essen als Gartendirektor tätig gewesen. Sowohl die Ausformung des Stadtparks als auch die Bearbeitung neuer wie vorhandener Gartenflächen erfolgte unter seiner Leitung im Sinne der ›neuen‹ Gartenkunst.[46] Nach dem Tod des Architekten Wilhelm Cordes (1917) – als »Schöpfer des Ohlsdorfer Friedhofs«[47] lange Jahre im Ingenieurwesen der Baubehörde tätig – wurde Linne auch zuständig für die Friedhofserweiterung.

Ohlsdorf, schon seit seiner Entstehung ab 1874 einer der größten Friedhöfe der Welt, sollte um 1910 erneut deutlich (von 186 auf 405 Hektar)[48] erweitert werden. Entsprechend der inzwischen gewandelten Auffassung in der Gartenkunst sollte dieser neue Bereich keinen »naturalistisch-romantischen, sondern (einen) architektonisch-monumentalen Charakter «[49] erhalten. Cordes, bereits am Ende seiner beruflichen Laufbahn, konnte den Stilwandel nicht mehr nachvollziehen und entwickelte eine Planung, die sich am Stil des alten Friedhofsteils orientierte. Schumacher dagegen hatte Ideenskizzen erarbeitet, die mit strengen architektonischen Grundriß- und Raumformen die neue Auffassung verwirklichen sollten. Nicht unbeeinflußt von dem bevorstehenden nahen Tod des alten Friedhofsplaners sprach sich die Bürgerschaft jedoch für die Cordessche Planung aus. Gegen

Fritz Schumacher, Blick über den Stadtparksee
auf den Wasserturm, Stadtpark Hamburg, um
1909

Fritz Schumacher, Stadtcafé, Parkseite,
Stadtpark Hamburg, 1911

die Ausführung erhob sich Protest, unter anderem vom Architekten- und Ingenieurverein. Schumacher und der inzwischen für das Gartenwesen zuständige Linne wurden um neue Vorschläge gebeten. Der Chronist hamburgischer Kulturgeschichte, Gustav Schiefler, beschreibt die schwierige Situation: »Man durfte von der Vorzüglichkeit der Pläne des Baudirektors überzeugt sein, und er verteidigte sie mit den besten, durchschlagenden Gründen. Aber der andere war mit eifersüchtiger Gereiztheit darauf aus, daß er auf diesem, in seinen Amtsbereich fallenden Gebiet Sieger bleibe.«[50] So entstand der Erweiterungsteil nach Linnes Entwurf, zwar durchaus im Sinne des neuen architektonischen Gartenstils, jedoch ohne daß Schumacher seine konkreten Pläne verwirklichen konnte. Obwohl Schumacher also in Einzelfällen durchaus Niederlagen hat hinnehmen müssen, bleibt bis heute der Eindruck, daß er insgesamt großen Einfluß hatte, sehr vieles hat bewegen, die Stadt Hamburg in seinem Sinne hat gestalten können. Voller Hochachtung blicken (nicht nur) Stadtplaner auf jene Zeit zurück, in der möglich war, was heute dem Anschein nach nur schwer gelingt: in einer Stadt so deutlich die Handschrift des obersten Städtebauers ablesbar werden zu lassen. Natürlich gibt es heute keine öffentlichen Bauaufgaben in vergleichbarer Zahl. Aber viel schwerer dürfte wiegen, daß die Art und Weise, wie Beschlüsse zur Gestalt der Stadt gefaßt werden, heute um vieles komplexer und komplizierter ist. Das ausdifferenzierte politische Mitbestimmungssystem, über welches heute nicht nur die Entscheidungen zum Thema Bauen getroffen werden, läßt die Wege länger und verschlungener werden. Entscheidungen kommen um vieles mühevoller zustande. Die öffentliche Verwaltung ist heute wesentlich stärker durch den Bürger – direkt oder über den Weg seiner politischen Vertreter – kontrolliert; mit einem ganz anderen Selbstbewußtsein und Selbstverständnis wird die Beteiligung der Öffentlichkeit an jeder Entscheidung eingefordert und durchgesetzt. Dies trifft nicht nur stadtplanerische Belange, sondern gilt für alle Bereiche von Politik und Gesellschaft. Eine Rückkehr des Urvertrauens auf die Richtigkeit der an der Spitze gefällten Entscheidung ist nicht wahrscheinlich und keinesfalls wünschenswert. Trotzdem ist immer wieder die rückschauende Sehnsucht nach einem Mann wie Schumacher, durchdrungen von Gestaltungswillen und dabei ausgestattet mit der notwendigen Macht, in den Fluren der Hamburger (Bau-)Verwaltung wahrnehmbar.

Ein weiteres Projekt, bei dem Schumacher sich – trotz aller ihm zur Verfügung stehenden Mittel – nicht vollständig und schon gar nicht kampflos durchsetzen konnte, war die Alsterkanalisierung. Pläne, den Alsterlauf zwischen Ohlsdorf und Eppendorf zu kanalisieren, gab es schon um 1870. Stand zu Beginn der Wunsch nach einem Wasserweg zum geplanten Ohlsdorfer Friedhof im Vordergrund, so war seit Schumachers Tätigkeit in Hamburg die Erschließung dieses Bereichs für eine Villenbebauung der wichtigere Gesichtspunkt. Es galt, steuerkräftigen Bürgern »begehrenswerte Wohngegenden auf Hamburger Gebiet«[51] zu sichern, um der drohenden Abwanderung dieser Bevölkerungsgruppen ins Umland entgegenzutreten. Die Federführung der Planung der sogenannten ›Alsterstadt‹ lag beim Ingenieurwesen; Sperber brachte eine Lösung, die – in der Tradition des romantischen Gartenbaustils – »den Hauptlauf des Flußbettes in weich geschwungenen Linien führte«.[52] Lichtwark, von der Bürgerschaft für dieses ausführlich diskutierte Projekt als Gutachter gerufen, trat auch hier als engagierter Fürsprecher der Reformbewegung auf.[53] Er nahm die vorgelegte Planung zum Anlaß für eine generelle Abrechnung mit den Leistungen des hamburgischen Ingenieurwesens seit 1870.[54] »Er verlangte... (eine) Abkehr von der naturalistisch-romantischen Behandlung des kanalisierten Wasserlaufs und der Promenadenwege in seiner Umgebung« und forderte »statt dessen eine monumentale,... von architektonischer Gesinnung getragene Gestaltung der Böschungen, Kais oder Vorsetzen, der Wassertreppen, Anlegestege und des

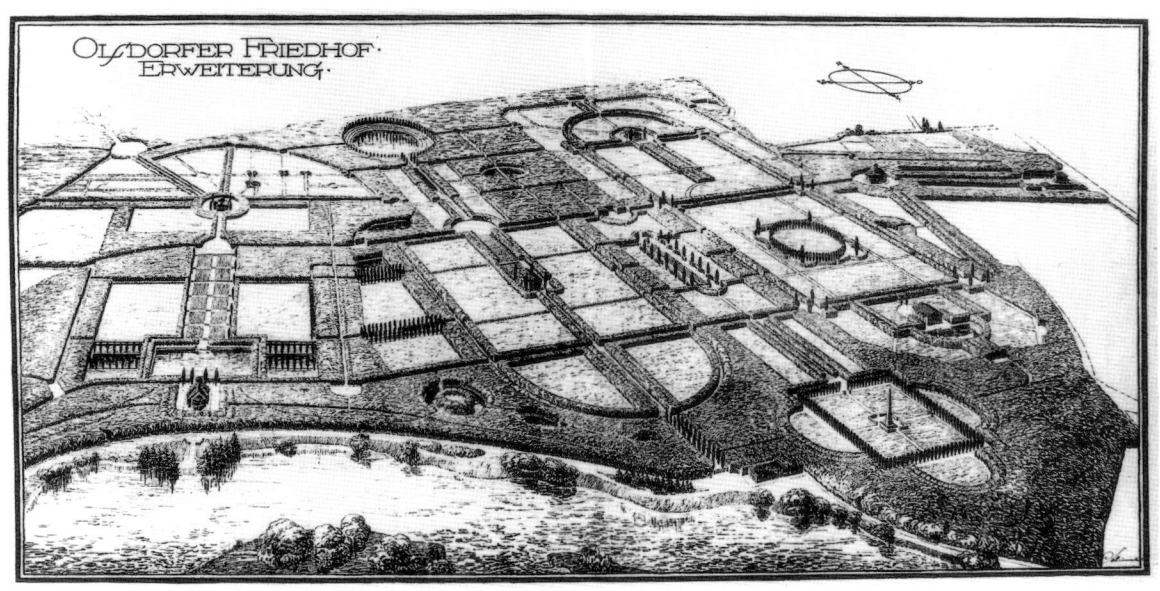

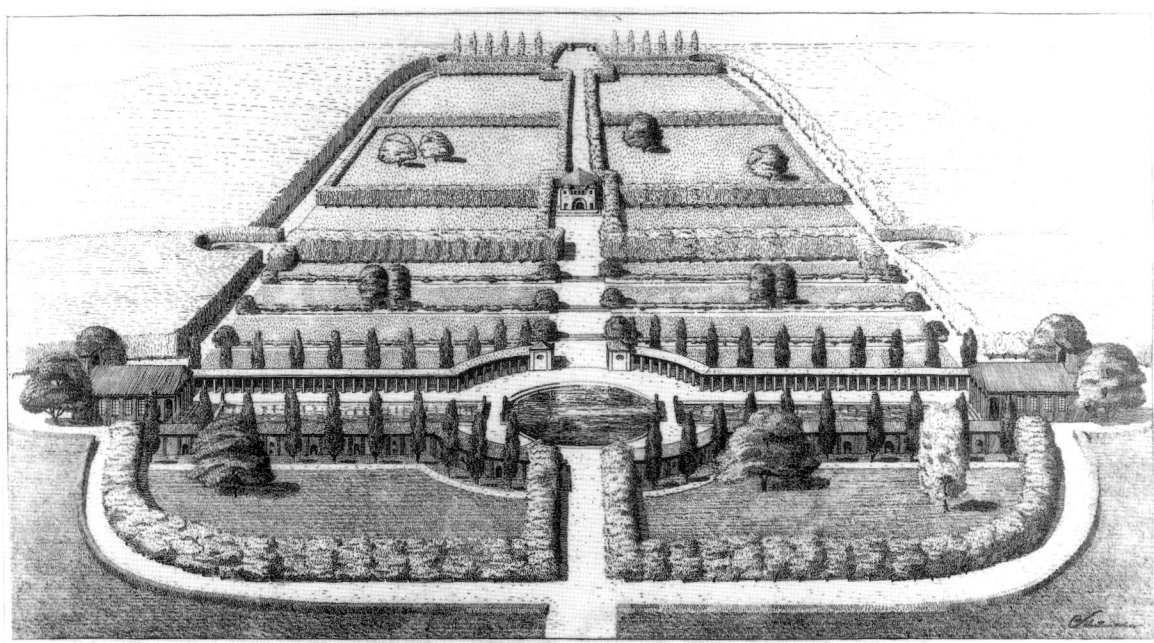

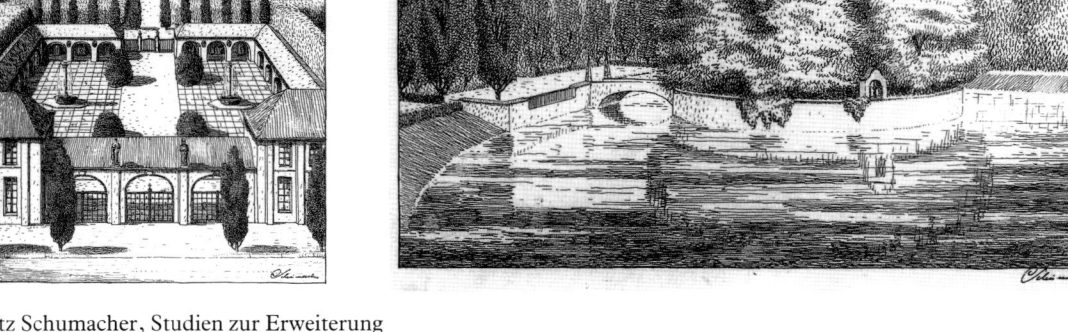

Fritz Schumacher, Studien zur Erweiterung
des Ohlsdorfer Friedhofs, Hamburg, 1914

Ufergeländes überhaupt«.[55] Trotz dieses vehementen Einsatzes Lichtwarks gab es für seine Ziele, und damit für den von ihm unterstützten Schumacher, in einer ersten Instanz eine Niederlage. Die Mehrheit der Bürgerschaft wollte die Planung von Sperber realisiert wissen. Diese Entscheidung wurde jedoch von den Verlierern nicht kampflos hingenommen.[56] Schließlich gelang es, daß in einem weiteren Bürgerschaftsbeschluß »die Mitwirkung des Hochbaudirektors gesichert (wurde), insbesondere für die Einzelpläne der Uferanlagen, Brückenbauten, Bahnüberführungen, Platzgestaltungen und Straßenkreuzungen«.[57] Hatte Schumacher also auch hier in einer strittigen Frage gegen den Leiter des Ingenieurwesens verloren, so darf das Ergebnis des Streites, die Realisierung der von Schumacher entwickelten Kompromißlösung, bis heute als gelungen gelten: »Gerade zwischen Hudtwalckerstraße und Meenkwiese erreicht sein Konzept einen spannungsvollen Dialog zwischen landschaftlichen und architektonisch gestalteten, zugänglichen und unzugänglichen Uferbereichen, architektonischen Aussichtsbereichen und Umwegen: Der Eppendorfer Seite mit Kirche, Gemeindehaus und Hayns Park ist eine Stadthaus- und Villenbebauung auf der Winterhuder Seite gegenübergestellt...«[58]

Der Hayns Park gehört mit zu jenen Grünflächen, die Schumacher für die Stadt rettete, indem er für sie eine Randbebauung entwarf. Nach den gesetzeskräftigen Bebauungsplänen war für einige private Parkanlagen Hamburgs Geschoßwohnungsbau ausgewiesen. Bei einer strikten Ausnutzung des Planrechts wäre das Grün der Wohnnutzung zum Opfer gefallen. Schumachers Alternativen nutzten die Straßenrandlagen für eine Bebauung und sicherten auf diese Weise den restlichen Bestand der Parkanlagen. Neben Hayns Park sind auch Schröders und Knauers Park in Eppendorf ein Beispiel für eine solche Neugliederung, bei der möglichst viele »bewohnbare Räume« entstanden mit »begehrten, friedlichen« Wohnlagen.[59] Wohnen in ebenso privilegierter Lage sicherten Schumachers Entwürfe für die ›Villeninseln‹, die in Verbindung mit der Planung der Alsterkanalisierung entstanden. Es sind dies zwei kleine Wohnanlagen in Alsterdorf: Beidseitig der Straße liegen Einzelhäuser, die großzügigen Gärten haben Zugang zum Wasser.[60] Die Alster durchzieht auch jenen großräumlichen Bereich, von Fuhlsbüttel im Norden über Teile von Klein-Borstel und Ohlsdorf bis nach Alsterdorf im Süden, für die Schumacher 1914 einen Bebauungsplan fertigte. Der Plan sieht Wohnen in verschiedenen Formen und Dichten vor, vom frei stehenden Einfamilienhaus bis zum Geschoßwohnungsbau.

Für Schumacher bestand die Aufgabe, Wohnraum zu schaffen, »nicht nur in einem möglichst harmonischen Zusammenfügen von Häusern«.[61] Er wollte auch für jene Menschen, die dazu auf individuellem Wege nicht in der Lage waren, hohe Wohn- und damit hohe Lebensqualität schaffen. Es ging ihm um die Eingliederung der Menschen in das soziale und kulturelle Gefüge. Auch der Herstellung solcher sozialer Bezüge dienten die Freiflächen. Zur gemeinsamen Benutzung besonders geeignet waren die großen Wohnhöfe mit Kinderspiel- und Sportplätzen, Wiesen und Wasserläufen, wie sie zum Beispiel in der ›Jarrestadt‹ zu finden sind. Für dieses Gebiet in Winterhude hatte Schumacher die Vorgaben für den 1926 ausgeschriebenen Wettbewerb formuliert. Es sollte ein städtebauliches Konzept für das neue Wohnquartier erarbeitet werden. Neben Karl Schneider, der den Wettbewerb gewann, waren weitere, ebenfalls am Wettbewerb teilnehmende Architekten an der Umsetzung des Konzeptes beteiligt. Es entstand Wohnungsbau nach den Entwürfen von: Wilhelm Behrens, Block & Hochfeld, Bomhoff & Schöne, Distel & Grubitz, Robert Friedmann, Otto Hoyer, Emil Neupert, R. E. Oppel, Friedrich Ostermeyer, Puls & Richter und Karl Schneider. Die starke Einheitlichkeit, die dieses Gebiet trotz der »ganz verschiedenartigen Künstler«[62] aufweist, führte Schumacher neben der gemeinsamen Zielsetzung darauf zurück, daß »sich im Laufe der Zeit ein baulicher Charakter für diese Kleinwohnungen im Großhaus herausgebildet hat, der durch die

Fritz Schumacher, Studien zur Alsterkanalisierung, Hamburg, um 1913

sachliche Bewältigung verwandter Aufgaben einen starken Zug innerer Verwandtschaft trägt«.[63] Die ›Jarrestadt‹ wurde schon in der Zeit ihrer Entstehung als eine Realisierung vorbildhaften Wohnens begriffen. Sie machte jedoch gleichzeitig deutlich, daß der hohe Anspruch nicht auf allen Ebenen eingelöst werden konnte: Der gestalterische Aufwand hatte seinen Preis, und die Qualität führte zu Mieten, die von jenen, für die hier gebaut worden war, nicht bezahlt werden konnten.

Dabei war sich Schumacher durchaus darüber im klaren, welche weitreichenden Wirkungen die einzelnen planerischen Festsetzungen hatten. Mit baurechtlichen Einzelbestimmungen wurden eben nicht nur Festlegungen zur Ästhetik bewirkt, sondern gleichzeitig der soziale Typus des Bauwerks bestimmt. Dies trifft insbesondere auf Neuplanungen von Wohnquartieren zu, bei denen der Zuschnitt des Baublocks in gewissem Rahmen die entstehenden Wohnungen fixiert.[64] So lassen sich durch die Bestimmung der vorderen und hinteren Baulinie die Größe (Anzahl der Zimmer) und Eigenschaften (Beispiel Querlüftung) der Wohnung festlegen. Dies wiederum bleibt nicht ohne Auswirkungen auf die Sozialstruktur der Nutzer. »Der Gestaltende, der beim Festlegen von Baublock und Bauplatz zugleich unsichtbar eine Baumasse und einen Typus von bestimmter wirtschaftlicher und sozialer Art schafft, wirkt also nicht nur ästhetisch, sondern in erster Linie sozial bestimmend ... Indirekt wird der unterste Preis der Wohnung bestimmt, die hier nach erfolgter Aufteilung nur noch gebaut werden kann. Diese Sorge für die hygienisch einwandfreie Kleinwohnung kann nicht ernst genug genommen werden, denn in einer richtig ausgewogenen Großstadt umfaßt die billige Kleinwohnung etwa 83% aller Wohnungen...«[65] Um diese Zusammenhänge anschaulich zu machen, beschrieb Schumacher einmal mehr die von ihm kritisierten Hinterflügelbauten: »Ihr Keim liegt im unbedachten und sinnlosen Zuschnitt der Baublöcke der betreffenden Stadtteile. Ebenso wie dieser Keim fast unabwendbar zum Unheil zu führen vermag, kann man den Blockzuschnitt so einrichten, daß er den Keim enthält, aus dem praktischerweise nur eine vernünftige Formung der Wohnbaumassen hervorgeht.«[66]

Für die Durchsetzung der Ziele im Wohnungsbau ebenso wie im Städtebau sind also differenzierte Vorgaben nötig. Für ebenso wichtig allerdings hält Schumacher Offenheit und Flexibilität in der Planung. Dieser Polarität verleiht er Ausdruck durch den Gegensatz ›Zwang und Freiheit‹ – aber auch mit den scheinbar widersprüchlichen Wortpaaren ›Konzentration und Differenzierung‹, ›Individualisierung und Typisierung‹, ›Schema und Sonderheit‹ illustriert er seine Auffassung von Planung. So soll in der Bebauungsplanung zum einen mit differenzierten Festlegungen zu Art und Maß der Nutzung, zu hinterer und vorderer Baulinie der Typus der zu entstehenden Wohnbebauung geregelt werden. Diese genauen Festlegungen dürfen aber erst erfolgen, nachdem in der »elastischen« Bebauungsplanung die langfristigen und großräumlichen Ziele für die Stadt festgelegt sind.[67]

Mit dem Instrument des »elastischen Bebauungsplanes« wird Schumachers Auffassung von Planung als Prozeß, als Entwicklung deutlich. Elastizität im Sinne von Flexibilität ermöglicht die Bewegungsfreiheit, die Voraussetzung für Entwicklung ist. Und dieses Instrument, in späteren Schriften auch »Generalbebauungsplan« genannt, bindet die Einzelaspekte zu einem Ganzen: »Erst durch diesen Blick aufs Ganze kann man das innere Verhältnis von ästhetischen und sozialen Fragen des Gestaltens zur höheren Form eines organischen *Städtebaus* bringen. ... Es bedeutet, daß der städtebauliche Einzelfall nur gewertet werden kann im Rahmen eines *Gesamt-Überblicks* über die Entwicklungsabsichten des Lebenskörpers, zu dem er gehört.«[68] Es ist nicht damit getan, möglichst viele und detaillierte Bestimmungen zu erlassen und diese untereinander zu vernetzen, sondern auf »die Kunst, diese Bestimmungen richtig ins Leben eingreifen zu lassen«,[69] kommt es an, die Einbindung in die Praxis, die Verknüpfung mit den

Fritz Schumacher, Grabmal Familie
Troplowitz-Mankiewicz, Ohlsdorfer Friedhof,
Hamburg, 1918

tatsächlich vorgefundenen Gegebenheiten soll erreicht werden. Die Herstellung des Praxisbezuges gelingt besonders gut am städtebaulichen Modell. Schumacher hat in seiner Städtebauabteilung für die »im Entwurf begriffene Stadt«[70] ein Gesamt-Massenmodell herstellen lassen. Dieses Modell wollte er nicht als zwingende Vorgabe verstanden wissen, sondern es sollte vielmehr mit der schon beschriebenen Elastizität auf neue Entwürfe reagieren können. Galt es einen Gestaltungsvorschlag zu diskutieren, so konnte dies am entsprechend angepaßten Modell geschehen. Wirkungen konnten erprobt werden, ohne daß es gleich zu Festschreibungen kam: Die »Arbeitsweise mit Hilfe eines elastisch bleibenden Gesamtmodells ergibt die Möglichkeit zu lenken, ohne zu fesseln«.[71]

Das formale Instrument zur Durchsetzung dieses Gedankengutes innerhalb der hamburgischen Verwaltung wurde erst im Jahr 1914 geschaffen, als beim Hochbauwesen eine Städtebauabteilung gegründet wurde und damit die unbestrittene Zuständigkeit Schumachers für städtebauliche Fragestellungen gesichert war. In den Jahren zuvor waren in Fragen der Stadtgestaltung die Auseinandersetzungen mit dem Ingenieurwesen, welches die formale Zuständigkeit hatte, in besonders hohem Maße vorprogrammiert. Dabei war spätestens mit der großen Städtebau-Ausstellung im Sommer 1910 in Berlin die Disziplin des Städtebaus in ganz Deutschland »als selbständige Kunst und Wissenschaft anerkannt«.[72]

Wenn Schumacher in seinen Überlegungen zum Städtebau die Funktionstrennung von Arbeiten und Wohnen in den Städten fordert, so bedenkt er dabei durchaus auch den Reiz, den das enge Miteinander dieser beiden Nutzungen früher gehabt hat. Doch diese positiven Aspekte der engen Verbindung auf beschränktem Raum galten eben nur solange, wie jene Arbeitsformen überwogen, die das Wohnen nicht in der Weise störten, wie dies zunehmende Mechanisierung und Industrialisierung mit sich brachten. Werden aber die Nebenerscheinungen der Arbeit so stark, daß sie die Qualität des Wohnens vermindern, muß nicht nur das Wohnen geschützt werden, sondern auch das ungehinderte Arbeiten. So ist das »Gliedern von Arbeiten und Wohnen« für Schumacher »eine Sache, die von Anbeginn einer ganz klaren und unzweideutigen städtebaulichen Politik bedarf, wenn Menschen mehr oder minder dicht gedrängt es nebeneinander aushalten sollen«.[73] Die Bildung einzelner homogener Zonen wird zuerst im Wohnungsbau betrieben, die zunehmende Nutzungstrennung entsteht als Folgeschritt. Auf diese Weise wurde Hamburgs Innenstadt seit den letzten Jahren des 19. Jahrhunderts zunehmend zur ›City‹. Aus den Bürgerhäusern, in denen Wohnungen und Geschäfte Platz gefunden hatten, verlagerte sich das Wohnen in die neuen Vororte. Die Innenstadt wurde Ort der Arbeit, und in Hamburg realisierte sich schon in jenen Jahren die Lehre der klaren Funktionstrennung in der Stadt, die mit der ›Charta von Athen‹ 1933 zum städtebaulichen Dogma erhoben wurde.[74]

Bei der Umgestaltung der Planung für die südliche Altstadt konnte Schumacher seine Vorstellung von der Dominanz der Funktion ›Arbeit‹ in der City durchsetzen. Der um 1912 aufgestellte Bebauungsplan – zu jener Zeit war noch das Ingenieurwesen für die städtebaulichen Fragen zuständig gewesen – war zugeschnitten auf Wohnnutzung. Mitte der zwanziger Jahre jedoch »war es gelungen, das Bewußtsein durchzusetzen, daß diesem Gebiet durch seine ganzen Zusammenhänge die Bestimmung als Geschäftsgebiet zukäme«.[75] Das nach Entwürfen von Fritz Höger 1922–1924 geschaffene Chilehaus war noch nach dem alten Planungsrecht errichtet, und nach der vorgesehenen alten Blockaufteilung wären »in unmittelbarer Nähe der Chilehausspitze drei weitere in ähnlicher Weise wirkende Spitzen entstanden«.[76] So bildete neben der Festlegung der gewünschten Nutzung für diesen Bereich der Schutz der Einmaligkeit des Chilehaus-Motivs für Schumacher einen wesentlichen Grund zur Planüberarbeitung. In dem 1926 festgestellten veränderten Bebauungsplan wird durch eine klare

Straßenführung und den vorgelagerten Platz dem Chilehaus die ihm angemessene Bedeutung gegeben. Es ist bis heute Erkennungsmerkmal des rund um den Burchardplatz ab 1922 entstandenen ›Kontorhausviertels‹. Die Gliederung der Stadt in Geschäftsgebiet, Hafengebiet und Wohnquartiere war in den zwanziger Jahren weitgehend vollzogen.

Jene vorbildliche Entwicklung einer Großstadt, die ausgeht von ihrem Geschäftskern, hatte Schumacher vor seinen maßgeblichen städtebaulichen Planungen in Hamburg für Köln dargestellt. Schumacher sollte als Gewinner eines beschränkten Wettbewerbs für die Neugestaltung des Gebietes der Kölner Festungsanlagen, des sogenannten inneren Rayons, nach dem Wunsch des Oberbürgermeisters Konrad Adenauer auch für die Realisierung der Pläne gewonnen werden. In dem Versuch, sowohl seinen Aufgaben in Hamburg treu zu bleiben, als auch seine Ideen für die Stadt Köln in die Praxis umzusetzen, ließ Schumacher sich 1920 für drei Jahre von Hamburg beurlauben. Er übernahm als Beigeordneter der Stadt Köln die Bearbeitung des Bebauungsplanes und traf damit Festlegungen für die gesamte zukünftige Stadtgestalt. Der drohenden unkontrollierten Erweiterung der Stadt stellte er die Idealform der Stadterweiterung, die Zackenform, gegenüber; diese Form »ermöglicht, daß Zacken bebauten Landes und Zacken freien Landes verschränkt ineinandergreifen, ohne sich gegenseitig zu stören und ohne beim Wachsen der Stadt das Zentrum immer mehr von freier Luft abzuschnüren«.[77] Das idealtypische Schema für die Kölner Planung, bei der die städtebaulichen ›Arme‹ vom Kern aus gleichmäßig in das Umland greifen, ist bei der Darstellung für den Hamburger Raum abgewandelt in die bekannte Fächerform, die nördlich der Elbe eine größere Anzahl ›Arme‹ aufweist als im Süden – und auch diese Idealform für Hamburg konnte Schumacher in seiner Amtszeit nur bedingt realisieren.

Die Grenzen des hamburgischen Staatsgebietes erschwerten Schumacher und seinen Kollegen ein einheitliches Handeln für den Großraum der Stadt. Umgeben von den preußischen Großstädten Altona, Wandsbek und Harburg-Wilhelmsburg fiel es Hamburg schwer, Siedlungsprobleme auf eigenem, engbegrenztem Grund und Boden zu lösen. Schon vor dem Ersten Weltkrieg beschäftigte Schumacher sich deshalb mit Möglichkeiten zur Erweiterung des Lebensraumes der Stadt.[78] Anstoß zu Überlegungen eines ›Gebietsausgleichs‹ war immer wieder die Wohnungsnot. In der Diskussion um geeignete Maßnahmen zum Wiederaufbau plädierte er für die »von einem Willen verwaltet(e)«[79] räumliche Einheit. Das drückende Wohnungsproblem erschien ihm nur lösbar durch eine Gebietserweiterung: Hamburg könne »das Problem nicht lösen infolge der eigentümlichen ungünstigen Zufälligkeiten seines augenblicklichen Staatsbesitzes«.[80] Auch die neu zu schaffenden Arbeitsstätten in Industrie und Hafen, die Hamburg nach dem Krieg zu einem wirtschaftlichen Wachstum verhelfen sollten, verlangten neue Wohnstätten.

Vom Hafen, dem ›Kraftzentrum‹ der Stadt, sollte die Entwicklung gleichmäßig nach allen Seiten ausgehen. Doch war solch eine ›gesunde‹ Wohnpolitik auf den bestehenden Flächen nicht möglich: »Nur als schmaler Arm zweigt das Wohngebiet vom Arbeitsgebiet des Hafens ab.«[81] Zudem galt als »natürliches Wohnland Hamburgs«[82] nur die Geest – und die war innerhalb der alten Grenzen Hamburgs nur eingeschränkt vorhanden. Die Marsch eignete sich nicht zum Wohngebiet, da sie kein großstädtisches Kanalisationssystem erlaubte; sie war »gestempelt zum Arbeitsgebiet Hamburgs«.[83] So war die Besiedelung der (noch) preußischen Geest das anzustrebende Ideal. Neue Aktualität erhielt das Thema der Gebietserweiterung durch die Ereignisse der Revolution 1918. Im Dezember dieses Jahres forderte Senator von Berenberg-Goßler die ›leitenden Herren Oberbeamten‹ – neben Schumacher und Sperber den Wasserbaudirektor Johann Bubendey – auf, sich in einer Denkschrift zur Großhamburg-Frage zu äußern. Schumacher ging bei seiner Argumentation von den erforderlichen neuen Wohngebieten aus.[84]

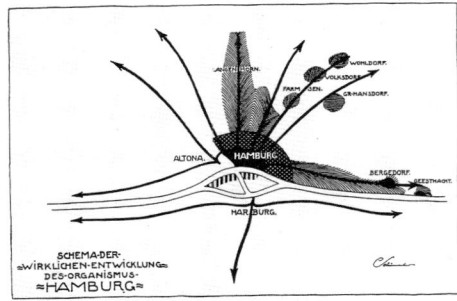

Fritz Schumacher, Schema der wirklichen
Entwicklung Hamburgs, um 1919

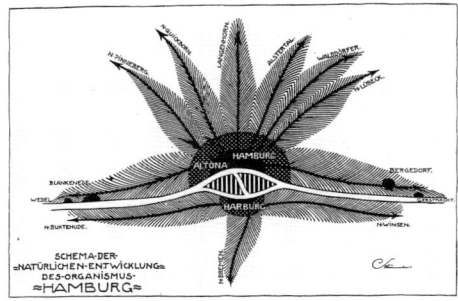

Fritz Schumacher, Schema der natürlichen
Entwicklung Hamburgs, um 1919

Knapp zwei Jahre später, 1921, legte der Senat eine ausführliche Denkschrift zur Großhamburg-Frage vor, in der Schumacher sehr anschaulich anhand seines durch das berühmte Schaubild des ›Straußenfächers‹ visualisierten Achsenmodells die »natürliche Entwicklung des Organismus Hamburg« der »wirklichen Entwicklung« gegenüberstellte.[85] In der Darstellung der ›wirklichen Entwicklung‹ fehlten dem ›gesunden‹ Hamburg Altona, Wilhelmsburg und Harburg, und die Achsen nach Quickborn, Pinneberg, Blankenese/Wedel, Buxtehude, Bremen und Winsen blieben ohne Gebiet, die Achsen nach Lübeck, in die Walddörfer und ins Alstertal zeigten nur die angelagerten ›Enklaven‹ Farmsen, Volksdorf, Wohldorf und Großhansdorf; allein die Achsen Langenhorn und Bergedorf/Geesthacht entsprachen ihrer ›natürlichen Entwicklung‹. Und Schumacher erläuterte dazu: »Das wünschenswerte Bild wäre…, daß das Arbeitsgebiet der Marsch als mittlerer Kern rings umgeben wäre mit einem rahmenden Streifen des Wohngebietes der Geest. Alle Wohn- und Verkehrsprobleme würden damit leicht und natürlich zu lösen sein: von allen Seiten könnte sich der kürzeste und ungehemmteste Verkehrsweg zum Arbeitsgebiete bahnen. Diese Probleme werden gegenwärtig dadurch so unlösbar, daß im Hamburger Besitz Geest- und Marschland ganz voneinander getrennt liegen. Darf man sich also für Hamburgs neue Gestaltung Wünsche verwirklichbar denken, so muß der erste Wunsch dahin gehen, zu seinem Marschland rahmendes Geestgebiet als Wohnland zu bekommen.«[86]

Die Verhandlungen mit Preußen waren zunächst nicht erfolgreich, und, 1923 aus Köln zurückkehrend, klagte Schumacher, daß statt des bisher angestrebten »großen organischen Ziels« in der Frage der Gebietsentwicklung »jetzt zunehmend Kampf in kleinen Detailfragen« die Debatte bestimmte. »Worauf es ankommt, ist: daß man das Ziel nicht aus den Augen verliert, – das, was innerlich eine Einheit bleibt, als Einheit geistig zu behandeln.« »Hinter den technischen Fragen« nach den Hafenanlagen und Siedlungsstandorten »stehen noch höhere Werte. Die unnatürlichen Grenzen reißen ein Kulturgebiet auseinander, das zusammengehört.«[87]

Erst nach dem Abklingen der Inflation gelang es Schumacher 1926 mit einer erneuten Denkschrift, den entscheidenden Anstoß zu geben: Wenigstens ein technisches Organ, ein gemeinsamer Planungsausschuß mit Vertretung aller Beteiligten sollte ins Leben gerufen werden: Ende des Jahres 1928 wurde der Staatsvertrag zur Bildung des Hamburgisch-Preußischen Landesplanungsausschusses geschlossen.[88]

In der ersten Sitzung im April 1929 führte Schumacher in zukünftige Arbeitsformen und -inhalte ein. Die Arbeit sollte nicht »in einem neu zu schaffenden Riesenbüro« geleistet werden, sondern dezentralisiert. »Diese Dezentralisierung ist möglich, weil innerhalb unseres Bezirkes an entscheidenden Stellen bereits namhafte städtebauliche Instrumente vorhanden sind. Ihnen soll die Arbeit nicht weggenommen werden, sondern sie soll vereinigt und unter große Gesichtspunkte gestellt werden.«[89]

Und er nannte als Beispiel den von Gustav Oelsner und Joseph Brix 1923 erstellten ›Generalsiedlungsplan‹ für Altona. In diesem Plan spielten – wie in Schumachers Idealvorstellungen – Parks und Grünanlagen eine große Rolle. Ausgehend von dem Gedanken der Dezentralisierung der Großstadt und beeinflußt von der Gartenstadtbewegung geht der Plan von der Trennung der Funktionen aus: Der Großstadt am nächsten liegen die neuen Wohngebiete, abseits von ihnen Industrie- und Gewerbeanlagen, Landwirtschaft und ›Grüngürtel‹ sollen die Versorgung und Erholung der Bevölkerung sichern.[90] Auf der Grundlage dieses Plans schuf Bausenator Oelsner ab 1924 für Altona moderne Wohnviertel und Infrastruktur. Oelsner war ebenfalls Mitglied in dem neu gegründeten Ausschuß. Die Zusammenarbeit der beiden Männer war freundschaftlich, Schumacher gratulierte Oelsner 1924 zu seiner Wahl in Altona und formulierte die Hoffnung auf eine gute Zusammenarbeit: »Was ich dazu tun kann, wird geschehen.«[91]

Auch mit der Bauverwaltung Wandsbeks arbeitete Schumacher eng zusammen; dort, wo die neuen Wohnviertel der zwanziger Jahre aneinanderstoßen, etwa am Friedrich-Ebert-Damm östlich von Dulsberg, ist der Übergang fließend und harmonisch.[92] Harburg-Wilhelmsburg, seit 1927 zur Doppelgemeinde zusammengeschlossen, vergab 1928 ein städtebauliches Gutachten an Erwin Gutkind, einen Schüler von Brix. Er verknüpfte in seinem Entwurf Gartenstadtideen mit moderner Zeilenbauweise, zonierte die Gesamtanlage in Gewerbe-, Wohn- und Landwirtschaftsbereiche, gegliedert und gleichzeitig verbunden durch Grünanlagen.[93] Der Entwurf wurde nicht realisiert, aber Harburg-Wilhelmsburg betrieb eine großräumliche Wohnungsbau- und Grünplanung, als ausgleichendes Gegengewicht zu seiner Hafen- und Industrieentwicklung.

Schumacher selbst hat 1926–1930 für seine Vaterstadt Bremen bei der Aufstellung ihres Generalsiedlungsplanes mitgewirkt. Er formulierte in zwei Aufsätzen die ›Gliederung der städtebaulichen Arbeit‹ und die ›Ziele des Generalsiedlungsplans‹. Nach Schumachers Auffassung erfuhr Bremen durch seine geologischen Gegebenheiten und seine politischen Grenzen deutlich geringere Einschränkungen als Hamburg. Bremen folgte in seiner Entwicklung »beinahe von selbst« der Idealform: Achsen der Stadterweiterung entstanden entlang des Flusses. Wohnen und Arbeiten waren in Bremen von jeher deutlich getrennt, und durch die weitgehende Einzelhausbebauung fand Schumacher auch die Form des Wohnens nur bedingt verbesserungswürdig; trotzdem hielt er den flachen Geschoßwohnungsbau langfristig für unvermeidbar. Auch für Bremen forderte er ein Netz von Grünzügen und zum Schutz der historischen Altstadt Entlastungsstraßen.[94] So ließen sich aus seiner Sicht die stadtentwicklungspolitischen Belange für seine Geburtsstadt sehr viel leichter lösen als für Hamburg, die Stadt seines langjährigen beruflichen Wirkens.

Schumacher konnte während seiner Hamburger Amtszeit die Lösung der Großhamburg-Frage nicht mehr erleben,[95] aber er hat zumindest durch den von ihm initiierten Ausschuß wesentliche Vorarbeiten leisten und lenkend eingreifen können. Er hat in Hamburg den Begriff der Landesplanung eingeführt. Durch ihn hat dieser Terminus Kontur bekommen, und er sorgte in Vorträgen und Veröffentlichungen unermüdlich dafür, daß der Begriff zum Allgemeingut wurde. Der Hamburgisch-Preußische Landesplanungsausschuß erreichte verbesserte Einfluß- und Zugriffsmöglichkeiten auf (nicht hamburgischen) Grund und Boden: und das ist nach Schumacher das wesentliche Moment in Städtebau und Landesplanung. War sein Denken und Handeln vorrangig bestimmt durch den Wunsch nach Verbesserung der Wohnsituation für die Massen, so arbeitete er daran in dem Wissen, daß »zum Wohnen ... nicht in erster Linie ein Haus, sondern Grund und Boden«[96] gehört. Kultur beginnt für ihn mit der vernünftigen Aufteilung von Grundeigentum. Dies erst schaffe die Basis für sinnvolles abgestimmtes Handeln und erfolgreiche Reformen.[97] »Das Bemerkenswerteste bei diesem Übergang vom ästhetischen zum sozialen Städtebau liegt darin, daß das Objekt seiner Wirksamkeit nicht in erster Linie das architektonische Gebilde ist, sondern der Grund, auf dem es erstehen wird.« Die Anerkennung der bedeutenden Rolle von Grund und Boden für städtebauliche Planungen ist für Schumacher der erste Schritt in die erstrebte ›organische‹ Stadtentwicklung. Mit der Klärung der Fragen zu den Besitzverhältnissen muß die Planung beginnen, alle weiteren Überlegungen können sich erst hieran anschließen. Schumachers These: »Städtebau ist Bodenpolitik« bleibt bis heute unvermindert aktuell.[98]

## Anmerkungen

1  Zum Berufungsverfahren vgl.: Staatsarchiv Hamburg, Baudeputation, B 191, Bewerbungsschreiben Fritz Schumacher an Senator Holthusen, 1909, sowie: Hermann Hipp: Fritz Schumachers Hamburg: Die reformierte Großstadt. In: Moderne Architektur in Deutschland 1900 bis 1950, Reform und Tradition, Ausst.-Kat. Deutsches Architektur-Museum Frankfurt/M. 1992, S. 152 f.

2  Zu Schumachers Entscheidung vgl.: Fritz Schumacher: Stufen des Lebens, Stuttgart/Berlin 1935, S. 285 ff.

3  Vgl.: Fritz Schumacher: Die Kleinwohnung, Wissenschaft und Bildung, Bd. 145, Leipzig 1917, sowie: Fritz Schumacher: Das Werden einer Wohnstadt, Nachdruck der Ausgabe von 1932, Hamburg 1984, sowie: Hermann Hipp: Wohnstadt Hamburg, Hamburg 1982, S. 8.

4  Vgl.: Leonardo Benevolo: Geschichte der Architektur des 19. und 20. Jahrhunderts, Bd. 2, München 1982, S. 27.

5  Schumacher: Kleinwohnung (s. Anm. 3), S. 36.

6  Schumacher: Kleinwohnung (s. Anm. 3), S. 30.

7  Schumacher: Kleinwohnung (s. Anm. 3), S. 32 f.

8  Schumacher: Kleinwohnung (s. Anm. 3), S. 32.

9  Zitiert nach: Benevolo: Geschichte der Architektur (s. Anm. 4), S. 171.

10  Vgl.: Fritz Schumacher: Vom Städtebau zur Landesplanung, Tübingen 1951, S. 19.

11  Schumacher: Städtebau (s. Anm. 10), S. 19.

12  Staats- und Universitätsbibliothek Hamburg, Carl von Ossietzky, Nachlaß Fritz Schumacher, I A 5a, Bericht von Schumacher über die Reise zum Internationalen Wohnungs- und Städtebau-Kongreß in Paris 1928, handschriftl. Einlage, S.1.

13  Schumacher: Nachlaß (s. Anm. 12), I A 5a, Bericht von Schumacher über die Reise zum Internationalen Wohnungs- und Städtebau-Kongreß in Paris 1928, handschriftl. Einlage, S. 1.

14  Schumacher: Nachlaß (s. Anm. 12), I A 5a, Bericht von Schumacher über die Reise zum Internationalen Wohnungs- und Städtebau-Kongreß in Paris 1928, handschriftl. Einlage, S. 1.

15  Schumacher: Wohnstadt (s. Anm. 3), S. 52.

16  Schumacher: Wohnstadt (s. Anm. 3), S. 52.

17  Schumacher: Wohnstadt (s. Anm. 3), S. 54.

18  Bezogen auf die Eigentumsverhältnisse wurde dies durch ein ›Umlegungsverfahren‹, d. h. Neuregelung bei Wertausgleich, erreicht.

19  Schumacher: Wohnstadt (s. Anm. 3), S. 56.

20  Schumacher: Wohnstadt (s. Anm. 3), S. 58.

21  Schumacher: Wohnstadt (s. Anm. 3), S. 58.

22  Hermann Hipp: Freie und Hansestadt Hamburg, Kunstreiseführer, Hamburg 1989/90, S. 435.

23  Schumacher: Wohnstadt (s. Anm. 3), S. 74.

24  Schumacher: Wohnstadt (s. Anm. 3), S. 75.

25  Schumacher: Wohnstadt (s. Anm. 3), S. 80.

26  Schumacher: Wohnstadt (s. Anm. 3), S. 80.

27  Hipp: Hamburg (s. Anm. 22), S. 436.

28  Schumacher: Nachlaß (s. Anm. 12), IV A 2 a, Referat Schumacher zur Gebietserweiterung vom Standpunkt der Wohnungsfrage, 1917, S. 1.

29  Schumacher: Nachlaß (s. Anm. 12), IV A 2 a, Referat Schumacher zur Gebietserweiterung vom Standpunkt der Wohnungsfrage, 1917, S.10.

30  Schumacher: Wohnstadt (s. Anm. 3), S. 24.

31  Schumacher: Wohnstadt (s. Anm. 3), S. 25.

32  Schumacher: Wohnstadt (s. Anm. 3), S. 25.

33  Städtebau (s. Anm. 10), S. 17.

34  Städtebau (s. Anm. 10), S. 17.

35  Vgl.: Gustav Schiefler: Eine hamburgische Kulturgeschichte 1890–1920, Hamburg 1985, S. 455. »Für Sperber war es eine Machtfrage, für Schumacher eine Frage der Gesinnung.«

36  Schumacher: Nachlaß (s. Anm. 12), VIII A 3, 99, S. 2, Schreiben Holthusen an Schumacher, 6. 4. 1909. Zitiert nach: Michael Goecke: Vorgeschichte und Entstehung des Stadtparks in Hamburg-Winterhude und seine Bedeutung für das Hamburger Stadtgrün, Diss. Hannover 1980, S. 150.

37  Schumacher: Stufen (s. Anm. 2), S. 288.

38  Schumacher: Stufen (s. Anm. 2), S. 309.

39  Schumacher: Stufen (s. Anm. 2), S. 309.

40  Fritz Schumacher: Ein Volkspark, München 1928, S. 8.

41  Schumacher: Volkspark (s. Anm. 40), S. 8.

42  Staatsarchiv Hamburg, Senat Cl. VII Lit. Fh Nr. 2 Vol. I Conv. IV 219, Schreiben Lichtwark an Holthusen, 1. 12. 1909. Zitiert nach: Goecke: Stadtpark (s. Anm. 36), S. 155. Vgl. auch: Alfred Lichtwark: Park- und Gartenstudien: Die Probleme des Hamburger Stadtparks, Der Heidegarten, Berlin 1909.

43  Vgl.: Alfred Lichtwark: Moderne Gartenkunst. In: Die Gegenwart, 28 Bd., 1885, S. 326–328. Zitiert nach: Goecke: Stadtpark (s. Anm. 36), S. 61.

44  Vgl.: Goecke: Stadtpark (s. Anm. 36), S. 158.

45  Vgl.: Helmut Klausch: Beiträge Alfred Lichtwarks zu einer neuen Gartenkunst in seiner Zeit. Diss. Hannover 1971, S. 94. Zitiert nach: Goecke: Stadtpark (s. Anm. 36), S. 178.

46  Goecke: Stadtpark (s. Anm. 36), S. 157.

47  Schiefler: Kulturgeschichte (s. Anm. 35), S. 590, vgl. auch: ders., S. 507 f.

48  Hipp: Hamburg (s. Anm. 22), S. 446.

49  Schiefler: Kulturgeschichte (s. Anm. 35), S. 508.

50  Schiefler: Kulturgeschichte (s. Anm. 35), S. 508 f.

51  Schumacher: Wohnstadt (s. Anm. 3), S. 68.

52  Schumacher: Wohnstadt (s. Anm. 3), S. 69.

53  Vgl.: Alfred Lichtwark: Eine Alsterstadt. In: Jahrbuch der Gesellschaft hamburgischer Kunstfreunde, XVI. Bd., Hamburg 1910, S. 35 ff.

54  Schiefler: Kulturgeschichte (s. Anm. 35), S. 503.

55 Schiefler: Kulturgeschichte (s. Anm. 35), S. 504.

56 Nach Schiefler sagte Lichtwark »zu Bürgermeister Burchard, er werde alles, was in seiner Macht stände, tun, um Sperbers Projekt zu Fall zu bringen.« Vgl.: Schiefler: Kulturgeschichte (s. Anm. 35), S. 504.

57 Schumacher: Wohnstadt (s. Anm. 3), S. 69, sowie: Schiefler: Kulturgeschichte (s. Anm. 35), S. 505.

58 Hipp: Hamburg (s. Anm. 22), S. 405.

59 Vgl.: Schumacher: Wohnstadt (s. Anm. 3), S. 43 ff., sowie: Erwin Ockert: Fritz Schumacher, sein Schaffen als Städtebauer und Landesplaner, Tübingen 1950, S. 42.

60 Die Inseln befinden sich in Alsterdorf, entlang der Inselstraße, sowie entlang der Brabandstraße zwischen Hindenburgstraße und Sengelmannstraße.

61 Schumacher: Wohnstadt (s. Anm. 3), S. 8.

62 Schumacher: Wohnstadt (s. Anm. 3), S. 67.

63 Schumacher: Wohnstadt (s. Anm. 3), S. 67.

64 Vgl.: Schumacher: Städtebau (s. Anm. 10), S. 10.

65 Schumacher: Städtbau (s. Anm. 10), S. 11.

66 Schumacher: Städtebau (s. Anm. 10), S. 10.

67 Vgl.: Schumacher: Kleinwohnung (s. Anm. 3), S. 35.

68 Schumacher: Städtebau (s. Anm. 10), S. 12.

69 Schumacher: Städtebau (s. Anm. 10), S. 21.

70 Schumacher: Wohnstadt (s. Anm. 3), S. 40.

71 Schumacher: Wohnstadt (s. Anm. 3), S. 40. Das Plastilin-Modell ist im Zweiten Weltkrieg vernichtet worden, vgl.: Hipp: Schumachers Hamburg (s. Anm. 1), S. 181, Anm. 152.

72 Schiefler: Kulturgeschichte (s. Anm. 35), S. 501. Auch in der Hamburger Verwaltung wurde die Bedeutung der Berliner Ausstellung hoch eingeschätzt, erkennbar an zahlreichen Besuchen, nicht nur durch Fachleute, sondern auch durch Politiker. Erfahrungen und Anmerkungen sind direkt in die städtebaulichen Diskussionen, so zum Beispiel zu den Planungen des Stadtparks und der Alsterkanalisierung, eingeflossen.

73 Schumacher: Städtebau (s. Anm. 10), S. 18.

74 Vgl.: Hipp: Hamburg (s. Anm. 22), S. 67.

75 Ockert: Schumacher (s. Anm. 59), S. 32.

76 Ockert: Schumacher (s. Anm. 59), S. 30.

77 Fritz Schumacher: Köln, Entwicklungsfragen einer Großstadt, München 1923, S. 294.

78 Ockert: Schumacher (s. Anm. 59), S. 995.

79 Schumacher: Nachlaß (s. Anm. 12), IV A 4, Protokoll über die 6. Sitzung der Senats- und Bürgerschaftskommission zur Vorbereitung von Maßnahmen zum Wiederaufbau..., 24. Juli 1917.

80 Schumacher: Nachlaß (s. Anm. 12), IV A 4, Protokoll über die 6. Sitzung der Senats- und Bürgerschaftskommission zur Vorbereitung von Maßnahmen zum Wiederaufbau..., 24. Juli 1917, S. 6.

81 Ockert: Schumacher (s. Anm. 59), S. 97.

82 Schumacher: Nachlaß (s. Anm. 12), IV B 4f, Referate zur Erweiterung des hamburgischen Staatsgebietes, 14. 2. 1919, S. 22 f.

83 Schumacher: Nachlaß (s. Anm. 12), IV B 4f, Referate zur Erweiterung des hamburgischen Staatsgebietes, 14. 2. 1919, S. 26.

84 Vgl.: Hans-Dieter Loose: Groß-Hamburg, Hansestadt oder Republik Niedersachsen? Territoriale Neuordnungspläne für Nordwestdeutschland in der Revolution 1918/19. In: Zeitschrift des Vereins für hamburgische Geschichte 66 (1980), S. 112.

85 Schumacher: Nachlaß (s. Anm. 12), XIII 8 (1), Großhamburg. Denkschrift des Hamburger Senats, September 1921, S. 38.

86 Schumacher: Nachlaß (s. Anm. 12), XIII 8 (1), Großhamburg. Denkschrift des Hamburger Senats, September 1921, S. 39 f.

87 Schumacher: Nachlaß (s. Anm. 12), IV C 1, Notizen von Schumacher: Bei Rückkehr aus Köln – Was wird aus dem Großhamburg-Gedanken?, 1923.

88 Vgl.: Werner Kallmorgen: Gedanken zu Fritz Schumachers Wirkung auf die Landesplanung in Norddeutschland. In: Jahrbuch Freie Akademie der Künste, 1969–1970, S. 100 f.

89 Schumacher: Nachlaß (s. Anm. 12), V A 5, Ausführungen des Oberbaudirektors Schumacher bei der ersten Sitzung des unterelbischen Landesplanungs-Ausschusses am 9. April 1929.

90 Christoph Timm: Gustav Oelsner und das neue Altona, Hamburg 1984, S. 104 ff.

91 Schumacher: Nachlaß (s. Anm. 12), XI B 14 (1), Briefwechsel von Fritz Schumacher sowie seiner Schwester Conny mit Gustav Oelsner, 1924–1948. Nach Schumachers vorzeitiger Pensionierung wird der Umgang der beiden Männer – in den ersten Jahren geprägt von achtungsvoller Distanz – immer persönlicher, noch aus dem türkischen Exil sorgte sich Oelsner um den väterlichen Freund (und versorgte ihn mit Carepaketen).

92 Vgl.: Hipp: Hamburg (s. Anm. 22), S. 102.

93 Rudolf Hierl: Erwin Gutkind, Basel 1992, S. 149 ff.

94 Vgl.: Fritz Schumacher: Von der Gliederung städtebaulicher Arbeit. In: Stadt- und Landesplanung Bremen, 1926–1930, Vorwort Karl Thalenhorst, Bremen 1931, S. 11–17. Sowie: Fritz Schumacher: Ziele des Generalsiedlungsplanes. In: Stadt- und Landesplanung Bremen, 1926–1930, Vorwort Karl Thalenhorst, Bremen 1931, S. 216–240.

95 Gustav Schiefler sandte Schumacher anläßlich der Großhamburg-Feier am 1. 4. 1937 Grüße und Blumen und gedachte Schumachers »unermüdlicher Arbeit für das jetzt erreichte Ziel«. Vgl.: Schumacher: Nachlaß (s. Anm. 12), V A 15, Brief von Carl Gustav Schiefler an den Oberbaudirektor, 1. 4. 1927.

96 Schumacher: Kleinwohnung (s. Anm. 3), S. 10.

97 Vgl.: Schumacher: Nachlaß (s. Anm. 12), IV C 1, Notizen von Schumacher: Bei Rückkehr aus Köln – Was wird aus dem Großhamburg-Gedanken?, 1923.

98 Schumacher: Städtebau (s. Anm. 10), S. 11.

Heinrich Stegemann, Bildnis
Fritz Schumacher, 1944

Maike Bruhns
## Fritz Schumachers Leben und Werk nach 1933

Fritz Schumacher wurde mit 63 Jahren aus dem Amt entlassen. Er erhielt am 3. Mai 1933 eine unkommentierte Mitteilung: »Der Senat beschließt den Übertritt des Oberbaudirektors Professor Dr. Ing. e. h. Dr. h. c. Dr. h. c. Fritz Schumacher in den Ruhestand.«[1] Schumachers Sturz wurde mitverursacht durch eine Eingabe des Architekten Konstanty Gutschow,[2] der forderte, die auf »eine bestimmte Konstellation bestimmter Persönlichkeiten« zugeschnittene Gliederung des Bauwesens umzugestalten, vor allem die Hochbaudirektion zu entmachten zugunsten der »eigentlichen Aufgabe der Baubehörde«, des Städtebaus.[3] Schumacher räumte das Feld nicht kampflos, sondern wies die Anschuldigungen einzeln entschieden zurück und warnte auch vor Konsequenzen der Gutschowschen Vorschläge. Ändern konnte er nichts mehr.[4] Bei der Entlassungsfeier am 5. Mai 1933 verabschiedete er sich herzlich von den Mitarbeitern und demonstrierte öffentlich Konsens mit dem neuen Staat: »Man wird es später einmal erkennen, daß der Weg, den ich Sie geführt habe, in meinem Beruf kein anderer ist, als der Weg, den das neue Deutschland einzuschlagen willens ist... Soweit unser Beruf dabei in Betracht kommt, liegt und lag unser Ziel in der Richtung, in der das deutsche Volk heute marschiert.« Er hatte seinen Nachfolger, Stadtbaurat Karl Koester aus Harburg, persönlich durchgesetzt: »Das ist für mich die Hauptsache, denn die schlimmsten Kandidaten preschten von allen Seiten heran.«[5] Mit einer letzten noblen Geste stellte er einen Teil seines Ruhegehalts jungen notleidenden Architekten zur Verfügung. Ein Schreiben an Staatsrat Rautenberg wegen Auslieferung seiner persönlichen Besitztümer in den Diensträumen schließt diesen Lebensabschnitt.[6]

Gegenüber seinem Bruder Hermann gab sich Schumacher in seinen Äußerungen offener, ein Brief vom 3. Mai 1933 ergänzt die Lücken und beleuchtet das Kesseltreiben: »Der Beschluß ist ohne ein Wort des Anstands gefaßt... Wie man mich in den letzten Wochen behandelt hat, ist heillos. Man wollte mich durchaus dazu bringen, selbst zu kündigen... Ich war ihnen höchst unbequem, da doch in den 14 Jahren nichts geleistet sein darf. Dann begann eine unanständige Lügen-Polemik in der Presse.«[7] Er nannte Verfälschung seiner Eröffnungsrede der Bauausstellung, Zuschreibung seiner Arbeiten an andere Dienststellen, Verfemung seiner Bauten als »Kultur-Bolschewismus«.

In der Tat hatte die Deutsche Bauhütte im Februar 1933 über das Krematorium auf dem Ohlsdorfer Friedhof geschrieben: »Im ganzen wirkt alles wie neue kommunistische Bauweise Moskauer Richtung mit der absoluten Unterdrückung jeder religiösen Neigung.«[8] Auf die Entlassung Schumachers reagierte die Presse einhellig respektvoll, jedoch mit bezeichnenden Artikulationsunterschieden: Die weniger gleichgeschaltete antwortete mit Bedauern auf den Verlust des »Führers« der Baubehörde;[9] die andere Seite sprach dreist von Rücktritt und freiwilliger Amtsniederlegung.[10]

Aus ganz Deutschland trafen teilnehmende Bekundungen ein, die dem jäh Gestürzten in dieser Situation einigen Halt bedeutet haben dürften.[11] Darunter befanden sich Schreiben von Leidensgenossen, die ähnliches erfahren hatten oder befürchten mußten, wie Paul de Chapeaurouge, Alexander Zinn, Oscar Gerson, aber auch solche, die trotz aller Vorbehalte gegen die Politik auf eine Zukunft mit Hitler hofften, wie Karl Groß. Unverhüllte Ironie und Galgenhumor kamen zum Ausdruck, und oft wurde auf den schmerzlichen Verlust für das Allgemeinwohl der Stadt Hamburg im Verbund mit Schumachers Verdiensten hingewiesen. Am

Ende folgte nicht selten ein Ausblick auf die Annehmlichkeiten der nunmehr gewonnenen Freiheit für andere Beschäftigungen.

Die Amtstätigkeit ließ ihn noch nicht gleich los: »Die Art, wie man von einem zum anderen Tage die immer noch recht verwickelten Fäden meines Amts abgeschnitten hat, hat noch vielerlei Abwicklungen aus der Ferne nötig gemacht, denn die Arbeit von 24 Jahren läßt sich nicht so plötzlich abstoppen.«[12]

Das Leben des Pensionierten ließ sich dann weniger beschaulich an als erwartet. Schumacher hielt laufend Vorträge, führte über Jahre ein aktives Reiseleben, soweit die Gesundheit es gestattete. Er verfolgte mit Interesse die weiteren Veränderungen im Hochbauwesen, in das er sich trotz Absetzung immer noch involviert fühlte. Als 1935 weitere Entlassungen alter Mitarbeiter folgten, kommentierte er: »Es scheint der Sieg einer lange vorbereiteten Kette von Intrigen. Ich war dieser Tage völlig zerschlagen. Man kann nur sagen: das arme Hamburg. Die Sache wird für seine Entwicklung die bösesten Folgen haben.«[13] Wie in diesen Fällen offenbar übereilt gehandelt worden war, versuchten auch in seinem Fall einflußreiche Personen wie Bürgermeister Carl Vincent Krogmann eine Art Wiedergutmachung: Schumacher wurde bei einem Bauprojekt an der Binnenalster zu Rate gezogen, bestand aber auf offiziellem Auftrag.[14] Später sollte er für die Reichsmarineverwaltung in Wilhelmshaven ein Gutachten über die Errichtung des Hauptgebäudes erstellen sowie den Bebauungsplan von Lüneburg begutachten.[15] Er nahm an Wettbewerben, Kongressen und Preisgerichten teil.[16] 1937 besichtigte er in München das neue ›Haus der Deutschen Kunst‹ und die Ausstellung *Entartete Kunst*: Diese zeige »vieles, dem man nie zugestimmt hat, daneben aber fast das ganze Werk eines Mannes wie Nolde. Da man in den gewählten Räumen, deren Wände gepflastert sind mit Bildern, kaum 2 Meter Abstand von den Werken gewinnen kann, ist ein Eindruck... unmöglich. Auch der alte Corinth, ein Lehmbruck und ein Barlach sind da, so daß die Gesellschaft recht gemischt ist. Traurig geht man hinaus.«[17] Seine Reaktionen auf den Kriegsanfang bezeugen, daß er die Situation exakt einschätzte.

Schumacher war zeitlebens gesundheitlich zart konstituiert.[18] Nach 1933 machten ihm Krankheiten zunehmend zu schaffen. Wegen eines Rückenleidens mußte er Ende 1942 sein Haus an der Alster 39 verkaufen, weil er nicht mehr Treppen steigen konnte; er »vererbte« es seinem jungen Kollegen und Freund Gerhard Langmaack zu einem Freundschaftspreis und zog in die Maria-Louisen-Straße 112, in eine »Etage« neben »meinem Johanneum, also auch nicht weit vom Stadtpark«.[19] Das Rückenleiden blieb und hinderte ihn selbst an einfachsten Reisen. Zu Vorträgen mußte er mit dem Auto gebracht werden.

Schumacher nutzte die ungewohnte Freizeit zu intensiver schriftstellerischer Tätigkeit. Vor 1933 hatte er offene oder getarnte Kampfschriften erscheinen lassen zur Durchsetzung seiner sozial- und kulturpolitischen Ziele,[20] nach der Entlassung erschienen nicht weniger als zwölf Bücher,[21] Zeugnisse immenser Schreibtätigkeit und Demonstration des allgemeinen Hintergrunds seiner architektonischen Arbeit, Erfahrungen und Einsichten, aufgrund derer er 1944 den Lessingpreis zuerkannt bekam. In diesen politisch unruhigen Jahren, die auch sein persönliches Leben aufs schwerste in Mitleidenschaft gezogen, schrieb Schumacher ein intellektuelles Werk, eine »private Ästhetik« mit der ungebrochenen Intention des Führens, Belehrens, Abrundens, zugleich ein Resümee seines bisherigen Wirkens.[22]

In der Bombennacht zum 30. Juli 1943 scheint Schumacher und seinen beiden unverheirateten, bei ihm lebenden Schwestern beinahe alles verloren: »Gleichzeitig gingen nicht nur meine liebsten Bauten, sondern auch alle meine Zeichnungen, Abbildungen, Manuskripte, Bücher usw. auch in der Baubehörde und in allen Bibliotheken in Flammen auf.«[23] Sie retteten sich mit drei Handkoffern. Der Arzt Dr. Hollenbach hatte sie zuvor abgeholt und nach Reinbek gebracht. Unterkunft fanden sie nach abenteuerlicher Reise in zwei möblierten Zimmern im Freundeshaus bei Magda Brauer in Lüneburg, das Schumacher 40 Jahre zuvor gebaut hatte. Seine apokalyptischen Erlebnisse im brennenden Hamburg schrieb er später nieder: »In die Möglichkeit, eines Tages ohne Heim, ohne den liebgewordenen, selbst entworfenen Hausrat, ohne Bilder und Bücher als Pilgersmann auf der Straße zu stehen, hatte ich mich schon so oft in Gedanken versetzt, daß ich mich in den Zustand, als er nun wirklich eintrat, nicht so gar schwer hineinfand. Aber ich hatte mir noch nie klar gemacht, daß ein Zustand kommen könnte, wo... auch alle Zeugnisse eines fünfzigjährigen Schaffens weggewischt wären. Und so war es jetzt.«[24]

Dennoch konnte Schumacher in den ersten Lüneburger Jahren Früchte seines Wirkens ernten: Schätzung, Hochachtung, Bewunderung, auch Verehrung, menschliche Zuneigung und Liebe wurden ihm unversehens zuteil – »der seiner Habe Beraubte, der Flüchtling und Schwerleidende, hatte die Weisheit erworben und – wohl auch – das Glück«.[25] Die Bewohner der Siedlung Langenhorn entsannen sich seiner und sandten eine Delegation nach Lüneburg, an ihrer Spitze Johannes Böse mit einer Mappe ›Griffelkunst‹.[26] Junge Architekten konsultierten ihn in beruflichen Fragen und ließen sich von seiner Persönlichkeit fesseln.[27] Ein großes Ereignis wurde der 75. Geburtstag im Jahre 1944. Friedrich Ahlers-Hestermann hatte sein Porträt[28] gemalt, und eine Welle offizieller Ehrungen überflutete ihn. Konstanty Gutschow reiste nach Lüneburg, überreichte ein Glückwunschschreiben von Reichsminister Speer mit einer Ehrengabe, ein Handschreiben des Gauleiters Kaufmann, Glückwünsche von Bürgermeister Krogmann. Die Schulverwaltung Hamburgs ehrte ihn: »...darf ich Ihnen danken für die hervorragende Leistung, die Sie durch die Erbauung so vieler vorbildlicher Schulhäuser für unsere Vaterstadt erfüllt haben.«[29] Eine Mappe mit Photos und Abbildungen des schulischen Lebens ergänzte die Anerkennung. Was Schumacher freute, war die Umbenennung der Schule Langenhorn in Fritz-Schumacher-Schule. »Neun Vertreter von allerlei öffentlichen Institutionen, Akademien etc. waren angereist, und es kam zu einer großen Feier, denn alle neun hielten eine Rede und verkündeten irgendeine Überraschung. Unter anderem kam von dem mir ganz unbekannten Reichsstatthalter ein großer Bücherschrank, der über 200 köstliche Bücher enthielt... Mein leeres Dasein ist seitdem so geworden, daß ich eine Leihbibliothek eröffnen könnte.« »Währenddessen rumorten draußen die Feindflieger: Bomben und Maschinengewehrfeuer von Tiefliegern. Wir ließen uns aber nicht stören, und die Schadenstellen lagen genügend entfernt, um das zu rechtfertigen...«[30]

Es gehört zu den Ambivalenzen in Schumachers Leben, daß er aus dem Amt entlassen, aber später wiederholt geehrt und gewürdigt wurde. Die Machthaber konnten seine Verdienste und die Erinnerung an seine integre Persönlichkeit nicht negieren, seine Bauten hielten sein Andenken gewärtig. Als die Zerstörungen einsetzten, begriffen sie, wessen sie sich fahrlässig entledigt hatten; die Verleihung des Lessingpreises am 22. Januar 1944 zeugt von neuer Zuwendung. In der Rede im Rathaus beschwor Schumacher die Baugeschichte Hamburgs, speziell die des Backsteins, und appellierte an die alte Kraft und den Aufbauwillen: »Hamburg muß wieder eine nordische Backstein-Stadt werden... Wohin dieser Lebensweg führt, können wir heute nicht wissen, aber die Richtung wissen wir, sie heißt: Vorwärts. So wird dieser Strom zum Symbol unserer Stadt, die niemals stolzer war, als in Zeiten der Prüfung und des Leidens.«[31] Diese Beschwörung war sein Vermächtnis an die Stadt, die er liebte.

Nach außen wahrte Schumacher – klug oder vorsichtig – wie bei der Entlassung den Schein der Loyalität. In seinen Büchern äußerte er sich moderat und objektiv. Nur Vertraute erfuhren seine wirkliches Denken über den NS-Staat. Tüngel berichtete von einem Gespräch im Jahre 1930, in dem Schumacher nach einer Versammlung mit Hitler äußerte: »Es war unbegreiflich, wie viele Bürger dieser Stadt sich dieses törichte Geschwätz anhörten und begeistert Beifall

Wohnhaus Fritz Schumacher, An der Alster 39, Hamburg

185

klatschten«. Der Bausenator in Altona, Architekt Gustav Oelsner, berichtete, wie Schumacher 1939 die Annahme der goldenen Goethe-Medaille verweigerte – angeblich lag er krank im Bett.[32] Später machte er sich auf den weiten Weg in die Agnesstraße zu Oelsner: »Sie haben es gelesen? – Was sollte ich tun? Sie wissen, daß ich aus diesen Händen das nicht annehmen wollte. Aber meine beiden Schwestern hätten es entgelten müssen. Verstehen Sie?« Seinem Bruder gegenüber konstatierte er zum Jahreswechsel 1938/39: »Dem Schicksal als Weltmacht hilflos gegenüberzustehen, ist ein Gefühl, das man demütig hinnimmt, – aber dem Schicksal als Erdenmacht hilflos hingegeben zu sein, ist schwer.« Conny Schumacher sprach ihre Empfindungen (gegenüber Oelsner) sehr viel direkter aus als der Bruder, dessen verhaltener Konsens mit ihr jedoch nicht in Zweifel zu ziehen ist.[33]

Zwei im Nachlaß befindliche maschinenschriftliche Zusammenstellungen enthalten rückschauend Schumachers Urteil über Nationalsozialismus und die »Schuldfrage« der Involvierten.[34] Es handelt sich um Entnazifizierungsaffären in Architektenkreisen, die nach Schumachers Ansicht seit jeher weniger auf politische als auf Berufsziele konzentriert waren.[35] Unter Klarstellung seiner persönlichen Integrität appellierte er an das Differenzierungsvermögen: »Derjenige, der diese Zeilen schreibt, ist von Anbeginn an ein ausgesprochener Gegner der Nationalsozialisten und Hitlers gewesen; er hat niemals daraus ein Hehl gemacht, auch Leitern der Partei gegenüber nicht; er hat niemals den Arm oder die Hand zur Ehrenbezeugung oder zum Gruß erhoben, auch nie den Hitler-Gruß[36] geschrieben. Er schreibt daher nicht in eigener Sache. Aber er schreibt im Dienst der Gesamtheit.« Schumacher verurteilte Nationalsozialisten, entschuldigte nicht das deutsche Volk: »... es hat die Folgen seiner verbrecherischen Mißregierung zu tragen und zu erleiden.« Aber er äußerte Bedenken gegen Pauschalverurteilungen, bemüht um Verständnis für menschliche Schwächen und die Verführung durch die Verhältnisse. Er verteidigte die 1933 guten Glaubens Eingetretenen, verwies auf das Verhaltensspektrum Opportunismus, Karrierismus und Macht: »... aber es gab auch andere, und zu ihnen gehörten die Besten unseres Berufs«, solche, die ihrem Land in ihrem Beruf dienen wollten, und die anderen, die »die unheilvolle Macht zu fördern oder sich selbst Vorteile zu verschaffen bestrebt waren«. Er, der selbst zu den Opfern zählte, appellierte an Ein- und Nachsicht. Schumachers Alter war weniger glücklich als einsam und leiderfüllt, Ahlers-Hestermanns Feststellung von Weisheit und Glück ist zu relativieren. Eine gesellige Lebensphase erlebte er zu Anfang der Hamburger Dienstzeit,[37] später erfolgten weiterhin Einladungen, doch ein gesellschaftlich belebtes Haus führte er kaum. Gesundheitliche Schwäche und die Anforderungen des Berufs zwangen ihn zu häufigem Verzicht: »Wir leben fast ganz ohne Geselligkeit und das ist wohl ganz gut, wenn es auch zur Folge hat, daß man sich in dieser Stadt sehr allein vorkommt.«[38] Nach der Entlassung klagte er: »Menschen sehe ich nur wenig und höre deshalb fast nichts von der Welt.«[39] Carl Albert Lange urteilte: »Dieser begnadete, allzeit Leben spendende Mann muß grenzenlos einsam gewesen sein«, er habe schon in seinem Haus zwischen seinen Büchern, Sammlungen und Plastiken wie ein Archivdirektor seiner selbst gewirkt, immer auf Abruf und bereit zum Empfang, bei aller Liebenswürdigkeit immer »ex cathedra«.[40]

Im einsamen Lüneburg wurden Freundschaften (lebens)wichtig, vor allem die mit Gustav Oelsner. Sie hatte schon 1924 begonnen mit Oelsners Wahl zum Oberbaudirektor von Altona. Die Beziehung blieb zunächst höflich respektvoll: Man sandte sich Literatur und äußerte sich daraufhin.[41] Schumacher lud Oelsner privat ein, und später, im Januar 1933, zur Besichtigung des Krematoriums in Ohlsdorf. In der wirren Zeit im März 1933 signalisierte er Vorsicht, um dann nach seiner Entlassung zum Kaffee zu bitten: »Ich habe ja jetzt Zeit.« 1939 verhalf er Oelsner in quasi letzter Minute zur Emigration in die Türkei, wo dieser als Professor der Akademie Ankara Schumacher-Ideen verbreitete. Ein intensiver

Briefwechsel – nach Schumachers Tod mit den Schwestern weitergeführt – gibt Aufschluß über dessen letzte Jahre.

Die Zerbombung seiner Bauten war die eigentliche Katastrophe in Schumachers Leben, sie ließ ihn gelegentlich alle Contenance vergessen und in zornige Klagen über die Verwüstung Hamburgs ausbrechen.[42] Das Alter machte ihn hilflos: »Für einen, der nicht kämpfen konnte, war sie (die Gegenwart) nur zu ertragen, wenn er stundenweise in andere Zeiten floh. Er entdeckte dabei, daß die schwere Periode nach dem Ersten Weltkriege noch eine Wärmequelle war gegenüber der eisigen Atmosphäre, die unsere Seelen am Ende des Zweiten Weltkrieges erstarren macht... Weh dem der Bauten schuf! ... Immer wieder und wieder erlebt man dieses Sterben eines geistigen Kindes. So kommt man innerlich nie zur Ruhe, denn immer noch hofft man auf die Gnade der Schonung, bis die Bombe wieder ein Werk erbarmungslos vernichtet... Wir merken jetzt erst ganz, wie reich wir waren. Gab es ein zweites Land, das so übersät war von schönen Städten?... Und das alles ist von überlegener Feindesmacht kaltblütig zerstört... Jedem, der ein Organ hat für die wunderhafte Kunst, die sich innerhalb einiger Jahrhunderte in den besten Bauten eines Volkes gesammelt hat, steigt heißer Zorn empor, wenn er verkünden hört, daß wir all das Zerstörte in drei Jahren weit schöner wieder aufbauen könnten...«[43]

Nach Kriegsende waren seine Erfahrungen weiterhin gefragt, er wurde als Berater in Hamburg, Lüneburg und München, aber auch in mancher anderen Stadt in Anspruch genommen. Noch Ende 1946 arbeitete er am Generalbebauungsplan für Lüneburg mit. Bis zuletzt setzte er sich für Freunde ein, versuchte zum Beispiel im Frühjahr 1946, Gustav Oelsner für die Leitung des Hamburger Hochbauwesens zu empfehlen.[44]

Das Projekt einer Monographie Fritz Schumachers, die die beiden, bereits erschienenen, Bände der *Staatsbauten* komplettieren sollte mit Darstellungen der seit 1921 entstandenen Bauten und städtebaulichen Arbeiten, einer Erfassung der literarischen Werke und einer objektiven Würdigung seiner Persönlichkeit in einem einleitenden Text, ließ sich nicht mehr verwirklichen.[45] Schumacher hatte es inständig betrieben und vorbereitet. Die Drucklegung nach seinem Tod kam aufgrund eines Dissenses über den Einleitungstext von Carl Albert Lange nicht zustande, den die Geschwister Schumachers ablehnten.[46]

Die letzten Lebensjahre wurden Schumacher durch körperliche Leiden und die Notzeit, die sie vertiefte, sehr erschwert. Aus dem Brauerschen Haus waren die Geschwister innerhalb Lüneburgs in eine Wohnung am Wilschenbrucker Weg 65 umgezogen. Schumacher befand sich 1946 im Rollstuhl, in zwei Zimmern »mit zwei altgewordenen Schwestern«, geistig zunächst noch ungebrochen aktiv. Hunger und Kälte machten ihnen schwer zu schaffen. Schumacher litt an Hautleiden der Beine, später des ganzen Körpers aufgrund der allgemeinen Mangelernährung. Sein Rückenwirbelleiden hatte sich als unheilbar herausgestellt. Im November 1946 ließ ihn medikamentöse Behandlung in Teilnahmslosigkeit versinken: »Zum ersten Mal, daß ich meinen Bruder vollkommen untätig und teilnahmslos sah, ein mich recht beunruhigendes Zeichen.«[47] Oelsner erschrak über diese Nachricht furchtbar: »Meine Gedanken gehen immer wieder zu diesem im Geistigen, in allem vornehmen Mann. Einen besseren gibt es für mich in ganz Deutschland nicht. Es ist ein tragisches Verhängnis, diese Mangelkrankheit. Hätte ich doch früher ein wenig helfen können.«[48] Er organisierte von der Türkei aus über seinen Bruder in New York Sendungen von Carepaketen an Schumachers, die nun regelmäßig eintrafen und für die er ausführliche Dankschreiben erhielt. Ab Februar 1947 lag Schumacher wieder im Krankenhaus, diesmal für zehn Wochen, »fast apathisch« mit Ekzemen am ganzen Körper. Oelsner versuchte, die nötigen Haferpräparate zu organisieren. Einige Wochen im Sommer 1947 fühlte Schumacher sich vorübergehend wohler, dann befiel ihn eine psychische Erkrankung, die eine Überweisung nach Hamburg in das Bethanienkrankenhaus erforderlich machte. Die letzten Briefe Conny Schumachers an Oelsner sind anrührende Dokumente des Sterbens unter schwerem Leiden und geistiger Verwirrung.[49] Fritz Schumacher starb am 5. November 1947. Zu der Trauerfeier in dem von ihm erbauten Krematorium am 10. November waren Max Brauer und Heinrich Landahl gekommen, Gerhard Langmaack und Staatsrat Rautenberg sprachen Freundesworte. Schumacher wurde neben Alfred Lichtwark im Ehrenhain des Ohlsdorfer Friedhofs beigesetzt. Am 7. Februar 1948 veranstaltete der Senat eine Gedächtnisfeier in der Musikhalle, zu der Friedrich Ahlers-Hestermann eine Gedächtnisrede hielt, feinsinnig und bewegend wie Oelsners unveröffentlichter Kondolenzbrief an Conny Schumacher.

Schumachers Bauten blieben nicht unversehrt: In der NS-Zeit erfolgten erste Veränderungen, später vielfach die Zerstörung durch den Krieg. Den Umbau der Stadthalle konnte Schumacher 1927 noch verhindern, nicht mehr den des Stadtpark-Cafés im Jahre 1934. Manche Bauten mußten wegen funktioneller Probleme verändert werden, zum Beispiel die Kapelle XIII in Ohlsdorf. Die Schulen bewährten sich jedoch als »Stätten fröhlichen Strebens und der Bewegungsfreiheit«.[50]

Als die englischen Bomben auch seine Bauten trafen, notierte er verzweifelt: »Die Bauten des Stadtparks und seine Anlagen sind verwüstet. Die Mönckebergstraße, die Platzgestaltung der Michaeliskirche, das Dulsberggebiet sind unkenntlich geworden. Kunstschule, Johanneum, Finanzgebäude, Tropeninstitut, Hauptfeuerwache sind Ruinen. Das Schwesternhaus in Eppendorf ist verschwunden, das Justizgebäude an seiner empfindlichsten Stelle getroffen.«[51] Stehengeblieben waren die Finanzdeputation, die Schule Ahrensburger Straße, das Lotsenhaus – so sein Fazit 1944. Die Bauten in Hammerbrook suchte er vergeblich, »sie sind verschwunden, als wären sie nie gewesen; und wo sie anderwärts noch in halbbenutzbarem Zustand bestehen, wendet man die Augen ab, so sind sie entstellt«.[52]

Die Kunstwerke teilten das Schicksal der Bauten, die Arbeiten der »Prominenten« wie des »regionalen Ensembles« wurden in großem Umfang zerstört. Nazi-Gewalttätigkeiten waren vorausgegangen: Noch 1933 wurde das Heine-Denkmal abgebrochen und später wahrscheinlich für Kriegszwecke eingeschmolzen.[53] Das Barlach-Denkmal an der Kleinen Alster war nie populär geworden. 1938/39 wurde es umgestaltet, nun zierte ein aufsteigender Seeadler von Ruwoldt die Stelle des vormaligen Mutter-Kind-Reliefs.[54] Auch Schumachers Optimismus hinsichtlich Funktion, Erhalt und Wertschätzung der Wandbilder sollte sich nicht erfüllen. Eine der ersten Aktionen Bürgermeister Krogmanns war die Verhängung der umstrittensten Wandbilder, später folgte die Übermalung der Werke der jüdischen Künstler. Von 24 Wandbildern existieren nach den kürzlichen Restaurierungen und Freilegungen heute noch acht, davon sechs unbeschädigt.[55] Vier Wandbilder fielen Bomben zum Opfer, die restlichen sechs Umbaumaßnahmen nach dem Krieg.[56] Weder hatten die Bilder auf die Dauer »Lebenskultur in die breiten Massen« bringen können, noch erfüllten sich Schumachers Hoffnungen hinsichtlich einer Wandbildtradition. Das Gros der 62 Brunnen in öffentlichen Gebäuden ist versiegt, manche abgerissen oder beschädigt, ihre Schöpfer sind vergessen. Kuöhls zerstörter Brunnen im Erweiterungsbau des Ziviljustizgebäudes wurde um 1985 von der Firma Wessely rekonstruiert. Heute erweisen sich die noch intakten alten Anlagen als aufwendig im Wasserverbrauch, der hohe Kalkgehalt setzt überdies die Röhren zu. Unterschiedlich war das Geschick der Freiplastiken: Der *Wasserspeier* von Haizmann wurde 1936 als »entartet« abgebrochen und in der Münchner Ausstellung gezeigt. Am Dulsberg geriet der Gemeinschaftsgedanke in Vergessenheit. Die Gartenplastiken wurden 1960 an den Rand versetzt, die Grünanlage in einen Rasen verwandelt, Gartenzäune gezogen und Minigärtchen installiert – Kleinbürgersinn verdrängte die »neue Zeit«.[57]

Was Schumacher 1943 als Apokalypse des eigenen Lebenswerks empfunden hatte, bewahrheitete sich nicht: Das Gros der Hamburger Bauten konnte nach 1945 rekonstruiert werden. »In vielen ausgebrannten Siedlungen des Hamburger Ostens waren sie merkwürdig verschont wirkende Überbleibsel in der Trümmerwüste, ein Ergebnis der soliden und modernen Bauweise.«[58] Die Schulbauten waren überwiegend unversehrt geblieben. Nach 1945 wurden die teilzerstörten Bauten ergänzt, teils mit seltsamen Komplettierungen, wie die ehemalige Kunstgewerbeschule durch Gustav Hassenpflug.[59] Manches wurde abgerissen, obgleich es restaurierbar gewesen wäre wie die Stadtpark-Bauten, von denen heute nur noch das Landhaus und die Trinkhalle existieren. Von Schumachers rund 130 Hamburger Bauten stehen heute noch etwa 90 Prozent, nur ein Teil im Originalzustand. Manches konnte verhindert werden, etwa der Plan, die Finanzdeputation durch ein zwölfgeschossiges Hochhaus zu ersetzen.[60]

Schumachers Ideen leben in seinen Bauten nach, ihre Wahrnehmung beginnt in unserer Zeit wieder stärker in den Blickpunkt zu rücken, nicht nur bei den Nutzern, sondern auch bei den Architekten, die seine Backstein-Tradition in Hamburg fortsetzen und die solide und handwerklich-künstlerische Ausstattung zu schätzen wissen.

Obwohl Schumacher zu den wichtigsten Architekten der Reformbewegung nach 1900 zählt, trotz seiner zahlreichen Publikationen und des umfangreichen Œuvres ist sein Wirken immer noch vorwiegend regional bekannt und dargestellt.[61] Viele Übersichtsdarstellungen des 20. Jahrhunderts führen ihn eher am Rande auf. Eine Ursache dafür liegt in der Verbindung von Tradition und Moderne, die er realisierte. Seine Bauten zeigen sich weder streng konservativ noch extrem progressiv. Nach dem Zweiten Weltkrieg stand die Moderne im Mittelpunkt des Interesses, Schumachers Baustil war ›unmodern‹ geworden. Er war ein moderater Backstein-Moderner gewesen, kein radikaler Bauhaus-Dogmatiker. Es fehlt auch das spektakuläre Einzelwerk, das offenbar nicht aufzuwiegen ist durch die Menge der sozialen Monumente und Staatsbauten, durch seine maßgebliche Beteiligung an der Gründung des »Werkbunds«, seine architekturtheoretischen Schriften, seinen Einfluß auf die Stadt- und Landesplanung sowie die architektonische Gestaltung Hamburgs.

Unangefochten steht am Ende Respekt vor dem sendungsbewußten Fritz Schumacher, der in seiner Zeit Großes verrichtete, ein »geistig wacher, vielseitig talentierter, kritisch beobachtender Mann, ein hervorragender Architekt und ein gescheiter, menschenfreundlicher Städtebauer«.[62] Carl Georg Heises Bemerkung hat an Aktualität nichts verloren: »Hamburg darf stolz darauf sein, diesem reichen Geist die Möglichkeit breitester Auswirkung gegeben zu haben, und dankbar dafür, daß er ihm die Treue gehalten hat.«[63]

## Anmerkungen

1   SUB Hamburg, Nachlaß Fritz Schumacher VIII E 2a. »Erreichen der Altersgrenze« wurde auch 1937 beschönigend auf eine Anfrage des Reichsministers für Wissenschaft, Erziehung und Volksbildung Berlin angegeben. Staatsarchiv Hamburg Senatskanzlei C 445 Personalakte.

2   Die Rolle Gutschows in dieser Affäre ist eindeutig nachweisbar, sein Aufstieg in der NS-Zeit in Hamburg dokumentiert. Weniger erklärlich ist der spätere Umgang Schumachers und Gutschows. Schumacher las im März 1943 in der Bauverwaltung in einer Gutschow-Veranstaltung aus »Die Sprache der Kunst«. Gutschow überbrachte 1944 die Ehrungen und Grüße zum 75. Geburtstag, er befaßte sich mit der Publikation »Aus dem Schaffen Fritz Schumachers«, übergab dann den Bestand im März 1946 der SUB. Werner Kayser: Fritz Schumacher. Architekt und Städtebauer. Eine Bibliographie. Hamburg 1984, S. 15.

3   Umgestaltung der Baubehörde, 15. 4. 1933. Das Gutschow-Papier steht in Zusammenhang mit der Bau-Ausstellung in Hamburg (8.–23. 4. 1933) und Schumachers Ausführungen über die großstädtische Siedlungsbewegung und Befürwortung privater Bauträgerschaft. Hamburger Nachrichten, 8. 4. 1933. Schumacher: Nachlaß (s. Anm. 1), V A 10, VIII E 2 (4), XI B 14 (14).

4   Vgl. Schumachers Stellungnahme, in der er Gutschow direkt angreift, Schumacher: Nachlaß (s. Anm. 1), VIII E 2 (5). Mit Schumacher verloren auch Baurat Richard Tüngel und Oberbaurat Emil Maetzel ihre Positionen. Später schreibt Schumacher, sein Abgang sei durch Vertrauensverlust der neuen Regierung verursacht. Fritz Schumacher: »Der unpolitische Baudirektor und die Politik«. In: Selbstgespräche. Erinnerungen und Betrachtungen, Hamburg 1949, S. 90.

5   Fritz Schumacher an Hermann Schumacher am 3. 5. 1933. Germanisches Nationalmuseum Nürnberg, Nachlaß Fritz Schumacher.

6   Schumacher bittet um Auslieferung von Büchern, Mappenwerken, einem Ölgemälde, einer Mappe mit Kunstblättern, »die ich Hamburger Künstlern abgekauft habe«, Mappen mit Zeichnungen aus der Hamburger und »Vorhamburger« Zeit, Photovergrößerungen auf eigene Kosten, gerahmten Entwürfen von Kriegsgedächtnismalen, Schriftwechsel mit »Akademien, denen ich angehöre,« usw.

7   An Hermann Schumacher (s. Anm. 5). Ähnlich offen spricht ein Schreiben an den »lieben Dr.«. Deutsche Bauzeitung, Nachlaß (s. Anm. 1), VI E 1: »Die Machenschaften der verschiedensten Gegner waren groß.«

8   Deutsche Bauhütte, Februar 1933, S. 55. Auch später folgten Verleumdungen in der Tagespresse: Hamburger Tageblatt, 28. 4. 1933: K. M. B.: Siedlungspolitik.

9   Am 4. 5. 1933 erfolgte eine unkommentierte Meldung in: Fremdenblatt, Anzeiger, 8-Uhr-Abendblatt, Hamburger Nachrichten. Am 6. 5. 1933 würdigte Pauli im Hamburger Fremdenblatt die Verdienste Schumachers um die Entwicklung der Kunst in Hamburg, um Bewahrung der Tradition und Verbindung mit neuen Bestrebungen. Der Hamburgische Correspondent äußerte sybillinisch: »Man geht wohl nicht fehl in der Annahme, daß der jetzt vollzogene Machtwechsel nicht nur persönliche, sondern vor allem grundsätzliche Bedeutung hat.«

10   Der »Kampfbund der Deutschen Architekten und Ingenieure Ortsgruppe Hamburg« sprach in den Hamburger Nachrichten am 5. 5. 1933 von anderen Wegen künftiger Entwicklung in Hamburg und Schumachers freiwilligen Konsequenzen daraus, entsprechend das Hamburger Tageblatt. Daß Schumacher 1933 seinen Posten »freiwillig« räumte, wird auch heute noch in der Literatur kolportiert: Tilmann Stockhausen: Die Kulturwissenschaftliche Bibliothek Warburg, Hamburg 1992, S. 59.

11   Im Nachlaß (s. Anm. 1), VIII E 1, XI B 2 befinden sich Schreiben von: Arntz, Marianne Brockhaus, Paul de Chapeaurouge, Oscar Gerson, Ernst Goeck, Carl Götze, Eduard Gildemeister, Karl Groß, Wilhelm Groß, Cornelius Gurlitt, Wilhelm Hertz, Walter Hinsch, Heye, Fidus, J. Iken, Karl Koester, Fritz Saxl und Gertrud Bing, Emil Maetzel, Mannshardt, Werner von Melle, Gustav Schiefler, M.M.Warburg, Alexander Zinn. Schumachers Briefwechsel mit Zinn befindet sich im Staatsarchiv Hamburg.

12   Schumacher an Schiefler am 14. 5. 1933. Schiefler-Nachlaß, vorläufiger Standort: Staatsarchiv Hamburg, lose Briefe.

13   An Hermann Schumacher am 4. 12. 1935 (s. Anm. 5).

14   Brief an Hermann vom 29. 1. 1936 (s. Anm. 5).

15   Briefe an Hermann vom 21. 2.; 5. 3.; 13. 3. 1936 (s. Anm. 5).

16   In den Briefen an Hermann erwähnt Schumacher den Reichsbank-Wettbewerb in Berlin im Mai 1933, den Kongreß »Akademie für Bauforschung« am 13. 6. 1936, ein Preisgericht in Chemnitz am 22. 7. 1936, die Leitung der Sitzung Akademie für Städtebau in Bremen und zwei Preisgerichte am 5. 11. 1938.

17   Brief an Hermann vom 19. 8. 1937 (s. Anm. 5).

18   Krankheiten überfielen ihn in den Ferien, Kuraufenthalte waren immer wieder erforderlich. Nach der Kölner Periode war er zu monatelangem Liegen verurteilt, es blieben Rückenschwäche und Schwierigkeiten beim Laufen: »Ich kann von unserer Wohnung mit genauer Not bis zu Kunsthalle kommen.« An Hermann am 30. 12. 1924 und 4. 3. 1925 (s. Anm. 5). Otto Thämer berichtete dagegen, daß Schumacher beweglich und seinen Mitarbeitern bei Besuchen der Baustelle immer einige Schritte voraus gewesen sei.

19   Schumacher: Selbstgespräche (s. Anm. 4), S. 153 ff. Stockhausen: Bibliothek Warburg (s. Anm. 10), S. 59.

20   Darunter: Das Wesen des neuzeitlichen Backsteinbaues (1919), Zukunftsfragen an der Unterelbe (1927), Hamburger Staatsbauten II (1921). In Hamburg entstanden allein 26 Publikationen.

21   Darunter: Stufen des Lebens (1935), Rundblicke (1936), Strömungen in deutscher Baukunst seit 1800 (1935), Die Sprache der Kunst (1942), Lesebuch für Baumeister (1944).

22   Rezension Kurt Dingelstedts in der Deutschen Literaturzeitung vom 26. 9. 1943 über *Sprache der Kunst*. In: Schumacher: Nachlaß (s. Anm. 1), IX A 11.

23   Schumacher an Oelsner am 23. 6. 1946. Schumacher: Nachlaß (s. Anm. 1), X B 27, XI B 14 (31). Selbstgespräche (s. Anm. 4), S. 263. Kayser: Bibliographie (s. Anm. 2), S. 15.

24   Schumacher: Selbstgespräche (s. Anm. 4), S. 263 ff.

25   Friedrich Ahlers-Hestermann: Rede anläßlich der Fritz-Schumacher-Feier des Senats am 7. 2. 1948.

26   Die »Griffelkunst«-Vereinigung war 1925 von dem Langenhorner Volksschullehrer Johannes Böse mit kunstpädagogischem Ziel gegründet worden. Sie bot den Mitgliedern für geringes Entgelt Originalgraphik an. Sitz war die Langenhorner Schumacher-Schule. Schumacher war mit Böse gut bekannt.

27   So Joachim Matthaei, dem Schumacher 1944 von seinen Begegnungen mit Barlach und dem Ehrenmal berichtete. Schumacher: Nachlaß (s. Anm. 1), X A 6 (5).

28   Das Bildnis wurde der Fritz-Schumacher-Schule Langenhorn übereignet. Schumacher hängte sich ein Photo davon in sein Zimmer.

29   Schumacher: Nachlaß (s. Anm. 1), X A 10 (4).

30   Schumacher: Nachlaß (s. Anm. 1), XI B 41. Zwei Briefe an Ahlers-Hestermann am 10. 11. 1944 und 1. 1. 1945.

31  Fritz Schumacher: Ausführungen bei der Verleihung des Lessingpreises der Hansestadt Hamburg am 22. 11. 1944.

32  Schumacher: Nachlaß (s. Anm. 1), X A 15.

33  Schumacher: Nachlaß (s. Anm. 1), XI B 14.

34  Eine besitzt nicht weniger als acht, die andere drei Seiten Umfang. In der Tendenz gleichen sie den zeittypischen »Persilscheinen«. Schumacher: Nachlaß (s. Anm. 1), IX B 12, XII A 8b, B 13.

35  Vermutlich handelt es sich um ein Entlastungsschreiben für Gerhard Langmaack, der 1934 Vertreter der Reichskammer der bildenden Künste in Hamburg, nach zwei Jahren wegen seiner Weigerung, in die Partei einzutreten, jedoch abgesetzt wurde. Nach 1945 wurde er Leiter der Baubehörde, aufgrund einer Denunziation wegen der früheren NS-Tätigkeit von der Militärregierung abgesetzt. Schumacher verwendete sich für seinen Freund. Gespräch mit Dieter Langmaack am 13. 2. 1994.

36  Eine der typischen Schumacher-Stilisierungen: verschiedene Schreiben an offizielle Stellen enden mit »Heil Hitler«.

37  Fritz an Hermann Schumacher am 12. 2. 1911: »Jetzt gibt's aber sehr viele Einladungen. Sie zeigen, wie freundlich man noch immer mit mir zu sein versucht« (s. Anm. 5).

38  »Aber ein Mensch, der nicht gehen und stehen kann ... kann keine Kongresse mitmachen« – Brief an Hermann vom 4. 3. 1925 (s. Anm. 5).

39  Brief an Hermann vom 12. 2. 1935 (s. Anm. 5).

40  SUB Hamburg, Nachlaß Carl Albert Lange.

41  1924 erwähnt Schumacher Lessing, Victor Hugo, das »Bremer Lesebuch«; er übersandte die eigenen Schriften, ferner Wasmuths Lexikon der Baukunst (1931), erhielt Duhamel, Noack, Le Corbusier, Ortega y Gasset, Spengler, Diderot (1933), Angelus Silesius, Lichtenberg (1934), Keller, die Manessische Handschrift, Pinder usw.

42  »Im allgemeinen bin ich an meinen Schreibtisch gefesselt und suche dort nach einer schweren Katastrophe, die auch mein übriges Leben gründlich umgestaltet hat, wieder zu vernünftiger Arbeit zu kommen.« Brief an Oelsner vom 26. 3. 1944 (s. Anm. 23).

43  Schumacher: Selbstgespräche (s. Anm. 4), S. 304.

44  Brief an Oelsner vom 27. 10. 1946 (s. Anm. 23). Diese Vermittlung über die Militärbehörde war nicht zu realisieren, Oelsner schrieb später, er habe aus Hamburg nie eine Nachricht in dieser Sache erhalten.

45  Schumacher: Nachlaß (s. Anm. 1), XC1. Die Photos der Gebrüder Dransfeld waren angefertigt, die Tiefdruckplatten fertiggestellt, das Layout vorbereitet, der Text Carl Albert Langes teilhonoriert. Durch Kriegseinwirkung stoppte das Projekt. Nachlaß Lange (s. Anm. 40).

46  Schumacher hatte Ahlers-Hestermann um die Einleitung gebeten, doch wegen dessen Berliner Domizil Lange gewählt. Über dessen 1948 beendeten Text entstand ein aktenfüllender Rechtsstreit der Erben Schumachers mit dem Broschek-Verlag und dem Autor. Conny und Hermann Schumacher zeigten sich befremdet über den Umfang des Textes und den »erdenfernen Schwung« des Autors, intern nannten sie dessen blumigen, hymnischen Stil bombastisch oder schwulstig.

47  Conny Schumacher an Oelsner am 19. 11. 1946 (s. Anm. 23). Schumacher lag wochenlang im Lüneburger Krankenhaus.

48  Brief an Conny Schumacher vom 17. 12. 1946 (s. Anm. 23).

49  Den letzten Brief schrieb Schumacher am 16. 9. 1947 an Oelsner, seine Handschrift war klein und schwunglos geworden. Die Freunde hatten zuletzt zum »Du« gefunden.

50  Brigitte Berndts: Was ich Fritz Schumacher danke. In: Hamburger Freie Presse, 4. 2. 1948. Schumacher: Nachlaß (s. Anm. 1), X A 17.

51  Schumacher: Selbstgespräche (s. Anm. 4), S. 305.

52  Schumacher: Selbstgespräche (s. Anm. 4), S. 275.

53  Nach einem Beschluß der Stadt vom 8. 8. 1933 ohne Bedenken auf Eigentumsrechte Lederers. Staatsarchiv Hamburg, Baudeputation B 1904.

54  Maike Bruhns: Entwicklung und Gefährdung eines Œuvres. In: Hans Martin Ruwoldt, Hamburg 1991.

55  Bargheer: Gorch-Fock-Halle, Thämer: Veddel und Schaudinnsweg. Das Orpheusbild von Rée; Wohlwills, Löwengards, Stegemanns, Neschs (und Fiedlers) Bilder.

56  Sie wurden erst seit 1986 in den Bestand des Denkmalschutzamtes aufgenommen und restauriert, bis zu dieser Zeit gingen die Zuständigen beliebig mit den Kunstwerken um.

57  Ausstellungskatalog »Von sozialistischer Hoffnung zur Kleinbürgerwelt«. Hochschule für bildende Künste Hamburg 1980.

58  Hermann Hipp: Fritz Schumachers Hamburg. Die reformierte Großstadt. In: Vittorio M. Lampugnani und Romana Schneider (Hrsg.): Moderne Architektur in Deutschland 1900 bis 1950. Reform und Tradition, Stuttgart 1992, S. 174.

59  Manfred F. Fischer: Fritz Schumacher. Hamburg 1977, S. 47.

60  Silva Pita: Die Finanzdeputation am Gänsemarkt. Unveröffentlichte Studienarbeit, Seminar Fritz Schumacher, HfbK Hamburg.

61  Siehe dazu die Veröffentlichungen von Hipp, Fischer, Kayser, Kallmorgen u. a.

62  Manfred Sack: Ein Mann sieht rot. In: Merian Hamburg, 10. Jg., XLI.

63  Carl Georg Heise: Nachruf auf Fritz Schumacher. In: Hamburger Allgemeine, 7. 11. 1947.

# Kommentiertes Verzeichnis der Werke Fritz Schumachers

## Autoren

Das Werkverzeichnis wurde im wesentlichen von **Dieter Schädel** verfaßt.

Außerdem haben folgende Personen daran mitgearbeitet:

**Werner Heinen** verfaßte die Texte zu den Werknummern 209, 223 und 225.

**Jörn-Hanno Hendrich** verfaßte die Texte zu den Werknummern 2–7, 10, 16, 18, 19, 23, 24, 25, 34, 36, 46, 48, 56, 75, 82, 84, 86, 88 und 103.

**Barbara Scharf** verfaßte die Texte zu den Werknummern 21, 42, 43, 44, 49, 61, 63, 65.3, 65.4, 66, 67, 69, 71–74, 77–80, 90–96, 99, 101, 102, 106–111, 136, 137, 164, 173, 204, 206, 218, 219, 227 und 315.

**Wolfgang Voigt** verfaßte die Texte zu den Werknummern 12, 98, 114, 116, 126, 130, 141, 140.4, 142, 143, 145, 157, 159, 163, 166, 174, 175, 184, 200, 205, 211, 212, 215, 222, 237, 241, 243, 252, 258, 272, 275, 276, 280, 294 und 301.

**Christian Weller** verfaßte die Texte zu den Werknummern 26, 29, 34, 104, 210, 220 und 314.

**Maike Bruhns** stellte die Angaben zur künstlerischen Ausstattung der Bauten zusammen.

## Vorbemerkung

Das Werkverzeichnis gibt in der vorliegenden Form lediglich einen Forschungsstand wieder, der durch künftige Arbeiten über Fritz Schumacher Ergänzungen und Korrekturen erfahren wird. Informationen bitten wir an folgende Adresse weiterzugeben:
Hamburgisches Architekturarchiv
Bramfelder Straße 138
22305 Hamburg

Problematisch ist in manchen Fällen die Zuschreibung von Werken. Das gilt sowohl für einige frühe Arbeiten, bei denen der eigentliche selbständige Beitrag Schumachers noch weiter erforscht werden muß, als auch für seine Tätigkeit als Leiter des Hamburger Hochbauamtes, während der er für alle Bauten seiner Behörde verantwortlich zeichnete. Im vorliegenden Werkverzeichnis werden nur solche Projekte aufgeführt, bei denen die persönliche Gestaltung durch Schumacher belegbar ist. Für die meisten Bauten, die Schumacher geplant hat, entwarf er einen großen Teil der Inneneinrichtung. In diesem Zusammenhang entstandene Möbelstücke, Lampen und so weiter wurden hier ebensowenig als einzelne Werke erfaßt wie Einzelbauten im Rahmen komplexer Gesamtplanungen. Für ein Verzeichnis der literarischen Werke sei auf die Schumacher-Bibliographie von Werner Kayser verwiesen. Bei der zeitlichen Einordnung der einzelnen Werke wurde, sofern datiertes Planmaterial nicht vollständig vorlag, zurückgegriffen auf Veröffentlichungen in Fachzeitschriften und Äußerungen Schumachers in seinen Lebenserinnerungen. Entsprechend konnte die Datierung zum Teil nur recht grob angegeben werden.

Als wichtigste Primärquelle für seine Hamburger Tätigkeit wurden die Schumacher-Bestände der Baubehörde, des Staatsarchivs und der Staats- und Universitätsbibliothek der Hansestadt ausgewertet. Bei den Sekundärquellen stützen sich die Angaben auf die grundlegende Arbeit von Werner Kayser (Werner Kayser: Fritz Schumacher. Architekt und Städtebauer. Eine Bibliographie. Hamburg 1984). Wertvolle Vorarbeit hat auch Jörn-Hanno Hendrich geleistet, der in einer Studienarbeit an der Hochschule für bildende Künste Hamburg Material über das Frühwerk Schumachers zusammentrug.

Das kommentierte Verzeichnis stellt die Werke Schumachers in chronologischer Reihenfolge vor. Die einzelnen Nummern bauen sich wie folgt auf:

Die Objektbezeichnung führt in der Regel den ursprünglichen und den heutigen Namen auf und ist gegebenenfalls mit zusätzlichen Angaben versehen.
Die Belegenheit gibt den Standort, soweit dies zu ermitteln war, unter seiner heutigen Bezeichnung an.
Bei dem Auftraggeber hingegen ist jeweils der damalige Name genannt; lediglich bei den Hamburger Staatsbauten erfolgte eine Vereinheitlichung der Angabe auf »Freie und Hansestadt Hamburg«, obwohl vor 1918 die offizielle Bezeichnung »Freie Stadt Hamburg« lautete.
Bei der Datierung wurde bei realisierten Bauten angestrebt, die Zeitspanne vom Beginn der konkreten Ausführungsplanungen bis zur endgültigen Fertigstellung anzugeben.
In die Beschreibung ist der Hinweis auf die Zerstörung oder gravierende Veränderung eines Bauwerks aufgenommen; sofern in der Hamburger Zeit von der Festlegung auf Backstein als Baumaterial abgewichen wird, ist dies gesondert vermerkt.
Bei der Angabe von Quellen wurde der Schwerpunkt auf Artikel in zeitgenössischen Fachzeitschriften gelegt. Häufig erwähnte Schriften werden nach dem unten anschließenden Abkürzungsverzeichnis zitiert.

## Abgekürzt zitierte Quellen

**Baubehörde, Bestand Schumacher**
Hamburg, Baubehörde, Bestand Fritz
Schumacher

**StaH, Schumacher-Nachlaß**
Hamburg, Staatsarchiv, Nachlaß Fritz
Schumacher

**SUB, Schumacher-Nachlaß**
Hamburg, Staats- und Universitätsbibliothek,
Nachlaß Fritz Schumacher

**Aust: Ohlsdorf**
Alfred Aust: Der Ohlsdorfer Friedhof. Aus
dem Leben verdienter Hamburger. Hamburg
1964

**Fischer: Schumacher**
Manfred F. Fischer: Fritz Schumacher. Das
Hamburger Stadtbild und die Denkmalpflege.
Hamburg 1977

**Freitag: Ohlsdorf**
Hans-Günther Freitag: Von Mönckeberg bis
Hagenbeck. Ein Wegweiser zu denkwürdigen
Grabstätten auf dem Ohlsdorfer Friedhof.
Hamburg 1973

**Harms, Schubert: Wohnen**
Hans Harms, Dirk Schubert: Wohnen
in Hamburg – ein Stadtführer zu 111 ausgewählten Beispielen (Stadt, Planung,
Geschichte, Bd. 11). Hamburg 1989

**Hbg. u. s. Bauten 1914**
Hamburg und seine Bauten. Hrsg. vom
Architekten- und Ingenieur-Verein zu
Hamburg. 2 Bde. Hamburg 1914

**Hbg. u. s. Bauten 1918/29**
Hamburg und seine Bauten. Hrsg. vom
Architekten- und Ingenieur-Verein zu
Hamburg. Hamburg 1929

**Hbg. u. s. Bauten 1929/53**
Hamburg und seine Bauten. Hrsg. vom
Architekten- und Ingenieur-Verein Hamburg
e.V. Hamburg 1953

**Hendrich**
Jörn-Hanno Hendrich: Fritz Schumacher
1893–1909. Ein Architekt zwischen »Tradition
und Neuschaffen«. Hamburg 1991 (Manu-
skript).
(Die angegebenen Nummern betreffen das
Verzeichnis der frühen Werke Schumachers im
Anhang der Arbeit.)

**Henker: Grabmalskunst 4**
Karl Richard Henker (Hrsg.): Grabmalskunst.
Vierte Folge. Eine Sammlung von Meister-
werken erschaffen zum Gedächtnis der Toten
von Künstlern unserer Tage. Berlin (1908)

**Henker: Grabmalskunst 5**
Karl Richard Henker (Hrsg.): Grabmalskunst.
Fünfte Folge. Eine Sammlung von Meister-
werken erschaffen zum Gedächtnis der Toten
von Künstlern unserer Tage. Berlin (1913)

**Henker: Grabmalskunst 6**
Karl Richard Henker (Hrsg.): Grabmalskunst.
Sechste Folge. Eine Sammlung von Meister-
werken erschaffen zum Gedächtnis der Toten
von Künstlern unserer Tage. Berlin (1914)

**Hipp: Hamburg**
Hermann Hipp: Freie und Hansestadt
Hamburg. Geschichte, Kultur und Stadtbau-
kunst an Elbe und Alster. Köln 1989

**Hipp: Wohnstadt**
Hermann Hipp: Wohnstadt Hamburg. Mietshäuser der zwanziger Jahre zwischen Inflation
und Weltwirtschaftskrise. Hamburg 1982

**Leisner, Schulze, Thormann:
Hauptfriedhof Ohlsdorf**
Barbara Leisner, Heiko K. L. Schulze, Ellen
Thormann: Der Hamburger Hauptfriedhof
Ohlsdorf. Geschichte und Grabmäler. Bearb. v.
Andreas von Rauch. 2 Bde. Hamburg 1990

**Leisner, Schoenfeld: Ohlsdorf-Führer**
Barbara Leisner, Helmut Schoenfeld: Der
Ohlsdorf-Führer. Spaziergänge über den
größten Friedhof Europas. Hrsg. v. Landes-
betrieb Friedhöfe. Hamburg 1993

**Nicolaisen: Studien**
Dörte Nicolaisen: Studien zur Architektur in
Hamburg 1910–1930. Phil. Diss. München
1974 (Manuskript)

**Ockert: Schumacher**
Erwin Ockert: Fritz Schumacher.
Sein Schaffen als Städtebauer und Landes-
planer. Tübingen 1950

**Schäfer: Staatsbauten**
Karl Schäfer (Hrsg.): Hamburger Staatsbauten
von Fritz Schumacher. 2 Bde. Berlin 1919,
1921

**Schumacher: Kleinwohnung**
Fritz Schumacher: Die Kleinwohnung.
Studien zur Wohnungsfrage. Leipzig 1917

**Schumacher: Kriegs-Gedächtnis-Male**
Fritz Schumacher: Kriegs-Gedächtnis-Male.
Praktische Studien. Darmstadt 1916 (Sonderdruck aus: Deutsche Kunst und Dekoration 19
(1916), S. 335–351)

**Schumacher: Schultypus**
Fritz Schumacher: Ein neuer Schultypus für
Hamburg. In: Deutsche Bauzeitung 62 (1928),
S. 621–628

**Schumacher: Selbstgespräche**
Fritz Schumacher: Selbstgespräche. Erinnerungen und Betrachtungen. Hamburg (1949)

**Schumacher: Stufen**
Fritz Schumacher: Stufen des Lebens. Erinnerungen eines Baumeisters. Stuttgart, Berlin
1935

**Schumacher: Volkspark**
Fritz Schumacher: Ein Volkspark. Dargestellt
am Hamburger Stadtpark. München 1928

**Schumacher: Wandlungen**
Fritz Schumacher: Wandlungen im
Bühnenbild. Hamburg (1948)

**Schumacher: Wohnstadt**
Fritz Schumacher: Das Werden einer Wohnstadt. Bilder vom neuen Hamburg. Hamburg
1932

**Willich: Schumacher**
Hans Willich: Grabdenkmäler von Fritz Schu-
macher. In: Dekorative Kunst 16 (1908),
S. 303–309

**1**

**Innenausstattung des Dampfers »Elbe«**
Mitarbeit
Bremen
1892

In den Semesterferien 1891/92 arbeitete
Schumacher bei dem Bremer Architekten
Johann Georg Poppe an der Planung der Innenausstattung des Lloyddampfers *Elbe* mit, die
später von der Mainzer Firma Bembe ausgeführt wurde. Es war seine erste praktische
Tätigkeit in einem Architekturbüro. Von Schumacher existiert der Entwurf für eine Damen-
kabine.

Quellen: SUB, Schumacher-Nachlaß;
Schumacher: Stufen, S. 117; Hendrich, Nr. 1.

**2**

**Renovierung und Innenausstattung von
Schloß Prösels**
Blumenau/Südtirol
Auftraggeber: Alexander Günther
1893

Im Hochsommer 1893 erhielt Schumacher
vom Besitzer der Burg, Alexander Günther
(1840–1926), den Auftrag, einen Gebäude-
flügel und den daran anschließenden Turm
wieder aufzubauen. Zusätzlich zu kleineren
Umbauten und Ergänzungen der Bausubstanz
(Erker, Treppen, Terrassen) richtete Schumacher in dem wiedererrichteten Schloßflügel
einen neuen Festsaal ein. Er entwarf einen
eingeschossigen, holzgetäfelten Saal mit einer
hölzernen Tonnendecke und einem zweigeschossigen Einbau mit Wendeltreppe zur
Erschließung des Turmes. Die Arbeiten
wurden von regional ansässigen Handwerkern
ausgeführt. Für die Malereien im Burghof und
an den Terrassen beauftragte der Bauherr den
Münchener Bildhauer Balthasar Schmitt.

Quellen: SUB, Schumacher-Nachlaß;
Schumacher: Stufen, S. 137–143; Manfred F.
Fischer: Fritz Schumacher auf Schloß Prösels –
ein Jugendwerk. In: Der Schlern 67 (1993),
H. 11, S. 765–772.

**3**

**Bayerisches Nationalmuseum München**
Mitarbeit an der Ausführungsplanung
München, Prinzregentenstraße 3
1893

Im Oktober 1893 wurde Schumacher von
Gabriel von Seidl zur Bearbeitung des gewonnenen Wettbewerbes des Bayerischen Nationalmuseums angestellt. Schumacher hatte bereits
bei der Ausarbeitung des Wettbewerbes in von
Seidls Atelier gearbeitet. Damals beschränkte
sich seine Tätigkeit auf die Durcharbeitung der
Schnittzeichnungen, jetzt baute er daneben
auch ein großes Präsentationsmodell der
endgültigen Fassung. Die Grundsteinlegung
fand am 17. November 1894 statt, die offizielle
Eröffnung des Museums am 29. September
1900.

Quellen: Schumacher: Stufen, S. 136f.,
S. 143–150; Deutsche Bauzeitung 34 (1900),
S. 489ff.; Deutsche Bauzeitung 28 (1894),
Nr. 16, S. 89–91, 97f.; Hendrich, Nr. 3, Nr. 5.

**4**

**Umbau eines Hauses am Gardasee**
Gardone/Italien
Auftraggeber: Alexander Günther
1893

Im Dezember 1893 erhielt Schumacher von
Alexander Günther aus Gardone die Auffor-
derung, sich dessen neuerworbenes Haus anzu-
sehen. Schumacher folgte diesem Ruf und
erstellte selbständig ein Aufmaß des Bestandes.
Die ersten Entwurfsskizzen sahen einen
kompletten Umbau und die Erweiterung eines
Gebäudeflügels mit Nebenräumen vor. Im
Verlauf des Jahres 1894 wurde das Haus nach
Schumachers Plänen ausgebaut.

Quellen: Schumacher: Stufen, S. 151f.;
Hendrich, Nr. 6.

**5**

**Künstlerhaus**
Mitarbeit an der Ausführungsplanung
München, Lenbachplatz 8
1893

Während der Arbeit im Atelier Gabriel von
Seidls war Schumacher mit der Entwurfs- und
Ausführungsplanung des Künstlerhauses in
München betraut. Auch für dieses Projekt
baute Schumacher ein großes, auseinander-
nehmbares Ansichtsmodell aus Holz und Pappe
im Maßstab 1:50, das die geplante Innenausge-
staltung darlegen konnte. Am 3. Juli 1893 fand
die Grundsteinlegung statt. Das Künstlerhaus,
dessen Fertigstellung immer wieder durch
Streitigkeiten um den Baustil und durch Geld-
mangel unterbrochen wurde, konnte erst am
29. März 1900 eröffnet werden.

Quellen: Schumacher: Stufen, S. 148;
Deutsche Bauzeitung 35 (1901), S. 621f.;
Hendrich, Nr. 7.

**6**
**Umbau eines Palazzo**
Fasano/Italien
Auftraggeber: Alexander Günther
1894

Nach dem Ankauf eines Palazzo durch Alexander Günther in der Nähe seines Hauses in
Gardone begann Schumacher auch hier mit der
Renovierung des Bestandes. Der Garten, der
sich terrassenförmig bis an den See hinun-
terzog, wurde durch die Anlage von Balu-
straden, Brunnen und Figuren komplett umgestaltet. Ein altes »Limonihaus« baute Schumacher zu einer offenen Wandelhalle für die
Figurensammlung des Bauherrn aus, die über
einhundert antike Marmorfiguren umfaßte.
Schumacher betreute diese Baumaßnahmen in
seinen Ferienzeiten während der Mitarbeit im
Atelier von Seidls.

Quellen: SUB, Schumacher-Nachlaß;
Schumacher: Stufen, S. 152; Hendrich, Nr. 8.

**7**
**Gartenplastikentwürfe für Schloß Kronberg**
Hessen
Auftraggeberin: Auguste Viktoria von
Schleswig-Holstein
1894

Schumacher wurde von Prinzessin Auguste
Viktoria von Schleswig-Holstein (1858–1921)
beauftragt, Entwürfe für verschiedene
»marmorne Zierwerke« zu schaffen. Die von
Schumacher eingereichten Arbeiten wurden
ausgeführt und im Schloßpark aufgestellt.

Quellen: Schumacher: Stufen, S. 152.

**8**
**Hotelbau**
Gardone/Italien
1894–95

In den Jahren 1894–95 führte Schumacher im
Auftrag zweier Münchener Bauherren einen
kleinen Hotelbau in Gardone aus. Mehr als
einen Hinweis auf dieses Bauvorhaben in Schumachers Lebenserinnerungen gibt es nicht.

Quellen: Schumacher: Stufen, S. 153.

**9**
**Entwurf einer Kirche**
Gardone/Italien
1894

1894 skizzierte Schumacher den Entwurf für
eine kleine Kirche in Gardone. Die Kirche hat
ein fast quadratisches Kirchenschiff mit
schmaler, halbrunder Apsis. Der Kirchturm
steht seitlich neben der Apsis. Daran anschließend, an der Längsseite der Kirche, unter
einer überdachten Loggia, befindet sich der
Eingang.

Quellen: SUB, Schumacher-Nachlaß;
Hendrich, Nr. 11.

**10**
**Wettbewerb Teichmann-Brunnen**
Bremen, Domhof
1895

Zusammen mit dem Bildhauer Hermann Hahn
beteiligte sich Schumacher am Wettbewerb zur
Gestaltung des Teichmann-Brunnens auf dem
Domhof in Bremen. Die streng architektorisch
eingebundene Anlage mit Figuren von Hahn
wurde in einem Wettbewerbsmodell dargestellt.

Quellen: Schumacher: Stufen, S. 154;
Hendrich, Nr. 13.

**11**
**Konzertsaal im Städtischen Kaufhaus**
Mitarbeit
Leipzig, Neumarkt 9–12
Auftraggeber: Stadt Leipzig
1895

Während seiner Tätigkeit im Leipziger Stadt-
bauamt unter der Leitung von Hugo Licht
beteiligte sich Schumacher am Entwurf eines
Saales für Verkaufsmessen und Konzerte
im neuen Städtischen Kaufhaus. Das neue
Gebäude, das kein Kaufhaus im heutigen
Sinne, sondern eher ein Messehaus war,
besteht aus zwei Untergeschossen und vier
Obergeschossen und gruppiert sich mit den
Messe- und Verkaufslokalen um einen großen
Lichthof. Erstmals wird hier das Prinzip des
sogenannten Zwangsrundganges eingeführt:
Die Besucher müssen etagenweise das Haus
durchqueren. Im zweiten und dritten Obergeschoß wurden an den Außenbereichen
37 Messelokale untergebracht, während im
hinteren Teil der neue Konzertsaal mit
Galerien und Garderoben entstand. Durch
die Anordnung wurde einerseits eine gute
Isolierung des Saales für Konzertzwecke und
andererseits eine Verbindung mit den übrigen
Messeräumen ermöglicht. Der Saal entspricht
in seinen Abmessungen ungefähr dem ersten,
klassizistischen Saal des Gewandhausorchesters
von Friedrich Karl Dauthes aus dem Jahr 1781
im Zeughausflügel des Gewandhauses, der
1894 abgebrochen wurde. Der neue Konzertsaal erhielt 914 Sitzplätze. Bei der Ausgestaltung im Stile des Neubarock nahm Schumacher Bezug auf den Münchener Kaim-Saal
von Martin Dülfer. Das Kaufhaus wurde im
Zweiten Weltkrieg zerstört. Ab 1987 erfolgte
die Rekonstruktion, bei der vor allem die
Fassade wiederhergestellt wurde.

Quellen: Schumacher: Stufen, S. 165f.;
Deutsche Bauzeitung 31 (1897), Nr. 1, S. 1f.,
5; Wolfgang Hocquél: Leipzig. Baumeister und
Bauten von der Romantik bis zur Gegenwart.
Berlin, Leipzig (o. J.), S. 135f.

**12**
**Grabumlegungen im Neubau der
Johanniskirche**
Leipzig
1895

Die neue Johanniskirche ersetzte einen inzwischen abgerissenen älteren Kirchenbau, aus
dem bedeutende Gräber und Kunstschätze in
den Neubau überführt wurden. Die Planung
des Wiedereinbaus übernahm im Oktober 1895
das Stadtbauamt unter der Leitung von Hugo
Licht. Einzelne Denkmäler und Epitaphe
wurden an den Innenseiten der Umfassungs-
wände angebracht. Die Gebeine Friedrich
Gellerts und Johann Sebastian Bachs, dessen
Grab erst bei den Bauarbeiten aufgefunden
wurde, erhielten ihre Ruhestätte in einem
Grabgewölbe unter dem Chor, dessen Standort
durch zwei in den Fußboden eingelassene
Bronzetafeln markiert wurde. Die Mitarbeit
Fritz Schumachers bezieht sich auf Teile des
inneren Ausbaus, insbesondere auf die Marmor-
särge, welche die Gebeine von Bach und Gellert
aufnahmen. Im Kircheninneren gestaltete er
die neuen Kenotaphe unter Verwendung der
alten Reststücke. Die Einweihung fand am
28. März 1897 statt. Der Bau wurde im
Zweiten Weltkrieg zerstört.

Quellen: Schumacher: Stufen, S. 166; Zeitschrift für Bauwesen 51 (1901), S. 353–360;
Hendrich, Nr. 15.

**13**
**Villa Heinrich Siller**
Wuppertal-Barmen
1896–97

Die Villa Siller in Barmen ist das erste selbständige Villenprojekt Schumachers. »Die
ganze Anlage ist berechnet auf die weite
Aussicht, die sich auf der Rückseite des Hauses
bietet. Die Wohnräume gruppieren sich um
eine Halle, die durch eine Nebentreppe von
allem Dienstbotenverkehr entlastet ist. Die
Nebentreppe beherrscht Eingang und Speisezimmer und führt durch alle Geschosse. Die
Aussenarchitektur besteht aus hellem Sandstein in den Architekturteilen und rauh
geputzten Flächen. Das Dach ist mit roten
Ziegeln gedeckt« (*Architektonische Rundschau*
und *Bautechnische Zeitschrift*, s. u.).
Der Bau ist nicht erhalten.

Quellen: Schumacher: Stufen, S. 178; Architektonische Rundschau 18 (1902), S. 56;
Bautechnische Zeitschrift 20 (1905), S. 1 ff.

**14**
**Rathaus Leipzig**
Mitarbeit an Wettbewerbs- und Ausführungs-
planungen
Bauherr: Stadt Leipzig
Leipzig, Martin-Luther-Ring/Burgplatz
1897–99

Der am 5. November 1896 vom Rat der Stadt
Leipzig ausgeschriebene Wettbewerb für den
Neubau des Leipziger Rathauses auf dem Areal
der Pleissenburg erreichte eine hohe Beteiligung – fristgemäß gingen, bis zum 1. Mai
1897, 51 Entwürfe ein. Der erste Preis wurde
dem mit dem Kennwort *Arx nova surgit*
bezeichneten Projekt des Stadtbaurates

Professor Hugo Licht zugesprochen. Das am 19. Juni 1897 gesprochene Urteil des Preisgerichtes (unter Mitwirkung von Paul Wallot, Friedrich Thiersch, Gabriel Seidl, Carl Schäfer, Schmieden) übertrug Hugo Licht die Bauausführung seines Entwurfes. Schumacher arbeitete sowohl an den Wettbewerbszeichnungen als auch an der späteren Ausführungs- und Werkplanung mit. Erst im Jahr 1899 konnte Licht die weitere Überarbeitung der Variante des Wettbewerbentwurfes vorstellen, die zur endgültigen Ausführung vorgesehen war. Zu dieser zeichnete Schumacher die Präsentationsperspektiven und einen perspektivischen Präsentationsschnitt, der auf der Pariser Weltausstellung 1900 mit der Goldenen Medaille ausgezeichnet wurde. Die offizielle Einweihung des Neubaus konnte am 7. Oktober 1906 vorgenommen werden. Beim Bau des Neuen Rathauses beschäftigte Hugo Licht die Bildhauer Georg Wrba, Christian Behrens, Johannis Hartmann, Adolf Lehnert, Josef Mágr, Felix Pfeifer und Carl Seffner.

Quellen: Schumacher: Stufen, S. 196 f.; Deutsche Konkurrenzen 9 (1897); Centralblatt der Bauverwaltung 17 (1897), S. 287; Deutsche Bauzeitung 33 (1899), S. 377; Deutsche Bauzeitung 39 (1905), S. 481; Kunstgewerbeblatt 17 (1906), S. 15; Wolfgang Hocquél: Leipzig. Baumeister und Bauten von der Romantik bis zur Gegenwart. Berlin, Leipzig o. J., S. 139–141; Hendrich, Nr. 19.

## 15
## Vorschlag zur Erhaltung der Matthäikirche Leipzig
Leipzig, Fleischerplatz
1897

Als Antwort auf einen in den *Leipziger Neuesten Nachrichten* veröffentlichten Vorschlag eines Sanierungsprojektes in Leipzig verfaßte Schumacher 1897 einen kritischen Gegenentwurf, der den Erhalt der Leipziger Matthäikirche propagierte. In seinem Vorschlag zum Umbau der inneren Stadt unter Erhaltung der Kirche fragt Schumacher: »... ist es nötig, daß die Matthäikirche einfach abgerissen wird, ein Bauwerk, das einen historischen Platz im Bilde unserer Stadt behaupten darf, und das trotz manchen Nüchternheiten im Detail einen echt künstlerischen Reiz der Silhouette besitzt...? Alles in Allem soll der Versuch nur andeuten, daß man es wohl als erreichbare Forderung ansehen kann, Grundsätze der historischen Pietät, sowie des modernen ästhetischen Städtebaues zu vereinigen mit Grundsätzen des Verkehrs und des Geschäftes« (*Leipziger Neueste Nachrichten*, s. u.).
Die Kirche wurde im Krieg zerstört.

Quellen: Schumacher: Stufen, S. 194; Leipziger Neueste Nachrichten, 22. 5. 1897, 2. Beilage.

## 16
## Medaille
1897

Anläßlich der Sächsisch-Thüringischen Gewerbe- und Industrie-Ausstellung entwarf Schumacher eine Medaille, die als Anerkennung durch die Stadt Leipzig verliehen wurde.

Quellen: SUB, Schumacher-Nachlaß; Dekorative Kunst 1 (1898), S. 189.

## 17
## Entwurf für ein Bismarck-Denkmal
1897

Die Federzeichnung zeigt einen turmartigen Bau aus großen Natursteinblöcken von quadratischem Grundriß mit einem pyramidenartigen Dachabschluß. Eine von hohen Mauern flankierte Treppe führt in den Turm, dessen vordere Wand im oberen Teil eine hohe Öffnung aufweist. Es handelt sich wahrscheinlich um einen reinen Phantasieentwurf, der zu keinem Wettbewerb eingereicht wurde.

Quellen: Dekorative Kunst 2 (1898), S. 167; Hendrich, Nr. 22.

## 18
## Villa Toelle
Wuppertal-Barmen
1897–98

Dieser Villenbau für Carl Toelle gehört zu den fünf Einzelvillen, die Schumacher neben seiner Tätigkeit im Leipziger Stadtbauamt in den Jahren 1897–98 dank der Vermittlung durch Alfred Weddigen in Barmen erbauen konnte. »Die Villa Toelle in Barmen liegt in einem alten herrschaftlichen Garten der inneren Stadt. Sie mußte in ihrer Anlage grossen gesellschaftlichen Bedürfnissen des musikliebenden Bauherren genügen und zugleich eine Art Museum sein für die sehr umfangreiche Gemälde-Sammlung und andere Kunstwerke des Besitzers ... Einige besonders grosse Bilder Sascha Schneiders machten die Anlage eines durch zwei Stockwerke gehenden Raumes nöthig. Damit wurde die *Halle*, in der die Treppe zu einer oberen Loggia hinaufführt, zum Ausgangspunkte der Anlage ... Alle Zimmer stehen in Verbindung mit der Halle, die ganz als Wohnraum genutzt wird. Das Speisezimmer ist so gelegt, dass bei Gesellschaften das sogenannte Entrée-Zimmer als Anrichte gebraucht werden kann. Der Hauptraum des Erdgeschosses, der grosse Musiksaal, bedurfte bei seiner Ausdehnung von 13 m zu 7,3 m einer die gewöhnliche überschreitenden Höhenentwicklung; diese ist dadurch erreicht, dass sein Fussboden tiefer gelegt wurde: man tritt von Halle und Speisezimmer nun auf einen erhöhten gallerieartigen Einbau, von dem Treppenstufen hinabführen. Das Äussere des Hauses ist lediglich auf Gruppierung und Dachwirkung berechnet; die Architekturtheile sind aus Kyllheimer Sandstein, die Flächen rauh verputzt, das Holzwerk grün, das Dach eingedeckt mit Ludovici'schen Schuppenziegeln. Das Innere, das ganz in der Hand des

Architekten blieb, zeigte in der Vorhalle weissen Mamor, in der Halle mattgrün gebeiztes Eichenholz mit vergoldetem Schmiedewerk, im Musiksaal und Speisezimmer Mahagoniholz; ersterer ist von einer elliptischen Tonne mit angetragenem Stuckornament, letzterer von einer Mahagonidecke mit bemalten Zwischenfeldern gedeckt« (*Deutsche Bauzeitung*, s. u.).
Der Bau ist nicht erhalten.

Quellen: Schumacher: Stufen, S. 179; Deutsche Bauzeitung 34 (1900), S. 464 f.; Bautechnische Zeitschrift 20 (1905), S. 1.

**19**
**Villa Erbslöh**
Wuppertal-Barmen, Augustastraße 28
1897–98

VILLA · WALTER · ERBSLOEH · BARMEN

»Das Haus (für Walter Erbslöh, Anm. d. Verf.) liegt auf drei Seiten frei und ist auf einer Seite angebaut. Bei Benutzung der drei Fensterfronten zu Wohnräumen bleibt ein nur durch Oberlicht zu erhellender Raum, der hier zum Mittelpunkt der Anlage gemacht ist und die Haupttreppe enthält. Er geht durch zwei Geschosse und erweitert sich oben durch offene seitliche Umgänge zu einer Art dreischiffiger Anlage. Da diese Halle ganz als Wohnraum wirkt, spart das Haus alle Korridore und giebt im Verhältnis zur Gesamtfläche viel benutzbaren Wohnraum. Die Ausstattung des Inneren lag in der Hand des Architekten. Das Äussere besteht in allen Gliederungen aus blassrotem Sandstein, in den Flächen aus Tuffstein« (*Architektonische Rundschau*, s. u.).
Der Bau ist nicht erhalten.

Quellen: Schumacher: Stufen, S. 178; Architektonische Rundschau 18 (1902), S. 55; Bautechnische Zeitschrift 20 (1905), S. 1; Dekorative Kunst 2 (1898), S. 218 (Giebelentwurf); Rolf Marcus: Im Wandel der Zeiten. Wuppertal 1987.

**20**
**Wettbewerb Hochbahnhaltestelle Berlin**
1898

Bei dem 1898 von der Siemens- und Halske-Actiengesellschaft ausgeschriebenen Wettbewerb zum Entwurf einer Viaduktstrecke mit Haltestellen in Berlin reichte Schumacher zusammen mit Bruno Möhring und dem Architekten Schellewald einen Entwurf mit dem Kennwort *Strom* ein. Der kurzfristig angesetzte Wettbewerb erfuhr mit nur zehn eingereichten Arbeiten eine geringe Resonanz und wurde im *Centralblatt der Bauverwaltung* kritisch kommentiert. Die Wettbewerbskommission lobte in dem Entwurf von Schumacher, Möhring und Schellewald vor allem die künstlerische Gestaltung und verlieh ihm einen zweiten Preis. »Mit richtigem Takte haben die Verfasser des Entwurfes *Strom* die schmükkende Zuthat fast ausschliesslich auf die über der Viaduct-Fahrbahn befindlichen constructiv nebensächlichen Theile und auf die Krönungen der Pfeiler an den Strassenüberbrückungen beschränkt« (*Centralblatt der Bauverwaltung*, s. u.).

Quellen: Centralblatt der Bauverwaltung 18 (1898), S. 63 f.; Hendrich, Nr. 26.

**21**
**Grabmalentwürfe**
1898

1898 veröffentlichte Schumacher in Heft 3 der Zeitschrift *Dekorative Kunst* einen Artikel über »Grabmalskunst« mit sieben Grabmalentwürfen. Die Entwürfe veranschaulichen seine in dieser programmatischen Schrift dargelegten Gestaltungsgrundsätze: die Rückführung auf eine einfache Formensprache, bei der sich die figurale und ornamentale Reliefplastik dem architektonischen Grundgedanken unterordnet. Der Artikel wurde erneut abgedruckt in Schumachers zusammenfassendem Band *Im Kampfe um die Kunst* (1899) sowie im ersten Jahrgang der Zeitschrift *Der Hamburger* (1910).

Quellen: Fritz Schumacher: Grabmalskunst. In: Dekorative Kunst 1 (1898), S. 129–133; Schumacher: Stufen, S. 196; Hendrich, Nr. 27.

**22**
**Entwürfe für zwei Standuhren**
1898

1898 veröffentlichte Schumacher zwei Entwürfe für Tischstanduhren in der Zeitschrift *Dekorative Kunst*. Eine Ausführung konnte nicht nachgewiesen werden.

Quellen: Dekorative Kunst 4 (1900), S. 141 und 229.

**23**
**»Studien«**
Idealentwürfe
1898–1900

Im Jahre 1898 zeichnete Schumacher, von der
Idee angeregt, für die Stadt Leipzig ein
Richard-Wagner-Denkmal zu entwerfen, annähernd 50 architektonische Idealentwürfe. Die
großformatigen Kohlezeichnungen wurden
1899 im Leipziger Kunstverein und später in
anderen deutschen Städten (Aachen, München)
sowie auf der Ersten Dresdner Bauausstellung
1900 und auf der Weltausstellung in St. Louis
1904 ausgestellt.
Zu Beginn des Jahres 1900 erschien im Verlag
von Baumgärtner's Buchhandlung in Leipzig
eine *Studien* betitelte Mappe mit 20 Lichtdrucken der Zeichnungen. In der Mappe sind
folgende Entwurfsskizzen zusammengefaßt:
1. Nietzsche-Denkmal, 2. Kuppel eines Justizpalastes, 3. Portalbau eines Justizpalastes,
4. Festspiel-Haus, 5. Bismarck-Denkmal,
6. Klosterkirche, 7. Villa, 8. Richard-Wagner-
Denkmal, 9. Hängebrücke, 10. Ausstellungsgebäude, 11. Leopardi-Brunnen, 12. Kirch-
thurm, 13. Fürstliches Bad, 14. Crematorium,
15. Kaufhaus, 16. Kaiser-Wilhelm-Denkmal,
17. Kuppel-Studie, 18. Grab einer Kaiserin,
19. Portalbau einer Universität, 20. Montsalvat. Im beiliegenden Vorwort erläutert
Schumacher die Zeichnungen: »Vorliegende
Studien sind entstanden als Versuche, in der
Sprache der Architektur die Stimmung festzu-
halten, welche dem Verfasser in bestimmten
baulichen Aufgaben – meist unter Annahme
charakteristischer landschaftlicher Verhältnisse
– zu liegen schien. – Die Entwürfe sind frei-
händig, ohne den Anspruch auf fehlerlose
Perspektive zu Papier gebracht; die Kohle bot
ein äußerst rasch arbeitendes Mittel, diese
flüchtigen Striche zu konkreter Wirkung zu
bringen.

Dabei wurde versucht, wie weit man bei
solchen Augenblicks-Lösungen zu kommen
vermag, ohne sich an gegebene Gesimsformen
oder Ordnungen zu klammern, ohne Formen-
elemente historischer Stilarten bewußt in's
Treffen zu führen, sondern, so zu sagen, rein
aus der Masse und ihrer Vertheilung heraus«
(*Studien,* s. u.).

Quellen: Schumacher: Stufen, S. 198 f.;
Bautechnische Zeitschrift 20 (1905), Beilage
Nr. 7; Studien. 20 Kohlezeichnungen von Fritz
Schumacher. Leipzig 1900; Hendrich, Nr. 30.

**24**
**Studien zu einem Krematorium**
1899

Diese Studien zu einem Krematorium sind von
Schumacher auf das Jahr 1899 datiert worden
und gehören zu einer Anzahl weiterer Idealentwürfe, die wahrscheinlich erst nach der Ausstellung der *Studien* entstanden sind.

Quellen: Dekorative Kunst 11 (1903), S. 282;
Hendrich, Nr. 31.

**25**
**Studie zu einem Justizpalast**
Um 1899

Die farbige Entwurfsskizze zur Vorhalle eines
Justizpalastes ist wahrscheinlich eine Überarbeitung der in den *Studien* veröffentlichten
Skizzen, die Schumacher anläßlich der Publikation in den *Modernen Bauformen* anfertigte.

Quellen: Moderne Bauformen 4 (1905);
Hendrich, Nr. 33.

**26**
**Bühnenbild zu Fritz Schumacher,**
**»Phantasien in Auerbachs Keller«**
Leipzig
1899

Zur Feier des 25jährigen Bestehens des Leipziger Kunstgewerbemuseums schrieb Schumacher den Text zu einem Festspiel, das der
Propagierung kunstgewerblicher Reformideen
dienen sollte. In Anlehnung an eine Szene aus
Goethes *Faust* werden die grundlegenden Positionen der damals aktuellen Kunstdebatte in
Form eines Stammtischgespräches vorgestellt.
Als Illustration zaubert Mephisto lebende

Bilder, die den Wandel der Stile in der Geschichte vorführen und bei den neuesten Bestrebungen der Kunstgewerbereform enden. Neben dem Text besorgte Schumacher das Bühnenbild und die Inszenierung des letzten und wichtigsten Bildes. Die Unternehmung war mit der Teilnahme von über 200 Laiendarstellern aus der Leipziger Gesellschaft ein großer Erfolg und wurde mehrfach wiederholt, zuletzt im Leipziger Opernhaus in der Anwesenheit des Königspaares. Entwürfe für Kostüme steuerten Fritz August von Kaulbach, Ludwig von Hofmann und H. Kozel bei.

Quellen: Schumacher: Stufen, S. 202–206; Ernst Schwedelen-Meyer: Festspielkunst. In: Die Kunst für Alle 15 (1900), S. 193–200.

**27**
**Plakat zu »Phantasien in Auerbachs Keller«**
Leipzig
1899

Schumacher entwarf auch das offizielle Plakat für sein selbstgeschriebenes Festspiel *Phantasien in Auerbachs Keller.*

Quellen: Heinz Spielmann: Plakat- und Buchkunst. Ausstellungskatalog, Museum für Kunst und Gewerbe Hamburg. Hamburg 1963, Nr. 660.

**28**
**Plakat für Campagne-Reitverein, Maskenfest**
Leipzig
1900

Quellen: Werner Kayser: Fritz Schumacher. Eine Bibliographie. Hamburg 1984, S. 77, Nr. 868.

**29**
**Bühnenbild zu Johann Wolfgang von Goethe, »Palaeophron und Neoterpe«**
Leipzig
1900–01

Schumacher besorgte die Inszenierung und Dekoration anläßlich der Einweihung des Leipziger Künstlerhauses. Er verfaßte außerdem einen aktualisierenden Prolog zu dem Stück.

Quellen: Das Künstlerhaus in Leipzig. In: Dekorative Kunst 7 (1901), S. 238–241; Schumacher: Stufen, S. 207.

**30**
**Entwürfe für Exlibris**
1900–01

In Dresden entwarf Schumacher für verschiedene Auftraggeber Exlibris. Bekannt und teilweise veröffentlicht wurden Exlibris für Anton Kippenberg, Max Brockhaus, Georg Hirzel, Ernst Nemo, Otto Lieders, Franziska von Stintzing, Bertha Lorch.

Quellen: SUB, Schumacher Nachlaß; Schumacher: Stufen, S. 257; Walter von zur Westen: Exlibris Bücherzeichen. Bielefeld, Leipzig 1909, S. 63; Dekorative Kunst 11 (1903), S. 300f.

**31**
**Buchausstattungen**
1900–01

Für den Verleger Eugen Diederichs gestaltete Schumacher außer den eigenen Publikationen die folgenden Bücher: *Liebe* von Mathieu Schwann, *Die Renaissance* von Walter Pater, *Philosophie der Kunst* von Hippolyte Taine und *Gesammelte Werke* von Ralph Waldo Emerson.

Quellen: SUB, Schumacher-Nachlaß; Werner Kayser: Fritz Schumacher als Buchkünstler des Jugendstils. In: Philobiblon 28 (1984), Heft 1.11, Abb. S. 254.

**32**
**Teppichentwürfe**
1900–02

Bereits in Leipzig, vor allem aber in seiner Dresdner Zeit gestaltete Schumacher mehrere Entwürfe für Teppichmuster. Einige waren zur Ausstattung der Villa Klug in Wurzen bestimmt. Die Ausführung seiner Ideen übernahm Hermine Pressprich aus Dresden.

Quellen: SUB, Schumacher-Nachlaß; Dekorative Kunst 11 (1903), S. 300f.

**33**
**Villa von Halle**
Berlin-Grunewald, Erbacherstraße 3a
1900

Um 1900 begann Schumacher mit der Planung
einer kleinen Villa für den Berliner Professor
Ernst von Halle im Berliner Grunewald. Ein
nicht realisierter Vorentwurf wurde 1903 in der
Zeitschrift *Moderne Bauformen* veröffentlicht.
Ein Modell der ausgeführten Villa wurde auf
der Großen Berliner Kunstausstellung 1904
präsentiert. »Gar reizvoll liegt sie an ihrem
schmalen Platze am Halensee auf einem kleinen
Plateau, das abschüssig zum Wasser hinabgeht.
Dem Besucher, der naturgemäß von der Gar-
tentür herkommt, tritt das Haus, das nur
Erdgeschoß und ausgebautes Dach umfaßt, als
ein reizvoller Gruppenbau entgegen, vom See
aber erscheint es als eine wohlgeschlossene
Masse« (*Dekorative Kunst*, s. u.). Das Haus
besteht aus einem Lang- und einem Querhaus.
Ein Treppenhaus, als rundes Türmchen ausgebildet, verbindet beide Flügel. Davor ergibt
sich ein Brunnenplatz. Ihm entspricht auf der
anderen Seite ein Ausbau. »Das Äußere (ist)
nur in Flächen gehalten, fast ohne Profile, und
den gekämmten Putz beleben nur an geeigneten Stellen eingelassene Majolikafliesen mit
blaugrüner geflossener Glasur. So ist ein köst-
licher Bau entstanden: schlicht in seinem
Äußeren, aber behaglich unter dem durchgehenden Dach geborgen, einheitlich und
mannigfaltig, belebt durch den Reiz sparsamen
farbigen Schmucks und geschickt geschaffener
Einzelschönheit. Dem ansprechenden Äußeren
entspricht das behagliche Innere, das mit allen
Bequemlichkeiten des modernen Lebens ausgestattet ist. Die Eingangshalle ist eine Schöpfung
von Karl Gross, Dresden, in blaugrüner
Majolika von Villeroy & Boch in Merzig ausgeführt. Die Bibliothek wurde von Bernhard
Goebel, Freiberg i. S. ausgeführt. Die Malereien am Eingangsportal stammen von Hans
Seliger, Berlin. Die keramischen Schmuckele-
mente gestaltete der Bildhauer Karl Gross,
Dresden« (ebenda).
Der Bau wurde nach 1945 abgebrochen.

Quellen: Schumacher: Stufen, S. 234; Dekorative Kunst 13 (1905), S. 345 f.; Berliner
Architekturwelt 7 (1905), S. 135; Architekturwelt 8 (1906), S. 283, 387; Moderne
Bauformen 4 (1905), S. 27.

**34**
**Villa Klug**
Dehnitz bei Wurzen
1900

Am Ufer der Mulde, einem Nebenfluß der
Elbe, in dem kleinen sächsischen Ort Dehnitz
etwa 30 Kilometer östlich von Leipzig, wurde
nach den Plänen Schumachers eine Villa für die
Familie Klug errichtet. Es war Schumachers
erstes Haus mit ausgeprägten regionalistischen
Elementen (Krüppelwalmdach, Fachwerk in
den Giebeln), die jedoch eher an seine niederdeutsche Heimat als an den sächsischen
Standort erinnern. Die isolierte Lage zwischen
dem Flußtal und weiten Feldern veranlaßte
Schumacher, eine möglichst große Geschlossenheit der ganzen Baumasse anzustreben. »Es
wurde versucht, alle Wirkung in einem großen,
tief herabreichenden Dach zusammenzufassen,
das mit einem kleinen unbedeckten Söller
gekrönt ist, der als Aussichtsplatz mit umlaufenden Bänken ausgebildet wurde. Obgleich
das Haus scheinbar nur ein Erdgeschoß hat,
ergeben sich im ersten Stock außer reich-
lichsten Nebenräumen fünf gute Schlafzimmer;
zudem ist das Treppenhaus hallenartig durch
zwei Stockwerke geführt. Auch im zweiten
Dachgeschoß ist noch reichlicher Raum
vorhanden. Das Haus ist in seinen Außenflächen verputzt und tiefgelb getönt;
die Fensterteilungen sind weiß, die Läden
graugrün, das Dach ist mit roten Ziegeln

gedeckt. Die Innenräume des Erdgeschosses
wurden vom Erbauer völlig ausgestaltet«
(*Architektonische Rundschau*, s. u.).
Der Bau ist erhalten, aber stark verändert.

Quellen: Architektonische Rundschau 21
(1905), S. 87 f.; Dekorative Kunst 11 (1903),
S. 288 f.

**35**
**Landhaus Iken**
Rockwinkel bei Bremen
1900

Parallel zur Fertigstellung der Villa Klug in
Wurzen begann Schumacher ab 1900 mit der
Planung und Ausführung eines Landhauses für
die Familie Iken in Rockwinkel bei Bremen.
»Auf den ersten Blick bemerken wir ein
Anknüpfen an mancherlei Überlieferungen.
Man kann geradezu von einer Kreuzung
niedersächsisch-bäuerlicher mit altmodisch-
bürgerlichen Formen bei diesem Bau reden.
Aber aus dieser Kreuzung überlieferter
Elemente geht ein völlig neuer Charakter
hervor; wir werden keinen Augenblick in
Zweifel gelassen, daß wir vor einer Schöpfung
durchaus neuzeitlichen Geistes stehen...
Dieses Landhaus könnte nirgends sonst stehen,
als in Norddeutschland, dieser behäbige, breit-
spurige, dabei ernste und würdevolle Giebel ist
nur in Niedersachsen ein Abbild heimatlichen
Volkscharakters... Bei näherem Eingehen auf
die Einzelheiten des Aufbaues sehen wir, in
welcher Weise der Architekt ein organisches
Herauswachsen seiner Schöpfung aus der
umgebenden Landschaft erstrebte. Eine ernste,
fast feierliche Allee mächtiger alter Eichen
führt uns geradewegs auf das Gebäude zu. Sie
verlangte einen monumentalen Abschluß durch
einfach und wuchtig gestaltete Massen. Die
einheitlich geschlossene Form des breiten, tief-
gezogenen Fachwerkgiebels, ein altes Wahrzeichen des nordischen Bauernhauses, erfüllte
diese Forderung...Das dominierende tiefgezo-
gende Satteldach ließ er seitlich durchdrungen
werden von einem zweigeschossigen Querbau
mit der gebrochenen Dachform des Barock.
Diese beiden Grundmotive sind, man könnte
sagen: mit geradezu musikalischem Empfinden
zu einer vollkommenen architektonischen
Einheit von höchstem Reiz verwoben«
(Bautechnische Zeitschrift, s.u.). Eine große
zweigeschossige Diele bildet den Mittelpunkt
des Hauses. Diese Diele steht im Erdgeschoß in
unmittelbarer Verbindung mit Kinder-,
Speise-, großem und kleinem Wohnzimmer
und der vorgelagerten Loggia.
Der Bau ist nicht erhalten.

Quellen: Dekorative Kunst 11 (1903),
S. 285–287; Bautechnische Zeitschrift 20
(1905), S. 1f.; Hendrich, Nr. 37.

**36**
**Erweiterung eines Schlosses**
Pfauenmoos/Bodensee
Auftraggeber: Cornelius von Heyl
1901

Die Planung umfaßte die Erweiterung des
Schlosses und die Neugestaltung der Gartenan-
lagen sowie den Bau eines neuen Gartensaales.
Der Gartensaal ist noch im ursprünglichen
Zustand erhalten (nach Aussage des jetzigen
Bewohners, Ludwig C. Freiherr von Heyl).
Das Schloß befindet sich im Besitz der Fami-
lienstiftung der Freiherren Heyl-von-
Hernsheim.

Quellen: Schumacher: Stufen, S. 239; Erich
Haenel, Heinrich Tscharmann (Hrsg.): Die
Wohnung der Neuzeit. Leipzig 1908,
S. 105–107; Hendrich, Nr. 40.

**37**
**Innenraumausstattung der eigenen
Wohnung**
Dresden, Bergstraße
1901

Für seine neue Wohnung entwarf Schumacher
die Innenausstattung. Nach seinen Entwürfen
ließ er Möbel aus Ahornholz bauen, Teppiche
knüpfen und einen Kachelofen aus alten
Kacheln setzen. Weiterhin wurden Lampen,
Kronleuchter, Schreibgerät, eine Standuhr und
Stoffentwürfe nach Schumachers Vorlagen
hergestellt.
Die Ausstattung ist nicht erhalten.

Quellen: Schumacher: Stufen, S. 216; Dekorative Kunst 11 (1903), S. 281–307; Hendrich,
Nr. 34.

**38**
**Villa**
Konstanz
1901–02

Für einen Schweizer Buchhändler baute
Schumacher eine Villa in Konstanz. Eine Veröffentlichung des Projektes konnte nicht
nachgewiesen werden.

Quellen: Schumacher: Stufen, S. 240.

**39**
**Villen für Mitglieder der Familie Weddigen**
Wuppertal-Barmen
1902

Über diese unveröffentlichten Villenbauten
(wahrscheinlich handelt es sich um zwei
Häuser) ist außer einem Hinweis Schumachers
in seiner Biographie nichts bekannt. Schumacher entwarf fünf Barmer Villen, »drei (der
Bauherren) gehörten der Familie Weddigen
an« (Schumacher: Stufen, s.u.). Bei den Bauherren
handelt es sich um seinen Freund Alfred
Weddigen und dessen Geschwister.
Die Bauten sind vermutlich nicht erhalten.

Quellen: Schumacher: Stufen, S. 178;
Hendrich, Nr. 18.

**40**
**Skizze zu einem Brunnendenkmal**
1902

Bei dieser Skizze eines Brunnendenkmals
handelt es sich wahrscheinlich um einen reinen
Phantasieentwurf Schumachers. Sie zeigt die
Ausbildung einer Reiterplastik mit Reichs-
adler. Der Entwurf ist von Schumacher auf das
Jahr 1902 datiert.

Quellen: Moderne Bauformen 4 (1905), S. 25;
Hendrich, Nr. 47.

**41**
**Entwurf zu einem Ludwig-Richter-Denkmal**
Um 1902

Schumachers Kohlezeichnung im Stile der
Studien zeigt eine nicht verwirklichte Denkmal-
anlage, deren Bestandteile eine Kaskade, ein
Wasserbecken und eine Freitreppe sind. Die
Kaskade wird überdacht von einem Gewölbe in
Gestalt eines kleinen Hauses mit Satteldach.
An der Längsseite des Kaskadenhauses steht in
einer Loggia die Büste Ludwig Richters.

Quellen: StaH, Schumacher-Nachlaß 621–2.

**42**
**Grabmal**
Breslau
Um 1902

Das Exedragrabmal, ausgeführt von dem
Dresdner Bildhauer Ernst Hottenroth
(1872–1908), besteht aus einem ädikulaartigen
Mittelteil, der zu beiden Seiten von einer halbrunden Wand eingefaßt wird. Relieffiguren
und -ornamente unterstreichen die räumliche
Gesamtwirkung. Es handelt sich vermutlich
um das gleiche Grabmal, dessen Photographie
1905 unter der Bezeichnung »Grabmal
Hottenroth« in der Wiesbadener »Ausstellung
zur Hebung der Friedhof- und Grabmalkunst«
zu sehen war.

Quellen: Erich Haenel: Fritz Schumacher. In:
Dekorative Kunst 11 (1903), S. 293, 298;
Ausstellung zur Hebung der Friedhof- und
Grabmalkunst. Wiesbaden, Hamburg 1905/
1906, S. 65, Nr. 257; Hendrich, Nr. 44.

**43**
**Grabmal Langewiesche**
Mönchengladbach, Friedhof Rheydt
Um 1902

Über den Verbleib dieses um 1902 entworfenen
Grabkreuzes mit seitlichen Wangen ist nichts
bekannt. Eine Photographie des Grabmals
wurde auf der »Ausstellung zur Hebung der
Friedhof- und Grabmalkunst« 1905 in Wiesbaden und anschließend in Hamburg gezeigt.

Quellen: Dekorative Kunst 11 (1903), S. 299;
Ausstellung zur Hebung der Friedhof- und
Grabmalkunst. Wiesbaden, Hamburg 1905/
1906, S. 65, Nr. 256; Hendrich, Nr. 45.

**44**
**Grabmal Meissner**
Leipzig
Um 1902

Schumachers Entwurf dieser monumentalen
Grabanlage mit dem Motiv einer apsisartigen
Mittelnische ist vermutlich nicht verwirklicht
worden.

Quellen: Moderne Bauformen 2 (1903);
Hendrich, Nr. 46.

**45**
**Entwurf einer freireligiösen Kirche**
1903

1903 veröffentlichte Schumacher eine Skizze
und zwei Grundrisse für das Projekt einer
Kirche einer freireligiösen Gemeinde in der
*Architektonischen Rundschau.* »Im Äusseren ist
versucht, dem Bauwerk trotz verhältnismässig
bescheidener Dimensionen einen monumentalen Charakter zu geben, dadurch, daß aller
Effekt auf einen massigen Turmbau konzentriert ist. Der Aufbau des Turmes bleibt bis
oben in Stein; er endet stumpf und deutet in
vier anbetenden Gestalten, die aus den Spitzen
von frei emporragenden Pfeilern ausgehauen
sind, den Begriff der religiösen Verehrung an.
Durch das Vorziehen der Seitenschiffe der
rückwärts liegenden Versammlungshalle ist der
Turm wie mit 2 T-Klammern mit dem übrigen
Gebäude verbunden und es bildet sich ein tiefer
Bogen als Portal. Auch im Inneren markiert der
Turm das Allerheiligste. Unten ist er zu einer
halbdunklen Vorhalle ausgebildet, in deren
Mitte ein Kunstwerk aufgestellt ist; oben ist er
der Raum für Musik und Rede. Die Zuhörer
sitzen so, daß sie die Ausgestaltung dieser
beiden Räume, auf die der ganze künstlerische
Nachdruck zusammengehalten ist, stets vor
Augen haben. Musik und Predigt kommen von
der gleichen Seite. Die Verkehrsverhältnisse
sind so disponiert, daß die Besucher der
Emporen, sowie die Sänger, ohne das untere
Geschoss zu betreten, schon vom Portalbogen
aus die Treppen gewinnen, die nach oben
führen. Unten führen von der Vorhalle
abzweigend seitliche Gänge zu den amphithea-
tralisch aufsteigenden Sitzplätzen« (*Architektonische Rundschau*, s. u.).

Quellen: Architektonische Rundschau 13
(1903), S. 79, Taf. 75; Hendrich, Nr. 50.

**46**
**Wettbewerb Rathaus Dresden**
Auftraggeber: Stadt Dresden
1903

Der von Schumacher eingereichte, mit dem
Kennwort *Genius loci* bezeichnete Entwurf für
den zweiten Wettbewerb des Rathauses in
Dresden gelangte aus der Vielzahl der 94 vor-
liegenden Entwürfe nicht in die engere Wahl.
Das Preisgericht (Adam, Beutler, Bräter,
Hoffmann, Kammsetzer, Licht, Richter,
Scholz, Schümnichen, Seidl, Stöckl, Wallot,
Weissbach, Schladebach) zeichnete am 14. Juli
1903 die Entwürfe des Architekten Roth, des
Regierungsbaumeisters Ostendorf, der Architekten Jänicke und Wilmsen und des Architekten Meckel mit jeweils einem zweiten Preis
aus. Zur Ausführung kam ein gemeinschaft-
licher überarbeiteter Entwurf der Architekten
Roth und Bräter. Die von Schumacher eingereichte Wettbewerbsarbeit wurde in der *Deutschen Bauzeitung* (1903) als ein Entwurf mit
bemerkenswerter Gestaltung, lobend erwähnt.

Quellen: Centralblatt der Bauverwaltung 21
(1901), S. 154 ff. (1. Wettbewerb); Deutsche
Bauzeitung 37 (1903), S. 373 f. (2. Wettbewerb); Deutsche Konkurrenzen 1904, H. 16
(2. Wettbewerb); Hendrich, Nr. 51.

**47**
**Villa Grübler**
Dresden-Plauen, Bernhardstraße
1903

Für einen Bauplatz im Dresdner Vorort Plauen
entwarf Schumacher die Villa der Familie
Grübler. »Bei aller Eigenart erscheint die
Gruppe der Dachbauten durchaus natürlich.
Ganz frei und ungezwungen sind die Fenster
gestaltet und gruppiert, so daß man aus ihnen
allein schon auf den Grundriß des Hauses
schließen kann. Putzbau und Fachwerk – letzteres durch die neue sächsische Bauordnung
wiederum in seine Rechte eingesetzt –
verbinden sich, zumal vorn mit dem Ziegel-
dachstreifen unterm Giebel, zu glücklicher
Wirkung, und die von hölzernen Konsolen
getragene Vorkragung gibt eine entsprechende
Schattenwirkung. Nicht zu übersehen ist das
rote Holzstaket, das sich gleich dem Fachwerk
wieder seinen Platz erobert an Stelle der faden
gußeisernen Stäbe, welche in den letzten Jahr-

zehnten die Behaglichkeit der bürgerlichen
Bauweise zerstören halfen. Die Rückseite zeigt
uns das scharf ausgeprägte Sockelgeschoss aus
Haustein, das den Bau aus dem Boden
heraushebt und ihn damit als Stadtwohnung
kennzeichnet, während die Veranda und Holz-
treppe das Betreten des Gartens rasch und
bequem vermitteln. Betreten wir das Haus
selbst, so kommen wir zunächst unter ein
Schutzdach, das einen hübschen Vortürplatz
überdeckt« (*Dekorative Kunst*, s. u.). Auch die
Inneneinrichtung der Villa ist weitgehend von
Schumacher entworfen. Die Möbel des Musikzimmers sind von Erich Kleinhempel.
Der Bau ist erhalten, die Straßenfront und der
Treppenraum im Inneren weitgehend im Originalzustand.

Quellen: Dekorative Kunst 13 (1905), S. 354;
Moderne Bauformen 4 (1905), S. 28.

**48**
**Umgestaltung des Hauptsaales der Städte-
Ausstellung**
Dresden, Stübelallee
1903

Anläßlich der Städte-Ausstellung entwarf
Schumacher eine Anzahl von Einbauten für
den Hauptsaal des Ausstellungsgebäudes. »Bei
der Umgestaltung des grossen Hauptsaales des
Dresdner Ausstellungs-Gebäudes, der bereits
dreimal – von Wallot, Gräbner und Kreis – in
ein völlig neues Gewand gekleidet wurde, hat
der Architekt mit einer grossen Schwierigkeit
zu kämpfen: er muss seine Absichten so
einrichten, dass die reiche feste Architektur,
die der Saal besitzt, unter der neuen Hülle
völlig unversehrt bleibt. Im vorliegenden Fall
war dieser Kampf mit gegebenen Elementen
äusserlich dadurch erschwert, dass der
Architekt mit weit geringeren Mitteln wie seine
Vorgänger zu arbeiten hatte, innerlich aber vor
allem dadurch, dass er im Saale Raum schaffen
musste für mehrere Dutzend grosser Bauten-
Modelle und einige hundert qm Wandfläche
für Baupläne und Photographien« (*Deutsche
Bauzeitung*, s. u.). Schumacher teilte den
50 Meter langen Raum in einen Hauptsaal und
zwei Seitensäle ein. Den Mittelpunkt der
gesamten Anlage bildet der Neptunbrunnen
von Matielli, der ursprünglich im Garten des
alten Marcolinischen Palais stand. Schumacher
versuchte durch Farbgebung in der Halle den
hofartigen Charakter stilisierter Gärten zu
erzielen: »Die Farbe beginnt am Brunnen mit
einem helleren Blaugrün und steigert sich
allmählich in der Eingangstonne bis zu einem
satten leuchtenden Blau. Die Flächen in der
Nische hinter dem Brunnen sind in Orangeton
gehalten, über den in unregelmässigem Fluss
ein helles Grau rieselt. Der Boden ist tiefblau«
(ebenda). Die Architektur des Saales ist hergestellt aus Gipsplatten mit einem unregelmäßigen geflechtartigen Gefüge. Die Gipsarbeiten

wurden ausgeführt von der Firma Hauer, die Malerarbeiten von der Firma Wiese mit Unterstützung von Jos. Ruedorfer aus München. Schumacher erhielt für diese Ausgestaltung 1903 die Ehrenurkunde der »Deutschen Städte-Ausstellung« Dresden.

Quellen: Architektonische Rundschau 13 (1903), S. 77; Deutsche Bauzeitung 37 (1903), S. 349 f.; Moderne Bauformen 4 (1905); Hendrich, Nr. 53.

### 49
### Grabmal Scharff
Gleiwitz
Um 1903

Für ein von Schumacher entworfenes Wandgrabmal in Gleiwitz modellierte der Berliner Bildhauer Robert Schirmer den Reliefschmuck: zwei Tafeln mit Engelsfiguren und zwei Pilasterkapitelle mit Engelskopf. Ein erster Entwurf wurde bereits 1899 veröffentlicht.

Quellen: Kunst und Handwerk. Zeitschrift des Bayerischen Kunstgewerbevereins zu München 50 (1899/90), S. 89; Architektonische Rundschau 19 (1903), S. 17, 19; Architektonische Rundschau 21 (1905), S. 21; Architektonische Rundschau 22 (1906), S. 23; Hendrich, Nr. 54, 63.

### 50
### Entwurf eines Krematoriums
1903

Zu diesem ideellen Entwurf veröffentlichte Schumacher Zeichnungen in zwei Zeitschriften (s. u.).

Quellen: Dekorative Kunst 11 (1903); Moderne Bauformen 4 (1905); Hendrich, Nr. 55.

### 51
### Entwurf zu einem Brunnen
1903

In Schumachers Entwurf zu einem monumentalen Brunnen erheben sich über einem kreisrunden Wasserbecken zwei Pfeiler, auf denen jeweils ein Löwe thront, dazwischen in halber Höhe eine die Pfeiler durchdringende Wasserschale.

Quellen: Dekorative Kunst 11 (1903), S. 284.

### 52
### Entwurf eines Goethe-Monumentalbrunnens
Ilmenau
1903

1903 wurde der Entwurf eines Goethe-Monumentalbrunnens in Ilmenau veröffentlicht. Es gibt keine Hinweise darauf, daß der Entwurf realisiert wurde.

Quellen: Dekorative Kunst 11 (1903), S. 215.

### 53
### Vorschlag zur Aufstellung eines Bismarck-Denkmals
Bremen, Unserer Lieben Frauen Kirchhof
1903

Ende des Jahres 1903 wurde Schumacher zusammen mit dem Maler Arthur Fitger, den Architekten Johann Georg Poppe, Paul Wallot, Adolf Hildebrand, Gabriel von Seidl, Ludwig Hoffmann, Martin Haller und dem Direktor der Bremer Kunsthalle, Gustav Pauli, in die Bremer Sachverständigenkommission zur Ausführung eines Bismarck-Denkmals berufen. Da die vorgelegten Entwürfe Schumacher nicht überzeugten, veröffentlichte er 1904 in der *Deutschen Bauzeitung* einen eigenen Vorschlag: »Die Erfahrungen der letzten Jahre haben besonders deutlich gelehrt, daß das Versagen der künstlerischen Wirkung so vieler Denkmäler eng zusammenhängt mit dem Versagen des richtigen architektonischen Gefühles in der Art ihrer Aufstellung ... Wenige Schritte vom Rathause entfernt liegt ein Platz, der noch völlig unausgebildet ist und für eine monumentale Denkmal-Anlage wie geschaffen erscheint. Da seine Ausnutzung dazu zwingt, vom üblichen Denkmaltypus abzuweichen, so glaubte der Verfasser die Wirkung, die diesem Platze abgewonnen werden kann, durch eine flüchtige Entwurfs-Skizze erläutern zu sollen, die über diesen Charakter hinaus keine Ansprüche machen will. Der Platz ist die architektonisch völlig ungegliederte mächtige Nordseite des Turmes der Liebfrauen-Kirche. Seit etwa zwei Jahren besitzt Bremen ein neues Stadtbild von feinstem Reize. Es wurde bloßgelegt, als man die Sögestraße, die Hauptader, welche den Fremden der inneren Stadt zuführt, zum Liebfrauen-Kirchhof hin durchbrach. Hier zeigt sich plötzlich dem Kommenden ... als erster Eindruck historischen Charakters in wundervoll abgetreppter Silhouette die ehrwürdig einfache Masse der Liebfrauen-Kirche ..., neben deren schiefem Turme man die Turmspitzen des Domes über's Dach herüberschauen sieht. Dieses reizvolle Platzbild, welches trotz der Flut bremischer Stadtansichten noch niemals photographiert zu sein scheint, ist bisher sehr stiefmütterlich behandelt. Mit dem geplanten Denkmal könnte seine liebevolle Ausgestaltung beginnen« (*Deutsche Bauzeitung*, s. u.). Der 1903 datierte Entwurf Schumachers wurde auf der »Großen Berliner Kunstausstellung« 1904 zusammen mit dem Modell der Villa Halle ausgestellt. Schumacher konnte sich mit seinem Vorschlag zwar nicht direkt durchsetzen, wenig später jedoch errichtete sein Freund Hermann Hahn am beschriebenen Standort ein Moltke-Denkmal. Das Bismarck-Denkmal wurde von Adolf von Hildebrand als Reiterstandbild vor der Börse ausgeführt.

Quellen: Schumacher: Stufen, S. 242–244; Deutsche Bauzeitung 38 (1904), S. 57 f.; Architektonische Rundschau 20 (1904), S. 93; Hendrich, Nr. 59.

**54**
**Umgestaltung des Hauptsaales der Kunstausstellung**
Dresden, Stübelallee
1904

Für die »Dresdner Kunstausstellung« 1904 veränderte Schumacher seinen eigenen Entwurf des Hauptsaales, den er im Vorjahr für die Städte-Ausstellung angefertigt hatte. »Wenn im Jahre 1904 die Erscheinung der Haupthalle nicht der Kunstausstellung selbst ihren Ursprung verdankt, so mögen wohl finanzielle Gründe dafür mit den Ausschlag gegeben haben. Die Einbauten Fritz Schumachers haben ihr grün-blaues Gewand mit einem gelben vertauscht und an Stelle der korbgeflochtenen Lorbeerpryamiden sind weiße Vasen getreten; aber nur letztere Änderung ist zum Vorteil des Raumes gewesen. Geblieben ist des Dresdner Barockmeisters Lorenzo Matielle pompöser Neptunbrunnen« (*Dekorative Kunst*, s. u.).

Quellen: Schumacher: Stufen, S. 233; Dekorative Kunst 12 (1904), S. 380.

**55**
**Wahlurne**
Auftraggeber: Stadt Dresden
1904

Zusammen mit Richard König entwarf Schumacher eine Wahlurne für den Rat der Stadt Dresden, deren Bronzekörper und Standeinsatz mit Halbedelsteinen geschmückt waren. Der Bronzeguß der Urne wurde von der Dresdner Firma Pirner & Franz ausgeführt. Die Wahlurne wurde zweimal ausgestellt: auf der Weltausstellung 1904 in St. Louis sowie auf der Dritten Deutschen Kunstgewerbeausstellung 1906 in Dresden.

Quellen: Dekorative Kunst 7 (1904), S. 466; Dekorative Kunst 8 (1905), S. 361; Hendrich, Nr. 61.

**56**
**Umgestaltung des Theaterplatzes**
Dresden
1903

Im Jahre 1903 schrieb die Stadtverwaltung Dresden aufgrund des notwendig gewordenen Umbaus der Augustusbrücke einen Wettbewerb zur Umgestaltung des zwischen Gemäldegalerie, Hoftheater, Hofkirche und Elbe gelegenen Theaterplatzes aus. Da die Wettbewerbsergebnisse allgemein nicht überzeugen konnten, wurde ein zweiter, enger Wettbewerb unter den prämierten Architekten veranstaltet. Gegen diese Praxis verfaßten die Architekten Hermann Billing, Martin Dülfer, Theodor Fischer, Theodor Goecke, Hans Grässel, Karl Henrici, Carl Hocheder, Karl Hofmann, Friedrich Pützer, Bruno Schmitz und Gabriel von Seidl eine Erklärung, die eine nochmalige Aufgabenstellung mit weitgefaßtem Programm forderte. Dieser Erklärung beugte sich der Rat der Stadt Dresden. Im Juli 1904 wurde eine Künstlerversammlung durch den Oberbürgermeister Beutler einberufen, die einen endgültigen Bebauungsplan für den Theaterplatz festlegen sollte. Anläßlich dieser Versammlung fertigten die Architekten Fröhlich, Gräbner, Hauschild, Kühne, Lossow, Schleinitz, Schmidt, Seitler, Schumacher und Wallot erneut Entwürfe für die Umgestaltung des Theaterplatzes an. Der Entwurf Schumachers sah das geplante Restaurationsgebäude nahe dem Hotel Bellevue und eine Terrassenanlage zur Elbbrücke hin vor. Ein weiterer Restaurationsbetrieb war auf einer die Niederuferstraße überbauenden Terrasse am Elbufer vorgesehen. Auch in der Erörterungskommission war Schumacher vertreten, die eine pragmatische Lösung zur Verwirklichung vorschlug. Die Augustusbrücke wurde von Wilhelm Kreis 1908 ausgeführt, und Hans Erlwein veröffentlichte im gleichen Jahr die ersten Skizzen für das 1913 fertiggestellte *Italienische Dörfchen* am Elbufer des Theaterplatzes.

Quellen: Deutsche Bauzeitung 37 (1903), S. 638 ff.; Deutsche Bauzeitung 38 (1904), S. 80, 446 f.; Dresdner Jahrbuch 1905, S. 174–176; Moderne Bauformen 7 (1908), Taf. 70–75; Hendrich, Nr. 62.

**57**
**Entwurf eines Damenzimmers**
Flensburg
1905

1905 wurde in der Zeitschrift *Moderne Bauformen* ein kolorierter Entwurf Schumachers für die Innenraumgestaltung eines Damenzimmers für das Haus Lorenzen in Flensburg veröffentlicht. Eine Ausführung ist nicht bekannt.

Quellen: Moderne Bauformen 4 (1905); Hendrich, Nr. 58.

**58**
**Innenausstattung der Villa Hirzel**
Leipzig
1905

Im Auftrag des Verlegers Georg Hirzel baute Schumacher einige Räume in dessen Leipziger Villa um. Zusätzlich zur Neugestaltung der Bibliothek wurden mehrere Wohnräume neu ausgestattet. Die eingebauten Möbel aus Zitronenholz (Buffet, Schreibtisch, Eckschrank) und die halbhohe Holztäfelung der Räume wurden von den Dresdner Werkstätten für Handwerkskunst ausgeführt. »Eine weiche Kehle leitet zu einer glatten Putzdecke über, hinter deren Opaleszentglaseinlagen die Beleuchtungskörper versteckt sind. Die Wände haben graugestreifte Stoffbespannung und ringsum Holzverkleidung und eingebaute Möbel von goldgelb getöntem Olivenholz. Beiderseits der Türe und des Heizkörpers flache Schränke mit Nischen darüber, an der Querwand ein niedriger Schrank inmitten von Bücherregalen. Am Fenster ein großer Tisch und beiderseits bequeme Polstersitze, eine Anlage, zum bequemen Genuß von Kunstblättern wie geschaffen. Ein kleiner Schreibtisch schließt an der Schmalseite des Tisches an« (*Die Wohnung der Neuzeit*, s. u.).

Quellen: Schumacher: Stufen, S. 211; Moderne Bauformen 6 (1907), S. 191 f.; Fritz Schumacher: Erinnerungen an drei Leipziger Handschriften-Sammlungen. Hamburg 1948; Erich Haenel, Heinrich Tscharmann (Hrsg.): Die Wohnung der Neuzeit. Leipzig, 1908, S. 213; Hendrich, Nr. 49.

**59**
**Haus Brauer**
Lüneburg
1905

**60**
**Umbau des Landsitzes von Heyl**
Seeheim bei Darmstadt
1905

**61**
**Zwei Denkmäler**
Dresden, Technische Hochschule
Um 1901–05

Von Freiherr Max von Heyl erhielt Schumacher den Auftrag, dessen neuerworbenes Landhaus mit Gartenanlagen in Seeheim bei Darmstadt umzubauen. Das bestehende Gebäude wurde unter Verwendung der Bausubstanz von Schumacher umfassend renoviert und durch einige Anbauten ergänzt. Schumacher gestaltete auch die Gartenbereiche um, die er durch die Anlage von Teehäusern, Pergolen, Brunnen und Terrassenanlagen neu gliederte.
Der Landsitz ist heute im Besitz der Gemeinde und durch An- und Umbauten stark verunstaltet, obwohl die Verpachtung des Gebäudes für gastronomische Nutzung mit der Auflage verbunden wurde, die Fassade nicht zu zerstören. Die Gartenanlagen sind teilweise in ihrem ursprünglichen Zustand.

Quellen: Dekorative Kunst 13 (1905), S. 352 f.; Der Baumeister 9 (1911), S. 46; Hendrich, Nr. 39.

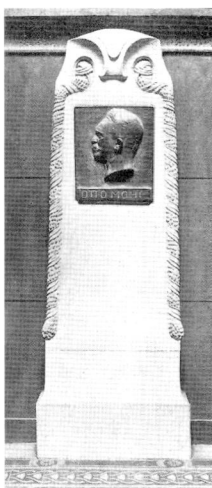

Nach seiner Berufung an die Technische Hochschule Dresden schuf Schumacher jeweils eine Sandsteinstele für die Hochschulprofessoren Christian Otto Mohr (1835–1918) und Ernst Hartig (1865–1900). Die Porträtreliefs aus Bronze wurden von dem Dresdner Bildhauer August Hudler (1868–1905) entworfen und bei der Dresdner Firma Pirner & Franz gegossen. Die Denkmäler sind nicht mehr vorhanden.

Quellen: Moderne Bauformen 6 (1907), S. 212; Hendrich, Nr. 43.

Für das Ehepaar Richard und Magda Brauer entwarf Schumacher einen Villenbau außerhalb Lüneburgs. Der fast quadratische Bau wird von der über zwei Geschosse reichenden Diele mit der Haupttreppe beherrscht. Der Grundriß und die betont »niedersächsische« Dachausbildung sind vom 1900 enstandenen Haus Iken übernommen. Die Entwürfe für das Haus Brauer machte Schumacher in Dresden. Die Bauausführung übernahm der Lüneburger Architekt Hermann Matthies.
Der Bau ist nicht erhalten.

Quellen: Schumacher: Stufen, S. 235; Moderne Bauformen 6 (1907), S. 184, 187; Stadtbauamt Lüneburg, Bauakte Haus Brauer.

**62**
**Franzius-Denkmal**
Bremen, Wachtstraße
Auftraggeber: Stadt Bremen
1905

Den ersten 1904/05 unter den Mitgliedern des
Bremer Architekten- und Ingenieurs-Vereins
veranstalteten Ideenwettbewerb zur Errichtung
eines Denkmales für den 1903 verstorbenen
Baudirektor Ludwig Franzius gewann der
Bremer Architekt Rudolf Jacobs. Gleichzeitig
beschloß der Ausschuß für die Errichtung des
Denkmals, einen erneuten Wettbewerb auszu-
schreiben, der auch auswärtige Künstler
zuließ. Zusammen mit Bruno Möhring,
Herman Billing, Hugo Lederer und Rudolf
Jacobs wurde Schumacher 1905 vom Bremer
Senat dazu eingeladen. Ausgeführt wurde der
Entwurf Schumachers, der die eigentliche
Vorgabe des Wettbewerbes (Porträtfigur auf
dem Dreiecksplatz an der Wachtstraße) ignorierte und statt dessen eine halbrunde Denkmalanlage mit Hermenfigur an der vorhandenen Ufertreppe der Weser vorschlug.
Zusammen mit dem Bremer Bildhauer Georg
Römer, der die Bronzebüste und die plastischen Figuren gestaltete, schuf Schumacher ein
monumentales Denkmal, das 1907 offiziell
eingeweiht wurde. Das Eingangstor zur Treppenanlage führte der Dresdner Max Grossmann
aus. 1960 wurde das Denkmal bei der Verlegung der Weserbrücke abgebaut.

Quellen: Schumacher: Stufen, S. 242; Deko-
rative Kunst 13 (1909), S. 94 f.; Moderne
Bauformen 6 (1907), S. 188 f.; Moderne
Bauformen 8 (1909), S. 298–302; Der
Baumeister 9 (1911), S. 37–46; Hendrich,
Nr. 64.

**63**
**Grabmal**
Plauen im Vogtland
1905–06

In die schmale, hohe Stele ist unter dem ornamental verzierten Dreiecksgiebel mit den abgerundeten Ecken eine Nische für eine
Blumenschale eingelassen. Das Grabmal stand
wahrscheinlich auf dem 1991 eingeebneten
Reusaer Friedhof in Plauen.

Quellen: SUB, Schumacher-Nachlaß XVI
1.17; Henker: Grabmalskunst 6, Taf. 24.

**64**
**Standuhr für das Leipziger Rathaus**
Auftraggeber: Stadt Dresden
1906

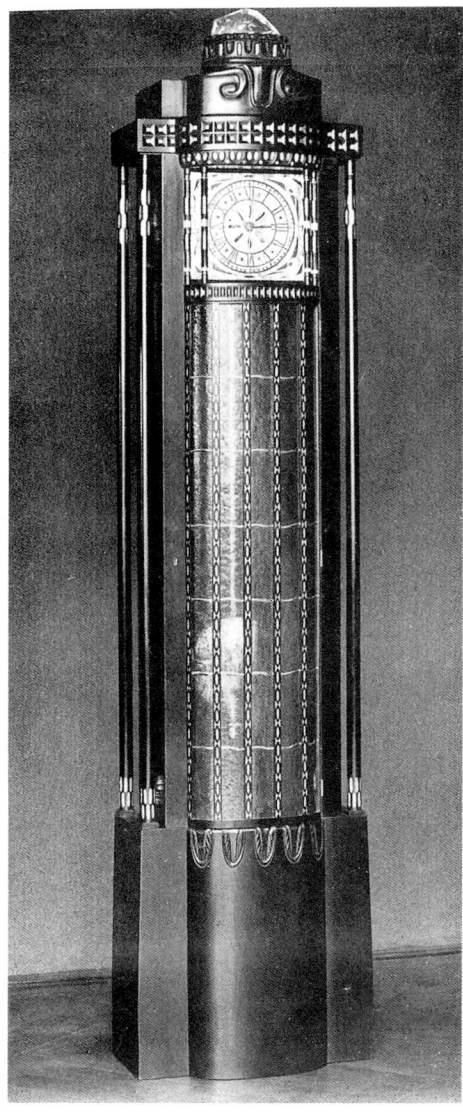

Im Rahmen der Ausstattung des Leipziger
Rathauses erhielt Schumacher, inzwischen
Professor an der Dresdner Technischen Hochschule, den Auftrag, eine große Standuhr zu
entwerfen. Die vom Leipziger Lehrerverein
gestiftete Uhr wurde von den Dresdner Werkstätten für Handwerkskunst als Palisanderholz-
körper mit Perlmutteinlagen ausgeführt.

Quellen: Moderne Bauformen 6 (1907), S. 190;
Hendrich, Nr. 65.

**65**
**Dritte Deutsche Kunstgewerbe-Ausstellung**
Dresden
1906

Auf der Dritten Deutschen Kunstgewerbe-Ausstellung in Dresden oblag Schumacher nicht nur die Leitung der Abteilung Raumkunst. Von ihm stammen auch der Gesamtplan der Ausstellung sowie verschiedene Innenraumentwürfe, darunter unter anderem der Grundriß des Ausstellungspalasts an der Stübelallee, ein protestantischer Kirchenraum und der Grundriß des Sächsischen Hauses, dessen Gestaltung ansonsten weitgehend Wilhelm Kreis übertragen wurde. Für seine umfangreichen Tätigkeiten erhielt Schumacher die Sächsische Staatsmedaille. Von den einzelnen Projekten seien die folgenden hier aufgeführt:

**65.1**
**Protestantischer Kirchenraum**

Nachdem Schumacher den Wettbewerb für die Ausgestaltung des Kuppelsaales im Dresdner Ausstellungspalast gegen Wilhelm Kreis und Max Hans Kühne gewonnen hatte, konnte er den eigenen Entwurf eines protestantischen Kirchenraumes im Mittelsaal des Ausstellungspalastes ausführen. »Seine Kirche ist ein hoher, mit einer kassettierten Flachtonne eingewölbter Saal, in vier Treppentürme eingespannt, auf den Langseiten von Emporen umschlossen, über denen sich die Fenster öffnen; in der Apsis liegen der Altartisch (dessen Stelle durch das Mittelfeld des Teppichs markiert wird), die niedrige Kanzel und die Orgel übereinander. In eine mächtige, das Gewölbe vorbereitende Voute sind noch je drei ovale Fenster eingestochen. Diese Axialanordnung hat wohl ihre Bedenken, die Vorstellung des über den Altar hinweg sprechenden Geistlichen wird manchen verletzen. Aber sie verhilft auch auf der anderen Seite dem Raum zu jener beruhigend klaren und feierlichen Monumentalität, die ich als vornehmste Wirkung eines zur Einkehr und Erhebung bestimmten Raumes verlange. Es ist Schumacher, meiner Meinung nach, gelungen, das künstlerische Empfinden des modernen Menschen mit den durch die Liturgie in feste Gestalt gebannten Ewigkeitsgedanken des christlichen Glaubens zu versöhnen und zwar so, daß die neue Form als lebendig und entwicklungsfähig gelten kann« (»Die Dritte Deutsche Kunstgewerbe-Ausstellung«, s. u.). Das Mosaik in der Apsis sowie die Decken- und Wandmalerei sind von Otto Gußmann, die plastischen Dekorationen von Karl Gross, die Glasfenster von Paul Rössler. Weiterhin gibt es einen Fries von Richard Böhland. Schumacher konnte im Rahmen der umfangreichen Ausstattung die bronzenen Kandelaber, den Altar, die Orgel, das Eichengestühl, die Türen, den Bodenbelag und die Stoffe und Teppiche nach eigenen Vorstellungen ausführen lassen.

Der Entwurf des Kruzifixes stammt von August Hudler. Die Ausführung der Kandelaber und Bronzeteile übernahmen die Firma K. A. Seifert aus Müngeln bei Dresden und Max Grossmann aus Dresden. Die Malereien in einem Nebenraum für kirchliches Edelgerät wurden von Richard Guhr aus Dresden ausgeführt. Die Ausgestaltung der bildlichen Plastik im kirchlichen Vorraum wurde Ernst Hottenroth aus Dresden übertragen. Einen hier angebrachten Fries gestaltete Hans Seliger aus Berlin.

Quellen: SUB, Schumacher-Nachlaß; Schumacher: Stufen, S. 249 ff.; Das Deutsche Kunstgewerbe 1906. Hrsg. v. Direktorium der Ausstellung. München 1906; Der Baumeister 40 (1906), S. 126, Taf. 83–86; Deutsche Bauzeitung 40 (1906), S. 498 f.; Erich Haenel: Die Dritte Deutsche Kunstgewerbe-Ausstellung. In: Dekorative Kunst 14 (1906); Innen-Dekoration 17 (1906), S. 302; Kunstgewerbeblatt 17 (1906), S. 26; Hendrich, Nr. 65.

**65.2**
**Wohnzimmer im Sächsischen Haus**

Ein Entwurf Schumachers lag auch dem Wohnzimmer im Sächsischen Haus zugrunde. Die farbigen Glasbilder stammen von Josef Goller. Die aus naturfarbenem Kirschbaumholz gefertigten Möbel wurden von Bernhard Goebel in Freiberg i. S. hergestellt, die Möbelstoffe und Wandbespannungen von Wilhelm Vogel in Chemnitz. Die Firma Kaps in Dresden lieferte den intarsiengeschmückten Flügel, die Linoleumfabrik Ankermarke in Delmenhorst den Bodenbelag. Zu nennen sind ferner ein Ofen aus Steingut von Ernst Teichert in Meißen sowie Sofakissen von Armgard Angermann. Der später als Mitglied der »Brücke« bekanntgewordene Schüler Otto Gußmanns, Max Pechstein, zeichnete 1906 ein Aquarell dieses Zimmers.

Quellen: Der Baumeister 40 (1906), S. 126, Taf. 83–86; Deutsche Bauzeitung 40 (1906), S. 498 f.; Das Kunstgewerbe 1906. Hrsg. v. Direktorium der Ausstellung. München 1906.

**65.3**
**Kindergrabmäler**

In der Abteilung »Friedhofskunst« stellte Schumacher mehrere Kindergrabmäler aus Holz und Schmiedeeisen aus. Die hölzernen Grabkreuze wurden von den Dresdner Werkstätten für Handwerkskunst ausgeführt; eines erhielt zusätzlich eine Bemalung durch Paul Rössler. Die Herstellung des schmiedeisernen Grabmals übernahm Hermann Kayser aus Leipzig.

Quellen: SUB, Schumacher-Nachlaß XVI 1.14; Das Deutsche Kunstgewerbe 1906. Hrsg. v. Direktorium der Ausstellung. München

1906, S. 104 f.; Erich Haenel: Die Dritte Deutsche Kunstgewerbe-Ausstellung. In: Dekorative Kunst 14 (1906), S. 476 f., 488.

**65.4**
**Grabmal**

Gezeigt wurde auch ein Wandgrabmal aus Thüringer Kalkstein, dessen plastische Arbeiten Franz Stellmacher, die Gesamtausführung hingegen G. A. Walther aus Dresden übernahm. In die Wand mit geradem oberen Abschluß ist eine flache, durch Lisenen gegliederte Nische eingefügt; die Felder zwischen den Lisenen tragen Reliefs. Die Nische wird – wie beim Dresdner Grabmal Weichardt – durch Mauervorlagen und Deckplatte mit unbehauenen Sichtflächen eingefaßt. Oberhalb der Deckplatte befindet sich ein Kranzgesims. Die Nische wird vorne durch zwei niedrige, gebogene Brüstungsmauerstücke umfangen.

Quellen: SUB, Schumacher-Nachlaß XVI 1.18; Das Kunstgewerbe 1906. Hrsg. v. Direktorium der Ausstellung. München 1906, S. 105; Erich Haenel: Die Dritte Deutsche Kunstgewerbe-Ausstellung 1906. In: Dekorative Kunst 14 (1906), S. 477, 481.

**65.5**
**Ladenpavillon**

Im Ladenpavillon der Ausstellung, den Schumacher entworfen hatte, waren während der Ausstellung ein Laden der Firma Leibniz, ein Bäcker-, Kaffee,- Likör- und Zigarrenverkaufslokal sowie ein Friseurgeschäft untergebracht. Die Eisenkonstruktion des Pavillons wurde durch die Dresdner Eisengießerei Kelle & Hildebrant gefertigt. Die Dekorationsmalereien stammten von Paul Rössler, die Keramikarbeiten von der Firma Schenk in Alt-Landsberg.

Quellen: Der Baumeister 40 (1906), S. 126, Taf. 83–86; Deutsche Bauzeitung 40 (1906), S. 498 f.; Das Deutsche Kunstgewerbe 1906. Hrsg. v. Direktorium der Ausstellung, München 1906.

**66**
**Grabmal Louise Gushurst**
Um 1906

Im Giebel der Stele steht ein in Hochrelief ausgearbeiteter Putto. Das Grabmal wurde vermutlich durch die Werkstätten für Friedhofskunst Plauen i. V., Inhaber August Stößlein, ausgeführt.
Der Standort ist nicht bekannt.

Quellen: Henker: Grabmalskunst 5, Taf. 26.

**67**
**Grabmalentwurf**
1906

Die ädikulaartig gestaltete Stele zeigt im oberen Teil ihrer Mittelnische zwei Putten, die gemeinsam einen Kranz halten. Ein rechteckig auskragender Blumentrog schließt den Baukörper nach vorne ab. Von diesem Grabmal ist lediglich ein Entwurf bekannt.

Quellen: SUB, Schumacher-Nachlaß XVI 1.22(3).

**68**
**Kriegsgedächtnismal**
Seeheim an der Bergstraße
1906

Zum Gedächtnis der Gefallenen des Krieges 1870–71 wurde an einer Kirchenmauer eine Erinnerungstafel mit dem Abbild des Landesherrn und den Namen der Gefallenen angebracht. Das Relief fertigte der Bildhauer Habrich.

Quellen: StaH, Schumacher-Nachlaß 621–2; Fritz Schumacher: Kriegs-Gedächtnis-Male, S. 2, 6.

**69**
**Grabmal Kuoni-Stoppany**
Chur/Schweiz, Friedhof Daleu
1906

Die monumentale Stele ist mit ihren beiden niedrigeren, pfeilerartigen seitlichen Mauerstücken als Portalgrabmal ausgebildet. Im oberen Teil steht, ädikulaartig gerahmt, in einer ornamental verzierten Nische eine Urne, deren zentrale Stellung zusätzlich durch eine postamentartige Mauervorlage auf breitem Sockel betont wird. Unter der Nische sind seitlich zwei kleine Reliefs mit einem knienden Engel angebracht. Die Fertigung des Grabmals übernahm vermutlich der ortsansässige Bildhauer Giovanni Bianchi, dessen Signatur sich unten links am Stein findet. Möglicherweise war auch der Schweizer Bildhauer G. Bismehl an der Ausführung beteiligt. Das Grabmal wurde 1992 abgeräumt.

Quellen: Willich: Schumacher, S. 304; Schumacher: Stufen, S. 265; Hendrich, Nr. 75.

**70**
**Wettbewerb Stadthaus Bremen**
Bremen
1906

1906 wurde Schumacher zusammen mit Gabriel von Seidl, Lossow & Kühne, Schilling & Gräbner, Wilhelm Kreis, Oswin Hempel und anderen zur Beteiligung an dem engeren Wettbewerb zum Neubau des Stadthauses in Bremen aufgefordert. Insgesamt 15 Arbeiten wurden eingereicht. Dem Entwurf *Bild und Text* von Gabriel von Seidl wurde einstimmig der erste Preis zuerkannt. Eine weitere bewertende Abstufung der Entwürfe nahm das Preisgericht nicht vor. Die Ausführung wurde von Seidl übertragen. Der später in den *Dresdner Heften* veröffentlichte Entwurf Schumachers zeigt zwei Baukörper, einen größeren viergeschossigen Bau mit Innenhof auf quadratischem Grundriß und, seitlich versetzt, einen kleineren Anbau für den großen Festsaal. Das Äußere ist durch Verwendung verschiedener Materialien – Erdgeschoß ganz in Sandstein, Obergeschosse in Backstein, Fenster mit Sandsteineinfassungen – sowie durch Wandpfeiler, Erker und Laubengänge lebhaft gegliedert. Die Gebäudeteile erhalten hohe Walmdächer mit Gauben und Zwerchgiebeln. Die bewegte Dachlandschaft wird von einem Uhrenturm überragt.

Quellen: Moderne Bauformen 7 (1908), S. 177–185; Deutsche Bauzeitung 42 (1908); Hendrich, Nr. 68.

**71**
**Grabmal Klinkhardt**
Wurzen, Alter Friedhof
Um 1906–07

Das über zwei Meter hohe Portalgrabmal aus Sandstein wird durch einen Dreiecksgiebel abgeschlossen. In die große mittlere Nische ist eine Bronzetafel mit den Namensinschriften eingelassen; zu beiden Seiten schließt sich jeweils eine kleine Nische an, in der eine Vase Platz findet. Ein früher Entwurf Schumachers von 1903 sieht ein schmiedeeisernes Gitter für die Grabstätte vor. Das Grabmal ist nicht mehr vorhanden; denn der seit den zwanziger Jahren geschlossene Alte Friedhof in Wurzen wurde 1975 von der Kirche der Stadt übereignet und daraufhin aufgelassen.

Quellen: SUB, Schumacher-Nachlaß XVI 1.22(2), 1.22(8); freundliche Auskunft von Herrn Richard Klinkhardt, Wurzen.

**72**
**Grabmal Mohr**
Dresden-Tolkewitz, St.-Johannisfriedhof
Um 1906–07

Das Grabmal für die Familie von Christian Otto Mohr (1835–1918), Professor an der Technischen Hochschule Dresden, ist ein kleines, tempelartiges Gebäude mit einer zu vier Pfeilern aufgelösten Front und seitlich vorgezogenen Einfassungsmauern. Die Pfeiler tragen Reliefs von Selmar Werner (1864–1953) mit antikisierenden Engelsfiguren mit Musikinstrumenten und Gefäßen. Den Ornamentschmuck am Gesims und den eingestellten Vasen führte Rudolf Gerbert aus. An der rechten Brüstungswand befindet sich die Signatur Schumachers. Das aus Muschelkalk gestaltete Grabmal mit der Schrifttafel aus Zinkguß wurde 1985 restauriert.

Quellen: SUB, Schumacher-Nachlaß XVI 1.19; Ausstellung zur Hebung der Friedhof- und Grabmalkunst. Wiesbaden, Hamburg 1905/1906, S. 65, Nr. 255; Willich: Schumacher, S. 305, 308; Henker: Grabmalskunst 4, Taf. 12; Hendrich, Nr. 70.

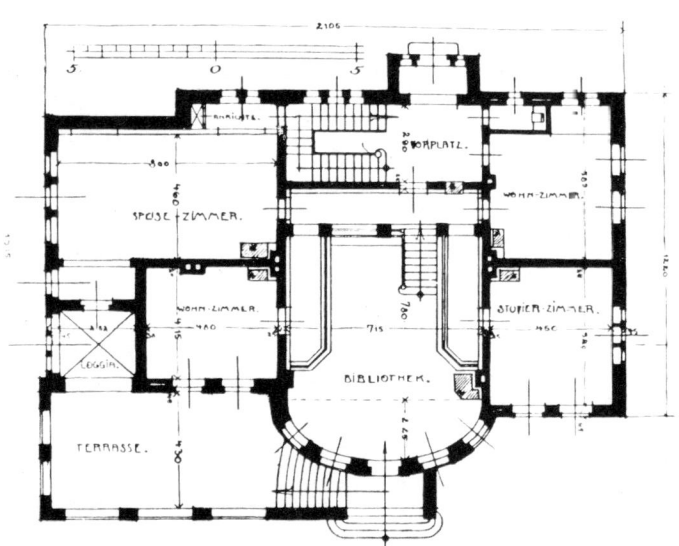

Ostseite.

Nordseite.

Westseite.

Südseite.

Fritz Schumacher, Villa Sombart, Schreiberhau,
Werk Nr. 75

**73**
**Grabmal Floh**
Hauptfriedhof Krefeld, Feld B,
Nr. 287–300
Um 1906–07

An das breit gelagerte Portalgrabmal aus
Muschelkalk mit Blumentrog schließen sich
seitlich Brüstungsmauern an. Die in der Mitte
eingefügte Bronzetafel wird von den Reliefs
zweier kniender, musizierender Engel flankiert. Der figurale Reliefschmuck stammt von
Otto Gußmann, während die Gesamtausführung von der Firma Chr. Göbel & Co. aus
Dresden übernommen wurde. Das Nutzungs-
recht an dem Grabmal ist 1969 an die Stadt
Krefeld übergegangen.

Quellen: SUB, Schumacher-Nachlaß XVI
1.16, 1.20; Moderne Bauformen 6 (1907),
S. 211; Willich: Schumacher, S. 305, 309; Der
Hamburger 1 (1910), H. 1, S. 4; Schumacher:
Stufen, S. 265; Hendrich, Nr. 78.

**74**
**Grabmal Fusbahn**
Krefeld, Friedhof Uerdingen
Um 1906–07

Das Portalgrabmal aus Muschelkalk trägt in
einer Nische die Skulptur eines leierspielenden
Putto des Bildhauers Franz Kreis. Auf den
seitlichen Pfeilern stehen Blumenschalen. Das
Grabmal, ausgeführt von G. A. Walther, ist
nicht mehr vorhanden.

Quellen: SUB, Schumacher-Nachlaß XVI
1.15; Moderne Bauformen 6 (1907), S. 210;
Willich: Schumacher, S. 305; Henker: Grabmalskunst 4, Taf. 14; Hendrich, Nr. 72.

**75**
**Villa Sombart**
Szklarska Poreba (Schreiberhau), Podgòrze 9
1906–08

Der Nationalökonom Werner Sombart beauftragte Schumacher mit der Planung seiner Villa
im Schlesischen Schreiberhau. »Die Villa
Sombart in Schreiberhau im Riesengebirge
musste einem stark abfallenden Terrain
angepaßt werden. Aus diesem Umstande hat
Schumacher die interessante Anlage des Haupt-
raumes, der Bibliothek, gewonnen. Dieser
Raum erhält seine Höhe nicht dadurch, dass er
in den oberen Stock hineinragt, sondern dass er
in den Keller herunterreicht... So bleibt das
Innere des Hauses auf beiden Seiten in unmittelbarer Verbindung mit dem Garten. Trotz der
aus den Abbildungen ersichtlichen beschei-
denen Formen des Äußeren herrscht doch eine
gewisse Wucht der Gruppierung als ein bestim-
mender Eindruck vor. Die grosse ernste
Gebirgsnatur hätte zu jedem Kleinlichen, Spie-

lerischen in Disharmonie gestanden. Nach der
Wetterseite, wo im Grundriss keine Wohnräume angelegt sind, schmiegt sich das Haus an
die Berglehne an, hier ist auch das Dach tiefer
herunter gezogen. Die Bodengestaltung am
Hause hat der Architekt sich noch durch
Anlage verschieden gestalteter Terrassen
zunutze gemacht, die organisch mit dem Baue
verbunden sind. Die Bausumme betrug ca.
90 000 Mark« (Der Baumeister, s. u.).
Während des Ersten Weltkrieges bildete sich
ein Ausschuß, der das Gebäude bei Kriegsende
an Paul von Hindenburg als Deutschlands
Ehrengeschenk übergeben wollte. Der zentrale
Bibliotheksraum der Villa sollte mit einer
speziell für Hindenburg zusammengestellten
Bibliothek ausgestattet werden. Schumacher
hatte, bevor der Kriegsverlauf diese Pläne
verhinderte, mit ersten Umbauplanungen und
Umbauzeichnungen für dieses Projekt
begonnen.

Quellen: Schumacher: Stufen, S. 240; Moderne
Bauformen 7 (1908), S. 282 (Modellphotos);
Der Profanbau 8 (1912), S. 543–548; Der Bau-
meister 9 (1911), S. 39–41.

**76**
**Bebauungsplan Kronprinzenstraße**
Bremen, Schwachhausen
Auftraggeber: Stadt Bremen
1907

Schumachers Plan zeigt außer einer Lageskizze
eine perspektivische Vogelschauzeichnung,
die die geplante Bebauung mit kleineren,
unterschiedlich gestalteten Villen und Doppelhäusern verdeutlicht. Die im Auftrag der
Bremer Terraingesellschaft begonnene Planung
einer neuen Erschließungsstraße zwischen der
Schwachhauser Chaussee und der Scharnhorst-
straße sowie der Villenbebauung der nördlich
angrenzenden Grundstücke wurde bis 1910
durch das Baugeschäft des Unternehmers J.
H. Römermann aus Bremen ausgeführt. Zwei
Gebäude dieses Straßenzuges sind noch in der
heutigen Richard-Dehmel-Straße erhalten.

Quellen: Moderne Bauformen 7 (1908),
Taf. 16; Hendrich, Nr. 76.

**77**
**Grabmalentwurf**
1907

Die Ädikula mit ornamentierten Pfeilern
und Blumentrog wird durch eine halbhohe
Brüstungsmauer eingefaßt. Über eine
Ausführung dieses Entwurfs ist nichts bekannt.

Quellen: SUB, Schumacher-Nachlaß XVI
1.22(5).

**78**
**Grabmal Friedrich Assmann**
Um 1907

Die schlichte Stele in Kreuzform trägt als
Reliefschmuck das Christusmonogramm.
Abgesehen von diesem Motiv stimmt sie in
ihrer Gestaltung mit dem Bremer Grabmal
Kluepfel von 1909 überein. Der Standort des
Grabmals ist nicht bekannt.

Quellen: Der Hamburger 1 (1910), H. 1, S. 5.

**79**
**Grabmal Weichardt**
Dresden, Bad Weißer-Hirsch, Waldfriedhof
Um 1907

In die glatte, etwa 2,50 Meter hohe Muschel-
kalkwand ist eine ellipsenförmige Nische eingelassen, deren Rundung sich in der niedrigen,
geschwungenen Brüstungsmauer fortsetzt.
Eine Deckplatte und zwei seitliche Mauervorlagen rahmen mit ihren rauh belassenen Oberflächen die Nische wirkungsvoll ein. Die
vier oben in der Nische angeordneten Putten
stammen von Selmar Werner, während die
gesamte Ausführung bei G. A. Walther aus
Dresden lag. Das Grabmal wurde unmittelbar
nach der Dresdner Kunstgewerbe-Ausstellung
von 1906 in Auftrag gegeben; es weist starke
Ähnlichkeit mit dem dort gezeigten Wandgrabmal auf.

Quellen: Willich: Schumacher, S. 303 f.,
Henker: Grabmalskunst 4, Taf. 13; Hendrich,
Nr. 69.

**80**
**Hochkreuz**
Krefeld, Friedhof Uerdingen
Um 1907

Schumacher entwarf dieses 5,50 Meter hohe
Kruzifix mit den breit gelagerten, exedraartig
gebogenen Umfassungsmauern als Abschluß
und Endpunkt einer Hauptallee auf dem
Friedhof Uerdingen. Der Bildhauer Richard
Guhr schuf die Christusfigur, die die streng
vertikale Ausrichtung des Hochkreuzes
aufnimmt. Das Monument ist als Ergebnis
eines Preisausschreibens entstanden, bei dem
Schumacher als Sieger hervorging. Der
Vorentwurf sah zur Unterstützung der
ursprünglich längeren Kreuzesarme jeweils
eine Stele mit Figurenschmuck vor. Ein zweiter
Entwurf zeigt seitlich eingestellte Figuren. Bei
G. A. Walther aus Dresden lag die Ausführung
des Denkmals, das sich heute im Besitz der
Stadt Krefeld befindet.

Quellen: Moderne Bauformen 6 (1907), S. 193,
210; Willich: Schumacher, S. 305 f.; Henker:
Grabmalskunst 4, Taf. 2; Der Hamburger 1
(1910), H. 1, S. 5; Hendrich, Nr. 73 f.

**81**
**Bühnenbild zu William Shakespeare,**
**»Hamlet«**
Auftraggeber: Königliches Schauspielhaus
Dresden
1907–09

Nach dem Scheitern eines Theaterprojektes mit
Edward Gordon Craig und Isadora Duncan
anläßlich der Dresdner Kunstgewerbeausstellung 1906 erhielt Schumacher die
Möglichkeit, seine Ideen einer reformierten
Bühnengestaltung im Januar 1909 am Königlichen Schauspielhaus in Dresden zu realisieren. Beeinflußt von den Ideen Adolphe
Appias, mit denen er bereits um 1895 in
Kontakt gekommen war, schafft er für den als
»zeitlos« eingeschätzten *Hamlet* monumentale
Bühnenräume, die frei sind von historischen
und naturalistischen Zitaten. Ein System
von fest installierten architektonischen Grund-
elementen erlaubt in Verbindung mit variablen
Versatzstücken und Vorhängen die schnelle
Verwandlung für 18 verschiedene Szenen auf
einer Bühne ohne besondere technische
Ausstattung. Der Bühnenraum ist im Sinne der
Reliefbühne betont flach gehalten, und Schumacher nahm aktiv an der Einstudierung teil,
um eine entsprechend stilisierte Haltung der
Schauspieler zu erzielen. Die Inszenierung fand
überregional große Beachtung.

Quellen: SUB, Schumacher-Nachlaß (zehn
kolorierte Photographien); Deutsches Theater-
museum München (elf Aquarell-Kopien);
Hamburger Theatersammlung (historische
Photos); Schumacher: Stufen, S. 268–272;
Schumacher: Wandlungen, S. 36–42; Schu-
macher: Die Hamlet-Inszenierung des Dres-
dener Hoftheaters. In: Moderne Bauformen 8
(1909), S. 289–294; Oskar F. Walzel: Bühnen-
fragen der Gegenwart. In: Internationale
Wochenschrift für Wissenschaft, Kunst und
Technik 3 (1909), S. 491–506 und 523–536;
Erich Haenel: Neue Deutsche Bühnenkunst.
In: Dekorative Kunst 18 (1910), S. 181–190.

**82**
**Villa Osthaus**
Hagen/Westfalen, Kreishausstraße 5
1908

**83**
**Wettbewerb für eine Kirche**
Hagen/Westfalen
1908

**84**
**Wettbewerb für eine Kirche**
Recklinghausen, Herner Straße
1908

Während des Baus der Villa Sombart
(1906–08) begann Schumacher mit der
Planung eines Wohnhauses für Heinrich
Eduard Osthaus, den Bruder des bekannten
Kunstgewerbemäzens, Carl Ernst Osthaus.
Das zweigeschossige Haus ist im wesentlichen
auf einem rechteckigen Grundriß aufgebaut
und steht quer zur Straße. Auf der rechten
Hausseite liegt in einem polygonalen, haus-
hohen Vorbau der Haupteingang. Links
schirmt ein eingeschossiger, schmaler Anbau
den Garten zur Straße ab. »Die Straßenfront
öffnet sich im Erd- und Obergeschoss durch
Loggien, die zwischen vorspringenden
Ausbauten liegen. Der Eingang in der Seitenfront mündet in eine vorspringende offene
Halle, über der sich das Ober- und das Dachgeschoß erheben; letzteres in pavillonartiger
Form. Der Haupteingang führt zu dem
Vorraum in einem einstöckigen Seitenflügel.
Die Rückfront besitzt einen im Obergeschoß
schwach vortretenden, die Dachlinie durch-
schneidenden Ausbau. Die Fronten sind in
Terranova verputzt und mit einzelnen Sand-
steingliederungen ausgestattet. Das gebro-
chene, Dachfenster tragende Dach hat eine
Eindeckung von Biberschwänzen erhalten. Das
Erdgeschoß enthält die mit einem Vorraum
versehene Diele mit der offen liegenden Haupttreppe, das Herren- und das Damenzimmer,
das mit der Loggia in Verbindung stehende
Speisezimmer, die Küche mit Nebenräumen
und die Nebentreppe. Im Obergeschoß liegen
das Schlafzimmer des Besitzers mit anschließenden Garderoben, das Wohnzimmer, das
Ankleidezimmer mit Bad, ein zweites Bade-
zimmer und die Kinderzimmer« (*Die Architektur des XX. Jahrhunderts*, s. u.).
Der Bau ist nicht erhalten.

Quellen: Schumacher: Stufen, S. 245; Die
Architektur des XX. Jahrhunderts 12 (1912),
Taf. 14; Der Baumeister 9 (1911), S. 38–40,
Taf. 25/26.

Im Rahmen eines engeren Wettbewerbes, zu
dem auch Peter Behrens eingeladen war,
gestaltete Schumacher einen Entwurf für die
protestantische Kirche in Hagen. Obwohl
Schumacher den ersten Preis der Konkurrenz
gewinnen konnte, wurde sein Entwurf nicht
ausgeführt. Er entwarf ein hohes Kirchenschiff
mit Steildach, das von zwei runden Türmen
flankiert wird. In einem zweiten Entwurf steht
anstelle der Zwillingstürme ein massiver
Hauptturm. Das Material der Kirche ist Naturstein.

Quellen: Schumacher: Stufen, S. 257; Moderne
Bauformen 7 (1908), S. 63–66, 283, Taf. 14;
StaH, Schumacher-Nachlaß 621–2.

Schumacher wurde von der evangelischen
Kirchengemeinde zusammen mit Friedrich
Pützer aus Darmstadt sowie den Architekten
Caesar aus Diez und Polig aus Recklinghausen
zu einem engeren Wettbewerb für den Neubau
einer protestantischen Kirche in Recklinghausen aufgefordert. Seine Arbeit wurde zwar
vom Preisgericht (unter anderen Professor
Henrici aus Aachen, Amtsbaumeister Meyer
und Stadtbauinspektor Sopp aus Recklinghausen) als der beste Entwurf anerkannt,
mußte aber bei der Zuteilung der Preise
ausscheiden, da die verfügbare Bausumme weit
überschritten war. Den ersten Preis gewann
Pützer, den zweiten Caesar. Schumachers
Entwurf zeigt ein Kirche mit Mittelschiff und
zwei Seitenschiffen. Sie werden von einem
hohen Steildach zusammengefaßt. An der
Längsseite erhebt sich ein massiver, rechteckiger Turm. Rechts, neben dem Chorraum,
ist ein niedriges Pfarrgebäude mit der Kirche
verbunden.

Quellen: Schumacher: Stufen, S. 257; Moderne
Bauformen 8 (1909), S. 303; Deutsche
Bauzeitung 42 (1908), S. 164; Hendrich,
Nr. 80.

**85**
**Entwurf des Ausstellungsraumes der
»Zunft«**
Kunstausstellung Dresden
1908

Für die Künstlervereinigung »Die Zunft«, der
er selber angehörte, entwarf Schumacher einen
Ausstellungsraum im Rahmen der Kunstausstellung 1908 in Dresden.

Quellen: Staatsarchiv Dresden, Zunft-Akten.

**86**
**Empfangszimmer**
Dresden
Auftraggeber: Dresdner Anzeiger
1908

Ende des Jahres 1908 gestaltete Schumacher
für den *Dresdner Anzeiger* das Empfangszimmer
der Redaktion. »Die Wände des vorhandenen
sehr wenig für eine künstlerische Gliederung
vorteilhaften Raumes mussten möglichst für
Geschränk ausgenutzt werden. Trotz ihrer
Gliederung sind sie einheitlich wie eine durchgehende Täfelung behandelt. Sehr reizvoll ist
der Wechsel zwischen großen glatten Flächen
und dem zierlichen Detail in Intarsia und
geschnitzten Formen. Das Zimmer kostete
zirka 3500 Mark« (*Der Baumeister*, s. u.).

Quellen: Der Baumeister 9 (1911), S. 42 f.;
Hendrich, Nr. 82.

**87**
**Gutachten für den »Dürerbund«**
1908

Schumacher verfaßte ein Gutachten für den
»Dürerbund«, das sich mit der Problematik des
geplanten Anbaus an das Gewandhaus in
Braunschweig beschäftigte.

Quellen: Neudeutsche Bauzeitung 4 (1908),
S. 295 f.; Hendrich, Nr. 83.

**88**
**Speisesaal**
Hessische Landesausstellung Darmstadt
1908

Schumacher wurde aufgefordert, den Entwurf
für ein Speisezimmer auf der Hessischen
Landesausstellung in Darmstadt anzufertigen.
Die Ausführung des Innenraums übernahm
Ludwig Alter aus Darmstadt. »Ein Schmuck-
und Prunkstück ist aber auch Prof. Fritz Schu-
machers (Dresden) Speisesaal aus grauem mit
reichen Intarsien gezierten Ahornholz. In
leichten Wölbungen runden sich die Bögen der
Stuckdecke darüber und sprechen mit hinein in
die Stimmung heiterer Pracht und festlicher
Ruhe, wie die fein verteilten Musterungen und
Farben auf der Wandbespannung und den
Streben, an den Fensterverglasungen und den
Deckenlichtern« (*Dekorative Kunst*, s. u.).

Quellen: Dekorative Kunst 16 (1908), S. 488;
Innen-Dekoration 21 (1910), S. 336.

**89**
**Handelshochschule**
Leipzig, Ritterstraße
Auftraggeber: Sächsisches Landesbauamt
1908

Bei der Handelshochschule der Leipziger
Universität »wurde das Prinzip durchgeführt,
das in allen Teilen in Eisenbeton erstellte Trag-
gerippe, in welches die Innen- und Außenwände lediglich als Füllungen eingesetzt sind,
so anzuordnen und zu formen, daß es dem
Auge sichtbar bleiben konnte und unmittelbar
die vom Architekten gewollte Raumgliederung
ergab. Im Inneren des Baues ist mit Ausnahme
zweier keramischer Brunnen-Anlagen überhaupt keine Schmuckform angebracht. Die
Wirkungen sind erzielt durch Putzflächen,
gestrichenes Holzwerk, Farbentönungen und
geschmiedete Beleuchtungskörper. Im
Äußeren ist für das Untergeschoß eine
Verkleidung aus rotem Rochlitzer Porphyr
angewendet, ebenso sind die hervorgehobenen
Architekturteile, besonders das Hauptgesims
aus gleichem Material erstellt« (*Deutsche
Bauzeitung,* s. u.). An der in Putz und Naturstein ausgeführten Fassade sind einige Gliede-
rungselemente von Bedeutung, die – in Back-
stein ausgeführt – in Schumachers späterem
Werk wieder erscheinen: der vorgewölbte
Risalit, nach englischem Vorbild als Bay-
Windows gestaltete Dreifenstergruppen sowie
rustizierte Wandpfeiler über mehrere
Geschosse. Über dem Eingang befinden sich
Skulpturen von Georg Wrba.

Quellen: Schumacher: Stufen, S. 275; Moderne
Bauformen 8 (1909), S. 295 (Entwurf);
Deutsche Bauzeitung. Mitteilungen über
Zement, Beton- und Eisenbetonbau 8 (1911),
S. 65–69 und 73–76.

**90**
**Grabmal Friedrich Otto Schneider**
Dresden
Um 1908

Die Muschelkalkstele mit abgewalmtem
Abschluß enthält in ihrem oberen Teil eine
Urne, die auf einer ornamentierten Konsole in
einer Nische zwischen zwei kannelierten Vier-
telsäulen steht. Das Grabmal entstand nach
einem Typenentwurf Schumachers aus dem
Jahre 1906, der später auch für das Hamburger
Grabmal Mollweide verwendet wurde. Die
Stele ist nicht mehr vorhanden.

Quellen: SUB, Schumacher-Nachlaß XVI
1.21(2); Der Baumeister 10 (1912), S. 96;
Henker: Grabmalskunst 6, Taf. 24; Fritz Schumacher: Die Feuerbestattung. Leipzig 1939,
S. 104 f.; Hendrich, Nr. 100.

**91**
**Grabmal Wilhelm Grube**
Berlin-Wilmersdorf
Um 1908

Das architektonisch gestaltete Grabmal ist
durch ornamentalen und figuralen Reliefschmuck reich gegliedert. Es ist nicht mehr
vorhanden; sein ehemaliger Standort konnte
nicht genau ermittelt werden.

Quellen: Henker: Grabmalskunst 5, Taf. 25.

**92**
**Grabmal Franz Zimmermann**
Plauen im Vogtland
Um 1908

Das Wandgrabmal besitzt eine große Mittelnische, die von zwei Relieffiguren gerahmt
wird. Es befand sich wahrscheinlich auf dem
ehemaligen Reusaer Friedhof, der 1991 einge-
ebnet wurde.

Quellen: Der Baumeister 10 (1912), S. 90;
Hendrich, Nr. 99.

**93**
**Grabmal**
Plauen im Vogtland
Um 1908

Zwischen zwei kannelierten Säulen auf gemeinsamem Sockel steht auf einem pfeilerartigen,
mit Kreuz und Rosetten verzierten Postament
eine Figur in antikisierender Gewandung.
Die Ausführung übernahm Selmar Werner
(1864–1953). Vermutlich stand das Grabmal
auf dem 1991 eingeebneten Reusaer Friedhof.
Ein nicht völlig identischer Entwurf von 1905
mit anderer Figur befindet sich im Hamburger
Schumacher-Nachlaß.

Quellen: SUB, Schumacher-Nachlaß XVI
1.21 (1); Moderne Bauformen 8 (1909), S. 297;
Henker: Grabmalskunst 5, Taf. 26; Hendrich,
Nr. 86.

**94**
**Grabmal Helene Thierfelder**
Plauen im Vogtland
Um 1908

Die hohe Stele hat einen geraden oberen
Abschluß und wird durch geschwungene
Wangen flankiert. Im oberen Teil befinden sich
zu seiten des Schriftfeldes die Reliefs zweier
musizierender Engel. Das Grabmal, ausgeführt
von Selmar Werner, stand aller Wahrschein-
lichkeit nach auf dem ehemaligen Reusaer
Friedhof.

Quellen: Moderne Bauformen 8 (1909), S. 297;
Henker: Grabmalskunst 5, Taf. 28; Hendrich,
Nr. 87.

**95**
**Grabmal Bernhard Floss**
Plauen im Vogtland
Um 1908

Das Wandgrabmal mit Segmentbogengiebel, zwei knienden Engeln als Reliefschmuck, vorgewölbtem Blumentrog sowie seitlich angefügter Brüstungsmauer wurde von dem Bildhauer Oskar Döll (1886–1914) ausgeführt. Es befand sich vermutlich auf dem ehemaligen Reusaer Friedhof.

Quellen: SUB, Schumacher-Nachlaß XVI 1.22(7); Moderne Bauformen 8 (1909), S. 296; Hendrich, Nr. 85.

**96**
**Grabmal Hüttel**
Plauen im Vogtland
Um 1908

An der Gestaltung dieses Wandgrabmals mit zentralem Ädikulamotiv war der Bildhauer Oskar Döll (1886–1914) beteiligt. Das Grabmal weist große Ähnlichkeit mit dem Grabmal Böcking (Nr. 106) in Kirn an der Nahe auf. Es stand vermutlich auf dem ehemaligen Reusaer Friedhof.

Quellen: SUB, Schumacher-Nachlaß XVI 1.22(6); Moderne Bauformen 8 (1909), S. 296; Deutsche Bauhütte 16 (1912), S. 266; Hendrich Nr. 88.

**97**
**Umbau Villa Schumacher**
Dresden, Winckelmannstraße 22
1908–09

Nachdem Schumacher schon sieben Jahre in Dresden gelebt hatte, mietete er eine alte Villa mit parkähnlichem Garten. Da seine Aufträge als Architekt zunahmen, brauchte er neben einer Wohnung auch ein größeres Büro und baute das Haus für seine Zwecke um: Das Dachgeschoß wurde Büro, der Rest seine neue Dresdner Wohnung.

Quellen: Schumacher: Stufen, S. 275; Hendrich, Nr. 81.

**98**
**Krematorium**
Dresden-Tolkewitz, Wehlener Straße 15
Auftraggeber: Stadt Dresden
1908–11

Den Auftrag für das Krematorium – sein wichtigstes Werk während der Dresdner Jahre – erhielt Schumacher gegen die Konkurrenz der lokalen Architektengarde mit so bedeutenden Namen wie Paul Wallot, Hans Erlwein, Max Dülfer, Schilling & Gräbner oder Heinrich Tessenow. Der Grund ist in der Absicht zu suchen, Schumacher in Dresden zu halten, der einen Ruf nach Charlottenburg erhalten hatte. Die achsensymmetrische Gesamtanlage umfaßt den Hauptbau, ein Wirtschaftsgebäude, den arkardengesäumten Urnenhof auf der Rückseite und ein dem Eingang vorgelagertes, langgestrecktes Wasserbecken. Im Zentrum steht der Hauptbau, in dem sich auf erhöhter Ebene das tonnenüberwölbte Oval der Feierhalle mit dem versenkbaren Katafalkplatz befindet. Die technischen Einrichtungen mit der Verbrennungsanlage liegen, für den Besucher unsichtbar, im Untergeschoß. Die perfekte Trennung von Technik und Feierraum, der nach Schumachers Vorstellung erst dadurch als würdiger Sakralraum inszeniert werden konnte, ist seine originäre Leistung in dieser Bauaufgabe. Aus demselben Grund erklärt sich auch die wuchtige, von jedem Historismus befreite Fassade zum Elbhang, hinter deren Rustikamauern zwei voluminöse Schornsteine verborgen sind. Bei den früher erbauten Krematorien gab es in der Regel isolierte Schornsteine, die bisweilen als Campaniles oder Minarette verbrämt wurden. Manches Detail an diesem Bau ist als Gedanke schon in den zehn Jahre zuvor entstandenen *Studien* anzutreffen und hier zum ersten Mal in einem Schumacherschen Monumentalbau verwirklicht: zum Beispiel die seitlichen Turmstümpfe oder die aus einer Nische vortretende, vertikal gegliederte Apsis an der Elbseite. Auf der Friedhofseite ist die Baumasse reduzierter; hier liegt vor der Feierhalle eine doppelläufige Freitreppe und das die Zufahrt teilende Wasserbecken, in dem sich der Bau widerspiegelt. Die künstlerische Ausstattung mit Figuren übertrug Schumacher Georg Wrba; Otto Gußmann entwarf die zwölf farbigen, schmalen hohen Fenster sowie die Decke des elliptischen Raumes mit der Versenkungsanlage.

Quellen: Schumacher: Stufen, S. 275 f.; Dekorative Kunst 19 (1911), S. 105–126; Moderne Bauformen 7 (1908), S. 62, Taf. 12 f.; Der Städtebau 7 (1910), S. 92 f.; Der Profanbau 8 (1912), S. 525–542; Deutsche Bauzeitung 45 (1911), S. 489–494; Deutsche Bauzeitung. Mitteilungen über Zement, Beton- und Eisenbetonbau 8 (1911), S. 49–52, 60–62; Jürgen Schieferdecker: Fritz Schumacher und sein Krematorium in Dresden. In: Zur Aktualität der Ideen von Fritz Schumacher. Schriftenreihe der Arbeitsgruppe Fritz-Schumacher-Kolloquium, Bd. 1. Hamburg 1992, S. 28 ff.

## 99
### Denkmal für die Gefallenen der deutschen Marine
Wilhelmshaven, Kasernenanlage Ebkeriege
1909

Anfang November 1909 wurde in Wilhelmshaven ein Denkmal für die Gefallenen der deutschen Marine eingeweiht. Da die Finanzierung durch Spenden der Zweiten Werft-Division erfolgte, standen Schumacher nur geringe Mittel zur Verfügung. Mittels der Gesamtanlage gelang es ihm, eine monumentale Wirkung zu erzielen: Das nur 2,50 Meter hohe Denkmal wurde erhöht auf einem kleinen, oval umfriedeten Platz innerhalb eines Haines aufgestellt. In seinem formalen Aufbau erinnert das aus Muschelkalk errichtete Monument an das Revolutionsdenkmal in Hamburg. Auf einem etwa ein Meter hohen Sockel erheben sich zwei Pfeiler von rechteckigem Grundriß. Darauf liegt ein breites Gebälk, das von einem Adler aus Bronze bekrönt wird. Der Sockel trägt die Inschrift: »Die II. Werft-Division ihren für Kaiser und Reich Gefallenen zum Gedächtnis«. Auf den drei Außenflächen der Pfeiler sowie an der Rückseite des Sockels sind die Namen der Gefallenen der deutschen Marine von 1878 bis 1909 eingemeißelt. Schumacher schrieb dazu: »Schrift wirkt ehrwürdig; eine steinerne Chronik kann in sachlichster Schlichtheit feierlich werden« (Schumacher: *Kriegs-Gedächtnis-Male*, S. 341).
Im Jahre 1960 wurde das Denkmal zusammen mit einem Gedenkstein für die Zweite Matrosen-Division vom ehemaligen Standort auf dem Kasernenhof Mühlenweg auf das Gelände der Kaserne Ebkeriege umgesetzt.

Quellen: SUB, Schumacher-Nachlaß; Hamburgischer Correspondent, 5.11.1909; Der Baumeister 10 (1912), S. 93; Emil Högg: Kriegergrab und Kriegerdenkmal. Wittenberg 1915, S. 32; Schumacher: Kriegs-Gedächtnis-Male, S. 339–341; Werner Brune (Hrsg.): Wilhelmshavener Heimatlexikon. Wilhelmshaven 1986, Bd. 1, S. 368; Hendrich, Nr. 101.

## 100
### Innengestaltung Villa Meirowsky
Köln-Lindenthal
1909

Im Jahre 1909 erhielten Fritz Schumacher, Peter Behrens, Fritz Erler und Georg Wrba den Auftrag, die vom Architekten Ludwig Bopp aus Köln erbaute Villa für den Industriebesitzer Max Meirowsky in Köln-Lindenthal auszustatten. Schumacher plante die Einrichtung (Möbel, Vertäfelungen, Kamine, Teppich- und Stoffentwürfe) für das Musik-, Rauch-, Speise- und Herrenzimmer der Villa. »Dunkles Palisanderholz mit Perlmuttereinlagen vermitteln im Glanze des Lichtes eine träumerische, wenig greifbare Welt... Die vorhandenen Grundrisse boten in ihrer unsymmetrischen Anlage für die Gestaltung dieses Raumes (des Musikzimmers, Anm. d. Verf.), der eine große Ruhe der Gesamtwirkung erforderte, gewisse Schwierigkeiten. Der Künstler hat für zwei Seiten durch eine scheinbare Symmetrie der Aufteilung und durch die Heraushebung eines besonderen Platzes für den Flügel trotzdem eine ruhige, harmonische Gesamtstimmung erreicht. Von Fritz Schumacher stammt weiterhin das Arbeitszimmer des Hausherrn, ein kuppelartig geschlossenes Rauch- und Spielzimmer und das Speisezimmer, von welchem besonders das letztere eine festesfreudige Stimmung atmet. Reizvoll spiegelt sich am Abend der Lichterglanz im polierten gelblichen Olivenholze und es entsteht für die Tafel ein Hintergrund von prickelnder Lebendigkeit« (*Innen-Dekoration*, s. u.). Das Musikzimmer wurde von I. A. Eysser-Bayreuth ausgeführt. Die Möbel des Speisezimmers stellte B. Goebel aus Freiberg i. S. her. Die Heizkörpergitter im Speisezimmer wurden von Max Großmann aus Dresden in Neusilber gestaltet.

Quellen: Sonderheft der Kunstzeitschrift Innen-Dekoration: Das Haus Max Meirowsky, Cöln-Lindenthal. Darmstadt 1911; Dekorative Kunst 19 (1911), S. 448; Hendrich, Nr. 102.

## 101
### Grabmal Kluepfel
Bremen, Friedhof Riensberg, Feld U 200–201
1909

Die kreuzartig geformte Stele aus Muschelkalk mit seitlich eingestellten, ornamentierten Säulchen sowie dem Medaillon eines Segelschiffes ist ein beispielhaftes Grabmal der Reformbewegung, das Schumacher auf der von Emil Högg initiierten Ausstellung für Grabmalskunst 1909 auf dem Doventorfriedhof in Bremen präsentierte. Erste Entwürfe entstanden bereits in den Jahren 1903 und 1906. Das Grabmal wurde von der Bremer Bildhauerwerkstatt August Traupe angefertigt.

Quellen: SUB, Schumacher-Nachlaß XVI 1.13, 1.22(4); Führer durch die Grabmalskunstausstellung auf dem Doventorsfriedhof. Bremen 1909, Nr. 67; Architektonische Rundschau 25 (1909), S. 81; Hendrich, Nr. 103.

## 102
### Grabmal Lauenpusch
Berlin, Friedhof Wannsee (Lindenstraße), Alter Teil
1909

Das Portalgrabmal aus Muschelkalk trägt in einem ornamental verzierten Rahmen eine Bronzetafel mit den Namensinschriften. Davor wölbt sich ein Blumentrog. Seitlich schließt sich eine niedrige Mauer an, die die Grabstätte rechteckig einfaßt. Links an der Brüstungsmauer befindet sich die Signatur: »A. Macher & Co. Westend«. In seiner Gestaltung ähnelt das Grabmal dem Grabmal Floh in Krefeld (1906–07). Es ist noch vorhanden, befindet sich jedoch in einem restaurierungsbedürftigen Zustand.

Quellen: Henker: Grabmalskunst 5, Taf. 25.

## 103
### Wettbewerb Heilandskirche
Dresden-Cotta
1909

Aus den 68 eingereichten Entwürfen des Wettbewerbs zur Heilandskirche in Dresden-Cotta wurde der Ersten Preis dem Entwurf *Fides* von Fritz Schumacher zugesprochen. Weitere Preise erhielten P. Bender und Lossow & Kühne aus Dresden. Das Aquarell der Schauperspektive malte der Dresdner Fritz Beckert. Die Berufung Schumachers nach Hamburg verhinderte die Ausführung des an ihn ergangenen Auftrages. Rudolf Kolbe konnte die Aufgabe übernehmen und seinen überarbeiteten Entwurf bis 1927 vollenden.

Quellen: Schumacher: Stufen, S. 258; Moderne Bauformen 8 (1909), S. 51 f.; Deutsche Bauzeitung 43 (1909), S. 228; Hendrich, Nr. 94.

**104**
**Bühnenbildentwürfe**
Dresden
1909

Die im Anschluß an die Aufführung des *Hamlet* (1907–09) geplante Inszenierung von Lord Byrons *Manfred* am Königlichen Schauspielhaus in Dresden kam nicht zustande, da Schumacher vor der Fertigstellung detaillierter Bühnenmodelle nach Hamburg wechselte. Inszenierungspläne für Richard Wagners *Ring der Nibelungen* gediehen nur bis zu ersten Skizzen, die sich nicht erhalten haben. Von den Entwürfen für das Märchenspiel *Der singende Baum* konnte bislang ein Blatt ermittelt werden.

Quellen: Theatersammlung der Universität Köln (Manfred: fünf kolorierte Photos; Der singende Baum: ein koloriertes Photo); Schumacher: Stufen, S. 273; Schumacher: Wandlungen, S. 42–44.

**105**
**Gasometer**
Hamburg-Fuhlsbüttel, Suhrkamp
Auftraggeber: Hamburger Gaswerke
1909

In seinen Lebenserinnerungen nennt Schumacher als erstes Projekt, das er in Hamburg bearbeitete, den Neubau eines Gasometers in Fuhlsbüttel. Anlaß war ein bereits fertiger Entwurf, der Schumacher zur Begutachtung vorgelegt wurde, aber nicht seine Zustimmung fand. Sein realisierter Gegenentwurf sah statt der bis dahin in Hamburg für derartige Gebäude üblichen neugotischen Gestaltung eine moderne, sachlichere Form vor. Anstelle einer Vielzahl schmaler Fenster wurden hohe Bögen in die Außenwand des mit Ziegeln verblendeten Stahlbetonzylinders gesetzt.

Quellen: Schumacher: Stufen, S. 289; Hbg. u. s. Bauten 1914, Bd. 2, S. 419f.; Archiv der Hamburger Gaswerke.

**106**
**Grabmal Böcking**
Kirn an der Nahe, Alter Friedhof, Feld 1
Um 1909

Im Zentrum der Grabanlage befindet sich ein ädikulaartiger, erhöhter Mittelteil, der demjenigen des Grabmals Hüttel in Plauen (um 1908) in seiner Gestaltung entspricht. Die seitlich angefügten und exedraartig vorgezogenen Wände tragen jeweils ein Bronzerelief. Die rechteckige Einfassung der Anlage durch eine niedrige Mauer läßt den Eindruck eines in sich geschlossenen Kleinfriedhofs entstehen – ein Eindruck, der sich durch die streng symmetrische Anordnung der Einzelgräber und die starke Betonung der Mittelachse zusätzlich verstärkt. Das Grabmal ist heute noch vorhanden und befindet sich im Besitz der Familie.

Quellen: Der Baumeister 10 (1912), S. 90; Deutsche Bauhütte 21 (1917), S. 180; Hendrich, Nr. 96.

**107**
**Grabmal Marie Kunze**
Plauen im Vogtland
Um 1909

Der kreuzartige Pfeiler trägt einen Kreuzaufsatz und ist mit Relieffornamenten versehen. Vermutlich stand er ehemals auf dem inzwischen aufgelassenen Reusaer Friedhof.

Quellen: Deutsche Bauhütte 16 (1912), S. 266; Hendrich, Nr. 97.

**108**
**Grabmal**
Um 1909

Für die »Wiesbadener Gesellschaft für Grabmalkunst« entwarf Schumacher den Prototyp einer schlichten Muschelkalkstele, deren oberer Teil eine Nische mit einem eingefügten Kreuz enthält.

Quellen: Kunstgewerbeblatt 23 (1911/12), S. 238; Hendrich, Nr. 98.

**109**

**Grabmal Ernst von Halle**

Berlin, Friedhof Bornstedter Straße,
Abteilung 3, Grab Nr. 7

Um 1909

Das aus großen Steinquadern errichtete Wandgrabmal besitzt einen geschlossenen, vertikal
gegliederten Baukörper mit walmdachför-
migem Abschluß und ist durch eine niedrige
Brüstungsmauer eingefaßt. Der kleinteilige
Reliefschmuck in Form von Medaillons und
Weinranken fügt sich in die strenge Anordnung
ein. Im Hamburger Schumacher-Nachlaß
befindet sich ein Entwurf zu diesem Grabmal
aus dem Jahre 1907.

Quellen: SUB, Schumacher-Nachlaß XVI
1.22(1); Henker: Grabmalskunst 6, Taf. 45.

**110**

**Grabmal Kenzler**

Schlema, Friedhof Niederschlema
Um 1909

Die Fertigung dieses Wandgrabmals aus Sandstein wurde den Werkstätten für Friedhofskunst Plauen i. V., Inhaber August Stößlein,
übertragen. In der großen, flachen Mittelnische
wölbt sich in der Mitte eine halbrunde
Ausbuchtung vor, die im oberen Teil mit dem
Mosaik eines schwarzen Kreuzes auf Gold-
grund versehen ist. Das Grabmal steht noch
heute an der südwestlichen Begrenzungsmauer
des Friedhofs.

Quellen: Deutsche Bauhütte 16 (1912), S. 266;
Hendrich, Nr. 89f.

**111**

**Grabmal Marcus**

Berlin, Jüdischer Friedhof Weißensee,
Herbert-Baum-Straße 45

Um 1909

Ein im Entwurf gleiches Grabmal wie das
Grabmal Kenzler in Schlema wurde auf dem
Jüdischen Friedhof in Berlin-Weißensee aufgestellt. Statt des Kreuzes findet sich hier im
goldfarbenen Mosaik der Davidsstern. Die
Grabstätte wird durch eine Steinumfriedung
eingefaßt.

Quellen: Deutsche Bauhütte 16 (1912), S. 266;
Hendrich, Nr. 89f.

**112**

**Innenumgestaltung des St. Petri-Domes**

Bautzen
1909–10

Schumacher begann mit der Planung zur
Umgestaltung im Inneren des St. Petri-Domes
in Bautzen, als er bereits seine neue Stelle als
Baudirektor in Hamburg angetreten hatte. Der
Kirchenbau, der von der katholischen und der
evangelischen Gemeinde gemeinsam genutzt
wird, stammt aus dem 13., 14. und teilweise
aus dem 16. Jahrhundert. Nur ein geschmie-
detes Eisengitter trennt die beiden Kultstätten
voneinander. Schumachers Neugestaltung
bezog sich nur auf den größeren, protestantischen Teil der Kirche. Im Grundriß zeigt die
Kirche eine dreischiffige Anlage mit acht
Jochen und Chor. Die Längsachse hat in der
Mitte einen Knick, der die romanische Anlage
von den Erweiterungen des 16. Jahrhunderts
trennt. »Der Wunsch nach einer neuen großen
Orgel gab den Anstoß zu den Neugestaltungen.
Bei diesen ist die Schale des Innenraumes bis
auf unbedeutende Durchbrüche unverändert
geblieben. Das Neue erstreckt sich im wesentlichen auf das in die dreischiffige Hallenkirche
eingebaute Holzwerk mit seinen durchaus selb-
ständigen und eigenartigen Einzelheiten.
Anstelle der jetzigen Orgel befand sich vorher
ein kleines, weiß gestrichenes Werk, davor,
ähnlich wie jetzt, eine Sängertribüne, und
darunter die sogenannte *Landstände-Loge*, eine
unerfreuliche Holzarbeit aus der Mitte des 19.
Jahrhunderts. Die Nordwand des Raumes war
eine kahle Fläche. Zur Aufstellung der neuen
Orgel, einer Arbeit des Bautzener Orgelbauers
Eule, mußte die eine Turmmauer an der Westseite unterfangen werden, um für das große
neue Werk Platz zu schaffen. Zugleich wurde
die Musik-Tribüne erheblich vergrößert, die
Landstände-Loge völlig erneuert und eine

zweigeschossige Emporenanlage von der Westseite ausgehend über die kahle Nordwand
herübergezogen. Hier stuft sie sich, den
Fenstern folgend, ab und führt an ihrem Ende
mit einer zierlichen Wendeltreppe, deren
Spindel eine Figur krönt, ins Kirchenschiff
hinunter... Dem Architekten stand als künstlerischer Mitarbeiter der Bildhauer Prof. Karl
Groß in Dresden zur Seite. An der Ausführung
der Arbeiten waren zum größten Teil Bautzener Meister beteiligt. Von W. Schmidt
stammt der Orgelprospekt; Bernhard Walther
daselbst fertigte die Landstände-Loge und die
Musikempore; von G. Schmidt stammt eine
seitliche Sängerempore« (Deutsche
Bauzeitung, s. u.).

Quellen: Schumacher: Stufen, S. 25; Deutsche
Bauzeitung 45 (1911), S. 581 ff.; Moderne
Bauformen 9 (1910), S. 232 f.; Hendrich,
Nr. 95.

# 113
## Bebauungsplan Groß-Borstel
Hamburg, Groß-Borstel
Auftraggeber: Freie und Hansestadt Hamburg
1910–11

Zu den ersten Planungen für die Hamburger
Landgebiete zählt der Bebauungsplan Groß-
Borstel. Schumacher fertigte eine Reihe
perspektivischer Zeichnungen an, die einen
guten Eindruck von der geplanten Bebauung
geben. Sie zeigen vor allem einen kleinstädtischen Platz aus verschiedenen Blickwinkeln.
Er ist umbaut mit zweigeschossigen Wohnhäusern in geschlossener und zum Teil offener
Bauweise. Daneben gibt es eine Kirche und
andere öffentliche Gebäude. Am Rande des
Platzes, den eine Straße durchzieht, steht ein
Brunnen. Eine weitere Zeichnung zeigt einen
von Bäumen umsäumten Spielplatz, der auf
einer Seite von einem Schulgebäude begrenzt
wird. Auf der gegenüberliegenden Seite steht
eine kleine Volkslesehalle.

Quellen: StaH, Schumacher-Nachlaß 621–2.

# 114
## Pfarrhaus und Kirchplatz St. Michaelis
Hamburg-Neustadt, Englische Planke/
Krayenkamp
Auftraggeber: Freie und Hansestadt Hamburg
1910–12

Als die 1906 durch Feuer zerstörte Michaeliskirche wiederaufgebaut wurde, ließ man auf
ihrer Südseite eine Häuserzeile abbrechen, die
den Blick auf die wiedererstandene Kirche
versperrt hatte. So war eine planlose Platz-
erweiterung entstanden, die Schumacher wenig
später durch gezielte Eingriffe korrigierte. Als
Ersatz für die verlorene Platzwand plazierte er
südlich des Kirchenturms einen nur zweigeschossigen Backsteinbau mit kupfergedecktem
Mansarddach, der dazu diente, die »Wucht des
Kirchenbildes« durch den Größenkontrast zu
steigern. Der als Pastorenwohnhaus genutzte
Bau stand auf der Ecke des von halbhohen
Brüstungsmauern umfriedeten Kirchplatzes,
den Schumacher als Terrasse vom tieferlie-
genden Straßenraum abtrennte. Neben dem
Pastorat entstand eine offene Loggia mit einem
von Oscar Ulmer geschaffenen Denkmal des
Baumeisters Sonnin, nach dessen Entwurf die
Kirche im 18. Jahrhundert gebaut worden war.
Für die plastische Baukeramik und einen
Brunnen an der Ostseite der Terrasse wurde
der Bildhauer Richard Kuöhl herangezogen.
Nach der Zerstörung im Zweiten Weltkrieg
sind von der gesamten Anlage noch Teile der
Terrasse mit der zum Krayenkamp herabfüh-
renden doppelläufigen Freitreppe vorhanden.

Quellen: Hbg. u. s. Bauten 1914, Bd. 1, S. 133,
Abb. 113 f.; Schäfer: Staatsbauten, Bd. 1,
S. XVII–XX, Abb. S. 58–74; Paul Bröcker:
Schumachers Entwurf für einen St. Michaelis-
kirchplatz. In: Der Hamburger 1 (1910–11)
S. 175–177; Fischer: Schumacher, S. 16–22.

## 115
### Realgymnasium Hammer Steindamm
Bauplanung
Hamburg-Hamm, Hammer Steindamm/
Sievekingallee
Auftraggeber: Freie und Hansestadt Hamburg
1910–13

1909 beantragte die Oberschulbehörde den Bau
eines Realgymnasiums in Hamm-Nord. Von
den Entwürfen, die Schumacher zwischen 1910
und 1913 für den Schulneubau machte und im
Mai 1913 der Baudeputation vorlegte, ist nur
ein Lageplan vorhanden. Dieser zeigt den
Grundriß eines zweiflügeligen Gebäudes, das
einen spitzwinkligen Eckplatz nach Südwesten
begrenzt. Vorder- und Hinterfront sind durch
Vor- und Rücksprünge gegliedert. Gebaut
wurde das Realgymnasium Hammer
Steindamm (Kirchenpauer-Gymnasium)
aufgrund eines Wettbewerbs ab 1930 durch die
Architekten Bomhoff und Schöne, die in ihrer
Planung die Entwürfe von Schumacher berück-
sichtigten.

Quellen: StaH, Bestand Schulbehörde, Akte
Kirchenpauer-Gymnasium, Nr. 18.

## 116
### Technische Staatslehranstalten
Hamburg-St. Georg, Berliner Tor
Auftraggeber: Freie und Hansestadt Hamburg
1910–14

Der Leiter der Technischen Lehranstalten in
Hamburg, Direktor Zopke, entwickelte schon
1907 ein Raumprogramm für eine gemeinsame
Lehranstalt der fünf technischen Fachschulen
Hamburgs. Bauinspektor Albert Erbe machte
aufgrund des Raumprogramms 1908 erste
architektonische Entwürfe. Später übernahm
Schumacher das Projekt, dessen 1910 genehmigter Entwurf eine langgestreckte Anlage mit
einem vertikal gegliederten, aus der Hauptfront
hervortretenden Mitteltrakt und einem südlich
anschließenden Seitenflügel für die Klassen
und technischen Sammlungen zeigt. Der
Anbau eines identischen Nordflügels, der nicht
gebaut wurde, sollte später eine symmetrische
Anlage herstellen. Vor die Backsteinfassade
tritt ein ausschwingender Eingangsvorbau in
der Mittelachse, mit Sandsteinpfeilern und vier
Frauengestalten von Richard Luksch, die die
hier vertretenen Wissenschaften symbolisieren.
Über den Eingang gelangt man in die zweigeschossige quadratische Halle in sichtbarer, sich
in den Obergeschossen wiederholender Beton-
konstruktion. Hinter der Halle liegt der rückwärtige Anbau für Aula und Zeichensäle,
dahinter in axialer Anordnung ein in den
Baukörper integrierter wuchtiger Schornstein,
der erst oberhalb des Daches sichtbar wird.
Den gesamten Bau überdeckt ein ausgebautes
Mansarddach, am Mitteltrakt mit vorge-
wölbten Dreifenstergruppen.
Zur reichen künstlerischen Ausstattung
gehören von Richard Luksch neben den vier
weiblichen Figuren sieben gebälktragende
Atlanten unter der Traufe des Vorbaus sowie
zwei monumentale Athleten im Eingangsbereich. Von Richard Kuöhl stammt ein Brunnen
im Inneren, Otto Fischer-Trachau entwarf die
Glasfenster der Aula und malte die Treppenhalle aus.
Der Bau wurde nach dem Zweiten Weltkrieg in
vereinfachter Form mit einem flachgedeckten
Staffelgeschoß wiederhergestellt.

Quellen: Baubehörde, Bestand Schumacher;
Hbg. u. s. Bauten 1914, Bd. 1, S. 214–219;
Schäfer: Staatsbauten, Bd. 1, S. XII–XV, Abb.
1–23.

## 117
### Hilfsschule Birkenau
Hamburg-Uhlenhorst, Birkenau
Auftraggeber: Freie und Hansestadt Hamburg
1911

Zwischen zwei frühen Hamburger Bauten von
Fritz Schumacher, der Entbindungsklinik
Finkenau und der Kunstgewerbeschule am
Lerchenfeld, entstand zum ersten Mal in
Hamburg eine eigene Schule für »schwachbefä-
higte Kinder« (vgl. Hamburger Zeitung vom
21.10.1911), die bisher auf 13 verschiedene
Schulen verteilt waren. Sie erhielt acht
Klassen, dazu eine Turnhalle, ein Brausebad,
eine Tischlerwerkstatt und ein Bibliotheks-
zimmer. Der achteckige Bau hat zwei
Geschosse. Ein Mittelrisalit mit vier Fenster-
achsen wird durch ein Mansardgeschoß auf drei
Geschosse erhöht. Die Turnhalle ist zum Teil
in den Baukörper integriert, ihr auf der
Hofseite vorspringender Teil wird als Dachterrasse genutzt.

Quellen: StaH, Bestand 362–3, Akte Hilfsschule Birkenau; Hamburger Zeitung,
21.10.1911.

**118**

**Zollverwaltungsgebäude**
Bauentwurf
Hamburg-Neustadt, Baumwall
Auftraggeber: Freie und Hansestadt Hamburg
1911

**119**

**Entwurf zu einem Brückenpfeiler**
Auftraggeber: Freie und Hansestadt Hamburg
Um 1911

**120**

**Polizeiwache Hammer Deich**
Hamburg-Hamm, Hammer Deich 57
Auftraggeber: Freie und Hansestadt Hamburg
1911–12

Direkt am Hafenrand plante die Zollver-
waltung Hamburg die Errichtung eines Verwaltungsgebäudes mit Wohnungen für Zoll-
beamte, das in die vorhandene ältere Bebauung
am Baumwall eingefügt werden sollte. Schumacher entwarf einen sechsgeschossigen
kompakten Bau, dessen mächtige Straßenfront
vier zweiachsige Risalite mit keramikge-
schmückten Zwerchgiebeln gliedern. Zwischen
den Risaliten waren im fünften Obergeschoß
jeweils eine Loggia und für die Brüstungsfelder
unterhalb der Fenster Mauerwerkreliefs vorgesehen.
Der Bau wurde nicht realisiert.

Quellen: Hermann Muthesius: Fritz Schumachers Bautätigkeit in Hamburg. In: Die Kunst
20 (1919), H. 4, S. 93 ff.

Als Widerlager für eine Fachwerkbrücke aus
Stahl entwarf Schumacher ein mehrgeschos-
siges Brückenportal. Wie der Teil einer Burg-
befestigung überspannt der steinerne Brücken-
bogen die zweigeschossige Stahlbrücke, in
deren oberem Geschoß eine Eisenbahnlinie und
darunter eine Straße verläuft. Den oberen
Abschluß des Pfeilers bildet ein Staffelgeschoß
mit Fenstern und einem Walmdach. Das
Wappen über dem Torbogen läßt vermuten,
daß es sich um einen Entwurf für Hamburg
handelt. Als Material für die Außenwände war
Backstein vorgesehen.

Quellen: Hermann Muthesius: Fritz
Schumachers Bautätigkeit in Hamburg. In:
Die Kunst 20 (1919), Heft 4, S. 105.

Ein Eckplatz in einem Wohnblock mit Etagen-
wohnhausbebauung, der sich in Staatsbesitz
befand, wurde als Bauplatz für eine neue Polizeiwache ausgewählt. Das dreigeschossige
Klinkergebäude mit Mansarddach ist niedriger
als die Nachbarhäuser und paßt sich mit seiner
geschwungenen Außenfassade dem Straßenverlauf an. Besonders ausgestaltet ist die abge-
stumpfte Ecke. Hier ziert über den Rundbo-
genfenstern des Hochparterres, hinter denen
sich die Diensträume befinden, ein aus einem
Achteck entwickelter Erker mit Ziegelreliefs
und Keramikwappen von Richard Kuöhl die
Außenwand.
Der Bau ist stark verändert erhalten.

Quellen: Hbg. u. s. Bauten 1914, Bd. 1, S. 233;
Schäfer: Staatsbauten, Bd. 1, S. XVI f., Abb.
S. 41–46.

**121**
**Volksschule Lutterothstraße**
Hamburg-Eimsbüttel, Lutterothstraße 78–80
Auftraggeber: Freie und Hansestadt Hamburg
1911–12

Die Volkschule an der Lutterothstraße war
einer der ersten in einer langen Reihe von
Schulbauten, die Schumacher für Hamburg
entwarf. Die Bauaufgabe bestand hier darin,
mit einer 30 Klassen umfassenden Schule
einschließlich Turnhalle eine Baulücke in einer
Zeile von Etagenwohnhäusern zu schließen. Da
die Häuserzeile mit der Schule gleichzeitig als
Begrenzung der gegenüberliegenden Grünanlage diente, entwarf Schumacher eine
flächige Straßenfront mit wiederkehrenden,
gleichen Elementen. Der Mittelteil wird durch
ein hohes Dach mit traufenseitigem Giebel
betont. Zur vertikalen Gliederung der Fassade
sind im Mittelteil Pilasterstreifen angeordnet.
Sie heben sich durch abwechselnde
Verwendung heller Handstrichsteine und
dunkler Eisenklinker sowie durch plastische
Vermauerungstechnik von der Backsteinfassade ab.

Quellen: Schäfer: Staatsbauten, Bd. 1,
S. XXVII, Abb. S. 154–160; Hbg. u. s. Bauten
1914, Bd. 1, S. 223f.

**122**
**Volksschule Rübenkamp**
Hamburg-Barmbek, Genslerstraße 33
Auftraggeber: Freie und Hansestadt Hamburg
1911–12

Der Bauplatz dieser Schule ist das Eckgrundstück eines mit Etagenwohnhäusern bebauten
Wohnblocks. Schumacher schloß die Ecke mit
einem hufeisenförmigen, zur Straße hin sich
öffnenden, zweiflügeligen Schulbau. Die
jeweils links und rechts an einen Mittelteil
angeordneten Flügel für Knaben und Mädchen
umschließen einen gemeinsamen Schulhof. Der
Mittelbau mit der Turnhalle im Erdgeschoß
überragt durch sein hohes, vorkragendes
Steildach die gesamte viergeschossige Anlage.
Die Einteilung der Seitenflügel in je drei Klassenjoche wird durch Dreiecksgiebel im Dachbereich und profilierte Pilaster zwischen den
Fenstern des dritten und vierten Obergeschosses hervorgehoben. Die Bildhauer Arthur
Berger und H.F. Silber schufen die Knaben-
figuren an den Ecken des Mittelbaus.

Quellen: Hbg. u. s. Bauten 1914, Bd. 1, Abb.
225–228; Schäfer: Staatsbauten, Bd. 1,
S. XXVI, Abb. S. 142–153.

**123**
**Volksschule Teutonenweg**
Hamburg-Hammerbrook, Wendenstraße 268
Auftraggeber: Freie und Hansestadt Hamburg
1911–12

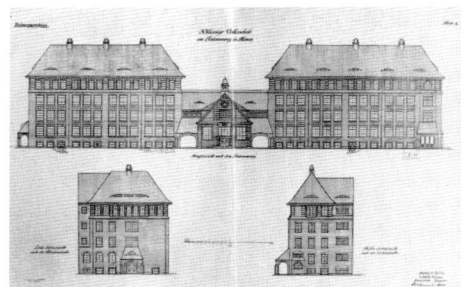

Für die Volksschule Teutonenweg wurde noch
die zu jener Zeit übliche strenge Trennung in
Knaben- und Mädchenschule gefordert. Als
Bauplatz stand ein schmales, über 100 Meter
langes Grundstück zur Verfügung. Der
Schulbau läßt an seinem Äußeren die innere
Trennung erkennen. Zwei getrennt stehende,
viergeschossige Schulgebäude mit Walmdach
werden in der Mitte durch die quergestellte,
wesentlich niedrigere, gemeinsam genutzte
Turnhalle verbunden. Der Schulhof auf der
Rückseite des Gebäudes ist ebenfalls durch
einen Zaun in zwei Hälften getrennt. Die
Plastiken an den Eingängen von Ludwig
Kunstmann zeigen Schulkinder. Erste Planun-
gen für die Schule Teutonenweg machte
Schumacher bereits 1909 in Dresden.

Quellen: Baubehörde, Bestand Schumacher;
StaH, Schumacher-Nachlaß, Personalakte;
Hbg. u. s. Bauten 1914, Bd. 1, Abb. 233f.;
Schäfer: Staatsbauten, Bd. 1, S. XXVf., Abb.
S. 128–141; Fischer: Schumacher, S. 13–15.

**124**

**Oberschulbehörde**

Hamburg-Neustadt, Dammtorstraße
Auftraggeber: Freie und Hansestadt Hamburg
1911–12

Mit der starken Ausweitung des Hamburger
Schulwesens zu Beginn des 20. Jahrhunderts
wurde auch die Schulverwaltung größer. Die
Oberschulbehörde entschloß sich, das alte
Verwaltungsgebäude in der Dammtorstraße
abzureißen und an seine Stelle ein neues,
größeres zu bauen. Es entstand ein fünfge-
schossiger Bau mit ausgebautem Mansardgeschoß, bestehend aus dem Vorderbau an der
Dammtorstraße und einem Hinterflügel. Schumacher gliedert die Fassade des Vorderhauses
in zwei gleiche, dreiachsige Teile, die als
Abschluß im Dachbereich einen hohen, spitzen
Zwerchgiebel haben. Verbunden werden diese
giebelständigen Teile des Hauses durch einen
flach abgerundeten, über alle vier Obergeschosse reichenden Erker. Das Sockelgeschoß
und das erste Obergeschoß sind sandsteinverkleidet und heben sich dadurch und aufgrund
ihrer reichen plastischen Gliederung von den
schlichten Backsteinflächen der Obergeschosse
ab. Die Figuren auf dem Sandsteingesims
oberhalb des ersten Obergeschosses sind
Arbeiten von Artur Storch und Emil
Obermann. Den Brunnen in der Eingangshalle
und die ornamentale Ausstattung schuf
Richard Kuöhl. Von Oscar Ulmer stammt die
plastische Mutter-Kind-Gruppe an der rechten
Fassadenseite. Der übrige ornamentale
Schmuck ist von Richard Kuöhl.

Quellen: Schäfer: Staatsbauten, Bd. 2, S. 16f.,
Abb. S. 130–139; Hbg. u. s. Bauten 1914,
Bd. 1, S. 228, Abb. 339f.; Friedrich Rudolph
Vogel: Der Bau der Hamburger Oberschul-
behörde. In: Deutsche Bauhütte 20 (1916)
S. 394f.

**125**

**Lehrerinnenseminar**

Hamburg-Eimsbüttel, Hohe Weide
Auftraggeber: Freie und Hansestadt Hamburg
1911–12

Der Bau des Lehrerinnenseminars verbindet
eine Ausbildungsstätte für Lehrerinnen mit
einer Volksschule für Mädchen. Durch
die Zusammenlegung sollten die Lehrerinnen
neben der theoretischen Ausbildung auch
Unterrichtspraxis erhalten. Der Bauplatz an
der Hohen Weide ist Bestandteil einer Blockrandbebauung. Der Bau besteht aus zwei rechtwinklig zueinander angeordneten Flügeln: In
dem straßenseitigen Flügel befinden sich die
Räume der Schule, der rückwärtige ist das
Seminarbäude. Zur Straße bildet sich durch
zwei seitliche Vorbauten ein sogenannter Semi-
narhof für die angehenden Lehrerinnen.
Während der rechte Vorbau als Eingangs- und
Treppenhaus dient, liegen im linken die Aula,
die das zweite und dritte Obergeschoß
einnimmt, darunter Seminar und Zeichensaal.
Den Abschluß erhält der viergeschossige
Klinkerbau durch ein steiles, pfannengedecktes
Walmdach, aus dem sich ein Turm, die
Lüftungshaube der Aula, erhebt.
An künstlerischer Ausstattung erhielt der Bau
in der Aula drei farbig gestaltete Bogenfenster
und eine Ausmalung von Otto Fischer-
Trachau. Im Vorraum des Seminargebäudes
steht ein Keramikbrunnen von Hermann Mutz
mit einer Plastik von Franz von Stuck.

Quellen: Schäfer: Staatsbauten, Bd. 2, S. 8f.,
Abb. S. 74–78; Hbg. u. s. Bauten 1914, Bd. 1,
S. 228, Abb. 238f.

**126**

**Staatliche Kunstgewerbeschule**

Heute: Hochschule für bildende Künste
Hamburg-Uhlenhorst, Lerchenfeld 2
Auftraggeber: Freie und Hansestadt Hamburg
1911–13

Schumachers bereits in Dresden begonnener
Entwurf für die Staatliche Kunstgewerbeschule
entstand auf der Grundlage eines von Bauinspektor Albert Erbe im Januar 1908 signierten
Entwurfes, in dem die Massenverteilung des
später errichteten Komplexes vorweg-
genommen ist. Die von Schumacher in her-aus-
gehobener Lage an einer Wasserfront (Kuh-
mühlenteich) plazierte, von weither sichtbare
Baugruppe in dunklem Backstein mit ihren
hohen Mansarddächern sollte sich von der
übrigen Schulbauten des Hamburger Staates
ausdrücklich durch ein »abweichendes, mehr
festliches Gepräge« abheben. Den Kern bildet
eine hufeisenförmige Anlage am Lerchenfeld
mit vorgelagertem, durch einen Säulengang
von der Straße abgetrenntem »Zierhof«, den
man durch einen kleinen ovalen Pavillon
betritt. Von dort gelangt man in den rechts
gelegenen Hauptbau und die hohe Eingangshalle von feierlich-strenger Wirkung, in der ein
in Schumachers frühen Villenbauten entwik-
kelter Raumtyp in gesteigerter Form wieder-
kehrt: eine rechteckige hohe Dielenhalle, die
ihr Licht von einer ebenso hohen Fenster-
gruppe an der Schmalseite erhält. In der zweigeschossigen Halle mit offener Treppenanlage
an der Seite ist »das Gerippe der Eisenbeton-
bauweise« bewußt sichtbar gelassen, mit an den
Oberflächen scharrierten Betonteilen. Die
Anordnung der Baukörper auf dem winkelförmigen Grundstück wurde mit ihren Funktionen begründet: Die Lage und Länge des
Hufeisenbaus zum Beispiel ermöglichte die
Unterbringung vieler Ateliers auf der sonnen-
abgewandten Rückseite. Die Absonderung des
östlich anschließenden Werkstättenflügels
hatte den Zweck, die Ateliers und Klassen von
Maschinenlärm und Erschütterungen abzu-

schirmen. Die Forderungen der seit 1900 aktive Bewegung zur Reform der Kunstschulen bezogen sich vor allem auf einen handwerksnahen praktischen Unterricht. Die Ausstattung des Neubaus am Lerchenfeld mit Werkstätten aller Art (Buchdruckerei, Bildhauerwerkstatt, Atelier für Photographie, Goldschmiede, Töpferei, Handweberei, Tischlerei und andere) galt 1913 als vorbildlich und machte Hamburg damals zu einem bedeutenden Stützpunkt der Reform.

An der künstlerischen Ausstattung beteiligten sich die Lehrer der Schule. Richard Luksch schuf die großen Keramikreliefs seitlich des Eingangspavillons, eine Mutter-Kind-Gruppe im Schmuckhof, das Relief über dem Vortragssaal und zwei dekorative Tierfiguren in Steinzeug am Verbindungstrakt. Die grau glasierten Steinzeugplastiken und die Baukeramik waren eine Gemeinschaftsarbeit der Luksch-Klasse. Von Johann Michael Bossard stammten drei figürliche Reliefs für die Rückseite des Schmuckhofs. Willi Titze fertigte das Deckenmosaik des Pavillons, Friedrich Adler den bekrönenden Zapfen. Das Innere wird bestimmt von Carl Otto Czeschkas Jugendstilfenster in der Halle und Willy von Beckeraths Wandbildern im Versammlungsraum.

Der Bau wurde nach Teilzerstörung im Zweiten Weltkrieg wiederhergestellt, wobei der westliche Flügel des Hufeisenbaus statt des Mansarddaches ein flaches Staffelgeschoß erhielt. Der völlig erhaltene Eingang mit Zierhof wurde im Sinne einer »Entmonumentalisierung« in den 50er Jahren entfernt. Die 1993 an dieser Stelle errichtete Freitreppe mit Arkade aus Beton und Stahl erinnert im Grundriß an die alte Situation (Entwurf: Bernhard Winking).

Quellen: Baubehörde, Bestand Schumacher; Fritz Schumacher: Der Neubau der Hamburger Kunstgewerbeschule. In: Die staatliche Kunstgewerbeschule zu Hamburg. Hamburg 1913, S. 3–12; Paul Westheim: Der Neubau der Hamburger Kunstgewerbeschule. In: Moderne Bauformen 13 (1914), S. 447–498; Hbg. u. s. Bauten 1914, Bd. 1, S. 208–214, Abb. 308–315; Schäfer: Staatsbauten, Bd. 2, Abb. S. 26–28; Hartmut Frank (Hrsg.): Nordlicht. Die Hamburger Hochschule für bildende Künste am Lerchenfeld und ihre Vorgeschichte. Hamburg 1989, vor allem S. 49–72 und 73–88; Fischer: Schumacher, S. 45–47.

## 127
## Institut für Geburtshilfe
Hamburg-Uhlenhorst, Finkenau/Uferstraße
Auftraggeber: Freie und Hansestadt Hamburg
1911–14

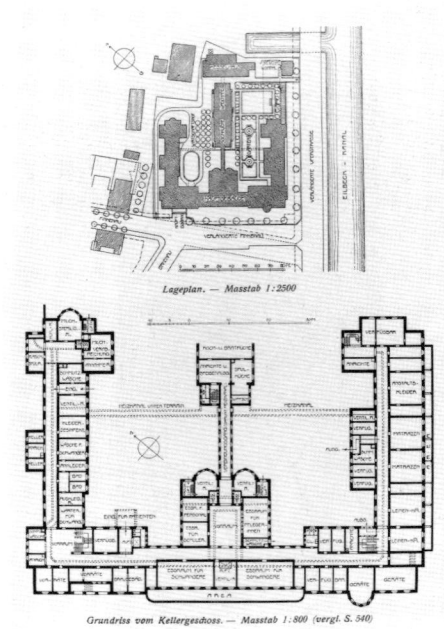

Lageplan. — Masstab 1:2500

Grundriss vom Kellergeschoss. — Masstab 1:800 (vergl. S. 540)

Hamburgs erste leistungsfähige staatliche Entbindungsklinik bedurfte eines umfangreichen Raumprogramms. Neben der Entbindungsanstalt mit 255 Betten in drei Abteilungen und den Kreiß- und Operationssälen als Kern der baulichen Anlage gibt es ein Säuglingsheim für Mütter und Kinder, die länger als elf Tage versorgt werden müssen. Weiterhin wurde der Entbindungsklinik eine wissenschaftliche und praktische Lehranstalt zur Unterbringung von 20 Schülerinnen einschließlich Lehrsaal, Laboratorien und Bibliothek angegliedert. Schumacher brachte alle Abteilungen in einem regelmäßigen, einheitlichen Baukörper mit U-förmigem Grundriß unter. Der dreiflügelige Bau hat drei Vollgeschosse und ein Mansardgeschoß. Die Masse des Hauses wird durch erhöhte Eck- und Kopfbauten gegliedert und durch Spitzgiebel über den Gauben der Dachgeschoßräume rhythmisch aufgelockert. Das medizinische Haus des Instituts ist in einem kleineren Anbau zusammengefaßt, der sich an der Hofseite des Mittelflügels, genau auf der Mittelachse befindet. Die Operationssäle erkennt man außen an den halbrunden, verglasten Vorbauten. Im Säuglingsheim ermöglichen Laubengänge im zweiten und dritten Obergeschoß den Frauen das Hinaustreten ins Freie. Mit dem plastischen Schmuck des Eingangsportals aus Muschelkalk beauftragte Schumacher Oscar Ulmer, der ebenfalls die harmonische Mutter-Kind-Gruppe des Brunnens vor dem Eingang schuf. Im Innenhof, auf der Mittelachse der Anlage, ließ Schumacher ein altes Waschhaus, das später umgebaut wird, stehen. Neben dem Klinikgebäude wurde ein

Inspektorenwohnhaus errichtet. Das eingeschossige Einfamilienhaus mit ausgebautem Mansardgeschoß, zu dem auf der Giebelseite eine Loggia gehört, paßt sich in Form und Material dem Hauptgebäude an.

Quellen: Baubehörde, Bestand Schumacher; SUB, Schumacher-Nachlaß; Schäfer: Staatsbauten Bd. 2, S. 10–12, Abb. S. 90–114; Hbg. u. s. Bauten 1914, Bd. 1, S. 288–291, Abb. 466–471; Richard Stroeder: Das Institut für Geburtenhilfe. In: Hygiene und soziale Hygiene. Hamburg 1928, S. 209–212.

MÜTTER = UND SÄUGLINGSHEIM
INSPEKTORWOHNHAUS.

ERDGESCHOSS    DACHGESCHOSS    SCHNITT A B

1:100

Fritz Schumacher, Institut für Geburtshilfe,
Hamburg, Werk Nr. 127

**128**

**Hauptfeuerwache Berliner Tor**

Hamburg-St. Georg, Berliner Tor
Auftraggeber: Freie und Hansestadt Hamburg
1911–15

Die Form der Baugruppe, aus der die neue
Hauptfeuerwache am Rande des Lübeckertor-
feldes besteht, erklärt sich vor allem durch
Lage und Zuschnitt des Bauplatzes. Das unre-
gelmäßige Gelände wurde von einem Abwas-
sersiel durchquert, das nicht überbaut werden
durfte. Trotz dieser Schwierigkeiten entwarf
Schumacher einen kompakten, geschlossenen
Großbau aus einem Guß. Die Hauptbaumasse
wird in einen regelmäßig ausgebildeten,
U-förmigen Baukörper gelegt, der sich nach
Osten zu einem Übungshof öffnet. Neben einer
Toreinfahrt am Ende des nördlichen Flügels
des Hauptbaus schließt ein freistehender
Verwaltungsbau an. Beherrscht wird die
Baugruppe durch den langen dreigeschossigen
Westbau mit einer großzügigen vertikalen Gliederung durch wandhohe kannelierte Backsteinhalbsäulen. Der Südflügel enthält die Remise
für die Löschfahrzeuge mit fünf großen, neben-
einanderliegenden Rundbogentoren. Über den
Toren sind die beiden Obergeschosse durch
halbrunde Erker zusammengefaßt, hinter
denen die Wohnungen der Brandmeister
liegen. Zwischen den Erkern sind die Wand-
streifen durch versetzt angeordnete Backsteine
reliefartig aufgelockert. Auf der Hofseite des
Mittelbaus ist der Schlauch- und Steigeturm
angebaut. Von einigen Keramikornamenten an
der Erkern des Südbaus abgesehen gibt es
keinen Bauschmuck. Die gesamte Baugruppe
wird durch ein Mansarddach abgeschlossen.

Quellen: Hermann Muthesius: Fritz Schuma-
chers Bautätigkeit in Hamburg. In: Die Kunst,
20 (1919), H. 4, S. 98 f.; Fritz Schumacher: Der
Neubau der Hauptfeuerwache am Berliner
Tor. In: Deutsche Bauhütte 16 (1911),
S. 162–165; Hbg. u. s. Bauten 1914, Bd. 1,
S. 257 f.

**129**

**Erweiterung des Strafjustizgebäudes**

Hamburg-Neustadt, Sievekingplatz
Auftraggeber: Freie und Hansestadt Hamburg
1911–15

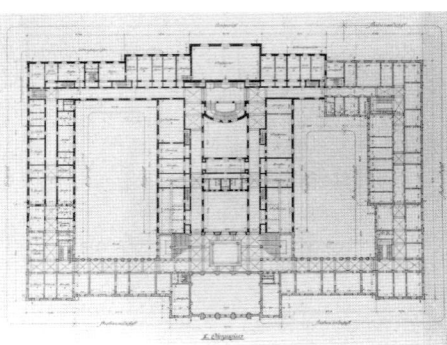

Das im Jahre 1882 von Schumachers Amtsvorgänger Zimmermann entworfene Strafjustizge-
bäude war ursprünglich eine zweiflügelige,
rechtwinkelige Anlage, die das Gelände des
Untersuchungsgefängnisses nach Westen
begrenzte. Unter Schumacher wurde das
Gebäude zu einem vollen Rechteck ausgebaut
und mit dem Untersuchungsgefängnis durch
einen gedeckten Gang verbunden. Die Flügel
des neuen Gebäudes gruppieren sich um zwei
große Innenhöfe von je 1.000 Quadratmetern
und zwei kleinere Höfe. In der Gebäudemitte
wurde, nachdem ein Teil des Altbaus mit dem
Schwurgerichtssaal abgerissen war, ein
Mittelbau eingefügt, der wiederum nur aus
zwei Längsflügeln und einem Querflügel
besteht. Neben Zellen für vorzuführende
Gefangene, Wartehallen für das Publikum,
vielen Büroräumen erhält der Erweiterungsbau
vierzehn Sitzungssäle für das Schöffengericht,
sechs Sitzungssäle für die Strafkammer und
den neuen Schwurgerichtssaal. Das Äußere
und die innere Ausstattung paßt sich vollständig dem Altbau an, so daß die verschiedenen Bauphasen nicht erkennbar werden.

Quellen: Baubehörde, Bestand Schumacher;
Hbg. u. s. Bauten 1914, Bd. 1, S. 159–162.

**130**

**Stadtpark Hamburg**

Hamburg-Winterhude, Jahnring/Saarland-
straße/Südring
Auftraggeber: Freie und Hansestadt Hamburg
1911–30

1910 beschlossen der Hamburger Senat und die
Bürgerschaft die Anlegung des Stadtparks auf
einem zuvor erworbenen Gelände im Norden
der Stadt. Nachdem schon 1908 ein vorberei-
tender Wettbewerb ohne befriedigende Lösung
stattgefunden hatte, legten Schumacher und
Baudirektor Fritz Sperber, der Leiter des Ingenieurwesens der Baudeputation, einen gemeinsamen Entwurf vor, nach dem ab 1911 –
verzögert durch den Ersten Weltkrieg – die mit
180 Hektar größte öffentliche Grünanlage
Hamburgs ausgeführt wurde. Mit Unterstützung Alfred Lichtwarks war es Schumacher gelungen, eine architektonische Konzeption
zur Geltung zu bringen, die mit der langen
Tradition romantischer Landschaftsgärten im
»englischen Stil« endgültig brach. Für Schumacher war der Park eine Aufgabe, »bei der das
Architektonische die Führung übernehmen
muß, um dem Gärtnerischen den klaren Raum
zu schaffen« (Schumacher: *Ein Volkspark*,
S. 8). Die Gestaltung orientiert sich an den
vorgefundenen Gegebenheiten – einem hochge-
legenen Waldgebiet im Westen, in dessen Mitte
Schumacher einen Wasserturm plazierte
(1913–15, Entwurf: Oscar Menzel), und einer
bis zwölf Meter tieferliegenden Wiesennie-
derung im Osten, wo in elliptischer Form der
Stadtparksee ausgehoben wurde. Eine vom
Wasserturm ausgehende Linie wurde zur 1,4
Kilometer langen Hauptachse des Parks. Sie
öffnet sich schrittweise bis zum Rechteck der
großen Festwiese, läuft über die Terrassenanlage der »Kaskade« ans andere Seeufer und
findet im Mittelbau der Stadthalle ihren
Fluchtpunkt. Wiesen und Ziergärten und die
ringsum angelegten Sport- und Spielplätze sind
oft wie Straßen und Plätze einer Stadt
aufgefaßt; vorhandene »Knicks« und ange-
pflanzte Hecken und Bäume geben ihnen klare
Raumgrenzen.
Nach Entwürfen Schumachers entstanden die
über den Park verstreuten Restaurationsbau-
ten – am Seeufer die Stadthalle (1912–16) und
das Stadtcafé (1914–16); in anderen Teilen der
Anlage die Milchwirtschaft, die ländliche Wirtschaft und die Trinkhalle (alle 1914–15); nur
die letzten beiden sind nach den Zerstörungen
des Zweiten Weltkrieges noch vorhanden. Stra-
ßenbahnen und die nahegelegene Ringlinie der
Hochbahn sorgten für Verbindungen in die
entfernten Stadtviertel. Über den Goldbekkanal wurde ein Wasserweg zur Außenalster
gegraben, damit Ausflugsdampfer und Ruderer
den Stadtpark anfahren konnten.
Abholzungen der Nachkriegszeit ließen im
Stadtpark viele »grüne« Raumwände verschwinden. Andere wurden später der Idee
»fließender« Räume geopfert, so daß das Schumachersche Konzept heute nur noch bedingt
zu erkennen ist.

Fritz Schumacher, Stadtpark Hamburg, Werk Nr. 130
oben: Hauptrestaurant »Stadthalle«, Werk Nr. 146
unten: Stadtcafé, Werk Nr. 182

Die künstlerische Ausstattung des Stadtparks erfolgte mittels Freiplastiken an markanten Punkten, deren Aufstellungsorte zum Teil von Schumacher gestaltet wurden. Bis 1933 wurden aufgestellt: ein Heinrich-Heine-Standbild von Hugo Lederer, das *Frauenschicksal* von Elena Luksch-Makowska, ein Reh von Richard Kuöhl, ein Pinguinenbrunnen von August Gaul, zwei kauernde Frauen von Georg Kolbe, eine Badende von Reinhold Begas, eine Diana mit Hunden von Arthur Bock, ein Knabe mit zwei Gänsen von Wilhelm Rex, ein Knabe mit Fischen von Oscar Ulmer, ein liegender Panther von Hans Martin Ruwoldt, ein weiblicher und ein männlicher Zentaur sowie eine Diana von Georg Wrba, Kinder mit Fohlen von Hans Waetke und eine weibliche Brunnenfigur von Albert Woebke.

Zu den Zier- und Sondergärten gehörten: ein »Rhododendrongarten«, ein »Heckengarten«, verschiedene »Blumengärten«, ein »Steingarten«, ein »Staudengarten«, eine »Margheritenwiese«, ein »Brunnenhallengarten« und die »Rosengärten« vor dem Stadtcafé. Für Freizeitaktiviäten entstanden als große Anlagen neben der Spiel- und Festwiese: ein »Planschbecken« mit Sandstrand, ein »Sprunggarten« für Pferdesport, eine Sportarena mit Haupttribüne, ein Hockey- und ein Tennisplatz sowie eine Freilichtbühne; geplant war die Anlage eines Luft- und Sonnenbades.

Quellen: Fritz Schumacher: Ein Volkspark. München 1928; Otto Linne: Hamburgs Grünflächen, Kleingärten u. Friedhöfe. In: Deutschlands Städtebau. Hamburg 1922, S. 172 ff.; Michael Goecke: Stadtparkanlagen im Industriezeitalter. Das Beispiel Hamburg. Hannover, Berlin 1981.

**131**
**Kleinwohnhaussiedlung Finkenwerder**
Bebauungsplanung
Hamburg-Finkenwerder, Köhlfleet
Auftraggeber: Freie und Hansestadt Hamburg
1912

Für ein Terrain am Köhlfleet in Finkenwerder entwickelte Schumacher Pläne für eine Arbeitersiedlung in unmittelbarer Nähe zum Hafen. Die Sanierung der Altstadt und der damit zusammenhängende Verlust vieler Arbeiterwohnungen war der Grund für die Suche nach alternativen Standorten für Wohnungen in Hafennähe. Der Plan sah eine zwei- und dreigeschossige Blockrandbebauung mit Steildächern vor. Quer zum Köhlfleet, flankiert von zwei Wohnhauszeilen legte Schumacher einen Grünstreifen, der an einem geplanten Jachthafen mit Jachtclub enden sollte. Von einzelnen Straßen und Plätzen machte er perspektivische Studien.

Quellen: SUB, Schumacher-Nachlaß; Schumacher: Kleinwohnung, Tafel XXII f.

**132**
**Kleinhaussiedlung Farmsen**
Bebauungsplan
Hamburg-Farmsen/Berne
Auftraggeber: Freie und Hansestadt Hamburg
1912

Für ein Gelände nordöstlich der Trabrennbahn Farmsen wurden schon vor dem Ersten Weltkrieg Planungen für eine größere Kleinhaussiedlung vorgenommen. Schumacher entwickelte mehrere Entwürfe für die Bebauung. Sie reichten von der Gruppenhausbebauung für 137 Familien bis zur Reihenhausbebauung für insgesamt 308 Familien. Die Häuser stehen auf relativ schmalen, tiefen Parzellen, so daß jeweils nach hinten ein Stück Gartenland frei bleibt. Je nach Bebauungsdichte ergeben sich unterschiedliche Grundstücksgrößen. In den Mittelpunkt der Siedlung legt Schumacher einen Platz mit Schule, Feuerwache und Kirche. Die Gebäude haben alle ländlichen Charakter; sie sind ein- bis zweigeschossig mit hohen Steildächern.

Der Bebauungsplan wurde von der Bürgerschaft verabschiedet. Die Siedlung wurde nicht realisiert.

Quellen: StaH, Schumacher-Nachlaß 621–2; StaH, Schumacher-Nachlaß, Jahresbericht des Hochbauwesens, B 115, Bd. 3.

### 133
**Kunstvereinsgebäude Außenalster**
Bauentwurf
Hamburg-St. Georg, Lombardsbrücke/
An der Alster
Auftraggeber: Freie und Hansestadt Hamburg
1912

Im Jahre 1912 beteiligte sich Schumacher an der seit Jahren schwelenden Debatte um den in Hamburg fehlenden Bau für Kunstausstellungen mit einem eigenen Entwurf. Als Standort eines künftigen Kunstvereinsgebäudes wählte er eine aufzuschüttende Insel in der Außenalster. Die Grundrisse und Schnitte zeigen einen kompakten Baukörper mit außenliegenden Sälen, die im Obergeschoß um einen mittleren Oberlichtsaal gruppiert sind. Ein längerer, rechteckiger Saal im Erdgeschoß war für Plastiken bestimmt. Der Entwurf wurde ebensowenig ausgeführt wie die vieler anderer Architekten (Hugo Häring, Carl Gustav Bensel, Richard Schmidt, Distel & Grubitz u. a.), die in den Jahren vor dem Ersten Weltkrieg ähnliche Projekte aufstellten. Erst 1931 erhielt der Kunstverein in dem von Karl Schneider umgebauten Haus an der Rabenstraße ein angemessenes Domizil.

Quellen: StaH, Schumacher-Nachlaß 611-2.

### 134
**Einfamilienhäuser Kleinhaussiedlung Farmsen**
Bauentwurf
Hamburg-Farmsen/Berne
Auftraggeber: Freie und Hansestadt Hamburg
1912

Für die Kleinhaussiedlung Farmsen entwarf Schumacher mehrere Einfamilienhaustypen für unterschiedliche Grundstücksgrößen. Seine Entwürfe reichten vom frei stehenden Dreizimmer-Einfamilienhaus mit 40 Quadratmetern Wohnfläche und 400 Quadratmetern Grundstücksfläche bis zum Vierzimmer-Einfamilienhaus mit 53 Quadratmetern Wohnfläche auf 600 Quadratmetern Grundstücksfläche. Ähnliche Entwürfe machte Schumacher für eine Reihenhausbebauung.

Quellen: StaH, Schumacher-Nachlaß 621-2;
Schumacher: Kleinwohnung, Tafel
XLVI–XLVII.

### 135
**Neugestaltung des Platzes hinter der Kunsthalle**
Bauentwurf
Hamburg-Altstadt, Ferdinandstor
Auftraggeber: Freie und Hansestadt Hamburg
1912

Für den Platz hinter der alten Kunsthalle, den Standort des Kunstvereins bis 1992, machte Schumacher Entwürfe für eine Neugestaltung im Zusammenhang mit dem Bau von Ausstellungspavillons für den Kunstverein. Die Ausstellungsgebäude, schmale, eingeschossige Bauten, flankieren den Platz an beiden Seiten. Parallel dazu verläuft eine Baumallee.

Quellen: StaH, Schumacher-Nachlaß 621-2.

### 136
**Grabmalentwürfe**
Hamburg, Friedhofskunstausstellung
1912

Für die »Friedhofskunstausstellung«, die 1912 in Hamburg in unmittelbarer Nähe des Ohlsdorfer Friedhofs gezeigt wurde, lieferte Schumacher mehrere Grabmalentwürfe. Die Ausstellung geht auf die Initiative des »Vereins Heimatschutz im Hamburger Staatsgebiet« sowie des »Kunstgewerbevereins zu Hamburg« zurück.

Quellen: Führer durch die Friedhofskunstausstellung Ohlsdorf. Hamburg (1912), S. 21.

### 137
**Grabmal Rosen**
Hamburg-Ohlsdorf, Friedhof Ohlsdorf,
Planquadrat C 18, 22–29
1912

Das Grabmal Rosen, eine über zwei Meter hohe Ädikula aus Granit mit einer Erweiterung durch niedrige Wangen, trägt zwischen den dorisierenden Säulen ein großes Bronzerelief mit einer antikisierenden Abschiedsszene eines Paares und zweier Kinder. Das Relief ist links unten mit der Bezeichnung »Düsseldorf. Broncebildgießerei GmbH« versehen.

Quellen: Leisner, Schulze, Thormann: Hauptfriedhof Ohlsdorf. Bd. 2, S. 103, Nr. 650.

**138**
**Seglerheim mit Arbeiterspeisehalle**
Hamburg-Waltershof, Jachtweg/Köhlfleethafen
Auftraggeber: Freie und Hansestadt Hamburg
Um 1912

Gegenüber dem Lotsenhaus, an der
Einmündung des Köhlfleets in die Elbe, wurde
auf einer vorspringenden Landzunge ein
Jachtclub mit Gästezimmern, Restaurationsbetrieb, Versammlungsräumen und mehreren
Clubräumen gebaut. Gleichzeitig sollte ein
Anbau des Gebäudes als Speise- und Kaffee-
halle für Hafenarbeiter dienen, deren Arbeits-
plätze zum großen Teil weit ab von ihren
Wohnungen lagen. Das Seglerheim wurde vom
Hamburger Staat gebaut und vom »Verein zur
Einrichtung von Volkskaffeehallen« bewirt-
schaftet. Schumacher entwarf zunächst einen
zweigeschossigen Backsteinbau mit Mansarddächern, bestehend aus einem Mittelbau und
zwei im stumpfen Winkel angesetzten kurzen
Seitenflügeln, die eine zum Yachthafen offene
Terrasse umschließen. Ein Anbau an der Rückseite sollte die zum Köhlfleet orientierte Speise-
halle aufnehmen. Der später ausgeführte Bau
ist kleiner und kompakter. Anstelle der langgestreckten dreiflügeligen Anlage gruppieren sich
vier Baukörper zu einer Baugruppe mit rechteckigem Grundriß. Ihr wichtigster Bestandteil
sind zwei quer zum Jachthafen gestellte Haupthäuser, die äußerlich die Form eines norddeutschen Bauernhauses mit breitem Erdgeschoß
und hohem Steildach erhalten. Im Norden,
zum Jachthafen, werden die Haupthäuser
durch einen Zwischenbau verbunden. Auf der
Rückseite zum Köhlfleet schließt ein Saalbau
die Baugruppe ab.

Quellen: Hermann Muthesius: Fritz Schumachers Bautätigkeit in Hamburg. In: Die Kunst
20 (1919), Heft 4, S. 107 f.

**139**
**Studien zur Reform des
Kleinwohnungsbaus**
Um 1912

Hier handelt es sich um Studien für die
Bebauung von kleineren, freien Bauplätzen
innerhalb geschlossener Blockrandbebauung
mit Hinterflügelbauten. Als Beispiel wurden
Wohnblocks in Barmbek gewählt. Die
Studien dienten Schumacher als Nachweis für
die Möglichkeit, trotz hoher Grundstücksaus-
nutzung hygienisch bessere Wohnungen zu
bauen, als es die sogenannte Schlitzbauweise
zuließ.

Quellen: Schumacher: Kleinwohnung, Tafel
XVIII–XXI; Schumacher: Wohnstadt,
S. 26 ff., Tafel 6 und 7.

**140**
**Irrenanstalt Friedrichsberg**
Hamburg-Eilbek, AK-Eilbek/Friedrichsberg
Auftraggeber: Freie und Hansestadt Hamburg
1912–14

Die Irrenanstalt Friedrichsberg war bis zu
ihrem Umbau eine überalterte Anstalt aus
einigen festen Backsteingebäuden und einer
Anzahl provisorischer Baracken. Durch
Baumaßnahmen mit einem Umfang von 13
Neubauten, vier An- und fünf Umbauten sollte
eine moderne Einrichtung mit insgesamt 1482
Betten entstehen. Hinzu kam die Neugestaltung einer großen Parkanlage, in der Schumacher die neuen Bauten nach zweckmäßigen
und architektonischen Gesichtspunkten
plazierte. Die fünf größten Neubauten –
Pavillons für »unruhige« Patienten – gruppierte
Schumacher um einen neuangelegten Platz vor
dem alten Hauptgebäude, das selbst durch
einen Küchenbau erweitert wurde. Die meisten
der Neubauten liegen an einer nordsüdlich
ausgerichteten Hauptachse, die von ihrem
südlichsten Punkt, dem neuen Verwaltungsgebäude, über die Symmetrieachse des alten
Hauptgebäudes und die neue Gartenanlage bis
zu einem neuen Krankengebäude für Frauen
verläuft. Im Gegensatz zu den Bauten an der
Hauptachse wurden die übrigen Neubauten
frei in den Park gelegt. Die ausschließlich aus
Backstein gebauten, zweigeschossigen Häuser
mit Walmdächern vermitteln einen eher ländlichen, beschaulichen Eindruck und nicht den
eines Krankenhauses. Schumacher wählte
bewußt diese ›behagliche‹ Architektur, um
»nach Möglichkeit den Eindruck des traurigen
Zwecks der Anlage zu verwischen« (vgl.
Schäfer: *Staatsbauten*, S. 18). So erhält das
Verwaltungsgebäude mit seinem auskragenden
Walmdach und dem Zwerchgiebel über dem
doppelflügeligen Eingangsportal die Anmutung
eines norddeutschen Herrenhauses. Trotz der
individuell gestalteten Einzelbauten werden
verstärkt standardisierte Bauelemente
verwendet. Am deutlichsten wird dies an den
Sprossenfenstern, deren Grundelemente sich in
unterschiedlicher Zusammensetzung an allen
neuen Gebäuden der Anstalt wiederholen.
Die wichtigsten von Schumacher entworfenen
Gebäude bzw. Gebäudeteile in der Irrenanstalt
Friedrichsberg sind: zwei Krankengebäude;
zwei Häuser für unruhige Männer, Klasse II
und IV; zwei Häuser für unruhige Frauen,
Klasse III und IV; zwei offene Häuser; ein
Haus für Jugendliche; ein Verwaltungsge-
bäude; ein Kesselhaus mit Schornstein; ein
Gewächshaus; ein Küchengebäude; die Erwei-
terung des Waschhauses; zwei Anbauten an die
Pensionate und ein Leichenhaus (zu einer
Auswahl vgl. nachfolgende Werkbeschrei-
bungen).

VORDERANSICHT

SEITENANSICHT

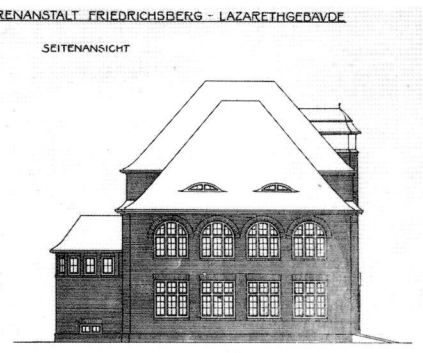

HINTERANSICHT

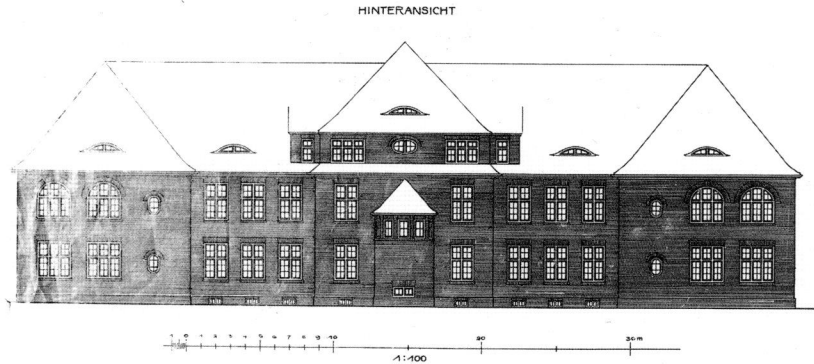

1:100

SCHNITT A-B

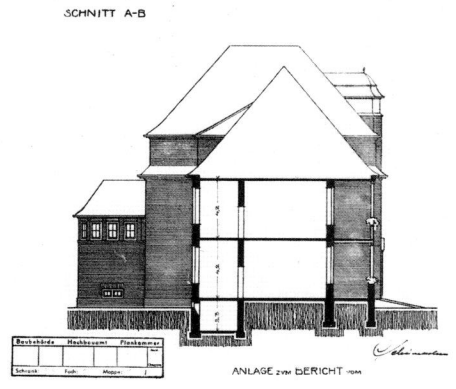

ANLAGE zum BERICHT vom

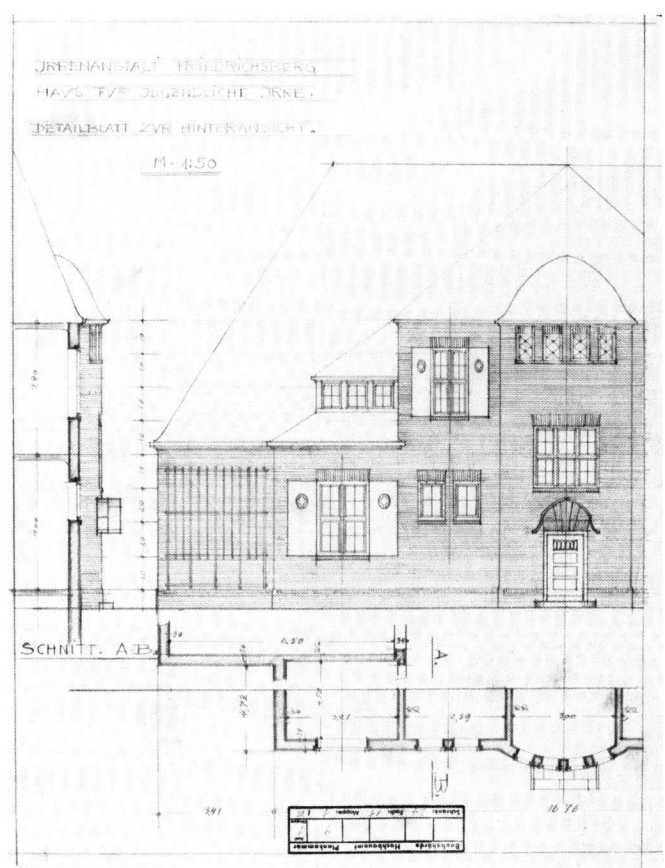

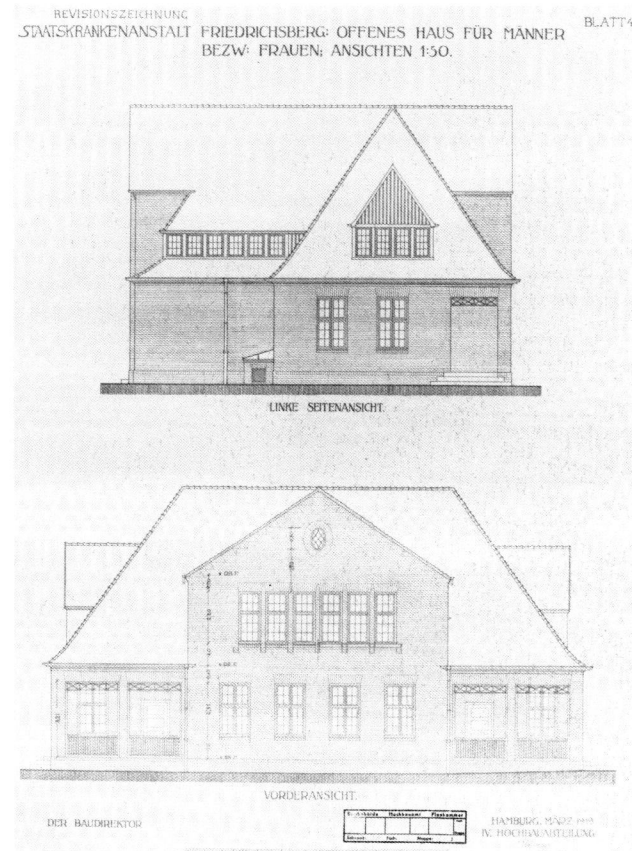

Fritz Schumacher, Irrenanstalt Friedrichsberg,
Hamburg, Werk Nr. 140

Quellen: Baubehörde, Bestand Schumacher;
Schäfer: Staatsbauten, Bd. 2, S. 17–21, Abb.
S. 140–159; Hbg. u. s. Bauten 1914, Bd. 1,
S. 292f., Abb. 473–488; Wilhelm Weygandt:
Die Staatskrankenanstalt Friedrichsberg. In:
Hygiene und soziale Hygiene. Hamburg 1928,
S. 183–197.

### 140.1
### Offene Häuser, Irrenanstalt Friedrichsberg

Für weitgehend geheilte Patienten wurden zwei
offene Häuser am äußeren Rand der Anstalt
errichtet. Die relativ kleinen Backsteinbauten
sind nur eingeschossig mit einem ausgebauten
Mansardgeschoß. Die Breitseite des Hauses
wird zur Belichtung des Bettensaales im Dachgeschoß von einem breiten Zwerchgiebel
beherrscht. An zwei offenen Ecken liegen
jeweils die Eingänge.

Quellen: Baubehörde, Bestand Schumacher;
Hbg. u. s. Bauten 1914, Bd. 1, S. 292ff.;
Schäfer: Staatsbauten, Bd. 2, S. 17ff. und
140ff.

### 140.2
### Haus für Jugendliche, Irrenanstalt
### Friedrichsberg

Das Haus für männliche Jugendliche gleicht im
Grundriß dem der offenen Häuser. Es hat aber
einen anderen Aufbau. Die dreigeteilte Längsseite wird von zwei Giebeln mit seitlich herab-
gezogenem Dach flankiert. Vor dem zurückspringenden Mittelteil bildet sich ein erhöhter
Vorplatz mit Pergola.

Quellen: Baubehörde, Bestand Schumacher;
Hbg. u. s. Bauten 1914, Bd. 1, S. 292ff.;
Schäfer: Staatsbauten, Bd. 2, S. 17ff. und
140ff.

### 140.3
### Krankengebäude, Irrenanstalt
### Friedrichsberg

Auf dem Gelände der Anstalt wurden zwei neue
Krankengebäude errichtet. Es sind zweigeschossige, symmetrisch aufgebaute Häuser auf
rechteckigem Grundriß. Auf der Südseite
liegen neben einem Mittelrisalit in beiden
Geschossen Laubengänge, die sich durch weiße
Stützen und Brüstungen aus Holz vom dunklen
Backstein abheben. Den Abschluß bildet ein
hohes Walmdach mit Fledermausgauben.

Quellen: Baubehörde, Bestand Schumacher;
Hbg. u. s. Bauten 1914, Bd. 1, S. 292ff.;
Schäfer: Staatsbauten, Bd. 2, S. 17ff. und
140ff.

### 140.4
### Verwaltungsgebäude, Irrenanstalt
### Friedrichsberg

Das am Eingang der Anstalt plazierte zweigeschossige Verwaltungsgebäude mit der Toreinfahrt in seiner Mittelachse wurde von Schumacher als »Eingang eines großen Parks« inszeniert. Um jeden großstädtischen Charakter
auszuschließen, gibt es auf der Frontseite ein
tief herabgezogenes Dach, das den Eindruck
eines nur eingeschossigen Baus erwecken soll.
»Die hauptsächliche Betonung wird aber erzielt
durch die Ausbildung der Eingangspartie als
Giebelbau... Hier sind der mittlere Torweg,
die abschließenden gerundeten Seitenteile und
das Giebelfeld durch bescheiden eingefügte
Kinderplastik hervorgehoben, so daß den
schlichten übrigen Flächen gegenüber eine
leicht prickelnde Bewegung entsteht.«
(Schäfer: *Staatsbauten*, Bd. 2, S. 21.)

Quellen: Baubehörde, Bestand Schumacher;
Hbg. u. s. Bauten 1914, Bd. 1, S. 292ff.;
Schäfer: Staatsbauten, Bd. 2, S. 17ff. und
140ff.

### 141
### Schwesternhaus Eppendorfer Krankenhaus
Hamburg, Universitätskrankenhaus Eppendorf
Auftraggeber: Freie und Hansestadt Hamburg
1912–14

Durch den stetigen Ausbau des Eppendorfer
Krankenhauses wurde ein eigenes Wohnheim
für Krankenschwestern erforderlich, das
außerdem geeignet sein sollte, den Schwestern
»einen freundlichen und behaglichen Ruhe-
punkt inmitten ihres schweren Berufes zu
geben«. Als »Mutterhaus« umfaßte es auch,
jeweils mit abgesonderten Eingängen, ein
Internat für Schwesternschülerinnen sowie eine
Wohnung der Oberin. Schumacher entwickelte
eine U-förmige Dreiflügelanlage mit Ehrenhof,
die vom Krankenhausbetrieb abgewandt am
westlichen Rand des Geländes errichtet wurde.
Das in braunroten Handstrichsteinen ausgeführte Gebäude mit Walmdächern erhielt
»durch seine Form und den Charakter seiner
Verhältnisse etwas Klosterartiges, ein Anklang,
der seinem Zweck wohl entspricht« (Schäfer:
*Staatsbauten*, Bd. 1, S. 15). Genau in der Mitte
der Anlage befindet sich der große Fest- und
Speisesaal, nach außen sichtbar durch fünf
hohe Fenster in dem in leichter Rundung
hervortretenden Mittelteil der Gartenfassade.
An künstlerischer Ausstattung erhielt dieser
Teil des Gebäudes außen zwei große Figurengruppen von Karl Weinberger.

Quellen: Baubehörde, Bestand Schumacher;
Hbg. u. s. Bauten 1914, Bd. 1, S. 268, Abb.
404–405; Schäfer: Staatsbauten, Bd. 1, Abb.
S. 24–40; Architektonische Rundschau 29
(1913), Abb. S. 16, Grundriß Tafel 47–48;
Schumacher: Stufen, S. 301.

**142**
**Tropeninstitut**
Hamburg-St. Pauli, Bernhard-Nocht-Straße 74
Auftraggeber: Freie und Hansestadt Hamburg
1912–14

Dem auf Initiative Robert Kochs im Jahre 1900
in Hamburg geschaffenen Institut zur Erforschung von Schiffs- und Tropenkrankheiten
wurde 1910 ein Neubau bewilligt, der, wie
Schumacher später berichtet, »nirgends in der
Welt ein Vorbild hatte und inzwischen selbst
eines geworden ist« (Schumacher: *Stufen*,
S. 300). Das schmale und spitz zulaufende
Grundstück auf dem Geestrücken über den St.
Pauli-Landungsbrücken erzwang eine eigenwillige Lösung, die Schumacher in Gestalt von
drei getrennten Klinkerbauten suchte: im
Westen das keilförmige Tierhaus mit Ställen
für Versuchstiere, am anderen Ende das
Kranken- und Bettenhaus und dazwischen das
viergeschossige Haupthaus für Verwaltung,
Laboratorien, Hörsäle, Museum und
Bibliothek. Das vom Hafen weithin sichtbare
Haupthaus gestaltete Schumacher als Blickfang
der Anlage mit seitlich aus dem Dach heraus-
wachsendem Turm. Seine längs der Geestkante
entwickelte Hauptfassade erhielt eine originelle
Vertikalordnung mit rustizierten Pfeilern und
Knäufen aus Fischköpfen in Höhe der Dach-
traufe. Mit dieser Ordnung kontrastiert
diejenige der Zwerchgiebel, in denen die
Vertikale mit glatten Pfeilern in einem anderen
Rhythmus wieder aufgenommen wird. Der Bau
ist noch vorhanden, jedoch in der Dachzone
durch Ausbau eines fünften Geschosses in der
Wirkung gestört.

Quellen: Schäfer: Staatsbauten, Bd. 1, Abb.
S. 75–115; Bernhard Nocht: Das Institut für
Schiffs- und Tropenkrankheiten. In: Hygiene
und soziale Hygiene. Hamburg 1928,
S. 213–221; Schumacher: Stufen, S. 300;
Fischer: Schumacher, S. 44.

**143**
**Gelehrtenschule Johanneum**
Hamburg-Winterhude, Marie-Louisen-
Straße 114
Auftraggeber: Freie und Hansestadt Hamburg
1912–14

Für die ursprünglich aus dem Kloster St.
Johannis hervorgegangene Traditionsschule
entwarf Schumacher einen Neubau, der Erinnerungen an ihr früheres Domizil aus dem
frühen 19. Jahrhundert weckte. Der von
Wimmel und Forsmann entworfene Putzbau
des alten Johanneums am Speersort war eine
Dreiflügelanlage mit von Arkaden abgeschlos-
senem Hof. Der zweigeschossige Backsteinbau
wiederholte dieselbe Anordnung am Stadtrand
in einer anderen Architektur, wofür Schumacher nicht nur funktionale Gründe
vorbrachte: Die Schulklassen sollten gegen
Lärm von Straße und Hochbahn abgeschirmt
sein, aber es schien ihm zugleich wichtig,
»etwas von dem Klostergeist ahnen zu lassen,
aus dem diese historische Keimzelle aller
Hamburger Bildungseinrichtungen hervorgegangen war« (Schumacher: *Stufen*, S. 302). Auf
der Rückseite des Mittelbaus befinden sich
unter einem hohen Walmdach Aula und Turnhalle übereinander, während die Klassenräume
in den Seitenflügeln und zwei quergestellten
Kopfbauten untergebracht sind. Eine in den
First geschnittene ovale Plattform über dem
Mittelbau war als Anregung für astronomische
Beobachtungen gedacht. Eine charakteristische
Raumschöpfung Schumachers gibt es im
Mittelbau hinter dem halbrunden Ausbau mit
den fünf hohen Fenstern über dem Haupteingang. Durch die geschickte Verbindung von
zwei einander gegenüberliegenden feuerpoli-
zeilich notwendigen Treppen mit den querliegenden Korridoren ist im Obergeschoß eine
eindrucksvolle Halle entstanden. Die Pfeiler
und Brüstungen sind aus unverhülltem stein-
metzmäßig behandeltem Beton. Der künstlerisch reich ausgestattete Bau besitzt unter

anderem in der Treppenhalle farbige Glasfenster von Otto Fischer-Trachau und einen
mit Werksteinreliefs verzierten Erker am
Direktorenzimmer. Im Turnhof erinnert der
Basedow-Brunnen an den Pädagogen und Phil-
anthropen Bernhard Basedow (1724–1790),
der im 18. Jahrhundert Schüler der Anstalt
war. Der bronzene *Sieger* im Hof stammt von
Richard Kuöhl.

Quellen: StaH, Schumacher-Nachlaß 621–2;
Hbg. u. s. Bauten 1914, Bd. 1, Abb. 254–257;
Schumacher: Selbstgespräche, S.160f.; Schu-
macher: Stufen, S. 302; Schäfer: Staatsbauten,
Bd. 2, S. 5f., Abb. S. 29–53.

**144**

**Volksschule am Tieloh**

Hamburg-Barmbek, Tieloh 28
Auftraggeber: Freie und Hansestadt Hamburg
1912–14

Im Stadtteil Barmbek, in dem der
Wohnungsbau in Etagenhäusern schon vor
dem Ersten Weltkrieg stark zugenommen
hatte, wurde in entsprechendem Maße auch der
Bedarf an Schulen größer. Das Grundstück am
Tieloh erlaubte aufgrund seiner Größe und
seines Zuschnitts nur den Bau eines hohen
rechteckigen Gebäudes von kompakter
Bauweise. Es entstand ein viergeschossiges
Klinkergebäude mit ausgebautem Mansard-
dach für 30 Klassen. Eine alle Flure teilende
Querwand in der Mitte des Gebäudes sorgte für
die Trennung der Geschlechter. Am südlichen
Kopfende schließt sich, durch einen Garde-
robenraum verbunden, eine freistehende Turn-
halle mit Walmdach an das Hauptgebäude an.
Bemerkenswert an dem relativ schlichten
Schulbau ist die keramische Ausstattung von
Richard Kuöhl. Zwischen den Fenstern des
Zeichensaals tragen sechs große Märchen-
figuren, Rübezahl, Aschenbrödel, Eulen-
spiegel, ein Rattenfänger und eine Hexe das
Gesims. Zu der weiteren Baukeramik gehören
die Kinderfiguren über dem Eingang und das
keramische Zifferblatt der Schuluhr. Außenmauern aus roten Ziegeln mit bebänderten
Pilastern bilden an einzelnen Stellen reliefartige
Muster.

Quellen: Bildarchiv der Fa. A. H. Wessely,
Hamburg, Inh. Herbert A. Kohlwey; Hbg.
u. s. Bauten 1914, Bd. 1, Abb. 235 f.; Schäfer:
Staatsbauten, Bd. 2, S. 7, Abb. S. 54–67.

**145**

**Gewerbehaus Hamburg**

Heute: Handwerkskammer
Hamburg-Neustadt, Holstenwall 12
Auftraggeber: Freie und Hansestadt Hamburg
1912–15

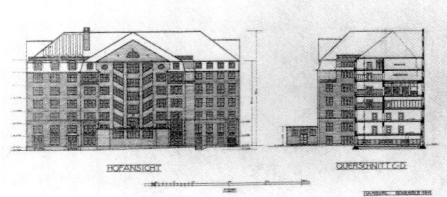

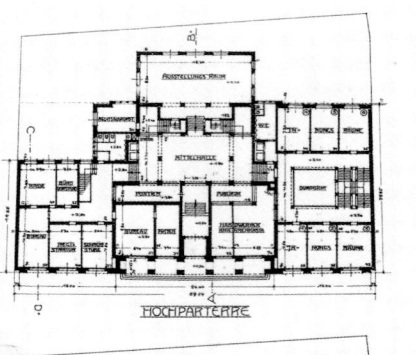

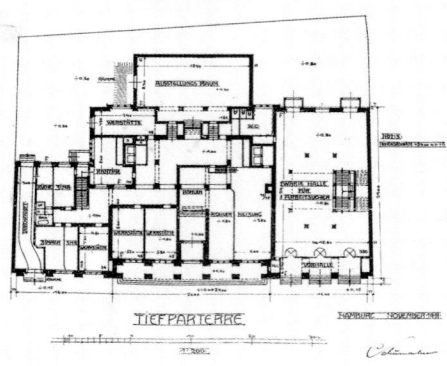

Die reichsweite Einrichtung von Handwerks-
kammern (1897) und die Schaffung von
Arbeitsnachweisen der Arbeitgeber (in
Hamburg ab 1895) führten bald zu einem
Aufgabenzuwachs der Innungen, der bauliche
Konsequenzen nach sich zog. Da zugleich die
Aufsichtsbehörde über das Innungswesen ein
Domizil suchte, verständigten sich Senat und
Handwerkskammer über den Bau eines Staats-
gebäudes mit Kontoren und Versammlungs-
räumen, die von den Handwerksinnungen
angemietet werden konnten. Das von Schu-
macher entworfene Gewerbehaus erhielt eine

vertikal gegliederte, dreigeteilte Fassade aus
rotbraunen Handstrichsteinen, die Elemente
des Kontorhauses (Mittelbau mit »Bay-
Windows« über dem Haupteingang) mit
solchen des alten Bürgerhauses (geschweifte
Barockgiebel über den vorstehenden Seiten-
bauten) verbindet. Ausgedrückt wird zweierlei:
Stolz der Innungen auf ihre bis ins Mittelalter
zurückgehende Tradition und demonstratives
»Gleichziehen« mit der neuen politischen Kraft
der Gewerkschaften, die sich 1906 am Besen-
binderhof ein großes Gebäude errichten ließen.
Ein zweiter, unauffälliger Eingang ins Tiefpar-
terre im rechten Seitenbau verweist auf die
Doppelfunktion des Gebäudes, in dem Arbeitgeber und Arbeitsuchende verkehrten, ohne
sich jedoch zu begegnen. Die Furcht der
Innungsvertreter vor Belästigungen durch
streikende und arbeitslose Arbeiter war das
Motiv gewesen, den Arbeitsnachweis im Innern
als abgetrennten Bau mit eigener Erschließung
zu planen. Das auf dieser Gebäudeseite angeordnete zweite Treppenhaus mit Arkadenum-
gängen und Oberlicht ist nicht der prächtigste,
aber der bei weitem gelungenste Raum in
diesem Bau, der seinen Architekten noch Jahrzehnte danach ins Schwärmen brachte
(»Zauberkasten der verschiedensten Säle und
Bürokomplexe«, Schumacher: *Stufen*, S. 303).
Schumacher bekannte später allerdings seine
politische Naivität gegenüber den Innungs-
meistern. Daß dieser Bau »in Wahrheit eine
Trutzburg gegen die Gewerkschaften
bedeutete, war mir gar nicht in den Sinn
gekommen« (Schumacher: *Selbstgespräche*,
S. 86).
Die meisten Details der Innenausstattung wie
zum Beispiel Uhren, Lampen, Türgitter,
Türgriffe, Heizungsverkleidungen entwarf
Schumacher. Auch Möbel wie Schreibtische,
ein Konferenztisch, Garderoben wurden nach
Schumachers Angaben angefertigt. Die farbige
Innenausmalung einiger Räume bestimmte
Otto Fischer-Trachau. Von Artur Storch
stammte die Brunnenfigur der Halle, ein kera-
mischer Wandbrunnen mit drei Katzen im
Treppenhaus von Alphons Ely.

Quellen: Baubehörde, Bestand Schumacher;
Schäfer: Staatsbauten, Bd. 2, S. 23 f., Abb.
S. 176–204; Hbg. u. s. Bauten 1914, Bd. 1,
S. 228 f., Abb. 341–343; Fritz Schumacher:
Das Gewerbehaus in Hamburg. In: Innen-
Dekoration 36 (1925), S. 366–371; Fritz
Schumacher. In: Moderne Bauformen 21
(1922), S. 65 ff.; Schumacher: Stufen, S. 303;
Schumacher: Selbstgespräche, S. 86; Stefan
Timpe: Eine Trutzburg gegen die Gewerk-
schaften. In: Zeitschrift des Vereins für
Hamburgische Geschichte 78 (1992),
S. 164–181.

**146**

**Hauptrestaurant im Stadtpark**
Hamburg-Winterhude, Stadtpark
Auftraggeber: Freie und Hansestadt Hamburg
1912–16 (1924)

Die »Stadthalle«, wie das Hauptrestaurant
später genannt wurde, war das größte der vier
Restaurants im Hamburger Stadtpark. Sie lag
vor ihrer Zerstörung und dem späteren totalen
Abriß am östlichen Ufer des Stadtparksees und
bildete den einen Endpunkt der Hauptachse
des neu angelegten Hamburger Stadtparks, an
dessen westlichem Ende der Wasserturm lag.
Zwischen diesen beiden Bauwerken entwickelt
sich das »Herzstück« des Stadtparks, die
Hauptachse mit der blumenbesetzten Wald-
schneise vor dem Wasserturm, den anschließenden weiten Spielwiesen und dem großen
Stadtparksee vor der Stadthalle. Die gesamte
Anlage der Stadthalle einschließlich der
Gartenanlagen ist symmetrisch ausgebildet.
Der langgestreckte Baukörper zeigt mit seiner
Hauptseite zum See. Zur Straßenseite schließt
auf der Mittelachse ein bogenförmiger Vorbau
an. Zwischen Restaurant und See liegt eine
weiträumige Gartenterrasse. Sie wird beidseitig
von überdachten, einseitig verglasten Arkaden
umschlossen, die am See in zwei offenen
Säulenhallen enden. Das Innere der Stadthalle
wird durch den großen Kuppelsaal und
anschließende Seitensäle gegliedert. Das
gesamte Restaurant bietet Platz für circa 1000
Gäste. Die Bauarbeiten wurden 1916 im
Rahmen des kriegsbedingten Baustopps eingestellt und erst 1924 vollendet. Den inneren
Ausbau vollendete Hermann Höger. Die
baukeramische Ausstattung des Äußeren und
einige Details im Innern oblagen Richard
Kuöhl. Otto Fischer-Trachau übernahm die
phantasievolle Farbgestaltung der Säle und das
Deckengemälde im Kuppelsaal, Richard Hopp
schuf die Deckenmalerei des Hochzeitssaales.
Seinen ersten Entwurf hatte Schumacher 1909
in Sandstein geplant. Die Ausführung erfolgte
in Klinkern. Der Bau ist nicht erhalten.

Quellen: Hbg. u. s. Bauten 1914, Bd. 2,
S. 40–68, 293; Schumacher: Volkspark,
S. 106 ff.
Siehe Seite 229

**147**

**Pathologie Eppendorfer Krankenhaus**
Hamburg-Eppendorf, Martinistraße/UKE
Haus L
Auftraggeber: Freie und Hansestadt Hamburg
1912–16 (1926)

Zur Unterbringung der Institute für Patholo-
gische Anatomie, Physiologie, Physiologische
Chemie und Serologie wurde auf dem Gelände
des Universitätskrankenhauses Eppendorf ein
großes Institutsgebäude errichtet. Es besteht
aus einem fünfgeschossigen Mittelbau und zwei
Seitenflügeln mit Keller- und zwei Obergeschossen sowie einem Anbau mit Tierställen.
Der Mittelbau dient der erforderlichen
Trennung der Pathologie von den anderen
Instituten. Die Brüstungsfelder und Wandpfeiler, die den Mittelbau gliedern, sind im
Gegensatz zur sonst schlichten Klinkerfassade
durch große Keramikreliefs geschmückt. Eine
reich ornamentierte Uhr aus Keramik bildet
den oberen Abschluß der Mittelachse. Der
Rohbau wurde kriegsbedingt 1916 stillgelegt
und als Lazarett genutzt. Von 1924 bis 1926
wurde der Bau fertiggestellt.

Quellen: StaH, Jahresbericht des Hochbau-
wesens 1925 und 1926; Baubehörde, Bestand
Schumacher; Fritz Schumacher: Medizinische
Institute und Sonderbauten. In: Hygiene und
soziale Hygiene in Hamburg. Hamburg 1918,
S. 96–108.

**148**

**Feuerwache Petroleumhafen**
Hamburg-Waltershof, Parkhöft
Auftraggeber: Freie und Hansestadt Hamburg
1913

Die großen Gegensätze im Hafenbild zwischen
horizontalen und vertikalen Linien, wie den
Schuppen und der Wasseroberfläche einerseits
und den Masten und Kränen andererseits,
machte nach Schumachers Auffassung das
Bauen im Hafen zu einer besonderen baukünst-
lerischen Aufgabe. Die relativ kleine Feuerwache mußte sich daher durch zwei Eigenschaften auszeichnen, wenn sie sich visuell
behaupten wollte: durch eine kompakte Masse
und eine »silhouettengebende Betonung«
(Schäfer: *Staatsbauten*, Bd. 1, S. XXIII). Der
zweigeschossige Klinkerbau mit überste-
hendem Walmdach wurde an vorgeschobener
Stelle am Parkhöft plaziert. Die Kompaktheit
unterstrich Schumacher mit achteckig vorge-
wölbten Ecken auf der zum Fluß gewandten
Eingangsseite, die mit Strebepfeilern noch
verstärkt wurden. Der auf diese Weise mit
einem »ernsthaft-selbstbewußten« Gesicht
versehene Bau (Schumacher: *Stufen*, S. 302)
war die erste moderne, auf verkürzte Alarm-
zeiten abgestellte Feuerwache in Hamburg; die
erste ohne Pferdestall und mit Gleitstangen, an
denen die Feuerwehrmänner aus den obenlie-
genden Ruheräumen zu den Autos herunter-
rutschten. Der Bau wurde 1986 abgebrochen.

Quellen: Baubehörde, Bestand Schumacher;
Hbg. u. s. Bauten 1914, Bd. 1, S. 254 f., Abb.
389–391; Schäfer: Staatsbauten, Bd. 1,
S. XXIII–XXV, Abb. S. 116–122; Die Feuer-
wache am Hamburger Petroleumhafen. In: Der
Industriebau 6 (1915), S. 463 f.; Ortsamt
Finkenwerder, Bauakte Feuerwache Petro-
leumhafen.

## 149
### Grundbuchamt
Bauentwurf
Hamburg-Altstadt, Alstertor/Rosenstraße
Auftraggeber: Freie und Hansestadt Hamburg
1913

Der Entwurf für das Grundbuchamt in der
Hamburger Innenstadt zeigt ein fünfgeschos-
siges Eckgebäude mit einem steilen
Mansarddach. Ein kurzer Hinterflügel
erweitert das Gebäude zur Hofseite und nutzt
das schmale Eckgrundstück fast vollständig
aus. Die Erdgeschoßzone zeigt Rundbogenfenster, hinter denen die Zimmer der Richter
liegen. Vom ersten bis zum dritten Obergeschoß werden große, rechteckige Sprossenfenster durch Lisenen zusammengefaßt, die an
einem Dachgesims enden, das das leicht
zurückspringende vierte Obergeschoß betont
absetzt. Das Grundbuchamt erhält einen Eck-
risalit mit einem eigenen, deutlich abgesetzten
Steildach mit großen Dachgauben. Der Eckbau
ist durch Erker, die vom ersten Geschoß bis
unter das vorkragende Dach laufen, in fünf
Achsen gegliedert. Sie sind von der helleren
Backsteinfläche der Fassade durch dunkle
Klinker und Keramikornamente abgesetzt.

Quellen: Baubehörde, Bestand Schumacher;
Fritz Schumacher: Museum f. Hamburgische
Geschichte und andere Bauten. Museum für
Hamburgische Geschichte, Bibliothek, S. 66,
85.

## 150
### Brücke Hindenburgstraße
Hamburg-Alsterdorf, Hindenburgstraße
Auftraggeber: Freie und Hansestadt Hamburg
1913

Im Zuge der Alsterkanalisierung wurden
zwischen Eppendorf und Fuhlsbüttel mehrere
Brücken über den Alsterkanal gebaut. Die
Brücke in Verlängerung der Hindenburgstraße
war eine der ersten, die Schumacher für das
Ingenieurwesen, dem der Brückenbau unter-
stand, architektonisch gestaltete. Bei dem
Konstruktionssystem handelt es sich um einen
Zweigelenkrahmen mit Kragarm in Stahlbeton.
Außen ist die Konstruktion durch Vorsatz-
beton verkleidet und mit Sandstein verblendet.
Die Unterseite der bogenförmigen Brücke
bleibt in Sichtbeton. Den Scheitelpunkt des
Brückenbogens ziert das Hamburger Wappen.
Die Abschlußmauern der Treppenanlage und
der Uferbefestigung sind aus Bruchstein.

Quellen: StaH, Schumacher-Nachlaß 621-2.

## 151
### Brücke Fuhlsbüttler Schleuse
Hamburg-Ohlsdorf, Am Hasenberge
Auftraggeber: Freie und Hansestadt Hamburg
1913

Das Konstruktionssystem der Brücke an der
Fuhlsbüttler Schleuse entspricht wegen der
größeren Spannweite nicht dem der stützen-
losen kleineren Bogenbrücken, sondern besteht
aus drei eingespannten Bögen mit zwei Mittelpfeilern. Die Durchfahrtshöhe ist für
Alsterschiffe bemessen. Die Konstruktion der
Stahlbetonbrücke ist durch Vorsatzbeton
verkleidet, der an den Seiten sichtbar bleibt.
Der Brüstungsbereich und die Brückenpfeiler
sind sandsteinverkleidet. Das Futtermauer-
werk des Zufahrtsdamms beiderseits der
Brücke besteht aus Hausteinen.

Quellen: StaH, Schumacher-Nachlaß 621-2.

## 152
### Parkanlage als Teil eines Denkmals
Studie
1913

Innerhalb einer Parkanlage ist eine von
Bäumen umstandene Wiese zu einer Gedenk-
anlage ausgestaltet. In das schmale, lange
Rechteck der Wiese ist ein großes rechteckiges
Wasserbecken eingelassen. Es wird an einer
Schmalseite von zwei Figuren flankiert.
Wenige Meter weiter, im Hintergrund, steht in
einem von Hecken gebildeten Halbrund ein
Denkmal.

Quellen: StaH, Schumacher-Nachlaß 621-2;
Fritz Schumacher: Kriegs-Gedächtnis-Male,
Praktische Studien. Darmstadt 1916, S. 8f.

## 153
### Polizeiwache, Bezirksbüro und Standesamt Eilbek
Bauentwurf
Hamburg-Eilbek, Ritterstraße/Wagnerstraße
1913(1926)

Die ersten Planungen für den Baukomplex zur
Unterbringung des Bezirksamtes Eilbek, des
Polizeibezirksbüros Eilbek, der Polizeiwache
24 und eines Standesamtes stammen aus dem
Jahre 1913. Bebaut werden sollte ein von drei
Straßen begrenzter Platz. Schumachers erster
Entwurf zeigt im Grundriß die Form eines
Hufeisens. Die Rundung, zugleich die Haupt-
front des dreigeschossigen Gebäudes, weist
nach Südosten, in die gleiche Richtung wie die
Spitze des dreieckigen Platzes. Die neunachsige
Hauptfront, die sich dem bogenförmigen
Straßenverlauf anpaßt, wird durch Kolossal-
ordnungen vertikal gegliedert. Der Bau erhielt
ein Steildach.
In Schumachers zweitem Entwurf von 1916
bekommt der Bau einen kreuzförmigen
Grundriß. Das Hauptgebäude liegt auf der
Längsachse in nordsüdlicher Richtung. An der
Nordseite, am Eilbeker Weg, schließt der
Querbau an. Das Südende des Längsbaus ist
pilzförmig abgerundet. Die westliche und die
östliche Ecke wird jeweils durch einen halbrunden Treppenhausvorbau ausgefüllt. Der
Gebäudekomplex hat vier Vollgeschosse über
einem Sockelgeschoß. Anstelle des Steildachs
liegt, von einer Attika verdeckt, ein Flachdach.
Die Fassade ist durch Brüstungsbänder vertikal
gegliedert. Das oberste Geschoß des Längsbaus
hat Rundbogenfenster, es wird überragt von
einem fünften Attikageschoß auf dem
Querbau. Schumachers Entwürfe zeigen viele
interessante Details, wie zum Beispiel die
Ausstattung der Hauptportale oder die Gliederung der Treppenhausfenster. Der Bau ist
nicht realisiert.

Quellen: Baubehörde, Bestand Schumacher;
StaH, Jahresbericht des Hochbauwesens 1926.

HAUPTANSICHT · MASSTAB · 1:100 ·

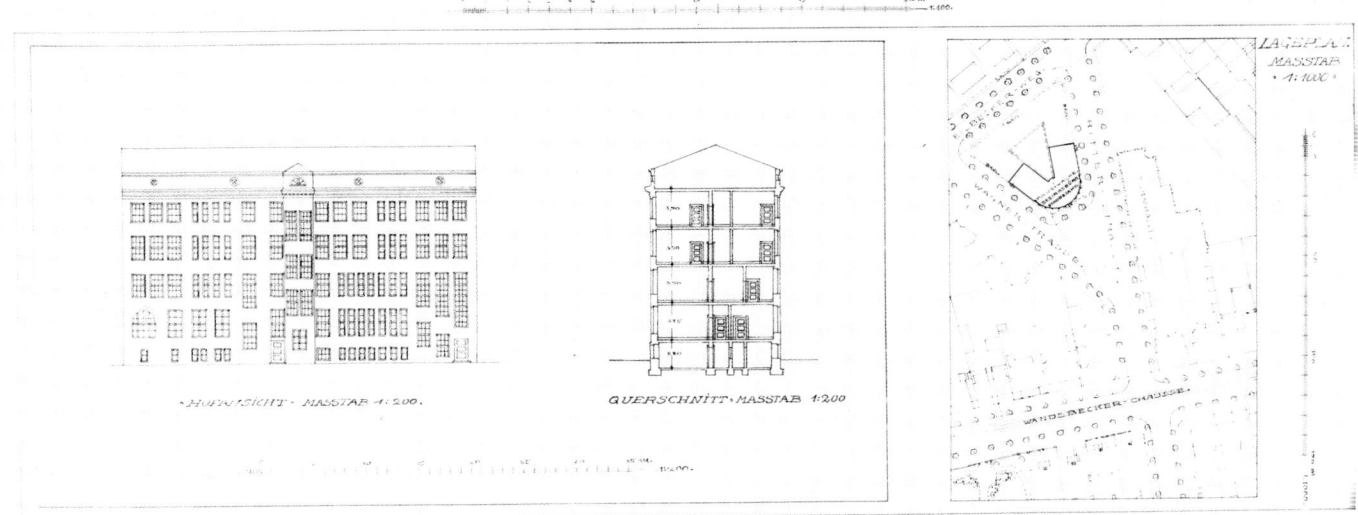

·HAUPTANSICHT · MASSTAB 1:200.

QUERSCHNITT · MASSTAB 1:200

LAGEPLAN
MASSTAB
· 1:1000 ·

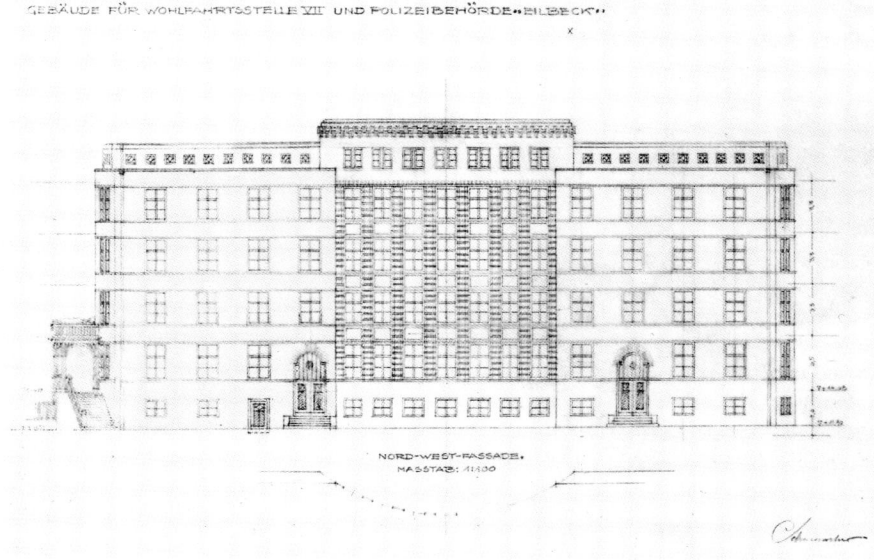

GEBÄUDE FÜR WOHLFAHRTSSTELLE VII UND POLIZEIBEHÖRDE «EILBECK»·

NORD-WEST-FASSADE.
MASSTAB: 1:100

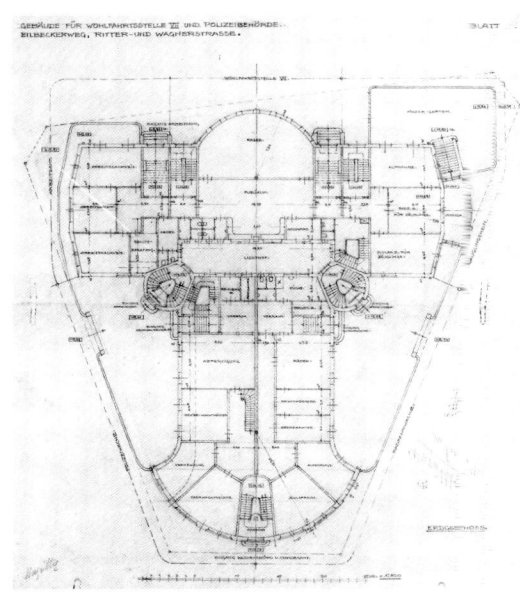

GEBÄUDE FÜR WOHLFAHRTSSTELLE VII UND POLIZEIBEHÖRDE
EILBECKERWEG, RITTER- UND WAGNERSTRASSE.

Fritz Schumacher, Polizeiwache, Bezirksbüro
und Standesamt Eilbek, Hamburg, Werk Nr. 153

**154**

**Inselbrücke am Stadtparksee**

Hamburg-Winterhude, Stadtpark
Auftraggeber: Freie und Hansestadt Hamburg
Um 1913

Die zierliche, ganz mit Klinker verkleidete
Fußgängerbrücke verbindet das südliche Ufer
des Stadtparksees mit einer kleinen Insel am
Rande des Sees. Ihr weißes Holzstabgeländer
folgt nicht der Brückenwölbung, sondern dem
geraden Verlauf der an- und absteigenden
Treppen und dem dazwischenliegenden horizontalen Verlauf des Gehweges. Auf der Insel
geht die Brücke auf beiden Seiten in die
Ufermauern über. Daran schließen sich zwei
Treppen an, die zu den Bootsstegen führen.

Quellen: Adolf Goetz: Die Backsteinbauten im
Hamburger Stadtpark. In: Tonindustrie-
Zeitung 49 (1925), S. 1343–1444; Schumacher:
Volkspark, S. 60 ff.

**155**

**Milchwirtschaft im Stadtpark**

Hamburg-Winterhude, Stadtpark
Auftraggeber: Freie und Hansestadt Hamburg
1913–14

Die »Milchwirtschaft« war das kleinste der vier
Restaurants im Hamburger Stadtpark. Es
wurde im Stile eines niedersächsischen Bauern-
hauses errichtet und bestand aus einem
Haupthaus mit zwei an dessen Schmalseite
angesetzten Flügelbauten. So ergab sich eine
Baugruppe, die einen Hofplatz umschloß. Die
Gefache des Fachwerkhauses waren mit roten
Ziegeln ausgemauert, das steile Dach war mit
Reet gedeckt. Zur »Milchwirtschaft« gehörte
ein großes Gartenrestaurant mit Obstbäumen.
Vier große Kachelöfen im Inneren erhielten
keramische Verzierungen von Richard Kuöhl.
Der Bau ist nicht erhalten.

Quellen: SUB, Schumacher-Nachlaß; Hbg.
u. s. Bauten 1914, Bd. 2, S. 297, S. 90–105;
Schumacher: Volkspark, S. 106 ff.; Bildarchiv
der Firma A. H. Wessely, Hamburg, Inh.
Herbert A. Kohlwey.

**156**

**Feuerwache Alsterdorf**

Hamburg-Alsterdorf, Alsterkrugchaussee
Auftraggeber: Freie und Hansestadt Hamburg
1913–14

Den Entwurf zu dieser Feuerwache machte
Schumacher schon im Jahr 1910 für einen
Standort in Ohlsdorf (vgl. StaH, Bestand
Baudeputation, B 1104). Erst zwei Jahre später
wurde der jetzige Standort ausgewählt, Schumachers Entwurf im Landhausstil blieb aber
unverändert. Die Feuerwache besteht aus dem
langgestreckten, eingeschossigen Haupthaus
mit ausgebautem Mansarddach und einem
kurzen Hinterflügel auf der Mittelachse. Ein
Schlauch- und Steigeturm für Kletterübungen
mit einer großen Uhr überragt das Gebäude.
Um den Standort war eine Auseinandersetzung
mit dem Ingenieurwesen entbrannt. Schumacher brauchte öffentliche Bauten zur Ufer-
gestaltung am neuen Alsterkanal und hatte
daher dringend einen Bauplatz neben einer
neuen Brücke empfohlen. Während er in
diesem Fall noch dem Oberingenieur Fritz
Sperber unterlag, behielt er in den späteren
Jahren jedoch meist die Oberhand.

Quellen: Baubehörde, Bestand Schumacher;
StaH, Bestand Baudeputation, B1104; Hbg.
u. s. Bauten 1914, Bd. 1, Abb. 254 f.; Schäfer:
Staatsbauten, Bd. 2, S. 7 f.; Die Feuerwache in
Alsterdorf. In: Der Industriebau 6 (1915),
S. 465 f.; Schumacher: Stufen, S. 302.

**157**
**Lotsenhaus**
Hamburg-Waltershof, Köhlfleet/Seemannshöft
Auftraggeber: Freie und Hansestadt Hamburg
1913–14

Der Anlaß für die Planung einer Lotsenstation
an der Unterelbe war die projektierte
Ausdehnung der Hafenanlagen bis zum
Finkenwerder Köhlfleet. Am vorgescho-
bensten Punkt der neuen Anlagen sollten die
Hafenlotsen »einen geeigneten Ausguck haben,
um die aufkommenden Schiffe zu erspähen«.
Der von der Behörde für Strom- und Hafenbau
hinzugezogene Schumacher nutzte die
eigentlich technische Bauaufgabe als städtebauliche Marke und machte den Bau zum »ersten
Wahrzeichen der Stadt« (Schäfer: *Staatsbauten*,
Bd. 1, S. XVII) und zum »Torwächter, der
anzeigt, daß hier der Fluß aufhört und der
Hafen beginnt« (Schumacher: *Selbstgespräche*,
S. 252). An einen zweieinhalbgeschossigen
Mansarddachbau längs zum Ufer, mit Schlaf-
und Aufenthaltsräumen für 72 Lotsen und 20
Matrosen, setzte er einen seitlich vorgeschobenen quadratischen Turm mit Strebepfeilern
an den Ecken.
Den oberen Abschluß bildet eine kupferver-
kleidete runde Plattform mit aufgetakeltem
Mast, der heute durch eine kreisende Radar-
anlage ersetzt ist. Eine umlaufende Galerie im
Erdgeschoß und eine offene Kanzel im
obersten Turmgeschoß bieten geschützte Beob-
achtungsstände für die Lotsenwache. Die
runden Zifferblätter der Normaluhr am Turm
wurden während Schumachers Kölner Abwe-
senheit ausgeführt und entsprechen nicht
seinem Entwurf, der von hinten beleuchtete
Ziffern in runden Löchern vorsah. Schumacher
sprach später selbst vom malerischen Charakter
dieser »ins Wasser vorgeschobenen Burg«, an
der jedoch alles vom Bauprogramm abgeleitet
und »zweckbedingt« sei. »Keine ornamentale
Zutat ziert den Bau, er wirkt nur durch das
Zusammenspiel seiner Klinkerflächen mit

Kupferverkleidungen, und die Klinkerflächen
sind dunkel gefugt, um der Masse mehr die
Wucht des monolithischen Eindrucks zu
geben.« (Schumacher: *Selbstgespräche*, s. u.)

Quellen: Plankammer Strom und Hafenbau;
Baubehörde, Bestand Schumacher; Schäfer:
Staatsbauten, Bd. 1, Abb. S. 46–50; Fritz
Stahl: Lotsenhaus am Hamburger Hafen. In:
Wasmuths Monatshefte für Baukunst 2
(1915/16), S. 525–538 und Abb. 630–644;
Schumacher: Selbstgespräche, S. 252f.; Schu-
macher: Stufen, S. 302; Nicolaisen: Studien,
S. 176f.; Fischer: Schumacher, S. 43f.

**158**
**Badeanstalt Eppendorf**
Heute: Holthusenbad
Hamburg-Eppendorf, Goernestraße 21
Auftraggeber: Freie und Hansestadt Hamburg
1913–14

In dem mit Etagenhäusern dichtbebauten
Hamburger Stadtteil Eppendorf ließen die
Wasserwerke 1913 eine Volksbadeanstalt
errichten. Voraussetzung war, wie in den
Schulen, die Trennung der Geschlechter. Diese
Zweiteilung wird zum wesentlichen Gestal-
tungsprinzip beim Entwurf des Gebäudes.
Zwei gleich große, quer zur Straße liegende
Schwimmhallen (die Frauenhalle hat ein klei-
neres Becken) werden durch einen dreigeschossigen Mittelbau verbunden. Die unter mächtigen Mansarddächern liegenden Schwimmhallen links und rechts davon sind von Beton-
Tonnengewölben überspannt, die an der
Hauptfassade mit breiten Halbrundfenstern in
der Art römischer Thermen aus dem Dach
heraustreten. Bis zur Traufe reichende poly-
gonale Klinkerpilaster gliedern den querliegenden Mittelbau, über dessen Satteldach sich
ein kleiner Uhrenturm erhebt. Abwechselnde
Horizontalschichten heller rötlicher Handstrichsteine und schwärzlicher Klinker nehmen
nicht nur den Pilastern die Schwere, sie über-
ziehen das Mauerwerk mit einer linienhaften
Textur, die je nach Licht und Witterung in
anderer Tönung erscheint.

Quellen: SUB, Schumacher-Nachlaß; Schäfer:
Staatsbauten, Bd. 1, Abb. S. 161–169.

### 159
**Polizeiwache Lübecker Straße**
Hamburg-Hohenfelde, Lübecker Straße 54
Auftraggeber: Freie und Hansestadt Hamburg
1913–14

Als Standort der neuen Polizeiwache im
Stadtteil Hohenfelde stand eine kleine Grünanlage zur Verfügung, die »wie eine Insel« mit
alten Bäumen inmitten der dichten Großstadt-
bebauung lag. Das Eingehen auf den »genius
loci« der Umgebung war Schumacher so
wichtig, daß er wie bei seinen Feuerwehrbauten trotz gleicher Bauprogramme auf eine
Typisierung der Wachen verzichtete. An der
Lübecker Straße fügte er einen Klinkerbau von
»schmucker Zierlichkeit« ein (Schäfer: *Staatsbauten*, Bd. 1, S. XXIV), der den Charakter der
Freifläche möglichst wenig stören sollte. So
erinnert der zweigeschossige Bau eher an ein
vorstädtisches Wohnhaus, wobei das hohe, an
den Traufseiten herabgezogene Steildach den
Eindruck eines nur eingeschossigen Hauses
erweckt. Auf der Traufseite flankieren halbrunde Vorbauten unter einem überstehenden
Walmdach den Hauseingang. Schumacher
inszeniert hier ein weiteres Mal sein zuerst an
der Villa von Halle in Berlin (1900) erprobtes
Tormotiv, das in seinen Bauten in vielen Variationen auftritt: Eine Kombination aus halbrunden »Türmen« mit dem dazwischen unter
einem weiten Mauerbogen liegenden »Tor«.

Quellen: Hbg. u. s. Bauten 1914, Bd. 1, S. 234,
Abb. 353f.; Schäfer: Staatsbauten, Bd. 1, Abb.
S. 123–127; Schumacher: Stufen, S. 302.

### 160
**Polizeiwache am Spielbudenplatz**
Heute: Davidswache
Hamburg-St. Pauli, Davidstraße/Spielbuden-
platz
Auftraggeber: Freie und Hansestadt Hamburg
1913–14

An der Stelle des jetzigen Baus stand bereits
eine kleine Polizeiwache, die aber dem
erhöhten Raumbedarf der Polizei in Hamburgs
Vergnügungsviertel rund um die Reeperbahn
nicht mehr gerecht wurde. Ein anderer
Bauplatz konnte nicht gefunden werden, also
mußte an gleicher Stelle ein im Verhältnis zu
den damaligen Nachbarhäusern relativ hohes
Gebäude errichtet werden. Das neue Dienstgebäude sollte nicht nur die Polizeiwache beherbergen, sondern darüber hinaus ein Meldeamt,
die sittenpolizeiliche Untersuchungsstation,
mehrere Dienstwohnungen, Gefangenenzellen
und Geräteräume, und die verschiedenen
Nutzungen mußten räumlich klar voneinander
getrennt werden. Diese Anforderungen
machten vier Vollgeschosse erforderlich, die
Schumacher durch ein herabgezogenes
Steildach optisch auf drei verringerte. Auffällig
an dem von Schumacher selbst als »festungs-
artig« bezeichneten Bau (Schumacher: *Stufen*,
S. 302) in bräunlichem Ziegelmauerwerk sind
zwei auf Konsolen ruhende Erker an der Front
zur Davidstraße, die über zwei Geschosse
reichen und mit farbig glasiertem Terrakottaschmuck von Richard Kuöhl reich verziert
sind.

Quellen: Hbg. u. s. Bauten 1914, Bd. 1, S. 234,
Abb. 355f.; Schäfer: Staatsbauten, Bd.1, Abb.
S. 183–194; Schumacher: Stufen, S. 302; Nico-
laisen: Studien, S. 176f.

### 161
**Hansaschule Bergedorf**
Hamburg-Bergedorf, Hermann-Distel-
Straße 25
Auftraggeber: Freie und Hansestadt Hamburg
1913–14

Die starke Einwohnerzunahme in Bergedorf
machte nach 1900 einen Neubau der lokalen
höheren Knabenschule unumgänglich. Der
vom Bergedorfer Magistrat zur Verfügung
gestellte Bauplatz lag an einer höhergelegenen
Stelle in einem neuen Villenquartier, das
hinsichtlich der Baumassen Rücksichten erforderlich machte. Schumacher nahm die Baulinie
um zwölf Meter zurück und legte vor den L-
förmigen Baukörper einen Vorhof, so daß nicht
der viergeschossige Hauptbau, sondern der
niedrigere Aulaflügel (mit darunterliegender
Turnhalle) der Straße am nächsten liegt.
Zwischen den Flügeln vermittelt ein neben die
Eingangsloggia in die Ecke gesetzter Rundbau
unter einer geschweiften kupfernen Haube.
Die Fassaden wurden in Ziegeln ausgeführt,
einzelne Architekturglieder und Schmuckteile
in Muschelkalk. Der Hauptbau erhält sein
Gesicht durch eine auf drei Klassenjoche
beschränkte Vertikalgliederung der oberen
Geschosse. Die dabei verwendeten polygonalen
Pilaster sind in wechselnden Lagen aus Ziegeln
und Werkstein gemauert. Die Fassadenfiguren
unterhalb des Mansarddachs, vier überlebensgroße antike klassische Schriftsteller, und eine
Athenagestalt im Flachrelief am Eingangs-
pfeiler schuf Artur Storch, von dem auch ein
Brunnen mit Fuchsfigur stammt.

Quellen: StaH, Schumacher-Nachlaß 621–2;
Hbg. u. s. Bauten 1914, Bd. 1, Abb. 266–268;
Schäfer: Staatsbauten, Bd. 1, Abb. S. 195–208.

## 162
### Volkslesehalle und Mönckeberg-Brunnen
Hamburg-Altstadt, Mönckebergstraße/
Spitalerstraße
Auftraggeber: Freie und Hansestadt Hamburg
1913–14 (1926)

Nach dem Durchbruch der Mönckebergstraße
durch die Gängeviertel der Hamburger Altstadt
schneiden die Einmündungen von Spitalerstraße und Lilienstraße einen kleinen Dreiecksplatz heraus. Dieser von drei Straßen begrenzte
Bauplatz sollte ursprünglich regulär, das heißt
unter Ausnutzung der zulässigen Höhenbe-
grenzung von 30 Metern Firsthöhe, bebaut
werden. In einer Vorstudie mit Modell machte
Schumacher klar, daß auf dieser Fläche statt
dessen »ein regelmäßiges Etwas von völlig
anderen Verhältnissen und völlig anderem
Typus als die ringsum stehenden Kontorhäuser« gebaut werden müßte. So entstand
nach seinen Vorschlägen das Ensemble aus dem
Mönckeberg-Brunnen als Denkmal für den
Bürgermeister, dessen Namen die Durch-
bruchstraße trug, und einer öffentlichen
Bücherhalle (heute eine Fast-Food-Gaststätte).
Die Volkslesehalle ist ein zweigeschossiger
Walmdachbau mit einer nach Westen vorgesetzten, in die Blickachse der Straße gestellten
Säulenhalle. Den Brunnen, einen löwenbe-
krönten Pylon, den zwei Bronzefiguren von
Georg Wrba flankieren, plazierte Schumacher,
der Säulenhalle gegenüberliegend, auf der
Spitze einer vorgelagerten Terrasse. Die
Säulenhalle erhielt, um das Denkmal in seiner
Wirkung zu steigern, die Gestalt einer
dorischen Tempelfront. Als Baumaterial wählte
man Sandstein aus Rücksicht auf die Fassaden
der umliegenden Kontorhäuser. Als Schumachers Lösung bereits beschlossen war,
brachte der Architekt Walter Puritz 1914 ein
Alternativprojekt an die Öffentlichkeit – ein
zylindrisches Hochhaus mit achtzehn Stock-
werken – das jedoch keinen Erfolg hatte. Zwei
konträre Auffassungen vom städtebaulichen
Raum standen gegeneinander: auf der einen
Seite der Versuch, den Raum mit einem Soli-
tärbau maximal auszunutzen; auf der anderen
das harmonisierende Konzept Schumachers,
das Einzelbauten einem ganzheitlichen Gestal-
tungskonzept unterwarf und die Lesehalle zum
Zentrum eines neuen städtischen Platzes
machte.

Quellen: Baubehörde, Bestand Schumacher;
Fritz Schumacher: Das Entstehen einer Groß-
stadtstraße, Braunschweig/Hamburg 1922;
Ockert: Schumacher, S. 25; Fischer: Schumacher, S. 51–53; Fritz Schumacher: Plastik
im Freien. Versuche im Betrachten von Kunstwerken. Hrsg.: Oberschulbehörde Hamburg.
Braunschweig/Berlin 1928; Hbg. u. s. Bauten
1914, Bd. 1, S. 602 f., Abb. 1216–1218;
Schäfer: Staatsbauten, Bd. 2, S. 13 f., Abb.
115–120.

## 163
### Verwaltungsgebäude Dammtorwall
Hamburg-Neustadt, Dammtorwall 9/
Drehbahn
Auftraggeber: Freie und Hansestadt Hamburg
1913–15

Das Raumprogramm dieses Bauwerks sah zwei
voneinander getrennte Einrichtungen vor.
Zwei große Säle im Unter- und Erdgeschoß
wurden für die Postzollabfertigung eingerichtet. Den größten Teil der viereinhalb Obergeschosse mit Büroräumen bezog die Justizver-
waltung, deren Bauten am Sievekingplatz nicht
mehr ausreichten. Ein eigenes Portal an der
Seite erschließt diesen Teil des Gebäudes. Die
Trennung ist auch außen ablesbar: Das Erdgeschoß mit Werksteinsockel und Rundbogen-
fenstern gehört der Post, darüber entwickelte
Schumacher eine andere Fassadengliederung,
mit der die gewaltige Baumasse dem Maßstab
des schmalen Straßenraums angepaßt wird. Drei
aufgehende schmale Risalite mit Kupferhauben
unterteilen die 93 Meter breite Front in
einzelne Abschnitte, über denen sich vier breite
Zwerchgiebel erheben. In der oberen Zone
aufgehende Vertikalordnungen aus je fünf
kannelierten Backsteinhalbsäulen geben den
Giebeln die Anmutung von auf der Höhe
schwebenden Tempelfronten. Der ganze Bau
ist in Eisenbeton ausgeführt und mit braunroten Ziegeln verkleidet. An der künstlerischen
Gestaltung der Fassade waren Karl Weinberger
mit dem reich verzierten Hausteinbogen des
Hauptportals und Richard Kuöhl mit farbiger
Keramik beteiligt, den Brunnen im Inneren
fertigte Hans Luce.

Quellen: Hbg. u. s. Bauten 1914, Bd. 1,
S. 230 f., Abb. 344 f.; Schäfer: Staatsbauten,
Bd. 1, Abb. S. 170–181; Schumacher: Stufen,
S. 302.

## 164
**Grabmal Burchard**

Hamburg-Ohlsdorf, Friedhof Ohlsdorf,
Planquadrat AA 16, 1–24, 28–54
1913–15

Die Familiengrabstätte für Bürgermeister
Johann Heinrich Burchard (1852–1912) liegt
abgeschieden, aber repräsentativ auf einem
Hügel östlich des Nordteiches. Die über 150
Quadratmeter große Grabanlage ist als Privat-
friedhof gestaltet, bei dem die Umfassungs-
mauer selbst zum Grabmal aufgewertet wird.
In die umschließende, ringförmige Brüstung
aus Bruchsteinmauerwerk sind im hinteren,
erhöhten Teil acht flachbogige Muschelkalk-
stelen eingelassen; davor liegen Kissensteine.
In der Mitte befindet sich eine sarkophagähn-
liche, gewölbte Granitplatte mit Bronzetafel.
Schumachers Entwurf der Anlage führte
Richard Kuöhl aus.
Eine sehr ähnlich gestaltete Anlage befindet
sich auf dem Jüdischen Friedhof in Ohlsdorf:
Das Grabmal Asch (Planquadrat C 10),
entstanden um 1922, ist allerdings wesentlich
kleiner. Auch hier schließt eine Mauer, in die
gegenüber dem Eingang in den erhöhten Teil
fünf Stelen eingelassen sind, die Grabstätte ein.

Quellen: SUB, Schumacher-Nachlaß XIX
2.48; Das deutsche Grabmal 2 (1926), Nr. 4,
S. 12–15; Aust: Ohlsdorf, S. 75 f., 149;
Freitag: Ohlsdorf, S. 72 f.; Hipp: Hamburg,
S. 454; Leisner, Schulze, Thormann: Haupt-
friedhof Ohlsdorf, Bd. 2, S. 106, Nr. 686;
Leisner, Schoenfeld: Ohlsdorf-Führer, S. 97 f.

## 165
**Alsterkanalisierung**

Hamburg-Eppendorf, -Alsterdorf, -Ohlsdorf
Auftraggeber: Freie und Hansestadt Hamburg
1913–16

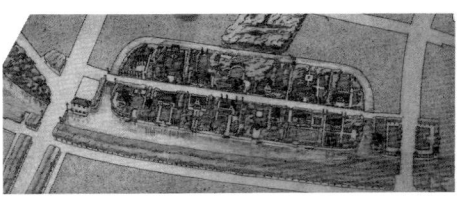

Zu Beginn des 20. Jahrhunderts siedelten sich
immer mehr Hamburger außerhalb des eigentlichen Stadtgebietes an. Schumacher versuchte,
die planlose Ansiedlung durch Bebauungspläne
zu ordnen und richtete dabei ein Hauptaugen-
merk auf den oberen Lauf der Alster zwischen
Eppendorf und Ohlsdorf. Diesen ländlichen
Bereich wollte Schumacher planmäßig zu
einem Wohngebiet umgestalten. Dazu wurde
zuerst der Fluß begradigt und in feste architektonische Formen gefaßt. Größtenteils öffentlich
zugängliche Grünflächen an den Uferzonen des
circa 4,5 Kilometer langen Hamburger Teil-
stücks der Alster wechseln sich mit Terrassenanlagen, Buchten und beckenartigen Fluß-
erweiterungen, Badeanstalten, Schiffs- und
Bootsanlageplätzen ab. Mittels Kanalabzwei-
gungen werden zwei Inseln gebildet, für die
Schumacher einen gesonderten Plan zur
Bebauung mit Einfamilienhäusern aufstellte.
Sie tragen mit weiteren Nebenwasserläufen zur
Auflockerung der streng kanalisierten Alster
bei. Die Kanalisierung des Alsterlaufs nach den
Plänen Schumachers wurde zum größten Teil
realisiert. Bei der Bebauung der Uferzonen und
der alsternahen Wohngebiete wurden seine
Entwürfe weniger berücksichtigt.

Quellen: StaH, Schumacher-Nachlaß 621–2;
Ockert: Schumacher, S. 34 ff.; Schumacher:
Wohnstadt, S. 67 ff.

## 166
**Museum für Hamburgische Geschichte**

Hamburg-Neustadt, Holstenwall
Auftraggeber: Freie und Hansestadt Hamburg
1913–22

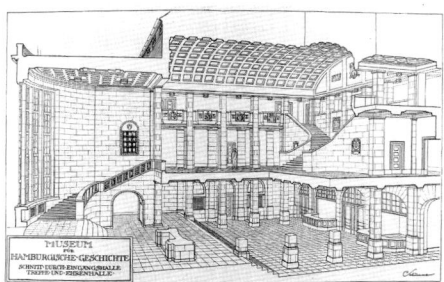

Für den auf die ehemalige Bastion »Henricus«
in den Wallanlagen gesetzten Museumsbau
hatte Schumacher schon in Dresden ein
Vorprojekt gezeichnet. Ziel war es, der seit
dem 19. Jahrhundert stark angewachsenen
»Sammlung hamburgischer Altertümer« ein
angemessenes Domizil zu schaffen. Der
Entwurf mußte konträren Forderungen
genügen: So sollten miteinander verbundene,
aber unabhängig voneinander benutzbare
Bauteile für Verwaltung und öffentliche Schau-
sammlung geschaffen werden. Ein ausge-
dehntes Programm, das nur in erheblichen
Baumassen unterzubringen war, sollte erfüllt
werden, ohne daß die Wallanlagen in Mitleidenschaft gezogen würden. Die Vorgaben
verlangten ferner für die Sammlungen einen
eher strengen und symmetrischen Baukörper,
mit dem genau diese Störung der Landschaft
eintreten mußte.
Die Widersprüche löste Schumacher mit einer
malerischen Gruppierung, die den Eindruck
der Baumasse abmilderte; Mansarddächer
bringen das dritte Geschoß scheinbar zum
Verschwinden. Den Baukörper orientierte er
nicht an der Straßenflucht, sondern an der
Keilform der Bastion; die ungewöhnliche
Schräglage zum Wallring war die Folge. Das in
Klinkern mit Sockeln und Ornamenten aus
Werkstein ausgeführte Museum besteht aus
zwei axialen Bauten, die versetzt zusammen-
geschoben einen unregelmäßigen Baukörper
bilden. Der Eingangs- und Verwaltungsbau am
Holstenwall weckt mit Seitenflügeln und
Ehrenhof Erinnerungen an barocke Anlagen.
Im Innern öffnet sich, vor einem großen Apsis-
fenster mit Blick in den winkelförmigen
Innenhof, eine monumentale Treppenhalle mit

Durchgängen in den Sammlungsbau. Die Anordnung der Sammlungsräume führt den Besucher im Rundgang um den Hof. Deutlich wird die Abwendung von der zuvor geübten Praxis, die historischen Gegenstände je nach Epoche mit »stilgerechten« Räumen zu umbauen (zum Beispiel im 1907 fertiggestellten Märkischen Museum in Berlin von Ludwig Hoffmann). Schumachers Räume sind demgegenüber »formneutral« und zeitlos, zeigen aber unterschiedliche räumliche Volumen und Stimmungen, die besonderen Exponaten die individuelle Umgebung sichern. Dies geht soweit, daß eine innen eingebaute Kaufmannsdiele mit dem ihr eigenen Fenster auch außen als Vorbau in Erscheinung tritt. Historische Portale und skulpturaler Bauschmuck von abgebrochenen Bürgerhäusern sind als Spolien im Hof und in die Außenwände eingebaut, vor denen sich die alten Teile klar abheben. Der 1913 begonnene Bau wurde in den Jahren des Ersten Weltkriegs fortgesetzt, konnte aber erst 1923 eröffnet werden. Der Innenhof wurde 1989 mit einer Glasgitterschale überdacht (Entwurf von Gerkan, Marg und Partner).

Quellen: Baubehörde, Bestand Schumacher; Deutsche Bauzeitung 58 (1924), Nr. 28, S. 187 ff.; Deutsche Bauzeitung (1924), Nr. 30, S. 153 ff.; Deutsche Bauzeitung (1924), Nr. 32/33, S. 165; Fritz Schumacher: Der Neubau des Museums für Hamburgische Geschichte. In: Moderne Bauformen 22 (1923), S. 161–163; Erwin Ockert: Das Museum für Hamburgische Geschichte. In: Zentralblatt der Bauverwaltung 43 (1924), S. 153–158; Schumacher: Stufen, S. 304; Schumacher: Selbstgespräche, S. 244–250; Fischer: Schumacher, S. 23–26.

## 167
### Stadthauserweiterung
Hamburg-Neustadt, Stadthausbrücke
Auftraggeber: Freie und Hansestadt Hamburg
1914

Bei der letzten Stadthauserweiterung hatte vor allem die Polizeibehörde im Erweiterungsbau von 1891 keinen Platz gefunden. Das Stadthaus sollte daher in Richtung Stadthausbrücke und Bleichenbrücke erweitert werden. Zu diesem Zweck mußte die vorhandene Bebauung niedergelegt und das zwischen dem Bauplatz für das neue Gebäude und dem alten Stadthaus liegende Bleichenfleet überbrückt werden. Schumacher schloß die Straßenfront und schuf mit seinem viergeschossigen Brückenbau zusätzlich Raum für die Baudeputation. Der Stadthausneubau erhält in Anlehnung an das alte Stadthaus ein Steildach mit Pfannendeckung. Den Verbindungsbau setzt Schumacher deutlich von den flankierenden höheren Bauten ab: Sein Mittelrisalit wird durch Lisenen vertikal gegliedert und durch eine überhöhte Attika mit Wappenschmuck abgeschlossen, die das Dach verdeckt. Die Erweiterungsbauten des Stadthauses sind mit Sandstein verblendet.

Quellen: StaH, Schumacher-Nachlaß 621–2; Baubehörde, Bestand Schumacher; Hbg. u. s. Bauten 1914, Bd. 1, S. 231 f.; Erik Unger-Nyborg: Der Grundriß für die Erweiterung des Stadthauses in Hamburg. In: Deutsche Bauzeitung 15 (1918), Mitteilung über Zement-, Beton- und Eisenbetonbau, Nr. 3–6, S. 17–19, 27, 29–35.

## 168
### Polizeiwache Hoheluft
Bauentwurf
Hamburg-Eimsbüttel, Hoheluftchaussee/
Eppendorfer Weg
Auftraggeber: Freie und Hansestadt Hamburg
1914

Schumachers Entwurf zeigt ein viergeschossiges Gebäude mit Sockelgeschoß und Mansarddach, das ein schmales, rechteckiges Eckgrundstück fast völlig ausfüllt. An der Schmalseite ist die Erdgeschoßzone als Laubengang, in dem sich die Treppe zum Haupteingang im Hochparterre befindet, ausgebildet. Die Rundbögen des Laubenganges

setzen sich in den Bogenfenstern des Hochparterres an der Längsseite des Gebäudes fort. Die Fenster der drei Obergeschosse sind dagegen rechteckig. Jede zweite Fensterachse ist durch Lisenen gerahmt und durch eine Dachgaube mit Dreiecksgiebel betont. Im zweiten und dritten Obergeschoß befindet sich jeweils eine große Wohnung mit fünf Zimmern und Küche. In den übrigen Geschossen sind die Räume der Polizeiwache untergebracht.

Quellen: Baubehörde, Bestand Schumacher.

## 169
### Sportzentrum am Wasserturm
Hamburg-Winterhude, Stadtpark
Auftraggeber: Freie und Hansestadt Hamburg
1914

Hinter dem Wasserturm, genau auf der großen Mittelachse des Stadtparks, erstreckt sich eine große Sportplatzanlage von 310 Metern Länge und 100 Metern Breite. Die Sportplätze liegen etwas vertieft im Gelände und werden von Bäumen umschlossen, so daß eine natürliche tribünenseitige Erhöhung entsteht. Die heutige Tribüne mit 3000 Sitzplätzen wurde nachträglich gebaut.

Quellen: Schumacher: Volkspark, S. 114.

## 170
### Alsterdammbrücke
Hamburg-Alsterdorf, Alsterdorfer Damm
Auftraggeber: Freie und Hansestadt Hamburg
1914

Die Alsterdammbrücke ist von Schumacher im Rahmen der Kanalisierung des Alsterlaufes entworfen worden. Sie hat das gleiche Konstruktionssystem – Zweigelenkrahmen mit Kragarm – wie die Brücke in Verlängerung der Hindenburgstraße (1913). Im Bereich der Brückenauflage sind die Brüstungen leicht vorgebaut und die Mauerdurchbrüche mit Keramikornamenten ausgefüllt. Die Brücke ist mit Sandstein verkleidet, die Seitenflächen sind aus Sichtbeton.

Quellen: StaH, Schumacher-Nachlaß 621-2.

**171**
**Bebauungsplan Alsterdorf-Fuhlsbüttel**
Auftraggeber: Freie und Hansestadt Hamburg
1914

**172**
**Umbau Wohnhaus Fritz Schumacher**
Hamburg-St. Georg, An der Alster 39
1914

**173**
**Grabmal Lichtwark**
Hamburg-Ohlsdorf, Friedhof Ohlsdorf,
Althamburgischer Gedächtnisfriedhof
Auftraggeber: Freie und Hansestadt Hamburg
1914

Das Grabmal für den ersten Direktor der
Hamburger Kunsthalle, Kunsthistoriker und
Kunsterzieher Alfred Lichtwark (1852–1914),
ist ein quadratischer Pfeiler aus Muschelkalk
von 2,50 Metern Höhe. In den oberen offenen
Teil ist eine Urne in Form einer kannelierten
Säulentrommel eingestellt.

Quellen: Dekorative Kunst 27 (1924), S. 87;
Das deutsche Grabmal 2 (1926), Nr. 4, S. 10;
Aust: Ohlsdorf, S. 83 ff.; Hipp: Hamburg,
S. 453; Leisner, Schulze, Thormann: Haupt-
friedhof Ohlsdorf, Bd. 2, S. 116, Nr. 750;
Leisner, Schoenfeld: Ohlsdorf-Führer, S. 119.

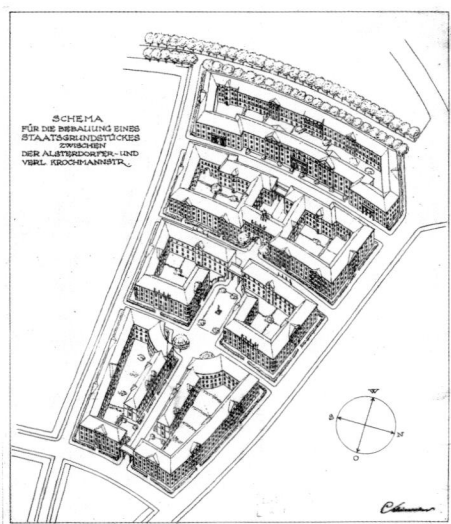

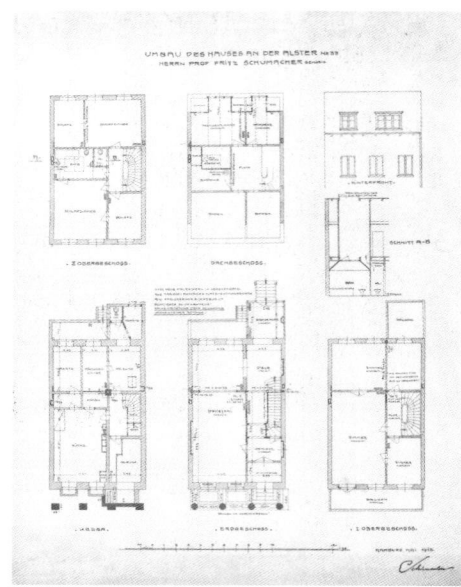

Im gleichen Jahr, in dem die Städtebauabteilung gegründet wurde, entwarf Schumacher
einen Bebauungsplan für ein Gebiet, das sich
von Alsterdorf im Süden bis nach Fuhlsbüttel
im Norden erstreckte und Teile von Ohlsdorf
und Klein-Borstel mit einbezog. Der Plan ist in
verschiedene Bauklassen aufgeteilt, die von der
Einfamilienhausbebauung in der Nähe des
Alsterlaufs bis zur mehrgeschossigen Blockrandbebauung reichen.

Quellen: StaH, Schumacher-Nachlaß 621-2.

1913 ersteigerte Schumacher das dreigeschossige Stadthaus aus der Mitte des 19. Jahrhunderts, das an einer Hauptverkehrsstraße,
die entlang der Außenalster verläuft, liegt. Die
Pläne für den Umbau seines neuen Hauses
machte er selbst. Zur Straßenseite plazierte er
im ersten Stock in ganzer Breite einen von vier
dorischen Säulen getragenen Balkon. Im
Erdgeschoß schuf er durch das Umlegen einer
Treppe eine Vorhalle mit Blick in den Garten,
den er in vier verschiedene, in sich geschlossene
Räume gliederte. Der Abschluß des Gartens
wurde durch einen Schuppen gebildet, den
Schumacher zu einem Gartenhaus ausbauen
ließ. Die Innenausstattung und das Mobiliar
für sein Wohn- und Gartenhaus entwarf Schumacher ebenfalls selbst.
Das Haus ist noch vorhanden.

Quellen: Schumacher: Selbstgespräche,
S. 153 ff.; Fischer: Schumacher, S. 15 f.;
freundliche Auskunft von Herrn Dr. Dieter
Langmaack.

## 174
### Finanzdeputation Hamburg
Hamburg-Neustadt, Gänsemarkt/
Valentinskamp
Auftraggeber: Freie und Hansestadt Hamburg
1914 (1926)

Dem schon vor dem Ersten Weltkrieg begonnenen Entwurf für die Finanzdeputation lag ein
heterogenes Programm zugrunde, das die
Funktionen eines Kontorhauses mit Räumlich-
keiten verbindet, wie sie in großen Banken
vorkommen. Das über einem unregelmäßigen
Viereck errichtete neungeschossige Gebäude
mit freistehenden Fassaden an drei Straßen
umschließt einen offenen Lichthof. Im Erdgeschoß erreicht man über zwei Eingänge drei
Kassenhallen, die Schumacher in der Erdge-
schoßebene des Hofes unterbrachte, so daß sie
über Glasdächer belichtet werden können, und
die von einer basilikalen Wartehalle erschlossen
werden. Das Äußere gehorcht ganz der
Struktur des Hamburger Kontorhauses, mit
einer Achsengliederung im Rhythmus des
dahinterliegenden Eisenbetonskeletts und
beliebig addierbaren nichttragenden Wänden.
Der mit bräunlichen Klinkern verkleidete Bau
erhielt eine regelmäßige Pfeilergliederung,
deren Vertikalismus in der oberen Zone von
drei zurückspringenden Geschossen ausgeglichen wird. Die abschließende Wirkung wird
durch die oben angeordneten Bogenfenster
noch verstärkt. An der stumpfen Ecke
zwischen Gänsemarkt und Valentinskamp – sie
bildet den Fluchtpunkt der Dammtorstraße –
ist eine Rundung gelenkartig eingeschoben, die
in Höhe der Staffelgeschosse als flacher
Rundturm endet. Schumacher beauftragte
Richard Kuöhl mit der gesamten Ausstattung
des Baus. Im Innern entstand in Zusammenarbeit mit Villeroy und Boch die berühmte
Wartehalle in Majolika. Die langgestreckte,
hohe Halle mit der gewölbten Kassettendecke
und den freistehenden Stützen besitzt über
dem Durchgang eine kleine Empore. An der
apsisartigen Abschlußwand befindet sich ein
Wandbrunnen mit einer Krugträgerin auf
einem Froschkopf. In Gemeinschaftsarbeit von
Krug und Wessely entstand die bunte Klinkerkeramik an den Fassaden mit symbolischen
Motiven wie dem Hamburger Wappen,
Koggen und Wikingerschiffen. Die nach langer
Planung 1918 begonnenen Bauarbeiten wurden
in der Inflation wegen Geldmangels eingestellt
und erst 1925 wieder aufgenommen.

Quellen: Baubehörde, Bestand Schumacher;
Der Neubau der Finanzdeputation in
Hamburg. In: Deutsche Bauzeitung 62 (1928),
S. 113–115, 22 Abb.; Hbg. u. s. Bauten 1918/
29, Abb. 343 und S. 365; Schumacher: Selbst-
gespräche, S. 232–235; Nicolaisen: Studien,
S. 180.

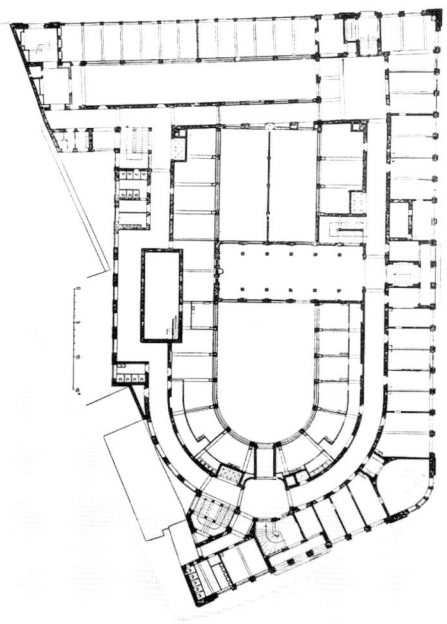

## 175
### Stiftungsschule von 1815
Heute: Anna-Siemsen-Schule
Hamburg-Neustadt, Zeughausmarkt
Auftraggeber: Freie und Hansestadt Hamburg
1914–15

Die ursprünglich nur Kindern der jüdischen
Gemeinde vorbehaltene Schule hatte sich unter
ihrem Direktor Dr. Anton Rée im 19. Jahr-
hundert zum Vorbild einer freien allgemeinen
Volksschule entwickelt, in der Standesgrenzen
keine Rolle mehr spielten. Das 1913 für einen
Neubau angekaufte Grundstück war voller
Schwierigkeiten: Die vordere Baulinie am
Zeughausmarkt hatte einen bogenförmigen
Verlauf; es war eng und verwinkelt und grenzte
auf der Rückseite an den Mühlenberg mit dem
Bismarckdenkmal auf der Spitze. Die Bauhöhe
war aus Rücksicht auf das Denkmal auf 12,35
Meter beschränkt. Schumacher löste das
Problem durch Zerlegung der Baumasse und
schuf eine zweifach abgewinkelte Anlage mit
zwei dreigeschossigen Walmdachpavillons und
einem gekurvten und terrassierten Verbin-
dungsbau in der Mitte, der aus städtebaulicher
Rücksicht nur zwei Geschosse und ein
Flachdach erhielt: So entstand eine Lücke in
der Front, und der Durchblick vom
Mühlenberg auf die Michaeliskirche blieb
erhalten. Für die Klassenräume wurde an der
Rückseite ein Flügel angebaut, dessen rechtwinklig abknickender Grundriß hinter die
bestehende Nachbarbebauung gerückt ist.
Schumacher betrachtete den »unscheinbaren
Bau« rückschauend als eine seiner schwie-
rigsten Aufgaben, »weil ein großes Programm
im Hinblick auf die Umgebung in ganz
bescheidene und besondere Formen gebracht
werden mußte« (Schumacher: Stufen, S. 302).
Der Bau ist am Portal mit einem Keramikrelief-
bogen und zwei flankierenden Fassadenfiguren
versehen, die Richard Kuöhl mit der Manufaktur Bautler & Co. geschaffen hatte. Er
fertigte ebenfalls die Balustradenkeramik der
Dachterrasse des Verbindungsbaus. Zwei
geplante Statuen für das Dach kamen nicht zur
Ausführung. Die Portalfiguren fehlen heute.

Quellen: Schäfer: Staatsbauten, Bd. 2,
S. 14–16, Abb. 121–129; Schumacher: Stufen,
S. 302.

**176**

**Realschule Uferstraße**
Hamburg-Hohenfelde, Uferstraße/
Richardstraße
Auftraggeber: Freie und Hansestadt Hamburg
1914–15

Das Schulgebäude mußte das Innere eines
Baublocks am Eilbekkanal ausnutzen, da der
Blockrand der Wohnbebauung vorbehalten
war. Schumacher entwarf einen Bau mit T-
förmigem Grundriß. Er besteht aus dem Hauptgebäude, das als Kopfbau mit seiner Hauptfront
zum Eilbekkanal weist, und einem axial ausgerichteten Hinterflügel mit einem Anbau, der aus
der Achse nach Osten abknickt, um mit der
anschließenden Turnhalle den Abschluß für den
dahinterliegenden Sportplatz zu bilden.
Auffallend ist der eigentümliche, ausdrücklich
auf »architektonische Wirkung« abzielende
monumentale Kopfbau (Schäfer: *Staatsbauten*,
Bd. 2, S. 22). Er zeigt in der Hauptfassade vier
Vollgeschosse, von denen drei durch eine
Kolossalordnung zusammengefaßt sind.
Darüber erhebt sich ein hohes Walmdach, das
an den Schmalseiten tief herabgewalmt ist und
an Grat und Ortgang einen geschwungenen
Umriß zeigt.
Das Raumprogramm entspricht dem Bedarf
einer Realschule für 12 Klassen mit der
Möglichkeit für eine spätere Vergrößerung.
Maßgeblich für die Raumanordnung ist die
große Aula mit vorgelagerter Singhalle, die
vom Eingangsraum des Hauptgebäudes zu
erreichen ist. Die Turnhalle am nördlichen
Ende des Gebäudekomplexes hat ungewöhnlich
große Ausmaße, da sie auch von den örtlichen
Turnvereinen genutzt werden sollte. Die
künstlerische Ausstattung übernahm Artur
Storch. Er schuf die keramische Pfeilerver-
kleidung mit floralen Motiven und vier Relieffiguren in ägyptischer Manier sowie in Korrespondenz dazu die freiplastische antikisierende
Brunnenfigur *David*. Zu dem harmonischen
Ensemble zählten ein reichverziertes abschließendes Gitter und achteckige keramische Tier-
plaketten an den Fensterbrüstungen.
Hauptbau und Turnhalle sind in einem stark
veränderten Zustand erhalten.

Quellen: Schäfer: Staatsbauten, Bd. 2, S. 22 f.,
Abb. 160–175 ; Hbg. u. s. Bauten 1914, Bd. 1,
Abb. S. 282 f.

**177**

**Leichenhalle Jarrestraße**
Hamburg-Barmbek, Jarrestraße
Auftraggeber: Freie und Hansestadt Hamburg
1914–15

Für die Leichenhalle wählte Schumacher
die Grundform eines Kreuzhauses aus
einem Langhaus und zwei kurzen seitlichen
Anbauten, ein Haustyp, wie er in der
Elbmarsch häufig vorkommt. Den Kopf des
Langhauses bildet die Kapelle, die alle übrigen
Gebäudeteile überragt. Der massive Ziegelbau
mit Walmdach erhält sakralen Charakter durch
die schmalen Fenster der Kapelle, die Rundbogenfenster der Seitenflügel und den kleinen
Glockenturm. Ein alternativer, nicht ausge-
führter Entwurf zeigt einen Rundbau, ähnlich
der Kapelle XIII auf dem Ohlsdorfer Friedhof,
mit einem Kuppeldach und bis unter das
Gesims laufenden schmalen Fensterbändern.
Der Bau ist nicht mehr erhalten.

Quellen: Baubehörde, Bestand Schumacher;
Schäfer: Staatsbauten, Bd. 2, S. 9 f., Abb.
S. 88 f.; Alternativer Entwurf: Baubehörde,
Bestand Schumacher.

**178**

**Erweiterungsplanung Friedhof Ohlsdorf**
Hamburg-Ohlsdorf
Auftraggeber: Freie und Hansestadt Hamburg
1914–15

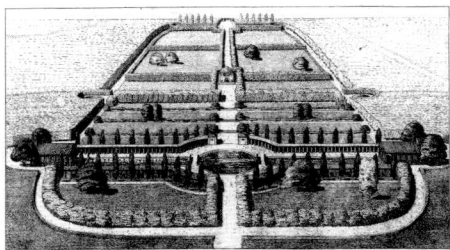

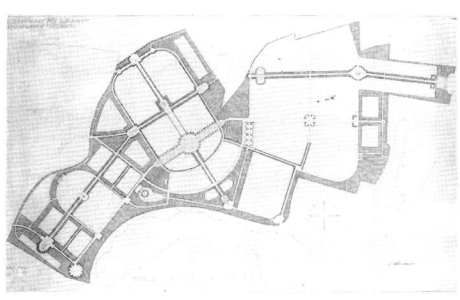

Ab 1908 wurden in Hamburg Überlegungen
angestellt, den Zentralfriedhof in Ohlsdorf zu
erweitern oder aber einen neuen Friedhof anzu-
legen. Friedhofsdirektor Wilhelm Cordes setzte
sich für eine Erweiterung des bestehenden
Geländes nach Osten, auf das damals noch
preußische Gebiet von Bramfeld, ein.
Schließlich wurden 156 Hektar preußisches
Gebiet angekauft, für das Cordes 1914 einen
Plan vorlegte. Grundlegender Gedanke war die
Fortführung des alten Teils als Park- und
Waldfriedhof.
Der Senat legte den Erweiterungsplan dem
Leiter des Gartenwesens in der Baudeputation,
Otto Linne, vor. Im Auftrag Linnes, der zum
Kriegsdienst eingezogen wurde, erstellte sein
Stellvertreter Goppelt ein Gutachten. Die
Baudeputation beschloß daraufhin, dem Senat
vom Cordes-Plan abzuraten und Schumacher
um ein zweites Gutachten zu bitten. Dieser
legte seinem Bericht ausführliche Pläne und
Zeichnungen von Teilanlagen der Friedhofser-
weiterung bei, die, wie er betonte, keine
Projektplanung sei, sondern lediglich »Illustration für Gruppenbeziehungen zwischen
Natur und Bauwerk« (vgl. StaH-Baudeputation
B 1939, Bl. 5, Brief Schumachers an den Präses
der Bürgerschaft vom 17. 5. 1916). Schumacher
kritisierte an dem Cordes-Plan, daß er lediglich
die malerische Seite des alten Friedhofs
aufnehmen und fortsetzen würde. Dem Plan

fehle die straffe, architektonische Ordnung.
Sein Erweiterungsplan betonte dagegen die
architektonische Gliederung durch große
Achsen, regelmäßige Anordnung von Plätzen
und klar definierte Naturräume.
Schumachers Pläne wurden nicht realisiert,
sondern ab 1919 wurden unter Linne, der inzwischen die Leitung des Friedhofs übernommen
hatte, neue Erweiterungspläne aufgestellt.

Quellen: Leisner, Schulze, Thormann: Hauptfriedhof Ohlsdorf, Bd. 1, S. 39 ff.; StaH,
Schumacher-Nachlaß 621–2.

**179**
**Landhaus im Stadtpark**
Hamburg-Winterhude, Stadtpark
Auftraggeber: Freie und Hansestadt Hamburg
1914–15

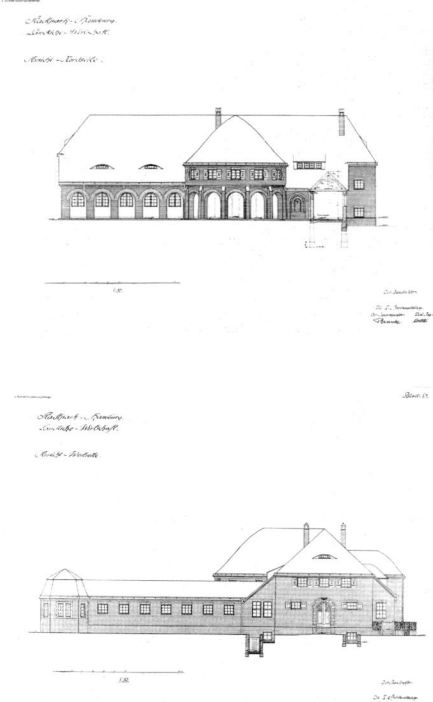

Das »Landhaus« war eines von vier Restaurants
im Hamburger Stadtpark. Es ist im Stile eines
niederdeutschen Bauernhauses gebaut und
besteht aus einem eingeschossigen Hauptbau
mit Walmdach und einem rechtwinklig
anschließenden Seitenflügel, der offene Sitz-
räume überdacht und in einem achteckigen
Pavillon endet. Der winkelförmige Baukörper
umfaßt ein Gartenrestaurant mit Linden-
bäumen. Das Landhaus erhielt ein Fliesenbild
von Ervin Bossanyi und eine Deckenmalerei
mit Ranken und Tiermotiven von Imberg.
Schumacher entwarf das »Landhaus« wie auch
die übrigen Stadtparkbauten bereits 1909 in
Dresden, sah allerdings für das Mauerwerk
zunächst Elbsandstein und nicht den später
verwendeten Backstein vor. 1925 legte er einen
Entwurf für die Verlängerung des Haupthauses
nach Westen vor. Die Erweiterungspläne
wurden jedoch nicht ausgeführt.

Quellen: Baubehörde, Bestand Schumacher;
Hbg. u. s. Bauten 1914, Bd. 2, S. 69–80,
S. 295; Schumacher: Volkspark, S. 81 ff.

**180**
**Trinkhalle mit Sondergarten**
Hamburg-Winterhude, Stadtpark
Auftraggeber: Freie und Hansestadt Hamburg
1914–15

Die Trinkhalle im Stadtpark war eine
Ausschankstelle für Heilwasser. Sie besteht aus
einem kreisrunden Mittelbau, der zwei kurze
Flügelbauten überragt. Der Rundraum im
Inneren wird von einer pfeilergestützten
Vorhalle umschlossen. Der Bau liegt am
Eingang zu einer Gartenanlage, die zusammen
mit der Trinkhalle entworfen wurde und mit
ihr eine Einheit bildet. Dieser langgestreckte,
symmetrisch angelegte Garten mit einer von
Stauden und Blumenbeeten umrahmten, tieferliegenden Rasenfläche wird durch Hecken vom
umliegenden Wald abgegrenzt. Arthur Bocks
bronzene *Diana mit Hunden* ist dem Haupteingang des Kurgartens gegenübergestellt. Im
ersten Entwurf für die Trinkhalle, den Schumacher 1909 in Dresden machte, sah er als
Material noch Sandstein vor.

Quellen: Baubehörde, Bestand Schumacher;
Hbg. u. s. Bauten 1914, Bd. 2, S. 81–89,
S. 296; Schumacher: Volkspark, S. 106 ff.

**181**
**Kaskade am Stadtparksee**
Hamburg-Winterhude, Stadtpark
Auftraggeber: Freie und Hansestadt Hamburg
1914–15

An das westliche Ufer des Stadtparksees
gegenüber der Stadthalle setzte Schumacher
eine monumentale Kaskadenanlage, die als
verbindendes Glied zwischen dem See und den
anschließenden großen Fest- und Spielwiesen
wirkte. Aus ihrem Mittelteil, einem halbrunden Zylindersegment, fiel das Wasser aus
circa fünf Metern Höhe über drei Öffnungen in
den See. In Verbindung mit der Kaskade vor
dem Wasserturm entstand so die Illusion eines
unterirdischen Wasserstromes. Die Kaskade
wird von zwei Treppen gerahmt, um den
Höhenunterschied von etwa sechs Metern
zwischen Wiese und See zu überwinden. Ihren
oberen Abschluß bildet eine Brüstungsmauer,
und die bauliche Linie wird durch Pergolen
nach beiden Seiten erweitert. Der erste
Entwurf von Schumacher aus dem Jahre 1909
sah noch die Ausführung in Sandstein vor.
Die Anlage ist nicht mehr vorhanden.

Quellen: Adolf Goetz: Die Backsteinbauten im
Hamburger Stadtpark. In: Tonindustrie-
Zeitung 49 (1925), S. 1343–1444; Schumacher:
Volkspark, S. 106 ff.

**182**
**Stadtcafé**
Hamburg-Winterhude, Stadtpark
Auftraggeber: Freie und Hansestadt Hamburg
1914–16

Das Stadtcafé war eines der vier Restaurants im
Hamburger Stadtpark und lag vor seiner
Zerstörung im Krieg direkt am nördlichen Ufer
des Stadtparksees. Die Hauptseite des Cafés
mit einem halbkreisförmigen Vorbau wies zum
See, davor erstreckte sich eine große Terrasse,
von der aus man über eine doppelläufige
Treppe zu einem hafenartig ausgebildeten
Seebecken gelangte, das beidseitig von über-
dachten Laubengängen umfaßt war. Der
Eingang zum Hafenbecken verengte sich zum
See und wurde durch zwei bronzene Zentauren
von Georg Wrba hervorgehoben. Zur Parkseite
war der Backsteinbau durch zwei kurze,
vorspringende Flügelbauten gegliedert. Otto
Fischer-Trachau gestaltete das Interieur in
schwarz-weißen Tönen, während Richard
Kuöhl die Pfeiler des Rundbaus mit farbigen
Klinkerkeramiken versah. Das Café lag am
Ende einer Allee, die sich vor dem Haus zu
einem regelmäßig gestalteten Rosengarten
erweiterte.
1925 plante Schumacher die Erweiterung des
Stadtcafés, die im wesentlichen aus der beidsei-
tigen Verlängerung des Hauptgebäudes
bestand, so daß die Symmetrie der gesamten
Anlage nicht verloren ging. Diese Erweiterung
wurde nicht ausgeführt. Eine Vergrößerung
der Seeterrasse im Jahre 1934 auf Kosten des
Wasserbeckens wurde von Hermann Höger
gegen den Willen von Schumacher vorgenommen. Schumacher, der ab 1933 nicht mehr
im Amt war, versuchte, die verantwortlichen
Stellen unter Baudirektor Köster umzu-
stimmen, da die Gesamtanlage nach seiner
Meinung so verunstaltet werden würde, daß
nur noch »eine Karikatur eines architektonischen Wesens« übrigbliebe (handschriftliches
Schreiben von Schumacher vom 8. 2. 1934,
StaH, Bestand Baudeputation B 1906).
Der erste Entwurf für das Café aus dem Jahre
1909 sah als Material für die Außenwände noch
Sandstein vor. Der Bau ist nicht mehr erhalten,
er wurde im Krieg zerstört.

Quellen: Hbg. u. s. Bauten 1914, Bd. 2,
S. 69–80, S. 295; Schumacher: Volkspark,
S. 106 ff.

**183**
**Kanalhafen am Stadtparkrestaurant**
Hamburg-Winterhude, Stadtpark
Auftraggeber: Freie und Hansestadt Hamburg
1914–16

Der neu angelegte Goldbekkanal, der die
Außenalster mit dem Stadtparksee verbindet,
erhielt am südöstlichen Eingang zum Stadtpark, dort, wo die Stadthalle ihren Standort
hatte, eine hafenartige Erweiterung. Hohe
Backsteinmauern und zwei Brücken bilden die
Abgrenzungen einer Hafenanlage, die den
Alsterschiffen die Möglichkeit zum Wenden
und Anlegen bietet. Eine der beiden Brücken
führt direkt auf die Stadthalle zu und bildet die
Verlängerung der Stadtparkhauptachse, die
zweite Brücke begrenzt das Becken nach Osten
und dient der Überbrückung des Goldbekkanals durch die Saarlandstraße. Die Brücken
sind völlig gleich gestaltet und wie die Brüstung
der Hafenmauer aus Backstein mit kerami-
schem Schmuck von Richard Kuöhl. Der
Brückenkopf vor dem Haupteingang zur Stadthalle wurde nach zwei Seiten bastionsartig
erweitert, von hier führen Treppen zu den
Fähr- und Bootsanlegern.

Quellen: Adolf Goetz: Die Backsteinbauten im
Hamburger Stadtpark. In: Tonindustrie-
Zeitung 49 (1925), S. 1343–1444; Schumacher:
Volkspark, S. 35 ff.

## 184
### Kleinkinderhaus
Hamburg-Uhlenhorst, Winterhuder Weg
Auftraggeber: Freie und Hansestadt Hamburg
1914–16

Noch vor Ausbruch des Ersten Weltkrieges
wurden die Mittel für eine Einrichtung für die
Säuglings- und Kleinkinderpflege auf dem
Gelände des Waisenhauses bewilligt. Dabei
sollten beide Abteilungen vollständig voneinander getrennt sein. Der zweiflügelige, symmetrisch angelegte Baukörper des in braunröt-
lichen Ziegeln ausgeführten »Kleinkinder-
hauses« entwickelt sich aus einem quergestellten Mittelhaus, das mit dem Giebel zur
Straße weist. Links und rechts schließen sich
zwei traufständige Flügelbauten an, die in
giebelständigen Kopfbauten enden. »Innen ist
dieser Bau einer der ersten, der die Zwischen-
wände in der Folge der Wände ganz in Glas
auflöst und die Kinderräume vom Korridor aus
mittels Doppelschränken bedienbar macht, so
daß das altbürgerliche Äußere sich mit einem
ganz modernen Kern verbindet« (Schumacher:
*Stufen*, S. 301). Dem Mittelbau gibt ein über
drei Geschosse hochgereckter Bogen über dem
Doppeleingang ein einprägsames Gesicht. Den
Bogen flankieren halbrund hervortretende
Utluchten vor den Pförtnerlogen. In die
Brüstungsfelder des ersten Geschosses sind
fünf Klinkermedaillons mit plastischen
Kinderfiguren von Richard Kuöhl gefügt, die
den Putten der Majoliken von della Robbia am
Ospedale degli Innocenti in Florenz nachemp-
funden sind. Auf den Ecken der Balkonbrüstungen befinden sich ebenfalls farbige Klinkerfiguren, je ein Kind mit Reh, die die Bildhauer Emmerich Oehler und Diebitsch
fertigten, während Ludwig Kunstmann die
keramischen Reliefplatten an Portal und
Balkonbrüstungen schuf.
Nach der Zerstörung im Zweiten Weltkrieg
wurde das Kleinkinderhaus stark vereinfacht
und ohne Steildach wiederaufgebaut.

Quellen: Schäfer: Staatsbauten, Bd. 2, S. 25 f.,
Abb. S. 205–216; Schumacher: Stufen, S. 301;
Nicolaisen: Studien, S. 175.

## 185
### Planschbecken mit Schutzhalle
Hamburg-Winterhude, Stadtpark
Auftraggeber: Freie und Hansestadt Hamburg
1914–23

Am Rande der großen Wiese wurde beim
Ausbau des Stadtparks auch ein großes
Planschbecken angelegt. Es ist ein Oval von
100 Metern Länge und 5600 Quadratmetern
Fläche. Um das Wasserbecken erstreckt sich
ein 4500 Quadratmetern großer Sandstrand.
Die Anlage wird durch eine Baumallee, die der
Form des Beckens folgt, gerahmt. Auf der
Südseite befindet sich auf einem kleinen Platz
ein Schutzhäuschen mit Toilettenanlagen und
einem Milchausschank. Gegenüber, auf der
Nordseite des Beckens, stand auf einer
baumumsäumten Terrasse die Bronzeplastik
*Kind mit Reh* von Richard Kuöhl. Die Anlage
wurde 1914 begonnen, aber aufgrund des
Krieges erst 1923 beendet.

Quellen: StaH, Bestand Baudeputation B 1902;
Schumacher: Volkspark, S. 117.

## 186
### Volksschule Großmannstraße
Bauentwurf
Hamburg-Rothenburgsort, Großmannstraße
Auftraggeber: Freie und Hansestadt Hamburg
1915

Auf Anfrage der Oberschulbehörde, die im
nördlichen Teil von Rothenburgsort den Bau
einer Volksschule für notwendig hielt (vgl.
StaH, Bericht der Baudeputation vom
2.1.1914), machte Schumacher die Bauplanung
für eine dreißig Klassen umfassende Volksschule an der Großmannstraße. Der Bauplatz
schloß direkt an ein großes Spiel- und Sport-
platzgelände an. Der symmetrische Schulbau
besteht aus einem bogenförmigen, viergeschossigen Klassentrakt und einer Turnhalle, die auf
der Mittelachse quer zum Klassentrakt halb in
den Bau integriert und zur anderen Hälfte als
rückwärtiger Anbau zu sehen ist. Die Klassenräume liegen nach Süden, zur Straße, einseitig
an einem außenliegenden Flur. Die konvexe
Seite des bogenförmigen Baus weist zur gerade
verlaufenden Straße, so daß zwei dreieckige
Vorgärten frei bleiben. Die Erdgeschoßzone ist
zu dieser Seite hin auf der Länge von vier
Klassenraumjochen leicht vorgebaut und durch
Bogenfenster zusätzlich hervorgehoben. Hier
befinden sich auch die Eingänge für die nach
Geschlechtern getrennten Schulflügel. Der
Hauptbau hat ein Steildach mit Fledermausgauben.

Quellen: StaH, Bestand Volksschulen 362–1,
Akte Volksschule Billwärder-Ausschlag an der
Großmannstraße.

## 187
### Bebauungsplan Cuxhaven
Cuxhaven
Auftraggeber: Freie und Hansestadt Hamburg
1915

Die Bebauungsplanungen für die Stadt Cuxhaven, die bis 1937 zu Hamburg gehörte,
unterstanden der 1914 neu eingerichteten
Städtebauabteilung des Hochbauamtes. Der
Bebauungsplan betrifft die Gebiete der Stadt
Cuxhaven bis Duhnen. Es handelt sich um
neue, übersichtlichere Blockeinteilungen und
Straßenführungen. Auffallend sind durchgehende, axial ausgerichtete Grünzüge mit Sport-
und Spielplätzen. Der Bebauungsplan wurde
von der Bürgerschaft verabschiedet.

Quellen: StaH, Schumacher-Nachlaß 621-2;
StaH, Jahresbericht des Hochbauamtes B 115,
Bd. 3.

**188**

**Erweiterung des Hüttengefängnisses**

Hamburg-Neustadt, Hütten/Enkeplatz
Auftraggeber: Freie und Hansestadt Hamburg
1915

Schumacher verlängerte das alte Gefängnis,
einen Backsteinrohbau von Franz Gustav
Forsmann aus dem Jahre 1858, mit einem
Eckgebäude, das den noch freien Teil des
Grundstücks Ecke Hütten/Enkeplatz ausfüllte.
Der Anbau erhielt, wie schon der Altbau, drei
Vollgeschosse. Darüber erhebt sich ein hohes
Mansarddach, so daß Schumachers Erweite-
rungsbau zwar die gleiche Traufhöhe wie der
Altbau aufweist, aber mit dem Dachfirst diesen
um eine Geschoßhöhe überragt. Zur Straßenseite schließt der Anbau jeweils mit einem
Zwerchgiebel mit Krüppelwalm ab. Der Bau
besitzt in Anlehnung an das vorhandene
Gefängnis Bogenfenster und ein Rundportal als
zweiten Eingang. Der freistehende Hofteil wird
durch eine hohe Mauer mit doppelflügeligem
Rundbogentor geschlossen.
1926 wurde das Gefängnis um ein Geschoß
erhöht, und es erhielt über der Ecke einen
turmartigen Aufsatz.

Quellen: Baubehörde, Bestand Schumacher.

**189**

**Kriegsgedächtnismal**

Studie
Um 1915

In einem Park steht zwischen zwei großen
Kastanien auf einem erhöhen Platz ein Gedenk-
stein. Zur deutlichen Abgrenzung des
Standorts dient eine halbrunde Stützmauer.

Quellen: StaH, Schumacher-Nachlaß III;
Schumacher: Kriegs-Gedächtnis-Male, S. 4, 6.

**190**

**Volksschule Burgstraße**

Heute: Klaus-Groth-Straße
Hamburg-Borgfelde, Burgstraße/Klaus-Groth-
Straße
Auftraggeber: Freie und Hansestadt Hamburg
1915 (1921)

Wie alle Schumacher-Schulen der Nachkriegszeit hat auch die Volksschule Burgstraße
einen außenliegenden Korridor mit einseitig
angeordneten Klassenräumen. In dem viergeschossigen Gebäude liegen die Flure nach
Westen und die Klassenräume bis auf einige
Ausnahmen nach Osten. Der Klinkerbau
besteht im wesentlichen aus einem rechteckigem Langhaus mit zwei kurzen Vorbauten
für die Treppenhäuser an den Enden. Die
Hauptfront ist durch außenliegende, strebe-
pfeilerartige Vorsprünge nach dem Schema
der Klassenaufteilung gegliedert. Die beiden
Eingangstüren im nach Geschlechtern
getrennten Schulbau liegen in flachen
Eingangsvorbauten und sind durch plastischen
Schmuck hervorgehoben. Der Baukörper wird
durch ein weit auskragendes, leicht geneigtes
Walmdach abgeschlossen. In der Nordecke des
Grundstücks liegt, quer zur Straße über einen
kurzen Verbindungsbau zu erreichen, ein sepa-
rates Turnhallengebäude.

Quellen: Neuere Hamburger Staatsbauten. In:
Wasmuths Monatshefte für Baukunst und
Städtebau 11 (1927), S. 447 ff.; Hbg. u. s.
Bauten 1918/29, S. 252, 383.

**191**

**Freibad Lattenkamp**

Hamburg-Winterhude, Lattenkamp
Auftraggeber: Freie und Hansestadt Hamburg
1915 (1926)

Für die architektonische Gestaltung der Badeanstalt Lattenkamp, die wie alle Badeanstalten
in Hamburg vom Ingenieurwesen unter der
Leitung von Oberbaudirektor Leo errichtet
wurde, war Schumacher zuständig. Die streng
symmetrische Anlage ist in ein Männer- und
ein Frauenschwimmbassin mit den dazugehörigen Umkleide-, Dusch- und Toilettenanlagen
und jeweils einer Erfrischungshalle aufgeteilt.
Ein drittes Becken ist für Nichtschwimmer
vorgesehen. Die holzverkleideten Fachwerk-
bauten haben flachgeneigte Steildächer mit
Dachpfannen. Bis zum kriegsbedingten
Baustopp 1916 wurden die Bassins fertiggestellt. Der vollständige Ausbau wurde erst im
Jahre 1926 beendet.
Die Anlage ist nicht erhalten, sie wurde in den
achtziger Jahren abgerissen.

Quellen: Hbg. u. s. Bauten 1918/29, S. 377,
S. 239, Abb. 399a, 399b.

**192**
**Ehrenhof am Wasserturm**
Hamburg-Winterhude, Stadtpark
Auftraggeber: Freie und Hansestadt Hamburg
1916

**193**
**Eckbebauung Ankelmannstraße**
Studie
Hamburg-Borgfelde, Ankelmannstraße/
Borgfelder Allee
1916

**194**
**Schule Klein-Grasbrook**
Bauentwurf
Hamburg-Veddel, Harburger Chaussee
Auftraggeber: Freie und Hansestadt Hamburg
1916

Kurz nach der Fertigstellung des Wasserturms von Oskar Menzel im Hamburger Stadtpark machte Schumacher Entwürfe für einen sogenannten Ehrenhof in der Schneise vor dem Wasserturm. Der Ehrenhof wird durch symmetrische Arkadengänge gebildet, die den Wasserturm und einen rechteckigen weiten Rasenplatz vor ihm umschließen. Die Höhendifferenz zwischen dem hochaufragenden Turm und den niedrigen Arkaden mildern zwei Stelen mit Reiterstandbildern seitlich des Turms. Nach Osten, zur Festwiese, öffnet sich der Hof. Die Arkaden der Langseiten sind in ihrer Mitte um je eine Ehrenhalle erweitert, während ein Fries mit klassischen Motiven den oberen Teil der Rückwand bestimmt. Ein Erinnerungsmal auf einer hohen Säule steht im Zentrum des kleinen Platzes vor der Säulenhalle.

Quellen: SUB, Schumacher-Nachlaß.

Eine Frage, mit der sich Schumacher im Rahmen seiner Wohnungsreformstudien beschäftigte, war die »Reform der Etagenhausbebauung auf ungünstig zugeschnittenen Baublöcken«. Für einen Block in Hamburg-Borgfelde, der bis auf einen Eckplatz bereits mit Etagenwohnhäusern, zum Teil mit Schlitzbauten bebaut war, entwarf Schumacher die Eckbebauung. Im ersten Entwurf wird die Ecke rechtwinklig nach innen eingezogen, so daß ein Vorplatz entsteht, der mit einem niedrigeren, freistehenden Haus begrenzt wird. Der zweite Entwurf füllt die Ecke in traditioneller Weise voll aus.

Quellen: Schumacher: Kleinwohnung, S. 75 ff. und Tafel XX; StaH, Schumacher-Nachlaß 621-2.

Für die geplante Großsiedlung auf der Veddel waren ursprünglich drei neue Volksschulen vorgesehen. Die ersten Planungen des Hochbauamtes gingen davon aus, daß alle drei im Zusammenhang nebeneinander in der Straße Am Zollhafen errichtet werden sollten, aber die Führung des neuen Bahndammes machte diese Lösung unmöglich. Für eine der Schulen fand Schumacher einen alternativen Standort an der Harburger Chaussee auf einem Bauplatz inmitten der ab 1914 in Bau befindlichen Kleinwohnungssiedlung des Bauvereins. Der kompakte, viergeschossige Schulbau ist auf einem rechteckigen Grundriß symmetrisch aufgebaut. Er hat aufgrund der noch geforderten Geschlechtertrennung einen Jungen- und einen Mädchenflügel. Diese sind in der Mitte durch eine quergestellte Turnhalle verbunden, die auf der Hofseite als flacher Anbau sichtbar wird. Die beiden anderen Volksschulen wurden zusammengelegt und 1928, von Schumacher entworfen, als Schule für 38 Klassen im Zentrum der Kleinwohnungssiedlung gebaut. Auf dem Platz Am Zollhafen wurde später Schumachers Feuerwache errichtet.

Quellen: StaH, Bestand Senat VD 9a II Bu 3; Hermann Muthesius: Fritz Schumachers Bautätigkeit in Hamburg. In: Die Kunst 20 (1919), H. 4, S. 93–110.

**195**
**Kriegsgedächtnismal**
Studie
1916

Für eine Gedenkstätte in ländlicher Umgebung
wählte Schumacher keinen freistehenden
Gedenkstein, sondern er sah den Bau einer
kleinen offenen Halle am Fuß des Kirchturms
einer schlichten Dorfkirche vor. Die Seiten der
Halle erhalten zwischen den Stützen geschmie-
detes Gitterwerk mit den Namen der Gefallenen.

Quellen: StaH, Schumacher-Nachlaß III;
Schumacher: Kriegs-Gedächtnis-Male, S. 1,
5, 6.

**196**
**Kriegsgedächtnismale**
Studien
1916

Schumacher entwarf in einem Zyklus vier
Ehrenmale für Kriegsopfer, die bei See-
gefechten gefallen sind. Zwei Entwürfe zeigen
Duckdalben, die, von Wasser umgeben, Schumacher als geeigneter Denkmalsockel »in
unmittelbarer Verbindung mit dem Meer«
erscheinen. Ein Entwurf zeigt eine bronzene
*Viktoria* auf einer Säule, ein anderer einen
»trotzigen Adler von Gaul'schem Gepräge«.
Sechs Stelen mit geschmiedeten »Wahrzeichen
für eine vernichtete Fischerflotille«, die sich
küstennah gleich Monolithen in einen dramati-
schen Himmel erheben, präsentiert eine andere
Studie, eine weitere sieht Erinnerungsmale an
einem Dorfteich vor.

Quellen: StaH, Schumacher-Nachlaß 621-2;
Schumacher: Kriegs-Gedächtnis-Male, S. 6–8.

**197**
**Kriegsgedächtnismal**
Studie
1916

In Anlehnung an Leberecht Migge, der die
Einrichtung von Sportparks als Kriegsgedenk-
stätten forderte, machte Schumacher einen
entsprechenden Entwurf für eine Park- und
Gartenanlage, die mit einer weiten Sportarena
gekoppelt ist. Die Anlage besteht aus straff
gefaßten, axial ausgerichteten, geometrischen
Räumen. Als Raumbegrenzung dienen
vorwiegend Baumreihen.

Quellen: StaH, Schumacher-Nachlaß 621-2.

**198**
**Kriegsgedächtnismal**
Hamburg-Altstadt, Mönckebergstraße
1916

Für die Außenwand der St.-Petri-Kirche in der
Hamburger Innenstadt entwarf Schumacher
eine Ehrentafel, die durch ornamentierte
Pilaster gerahmt und von einem Architrav mit
Löwen bekrönt wird. Das während des Ersten
Weltkriegs angebrachte Gedächtnismal ist
nicht mehr erhalten.

Quellen: Schumacher: Kriegs-Gedächtnis-
Male, S. 3, 6.

**199**
**Bedürfnisanstalt Paulinenplatz**
Hamburg-St. Pauli, Paulinenplatz
Auftraggeber: Freie und Hansestadt Hamburg
1917

Der klinkerverblendete Bau ist die Erweiterung
einer bereits vorhandenen Bedürfnisanstalt.

Quellen: Baubehörde, Bestand Schumacher.

## 200
### Erweiterungsbau der Hamburger Kunsthalle
Hamburg-Altstadt, Glockengießerwall
Auftraggeber: Freie und Hansestadt Hamburg
1917–19

Der 1869 gebaute und 1886 erweiterte Altbau der Kunsthalle erwies sich Anfang des 20. Jahrhunderts als zu klein. Unter ihrem Direktor Alfred Lichtwark war nicht nur die Gemäldesammlung stark angewachsen, auch das Kupferstichkabinett – das seiner Zeit bedeutendste in Deutschland – brauchte einen eigenen Saal. Lichtwarks Ziel war ein reformiertes Kunstmuseum als Instrument der Volkserziehung. Ein 1906 von Schumachers Vorgänger Baudirektor Carl Johann Zimmermann initiierter erster Entwurf für einen an der Südseite angefügten Erweiterungsbau wurde von Lichtwark abgelehnt, weil er die neueren Erfahrungen im Museumsbau ignorierte. Die weitere Planung übernahm Bauinspektor Albert Erbe, der schon vor Schumacher tätige Leiter der II. Hochbauabteilung. Es folgten Studienreisen von Lichtwark und Erbe zu neueren europäischen Museumsbauten, die sich vor allem in der Konzeption der Oberlichtsäle niederschlugen. Das seit 1907 mehrfach überarbeitete Projekt Erbes (*Hbg. u. s. Bauten* 1914, s. u.) war jedoch umstritten. Als dieser 1911 nach Essen berufen wurde und für eine weitere Bearbeitung nicht mehr zur Verfügung stand, unterzogen Lichtwark und Schumacher den Entwurf einer eingehenden Prüfung. Das Ergebnis waren Eingriffe im Inneren: Erbes ellipsenförmiger Kuppelsaal erhielt eine runde Form nach dem Vorbild des Mittelsaals in Schinkels Altem Museum in Berlin. Oberlichtsäle und Seitenlichtkabinette wurden in Größe und Anordnung verändert. In der Frage des Fassadenmaterials wurde von der sonst geübten Praxis der Staatsbauten abgewichen, denn der Plan Erbes, hierfür Backstein zu verwenden, wurde von Schumacher verworfen. Der von seiner Generation nicht geschätzte historistische Altbau in damals als unpassend empfundenen Baustoffen und Farben (roter Sandstein, Terrakotten und lederfarbene Ziegel) sollte nicht durch ein ähnliches, aber »schönes« Material noch weiter degradiert werden. Die Fassade des erst während des Ersten Weltkriegs begonnenen Baus wurde daher mit hellgrauem fränkischem Muschelkalk verkleidet.

Quellen: Hbg. u. s. Bauten 1914, Bd. 1, S. 308 f.; Fritz Schumacher: Der Erweiterungsbau der Kunsthalle in Hamburg. In: Museumskunde 15 (1920), S. 95–120; Margrit Dibbern: Die Hamburger Kunsthalle unter Alfred Lichtwark (1886–1914). Entwicklung der Sammlungen und Neubau. Diss. Hamburg 1980 (Mskr.).

## 201
### Bebauungsplan Horn
Hamburg-Horn
Auftraggeber: Freie und Hansestadt Hamburg
1917–26

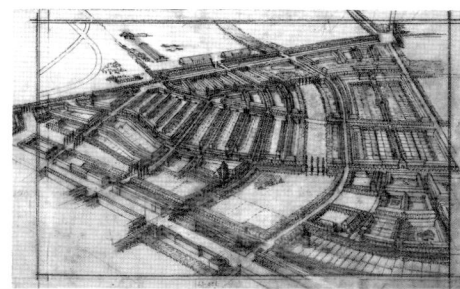

Schon ab 1917 begann Schumacher, den Bebauungsplan für ein großes, gering besiedeltes Gebiet südlich der Horner Rennbahn zu reformieren. Ab 1926 wurde sein neu entwickeltes Planungskonzept, die modellmäßige Bearbeitung von großen Teilen des Bebauungsgebietes, auch für Horn angewandt. Daneben fertigte Schumacher auch zeichnerische Studien zu einzelnen Abschnitten und Baublöcken an. Frühe Entwürfe aus dem Jahr 1918 zeigen noch Geschoßbebauung mit Steildächern. Im späteren Massemodell erhalten alle Bauten Flachdächer.

Quellen: StaH, Schumacher-Nachlaß 621–2; StaH, Jahresbericht des Hochbauwesens 1925–36 B 115, Bd. 4.

## 202
### Kleingartenkolonie Groß-Borstel
Bebauungsplanung
Hamburg-Groß-Borstel, Auf dem Exerzierplatz/Licentiatenweg
Auftraggeber: Freie und Hansestadt Hamburg
1918

Für einen Teil des Polizeiübungsgeländes in Groß-Borstel entwarf Schumacher einen Plan zum Bau einer Kleingartenkolonie. Er unterteilte einen schmalen Streifen Land in circa 240 gleiche Parzellen von 500 Quadratmetern Größe. Auf die Grundstücksgrenze von jeweils zwei Parzellen stellte Schumacher ein Doppel-Gartenhaus mit jeweils zwei Stuben, einer Kammer, einer Wohnküche und einem Stallanbau.

Quellen: StaH, Schumacher-Nachlaß 621–2.

## 203
### Bebauungsplan Volksdorf
Hamburg-Volksdorf, Wensenbalken
Auftraggeber: Freie und Hansestadt Hamburg
1918

Der für ein Gelände westlich der Volksdorfer Bahn konzipierte Bebauungsplan geht auf einen Auftrag zurück, den der Siedlungsausschuß des Kleinwohnungsbundes der Stadt Hamburg gestellt hatte. Eine perspektivische Vogelschauzeichnung zeigt Schumachers Bebauungsabsicht. Die für »Kriegerheimstätten« vorgesehene Siedlung besteht vorwiegend aus zweigeschossigen Doppelhäusern auf schmalen Parzellen. Die als Mittelachse angeordnete Hauptstraße mündet auf einen zentralen Anger mit Spielplatz und dreigeschossiger Volksschule. Weitere öffentliche Bauten (Feuerwache, Verwaltungsgebäude) waren vorgesehen. Die Ausführung erfolgte ab 1922 mit Häusern nach Entwürfen der Architekten Distel & Grubitz.

Quellen: StaH, Schumacher-Nachlaß 621-2; Architekt Hermann Distel. Berlin, Leipzig, Wien o. J. (um 1929), S. 58–60; Hipp: Hamburg, S. 486; Harms, Schubert: Wohnen, S. 326 f.

**204**
**Grabmal Troplowitz-Mankiewicz**
Hamburg-Ohlsdorf, Friedhof Ohlsdorf,
Planquadrat O 24, 129–138
1918

Die knapp vier Meter hohe und über fünf
Meter breite architektonische Grabanlage aus
Kirchheimer Muschelkalk liegt nordwestlich
des Wasserturms an der Cordes-Allee. Sie
besteht aus einer offenen Säulenstellung in der
Art eines Rundtempels auf ovalem Grundriß
mit einem Gebälk als Abschluß; in der Mitte
ragt ein 1,60 Meter hoher Altarblock auf. Zehn
ionische Säulen erheben sich auf einem niedrigen Unterbau, der an einer Seite unterbrochen ist, um den Zugang freizugeben. An
der Innenfläche der Sockelzone befindet sich
rechts vom Eingang die Signatur »Fritz Schu-
macher-Entw.«. Im Gebälk ist über dem
Eingang eine erhabene Inschriftenfläche mit
Rollwerk an den Seiten angebracht, die jeweils
von einem nackten, geflügelten Genius
gehalten wird; der linke weist zum Himmel,
der rechte zu Boden. Die Innenseite des
Gebälks trägt einen umlaufenden Fries mit
Kränzen und Festons, der wahrscheinlich von
Hugo Klugt stammt. Der Steinblock ist auf
Vorder- und Rückseite mit den Namen und
Lebensdaten der Beigesetzten versehen. Die
Seitenflächen zeigen Reliefs von Arthur Bock:
links einen alten, halbnackten Mann mit Tuch,
der sich auf einen Stab stützt; rechts Orpheus
und Eurydike. Die Signatur »Arthur Bock«
findet sich an der rechten oberen Ecke des
linken Reliefs.

Quellen: Dekorative Kunst 27 (1924), S. 88
gegenüber; Das deutsche Grabmal 2 (1926),
Nr. 4, S. 7; Ekkehard Kaum: Oscar
Troplowitz. Forscher, Unternehmer, Bürger.
Eine Monographie. Hamburg 1982,
S. 151–153; Hipp: Hamburg, S. 456; Leisner,
Schulze, Thormann: Hauptfriedhof Ohlsdorf,
Bd. 2, S. 126f., Nr. 843; Leisner, Schoenfeld:
Ohlsdorf-Führer, S. 23f.

**205**
**Kleinwohnungssiedlung Dulsberg**
Bebauungsplan
Hamburg-Barmbek, Dulsberg
Auftraggeber: Freie und Hansestadt Hamburg
1918–19

Die Aufstellung rechtskräftiger Bebauungspläne befand sich zu Beginn von Schumachers
Amtszeit noch in der Zuständigkeit des Ingenieurwesens. So blieb Schumacher, der zuvor
in Dresden mitgeholfen hatte, das erste städtebauliche Seminar an einer deutschen Hochschule einzurichten, der wichtigste Hebel der
städtebaulichen Praxis vorerst versperrt.
Manche Projekte der ersten Jahre benutzte er,
um sich schrittweise Kompetenzen zu
erstreiten (Stadtpark, Alsterkanalisierung). Im
Jahre 1914 setzte Schumacher die Schaffung
einer Abteilung für Städtebau durch, die dem
Hochbauwesen angegliedert wurde. 1917 folgte
seine Schrift über *Die Kleinwohnung. Studien
zur Wohnungsfrage*, eine wirkungsvolle Kampf-
schrift gegen die noch gültige Praxis der
»Mietskaserne« und gegen eine Planung, die
reformierte Bauformen verhinderte. Die
alleinige Kompetenz für die Bebauungsplanung
wurde ihm aber erst 1923 bei der Rückkehr aus
Köln zugestanden, als man alle Aufgaben in der
vergrößerten Abteilung für Städtebau und
Stadterweiterung unter seiner Leitung zusam-
menfaßte. Für Schumacher war der Bebauungsplan vor allem anderen ein Instrument zur
Steuerung der notwendigen Reform des
Massenwohnungsbaus. Die alten Bebauungspläne beruhten noch auf dem Baupolizeigesetz
von 1893, das bei extremer Baudichte enge
Wohnhöfe und Hinterflügel – die sogenannten
Schlitzbauten – zuließ. Das Straßensystem war
nicht nach Verkehrs- und Wohnstraßen diffe-
renziert, Grünflächen wurden nur punktuell als
Schmuckplätze eingesetzt. Im Jahre 1919
erreichte Schumacher mit Hilfe von Umle-
gungen zum ersten Mal, daß ein gültiger Plan
modellhaft revidiert wurde. Es war der zuvor
vom Ingenieurwesen aufgestellte Bebauungsplan für das noch kaum bebaute Dulsberg-
Gebiet im südwestlichen Barmbek. Das
Rückgrat seines Gegenentwurfes ist ein
50 Meter breiter, über einen Kilometer langer,
leicht gekrümmter Grünzug mit Spielplätzen,
Planschbecken, Gärten und Sportanlagen. Die
Grünflächen waren damit gegenüber der
Vorlage um ein Vielfaches vermehrt. Was
außerdem erreicht wurde, war die Herab-

zonung von fünf auf drei Geschosse und eine
quer zum Grünzug angelegte streifenförmige
»durchlüftete« Blockaufteilung mit geringen
Blocktiefen, die die Verwendung von Hinterflügeln von vornherein unmöglich machte.
Trotz der Herabsetzung der Geschosse
erreichte Schumacher mit der gleichen Wohnfläche des alten Plans auch dessen Wirtschaftlichkeit. Als Baumaterial wurde Klinker vorgeschrieben und mit der Ausführung des ersten
Bauabschnitts 1919 begonnen.

Quellen: Schumacher: Kleinwohnung; Schu-
macher: Stufen, S. 311; Schumacher: Wohn-
stadt, S. 51–59; Ockert: Schumacher,
S. 46–50; Fischer: Schumacher, S. 61f.; Hipp:
Wohnstadt, S. 97f.; Harms, Schubert:
Wohnen, S. 238–241; Hermann Hipp: Fritz
Schumachers Hamburg: Die reformierte Groß-
stadt. In: Vittorio Magnago Lampugnani,
Romana Schneider (Hrsg.): Moderne Archi-
tektur in Deutschland 1900–1950. Reform und
Tradition. Stuttgart 1992, S. 151–184.

**206**
**Grabmal Mollweide**
Hamburg-Ohlsdorf, Friedhof Ohlsdorf,
Planquadrat J 14, 277–282
1919

Die 2,60 Meter hohe Stele aus Muschelkalk hat
einen walmdachförmigen Abschluß. Ihr oberer
Teil ist mit kannelierten Viertelsäulen ädikulaartig ausgebildet. Dazwischen steht in einer
Nische eine laternenartige Urne auf einer ornamentierten Konsole. Das Grabmal geht auf den
gleichen Entwurf zurück, der auch dem Dresdener Grabmal Schneider von 1908 zugrunde
liegt.

Quellen: Leisner, Schulze, Thormann: Hauptfriedhof Ohlsdorf, Bd. 2, S. 133, Nr. 901.

**207**
**Bedürfnisanstalt Stellinger Weg**
Hamburg-Eimsbüttel, Stellinger Weg
Auftraggeber: Freie und Hansestadt Hamburg
1919

Als Bedürfnisanstalt für das mit Etagenwohnhäusern bereits dicht bebaute Gebiet um den
Stellinger Weg entwarf Schumacher einen
rechteckigen Backsteinbau mit Walmdach und
zwei Fledermausgauben. Das Dach ist an einer
der Schmalseiten vorgezogen und auf vier
Säulen abgestützt. Unter diesem Vordach ist in
ganzer Breite des Hauses eine Steinbank aufgestellt. Neben den Toiletten liegt jeweils ein
Raum für die Wärterin und den Wächter. Das
Gebäude hat Dreifächertüren und Sprossenfenster, deren Einfassungen durch Keramikornamente geschmückt werden.
Der Bau ist im veränderten Zustand erhalten.

Quellen: Baubehörde, Bestand Schumacher.

**208**
**Bedürfnisanstalt Alsterdorfer Damm**
Hamburg-Alsterdorf, Alsterdorfer Damm/
Brabandstraße
Auftraggeber: Freie und Hansestadt Hamburg
1919

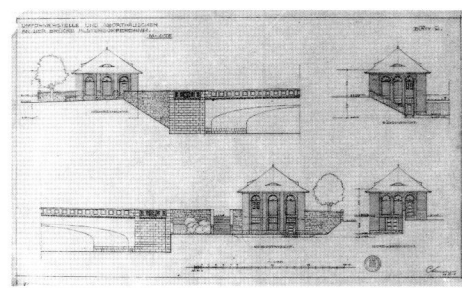

Diese Bedürfnisanstalt mit Transformatoren-
station liegt direkt an einer Brücke über den
Alsterkanal, mit der sie durch Bruchstein-
mauern und eine Treppenanlage verbunden ist.
Von der Straße zeigt sich ein eingeschossiger
Klinkerbau mit Walmdach, vom Kanal
dagegen ein relativ großer zweigeschossiger
Bau. Die halbkreisförmigen Wagenradfenster
im oberen Geschoß bilden die Oberlichter der
ansonsten zugemauerten Fensternischen. Der
Bau ist erhalten und seit 1991 unter Denkmalschutz gestellt.

Quellen: Baubehörde, Bestand Schumacher;
Schumacher-Bau unter Denkmalschutz. In:
Barmbeker Wochenblatt, 6. 11. 1991, S. 18.

**209**
**Wettbewerb zur Bebauung des inneren Rayons**
Köln
Auftraggeber: Stadt Köln
1919

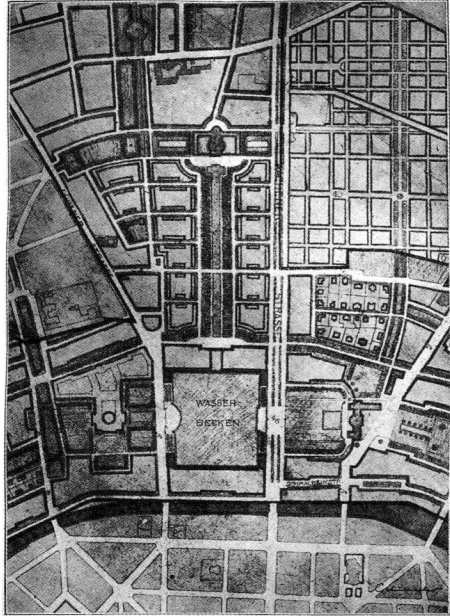

Bis 1918 waren alle Stadtplanungen durch den Festungscharakter Kölns beeinflußt. Die Aufhebung des aus zwei breiten Gürteln bestehenden Festungsrayons im August 1920 beseitigte dieses städteplanerische Hemmnis. Der innere Rayon war ein weitgehend unbebautes Gelände, das sich zwischen der Kölner Neustadt und einem Kranz von Vorstädten und Siedlungen erstreckte. Bereits 1911 war von Carl Rehorst ein Bebauungsplan aufgestellt worden, der eine höchstens zweigeschossige Bebauung für das gesamte Gebiet vorsah. Konrad Adenauer, der damalige Oberbürgermeister, lehnte diesen Plan ab, da er durch die gleichmäßige Geschoßhöhe monoton wirke und die 10 000 Interessenten für Villen zu seiner Realisierung so bald nicht zur Verfügung stehen würden. Er forderte daher einen neuen Bebauungsplan, der ohne Einsatz öffentlicher Mittel genügend Freiraum für Grünflächen erhalten und gleichzeitig den Grundstückseigentümern eine wirtschaftlich tragbare Bebauung ermöglichen sollte. Die Rheinische Städteordnung von 1856 garantierte ihm weitreichenden Einfluß, und so wurde er zwischen 1918 und 1933 zur zentralen politischen Figur für Köln im Allgemeinen und dessen Stadtentwicklung im Besonderen. Für Adenauer war die Großstadt in erster Linie eine »wirtschaftliche Notwendigkeit«, die gleichzeitig auch »Bahnbrecher des Fortschritts für die ganze Land« war. Er lehnte aber die »üble Großstadtkultur« ab, in deren Mauern »der weite Horizont, das Sternenmeer, das Wachsen, Blühen und Welken der Natur, der Erdgeruch nicht mehr zu sehen, zu spüren ist«. Die Stadtplanung sollte die moderne Großstadt in langsamer, weitsichtiger Arbeit umbilden in einen Organismus, der aus einem Geschäftszentrum und in sich gegliederten kleinstädtischen, ja dörflichen Gebilden besteht. (Carl-Wolfgang Schümann: Adenauers Ansichten zur Architektur im Spiegel der Akten. In: H. Stehkämper (Hrsg.): *Konrad Adenauer.* Köln 1976, S. 159 f.).
Eine Rayonkommission der Stadtverordnetenversammlung beauftragte 1919 drei Stadtplaner, ein Gutachten zur Bebauung des inneren Rayons abzugeben. Neben dem Kölner Stadtbaurat Albert Stooß und Hermann Jansen aus Berlin war dies Fritz Schumacher aus Hamburg. Alle Wettbewerbsteilnehmer sahen eine mehrgeschossige Wohnbebauung vor, deren Nachteile durch eine unterschiedlich großzügige Freiflächenplanung ausgeglichen werden sollten.
Im Kleinwohnungsbau sah Schumacher das zentrale Problem der Großstadt. Relativ niedrige Wohnblocks sollten preiswerte Wohnungen für besserverdienende Arbeiter und Angestellte bereitstellen. Er entwickelte in Köln jedoch hierzu kaum detaillierte Planungen, sondern griff auf die bereits in der Stadt bestehenden Organisationen zurück, die aus der Genossenschaftsbewegung der katholischen Soziallehre und der Arbeiterbewegung entstanden waren. Die strukturelle Kapitalschwäche vor allem der kleinen Genossen-

schaften hatte bereits 1913 zu einem genossenschaftlichen Verbundsystem, der Gemeinnützigen Aktiengesellschaft für Wohnungsbau, geführt. Die Hälfte der Aktien wurde von der Stadt Köln gehalten, die übrigen Anteile von Kölner Großunternehmen, denen ein Bezugsrecht für die neuen Wohnungen eingeräumt wurde und die so keine Werkswohnungen zu bauen brauchten. Im Rahmen dieser Organisationsformen waren bereits Typengrundrisse entwickelt worden, die Schumachers Zustimmung und Anerkennung gefunden hatten (vgl. Werner Heinen, Anne-Marie Pfeffer: Köln: Siedlungen 1888–1938. In: *Stadtspuren. Denkmäler in Köln.* Köln 1988). Adenauer sah offensichtlich in Schumacher den geeigneten Städteplaner für seine Vorstellungen eines zukünftigen Köln. Nach dem Wettbewerb für den inneren Rayon von 1919 bewegte er Schumacher, sich in Hamburg beurlauben zu lassen, um einen Generalsiedlungsplan für Köln (1920–23) aufzustellen.

Quellen: SUB, Schumacher-Nachlaß; StaH, Schumacher-Nachlaß 621–2; Fritz Schumacher: Köln. Entwicklungsfragen einer Großstadt. München 1923; Schumacher: Stufen, S. 341 ff.; Ockert: Schumacher, S. 71 ff.; Hartmut Frank: Schumachers soziale Stadtbaukunst. In: Zur Aktualität der Ideen von Fritz Schumacher. Schriftenreihe der Arbeitsgruppe Fritz Schumacher Kolloquium. Hamburg 1992, S. 56.

**210**
**Bühnenbildentwürfe für eine**
**Monumentalbühne**
Hamburg
Um 1919

Als Reflex auf die Verschlechterung der materiellen Ausstattung des Kulturbetriebes nach dem verlorenen Weltkrieg und in Erwartung einer »literarischen Welle symbolisch-monumentaler Art« auch im Zusammenhang mit dem deutschen Ausdruckstanz (Schumacher: Wandlungen, S. 45) entwickelte Schumacher eine Bühne, die vor einem Rundhorizont lediglich über acht auf Rollen laufenden Pfeiler verfügt. Raumwirkungen entstehen allein durch die Stellung der Pfeiler und durch Lichtregie. Nach eigenen Aussagen spielte er für sich selbst die Eignung dieses Konzepts für William Shakespeares *Coriolan* und *Julius Cäsar* durch. Die erhaltenen Blätter gelten Goethes *Iphigenie auf Tauris*.

Quellen: SUB, Schumacher-Nachlaß (sieben kolorierte Zeichnungen); Schumacher: Wandlungen, S. 44–47.

**211**
**Lichtwarkschule**
Heute: Heinrich-Hertz-Gymnasium
Hamburg-Winterhude, Grasweg
Auftraggeber: Freie und Hansestadt Hamburg
1919 (1925)

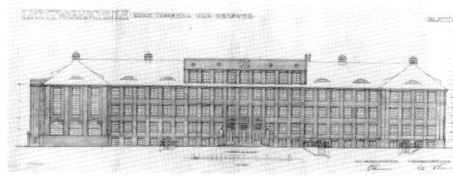

Die Überfüllung der Oberrealschulen in Eimsbüttel, Eppendorf und Barmbek führte schon 1914 zur Ausarbeitung eines Entwurfes für einen Schulbau in der Nachbarschaft des neuen Stadtparks. Aber erst im Laufe der 1919 wiederaufgenommenen Planungen nahm das Projekt den Charakter einer Reformschule ohne Geschlechtertrennung an, in der Schüler den Unterricht mitgestalteten, wo künstlerische und naturwissenschaftliche Fächer und der Werkunterrricht besonders gefördert wurden und das Experiment mehr bedeutete als Tradition. Die Klassen erhielten erstmals eine Möblierung mit frei beweglichen Stühlen und Tischen. Der mitten im Block gelegene achsensymmetrische Bau mit Walmdach stößt an den Enden auf quergestellte Kopfbauten. Leicht hervortretende Lisenen geben den in roten westfälischen Klinkern ausgeführten Fassaden eine vertikale Gliederung. Zwei Räume verleihen der Schule einen besonderen Akzent: ein Dachausbau mit Terrasse an der Ostseite für Naturbeobachtung und Gymnastik im Freien sowie eine mit besonderer Sorgfalt gestaltete Aula für musische und szenische Aufführungen im südlichen Kopfbau. Ein großes Bühnenpodium mit Orgel tritt an der Südseite als polygonaler Ausbau in Erscheinung. Für die von Hans Henny Jahnn gebaute Orgel entwarf Schumacher ein dreiflügeliges Gehäuse in »leuchtenden Farben, die dem Charakter des jeweiligen Tones angepaßt waren« (Schumacher: *Selbstgespräche*, S. 163).

Quellen: StaH, Schumacher-Nachlaß 621-2; Hbg. u. s. Bauten 1918/29, S. 380, Abb. 411; Schumacher: Selbstgespräche, S. 162f.; Neuere Hamburger Staatsbauten von Fritz Schumacher. In: Wasmuths Monatshefte für Baukunst und Städtebau, 11 (1927), S. 442ff.

**212**
**Volksschule Ahrensburger Straße**
Hamburg-Barmbek, Straßburger Straße/
Krausestraße
Auftraggeber: Freie und Hansestadt Hamburg
1919–20

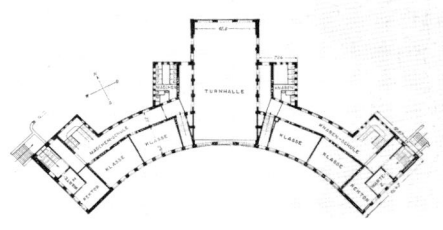

Die schon vor dem Ersten Weltkrieg entworfene Schule wurde bald nach dessen Ende auf der südwestlichen Ecke der geplanten Großsiedlung am Dulsberg gebaut. Schumacher legte das in Klinkern ausgeführte Schulgebäude als abschirmenden Riegel zwischen die Siedlung und den in den Winkel zweier Hauptstraßen gelegten Schulhof. Besonders auffällig ist der gleichmäßige »große Zug der konkaven Rundung« (Schumacher: *Selbstgespräche*, S. 102), mit dem der fünfgeschossige Walmdachbau den Hof umschließt. Eine vertikale Ordnung aus kannelierten Backsteinhalbsäulen faßt die oberen drei Geschosse straff zusammen. Aula und Turnhalle befinden sich übereinander in einem querliegenden Anbau in der Mittelachse der Rückfront. Der Bautyp entspricht damit weitgehend der Volksschule am Rübenkamp (1911–12), die Schumacher vor dem Weltkrieg auf ein ähnliches Grundstück baute. Den Unterschied bildet die monumentalisierte Fassade, die zunächst auf lebhafte Bedenken stieß und die Genehmigung des Entwurfs durch die Bürgerschaft gefährdete (Schumacher, *Selbstgespräche*, ebd.). Schumacher selbst sah seinen Bau, trotz der bereits vor 1914 gefundenen Form, als Auftakt einer »neuen Gesinnung, die sich nach dem Kriege für das Thema ›Volksschule‹ durchsetzte. Man erkannte, daß die Volksschule ein Hauptinstrument war, um das Niveau eines geschlagenen und bedrückten Volkes aufrechtzuerhalten. Die kommende Generation mußte gepflegt werden« (Schumacher: *Selbstgespräche*, ebd.).

Quellen: Schumacher: Selbstgespräche, S. 102–103; Fritz Schumacher: Architektonische Regungen der Nachkriegszeit. In: Hbg. u. s. Bauten 1918/29, S. 124–130; Deutsche Bauzeitung 60 (1926), Nr. 4, S. 41 ff.; Hbg. u. s. Bauten 1918/29, S. 382; Julius Gebhard: Die Schule am Dulsberg. Das Werden einer neuen Hamburger Volksschule. Jena 1927.

**213**
**Lyzeum am Lübeckertorfeld**
Hamburg-St. Georg, Westphalensweg
Auftraggeber: Freie und Hansestadt Hamburg
1919–20

Das Lyzeum ist Teil einer Baugruppe, die am Lübeckertorfeld eine Anlage von drei Spiel- und Sportplätzen umgibt. Es liegt neben der Hauptfeuerwache, dem Bau der kaufmännischen Fortbildungsstätte direkt gegenüber auf der südlichen Seite der Platzanlage. Die Rücksichtnahme auf die Gesamtgestaltung des Platzes, der im Osten noch durch eine geplante Gewerbeschule einen Abschluß bekommen sollte, führte zur breiten, geschlossenen Form des Schulbaus. Schumacher legte den viergeschossigen Klinkerbau mit Walmdach symmetrisch an. Er besteht aus einem Mittelbau mit einer Turnhalle im Erdgeschoß und einer darüberliegenden Aula sowie zwei flankierenden Flügelbauten. Zum Spielplatz springt die Front des Mittelbaus zurück. Dieser Raum wird durch eine breite Freitreppe geschlossen. Die Attika der Treppenhausfassaden ist mit je vier Keramikköpfen versehen. Am Treppenantritt im Flur steht ein Keramikbrunnen mit Kinderfiguren von Albert Woebcke.

Quellen: Deutsche Bauzeitung 60 (1926), Nr. 3, S. 33 ff.; Hbg. u. s. Bauten 1918/29, Abb. 411, S. 380.

**214**
**Kaufmännische Fortbildungsschule**
Hamburg-St. Georg, Lübeckertordamm
Auftraggeber: Freie und Hansestadt Hamburg
1919–20

1913 erhielt Hamburg ein Gesetz zur Regelung des Schulunterrichts während der Berufsausbildung, das den Bau neuer Schulen notwendig machte. Als erste wurde, der hanseatischen Tradition verpflichtet, eine kaufmännische Fortbildungsschule gebaut. Sie wurde Teil einer groß angelegten Gruppe von staatlichen Bauten am Lübeckertorfeld, die, bis auf eine Ausnahme, alle von Fritz Schumacher entworfen wurden. Die Fortbildungsschule liegt auf der Nordseite der zentralen Platzanlage genau gegenüber dem Lyzeum. Beide Gebäude haben die gleiche Breite und Höhe. Die Fortbildungsschule zeigt an ihrer Südseite, zu den Sportplätzen, eine durchgehende, gleichmäßig gestaltete Fassade mit vierzehnachsiger Aufteilung, deren Fenster über alle vier Vollgeschosse durch Kolossalordnungen in Form von polygonalen Halbsäulen zusammengefaßt sind. Zur Straße hin öffnet sich der Schulbau mit zwei Seitenflügeln, die einen Vorhof umschließen. Hier fallen die zylinderförmigen Haupttreppenhäuser auf, die links und rechts in die Eckpunkte zwischen dem Hauptgebäude mit Walmdach und den flachgedeckten Flügelbauten gesetzt wurden. Im östlichen Flügel befinden sich die Verwaltungsräume des Gewerbe- und Fortbildungsschulwesens, die, getrennt von der eigentlichen Schule, ebenfalls im Neubau untergebracht werden mußten. Der Haupteingang zur Schule liegt auf der Hofseite. Die beiden Eingangstüren zieren jeweils zwei Bären neben einem Wappen von Hans Martin Ruwoldt, die 1930 nachträglich angebracht wurden. Im Flur steht ein Brunnen mit einer Segelschiffplastik aus Keramik. Die Seitenfront ist durch einen Erker hervorgehoben, der mit plastischen, farbigen Keramikplatten von Richard Kuöhl verkleidet ist.

Quellen: Neue staatliche Schulbauten in Hamburg. In: Deutsche Bauzeitung 60 (1926), Nr. 2, S. 17 ff.; Hbg. u. s. Bauten 1918/29, Abb. 433 f., S. 329.

## 215
### Kleinhaus-Siedlung Langenhorn
Heute: Fritz-Schumacher-Siedlung
Hamburg-Langenhorn
Auftraggeber: Freie und Hansestadt Hamburg
1919–21

Die bald nach dem Ersten Weltkrieg errichtete halbländliche Kleinhaus-Siedlung war der erste Nachkriegswohnungsbau der Hansestadt. Das neben dem Bebauungsplan Dulsberg 1919 entwickelte zweite Musterprojekt Schumachers hatte außer der Bekämpfung von Wohnungsnot und Hunger ein besonderes Ziel: Mit der extremsten Variante der damals aktuellen Städtebaureform sollte ein exemplarischer Versuch gemacht werden, der gleichzeitig der nach 1918 starken Bewegung zur Kleinsiedlung und zur Selbsthilfe entgegenkam. Der zu beiden Seiten der Tangstedter Landstraße entwickelte Plan grenzt im Westen an den Bahnkörper der Hochbahn, im Süden und Osten an einen eigens angelegten Grünstreifen. Der Erschließung dienen vier Querstraßen und nachgeordnete Wohnwege, die aus Kostengründen unbefestigt blieben. Krümmungen in der Wegführung sind hier in der Regel nicht willkürliche »malerische« Motive, sondern entstehen im Nachvollzug vorhandener Unregelmäßigkeit in der Linienführung von Landstraße und Bahn. Für alle wichtigen Bereiche im Plan – Plätze, Hausgruppierungen – wurden von Schumacher Studien skizziert. Wegen der Bedeutung des Projekts übernahm er selbst die Entwürfe der Wohnhäuser (wie im ersten Bauabschnitt des Dulsbergs). Für andere Architekten blieb die im Plan festgelegte offene Bebauung mit Doppelhäusern an den Querstraßen. Für die Nord-Süd-Lagen auf schmalen Parzellen entwickelte Schumacher einen zweigeschossigen Reihenhaustyp mit 700 Quadratmetern Gartenland zur Selbstversorgung. Die Lage der Siedlergärten ist ungewöhnlich: Sie liegen abwechselnd auf der Vorder- oder Rückseite in doppelter Breite der Häuser. Für eine abwechslungsreiche Gestaltung der Häuser sorgte ein Farbenplan von Otto Fischer-Trachau. Die durch Kohlenmangel bedingte Knappheit an Ziegelsteinen erzwang die Anwendung von Sparbauweisen in Lehm und Schlackenplatten. Das erforderliche Land wurde durch das neue Instrument der Enteignung beschafft, und die Finanzierung beschränkte sich erstmals im Hamburger Kleinwohnungsbau allein auf öffentliche Mittel. Im ersten Bauabschnitt entstanden 640, ein Jahr später weitere 200 Häuser, von denen viele inzwischen verändert sind. Die farbliche Gestaltung der Kleinhaussiedlung führte Otto Fischer-Trachau durch.

Quellen: StaH, Jahresbericht des Hochbauwesens 1912–25; Ockert: Schumacher, S. 50–58; Fritz Schumacher: Staatliche Hamburger Siedlungen. In: Der Profanbau (1912), S. 117–128; Fritz Schumacher: Die staatliche Kleinhaus-Siedlung in Langenhorn. In: Bau-Rundschau 10 (1919), S. 201; Schumacher: Wohnstadt, S. 73–81, Abb. 64–68; Schumacher: Stufen, S. 311; Fischer: Schumacher, S. 61–62; Harms, Schubert: Wohnen, S. 276–279.

## 216
### Pfarrhaus St. Georg
Bauentwurf
Hamburg-St. Georg, St. Georgs Kirchhof
Auftraggeber: Freie und Hansestadt Hamburg
1920

Für die Kirche entwarf Schumacher ein Pfarr- und Gemeindehaus, das auf dem Kirchhof, einem von Etagenwohnhäusern umbauten Platz, errichtet werden sollte. Das Pfarrhaus erhält seinen Standort an der nördlichen Schmalseite des Platzes, so daß sich zwischen der Kirche, die dessen südliche Seite begrenzt, und dem Neubau ein größerer Platz erstreckt. Schumacher begrenzt diesen Freiraum mit Bäumen und setzt in seine Mitte einen Brunnen. Für das Pfarrhaus sieht er einen dreigeschossigen rechteckigen Baukörper mit einem Walmdach vor, der zur Kirche hin zwei zweigeschossige, kurze Flügelbauten erhält, so daß sich ein kleiner Vorhof mit dem Mittelportal ergibt.
Die Planungen wurden nicht realisiert.

Quellen: StaH, Schumacher-Nachlaß 621-2; StaH, Jahresberichte des Hochbauamtes B 115, Bd. 3.

## 217

**Sonnen- und Luftbad im Stadtpark**

Hamburg-Winterhude, Stadtpark
Auftraggeber: Freie und Hansestadt Hamburg
1920

Zwischen der »Milchwirtschaft« am nördlichen
Rand des Stadtparks und der großen Wiese
plante Schumacher die Anlage eines Sonnen-
und Luftbades, aufgeteilt in ein Frauen-,
Männer- und Kinderbad. Die axial ausgerichtete Gartenanlage sollte im Mittelpunkt
einen eingeschossigen Bau mit Mansarddach als
T-förmiges Betriebsgebäude erhalten. Rechts
und links davon, in winkelförmiger
Anordnung, waren offene Liegehallen und für
das Kinderbad ein eigenes flaches Küchengebäude vorgesehen. Die realisierten Ausführungsplanungen der Garten- und Parkanlagen
unterlagen dem Gartenbaudirektor Otto Linne.
Die Gebäude wurden nicht ausgeführt.

Quellen: StaH, Bestand 141-23, Wohngebiet
Winterhude.

## 218

**Grabanlage für die Opfer der
Revolutionsjahre 1918–20**

Hamburg-Ohlsdorf, Friedhof Ohlsdorf,
Planquadrat L 5
Auftraggeber: Freie und Hansestadt Hamburg
1920

Das vier Meter hohe Grabdenkmal aus
Muschelkalk besteht aus zwei Säulen mit
ovalem Querschnitt, die auf einem gemeinsamen Sockel eng nebeneinander stehen und
von einem breiten Gebälk abgeschlossen
werden. Das Gebälk trägt die Inschrift: »Den
Gefallenen der Revolutionsjahre 1918–1920«.
An den Säulen befindet sich jeweils das Relief
eines Immortellenkranzes mit verlöschender
Fackel nach Modellen von Richard Kuöhl. Vor
dem Denkmal sind in Reihen insgesamt 59
Kissensteine angeordnet. Die Grabanlage
wurde von Fritz Schumacher entworfen und
von Martin Janson ausgeführt.
Die Kämpfe während der Revolutionstage im
November 1918 forderten zahlreiche
Menschenleben. Nach der Beisetzung der
Gefallenen in einem gemeinsamen Grabfeld auf
dem Ohlsdorfer Friedhof wurden schon bald
erste Überlegungen zur Gestaltung eines Revolutionsdenkmal angestellt, und im Juni 1919
setzte die Bürgerschaft einen Ausschuß ein.
Nach erneuten Unruhen mit mehreren Todes-
opfern im Sommer 1919 wurden Schumacher
als Baudirektor und Senatssekretär Hagedorn
im Februar 1920 zu Senatskommissaren für die
Verhandlungen mit dem Ausschuß ernannt.
Schumacher legte einen Entwurf vor, um den
ihn die Friedhofsdeputation ersucht hatte und
der vom Ausschuß mit leichten Änderungen
gebilligt wurde: Da man sich jeglichen Wert-
urteils über die Revolution enthalten wollte,
wurde die Inschrift allgemeiner, ohne Angabe
einzelner Gedenktage, gefaßt. Am 5. November 1920 wurde das Denkmal von der Baudeputation abgenommen und der Friedhofsdeputation übergeben. Zu den 47 Kissensteinen

kamen später infolge der Märzunruhen noch
zwölf weitere hinzu. 1922 überstand das
Denkmal zwei Sprengstoffanschläge. 1933
beschloß der Senat, das Revolutionsdenkmal zu
beseitigen. Ende Januar 1934 wurde es von
Martin Janson abgebrochen und auf dem
Friedhofsgelände eingelagert, so daß es unmittelbar nach dem Zweiten Weltkrieg an der alten
Stelle wieder aufgebaut werden konnte.

Quellen: StaH 325-1 Friedhofsverwaltung
193 f.; StaH Baudeputation B 1941; StaH Plankammer 141–20/16; Dekorative Kunst 27
(1924), S. 86; Das deutsche Grabmal 2 (1926),
Nr. 4, S. 8; Aust: Ohlsdorf, S. 137 f.; Freitag:
Ohlsdorf, S. 167 f.; Volker Plagemann: »Vater-
stadt, Vaterland, schütz Dich Gott mit starker
Hand«. Denkmäler in Hamburg. Hamburg
1986, S. 148 f., 200; Hipp: Hamburg, S. 452;
Leisner, Schulze, Thormann: Hauptfriedhof
Ohlsdorf, Bd. 2, S. 11 f., Nr. 11; Herbert
Diercks: Friedhof Ohlsdorf. Auf den Spuren
von Naziherrschaft und Widerstand. Hrsg. v.
der Willi-Bredel-Ges. Geschichtswerkstatt e.V.
Hamburg 1992, S. 32 f.; Leisner, Schoenfeld:
Ohlsdorf-Führer, S. 160–162.

**219**
**Denkmal für Wilhelm Cordes**
Hamburg-Ohlsdorf, Friedhof Ohlsdorf,
Planquadrat J 9–10
Auftraggeber: Freie und Hansestadt Hamburg
1920

Bereits kurz nach dem Tod des ersten Fried-
hofsdirektors Wilhelm Cordes (1840–1917)
war die Idee entstanden, ihn durch ein
Denkmal auf dem Ohlsdorfer Friedhof zu
ehren. Zunächst wurde lediglich sein Grab
nahe der Kapelle VIII (Planquadrat AD 12)
von seiner Tochter zurückgekauft, um es als
Ehrengrabstätte zu erhalten. Nachdem die
Finanzierung gesichert war, wurde Schumacher 1919 von der Friedhofsdeputation mit
der Ausführung eines Ehrendenkmals für
Cordes beauftragt. Zuvor war Martin Hallers
Vorschlag für ein Denkmal in Form eines
Glockenturms mit Medaillon oder Büste
verworfen worden. Auch gegen den bereits
vorliegenden Entwurf einer Marmorbüste des
Bildhauers Xaver Arnold entschied man sich.
Als repräsentativer und vom Südteich aus
weithin sichtbarer Standort wurde das
Rosarium in der Nähe des Haupteinganges
gewählt, das mit seiner charakteristischen
Bepflanzung ein wesentlicher Bestandteil der
Friedhofsplanungen von Cordes war. Schu-
macher entwarf eine leicht konkave Pfeiler-
stellung aus vier Pfeilern mit einem Gebälk, das
in Antiqualettern die Inschrift »Wilhelm
Cordes« trägt. Friedrich Schünemann führte
das 4,30 Meter hohe und 5,50 Meter breite
Denkmal aus Muschelkalk aus. In der Mitte
befindet sich auf einem 2,15 Meter hohen
Sockel eine Büste Cordes', geschaffen von dem
Hamburger Maler und Bildhauer Oscar Ulmer.
Sie wird von zwei Vasen mit Palmetten-,
Ranken- und Papageienmotiven flankiert. Die
Pfeiler sind mit Weinrankenreliefs
geschmückt. Da Schumacher beabsichtigte,
das Gebälk zusätzlich mit einem Eierstab zu
versehen, verzögerte sich die Fertigstellung.
Statt wie geplant zum zweiten Todestag
Cordes' am 31. August 1919 wurde das Ehren-
denkmal zu seinem 80. Geburtstag am 11. März
1920 feierlich eingeweiht.

Quellen: StaH 325-1 Friedhofsverwaltung 83;
Dekorative Kunst 27 (1924), S. 88; Das
deutsche Grabmal 2 (1926), Nr. 4, S. 4; Aust:
Ohlsdorf, S. 19, 145; Freitag: Ohlsdorf, S. 172;
Hipp: Hamburg, S. 452; Leisner, Schulze,
Thormann: Hauptfriedhof Ohlsdorf, Bd. 2,
S. 12f., Nr. 12; Leisner, Schoenfeld: Ohlsdorf-
Führer, S. 20.

**220**
**Bühnenbild zu William Shakespeare,
»Macbeth«**
Auftraggeber: Deutsches Schauspielhaus
Hamburg
1920

Vorstudien zu dieser Inszenierung am Deutschen Schauspielhaus Hamburg, die sich an die
des *Hamlet* von 1909 anlehnt, scheinen bis in
die Dresdner Zeit zurückzureichen.

Quellen: Hamburger Theatersammlung (acht
kolorierte Zeichnungen, historische Photos);
Theatersammlung der Universität Köln (zwei
kolorierte Zeichnungen); Schumacher: Wandlungen, S. 47–54.

**221**
**Platzgestaltung am Dammtor**
Studie
Hamburg-Rotherbaum, Dammtorstraße
Auftraggeber: Freie und Hansestadt Hamburg
Um 1920

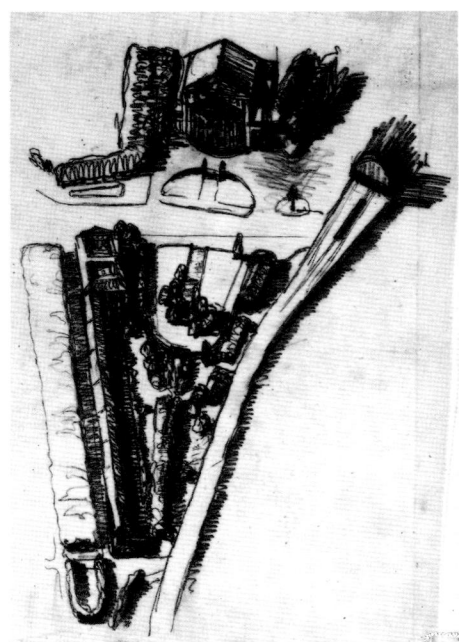

Für die Bebauung und Gestaltung des Platzes
hinter dem Dammtorbahnhof und der Grünanlage zwischen dem Bahndamm und dem
Hotel Esplanade machte Schumacher mehrere
Entwürfe. Seine zeichnerischen Studien sehen
auf der Nordseite der Dammtorstraße, hinter
dem Bahnhof, einen Theaterbau parallel zur
Bahn vor. Vor dem Theater liegt ein Vorplatz
mit einem halbrunden Rasenstück, das in der
Mitte durch einen abgetreppten Weg durchschnitten wird, der in eine halbovale, im Süden
durch ein Arkadengang begrenzte Grünanlage
mit einer Rasenfläche in der Mitte führt. Die
Mittelachse der regelmäßigen Platzanlage wird
durch ein schmales, rechteckiges Wasserbecken hervorgehoben.

Quellen: StaH, Schumacher-Nachlaß 621–2.

**222**
**Staatswohnungsbauten Dulsberg**
Hamburg-Barmbek, Alter Teichweg/Elsässer
Straße
Auftraggeber: Freie und Hansestadt Hamburg
1921–23

Einen Abschnitt der Siedlung am Dulsberg
nahm Schumacher zum Anlaß, um mit zwei
Ideen sozialen Wohnens zu experimentieren.
Auf der Nordwestseite entstanden nach seinen
Entwürfen fünf Blocks im Sinne einer
Aufteilung, die er in ähnlicher Form 1913 skizziert und in seiner »Kleinwohnung« von 1917
veröffentlicht hatte: dreigeschossige langgestreckte Wohnblocks mit einer Lücke an den
Schmalseiten. Fahrwege und ein »öffentlicher
Grünstreif« im Inneren schaffen einen halböf-
fentlichen Raum, an den Schumacher in der
ausgeführten Fassung auch die Hauseingänge
legte. Zwischen die Blocks gestellte, niedrige
Verbindungstrakte mit Kaufläden schaffen
dort, wo sonst die Straße liegt, den nach außen
geschützten Bereich mit nicht einsehbaren
Gärten. Schumacher interessierte sich auch für
das Einküchenhaus, eine vor und nach dem
Ersten Weltkrieg stark diskutierte soziale
Wohnform, in dem das Essen und Kochen der
Familien außerhalb der Wohnungen in einer
kollektiven Einrichtung stattfinden sollte.
Senat und Bürgerschaft hatten jedoch
Bedenken. Am Dulsberg verwirklicht wurde
daher nur eine abgeschwächte Version als Ledi-
genheim mit Gemeinschaftsräumen und
Kantine (Block V, Elsässer Straße 8–10, vgl.
Hipp: *Wohnstadt*, S. 25).

Quellen: StaH, Jahresbericht des Hochbau-
wesens 1912–25; Fritz Schumacher: Staatliche
Hamburger Siedlungen. In: Profanbau (1921),
S. 117–128; Schumacher: Kleinwohnung,
Abb. 21; Schumacher: Wohnstadt, Abb.
25–26; Hipp: Wohnstadt, S. 25, 97f.; Harms,
Schubert: Wohnen, S. 238–241.

**223**
**Generalsiedlungsplan Köln**
Auftraggeber: Stadt Köln
1920–23

Umfangreiche Planungen zur zukünftigen
Stadtentwicklung waren notwendig geworden,
weil die Stadt Köln seit der Jahrhundertwende
einen rapiden wirtschaftlichen und sozialen
Aufschwung genommen hatte. Von 1888 bis
1922 folgten mit dichtem Abstand insgesamt
vier Stadterweiterungen, die zum Ausbau
neuer Siedlungs- und Industriegebiete genutzt
wurden. Durch die rechtsrheinischen Einge-
meindungen von 1910 und 1914 war Köln zur
flächenmäßig größten deutschen Stadt
geworden. Von 1871 bis 1914 war die Einwohnerzahl von 129000 auf 635000 gestiegen. Köln
war mit einem Schlag moderne Großstadt
geworden.
In nur drei Jahren (1920–23) erstellte Schumacher unter der Mitarbeit von Wilhelm Arntz
und Gartenbaudirektor Fritz Encke den detail-
liertesten Vorschlag zur Umgestaltung und
Modernisierung einer deutschen Großstadt der
zwanziger Jahre. Dabei galt es, ein Konzept für
die Gesamtentwicklung Kölns zu fertigen, nach
dem die bereits bestehende Stadtstruktur reformiert und die weitere Stadtentwicklung in
bestimmte Bahnen gelenkt werden konnten.
Hauptziel des Generalplanes war die Dezentralisierung der Menschenballung durch ein in
gestaffelten Zonen abflachendes Stadtgebilde.
Dazu mußte die Planung den endgültigen
Zustand der Gesamtstadt erfassen und das
Verhältnis der Wohnstadt zur Geschäftsstadt
neu bestimmen. In einem Prozeß der Umstruk-
turierung sollte sich die Großform der Stadt
von einem zentrischen zu einem elliptischen
Gebilde entwickeln. Das bedeutete, im linksrheinischen Stadtgebiet bereits vorhandene
Strukturen aufzulösen und in die Neue Stadt
einzubringen, während auf der rechten Rhein-
seite die vorhandenen Ansiedlungen und
Flächen zu einer Struktur erst entwickelt
werden mußten. Beide Stadthälften sollten
dann zu einer organischen Einheit mit dem
Rhein als Rückgrat und Lebensader zusammengefügt werden. Bestimmte Lebensbereiche
konzentrierten sich an »Nebenzentren«,
verbunden durch ein Verkehrs- und Grünsystem. Als wichtigstes Zentrum neben der
Kölner Altstadt war Worringen im Norden der
Stadt vorgesehen. Hierhin sollte das Industrie-
gebiet verlegt werden und ein Arbeitsgebiet
von fast gleicher Größe wie die bestehende
Altstadt entstehen, geplant für 20000 Menschen. Ihre Ansiedlung war nicht in Form des
bisherigen Großstadttypus geplant, sondern in
einem »weiträumigen, neuen System«. Dabei
sollten zwischen den geplanten Industriewerken
und Wohnsiedlungen weite Felder liegen. Um
eine einheitliche Gestaltung zu erreichen, wurde
eine Eingemeindung geplant und 1925 vollzogen. Bereits 1930 begann mit dem Bau der
Fordwerke die Industrieansiedlung.

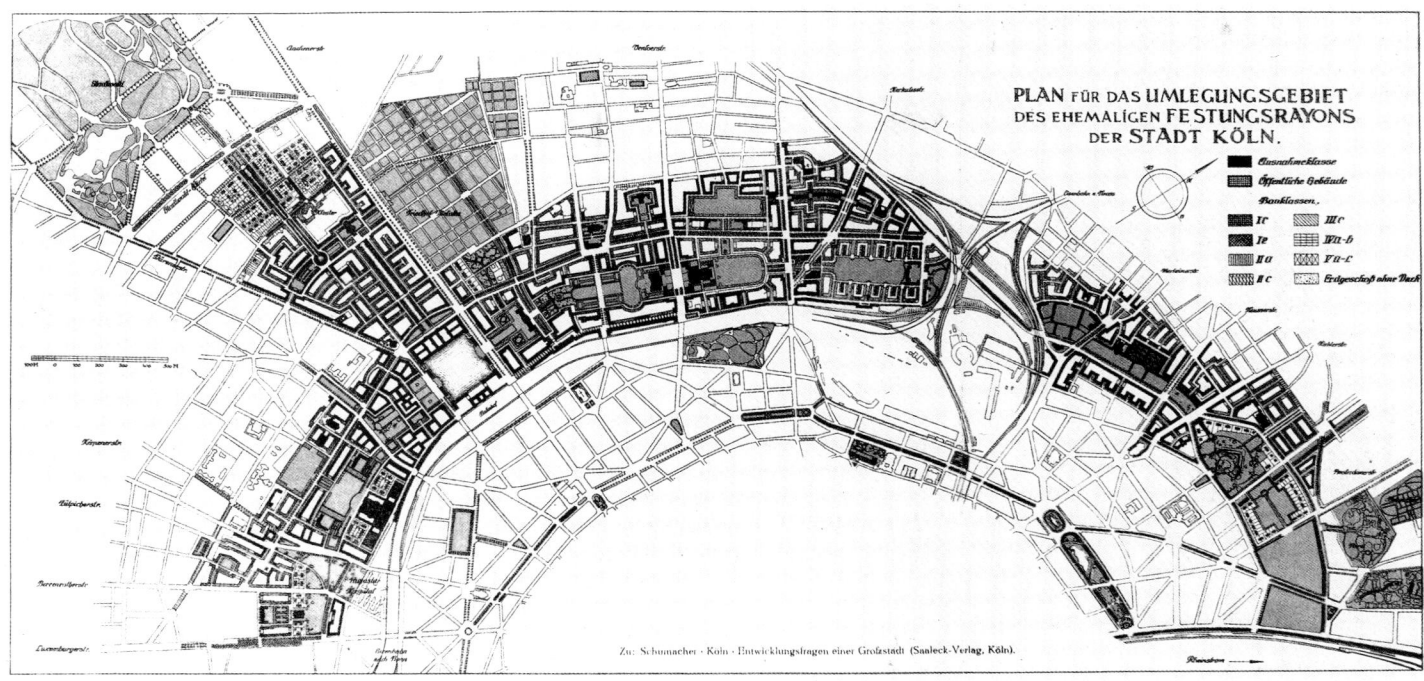

Zu: Schumacher · Köln · Entwicklungsfragen einer Großstadt (Saaleck-Verlag, Köln).

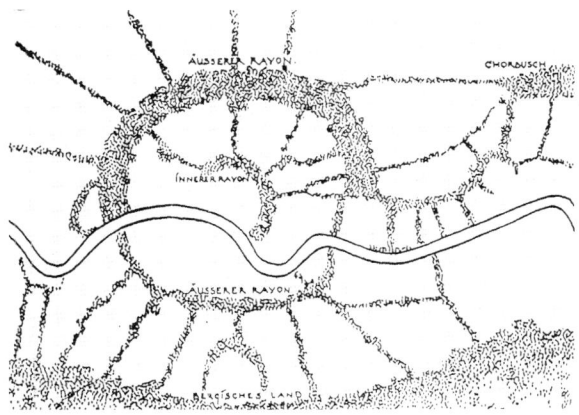

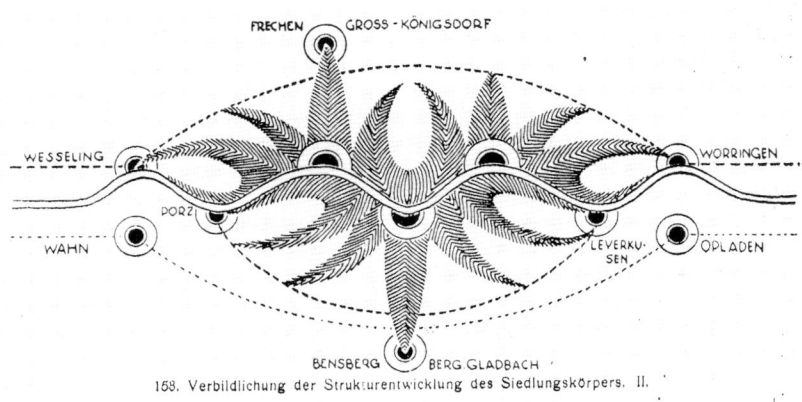

158. Verbildlichung der Strukturentwicklung des Siedlungskörpers. II.

Fritz Schumacher, Generalsiedlungsplan für Köln, Werk Nr. 223
oben: Bebauung des inneren Rayons
unten links: Schema des Systems der Grünflächen
unten rechts: Schema der Stadtentwicklung

Verkehrstechnisch hatte Köln ein historisch überliefertes System von Radialen und Ringverbindungen, die alle auf die halbkreisförmige Altstadt ausgerichtet waren. Mit der Änderung der Stadtform zu einem elliptischen Gebilde mußte daher dieses Straßennetz grundlegend geändert werden. Um überflüssige Zerschneidungen zu vermeiden, sollten dieses Radialsystem vereinfacht und die wichtigsten Ausfallstraßen leistungsfähiger gemacht werden. Wo dies nicht mit Verbreiterung erreicht werden konnte, wurden Umgehungsstraßen für enge Ortskerne und Stadtteile geplant. Die Ringstraßen sollten durch tangential angelegte Entlastungsstränge in Diagonalverbindungen aufgelöst werden. Die umfangreichsten Umgestaltungen im Straßensystem waren im Norden der linksrheinischen Stadt nötig, um die Neue Stadt anzubinden. Rechtsrheinisch war das Straßennetz weniger ausgeprägt und stärker durch ehemalige Provinzialstraßen strukturiert. Diese Radialen sollten durch Diagonale ergänzt und auf die Brückenpunkte zugeführt werden, um für die in diesem Stadtbezirk geplanten Arbeitersiedlungen ein entsprechendes Verkehrsnetz bereitzustellen; Brücken bei Mülheim und am Heumarkt sollten die Stadthälften links und rechts des Rheines zusammenfügen.

Hauptproblem der Verkehrsplanung war der Altstadtbereich mit seinen engen Gassen, die den modernen Forderungen des Personentransports und des Warenumschlags nicht gewachsen waren. Seit der Römerzeit bestanden zwei große Kölner Verkehrs- und Handelsadern, die Hohe Straße (in Nord-Süd-Richtung) und die Breite Straße (in Ost-West-Richtung). Entlastet werden sollte dieses Achsenkreuz durch diagonale Straßenzüge. Nach dem Bau des Bahnhofs am Aachener Weiher sollten von hier aus Aachener Straße, Hahnenstraße und Cäcilienstraße erweitert werden. Die an dieser Mittelachse der Stadt liegenden Plätze Hahnentor, Neumarkt und Heumarkt waren als bahnhofsartige Betriebsknotenpunkte der Straßenbahn vorgesehen. Verankerungspunkt dieser neuen Ost-West-Achse sollte der Heumarkt sein, und eine neue Rheinbrücke sollte die Innenstadt mit dem rechtsrheinischen Stadtteil Deutz verbinden. Der Altstadtbereich Kölns, dem Schumacher besondere historische Bedeutung zumaß, mußte grundlegend umgestaltet werden. Hier befanden sich die wichtigsten Baudenkmäler der Stadt: Dom, Rathaus, Groß St. Martin und der Gürzenich, so daß die Umgestaltung in eine Reihe architektonischer Einzelprobleme zerfiel. Die städtebauliche Reformlösung für das gesamte Gebiet war daher an die gleichzeitige architektonische Lösung dieser Einzelfragen gebunden. Der erst 1880 endgültig fertiggestellte Dom, das Wahrzeichen Kölns, war von seiner mittelalterlichen Umbauung freigelegt worden. Entstanden waren einige um den Dom axial angelegte Räume. Schumacher war jedoch der Auffassung, daß der Dom ohne maßstabgebende Randbebauung eine »wesenlose Leere« bot. Eine Grünfläche an

seiner Südseite wollte er durch einen kleinen, von niedrigen Trakten umschlossenen Hof mit kreuzgangartigem Charakter ersetzen. Gedacht war dieses Gebäude als Dommuseum. Das nach Osten hin abgeflachte Gelände wurde durch eine hochliegende Terrasse geebnet. Hier sollten Ladenlokale und Bahnhofsanlagen eine Anzahl von Häuschen ablösen, die Schumacher als unpassend empfand, und Treppen die Terrasse mit den tieferliegenden Straßen verbinden. Schumacher wollte auf diese Weise horizontale Linien schaffen, die von den aufstrebenden Linien des Domes geschnitten werden und so dessen monumentale Kraft steigern sollten.

Für das Rathaus, ein Konglomerat verschiedener Baustile, sah Schumacher eine Erweiterung und bessere Einbindung in das Stadtgefüge vor. Dieser wichtigste Profanbau der Stadt sollte zu einem einheitlichen Block zusammengefaßt und ergänzt werden. Weitere Planungen betrafen den Gürzenich und seine Umgebung, eine Börse (obwohl Köln eine wichtige Handelsstadt war, gab es hierfür kein eigenes Gebäude) und die Umgestaltung von St. Pantaleon. Diese im südlichen Altstadtbereich gelegene Stiftskirche sollte durch eine umfangreiche Neugestaltung ihres Umfeldes, zum Beispiel der Umwandlung noch vorhandener Gärten in öffentliche Grünanlagen, in die Stadt eingefügt werden.

Der von Schumacher entworfene Generalplan formte Köln zu einer modernen Großstadt um. Das von ihm entwickelte städtebauliche Leitbild einer elliptischen Stadtform blieb weitgehend bestimmend. Auch die Wiederaufbauplanung von Rudolf Schwarz nach dem Zweiten Weltkrieg orientierte sich in ihrer Zuordnung städtischer Funktionen an dem von ihm entworfenen Leitbild. Wesentliche Planungen wie die Industriestadt im Norden wurden in den fünfziger Jahren realisiert; der hauptsächliche Ausbau der Neuen Stadt (Chorweiler) erfolgte erst in den siebziger Jahren. Wie weitschauend Schumachers Analyse und Planung waren, zeigt sich an zahlreichen aktuellen städtebaulichen und architektonischen Fragen. Mit dem Wettbewerb um den Breslauer Platz neben dem Dom wurde die Frage nach Hochhausbauten im Altstadtbereich wieder akut. Auch die übrigen Problemfelder wie Ost-West-Achse, Heumarkt und Domumgebung sind erneut in der Diskussion und Planung.

Quellen: SUB, Schumacher-Nachlaß; StaH, Schumacher-Nachlaß 621-2; Fritz Schumacher: Köln. Entwicklungsfragen einer Großstadt. München 1923; Schumacher: Stufen, S. 341 ff.; Ockert: Schumacher, S. 71 ff.; Hartmut Frank: Schumachers soziale Stadtbaukunst. In: Zur Aktualität der Ideen von Fritz Schumacher. Schriftenreihe der Arbeitsgruppe Fritz Schumacher Kolloquium. Hamburg 1992, S. 56.

## 224
## Mädchenschule Fuhlsbüttel
Bauentwurf
Hamburg-Fuhlsbüttel
Auftraggeber: Freie und Hansestadt Hamburg
Um 1922

Von diesem Entwurf konnte bislang nur eine Grundrißzeichnung ermittelt werden. Diese zeigt eine Schulanlage, die aus einem Klassengebäude und einer frei stehenden, mit dem Schulgebäude einen rechten Winkel bildenden Turnhalle besteht. Im Turnhallenanbau befindet sich eine Bibliothek. Auf der Mittelachse des symmetrisch angelegten Hauptgebäudes liegt nach Süden, zum Schulhof, der Haupteingang, auf seiner Rückseite befindet sich in einem halbrunden Vorbau das Treppenhaus.

Quellen: Fritz Schumacher: Museum für Hamburgische Geschichte und andere Bauten, S. 66; Museum für Hamburgische Geschichte, Bibliothek.

**225**
**Wettbewerb Brückenkopf Deutzer Brücke**
Köln-Deutz, Rheinbrücke
Auftraggeber: Stadt Köln
1922

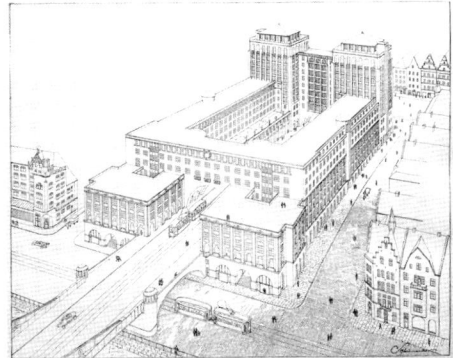

Während sich die Wohnstadt abflachend in die
umgebende Landschaft auflösen sollte, sah
Schumacher für die Geschäftsstadt bauliche
Konzentration vor. Mit seinen Vorschlägen zur
Gestaltung der Brückenköpfe der zentral gelegenen Hängebrücke über den Rhein wollte er
den Charakter der Kölner City als westdeut-
scher Handelsmetropole unterstreichen, indem
er die historische Stadtsilhouette durch einige
wenige Hochhausbauten bereicherte, die an
ganz bestimmten »organisch aus dem Stadtgebilde hervorgehenden Punkten« gebaut werden
und in »taktvollen Grenzen« bleiben sollten.
Weiterhin mußten sie jeden Anklang an sakrale
Bauten streng vermeiden.
Am Kölner Heumarkt sah Schumacher die
Stelle in der Stadtsilhouette, die er aufgrund
ihrer städtebaulichen Situation betonen wollte.
Hier plante er als Geschäfts- und Bürohochhaus
für die Leonhard Tietz AG (heute Kaufhof)
einen längsrechteckigen, geschlossenen
Baublock, durch den die Auffahrt zur Brücke
führte. Zwei niedrigere Eckgebäude zur Rhein-
seite sollten das Gebäude in die vorhandene
Rheinuferbebauung integrieren, zwei turm-
förmige höhere Eckbauten am Heumarkt die
eigentlichen städtebaulichen Dominanten sein.
Flachdächer waren als Erholungsflächen für die
im Gebäude beschäftigten Angestellten
gedacht.
Schumacher zog einen ersten Entwurf im
Rahmen des Generalsiedlungsplanes allerdings
zurück, und es wurde ein städtebaulicher Wettbewerb ausgeschrieben, an dem sich 403 Teil-
nehmer beteiligten. Das Preisgericht unter
Vorsitz von Peter Behrens vergab den ersten
Preis nicht an Schumachers überarbeiteten
Entwurf, sondern an die Düsseldorfer Architekten Wilhelm Pipping und William Dunkel
für ihren Entwurf »Porta Agrippina«. Die Planungen für den Heumarkt wurden nicht ausgeführt.

Quellen: SUB, Schumacher-Nachlaß; StaH,
Schumacher-Nachlaß 621-2; Fritz Schu-
macher: Köln. Entwicklungsfragen einer Groß-
stadt. München 1923; Schumacher: Stufen,
S. 341 ff.; Ockert: Schumacher, S. 71 ff.;
Hartmut Frank: Schumachers soziale Stadt-
baukunst. In: Zur Aktualität der Ideen von
Fritz Schumacher. Schriftenreihe der Arbeits-
gruppe Fritz Schumacher Kolloquium.
Hamburg 1992, S. 56.

**226**
**Bücherhalle am Museum für Kunst und
Gewerbe**
Bauentwurf
Hamburg-St. Georg, Steintorplatz
Auftraggeber: Freie und Hansestadt Hamburg
1923

Im Jahre 1923 gab es Überlegungen des Senats,
das zentral gelegene Gebäude der Bücherhalle
in der Mönckebergstraße zu räumen und an
private Interessenten zu vermieten. Es wurde
beschlossen, in diesem Falle einen Ersatzbau
für die Bücherhalle zu errichten. Schumacher
legte einen Entwurf vor, der den Neubau in der
Grünanlage gegenüber dem Museum für Kunst
und Gewerbe vorsah. Er wählte diesen
Standort, da er zusätzlich die Bibliothek des
Museums und einen Lesesaal in der neuen
Bücherhalle unterbringen wollte. Der Entwurf
zeigt einen zweigeschossigen, rechteckigen
Bau mit jeweils einem eingeschossigen, kurzen
Vorbau an den Schmalseiten und einem
Walmdach als Abschluß.
Der Entwurf wurde nicht realisiert.

Quellen: StaH, Bestand Baudeputation,
B 1168.

**227**
**Ehrengrabstätte der Polizei**
Hamburg-Ohlsdorf, Friedhof Ohlsdorf,
Planquadrat K 7/L 6–7
Auftraggeber: Freie und Hansestadt Hamburg
1923

Nach dem Hamburger Aufstand am 23. und
24. Oktober 1923, bei dem 14 Polizisten ums
Leben kamen, wurde auf Initiative des damaligen Senators Adolph Schönfelder und des
Kommandeurs der Schutzpolizei Lothar
Danner eine Ehrenanlage eingerichtet, die
seitdem als Grabstätte für im Dienst getötete
Polizeibeamte dient. Schumacher lieferte den
Entwurf für die kreisrunde Grabanlage, mit
deren Gestaltung und Ausführung Richard
Kuöhl beauftragt wurde. In der Mitte stand
ursprünglich eine hohe Blutbuche, die der
Anlage den Namen »Revier Blutbuche« gab
und die 1954 durch einen jungen Baum ersetzt
werden mußte. Im inneren Kreis sind 26 leicht
gewölbte Liegeplatten aus Muschelkalk ange-
ordnet, die mit erhabener Fraktur und einem
stilisierten Blumenmotiv versehen sind. Einbe-
zogen ist außerdem eine etwas größere Gedenk-
platte mit reliefartig ausgearbeitetem Schwert,
Stahlhelm, Koppel und Eichenlaub und der
Inschrift: »Den für Recht und Freiheit /im
Dienste des Volkes /gefallenen Beamten der /
Ordnungspolizei /das dankbare Hamburg«.
Dahinter befindet sich etwas zurückgesetzt
ein großer Findling mit dem Polizeistern
Hamburgs und der Inschrift: »Polizei
Hamburg /Revier Blutbuche«. Im äußeren
Ring stehen 19 Stelen aus Muschelkalk, die
entsprechend den Liegeplatten mit Pflanzenor-
nament und Fraktur gestaltet sind. Eine Blut-
buchenhecke grenzt die Anlage nach außen hin
ab. Die Ehrengrabstätte ist durch sechs strah-
lenförmig angelegte Wege zugänglich, bildet
jedoch einen deutlich in sich abgeschlossenen
Bereich innerhalb der Gesamtanlage des Ohlsdorfer Friedhofes.

Quellen: Aust: Ohlsdorf, S. 75, 137, 145;
Freitag: Ohlsdorf, S. 170 f.; Volker Plagemann:
»Vaterstadt, Vaterland, schütz Dich Gott mit
starker Hand«. Denkmäler in Hamburg.
Hamburg 1986, S. 201; Hipp: Hamburg,
S. 452; Leisner, Schulze, Thormann: Haupt-
friedhof Ohlsdorf, Bd. 2, S. 13 f., Nr. 15;
Leisner, Schoenfeld: Ohlsdorf-Führer, S. 163.

**228**
**Universitätsbibliothek**
Bauentwurf
Hamburg-Neustadt, Jungiusstraße/
Bei den Kirchhöfen
Auftraggeber: Freie und Hansestadt Hamburg
1924

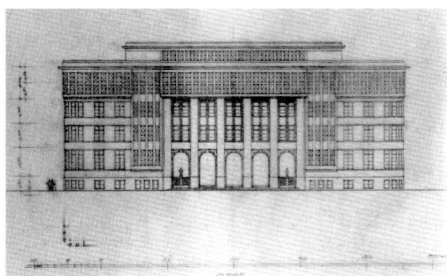

Der geplante Bibliothekskomplex besteht aus
vier Bauteilen. An das mit einer Laterne
bekrönte quadratische Hauptgebäude auf der
Ecke des Bauplatzes schließt sich entlang der
Jungiusstraße ein langer Seitenbau an, der in
einem rechtwinklig abgeknickten Hinterflügel
endet. Dadurch bildet sich hinter dem Hauptgebäude ein Innenhof, der durch einen langen
Magazinbau nach Osten abgeschlossen wird.
Im Innenhof liegt ein großer Lesesaal, der in
der Höhe über zweieinhalb Geschosse ragt und
mit einem Oberlicht abgedeckt ist. Alle übrigen
Gebäudeteile haben fünf Geschosse; drei
Hauptgeschosse für den Bibliotheks- und
Wissenschaftsbetrieb sowie die Verwaltung
und darüber zwei Magazingeschosse. Die
Haupt- und Eingangsseite liegt an der Südseite
des fünfachsigen Eckgebäudes. Hohe Rundbo-
genportale gliedern die Erdgeschoßzone, und
Wandpfeiler zwischen ihnen fassen als
Kolossalordnung alle drei Hauptgeschosse
zusammen. Die beiden abschließenden Magazingeschosse sind fensterlos und bilden eine Art
Attikageschoß. In den beiden Eingangsloggien
am Hauptportal steht jeweils eine Plastik.

Quellen: STaH, Schumacher-Nachlaß 621-2.


**229**
**Bedürfnisanstalt**
Hamburg-Winterhude, Goldbekplatz
Auftraggeber: Freie und Hansestadt Hamburg
1925

Der Klinkerbau liegt am Rande eines Spielplatzes, im bereits Anfang des Jahrhunderts
dicht bebauten Hamburger Stadtteil
Winterhude-Süd. Es ist ein Bau auf rechtwinkligem Grundriß mit regelmäßigem Äußeren
und einem steilen, kupfergedeckten
Walmdach. Seine Symmetrieachse wird durch
drei schmale, hohe Fenster betont.

Quellen: Baubehörde, Bestand Schumacher.


**230**
**Bebauungsplan Kleinwohnungssiedlung**
**Veddel**
Hamburg-Veddel, Veddeler Damm
Auftraggeber: Freie und Hansestadt Hamburg
1925

Mit der Kleinwohnungssiedlung wurden direkt
an der südlichen Freihafengrenze dringend
benötigte Arbeiterwohnungen geschaffen, die
durch die Sanierung der Hamburger Innenstadt in großer Zahl verlorengegangen waren.
Veddel war die erste Großsiedlung, bei der das
»modellmäßige Bauen«, wie Schumacher es
nannte, erprobt wurde, ein Planungsin-
strument, das in Hamburg bei allen weiteren
größeren Wohnprojekten Einsatz fand. Bereits
im Modell wurde die Wohnsiedlung sehr detailliert durchgearbeitet: Die Blockformen, Haus-
grundrisse, der zentrale Platz mit Volksschule
und Kirche und die Grünanlagen waren genau
vorgegeben. Darüber hinaus wurden hier
Klinker für die Außenwände und, zum ersten
Mal in Hamburg, das Flachdach vorgeschrieben. Den Architekten, die sich durch
diese engen Vorgaben eingeschränkt fühlten,
entgegnete Schumacher: »... die Gefahr einer
starren behördlichen Diktatur (wird) dadurch
vermieden, daß nur das rhythmische Spiel der
großen Massenverhältnisse ... festgelegt
wird« (Schumacher: *Reform halbentwickelter Bebauungspläne*, s. u.). Schumacher verfolgte mit dem
modellmäßigen Bauen das Ziel, ganzen
Hamburger Stadtteilen »durch einheitliche
Architektur ... einen einheitlichen Charakter
zu geben«. Er wollte »die ungleichen Absichten
zahlreicher Privatarchitekten nach Möglichkeit
zu einer guten Gesamtwirkung zusammen-
binden« (Schumacher: *Hamburgs Wohnungspolitik*, s. u.).
Im ersten Bauabschnitt wurden 687
Wohnungen gebaut. Der zweite Bauabschnitt
hatte ein ähnlich umfangreiches Bauvolumen.

Quellen: Fritz Schumacher: Reform halbentwickelter Bebauungspläne. Vortragsmanu-
skript 1926. SUB, Schumacher-Nachlaß VII A
5, S. 31 f.; Fritz Schumacher: Hamburgs
Wohnungspolitik. SUB, Schumacher-Nachlaß
VII A 10, S. 9; Schumacher: Wohnstadt; Fritz
Schumacher: Staatliche Hamburger Siedlungen. In: Der Profanbau (1912), S. 117–128;
Dieter Schädel: Städtebau und Wohnungs-
wesen in Hamburg. Hamburg 1988, S. 361.


**231**
**Anlage des Heinrich-Heine-Denkmals**
Hamburg-Winterhude, Stadtpark
Auftraggeber: Freie und Hansestadt Hamburg
1925–26

Zur Aufstellung des Heinrich-Heine-Stand-
bildes von Hugo Lederer im Hamburger
Stadtpark ließ Schumacher einen halbrunden,
von einer Backsteinmauer eingefaßten Platz am
Ende einer kleinen, regelmäßigen Gartenanlage
anlegen. Ein hier geplantes schmales Wasserbecken wurde nicht realisiert. Anlage und
Denkmal sind nicht mehr vorhanden.

Quellen: StaH, Bestand Baudeputation B 1904,
Hamburgische Correspondenz 15. Juli 1926.


**232**
**Heilwigbrücke**
Hamburg-Eppendorf, Heilwigstraße/Klärchen-
straße
Auftraggeber: Freie und Hansestadt Hamburg
1925–26

Die Heilwigbrücke gehört zu einer Serie von
Brücken zur Überquerung der kanalisierten
Alster, die Schumacher für das Ingenieurwesen zwischen 1925 und 1930 architektonisch
gestaltete. Bei dem Konstruktionssystem
handelt es sich um einen Zweigelenkrahmen
mit Kragarm in Stahlbeton. Die bogenförmige
Brücke ist mit Vorsatzbeton verkleidet, der an
ihrer Unterseite sichtbar bleibt, und ansonsten
mit Klinkern verblendet. Den oberen
Abschluß bildet ein eisernes Brückengeländer.

Quellen: Hbg. u. s. Bauten 1918/29, S. 261,
387.


**233**
**Bebauungsplan Hamm-Nord**
Hamburg-Hamm
Auftraggeber: Freie und Hansestadt Hamburg
1925–26

Westlich an das Bebauungsgebiet Horn schließt
das neue Wohngebiet Hamm-Nord um die
Sievekingallee und die Caspar-Voght-Straße
an. Es entwickelte sich zu einem der größten
zusammenhängenden Wohngebiete, die Ende
der zwanziger und Anfang der dreißiger Jahre
in Hamburg gebaut wurden. Ein Massenmodell
zeigt ausschließlich Blockrandbebauung.

Quellen: StaH, Jahresbericht des Hochbauwesens 1925–236 B 115, Bd. 4; StaH, Schumacher-Nachlaß 621–2.

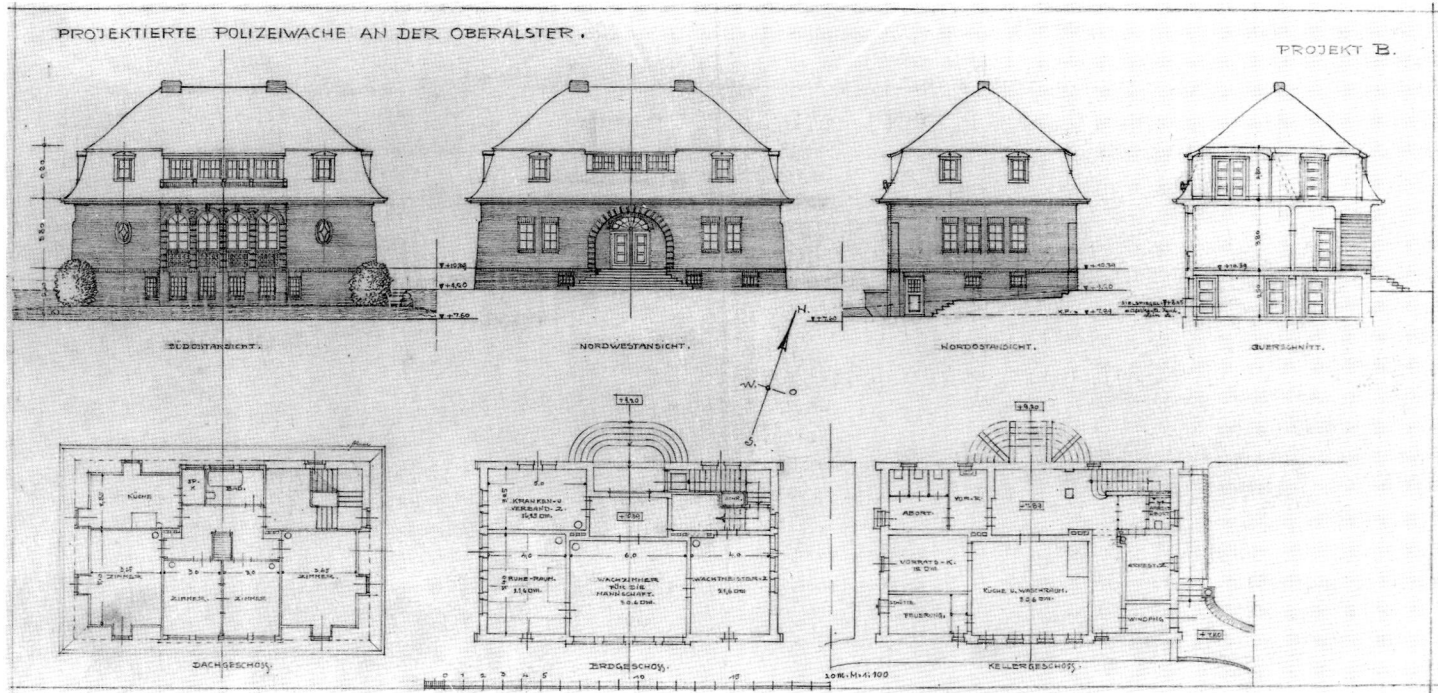

Fritz Schumacher, Polizeiwache an der Oberalster,
Hamburg, Werk Nr. 234

**234**
**Polizeiwache Oberalster**
Bauentwurf
Hamburg-Alsterdorf, Brabandstraße
Auftraggeber: Freie und Hansestadt Hamburg
1925–26

Direkt am kanalisierten Alsterlauf plante Schumacher den Bau einer Wache für die Land- und Wasserschutzpolizei. Das Gebäude ist an den Uferhang gebaut und besteht aus einem Untergeschoß, das nur an der Wasserseite sichtbar wird, dem Erdgeschoß mit dem Eingang von der höher gelegenen Uferstraße aus und einem Mansardgeschoß. In einem ersten Entwurf hat die Wache im Erdgeschoß Einzelfenster, ein späterer Entwurf zeigt dagegen durchgehende, breite Fenster, von denen zwei um die Hausecke gelegt sind. Im Kellergeschoß befinden sich unter anderem Waschräume und Arrestzellen, im Erdgeschoß Wachräume und ein Krankenzimmer, und das Dachgeschoß ist zu einer Wohnung ausgebaut. Neben der Wache liegt quer zum Kanal ein Barkassenschuppen.
Der Bau wurde nicht realisiert.

Quellen: Baubehörde, Bestand Schumacher.

**235**
**Staatskrankenhaus Cuxhaven**
Cuxhaven
Auftraggeber: Freie und Hansestadt Hamburg
1925–27

Infolge des starken Anwachsens der Einwohnerzahl von Cuxhaven, das zu dieser Zeit noch zum Hamburger Staatsgebiet (Amt Ritzebüttel) zählte, erwies sich das dortige Krankenhaus als zu klein. Die vorgenommenen Erweiterungen bestehen aus einem Patiententrakt mit 100 Betten, einer Desinfektionsanstalt mit einer angeschlossenen Leichenstation und einer Kapelle. An den 90 Meter langen, zweigeschossigen Baukörper des sogenannten Krankenpavillons, der neben den Krankenzimmern einen Operationssaal und ein Röntgenzimmer beherbergt, schließen sich jeweils zwei kurze Seitenflügel an. Sein Mittelteil wird durch einen Mittelrisalit und ein überhöhtes Dach mit einem Mansardgeschoß für Schwesternzimmer hervorgehoben. In einem eingeschossigen Bau mit Flachdach am Südrand des Krankenhausgeländes sind die Desinfektionsanstalt und die Kapelle mit angeschlossenem Leichen- und Sezierraum untergebracht. Beide Teile werden durch einen überdeckten Gang verbunden.

Quellen: StaH, Jahresbericht des Hochbauwesens 1925, 1926 und 1927.

**236**
**Bedürfnisanstalt im Wehberschen Park**
Hamburg-Eimsbüttel, Fruchtallee
Auftraggeber: Freie und Hansestadt Hamburg
1926

Für einen kleinen Park im Stadtteil Eimsbüttel, am Rande eines Spielplatzes, entwarf Schumacher eine Bedürfnisanstalt mit einer offenen Schutzhalle. Der Klinkerbau besteht aus zwei gegenüberliegenden Toilettenanlagen und zwei Wärterräumen von geringerer Bautiefe als Verbindungsglied. Ein steiles, kupfergedecktes Walmdach überdeckt die gesamte Anlage. Im Bereich der Wartehalle wird das Dach von vier schlanken Säulen getragen.
Der Bau ist erhalten und wird als Lager genutzt.

Quellen: Baubehörde, Bestand Schumacher.

**237**
**Berufsschule Angerstraße**
Hamburg-Hohenfelde, Angerstraße
Auftraggeber: Freie und Hansestadt Hamburg
1926–27

Der als Berufsschule für Putzmacherinnen, Schneiderinnen und für das Nahrungsmittelgewerbe errichtete Bau war so organisiert, daß weitere Gewerbezweige ohne größere Umbauten aufgenommen werden konnten. Der einheitliche Fensterrhythmus und das tragende Betonskelett machen es möglich, daß sich Klassenräume aus beliebig vielen Fensterachsen bilden lassen. Das Konstruktionsprinzip folgt dem modernen Kontorhausbau und ist in diesem Fall vermutlich angeregt durch Schumachers Erfahrungen mit dem Neubau der Finanzdeputation (1914–26). Horizontale Reihen völlig gleichartiger Fenster geben dem langgestreckten Klinkerbau – übrigens die erste Schule Schumachers mit Flachdach – eine ruhige, nur vom leicht vorgezogenen Treppenhaus unterbrochene Front. Klinkerbänder unter den Fenstern bilden wellenartige, flächige Reliefs, die sich um den ganzen Bau ziehen. An der fensterlosen Schmalseite treffen sie auf ein vertikales Treppenhaus, dessen vorgewölbter Glaszylinder die Wand in der Mitte unterbricht: »Die beiden völlig verschiedenen Materialien steigern sich durch diese Art der Anwendung gegenseitig in ihrer Wirkung« (Nicolaisen: *Studien*, s. u.). Für klare Konturen gegen den Himmel sorgt ein zurückgesetztes Bodengeschoß unter der überstehenden Dachkante. Im großen Vortragssaal finden sich Deckenmalereien von Walter Schleppegrell. Die Kupferarbeiten an einem Brunnen im Flur führte Richard Haizmann aus.

Quellen: Deutsche Bauzeitung 60 (1926), S. 489 ff.; Hbg. u. s. Bauten 1918/29, Abb. 335 f., S. 385; Nicolaisen: Studien, S. 182.

## 238
**Hilfsschule Eimsbüttel**
Hamburg-Eimsbüttel, Bundesstraße
Auftraggeber: Freie und Hansestadt Hamburg
1926–27

## 239
**Amtsgericht Bergedorf**
Hamburg-Bergedorf, Ernst-Mantius-Straße
Auftraggeber: Freie und Hansestadt Hamburg
1926–27

stärkte Mauer sichert das Gefängnis gegen den Fluß und schafft zugleich getrennte Höfe für Männer und Frauen. Der festungsartige Charakter der Haftanstalt schien Schumacher das passende Pendant zum Bergedorfer Schloß abzugeben, das am Ostufer gegenüberlag. Schumachers Entwürfe bauten auf einem Vorprojekt von Baudirektor Ranck auf.

Quellen: Hbg. u. s. Bauten 1918/29, Abb. 348 f., S. 367; Das neue Amtsgericht in Bergedorf. In: Bergedorfer Schloßkalender 4 (1928), Abb. S. 446; Luis Moreno-Fernández, Heinrich Helt: Kulturkritische Überlegungen zum Gebäude des Amtsgerichts und des Gefängnisses in Bergedorf. In: Lichtwark. Hrsg. vom Lichtwark-Ausschuß Bergedorf Nr. 43 (1980), S. 37 ff.

Für die kleine, elf Klassen umfassende Schule für »Minderbegabte« entwarf Schumacher einen kompakten dreigeschossigen Klinkerbau über einem Grundriß, den er schon vor dem Ersten Weltkrieg für die Hilfsschule Birkenau (1911) entwickelt hatte. Über dem dritten, leicht zurückgesetzten Geschoß mit verändertem Fensterrhythmus erhebt sich ein flaches Walmdach, das genau auf der Mauerkante aufsitzt. Vorstehende Klinkerstreifen über und unter den Fenstern geben dem Bau eine leichte horizontale Bewegung. Im Kontrast zur vornehmen Ruhe der Straßenfassade, hinter der sich die gleichartigen Klassenräume befinden, steht die Rückseite mit unregelmäßigen Ausbauten, in denen sich verschiedene Funktionsräume abzeichnen: Treppenhaus, Toiletten sowie eine kleine Turnhalle mit darüberliegender Dachterrasse für Freiluftunterricht. Zwei Figuren am Eingang und Keramikreliefs sind Arbeiten von Karl Weinberger.

Quellen: Neuere Hamburger Staatsbauten. In: Wasmuths Monatshefte für Baukunst 11 (1927), S. 447 ff.; Hbg. u. s. Bauten 1918/29, S. 253, 383.

Für das Gerichtsgebäude mit einem angeschlossenen kleinen Gefängnis stand nur ein schwieriger Bauplatz zur Verfügung: eine Baulücke im Bergedorfer Stadtkern, mitten in einer gekrümmten Straße zwischen »Etagenhäusern« und auf der Rückseite begrenzt von einer beckenartigen Erweiterung der Bille. Schumacher entwickelte den Komplex als dreigeschossiges, zum Fluß offenes Hufeisen, dessen Seitenflügel die Nachbarbebauung abschirmen. Der Klinkerbau mit Walmdach und Dachreiter folgt in seiner Front dem leicht gekrümmten Verlauf der Straße; der Eingang zum Gericht ist als Loggia mit Keramikpfeilern gestaltet. Klinkerstreifen über und unter den Fenstern geben dem Bau eine leichte horizontale Bewegung, und die Amtsräume wurden nach einem Farbenplan von Guido Maschke gestaltet. Auf der Rückseite folgt ein rechteckiger Hof, der an der Wasserseite von dem auf einem T-förmigen Grundriß entwickelten, flachgedeckten Gefängnisbau abgeschlossen wird. Eine im Halbrund geführte, pfeilerver-

**240**
**Brücke Von-Essen-Straße**
Hamburg-Eilbek, Von-Essen-Straße
Auftraggeber: Freie und Hansestadt Hamburg
1926–27

Da das Niveau der Straßen so tief lag, daß
zwischen Wasserspiegel und Straße nur ein
geringer Höhenunterschied blieb, wählte Schumacher die Form der Bogenbrücke, um ausreichend Durchfahrtshöhe zu erreichen. Die
Seiten der Brücke Von-Essen-Straße haben
eine ruhige, flächige Klinkerverblendung, die
die Brüstung miteinbezieht. Den Scheitelpunkt
betont eine Gruppe von drei Keramikfiguren
von Ludwig Kunstmann. Das System der
Brücke beruht auf einem Zweigelenkrahmen
mit Kragarmen in Stahlbeton. Die Unterfläche
des Bogens zeigt den Stahlbeton, der als feiner
Saum die Klinkerverblendung abschließt. Der
Brückensockel ist aus Granit.

Quellen: Brücken über Alster und Alster-
kanäle. In: Bauwelt 20 (1929), Beilage zu Heft
47, S. 9–11.

**241**
**Flughallen A und B**
Hamburg-Fuhlsbüttel, Flughafen
Auftraggeber: Freie und Hansestadt Hamburg
1926–27

Die rasche Entwicklung des 1919 aufgenom-
menen planmäßigen Luftverkehrs in Fuhlsbüttel führte Mitte der zwanziger Jahre zur
Planung einer Gruppe von Neubauten,
darunter das 1927–29 nach einem Wettbewerb
ausgeführte Abfertigungsgebäude (Entwurf:
Dyrssen und Averhoff). Noch vor diesem
wurden die nördlich und südlich anschließenden Flughallen gebaut. Die zuerst
errichtete Halle A diente in den ersten Jahren
nicht nur als Hangar; sie erhielt in den Nebenräumen auch provisorische Räume für die
Passagierabfertigung. Die technische Planung
lag beim Ingenieurwesen unter Oberbaudirektor Leo; Schumacher kümmerte sich um die
architektonische Durcharbeitung. Beide Hallen
wurden als Stahlkonstruktionen zwischen flankierende Seitentrakte mit Klinkerverkleidung
gesetzt, die vom Flugfeld aus wie Ecktürme
wirken. Die südliche, heute nicht mehr
vorhandene Halle A erhielt eine Torweite von
60 Metern, geteilt von einer mittleren Pendel-
stütze. Die größere Halle B, eine Zweigelenk-
rahmenkonstruktion ohne Mittelstütze,
erreicht eine Weite von 80 Metern, wobei der
Giebelform des Gitterträgers zwischen den
Ecktürmen die Funktion zukommt, »die Überbrückung der großen Spannweite auch dem
traditionellen Formempfinden verständlich« zu
machen (vgl. Walter Müller-Wulckow: *Bauten
der Arbeit*, s. u.).

Quellen: StaH, Schumacher-Nachlaß; Hbg.
u. s. Bauten 1918/29, Abb. 361, S. 67f.; Die
neuen Flugzeughallen A und B in Hamburg-
Fuhlsbüttel. In: Die Bautechnik, Heft 22, Mai
1927, S. 311–316; Walter Müller-Wulckow:
Bauten der Arbeit und des Verkehrs. König-
stein, Leipzig 1929, S. 81.

**242**
**Bebauungsplan Jarrestadt**
Hamburg-Winterhude, Jarrestraße/
Wiesendamm/Semperstraße
Auftraggeber: Freie und Hansestadt Hamburg
1926–28

Anfang 1926 begann das Hochbauamt unter
Schumacher mit den Planungen für eine neue
Wohnstadt südlich des Hamburger Stadtparks.
Das Gesamtvorhaben umfaßte zehn Blöcke mit
insgesamt 1800 Wohnungen. Die Bedeutung,
die man diesem Bauvorhaben aufgrund seiner
Größe und der mit ihm verbundenen
wohnungspolitischen und städtebaulichen Zielsetzungen beimaß, wurde in der Zusammensetzung des Preisgerichts für den im Mai 1926
unter Hamburger Architekten ausgeschriebenen Wettbewerb deutlich. Neben Fritz
Schumacher wurden Paul Mebes, Bruno Taut,
Martin Wagner und Ludwig Mies van der Rohe
dazu eingeladen. Die Wettbewerbsbedingungen sahen eine vier-, fünf- und auch sechs-
geschossige Bauweise vor – gegenüber dem
gesetzlichen Bebauungsplan eine Herauf-
setzung um bis zu drei Geschosse. Durch die
Wettbewerbsbedingungen und die »modellmäßige« Planung der Bebauung waren die städtebaulichen Lösungen des Wettbewerbs in
ihren Hauptmomenten von Schumacher genau
vorgegeben. Der Spielraum für die Architekten
beschränkte sich auf die architektonische
Gestaltung der einzelnen Baublöcke. Die zehn
ersten Preisträger, darunter Karl Schneider,
Hirsch & Deimling und Paul A. R. Frank auf
den ersten Plätzen, erhielten auch den Auftrag
für die Ausführungsplanungen. Die Siedlung
ist zum großen Teil erhalten.

Quellen: StaH, Bestand Baudeputation B 365;
Dieter Schädel: Städtebau und Wohnungs-
wesen in Hamburg. Hamburg 1988, S. 364ff.;
Robert Koch, Eberhard Pook (Hrsg.): Karl
Schneider. Leben und Werk (1892–1945).
Ausstellungskatalog. Hamburg 1992, S. 91ff.

## 243
### Gefängnis Glasmoor
Norderstedt, Am Glasmoor
Auftraggeber: Freie und Hansestadt Hamburg
1926–28

## 244
### Zoologisches Museum
Bauentwurf
Hamburg-Rotherbaum, Bei den Kirchhöfen/
Jungiusstraße
Auftraggeber: Freie und Hansestadt Hamburg
1926–28

## 245
### Platzgestaltung am Lübecker Tor
Bebauungsplanung
Hamburg-St. Georg, Lübecker Tor
Auftraggeber: Freie und Hansestadt Hamburg
1926–29

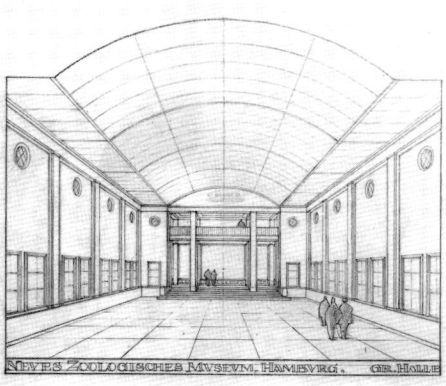

Die auf preußischem Gebiet gelegene Anstalt war 1922 von Hamburg übernommen worden, um die überfüllten innerstädtischen Gefängnisbauten zu entlasten. Täter ohne Vorstrafen und mit geringen Delikten sollten hier untergebracht werden und zugleich arbeiten – im Torfabbau, um den akuten Brennstoffmangel der Hamburger Bevölkerung zu lindern. Die praktische Beschäftigung war ein Reformziel im Strafvollzug. Der von Schumacher für 250 Insassen entworfene Klinkerbau ersetzte die bis dahin bestehenden Baracken. Die Arrestzellen mit separatem WC für acht bis zehn Gefangene sind in eingeschossigen Flachbauten aufgereiht, die einen rechteckigen Hof umschließen. Auf einer Hofseite liegt der zweigeschossige Arbeitsflügel mit Heizanlage und Räumen für die Torfverwertung, diesem gegenüber der durch ein flaches Satteldach etwas herausgehobene Eingangsbau mit Vortragssaal, Verwaltungs- und Küchenräumen. Eine außen angebrachte Inschrift bringt das Vollzugsziel auf eine weihevolle Formel »Bessert die Erde durch den Menschen und ihr bessert den Menschen durch die Erde«. Über der Mittelachse des Eingangsbaus wacht ein quadratischer Wasserturm mit Uhr und Glocke sowie einem Beobachtungsposten im obersten Geschoß.

Quellen: Hbg. u. s. Bauten 1918/29, Abb. 410, S. 379; Wasmuths Monatshefte für Baukunst 13 (1929), S. 109–111.

Wegen des geplanten Abbruchs des naturhistorischen Museums am Klosterwall wurden schon ab 1909 Überlegungen für den Bau eines Zoologischen Museums angestellt. Die Planungen des Hochbauamtes gingen von einem Standort auf dem Gelände des alten zoologischen Gartens Ecke Jungius- und Tiergartenstraße aus. Schumachers Entwürfe aus dem Jahre 1926/27 zeigen einen Klinkerbau von beträchtlicher Größe, der im wesentlichen aus einem fünfgeschossigen, fast quadratischen Hauptgebäude besteht, dessen Innenhof zu einem Oberlichtsaal ausgebaut ist. An das Museum schließt ein um 45 Grad abgewinkelter Seitenflügel für das Zoologische Institut an, und an der Verbindungsstelle beider Bauten überragt ein quadratischer Turmbau das durch Brüstungsgeländer horizontal gegliederte Gebäude. Die Eingangsfassade des Museums hat in der Mitte eine halbrunde Einbuchtung, aus der sich in gegenläufiger Bewegung der halbrunde Eingangsvorbau vorwölbt. Dieser gebäudehohe Halbzylinder ist mittels durchlaufender Fensterbänder über den sechs hohen Rundbogenportalen vertikal gegliedert. Das abschließende Flachdach wird von einer niedrigen Attika verdeckt. Im Hof, der sich auf der Rückseite des Museums bildet, ist eine Grünanlage mit zwei Teichen und einem künstlichen Bach angelegt.

Quellen: StaH, Schumacher-Nachlaß; StaH, Planung eines Zoologischen Staatsinstituts und Museums B 1164, B 1147.

Das große Gelände am Lübeckertorfeld, südlich durch die Bahnlinie nach Wandsbek begrenzt, sollte ursprünglich von einem Alsterkanal durchschnitten werden. Nachdem dieser Gedanke fallengelassen worden war, legte Schumacher einen Plan für die Gestaltung des Platzes vor. Sein Entwurf sah die Bebauung des Geländes mit öffentlichen Gebäuden vor, die so gruppiert wurden, daß die Mitte des Platzes für Spiel- und Sportplätze frei blieb. Ein von Schumacher geplanter, bogenförmig angelegter Schulbau, der das Gelände nach Osten abschließen sollte, wurde nicht gebaut. Zu den anderen Seiten wird das Lübeckertorfeld durch vier Schumacher-Bauten: Technische Lehranstalt (1910–14), Hauptfeuerwache Berliner Tor (1911), Lyzeum (1919–20) und kaufmännische Fortbildungsschule (1919–20) sowie eine Badeanstalt begrenzt.

Quellen: Neue staatliche Schulbauten in Hamburg. In: Deutsche Bauzeitung 60 (1926), Nr. 1/2, S. 17f.

**246**
**Gutachten zum Generalsiedlungsplan Bremen**
Auftraggeber: Hansestadt Bremen
1926–30

Schumacher wurde aufgefordert, bei der
Aufstellung des Generalsiedlungsplanes für
seine Heimatstadt Bremen mitzuwirken. In der
von der Stadt Bremen herausgegebenen Veröffentlichung sind zwei Beiträge von Schumacher
enthalten, die seine gutachterlichen Ausarbei-
tungen darlegen: *Von der Gliederung städtebaulicher Arbeit* und *Ziele des Generalsiedlungsplanes.*

Quellen: Stadt- und Landesplanung Bremen
1926–1930. Bremen 1931, S. 11–17 und
216–240; Ockert: Schumacher, S. 121 ff.

**247**
**Bedürfnishäuschen Klein-Borstel**
Hamburg-Klein-Borstel, Wellingsbütteler
Landstraße
Auftraggeber: Freie und Hansestadt Hamburg
1927

Der kleine Klinkerbau wurde auf der ehemaligen Bockhol'schen Wiese zwischen der
Wellingsbütteler Landstraße und dem
Alsterlauf errichtet. Das leicht geneigte Dach
erhielt einen Lüfteraufbau. Der Bau ist im
veränderten Zustand erhalten und wird als
Umspannstation der HEW genutzt.

Quellen: Baubehörde, Bestand Schumacher.

**248**
**Polizeiwache Geffkenstraße**
Bauentwurf
Hamburg-Eppendorf, Isekai/Geffkenstraße
Auftraggeber: Freie und Hansestadt Hamburg
1927

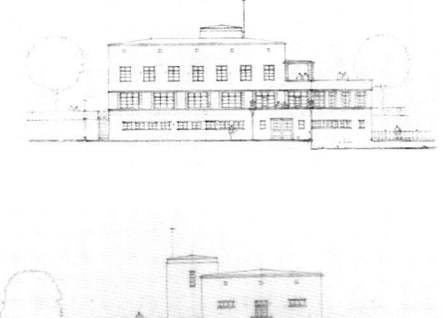

Schumachers Entwurf für den Bau einer Polizeiwache am Ufer des Isekanals zeigt die
harmonische Gruppierung mehrerer kubischer
Baukörper von unterschiedlicher Höhe. Die
Polizeiwache besteht aus einem zweigeschossigen Hauptgebäude, einem eingeschossigen
Anbau mit Dachterrasse, der dem leicht
geschwungenen Ufer des Isekanals folgt, sowie
einem Turm. Der Turmbau dient als Treppenaufgang und macht diese Funktion durch ein
vertikales Fensterband nach außen sichtbar. Im
ersten Entwurf sah Schumacher für den
Hauptbau noch ein verdecktes Flachdach und
unregelmäßig angeordnete Fenster unterschiedlicher Formate vor. Im zweiten Entwurf
erhält der zweigeschossige Bauteil ein nach vier
Richtungen leicht geneigtes Dach und gleichmäßig angeordnete Fenster.
Beide Entwürfe wurden nicht realisiert.

Quellen: Baubehörde, Bestand Schumacher;
StaH, Bestand Baudeputation 321–2, C 1.

**249**
**Polizeihaus Springeltwiete**
Bauentwurf
Hamburg-Altstadt, Steinstraße/Springeltwiete
Auftraggeber: Freie und Hansestadt Hamburg
1927

An der Ostseite des Blocks zwischen Steinstraße und Altstädter Straße war der Bau eines
Polizeihochhauses vorgesehen, für den Schumacher Ende 1927 einen detaillierten Entwurf
machte. Er plante einen achtgeschossigen Bau
mit zwei bzw. drei abgestaffelten Dachge-
schossen in Anlehnung an die Kontorhäuser
der Nachbarschaft wie den Sprinkenhof und
das Chilehaus. Die Grundform des Gebäudes
ist U-förmig, mit einem langen Mittelbau an
der Springeltwiete und zwei kürzeren Seitenflügeln an der Steinstraße und der Altstädter
Straße. Auf der Mittelachse, zum Hof hin, ist
eine große Turnhalle in der Höhe von zwei
Geschossen angebaut.
Der Bau wurde nicht realisiert.

Quellen: StaH, Bestand Baudeputation 321–2,
C 1.

**250**
**Eppendorfer Brücke**
Hamburg-Eppendorf, Eppendorfer Baum
Auftraggeber: Freie und Hansestadt Hamburg
1927

Die Eppendorfer Brücke, eine einteilige Bogenbrücke über einen Alsterkanal, unterscheidet
sich von den anderen Straßenbrücken, die
Schumacher für Hamburg entworfen hat,
durch ein feingegliedertes Eisengeländer
anstelle der sonst üblichen Brüstung aus Back-
steinen. Es ist mit Fischmotiven von Richard
Haizmann verziert. Die Konstruktion der
Betonbrücke ist ein Zweigelenkrahmen mit
Kragarmen. Ihre Seiten sind mit Klinkern
verblendet, und ein feiner Betonsaum, der die
Kante umgreift, schließt die dunkle Klinker-
fläche ab.

Quellen: Brücken über die Alster und Alster-
kanäle. In: Bauwelt 20 (1929), Beilage zu Heft
47, S. 11; Hbg. u. s. Bauten 1918/29, Abb. 443,
S. 387.

**251**
**Kraftwagenschuppen für die Straßenreinigung**
Hamburg-Hammerbrook
Auftraggeber: Freie und Hansestadt Hamburg
1927

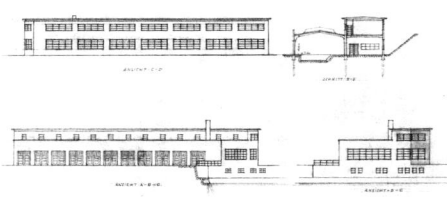

Das flachgedeckte Gebäude, dessen Rückfront durch breite, liegende Metallfenster in der Horizontalen betont wird, besteht aus einer 45 Meter langen Kraftfahrzeughalle, an die in ganzer Länge eine zweigeschossige Werkstatt mit Ersatzteillager angebaut ist. Hinter jedem der elf Wagentore liegt ein Kfz-Stellplatz mit einer Montagegrube. Das Material der Außenwände ist nicht bekannt.

Quellen: Baubehörde, Bestand Schumacher.

**252**
**Seeflughalle Travemünde**
Travemünde-Priwall, Pötenitzer Wiek
Auftraggeber: Freie und Hansestadt Hamburg und Hansestadt Lübeck
1927–28

In Zusammenarbeit mit dem Reich bauten Hamburg und Lübeck an der Travemündung einen Flughafen für Land- und Wasserflugzeuge, der als Zwischenstation für den Luftverkehr nach Skandinavien dienen sollte. Im Mittelpunkt des Bauprogramms stand eine von Schumacher gestaltete Flughalle, die groß genug sein mußte, um vier an Land gezogene Dornier-Flugboote des Typs »Superwal« gleichzeitig aufzunehmen. Die in Eisenkonstruktion errichtete (nicht mehr vorhandene) Halle wird in ihrer Hauptfront von den Hauptbindern mit leicht angehobenem First bestimmt, und die Andeutung eines Giebels mit stilisiertem Reichswappen verleiht dem Bau monumentale Wirkung. Die zwölf Meter hohe und 60 Meter breite Öffnung ist durch ein achtteiliges Schiebetor verschließbar, dessen Segmente vor die dreigeschossigen Seitentrakte geschoben werden. Umlaufende Glasfenster in Höhe der Binder, deren Sprossengliederung auf den Schiebetoren fortgesetzt wird, geben der Halle Licht. Der westliche Seitenbau erhält durch eine in der Mitte der Seitenfront angeordnete Werkstatthalle eine eigene symmetrische Fassade. Die Eisenteile erhielten in Abstimmung mit den Klinkerflächen eine zinnoberrote Färbung, die Tore verschiedene Rottöne. Die technische Planung lag beim Ingenieurwesen unter Oberbaudirektor Leo.

Quellen: StaH, Schumacher-Nachlaß 621–2; Hbg. u. s. Bauten 1918/29, S. 69, Abb. 92, 93; Schumacher: Selbstgespräche, S. 255 f.; Seeflughalle des Hanseatischen Flughafen auf dem Priwall in Travemünde. In: Die Bautechnik, Heft 22, 25. Mai 1928, S. 294–297; Wasmuths Monatshefte für Baukunst 12, 1928, S. 523 ff.

**253**
**Friedhofskapelle XIII**
Hamburg-Ohlsdorf, Ohlsdorfer Friedhof
Auftraggeber: Freie und Hansestadt Hamburg
1927–28

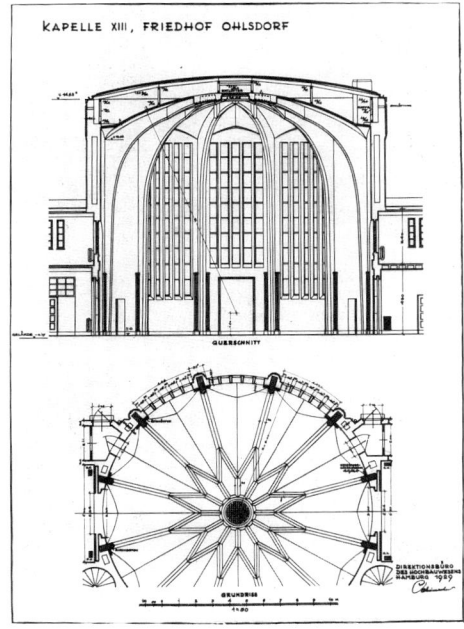

Die Lage der Kapelle im Fluchtpunkt einer langen Achse des Ohlsdorfer Friedhofes, die sich vor dem Bau zum Platz erweitert, erforderte einen kompakten und einprägsamen Baukörper. Schumacher entwickelte einen mit Klinkern verkleideten Zentralbau von feierlichem Ernst, der von abgestuften niedrigeren Seitentrakten flankiert wird. Die flachgedeckte Zylinderform des Mittelbaus wird dabei durch kleine Treppentürme aufgenommen, die den Übergang zur kubischen Form der Anbauten herstellen. Den Innenraum beherrschen zwölf scharrierte Eisenbetonrippen, die unter der Decke sternförmig zusammenlaufen.
Eine Gruppe wandhoher, in schmale vertikale Streifen aufgelöster Bleiglasfenster taucht die runde Kapelle in farbiges Licht. In der Vorder- und Rückfront treten die Rippen als profilierte Klinkerpfeiler in Erscheinung, und eine trommelförmige Attika mit flächig ornamentierter Klinkerverblendung schließt die starke vertikale Bewegung nach oben ab. Den rechten Anbau gestaltete Schumacher als Eingang mit offener Pfeilerhalle vor einem Warteraum.

Quellen: Baubehörde, Bestand Schumacher; Friedhofs-Kapelle in Ohlsdorf. In: Bauwelt 20 (1929), Beilage zu Heft 47, S. 14; Friedhofs-Kapelle in Hamburg-Ohlsdorf. In: Deutsche Bauzeitung 63 (1929), S. 681–685; Hbg. u. seine Bauten 1918/29, Abb. 333, 363.

**254**
**Feuerwache Veddel**
Hamburg-Veddel, Am Zollhafen
Auftraggeber: Freie und Hansestadt Hamburg
1927–28

Die Hafenfeuerwache Veddel bietet ein Raumprogramm für vier Löschfahrzeuge, die gleichzeitig die Wagenhalle verlassen können, und
die Beherbergung der dazugehörigen Mann-
schaft. Die Wagenhalle erhält entsprechend
vier bogenförmige Ausfahrtstore und bildet mit
den darüberliegenden Mannschaftsräumen den
Kern des Bauwerks, der flankiert wird von
zwei halbrunden, bastionsförmigen Vorbauten
mit je einem Fahnenmast. Das durchlaufende
Fensterband der Mannschaftsunterkünfte
bildet das zusammenfassende Element des
Mittelbaus, dessen leicht geneigtes Walmdach
von der Straßenebene nicht zu erkennen ist und
um den sich die niedrigeren Bauteile gruppieren. Am Hafenbecken wird die Silhouette
des Eckbaus beherrscht von einem 25 Meter
hohen Steige- und Schlauchturm. Alle Fenster
des dunkelvioletten Klinkerbaus haben leuch-
tendrot gestrichene Fenstersprossen.

Quellen: Die Feuerwache an der Veddel. In:
Deutsche Bauzeitung 63 (1929), H. 1/2, S. 2–7;
Hbg. u. s. Bauten 1918/29, Abb. 340, S. 365.

**255**
**Krugkoppelbrücke**
Hamburg-Winterhude, Krugkoppel
Auftraggeber: Freie und Hansestadt Hamburg
1927–28

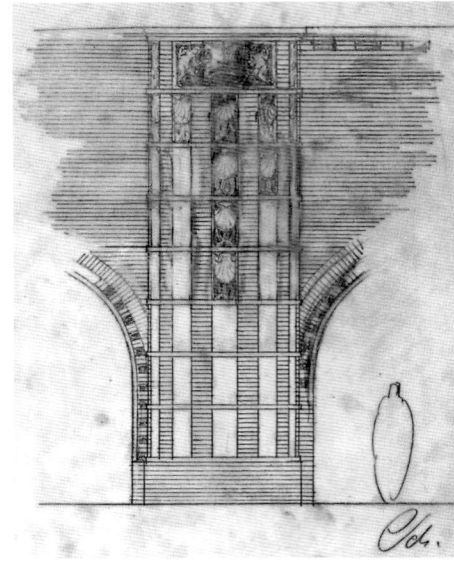

Die klinkerverblendete Stahlbetonbrücke über-
spannt die Mündung des Alsterlaufs in die
Außenalster. Ihre Durchfahrtshöhe ist für
Alsterschiffe bemessen, zu deren Anleger eine
Treppenanlage führt. Aufgrund der Spann-
weite von 42 Metern besteht ihr Konstruktions-
system aus drei eingespannten Bögen mit zwei
Mittelpfeilern. Richard Kuöhl versah sie mit
Klinkerkeramik, in den Brüstungsöffnungen
mit plastischen Weinranken und zweischwän-
zigen Meerwesen, an den Brückenpfeilern mit
Dreimuschelmotiven, ferner mit einem
Hamburgwappen und einem farbigen Relief.

Quellen: Brücken über Alster und Alster-
kanäle. In: Bauwelt 20 (1929), Beilage zu Heft
47, S. 9–11; Hbg. u. s. Bauten 1918/29, Abb.
444, S. 388.

**256**
**Fernsichtbrücke**
Hamburg-Winterhude, Fernsicht
Auftraggeber: Freie und Hansestadt Hamburg
1927–28

Etwa 100 Meter in Verlängerung der Krugkoppelbrücke überspannt die Fernsichtbrücke den
Rondeelkanal. Die einteilige Bogenbrücke ist
ähnlich wie die Krugkoppelbrücke gestaltet.
Auch die Keramikeinsätze im Brüstungsmau-
erwerk sind von Richard Kuöhl und zeigen das
gleiche Motiv. Die Brücke liegt auf einem
Sockel aus Granit.

Quellen: Brücken über Alster und Alster-
kanäle. In: Bauwelt 20 (1929), Beilage zu Heft
47, S. 11; Hbg. u. s. Bauten 1918/29, Abb. 446,
S. 388.

**257**
**Erweiterungsbau Untersuchungsgefängnis**
Hamburg-Neustadt, Holstenglacis
Auftraggeber: Freie und Hansestadt Hamburg
1927–28

Die Erweiterung des Untersuchungsgefängnisses umfaßt fünf Bauteile: den Anbau eines
Wirtschaftsflügels an der Straße Bei den Kirchhöfen, einen Auf- und Umbau des Torbaus am
Holstenglacis, den Aufbau des Frauengefäng-
nisses nebst Anbauten für die Verwaltung und
die Aufstockung des Mittelbaus für Gemein-
schaftszellen. Die Erweiterung brachte zusätzlichen Raum für 800 Gefangene, außerdem
Arbeits- und Magazinräume, im Wirtschafts-
flügel eine große Kochküche, Bade- und
Wäschereianlagen, eine Desinfektionsanstalt
und einen Kesselraum. Der ehemalige
Kirchenraum im Torflügel wurde in mehrere
größere Sitzungs- und Vortragsräume unterteilt. Durch Erweiterung der Einfriedung des
Außengeländes vergrößerte sich der Gefange-
nenhof um 1300 Quadratmeter.

Quellen: StaH, Jahresbericht der III. Hochbauabteilung 1926, Baubehörde, Bestand Schumacher.

Fritz Schumacher, Krugkoppelbrücke, Hamburg, Werk Nr. 255

Fritz Schumacher, Fernsichtbrücke, Hamburg, Werk Nr. 256

Fritz Schumacher, Bellevuebrücke, Hamburg, Werk Nr. 262

**258**
**Volksschule Langenfort**
Hamburg-Barmbek, Langenfort
Auftraggeber: Freie und Hansestadt Hamburg
1927–29

**259**
**Erweiterungsbauten zum Hauptdepot der Stadtreinigung**
Hamburg-Hohenfelde, Steinhauerdamm
Auftraggeber: Freie und Hansestadt Hamburg
1927–29

**260**
**Gorch-Fock-Halle**
Hamburg-Finkenwerder, Focksweg/Wriede-straße
Auftraggeber: Freie und Hansestadt Hamburg
1927–29

Die 30 Klassen umfassende »Doppelschule«, wie die Volksschulen mit getrennten Abtei-lungen für Jungen und Mädchen genannt wurden, gehört zur Großsiedlung Barmbek-Nord, die Anfang der zwanziger Jahre unter Schumachers Leitung modellmäßig geplant worden war. Auf dem Rand eines weiten Baublocks liegt sie zwischen dem west-östlichen Grünzug, der das Quartier durch-zieht, und einer mit Sportplätzen besetzten weiten Fläche in der Blockmitte. Mit fünf Geschossen, über denen sich ein mit dem Hauptgesims abschließendes Walmdach erhebt, überragt die mit Klinkern verkleidete Schule die flachgedeckten Wohnblocks der Umgebung. Der achsensymmetrische Baukörper ist an den Enden zur Rückseite abgewinkelt, und die quer zur Mittelachse angeordnete Turnhalle tritt hier als Flügelbau in Erscheinung. Vor der Hauptfront entwickelt sich ein gestaffelter Vorbau mit drei bis fünf Geschossen, dessen Mittelteil zwei Rundtürme mit Treppenhäusern flankieren. Die wuchtige Fassade mit Porta-Nigra-Motiv hatte eine städ-tebauliche Funktion: Sie sollte den Raum des Grünzuges dominieren. Die Schule entstand als ein »dem Neuen bereits sich näherndes Zwischenglied« in einer Umbruchphase, als sich ein neues Bauprogramm für Volksschulen mit entsprechenden Folgen für die bauliche Gestalt bereits abzeichnete.

Quellen: Hbg. u. s. Bauten 1918/29, S. 253, 383; Deutsche Bauzeitung 65 (1931), S. 42; Schumacher: Wohnstadt, S. 50, Abb. 17, 20.

Auf dem Hauptdepot der Stadtreinigung in Hohenfelde war im Laufe der Zeit je nach Bedarf eine Vielzahl von Schuppen errichtet worden, die als Einzelgebäude verstreut auf dem Gelände lagen. Für eine planmäßige Erweiterung der baulichen Anlagen wurden nach Schumachers Plänen ein Wohnhaus mit direkt anschließender Wagenhalle und ein Werkstattgebäude errichtet. Die Bauten, die am äußeren südlichen Rand des Depots das Gelände nach außen abschließen, bilden eine Einheit. Die langgestreckten, flachen Nebenge-bäude liegen oberhalb einer Böschung, die zur S-Bahn-Linie abfällt. Das zweigeschossige Wohnhaus mit leicht geneigtem Dach für die Beamten der Stadtreinigung, dessen Eingang man über das Depotgelände durch einen Torbogen an der Straßenseite erreicht, besteht aus einem Vorderhaus mit Hinterflügel.

Quellen: Baubehörde, Bestand Schumacher.

Bis zum Bau der Gorch-Fock-Halle gab es im Hamburger Stadtteil Finkenwerder, trotz seiner drei Schulen, keine Räume für sportliche Betätigung. Die Oberschulbehörde beantragte daher den Bau einer Turnhalle. Im Zusam-menhang mit diesem Bau sollte dem Heimat-dichter Gorch Fock (Hans Kienau) ein Denk-mal gesetzt werden, wofür ein Ausschuß bereits seit zwei Jahren Geld gesammelt hatte. Schu-macher machte 1927 einen ersten Entwurf, der einen langen Mittelbau mit kurzen seitlichen Anbauten an den Kopfenden zeigt. Der entscheidende Unterschied zur ausgeführten Halle ist, daß Schumacher noch ein hohes, leicht geschweiftes Steildach vorsieht.
Erst seinen zweiten Entwurf für eine Flach-dachhalle mit seitlichen Anbauten legte er der Oberschulbehörde zur Genehmigung vor. Die Halle erhält eine Bühne mit einer Empore und kann für Theateraufführungen genutzt werden. Hinzu kommen unter anderem eine Bücherei, eine Küche und eine Hausmeisterwohnung sowie ein kleines öffentliches Wannenbad. Über dem offenen, säulengestützten Eingangs-vorraum steht zur Ehrung des Dichters in großen Buchstaben der Name der Halle. Richard Kuöhl arbeitete die Keramikplastik über der Haupteingangstür, einen Seemann. Auf Vorschlag des Bruders, Rudolf Kienau, wurden eine Widmung und ein Vers Gorch Focks angefügt. Eduard Bargheer malte 1930 rechts und links der Bühne im Innenraum je ein Wandbild mit segelnden und musizie-renden Jugendlichen.

Quellen: Baubehörde, Bestand Schumacher; StaH, Bestand Baudeputation B 808; Ortsamt Finkenwerder, Bauakte Fi. 3265.

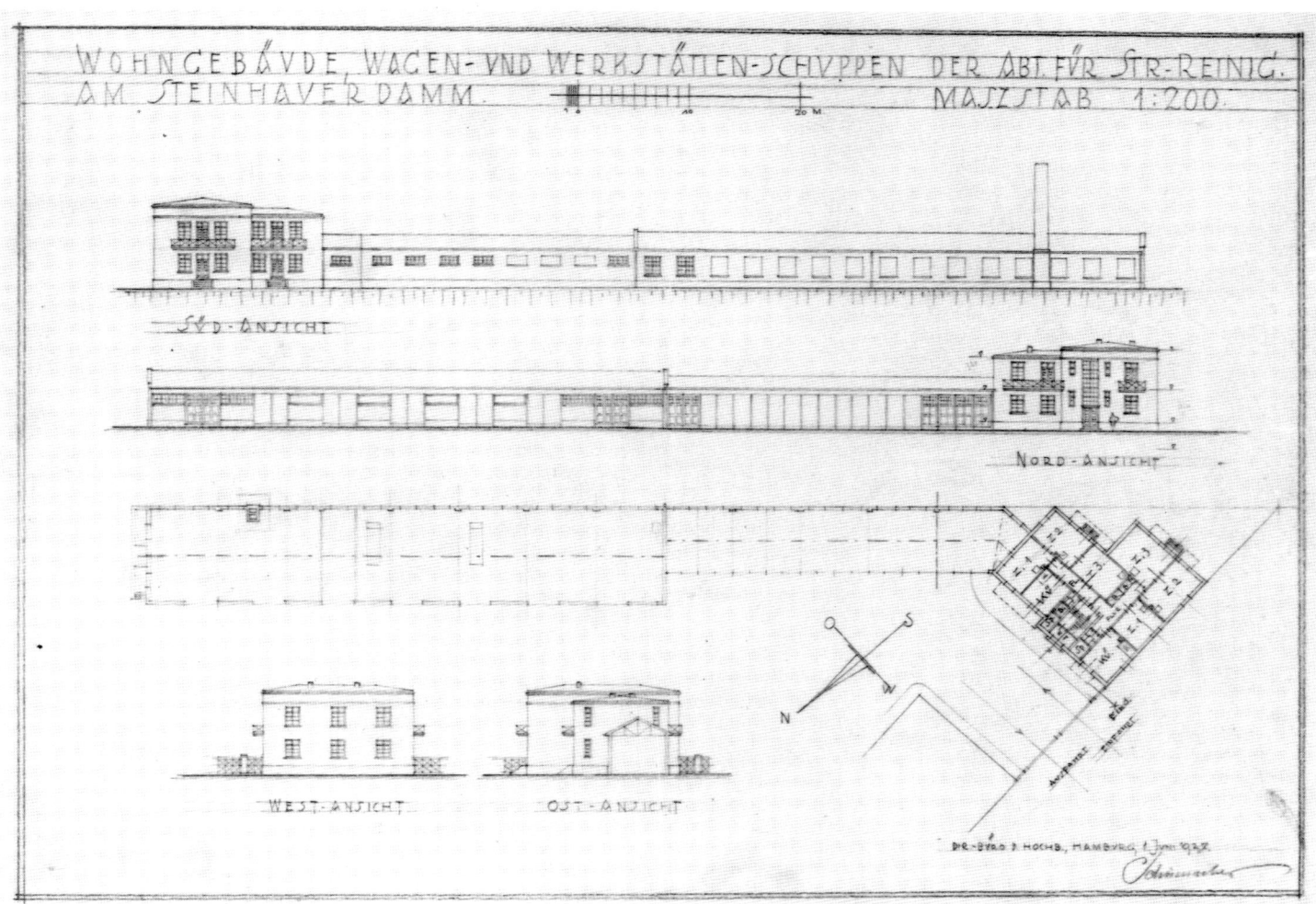

Fritz Schumacher, Erweiterungsbauten,
Hauptdepot der Stadtreinigung, Hamburg,
Werk Nr. 259

**261**
**Erweiterungsbau des Ziviljustizgebäudes**
Hamburg-Neustadt, Wallanlagen/Glacis-
chaussee
Auftraggeber: Freie und Hansestadt Hamburg
1927–30

Der in die Wallanlagen gesetzte Erweiterungsbau sollte auf 9500 Quadratmetern das
Grundbuchamt sowie das Land- und Amtsgericht aufnehmen. Über zwei mehrgeschossige
Korridorbrücken ist er mit dem alten Ziviljustizgebäude verbunden, das Schumachers
Amtsvorgänger Zimmermann im Stil der deutschen Renaissance erbaute. Der Neubau ist als
polygonal geknickter Bogen in Hufeisenform
an die Rückfront des Altbaus angesetzt, wobei
wegen der großzügig bemessenen Geschoß-
höhen des Altbaus innerhalb der Hauptge-
simshöhe hier fünf statt drei Stockwerke untergebracht werden konnten. Schumacher
erreichte nach eigenem Urteil trotz der schwierigen Nahtstelle »durch die Gestaltung der
Gesamtmasse eine monumentale Wirkung« und
betrachtete das Bauwerk als das gelungenste
unter seinen Verwaltungsbauten (Schumacher:
*Selbstgespräche*, S. 236). Durchlaufende Werk-
steinstreifen an den Brüstungsfeldern geben
der ansonsten klinkerverkleideten Front eine
leicht horizontale Tendenz. Ein als Akten-
archiv genutztes, als flaches Band wirkendes
Staffelgeschoß mit kleinen Fensteröffnungen
schließt die Fassade nach oben ab. Im neu
entstandenen Hof ist als eigener Bauteil das
Grundbuchamt als dreigeschossiges Halbrund
dem Innenbogen des Neubaus angesetzt. Hier
findet sich unter einem Glasdach das stim-
mungsvolle Herzstück des Komplexes, eine
Treppenhalle in scharriertem Eisenbeton, mit
hufeisenförmig umlaufenden Galerien und
farbigen keramischen Brüstungsfeldern nach
einem Entwurf von Richard Kuöhl. Im
Zentrum der Halle erhebt sich ein Fayence-
brunnen von circa fünf Metern Höhe, den

Richard Kuöhl in Gemeinschaftsarbeit mit der
Manufaktur Wessely schuf. Es handelt sich um
den prächtigsten Brunnen des Bildhauers. Er
baut sich über drei Schalen und einen Kranz
tanzender Putten zu einer Schachtelhalmsäule
auf, die von einer krugtragenden Keramikfigur
bekrönt ist. Im Innenhof wurde rechts vom
Eingang eine bronzene *Stehende*, die Albert
Woebcke 1929 schuf, aufgestellt.

Quellen: Baubehörde, Bestand Schumacher;
Hbg. u. s. Bauten 1918/29, S. 366, Abb. 346;
Zwei neue Bauten von Oberbaudirektor Fritz
Schumacher, Hamburg. In: Deutsche
Bauzeitung 65 (1931), H. 5/6, S. 37–41; Erwei-
terungsbau des Ziviljustizgebäudes in
Hamburg. In: Wasmuths Monatshefte für
Baukunst und Städtebau 14 (1930),
S. 468–473; Schumacher: Selbstgespräche,
S. 235 f.

**262**
**Bellevuebrücke**
Hamburg-Winterhude, Bellevue
Auftraggeber: Freie und Hansestadt Hamburg
1928

Die Bogenbrücke aus Stahlbeton überspannt
den Goldbekkanal an der Einmündung in den
Rondeelkanal. Die Seiten der Brücke sind mit
Klinkern verblendet, die Unterseite ist in
Sichtbeton. Die Brüstungsmauer wird durch
ein Band quadratischer Keramikmotive durchbrochen, und an der Brückenauffahrt sitzt auf
einem hohen, freistehenden Mauerpfeiler ein
bronzener Schwan.

Quellen: StaH, Schumacher-Nachlaß 621–2;
StaH, Jahresbericht des Hochbauamtes 1928.

**263**
**Bedürfnisanstalt Hoheluft**
Hamburg-Eimsbüttel, Hoheluftchaussee/
Bismarckstraße
Auftraggeber: Freie und Hansestadt Hamburg
1928

Viele der in der zweiten Hälfte der zwanziger
Jahre errichteten Bedürfnisanstalten wurden in
Kombination mit Räumen für zusätzliche
Nutzungen gebaut. In der Bedürfnisanstalt
Hoheluft gab es zusätzlich einen Warteraum
für Straßenbahnfahrgäste, einen Zeitungskiosk, eine Trinkhalle und einen Geräteraum
für das Gartenwesen. Schumacher brachte alle
Nutzungen in einem rechteckigen Flachbau
mit einem weit auskragenden, leicht geneigten
Dach unter. Die Zusatzräume sind im nördlichen Ende des Baus konzentriert, wobei der
Warteraum an der Nordecke einen halbkreisförmigen Vorbau bildet. Dieser Halbzylinder
und die danebenliegenden Verkaufsräume
haben ein umlaufendes Fensterband.
Der Bau ist nicht erhalten.

Quellen: Baubehörde, Bestand Schumacher.

**264**
**Bedürfnisanstalt und Wandlerhäuschen
Steintorplatz**
Hamburg-St. Georg, Steintorplatz
Auftraggeber: Freie und Hansestadt Hamburg
1928

Den ersten Entwurf für eine Bedürfnisanstalt
am Steintorplatz machte Schumacher schon
1927. Das Haus mit zwei Verkaufsständen und
Toilettenanlagen sollte darüber hinaus als
Wärterhaus für eine Tankstelle dienen. Bemerkenswert an diesem ersten Entwurf sind die
leicht vorgebauten Eckfenster der Verkaufsräume. In Schumachers zweitem Entwurf wird
der flache, eingeschossige Bau durch ein
höheres, über zwei Geschosse reichendes
Transformatorenhaus nach hinten erweitert.
Der Bau ist nicht erhalten.

Quellen: Baubehörde, Bestand Schumacher.

**265**

**Bedürfnisanstalt am Klosterstern**

Hamburg-Eppendorf, Klosterstern
Auftraggeber: Freie und Hansestadt Hamburg
1928

In einer Gegend mit großbürgerlichen Etagenwohnungen entsteht ein eingeschossiger Bau
auf rechtwinkligem Grundriß mit leicht
geneigtem Dach. Die Außenwände sind in
wechselndem Rhythmus mit jeweils zwei
liegenden und zwei stehenden Klinkern
verkleidet und die kleinteiligen Sprossenfenster
um die Gebäudeecken geführt. 1930 machte
Schumacher noch einen abgeänderten Entwurf,
in dem die Eingänge jeweils an den Ecken
liegen. Welcher Entwurf ausgeführt wurde, ist
nicht bekannt.
Der Bau ist nicht erhalten.

Quellen: Baubehörde, Bestand Schumacher.

**266**

**Realschule Alstertal**

Hamburg-Fuhlsbüttel, Erdkampsweg/Schleh-
dornweg
Auftraggeber: Freie und Hansestadt Hamburg
1928

Die Schule im Hamburger Vorort Fuhlsbüttel
durfte wegen der niedrigen Bebauung der
näheren Umgebung zwei Obergeschosse nicht
überschreiten. Der Bau schließt einen großen
Sportplatz nach Osten hin ab, dessen Westseite, wie der Bebauungsplan zeigt, ein zweites
Schulgebäude, das spiegelbildliche Gegenstück
des 1928 errichteten, begrenzen sollte. Dieser
Plan einer symmetrisch aufgebauten Schul-
und Sportplatzanlage wurde aber nicht realisiert. Das Gebäude besteht aus einem langgestreckten, dreigeschossigen Klassentrakt und
einem höheren, rechtwinklig anschließenden
Anbau mit Turnhalle und Aula. Auffallend an
dem aus kubischen Teilelementen aufgebauten
Baukörper sind zwei halbrunde, bastionsförmig
ausgebildete Eckabschlüsse am Turnhallenanbau. Die Mittelflure des Klassentraktes
enden jeweils an einem rundum verglasten,
halbrunden Treppenhausvorbau. In einem
dieser Flurabschlüsse steht ein Brunnen mit
einer Plastik von Friedrich Wield. Vom
Gymnastiksaal über der Aula kann das als
Dachterrasse zu nutzende Flachdach betreten
werden.

Quellen: Deutsche Bauzeitung 72 (1928),
S. 627 f.; Moderne Bauformen, 1931, H. 8,
S. 404–414.

**267**

**Gewerbeschule Uferstraße**

Hamburg-Hohenfelde, Uferstraße/ Wagnerstraße
Auftraggeber: Freie und Hansestadt Hamburg
1928

Die Gewerbeschule schließt die Ecke eines
Baublocks zwischen Richardstraße und
Wagnerstraße, in dessen Innenbereich die 1917
erbaute Realschule Uferstraße von Fritz Schumacher liegt. An den Eckbau wurde zum Hof
hin ein Turnhallenanbau angefügt, so daß sich
ein U-förmiger Grundriß ergibt. Das viergeschossige Gebäude wird von einem relativ flach
geneigten Walmdach abgeschlossen. Der
Flügelbau mit Turnhalle und dem darüberliegenden Vortrags- und Zeichensaal erhält
hingegen ein Flachdach, das als Terrasse
benutzt wird, wie ein umlaufendes Geländer
nach außen sichtbar macht. Die Verbindung
zwischen Anbau und Hauptbau bildet ein
turmartiger, bis zum First des Walmdaches
reichender, flachgedeckter Treppenhausbau.
Dieser ist vertikal verglast, während die
Fassaden der verschiedenen Gebäudeteile
durch die zusammengefaßten Fenstergruppen
der Unterrichtsräume horizontal betont
werden. Die Aufteilung im Inneren der Gewerbeschule wird vor allem durch das einheitliche
Maß der Lehrräume von 6,5 x 10 Metern
bestimmt. Zu den Lehrräumen zählen acht
Küchenräume, acht Nähräume und sieben
Klassenräume für theoretischen Unterricht. Im
ausgebauten Dachraum befindet sich die
Wäscherei für Lehrzwecke mit Bügel- und
Mangelzimmer, und in einem Teil der Räume
ist ein Jugendheim untergebracht. An künstle-
rischer Ausstattung erhielt der Bau 1929 das
Wandgemälde *Die klugen und die törichten
Jungfrauen* von Anita Rée im Lehrerinnen-
zimmer, ein 1928 gemaltes Wandgemälde von
Eduard Hopf im Jugendheim, das weibliche
Akte in der Landschaft zeigt, sowie ein

weiteres von Eduard Kasper. Friedrich Wield schuf 1926 die *Hockende* vor dem Haupteingang.

Quellen: Gewerbeschule für Mädchen an der Uferstraße. In: Bauwelt 20 (1929), Beilage zu Heft 47, S. 1–5; Hans Bahn: Gewerbeschule in Hamburg. In: Der Neubau 12 (1930), S. 369–372, 7 Abb.; Hbg. u. s. Bauten 1918/29, S. 386, Abb. 439.

## 268
### Tierkörper-Verwertungsanstalt
Hamburg-Billbrook, Borsigstraße
Auftraggeber: Freie und Hansestadt Hamburg
Um 1928

Die Tierkörper-Verwertungsanstalt besteht aus sieben freistehenden Einzelbauten. Auf der sogenannten »reinen« Seite der Anlage befinden sich um einen Rasenplatz gruppiert in langgestreckten Flachbauten, die das Gebäude nach außen abschließen, Hundekäfige und ein Wirtschaftsgebäude, daneben ein etwas abseits stehendes dreigeschossiges Wohnhaus. Im Zentrum der Anlage steht das sich bis auf fünf Geschosse erhebende Betriebsgebäude, die Produktionsstätte der Verwertungsanstalt. Hier beginnt, durch das Kesselhaus mit seinem hohen Schornstein von der anderen getrennt, die sogenannte »unreine« Seite mit den Seuchenställen. Die einzelnen Gebäude sind kubische, flachgedeckte Baukörper und zum größten Teil durch vertikal und horizontal laufende Fensterbänder gegliedert.

Quellen: Hbg. u. s. Bauten 1918/29, Abb. 286, S. 355; Bauwelt 20 (1929), Beilage zu Heft 47, S. 16.

## 269
### Verlegung der Universität Hamburg
Bebauungsplan
Hamburg-Groß-Borstel
Auftraggeber: Freie und Hansestadt Hamburg
1928

Die ungelösten Erweiterungsfragen der in Citylage konzentrierten Universität waren für Schumacher der Anlaß für Überlegungen zu ihrer Verlegung in ein unbebautes Gebiet in Groß-Borstel. Der Plan zeigt ausgedehnte Gebäudekomplexe und einen neuen botanischen Garten. Die Erschließung sollte über eine Verlängerung der Wilhelm-Metzger-Straße durch das Eppendorfer Moor geschehen; eine Anbindung an die City wäre über eine damals geplante »Flughafenlinie« der Hochbahn möglich gewesen. Der Senat der Universität begrüßte den Plan, der aber infolge der Weltwirtschaftskrise nicht weiterverfolgt wurde.

Quellen: StaH, Schumacher-Nachlaß 621–2; StaH, Jahresbericht des Hochbauwesens 1928; Fritz Schumacher: Die bauliche Zukunft der hamburgischen Universität. Hamburg 1928; ders.: Die Universität am Scheidewege. Zweite Denkschrift über die bauliche Zukunft der Hamburger Universität. Hamburg o. J. (1929); Schumacher: Selbstgespräche, S. 95–97; Jürgen Lafrenz: Die Universität in Planungen von der Weimarer Republik bis in das Dritte Reich. In: Ulrich Höhns (Hrsg.): Das ungebaute Hamburg. Hamburg 1992, S. 160–169.

## 270
### Umbau der großen Markthalle
Bauentwurf
Hamburg-Altstadt, Klostertor
Auftraggeber: Freie und Hansestadt Hamburg
1928

Die große Markthalle in der Nähe des Hamburger Hauptbahnhofs hielt Schumacher nach einem Umbau für geeignet, als Ausstellungs-, Sport- und Kongreßhalle genutzt zu werden. Die Halle besteht aus einem großen Mittelschiff von circa 53 x 33 Metern mit abgeknicktem Steildach und zwei seitlichen, zweigeschossigen Anbauten. Die beiden Giebelseiten sind vollständig verglast. In der Erdgeschoßzone der Halle sollten nach Schumachers Plänen 1692 Sitzplätze für Kongresse geschaffen werden, und auf zwei neu zu errichtenden Galerien waren weitere 348 Plätze vorgesehen. (Eine zweite Variante sah sogar insgesamt 4010 Plätze vor.) In den seitlichen Anbauten liegen die Garderoben, Sanitärräume und Magazine. Die Eingänge wollte Schumacher von der Giebelseite in die Mitte der seitlichen Anbauten verlegen, so daß die Halle in ganzer Länge genutzt werden konnte. Die Planungen wurden nicht realisiert.

Quellen: StaH, Schumacher-Nachlaß 621–2.

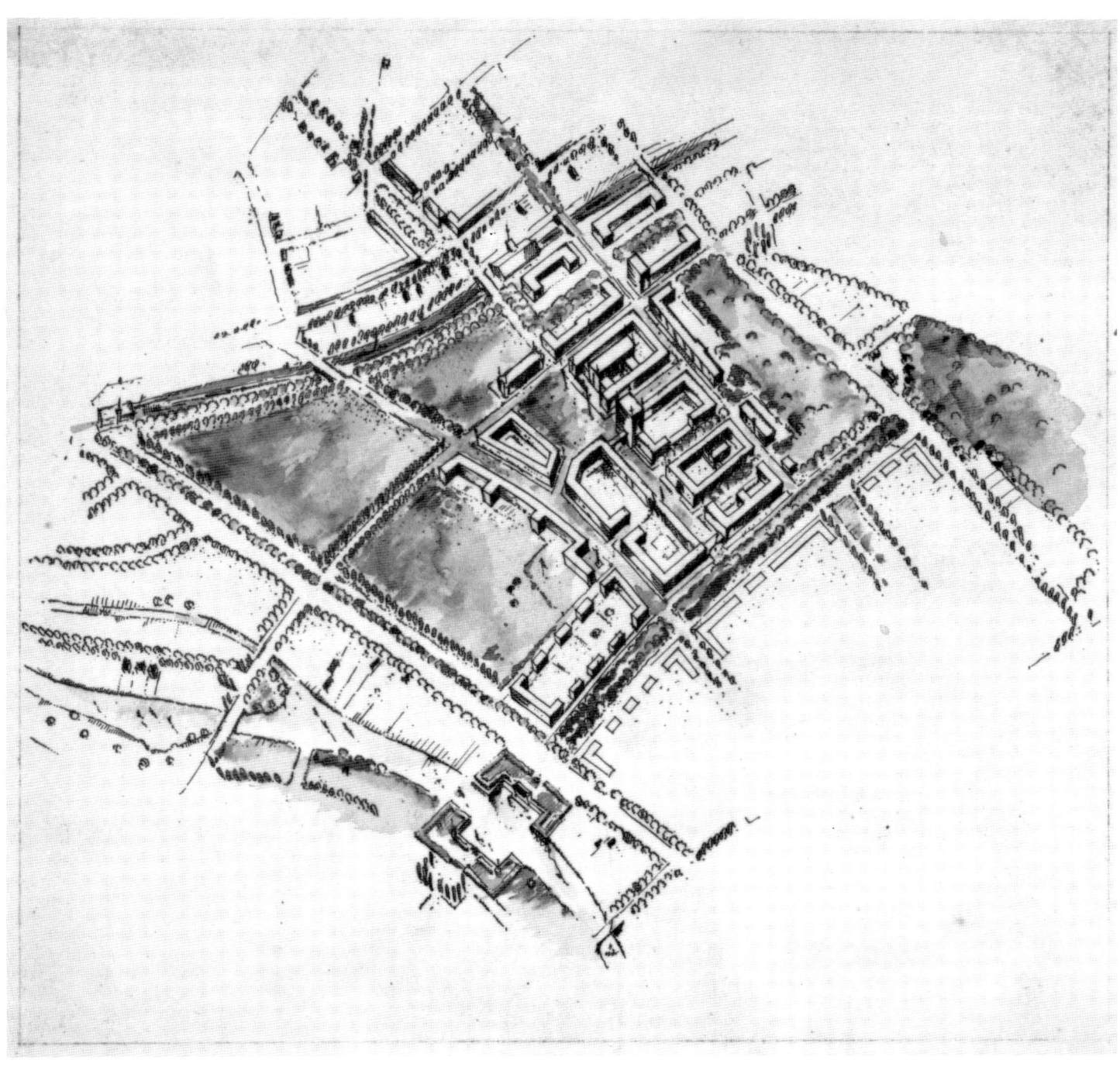

Fritz Schumacher, Verlegung der Universität
Hamburg, Werk Nr. 269

**271**
**Polizeiwache Alsterdorfer Straße**
Bauentwurf
Hamburg-Ohlsdorf, Alsterdorfer Straße 575
Auftraggeber: Freie und Hansestadt Hamburg
1928

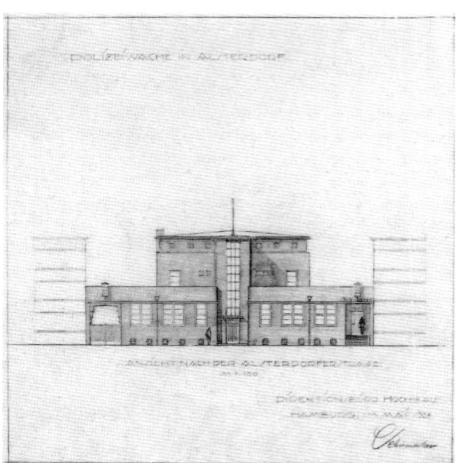

Nach Meinung der Polizeibehörde wurde im Bereich des Zentralfriedhofs Ohlsdorf aufgrund des zunehmenden Verkehrs eine Polizeiwache erforderlich (vgl. Mitteilung des Senats an die Bürgerschaft, Drucksache 59, Februar 1929). Schumacher hatte schon ein Jahr zuvor den Entwurf für einen Neubau neben der S-Bahn-Station Ohlsdorf vorgelegt. Die Wache besteht aus einem zweigeschossigen Mittelbau mit leicht geneigtem Dach und annähernd rechteckigem Grundriß mit einem schmalen, tiefen Treppenhausvorbau, der auf der Mittelachse des Gebäudes liegt und in seiner Vertikalen noch durch ein schmales Fensterband betont wird. Der Mittelbau ist nach zwei Seiten in eingeschossige Flachbauten eingebunden, so daß sich insgesamt ein symmetrischer Aufbau ergibt.

Quellen: Baubehörde, Bestand Schumacher; StaH, Bestand Baudeputation B 1087.

**272**
**Höhere Realschule und Volksschule Volksdorf**
Heute: Walddörferschule
Hamburg-Volksdorf, Im Allhorn
Auftraggeber: Freie und Hansestadt Hamburg
1928–29

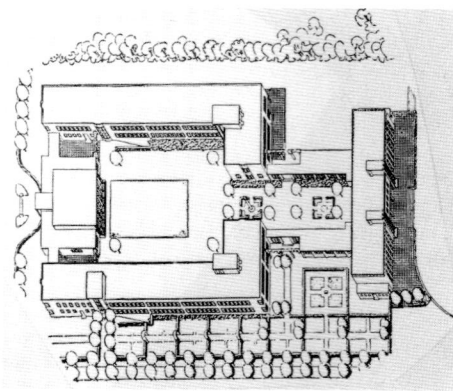

Der Bau im damals von der Großstadt noch unberührten Landhausort des Hamburger Ostens repräsentiert einen von Schumacher entwickelten Schultyp, der die reformpädagogischen Ideale der zwanziger Jahre in besonders ausgeprägter Form zur Geltung brachte. Die Geschlechtertrennung war wie zuvor in der Lichtwarkschule (1919–25) in beiden Schulen aufgehoben. Die Volksdorfer Lehrer hatten den Gedanken einer »Gartenstadtschule« aufgebracht, in der die Architektur der Anlage und die pädagogische Arbeit an der Nähe zur Natur orientiert sein sollte. Die Umsetzung gelang Schumacher in Gestalt einer offenen Baugruppe, die dem Architekten trotz der Beschränkung auf nur zwei Geschosse »die Möglichkeit eines großen Motivs« verschaffte (Schumacher: *Selbstgespräche*, S. 163). Im Zentrum der an einer Mittelachse gespiegelten Anlage steht ein quadratischer Hof, der von den winkelförmigen Klassentrakten der einander gegenüberliegenden Schulen eingefaßt wird. Die Achse beginnt an der Kopfseite des Hofes unter der Vorhalle einer gemeinsam genutzten Aula, führt auf der anderen Seite in eine Gasse zwischen den zusammengerückten Flügeln und durchläuft ein Tor im quergestellten Turnhallenbau, um sich dahinter in der Weite des Sportplatzes zu verlieren. Aula und Hof sollten als Festraum und »Freilichttheater« der ganzen Siedlung dienen. In Schumachers Vorstellung war es der Ort für die Feste der Reformkultur à la Hellerau, für die Einführung der Jugend in

Tanz, Chorgesang und rhythmische Feiern (Schumacher: *Selbstgespräche*, S. 164). Terrassen vor den ebenerdigen Klassenzimmern ermöglichen den Unterricht im Freien. Die Bauten sind flachgedeckt und mit Klinkern verkleidet. Bay-Windows an den Kopfseiten der Klassentrakte sammeln das Licht für die Korridore. Von Hans Martin Ruwoldt stammt die keramische Plastik im Hof, zwei sich balgende Panther auf einem drei Meter hohen Klinkersockel.

Quellen: Hbg. u. s. Bauten 1918/29, S. 381, Abb. 415 f.; Schumacher: Selbstgespräche, S. 163 f.; Deutsche Bauzeitung 62 (1928), S. 623 ff.; Hipp: Hamburg, S. 486.

**273**
**Volksschule Adlerstraße**
Hamburg-Barmbek, Adlerstraße/Lämmersieth
Auftraggeber: Freie und Hansestadt Hamburg
1928–29

Die in Barmbek errichtete Schule gehörte zu
den ersten verwirklichten Bauten eines neuen
großstädtischen Schultyps, den Schumacher
eigens für die in den zwanziger Jahren entwik-
kelten Baugebiete entwarf. Nach der Schule an
der Ahrensburger Straße war in Hamburg
jahrelang keine neue Volksschule mehr gebaut
worden. Als zum Ende dieses zweiten Jahr-
zehnts die nach dem Ersten Weltkrieg geborenen geburtenstarken Jahrgänge in die
Schulen drängten, reagierte die Oberschulbehörde bis 1933 mit einem Bauprogramm für
15 neue Volksschulen, das völlig neue Bedingungen setzte. Die Reformpädagogen hatten
eine Ausweitung des Raumprogramms durchgesetzt, das auch den Elementarschulen
verschiedene Fachklassen für den naturwissenschaftlichen Unterricht zubilligte, dazu
Werkräume, Gesangsklassen, Gymnastiksäle
sowie eine vergrößerte Turnhalle mit Garderoben und Duschen, ferner an ausgewählten
Standorten eine Lehrküche und Räume für den
schulärztlichen Dienst. Der um 42 Prozent
gestiegene Flächenbedarf mußte mit Finanz-
mitteln und Bauplatzgrößen bewältigt werden,
die nicht entsprechend mitwuchsen. In seinen
Entwürfen versuchte Schumacher daher,
konzentrierter und billiger zu bauen. Viele
Schule erhielten fünf Geschosse, und zweibündige Korridore mit Klassen an beiden
Seiten wurden eingeführt – mit einschnei-
denden Folgen für die Architektur: Die Trakte
wurden so breit, daß die früher üblichen Steildächer unverhältnismäßig hoch und teuer
geworden wären. Flachdächer, die an einigen
Schulen als Terrassen für den Freiluftunterricht dienten, wurden in der Folge zur Regel.
So habe sich, wie Schumacher 1928 feststellt,
allein »aus der strengen Folgerichtigkeit einer
sparsamen Lösung des Programms eine architektonische Sprache entwickelt, die den Schultypus charakteristisch zum Ausdruck« bringe
und dabei wandlungsfähig genug sei, die
Baumassen abgestimmt auf Bauplatz,
Umgebung und Himmelsrichtung zu bewältigen (Schumacher: *Schultypus*, S. 625). Bei der
Schule Adlerstraße bilden der zweibündige
Klassentrakt und der Turnhallenbau mit

Gymnastiksaal einen stumpfen Winkel, der den
Schulhof umfaßt und zugleich den städtebaulichen Abschluß eines nördlich angrenzenden
Kirchplatzes darstellt. Den fünfgeschossigen
Klassentrakt mit Flachdach überragt ein in den
Winkel eingefügter Treppenhausturm. Die
innere Ordnung der Klassenzimmer zeigt sich
in den regelmäßigen fünfteiligen Fenstergruppen der klinkerverkleideten Fassade.
Willem Grimm malte 1930 das Wandbild über
dem Turnhallen-Eingang, während Richard
Kuöhl den Brunnen unter der Freitreppe
schuf.

Quellen: Schumacher: Schultypus, S. 623, 625;
Schumacher: Selbstgespräche, S. 104 f.;
Hamburger Schulbauten nach dem Kriege. In:
Der Baumeister 28 (1930), S. 333–336.

**274**
**Volksschule Marienthaler Straße**
Hamburg-Eilbek, Marienthaler Straße
Auftraggeber: Freie und Hansestadt Hamburg
1928–29

Die Volksschule an der Marienthaler Straße
liegt am Nordrand des Baugebiets Hamm-
Geest, das Ende der zwanziger Jahre nach
einem Bebauungsmodell Schumachers
entstand. Sie war das erste verwirklichte
Beispiel des neuen Hamburger Schultyps (vgl.
Volksschule Adlerstraße 1928–29) mit erwei-
tertem Raumprogramm. Der auf der Schmalseite eines Wohnblocks mit einer Klinkerfassade errichtete kubische Bau aus einem
Klassentrakt und einem niedrigeren Turnhallenflügel mit Gymnastiksaal umfaßt im
Winkel den rechteckigen Schulhof. Der in
dieser Schule noch einbündige Haupttrakt ist
an den Enden nochmals abgewinkelt, um zwei
bestehenden Wohnzeilen einen Anschluß zu
geben. Fünfteilige, von Werksteinrahmen
umgebene Fenstergruppen schließen sich
optisch zu horizontalen Bändern zusammen.
Ein runder, teilweise verglaster Treppenturm
an der Marienthaler Straße gibt dem Bau einen
besonderen Akzent.

Quellen: Deutsche Bauzeitung 65 (1931), H. 5/
6, S. 42 ff.; Fritz Schumacher: Neue Schulbauten in Hamburg. In: Wasmuths Monatshefte für Baukunst 13 (1929), S. 140–146.

**275**
**Volksschule Wiesendamm**
Hamburg-Winterhude, Meerweinstraße
Auftraggeber: Freie und Hansestadt Hamburg
1928–29

Die Schule – eine Doppelschule des neuen
Hamburger Typs (vgl. Volksschule Adlerstraße
1928–29) – erhielt ihren Platz im östlichen Teil
der Großsiedlung Jarrestadt im Rahmen eines
von Schumacher entworfenen Bebauungsplans.
Als zentrales Bauwerk und »charakterbestim-
mender Mittelpunkt« gedacht, liegt sie im
Brennpunkt einer hufeisenförmigen Platzanlage in der Symmetrieachse des regelmäßig
aufgeteilten Stadtteils (Schumacher: *Wohnstadt*, S. 64–67). Der symmetrische, langgestreckte Bau mit fünf Geschossen und leicht
auskragendem, flachem Dach zeigt in der
Hauptfront eine regelmäßige Rasterfassade
ohne die gewohnte Klinkerverkleidung der
Tragkonstruktion: das Eisenbetonskelett bleibt
als Fachwerk mit ausgemauerten Brüstungsfeldern sichtbar. Die seitlich angebauten
Eingangstrakte sind Gegenstand einer wohl von
Marinus Dudok (Rathaus Hilversum, 1928)
angeregten Inszenierung mit Freitreppen unter
einer weit ausladenden Kragplatte. Darüber
erheben sich flankierende Treppentürme mit
großen Fenstern an den Stirnseiten: Für Schumacher hatten sie die Funktion von »Beleuch-
tungskörpern«, die den beidseitig eingebauten
Fluren Licht gaben (Schumacher: *Selbstgespräche*, S. 105). Der zweibündige Grundriß ist
früheren Schulen nachgebildet, in denen die

Turnhalle als Mittelflügel aus der Rückfront
herauswächst (Volksschule Ahrensburger
Straße 1919–20, Volksschule Langenfort
1927–29). In diesem Schulbau erhält sie einen
darüberliegenden Gymnastiksaal und auf dem
flachen Dach eine Terrasse. Fritz Bürger
fertigte die vergoldete Schalenträgerin des
Brunnens im Innenhof.

Quellen: Hbg. u. s. Bauten 1918/29, S. 384,
Abb. 429; Schumacher: Wohnstadt, S. 64–67;
Schumacher: Selbstgespräche, S. 105;
Wasmuths Monatshefte für Baukunst 15
(1931), S. 433–437; Deutsche Bauzeitung 62
(1928), S. 624 ff.; Zentralblatt der Bauver-
waltung 50 (1930), S. 697–702; Nicolaisen:
Studien, S. 182.

**276**
**Volksschule Wendenstraße**
Hamburg-Hammerbrook, Wendenstraße
Auftraggeber: Freie und Hansestadt Hamburg
1928–29

Die Doppelschule des neuen Typs (vgl. Volksschule Adlerstraße 1928–29) erhielt ihren Platz
in einem proletarischen Wohn- und Industrie-
viertel des ausgehenden 19. Jahrhunderts,
inmitten »architektonisch verwahrloster
Gegend« (Schumacher: Schultypus, S. 627), auf
die ein Bau wie dieser erzieherisch einwirken
sollte, als »Kulturpionier« und »Stimmgabel«
(Schumacher: Selbstgespräche, S. 108), nicht
zuletzt durch die beispielhafte, in diesem Fall
dem Neuen Bauen deutlich angenäherte Architektur. Um eine breite Baulücke auszufüllen,
werden die bei anderen Schulen im Winkel
angeordneten Bauteile hier an der Bauflucht
aufgereiht. So steht der langgezogene Klassen-

trakt neben dem niedrigen Turnhallenflügel, auf den eine Aula mit Bühne und Kinoeinrichtung aufgesetzt worden ist, um im schlecht versorgten Hammerbrook einen »Kulturmittelpunkt« anzubieten. Im auffälligen Kontrast zu den Klinkerflächen steht ein von Schumacher an der Stirnseite eingeschobener Turm über dem östlichen Treppenhaus; weitgehend in Glas aufgelöst, dient er als eleganter Lichtfänger für die Korridore. Für die Aula malte Rolf Nesch 1929 ein Triptychon über Hafenarbeit in Hamburg. Von Hans Glissmann stammt die Figur auf dem Trinkbrunnen im Flur.

Quellen: Deutsche Bauzeitung 62 (1928), S. 625, 627; Hbg. u. s. Bauten 1918/29, S. 383, Abb. 427; Der Baumeister 28 (1930), S. 484–485.

## 277
## Volksschule Veddel
Hamburg-Veddel, Slomanstieg/Wilhelmsburger Straße
Auftraggeber: Freie und Hansestadt Hamburg
1928–29

Mit Fertigstellung der neuen Großwohnsiedlung auf der Veddel, an der südlichen Freihafengrenze, wurde auch eine neue Volksschule mit 38 Klassen benötigt. Der Baukomplex am Rande einer großen Sportanlage, die einen platzartigen Mittelpunkt zwischen den hohen Mietshäusern bildet, wurde von Schumacher nach seinem selbst aufgestellten Raumprogramm konzipiert. Zu den üblichen Räumen für handwerkliche Arbeiten, naturwissenschaftlichen und musischen Unterricht sowie einer Turnhalle, einer Aula, einem Gymnastiksaal und einer Zahnklinik kam in Veddel noch eine öffentliche Bücherhalle hinzu. Der Grundriß der Schule ist U-förmig. Der fünfgeschossige Klassentrakt in der Mitte wird von zwei rechtwinklig anschließenden niedrigeren Trakten flankiert, wobei der nördliche Flügelbau den ab 1927 für Schumachers Schulen obligatorischen Anbau mit Turnhalle, Aula und Gymnastiksaal bildet. Der Südflügel, in dem sich die Bücherei befindet, endet in einer nach drei Seiten offenen, zweigeschossig überbauten Loggia. Hier steht eine große, achteckige Granitbank, aus deren Mitte sich eine Messingmöve von Ludwig Kunstmann aufschwingt. Die Schule erhielt eine reiche künstlerische Ausstattung: Wandbilder malten 1931 Paul Kayser und Eduard Hopf in den Flur, Eduard Kasper und Arnold Fiedler für die Lehrerzimmer, Otto Thämer für den Gymnastiksaal. Neben der Plastik im Hof erhielt die Schule zwei Brunnenanlagen.

Quellen: Volksschule auf der Veddel. In: Bauwelt 20 (1929), Beilage zu Heft 47, S. 6; Volksschule auf der Veddel. In: Deutsche Bauzeitung 67 (1933). S. 127–131; Hbg. u. s. Bauten 1918/29, S. 384, Abb. 131.

## 278
## Heringskühlhaus Grasbrookhafen
Hamburg-Grasbrook, Hübnerkai
Auftraggeber: Freie und Hansestadt Hamburg
1928–29

Der Bau dieses zur Lagerung schwach gesalzener Heringe (»Matjes«) bestimmten Speichers war eine staatliche Maßnahme zur Förderung des über Hamburg abgewickelten Fischhandels. Eine Kühlgesellschaft übernahm als Mieterin der Behörde für Strom- und Hafenbau die Bewirtschaftung. Schumacher gestaltete den heute nicht mehr vorhandenen klinkerverblendeten Eisenbetonbau als völlig geschlossenen Kubus, lediglich ein seitlich eingeschobenes Treppenhaus mit verglasten Ecken lockert die Baumasse etwas auf. Den oberen Abschluß bildet ein leicht zurückgesetztes Staffelgeschoß mit umlaufenden Fenstern, hinter denen sich technische Räume befinden. Schumacher beschreibt die technische Aufgabe rückschauend als Herausforderung zum Versuch mit der Moderne: »Solch einem gewaltigen Block eine charaktervolle Form zu geben . . ., schien mir eine wichtige Aufgabe der modernen Architektur . . . Hier mußte sich der technische Stil, um den die Zeit tapfer rang, allmählich als geschlossenes Bild zeigen, und Hamburgs architektonisch bisher recht stiefmütterlich behandelter Hafen schien mir die Pflicht zu haben, hierbei seinen gebührenden Beitrag zu leisten.« (Schumacher: *Selbstgespräche*, s. u.).

Quellen: Schumacher: Selbstgespräche, S. 254 f.; Emile Lepointe: Le Frigoritique de Hamburg. In: La Construction moderne 45 (1929/30), Nr. 47, S. 709–713.

**279**

**Flughafengebäude Lübeck-Travemünde**
Bauentwurf
Travemünde, Priwall/Pötenitzer Wiek
Auftraggeber: Freie und Hansestadt Hamburg
1928–30

Ab Mitte der zwanziger Jahre wurde an der
Travemündung ein neuer Flughafen für
Wasser- und Landflugzeuge angelegt. Schumacher, der schon die 1928 fertiggestellte
Seeflughalle entworfen hatte, übernahm auch
die Planungen für die Empfangs- und Verwaltungsgebäude. Die drei Entwürfe zeigen im
wesentlichen einen langen, rechtwinkligen,
eingeschossigen Flachbau, in dessen Mitte,
durch einen Risalit hervorgehoben, die
Empfangs- und Abfertigungshalle liegt. Für
den Kopfbau, in dem ein Restaurant untergebracht werden soll, werden in den Entwürfen
unterschiedliche Lösungen gefunden. Ein
früher Entwurf von 1928 sieht hier einen quergestellten Anbau mit abgestumpften Ecken
vor, dessen weitauskragendes Dach auf Stützen
steht, so daß sich ein überdachter Umgang
ergibt. Zwei weitere Entwürfe von 1930 haben
einmal an beiden Kopfseiten einen zweigeschossigen, rechteckigen Flughafentower,
ein anderes Mal endet eine Seite des Flughafen-
gebäudes in einem vollverglasten Restaurant-
pavillon. Keiner der Entwürfe wurde realisiert.

Quellen: StaH, Schumacher-Nachlaß 621–2.

**280**

**Krematorium Ohlsdorf**
Hamburg-Ohlsdorf, Ohlsdorfer Friedhof
Auftraggeber: Freie und Hansestadt Hamburg
1928–33

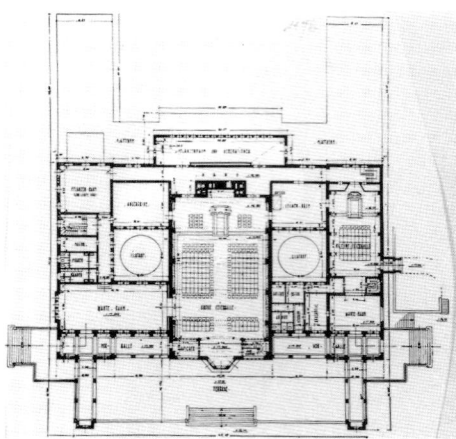

Wegen der zunehmenden Zahl von Feuerbe-
stattungen in Hamburg wurde in den zwanziger
Jahren ein Ersatzbau für das alte Krematorium
in der Alsterdorfer Straße unvermeidbar. Da
diese Art der Bestattung nicht an die örtliche
Nähe eines Friedhofes gebunden ist, waren
zunächst alternative Standorte im Gespräch:
Um den Trauernden weite Wege zu ersparen,
konzipierte Schumacher 1926 einen dem
nachher ausgeführten sehr ähnlichen Bau am
Sternschanzenbahnhof, später an der
Mundsburg. Widerstand in der Bürgerschaft
führte zur Wahl des Bauplatzes am Westrand
des Ohlsdorfer Friedhofs. Schumachers
Krematoriumsbau steht dort als axiale Anlage
im Fluchtpunkt einer langen Allee. Dem
eigentlichen Bauwerk wie ein Ehrenhof vorgelagert ist eine von offenen Galerien flankierte

erhöhte Terrasse mit Freitreppe als Versamm-
lungsplatz der Trauernden. Darüber erhebt
sich der trapezförmige Giebel der Feierhalle
zwischen niedrigen Anbauten zu beiden Seiten.
Der Grund für die hoch aufgereckte Form ist
an der Rückfront zu erkennen: Die zum
Betrieb notwendigen Schornsteine sind dort
»zu einem Massiv zusammengefaßt, das mit der
eigentümlichen Form der großen Feierhalle
natürlich zusammenwächst« (Schumacher:
*Selbstgespräche*, S. 241). Der rechteckige Raum
wird innen von sechs unverkleideten Beton-
bindern gebildet, die die Halle in einer para-
bolischen Kurve überspannen. Schräg aufstei-
gende Längswände, in die farbig verglaste
Streifenfenster eingeschnitten sind, füllen die
dazwischenliegenden Joche.
Der versenkbare Katafalkplatz liegt in der
Achse des Raumes vor einer mosaikge-
schmückten Nische in der Rückwand. Ist der
Sarg abgesenkt, verschließt sich die Öffnung
durch automatisch bewegte Bronzeflügel. Alle
betrieblichen Vorgänge sind wie bei dem
Dresdner Krematorium (1908–11) ins Untergeschoß verlegt, das vom tieferliegenden Hof
an der Rückseite zugänglich ist. Das Technische ist »dem Publikum ganz entzogen, sodaß
das Gebäude nach außen von allen Seiten
seinen monumentalen Charakter behält« (Schumacher: *Krematorium in Hamburg*, S. 418).
»Um den Ernst des Baus zu steigern«, wählte
Schumacher für die Außenwände nur gebrannten Stein, das heißt Klinker und Keramik, also
Materialien, die symbolisch auf Feuer
verweisen. Naturstein wie in Tolkewitz ist
selbst für Schmuckteile vermieden (Schumacher: *Selbstgespräche*, S. 240). Schumacher
verneint zwar für seinen Bau ausdrücklich
»Anklänge an eine Kirche«, bekennt sich aber
doch zur »sakralen Wirkung«: »Dafür einen
eigenen, aus der Aufgabe des Baus entwik-
kelten Ausdruck zu finden, ist die künstlerische Seite dieses Bauproblems. Neben das
Schmerzvolle, dem der Bau dient, muß man
das Feierliche zu stellen versuchen.« (Schumacher: *Krematorium in Hamburg*, S. 418) Die
abstrakt farbigen Glasfenster bestimmen die
Atmosphäre des Innenraums, sie wurden nach
Entwürfen von Ervin Bossanyi durch die Firma
Kuball realisiert. In farblicher Abstufung
wechseln die Tonfolgen von der Seite der
Versenkungsanlage mit dunklen, kalten Tönen
zum Eingang hin zu helleren und wärmeren
Farben. Puhl und Wagner schufen das Mosaik
hinter der Versenkungsanlage. Die Kleinorgel
auf der Empore wurde von Hans Henny Jahnn
konstruiert und durch E.F. Walcker in
Ludwigsburg gebaut. Die reiche keramische
Ausstattung am Außenbau stammt von Richard
Kuöhl, er schuf die zahlreichen Klinkerkeramiken und den Vogel Phönix über der Uhr an
der Rückfront.

Quellen: StaH, Bestand Baudeputation C 250;
Fritz Schumacher: Krematorium in Hamburg.
In: Deutsche Bauzeitung 67 (1933),
S. 415–418; Schumacher: Selbstgespräche,
S. 237–243; Hipp: Hamburg, S. 450; Das neue
Krematorium in Hamburg. In: Bauwelt 24
(1933), Beilage zu Heft 15; Crematory in
Hamburg. In: Architecture (1935),
S. 195–200.

## 281
### Bedürfnisanstalt Billhorner Kanal

Hamburg-Billhorn, Billhorner Kanal/Bill-
horner Brückenstraße
Auftraggeber: Freie und Hansestadt Hamburg
1929

Die Bedürfnisanstalt am Billhorner Kanal ist
ein Flachdachbau mit direkt angeschlossener
Treppenanlage zu einem Schiffsanleger.
Die Außenmauern sind mit Klinkern
verblendet und im Bereich der Fenster durch
Hervorhebung jeder zweiten Ziegelschicht
horizontal gegliedert.
Der Bau ist nicht erhalten.

Quellen: Baubehörde, Bestand Schumacher.

## 282
### Bedürfnisanstalt und Beratungsstelle Hammerbrook

Hamburg-Hammerbrook, ehemalige Süder-
quaistraße
Auftraggeber: Freie und Hansestadt Hamburg
1929

Der Bau der Bedürfnisanstalt wurde genutzt,
um gleichzeitig eine Mütterberatungsstelle für
das Arbeiterwohngebiet Hammerbrook einzurichten. Schumacher entwarf für diese beiden
Nutzungen einen über zwanzig Meter langen,
rechteckigen, flachen Baukörper, in dem auf
der einen Seite die Räume der Bedürfnisanstalt und auf der entgegengesetzten Seite die
Mütterberatungsstelle liegen. Der Klinkerbau
erhält ein leicht geneigtes Dach.
Der Bau ist nicht erhalten.

Quellen: Baubehörde, Bestand Schumacher.

## 283
### Bedürfnisanstalt Süderstraße

Hamburg-Hammerbrook, Süderstraße
Auftraggeber: Freie und Hansestadt Hamburg
1929

Der zweigeschossige Bau ist am Hang eines
Hochwasserbassins errichtet worden. Im
oberen Geschoß, an der Straßenseite, sind die
Toiletten eingerichtet, das untere Geschoß ist
für andere Nutzungen vorgesehen und als
Laubenhaus mit drei Arkadenbögen ausgebildet worden. Der Klinkerbau hat ein leicht
geneigtes Dach. Rechts und links des Gebäudes
befindet sich je ein Treppenaufgang zur Straße.
Der Bau ist nicht erhalten.

Quellen: Baubehörde, Bestand Schumacher.

## 284
### Bedürfnisanstalt Osterbekstraße

Hamburg-Barmbek, Bachstraße/Osterbek-
straße
Auftraggeber: Freie und Hansestadt Hamburg
1929

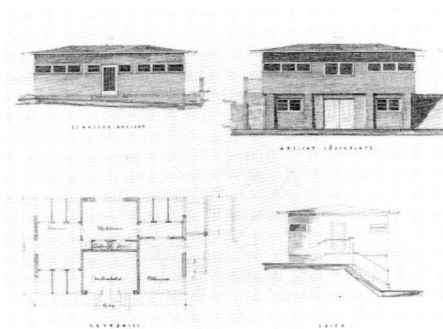

Einen ähnlichen Bau wie die zweigeschossige
Bedürfnisanstalt an der Süderstraße entwarf
Schumacher für einen Bauplatz direkt am
Osterbekkanal, im Arbeiterwohngebiet
Barmbek. Die Toilettenanlagen befinden sich
auch hier im Obergeschoß zur Straßenseite. Im
Untergeschoß, das über eine seitliche Treppe
erreicht werden kann, liegen Lagerräume. Der
Klinkerbau hat ein flachgeneigtes Walmdach.
Der Bau ist nicht erhalten.

Quellen: Baubehörde, Bestand Schumacher.

## 285
### Wohlfahrtsstelle II

Hamburg-St. Pauli, Wohlwillstraße 35
Auftraggeber: Freie und Hansestadt Hamburg
1929

Zur Unterbringung des Amtes für Jugend, der
Berufspflege und der Fürsorge wurde auf
einem relativ schmalen Grundstück im Stadtteil
St. Pauli die Wohlfahrtsstelle II gebaut.
Schumacher machte die Entwürfe für den
viergeschossigen Bau mit ausgebautem Dachgeschoß auf rechtwinkligem Grundriß. Spätere
Baupläne aus dem Jahre 1932, von Bauinspektor Ebeling signiert, zeigen die Wohlfahrtsstelle in ihrer heutigen Form als sechsgeschossigen Bau mit Staffelgeschoß und einem
Halbgeschoß im Souterrain.

Quellen: Baubehörde, Bestand Schumacher.

**286**
**Lyzeum Cuxhaven**
Cuxhaven, Schulstraße
Auftraggeber: Freie und Hansestadt Hamburg
1929

Das Lyzeum in Cuxhaven war eine der ersten
von Schumacher entworfenen Schulen für das
neue Schulbauprogramm, das ab 1928 realisiert
wurde. Der Klinkerbau besteht aus dem viergeschossigen Klassentrakt mit beiderseits des
Mittelflurs angeordneten Klassenräumen und
einem am Südende rechtwinklig angebauten
Aula- und Turnhallenbau. Die beiden Flügel
werden durch einen Treppenhausturm
verbunden, der an der Vorder- und Rückfront
in ganzer Höhe verglast ist. Die Vertikale des
Treppenhauses steht im Gegensatz zu der
Betonung der Horizontalen an den Fassaden
der Flügelbauten, die Schumacher durch die
bandförmige Zusammenfassung der raum-
hohen Klassenfenster und durch einen plastischen Klinkerverband im Brüstungsbereich
erreicht. Das Flachdach ist wie bei fast allen
neuen Schulen als Terrasse ausgebaut und hat
ein umlaufendes Eisengeländer. Die künstlerische Gestaltung des Brunnens übernahm
Albert Woebcke, er schuf eine stehende weibliche Aktfigur.

Quellen: Philip Morton Shand: Cuxhaven High
School, Germany. In: The Architectural
Review 70 (1931), Nr. 417; Hbg. u. s. Bauten
1918/29, S. 381, Abb. 418; Hbg. u. s. Bauten
1929/53, S. 75.

**287**
**Volksschule Hamm-Marsch**
Hamburg-Hamm, Osterbrook/Südkanal
Auftraggeber: Freie und Hansestadt Hamburg
1929

Der lange, schmale Bauplatz der Schule
zwischen zwei Sportplätzen und einer Straße
wird nach Süden durch einen Kanal begrenzt.
Daraus erklärt sich die langgestreckte
Grundform der Volksschule für 37 Klassen.
Dem fünfgeschossigen Klassentrakt schließt
sich ein niedriger Anbau mit Turnhalle,
Versammlungssaal, Gymnastiksaal und einer
Dachterrasse an. Das verbindende Bauelement
bildet ein haushoher, halbrunder Treppenhausvorbau. In die Aula malte Fritz Kronenberg
1921 ein Wandbild.

Quellen: Hamburger Bauten von Oberbau-
direktion Fritz Schumacher. In: Bauwelt 20
(1929), Beilage zu Heft 47, S. 8; Hbg. u. s.
Bauten 1929/53, S. 384, Abb. 431.

**288**
**Bürogebäude für die Stadtreinigung**
Hamburg-Horn, Sandkamp
Auftraggeber: Freie und Hansestadt Hamburg
1929

Für den Lagerplatz der Hamburger Stadtreinigung im Stadtteil Horn entwarf Schumacher
einen eingeschossigen, rechteckigen Bau mit
Flachdach und verputzten Außenwänden in
Abmessungen von 14,7 x 8,77 Metern.

Quellen: Baubehörde, Bestand Schumacher.

**289**
**Mannschaftsgebäude für die
Stadtreinigung**
Hamburg-Hohenfelde, Alfredstraße
Auftraggeber: Freie und Hansestadt Hamburg
1929

Für den Lagerplatz des fünften Sielbezirkes
Hohenfelde entwarf Schumacher an einer
steilen Böschung, die zur S-Bahn abfällt, ein
Mannschaftsgebäude mit Sanitär- und Umkleideraum. Zum Lagerplatz hin ist das Gebäude
zweigeschossig, zur Böschung dagegen sind alle
drei Geschosse sichtbar. Der Bau mit leicht
geneigtem, auskragendem Flachdach und

Fensterband im Obergeschoß wird links und
rechts von niedrigeren Nebengebäuden flankiert.

Quellen: Baubehörde, Bestand Schumacher.

**290**
**Feuerwache Wandsbek**
Hamburg-Wandsbek, Feldstraße/Gasweg
Auftraggeber: Freie und Hansestadt Hamburg
1929

Die winkelförmige Feuerwache, die das
Eckgrundstück zur Straßenseite abschließt,
besteht aus drei verschiedenen klinkerverkleideten Bauteilen mit leicht geneigten Dächern.
Ein langgestrecktes, zweigeschossiges Hauptgebäude nimmt die große Wagenhalle für vier
Einsatzfahrzeuge und die darüberliegenden
Schlaf- und Tagesräume der Mannschaften auf
und endet nach Süden in einem niedrigen,
ebenfalls zweigeschossigen Anbau. Der nördliche Teil des Hauptgebäudes, mit Wasch- und
Diensträumen und einem Telegraphenraum im
Erdgeschoß neben der Wagenhalle sowie
Einzelzimmern im Obergeschoß, ist durch
einen kurzen Seitenflügel abgewinkelt, der
durch einen eingeschossigen, flachen Anbau
mit Werkstätten und einer Garage verlängert
wird. An der Verbindung beider Bauteile
befindet sich der Schlauchturm. Die Erdgeschoßzone trägt fast umlaufend Bogenfenster.
Wandpfeiler fassen die vier großen Hallentore
mit den darüberliegenden ebenso breiten
Fenstern der Schlaf- und Tagesräume
zusammen und gliedern die Fassade vertikal.

Quellen: StaH, Schumacher-Nachlaß 621 – 2.

**291**

**Schleidenbrücke**

Hamburg-Winterhude, Schleidenstraße
Auftraggeber: Freie und Hansestadt Hamburg
1929

Die Schleidenbrücke überquert in Verlängerung der Saarlandstraße den Osterbekkanal.
Bei dem Konstruktionssystem handelt es sich
um einen Zweigelenkrahmen mit Kragarm in
Stahlbeton. Die bogenförmige Brücke ist an
der Seitenfläche verklinkert, die Unterseite
bleibt in Sichtbeton. Am Scheitelpunkt des
Bogens befindet sich ein Hamburger Wappen
aus Keramik. Die Brüstung ist im Bereich des
Bogens durchbrochen und zur Mitte stufen-
förmig erhöht.

Quellen: SUB, Schumacher-Nachlaß.

**292**

**Bebauungsplan Barmbek-Nord**

Hamburg-Barmbek-Nord, Habichtplatz/Harz-
lohplatz
Auftraggeber: Freie und Hansestadt Hamburg
1929

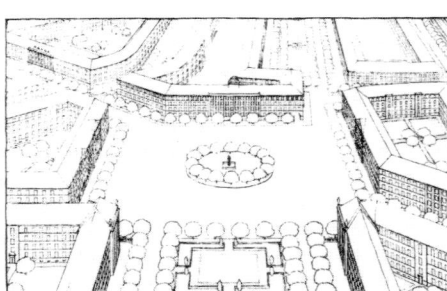

Für den Bereich Barmbek-Nord, ein Arbeiterwohngebiet westlich des Hamburger Stadtparks, existierte ein gesetzeskräftiger Bebauungsplan, der durchweg fünfgeschossige
Bebauung zuließ. In diesem Wohngebiet mit
der Einwohnerzahl einer Kleinstadt gab es
kaum Grünanlagen, Sport- und Spielplätze.
Das Straßennetz ließ sich aufgrund der Kanali-
sationsanlagen kaum noch verändern, und die
Baugrundstücke waren bereits von verschiedenen Wohnungsbauunternehmen angekauft
worden. So konnte der alte Bebauungsplan nur
noch umgestaltet werden. Der reformierte
Bebauungsplan, zu dem Schumacher ein
Massenmodell anfertigen ließ, zeigt vor allem
zusammenhängende Grünflächen, eine große
Sportplatzanlage mit einer Schule im Zentrum
sowie ein Freibad und eine Kleingartenkolonie
am Rande des Planungsgebietes. Die großen
Wohnblöcke sind in kleinere Blocks unterteilt
und durch Wohnwege erschlossen. Der reformierte Bebauungsplan verbot Hinterflügelbauten und differenzierte in Bauklassen von
fünf bis drei Geschossen. Er wurde im wesentlichen baulich umgesetzt.

Quellen: Schumacher: Wohnstadt, S. 48 ff.;
StaH, Jahresbericht des Hochbauwesens
1925 – 1936, B 115, Bd. 4.

**293**

**Bebauungsplan Zoologischer Garten**

Hamburg-Rotherbaum, Dammtor/Planten
un Blomen
Auftraggeber: Freie und Hansestadt Hamburg
Um 1929

Für das Gelände des Zoologischen Gartens
hinter dem Dammtorbahnhof, das 1920 als Zoo
aufgegeben werden mußte, machte Schumacher Studien für eine komplette Bebauung.
Die vorhandene Isometrie zeigt zum Teil eine
Blockrandbebauung und daneben großzügig
angelegte, großstädtische Plätze mit öffentlichen Gebäuden. Der Botanische Garten am
Rande des Geländes blieb von der Bebauung
unberührt. Nähere Einzelheiten über die
Bebauungsplanung sind nicht bekannt.

Quellen: Das Leben und Wirken von Prof.
Fritz Schumacher (Dokumentation der
Ausstellung anläßlich der Hamburger Bautage
zu Fritz Schumachers 100. Geburtstag).
Hamburg 1969.

**294**
**Volksschule Langenhorn**
Heute: Fritz-Schumacher-Schule
Hamburg-Langenhorn, Wördenmoorweg
Auftraggeber: Freie und Hansestadt Hamburg
1929–30

Die »Siedlungsschule« wirkte als kulturelles
Zentrum über die Kleinsiedlung hinaus. Sie
beherbergte die »Griffelkunst-Vereinigung«,
die das Ziel verfolgte, breite Volksschichten
mit bildender Kunst in Verbindung zu
bringen. Das Wandbild im Gymnastiksaal der
Schule malte Otto Thämer 1929.

Quellen: Hbg. u. s. Bauten 1929/53, S. 74.

**295**
**Volksschule Schaudinnsweg**
Heute: Schule Fraenkelstraße
Hamburg-Barmbek, Schaudinnsweg/
Fraenkelstraße
Auftraggeber: Freie und Hansestadt Hamburg
1929–30

Die 1919 nach Schumachers Plänen gebaute
Kleinsiedlung Langenhorn verfügte lange nur
über eine provisorische Schule, die Ende der
zwanziger Jahre durch einen Neubau ersetzt
werden konnte. Das aus drei um einen Hof
gelegten Flügeln bestehende Gebäude nahm
zwei verschiedene Schulen mit eigenen
Eingängen auf, die in den unteren beiden
Geschossen des Mittelbaus durch eine
gemeinsame, auch als Versammlungssaal
nutzbare Turnhalle getrennt werden. Den mit
Rücksicht auf die umliegenden Flachbauten
nur dreigeschossigen Klinkerbau versah Schumacher ausnahmsweise mit einem hohen
Walmdach, um die große Baumasse in die
homogene Dachlandschaft der Siedlung einzu-
passen. Steildächer wurden ansonsten aus
Kostengründen seit 1928 im Hamburger
Schulbau vermieden. Ein viertes ausgebautes
Geschoß geht in der Dachfläche auf, darüber
erhebt sich auf dem First eine kupferbedeckte
Plattform für Naturbeobachtungen.

Die Volksschule am Schaudinnsweg zeigt am
klarsten das System der neuen Hamburger
Schulbauten. Der günstig geschnittene
Bauplatz ermöglichte es, dem Gebäude einen
einfachen Grundriß aus einem Hauptgebäude
mit zweiseitig bebautem Mittelflur zu geben,
an den im rechten Winkel ein Flügelbau mit
Turnhalle, Aula und Gymnastiksaal angebaut
ist. Auf den fünf Vollgeschossen des Klassentraktes liegt ein sechstes Staffelgeschoß mit
dem Zeichensaal, und der freie Teil des Flach-
daches dient als Terrasse für Gymnastik und
Unterricht im Freien. Die Fassade wird durch
eine regelmäßige Fenstereinteilung gegliedert.
Vier Künstler wurden von Schumacher für die
künstlerische Ausstattung beschäftigt: Franz
Porsche übernahm die Farbgestaltung der
Innenräume, Otto Thämer malte zwei Wandbilder rechts und links der Bühne in die Aula.
Die Bronzefigur des Brunnens ist eine Arbeit
von Karl Weinberger, während Hans Martin
Ruwoldt die keramischen Tierfiguren rechts
und links der Eingangstreppe fertigte.

Quellen: Deutsche Bauzeitung 65 (1931),
H. 5/6, S. 65 ff.

**296**

**Luisenschule Bergedorf**

Hamburg-Bergedorf, Reinbeker Weg/
Hochallee
Auftraggeber: Freie und Hansestadt Hamburg
1929–30

Das größte Problem vor Baubeginn war die
Entscheidung für einen geeigneten Bauplatz.
Entweder wurde der Schulneubau als Verun-
staltung der Bergedorfer Villengebiete
empfunden, oder die in Frage kommenden
Bauplätze waren zu weit außerhalb der Wohn-
bezirke. Der Platz, für den man sich schließlich
entschied, liegt zwischen Villengrundstücken
neben einem alten Wasserturm und auf einem
Waldgrundstück mit relativ starkem Gefälle.
Schumacher entwarf eine Schulanlage mit
einem U-förmigen Grundriß. Das mittlere
Bauglied ist ein langgestreckter Klassentrakt,
für den eine Höhenbeschränkung auf zwei
Geschosse galt. Hier brachte Schumacher
Handarbeitsräume, das Lehrerzimmer und
eine Bibliothek unter. Im nördlichen Flügel-
anbau liegt im Erdgeschoß die Turnhalle;
darüber befinden sich die Aula mit anschlie-
ßendem Singsaal und im dritten Geschoß der
Gymnastiksaal, von dem aus eine Dachterrasse
betreten werden kann. Auffällig ist ein alles
überragender Treppenhausturm mit einem
Walmdach. Die Farbgestaltung der Räume
übernahm der Maler Hinrich Groth. Emil
Obermann und Hans (?) Laubner führten die
Brunnenplastiken aus, während der Backstein-
brunnen mit dem tanzenden Vierländer Paar
vor dem Eingang von Wilhelm Rex stammt.

Quellen: Luisenschule in Bergedorf. In:
Deutsche Bauzeitung 65 (1931), S. 587–592;
Hbg. u. s. Bauten 1929/53, S. 75, Abb. 5.

**297**

**Volksschule Berne**

Hamburg-Berne, Berner Allee
Auftraggeber: Freie und Hansestadt Hamburg
1929–30

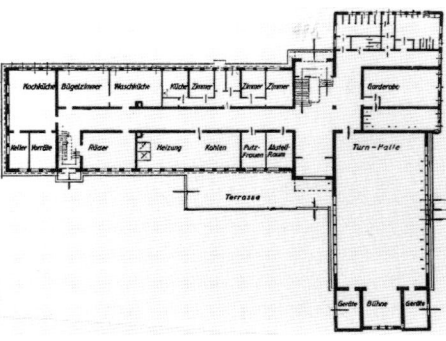

Die Vorstadt Berne, die vor der Eingemeindung von 1937 in der nicht direkt mit dem
Hamburger Stadtgebiet verbundenen Exklave
Farmsen lag, zählt zwar noch heute zu den
sogenannten Hamburger »Walddörfern«, war
aber schon Ende der zwanziger Jahre kein Dorf
mehr, sondern hatte eher vorstädtischen
Charakter. In dem kleinen zwölfklassigen
Schulneubau ist daher auch mit Absicht nicht
der ländliche Charakter betont worden,
sondern es entstand ein moderner, die kubischen Formen hervorhebender Bau, der aus
einem zweigeschossigen, nordsüdlich ausgerichteten Hauptgebäude besteht, an das sich
die Turnhalle rechtwinklig anschließt. Markant
an dem Klinkerbau wirkt neben dem weit überstehenden Flachdach der turmartige Treppen-
hauskubus mit vertikal betonter Frontver-
glasung und einer großen Schuluhr aus Metall-
stäben. Der Turnhallenbau bildet mit einer
dreiflügeligen Fenstertür in der Mitte seiner
hohen Fensterfront den Übergang zum
anschließenden Sportplatz, und seine
begehbare Dachterrasse dient zugleich als
Tribüne. Die Schule hat neben den Klassenräumen noch Räume für naturwissenschaftlichen und handwerklichen Unterricht, einen
Zeichensaal, eine Lehrküche, eine Bücherei
mit Lesesaal, und die Turnhalle ist so eingerichtet, daß sie als Festsaal und Kino genutzt
werden kann. Mit der Volksschule ist eine
Berufsschule verbunden, die über eigene
Räume verfügt.

Quellen: Neue Hamburger Volksschulen. In:
Bauwelt 22 (1931), H. 1, S. 1–6; Hbg. u. s.
Bauten 1929/53, S. 75, Abb. 6.

**298**

**Volksschule Binderstraße**

Hamburg-Rotherbaum, Binderstraße
Auftraggeber: Freie und Hansestadt Hamburg
1929–30

Auf dem Gelände der Stadtgärtnerei an der
Binderstraße sollte auf Vorschlag der Oberschulbehörde ein Neubau mit 32 Klassen
errichtet werden, da die vorhandene Knaben-
volksschule im Gebäude des Lehrerseminars
auf dem gegenüberliegenden Grundstück zu
klein geworden war. Der fünfgeschossige Klassentrakt mit Mittelflur und weit auskragendem
Flachdach hat am östlichen Ende einen Anbau
mit Turnhalle, Aula und Gymnastiksaal, so daß
sich im Grundriß ein rechter Winkel mit zwei
ungleichen Schenkeln ergibt. Räume für den
Schularzt, eine Bücherei, Räume für naturwissenschaftlichen Unterricht und ein Zeichensaal
waren vorgesehen. Das Stahlbetongerippe der
Gebäudekonstruktion sollte mit Klinkern
ausgemauert werden, die äußeren Stützen
sichtbar bleiben und die in horizontale Fensterbänder aufgelöste Fassade gliedern. Der
Schulbau wurde aufgrund der Sparmaßnahmen
Anfang der dreißiger Jahre nicht realisiert.

Quellen: StaH, Bestand Schulbehörde, Akte
Schule Binderstraße; Bauwelt 20 (1929),
Beilage zu Heft 47, S. 8.

**299**

**Volksschule Bauersberg**

Hamburg-Horn, Beim Pachthof
Auftraggeber: Freie und Hansestadt Hamburg
1929–30

Am Rande der Großwohnsiedlung, die Ende
der zwanziger Jahre im Hochbauamt unter
Schumacher geplant und gebaut wurde,
entstand eine flachgedeckte Volksschule mit 40
Klassen. Ihr Grundriß bildet einen gleich-
schenkligen rechten Winkel und schließt das
Eckgrundstück nach zwei Seiten ab. Der
südliche, fünfgeschossige Flügel enthält die
Klassenräume, die wie bei allen Schulen aus
dieser Zeit um einen Mittelflur gruppiert sind.
Der westliche Flügel nimmt neben einigen
Klassenräumen die Turnhalle und darüber die
Aula und einen Singsaal auf. Der Kopfbau
dieses Flügels enthält Räume für eine Zahn-
klinik und zwei Hausmeisterwohnungen. Die
Farbgestaltung der Innenräume führte Paul
Bollmann durch. Willem Grimm malte 1931
ein Wandbild in den Gymnastiksaal, Erich
Hartmann 1930 eines in die Turnhalle. Ein
weiteres von Eduard Bargheer kam aufgrund
der NS-Machtergreifung nicht mehr zur
Ausführung

Quellen: Bauwelt 20 (1929), Beilage zu Heft 47,
S. 8.

**300**

**Polizeiwache Harzlohplatz**

Hamburg-Barmbek, Harzlohplatz/
Lorichstraße
Auftraggeber: Freie und Hansestadt Hamburg
1929–30

Am Rande des Harzlohplatzes, einer Grünanlage inmitten hoher Etagenhäuser aus den
zwanziger Jahren, steht die Polizeiwache, die
ganz im Stil der umliegenden Bauten mit
dunkler Klinkerfassade und Flachdach
errichtet wurde. Vor dem zweigeschossigen
Hauptbau liegt nach beiden Seiten ein eingeschossiger Vorbau, dessen Dachfläche als
Terrasse genutzt werden kann. Das außenliegende Treppenhaus über dem Eingang in das
Hauptgebäude wird durch ein vertikales
Fensterband belichtet. Das Gebäude wird
heute nicht mehr als Polizeiwache genutzt.

Quellen: SUB, Schumacher-Nachlaß.

**301**

**Volksschule Bogenstraße**

Heute: Jahnschule
Hamburg-Eimsbüttel, Bogenstraße/
Schlankreye
Auftraggeber: Freie und Hansestadt Hamburg
1929–31

Die Doppelschule mit getrennten Abteilungen
für Jungen und Mädchen entstand im Wohnquartier südlich des Isebekkanals, das in den
zwanziger Jahren auf einem vor 1914 erstellten
Bebauungsplan bebaut wurde. Der Standort
auf der Mitte eines aus zwei freien Blocks gebildeten Platzraumes erinnert an die Lage der
Schumacherschen Schule in der »Jarrestadt«.
Auf die ähnliche städtebauliche Situation
reagierte Schumacher mit einem ähnlichen
Bau, so daß sich der Baukörper der Schule
Wiesendamm/Meerweinstraße (1928–29) hier
noch einmal wiederholt: Die symmetrischen
Hauptfronten mit fünf Geschossen und seitlich
eingeschobenen Treppentürmen gleichen sich
in Umriß und Volumen. Der Unterschied liegt
in der Lage von Turnhalle und Gymnastiksaal,
die hier im stumpfen Winkel als eigener Trakt
angesetzt sind, und in der Rückkehr zu einer
mit dunklen Klinkern verkleideten Loch-
fassade. Einen modernen und zugleich monumentalen Akzent setzen die in ein von unten
nach oben durchlaufendes Glasfenster aufgelösten Ecken der Treppentürme. Vorgestellte
kräftige Klinkerpfeiler, die ohne lastenden
Balken frei auslaufen, zerteilen es in vertikale
Streifen und sorgen für einen harmonischen
Ausgleich zu der im Klassentrakt dominierenden Horizontalen. Eine ähnliche Pfeiler-
ordnung gliedert auch die Fronten der Turnhalle. Das flache Dach war als Terrasse
ausgebaut. Die Schule entstand mit dem
anspruchsvollen Raumprogramm des neuen
Schultyps (vgl. Schule Adlerstraße 1928–29),
erhielt aber zusätzlich über der Turnhalle eine
auch für den Stadtteil nutzbare Aula, außerdem
in einem östlich anschließenden Anbau eine

Zahnklinik für Schulkinder. Heinrich
Stegemann malte 1931 die bedeutenden
Fresken in der Aula rechts und links von der
Bühne.

Quellen: Volksschule Eimsbüttel. In: Bauwelt
20 (1929), Beilage zu Heft 47, S. 7; Hermann
Hipp: Harvestehude/Rotherbaum. Hamburg
1976, S. 78, Abb. 74; Hipp: Wohnstadt, S. 85 f.

## 302
### Oberrealschule für Mädchen Caspar-Voght-Straße
Hamburg-Hamm, Caspar-Voght-Straße
Auftraggeber: Freie und Hansestadt Hamburg
1929–31

Der viergeschossige Haupttrakt des flachgedeckten Gebäudekomplexes beherbergt
22 Klassen, die beiderseits eines Mittelflures
angeordnet sind. Seine Fassade zur Straßenseite zeigt regelmäßig aneinandergereihte
Fenster, aus deren Anordnung die Klassenein-
heiten nicht abgelesen werden können – ein
Abweichen von Schumachers Gewohnheit, bei
seinen Schulen die Fenster jeweils einer Klasse
zusammenzufassen. An das Hauptgebäude
schließt am Südende der für Schumacher
typische Turnhallenanbau mit Aula- und
Gymnastiksaal an. In den stumpfen Winkel
zwischen den beiden Gebäudeteilen plaziert,
bildet die Vertikale eines halbellipsenförmigen
Treppenhausvorbaus einen wirkungsvollen
Kontrast zur horizontalen Betonung der Schul-
fassade. Ein zweigeschossiger Risalit an der
Straßenseite hebt den Haupteingang hervor.
Anita Rée malte 1931 in den Gymnastiksaal ein
großes Wandbild, und Ervin Bossanyi versah
einen keramischen Wandbrunnen 1930 mit
einem Fliesenbild.

Quellen: Bauwelt 20 (1929), Beilage zu Heft 47,
S. 6.

## 303
### Altersheim Groß-Borstel
Hamburg-Groß-Borstel
Auftraggeber: Freie und Hansestadt Hamburg
1929–31

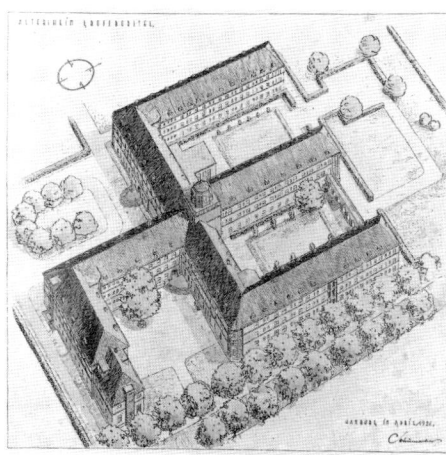

Das Altenheim Groß-Borstel ist eine staatliche
Einrichtung mit 50 Wohnungen für Ehepaare,
201 Einzel- und 26 Doppelzimmern, und damit
eines der größten dieser Art in Hamburg. Die
Anlage besteht aus mehreren dreigeschossigen
Gebäuden mit Walmdach und hat einen E-
förmigen Grundriß mit drei nordsüdlich ausgerichteten, gleichlangen Flügeln, die durch
einen Querbau verbunden werden, an den sich
nach Süden ein weiterer winkelförmiger
Trakt anschließt. An den Eckpunkten der
einzelnen Flügel, die Garten- und Hofanlagen
umschließen, liegen Treppenhausvorbauten,
die in ganzer Höhe verglast sind und bis in den
Dachbereich aufsteigen. Dreh- und Mittelpunkt der gesamten Anlage ist der Turm des
Haupttreppenhauses, dem man sich über den
mit einer Rundbogenarkade markierten Haupt-
zugang nähert und der mit seiner Plattform und
einem zusätzlichen Aufsatz den Dachfirst
überragt.

Quellen: Hbg. u. s. Bauten 1918/29, S. 235,
375.

**304**
**Volksschule Tiroler Straße**
Bauentwurf
Hamburg-Barmbek, Tiroler Straße
Auftraggeber: Freie und Hansestadt Hamburg
1930

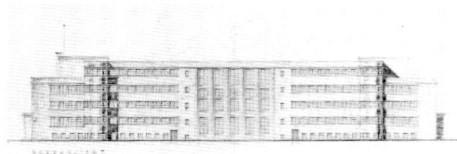

Der für eine Volksschule mit integriertem
Kindergarten vorgesehene Bauplatz war ein
von vier Straßen begrenzter, rechtwinkliger
Baublock im zum Teil bereits dichtbebauten
Arbeiterwohngebiet Barmbek-Nord. Schumacher plante einen regelmäßigen U-förmigen
Gebäudekomplex, der den Blockrand nach drei
Seiten abschließt. Die Südseite bleibt
unbebaut. Hier öffnet sich der Block auf einen
großen Schulhof. Der Bau besteht aus dem
fünfgeschossigen Hauptgebäude an der Tiroler
Straße und zwei kürzeren Seitenflügeln von
vier Geschossen. Gegliedert wird der flachgedeckte Bau durch erhöhte Treppenhausbauten
in den hofseitigen Gebäudeecken, durch halbrunde Kopfbauten an den Enden der Seitenflügel sowie durch zwei halbrunde Vorbauten,
die die Hauptfront zur Straße seitlich
begrenzen. Fünf durchgehende vertikale
Fensterachsen heben den Mittelteil des Hauptgebäudes, in dem sich im Erdgeschoß die
Turnhalle und darüber die Aula befinden, von
den übrigen Gebäudeteile ab, die durch die
Aneinanderreihung von einzelnen Sprossenfenstern horizontal gegliedert sind. Abgesehen von
zwei Wappen an der Außenwand ist kein
Bauschmuck vorgesehen.
Der Bau wurde nicht realisiert.

Quellen: Baubehörde, Bestand Schumacher.

**305**
**Wandlerstelle und Bedürfnisanstalt**
Hamburg-Alsterdorf, Heubergredder
Auftraggeber: Freie und Hansestadt Hamburg
1930

An der Hochbahnstation Alsterdorf, vor einem
Sportplatz, wurde ein kleiner Komplex aus
zwei Gebäudeteilen errichtet. Belichtet wird die
langgestreckte, rechtwinklige Transformato-
renstation mit überdachten Sitzplätzen an den
Schmalseiten durch kleine, quadratische Oberlichter, die im halbrunden Abortanbau an der
Nordseite zu einem durchgehenden Fensterband zusammengefaßt werden. Das leicht
geneigte Dach kragt weit aus.
Der Bau ist nicht erhalten.

Quellen: Baubehörde, Bestand Schumacher.

**306**
**Feuerwache Rugenberger Hafen**
Hamburg-Waltershof, Rugenberger Hafen
Auftraggeber: Freie und Hansestadt Hamburg
1930

Die neuen Hafenanlagen auf der südlichen
Seite des Köhlbrands mit ihren neuen Indu-
striebetrieben machten den Bau einer Hafenfeuerwache für Landlöschfahrzeuge und
Löschboote notwendig. Die Wache erhält eine
Halle für vier Fahrzeuge und Räume für eine
Belegschaft von 48 Mann, dazu kommen noch
die Wachstuben, Wasch- und Schrankräume,
eine Werkstatt und die Wohnung des Befehls-
habers. Der Hauptflügel der Feuerwache, die
im Grundriß einen rechten Winkel bildet,
erstreckt sich entlang des Hafenbeckens und ist
zur einen Hälfte ein-, zur anderen Hälfte zweigeschossig. Hier liegt im Erdgeschoß die
Wagenhalle mit vier Ausfahrten, darüber,
durch ein langes Fensterband erkennbar, der
Mannschaftsschlafsaal. Im niedrigeren Kopf-
anbau befindet sich eine separate Wohnung.
Den Übergang vom eingeschossigen zum zweigeschossigen Teil markiert ein hoher
Schlauchturm. Der quer anschließende Seitenflügel bleibt eingeschossig. Die einzelnen
Bauteile des Klinkerbaus haben strenge
kubische Formen.
Der Bau ist nicht erhalten.

Quellen: Feuerwache im Hamburger Hafen.
In: Deutsche Bauzeitung 67 (1933), S. 333;
Neue Bauten von Fritz Schumacher, Hamburg. In: Wasmuths Monatshefte für Baukunst
und Städtebau 15 (1931), S. 441 f.

**307**
**Kaischuppen 59**
Hamburg-Steinwerder, Veddeler Damm/
Windhukkai
Auftraggeber: Freie und Hansestadt Hamburg
1930

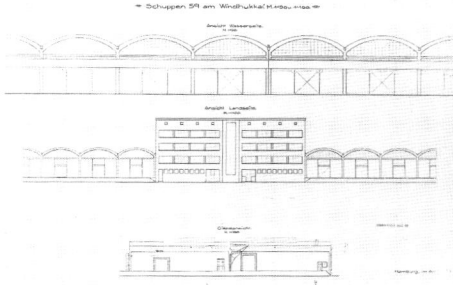

Die Schuppenanlage am Windhukkai mit einer
Gesamtlänge von über 330 Metern besteht aus
einem Mittelbau, dem dreigeschossigen
Verwaltungsgebäude von circa 50 Metern
Länge und zwei rechts und links anschließenden Kaischuppen. Der flachgedeckte,
rotgeklinkerte Verwaltungsbau überragt die
zehn Meter hohen Schuppen um das Doppelte.
Er ist auf der Landseite in den circa 50 Meter
tiefen Schuppen eingebaut, so daß von der
Wasserseite eine durchgehende Front zu sehen
ist. Die neun Joche der Schuppenanlage sind in
der damals neuesten Stahlbetontechnik (der
Firma Dywidag) ausgeführt und haben dünn-
wandige, gewölbte Stahlbetonschalen als Dach.
Ihr oberer Teil ist jeweils land- und wasserseitig
verglast, der untere Teil zur Wasserseite durch
ein Schiebetor, zur Landseite durch ein
schmaleres Rolltor zu öffnen.

Quellen: Plankammer der Behörde für Strom
und Hafenbau, Schumacher-Bestand.

**308**
**Wiesendammbrücke**
Hamburg-Winterhude, Wiesendamm
Auftraggeber: Freie und Hansestadt Hamburg
1930

Kurz bevor der Goldbekkanal den Stadtpark
erreicht, überquert der Wiesendamm mit einer
Bogenbrücke seinen Lauf. Bei dem Konstruktionssystem handelt es sich um einen Zweigelenkrahmen mit Kragarm in Stahlbeton.
Die Brückenseiten sind verklinkert und durch
Keramikbänder vertikal gegliedert. Die Unterseite ist in Sichtbeton. Die Brüstung besteht
aus einem Netz kleinteiliger quadratischer
Durchbrüche.

Quellen: SUB, Schumacher-Nachlaß.

**309**
**Warteräume und Bedürfnisanstalt
Wilhelmsburger Platz**
Hamburg-Veddel, Veddeler Brückenstraße
Auftraggeber: Freie und Hansestadt Hamburg
1931

Am Wilhelmsburger Platz, an der Straßen-
bahnhaltestelle der neuen Wohnsiedlung auf
der Veddel, wurde der Flachbau plaziert, an
dessen Nord- und Südseite in halbrunden Vorbauten mit umlaufender Verglasung in halber
Höhe und zweiflügeligen Schwingtüren jeweils
ein Warteraum liegt.
Der Bau ist nicht erhalten.

Quellen: Baubehörde, Bestand Schumacher.

**310**
**Polizeiwache Geesthacht**
Bauentwurf
Geesthacht, Bergedorfer Straße
Auftraggeber: Freie und Hansestadt Hamburg
1931

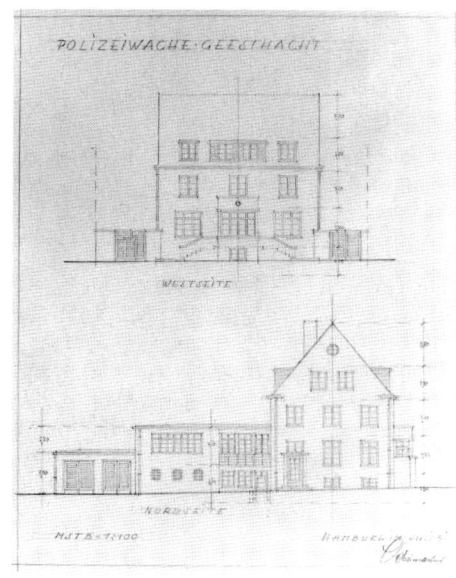

Für die Stadt Geesthacht an der Oberelbe, die
bis 1937 zu Hamburg gehörte, übernahm Schumacher die Planungen zum Bau einer Polizeiwache. Ein erster Entwurf von Juli 1931 zeigt
ein zweigeschossiges Haus mit Souterrainge-
schoß und Satteldach. Das traufenständige
Haus hat nach hinten einen zweigeschossigen
Anbau mit Flachdach, an den eine Doppel-
garage anschließt. Im Ober- und Dachgeschoß
liegt jeweils eine Wohnung, im Erdgeschoß
befinden sich die Räume der Polizeiwache. Im
Anbau gibt es neben drei Gefängniszellen und
einem Aufenthaltsraum für Polizeibeamte zwei
Räume für obdachlose Frauen und Männer.
Die dreiachsige Vorderfront mit verglastem
Eingangsvorbau ist wie die gesamte Anlage
symmetrisch aufgebaut.
Schon im August 1931 machte Schumacher
neue Entwürfe für eine wesentlich verkleinerte
Wache. Das Vorderhaus erhält nur noch
Erdgeschoß und Souterrain. Anbau und Garage
entfallen bis auf den Aufenthaltsraum ganz.

Quellen: Baubehörde, Bestand Schumacher.

## 311

**Volksschule Graudenzer Weg**

Heute: Schule Alter Teichweg
Hamburg-Barmbek, Alter Teichweg
Auftraggeber: Freie und Hansestadt Hamburg
1931–32

Die Schule liegt auf der nördlichen Ecke einer großen Sportplatzgruppe. Der Bebauungsplan zeigt, daß auf der gegenüberliegenden Ecke ein gleiches, jedoch nicht realisiertes Schulgebäude geplant war, so daß sich im Ergebnis eine symmetrische Bebauung ergeben hätte. Das Gebäude am Alten Teichweg bildet im Grundriß eine U-Form, besteht aber aus verschieden hohen, flachgedeckten Gebäudeteilen. Der an der Straße gelegene Haupttrakt ist fünfgeschossig mit zweiseitig bebautem Mittelflur und bildet gemeinsam mit dem dreigeschossigen, rechtwinklig anschließenden Verbindungsbau mit einseitig angeordneten Klassenräumen den Platzabschluß. Der niedrige Zwischenbau, dessen Dach als Tribüne für die Sportplätze vorgesehen war, geht in den Aulaanbau und die nach hinten anschließende Turnhalle über. Obwohl die Schule noch nach den alten Programmvorschriften für Schulneubauten entworfen worden war, erreichte Schumacher hier wie bei zwei weiteren Schulneubauten nachträglich, daß eine Aula mit Einrichtungen für öffentliche Vorführungen eingeplant werden konnte. Dazu wurde der Grundriß geändert und die Aula an die Stelle der Turnhalle gesetzt, die in einem Anbau zur Hofseite einen neuen Platz fand. Karl Kluth malte 1931 ein Wandbild *Lebensfreude* an das Ende eines langen Flurs.

Quellen: Deutsche Bauzeitung 62 (1928), S. 626 ff.; Volksschule am Graudenzer Weg in Hamburg. In: Zentralblatt der Bauverwaltung 51 (1931), S. 625 ff.; Hbg. u. s. Bauten 1918/29, S. 348.

## 312

**Bedürfnisanstalt Winterhuder Marktplatz**

Hamburg-Winterhude, Winterhuder Marktplatz
Auftraggeber: Freie und Hansestadt Hamburg
1933

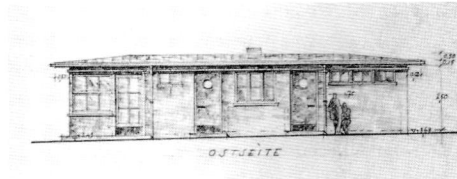

Integriert in das kleine Gebäude ist ein Schaltraum der E-Werke, ein Zeitungskiosk und eine Telefonzelle. Der langgestreckte, rechtwinklige Bau ist aus Backstein und hat ein leicht geneigtes, auskragendes, kupfergedecktes Flachdach.
Der Bau ist nicht erhalten.

Quellen: Baubehörde, Bestand Schumacher.

## 313

**Verlegung des Kaiser-Wilhelm-Denkmals**

Hamburg-Neustadt, Sievekingplatz
Auftraggeber: Freie und Hansestadt Hamburg
1933

Auf Schumachers Betreiben wurde das Reiterdenkmal Kaiser Wilhelms I. von seinem Standort auf dem Rathausmarkt entfernt und auf einen Platz neben das Ziviljustizgebäude verlegt. Er konnte so seine bereits 1921 geübte Kritik an der Beeinträchtigung der Platzwirkung durch die Denkmalanlage (Schumacher: *Zukunftsphantasien*, s. u.) in die Tat umsetzen.

Quellen: Fritz Schumacher: Zukunftsphantasien über alte Hamburger Plätze. Hamburg-Braunschweig 1921; StaH, Schumacher-Nachlaß 621–2; Baubehörde, Bestand Schumacher.

## 314

**Bühnenbildentwürfe**

Hamburg
Um 1933

Nach seiner Versetzung in den Ruhestand versuchte Schumacher zu Studienzwecken eine weitere Reduzierung seines sparsamen Bühnenkonzeptes (vgl. *Hamlet* 1909, Monumentalbühne um 1919) anhand von William Shakespeares *König Lear*, der *Orestie* und des *König Ödipus* des Aischylos, der *Antigone* des Sophokles und Friedrich Schillers *Braut von Messina*. Die Entwürfe wurden nicht realisiert und haben sich nicht erhalten.

Quellen: Schumacher: Wandlungen im Bühnenbild, S. 54–64.

## 315

**Grabmal Schumacher**

Berlin, Städtischer Friedhof Dahlem, Königin-Luise-Straße 57, Abt. 26, Grabstelle 33/34
Auftraggeber: Hermann Schumacher
1941

Für die Familie seines Bruders, des Nationalökonomen Hermann Schumacher (1868–1952), entwarf Schumacher ein Grabmal, das zunächst nur seinem 1941 in der Sowjetunion gefallenen Neffen Ernst Schumacher als Kenotaph gewidmet war. Zwei pfeilerartige Bauteile rahmen eine ellipsenförmige Nische, in die eine Stele eingestellt ist. Eine Deckplatte mit rauhbelassener Sichtfläche schließt den Baukörper nach oben ab. Der flache Sockel kragt vor der Nische ellipsenförmig vor und erweitert damit die Standfläche für die Stele, die den Namen und die Lebensdaten des Gefallenen trägt und von einem Eichenlaubkranz bekrönt ist. Darüber befindet sich in der Nische, als Relief ausgearbeitet, das Wappen der Familie Schumacher mit Helmbuschzier und männlicher Figur. Das aus Kalksteinblöcken errichtete, klassisch-schlichte Grabmal wurde aufgrund seiner geschichtlichen und künstlerischen Bedeutung 1992 unter Denkmalschutz gestellt.

Quellen: Stellungnahme der Senatsverwaltung für Stadtentwicklung und Umweltschutz, Berlin, vom 22. 10. 1992.

# Nachtrag

## Bebauungsplan Wohldorf-Ohlstedt

Hamburg-Wohldorf/Ohlstedt
Auftraggeber: Freie und Hansestadt Hamburg
1911

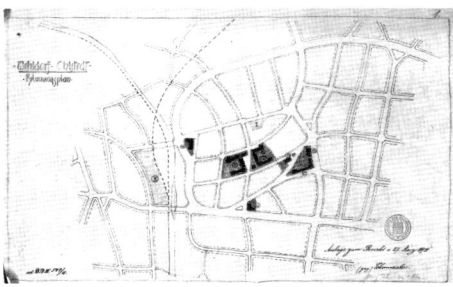

Bereits drei Jahre vor Gründung der Städtebau-abteilung machte Schumacher Entwürfe für einen Bebauungsplan im Hamburger Landgebiet. Im Zentrum der ländlichen Siedlung mit ein- und zweigeschossigen Reihen- und Doppelhäusern sah er in unregelmäßiger Anordnung eine Kirche und öffentliche Bauten wie Schule, Feuerwehr und Rathaus vor. Durch einen Vertrag mit der Terraingesellschaft, die das Gelände bebauen wollte, waren die Hamburger Behörden an einen Fertigstellungstermin für den Plan gebunden. Die Planungen wurden nicht realisiert.

Quellen: StaH, Schumacher-Nachlaß 621–2; Kurt Rauhschnabel: Stadtgestalt durch Staatsgewalt? Das Hamburger Baupflegegesetz von 1912. Hamburg 1984, S. 104 f.

## Brücke Korsostraße

Hamburg-Winterhude, Südring
Auftraggeber: Freie und Hansestadt Hamburg
1913

Die Konstruktion der Straßenbrücke an der Mündung des Goldbekkanals in den Stadtparksee besteht aus einem Zweigelenkrahmen mit Kragarm aus Stahlbeton. Die Außenflächen der schlichten Bogenbrücke sind einschließlich der Brüstung mit Klinkern verblendet, ihre Auflagepunkte durch Vorlagepfeiler hervorgehoben.

## Friedhofskapelle Finkenwerder

Hamburg-Finkenwerder, Landscheideweg/
Norderkirchenweg
Auftraggeber: Freie und Hansestadt Hamburg
1926–27

Nach der Vergrößerung des alten Friedhofs von Finkenwerder wurden eine Kapelle mit Leichenkammer und zwei Toranlagen errichtet. Das leicht geschweifte Steildach des Klinkerbaus mit T-förmigem Grundriß wird von einem kupferverkleideten Dachreiter bekrönt. Im Inneren wurden die Wände verputzt, die Decke und eine Nische mit Holz verkleidet. Vor der Kapelle liegt eine Platzanlage mit beiderseits des Eingangs angeordneten Steinbänken und einem Kriegerdenkmal von Richard Kuöhl. Die beiden neuen Zugänge zum Friedhof sind im Stil der Hoftore des angrenzenden Alten Landes in weißgestrichenem Holz mit farbig abgesetztem plastischen Schmuck und einer pfannengedeckten Überdachung ausgeführt.
Die Kapelle ist durch Hochwasser und Feuer im Inneren beschädigt, äußerlich aber gut erhalten. Die Toranlagen befinden sich in gutem Zustand.

Quellen: StaH, Jahresbericht des Hochbauwesens 1927, B115, Bd. 4; Ortsamt Finkenwerder, Bauakte Fi. 3783; Ewald Goltz: St. Nicolai in Hamburg Finkenwerder. Hamburg 1981; freundliche Auskunft von Herrn Pastor Billerbeck, St. Nicolai.

## Bedürfnisanstalt

Hamburg-Ohlsdorf, Ohlsdorfer Friedhof
Auftraggeber: Freie und Hansestadt Hamburg
1927

Der rechteckige Klinkerbau hat ein quadratisches, auf allen vier Seiten mit Fledermausgauben ausgestattetes Pyramidendach, dessen einseitiger Überstand auf vier runden Säulen ruht. Er liegt hinter der im gleichen Jahr nach Plänen Schumachers erbauten Kapelle XIII.

Quellen: Archiv des Garten- und Friedhofsamtes, Friedhof Ohlsdorf.

## Bezirksdepot der Straßenreinigung

Hamburg-Hamm, Opitzstraße
Auftraggeber: Freie und Hansestadt Hamburg
1928

Der Höhenunterschied zwischen dem Erdgeschoß (3,10 Meter Deckenhöhe) und dem Obergeschoß (2,30 Meter) des zweigeschossigen Gebäudes mit Mannschafts- und Büroräumen wird an der Fassade durch ein Gurtgesims und die niedrigeren Fenster im Obergeschoß deutlich. Ein leicht geneigtes Pyramidendach schließt den Baukörper ab. Das Material der Außenwände ist nicht bekannt.

Quellen: Baubehörde, Bestand Schumacher.

# Anhang

**Ausgewählte Literatur**

**Schriften Fritz Schumachers**

Als Gesamtverzeichnis vgl.:
Werner Kayser: Fritz Schumacher. Architekt
und Städtebauer. Eine Bibliographie.
Arbeitshefte zur Denkmalpflege in Hamburg,
Nr. 5. Hamburg 1984.

Im Kampfe um die Kunst. Beiträge zu
architektonischen Zeitfragen. Straßburg: Heitz
1899.

Leon Battista Alberti und seine Bauten. Berlin:
Spemann 1899.

Phantasien in Auerbachs Keller. Festspiel zur
Feier des fünfundzwanzigjährigen Bestehens des
Kunstgewerbemuseums zu Leipzig. Leipzig:
Weber (1899).

Von der Wandlung im Kunstgewerbe. Vortrag
gehalten in der Dritten Deutschen
Kunstgewerbeausstellung in Dresden 1906.
München: Callwey 1906.

Streifzüge eines Architekten. Gesammelte
Aufsätze. Jena: Diederichs 1907.

Vom werdenden Stadtpark. Hrsg. vom
Stadtpark-Verein zu Hamburg, e.V. Hamburg:
Persiehl 1914.

Ausblicke für die kunsttechnische Zukunft
unseres Volkes. Weimar: Kiepenheuer 1916.

Kriegs-Gedächtnis-Male. Praktische Studien.
Darmstadt: Koch 1916; Sonderdruck aus:
Deutsche Kunst und Dekoration 19 (1916).

Die Kleinwohnung. Studien zur
Wohnungsfrage. Leipzig: Quelle und Meyer
1917.

Die Reform der kunsttechnischen Erziehung.
Ein Beitrag zum Aufstieg der Begabten.
Leipzig: Quelle und Meyer 1918.

Hamburgs Wohnungspolitik von 1818 bis
1919. Ein Beitrag zur Psychologie der Groß-
Stadt. Hamburg: Friederichsen 1919.

Grundlagen der Baukunst. Studien zum Beruf
des Architekten. München: Callwey 1919.

Vom Baume der Erkenntnis. (Buchausstattung
von Walter Thiemann). Leipzig: Quelle und
Meyer 1920.

Das Wesen des neuzeitlichen Backsteinbaus.
München: Callwey 1920.

Kulturpolitik. Neue Streifzüge eines
Architekten. Jena: Diederichs 1920.

Wie das Kunstwerk Hamburg nach dem
großen Brande entstand. Ein Beitrag zur
Geschichte des Städtebaus. Berlin: Curtius
1920.

Zukunftsphantasien über alte Hamburger
Plätze. Braunschweig, Hamburg: Westermann
1921.

Das Entstehen einer Großstadt-Straße.
Braunschweig, Hamburg: Westermann 1922.

Köln. Die Entwicklungsfragen einer
Großstadt. Unter Mitwirkung von Wilhelm
Arntz. Köln: Saaleck-Verlag (München:
Callwey) 1923.

Das bauliche Gestalten. In: Handbuch der
Architektur. T. 4, Halbbd. 1: Architektonische
Komposition. Leipzig: Gebhardt 1926.
S. 5–63.

Zukunftsfragen an der Unterelbe.
Gedanken zum »Groß-Hamburg«-Thema.
Jena: Diederichs 1927.

Ein Volkspark. Dargestellt am Hamburger
Stadtpark. München: Callwey 1928.

Die bauliche Zukunft der hamburgischen
Universität. Hamburg: Friederichsen, de
Gruyter & Co 1928.

Die Universität am Scheidewege. Zweite
Denkschrift über die bauliche Zukunft der
hamburgischen Universität. Hamburg:
Lütcke & Wulff, um 1929.

Zeitfragen der Architektur. Jena: Diederichs
1929.

Darstellungen des soziologischen Zustandes im
hamburgisch-preußischen Landespla-
nungsgebiet. Hrsg. von Fritz Schumacher.
Hamburg: Lütcke & Wulff in Komm. 1931.

Goethes Weltanschauung. Eine Rede zum
22. März 1932. Als Manuskript gedruckt vom
Buchbund Hamburg. Leipzig: Poeschel und
Trepte 1932.

Das Werden einer Wohnstadt. Bilder vom
neuen Hamburg. Hamburg: Westermann 1932
(Neuauflage, Hamburg: Christians 1984).

Das Gebiet der Unterelbe – Hamburg im
Rahmen der Neugliederung des Reiches.
Hamburg: Broschek 1932.

Hamburger Staatliche Kunstpflege.
24 Wandbilder in Hamburger Staatsbauten.
Hamburg: Broschek 1932.

Wesen und Organisation der Landesplanung
im hamburgisch-preußischen Planungsgebiet.
Hamburg: Boysen & Maasch 1932.

Der »Fluch« der Technik. Hamburg: Boysen
& Maasch 1932.

Schöpferwille und Mechanisierung.
Fortsetzung der Schrift: Der »Fluch« der
Technik. Hamburg: Boysen & Maasch 1933.

Stufen des Lebens. Erinnerungen eines
Baumeisters. Stuttgart, Berlin: Deutsche
Verlags-Anstalt 1935.

Strömungen in deutscher Baukunst seit 1800.
Leipzig: Seemann 1935.

Rundblicke. Ein Buch von Reisen und
Erfahrungen. Stuttgart, Berlin: Deutsche
Verlags-Anstalt 1936.

Begleitmusik des Lebens. Ausgewählte
Gedichte. Stuttgart, Berlin: Deutsche Verlags-
Anstalt 1937.

Der Geist der Baukunst. Stuttgart, Berlin:
Deutsche Verlags-Anstalt 1938.

Träumereien. Ernste und heitere Gedanken-
spiele. Stuttgart, Berlin: Deutsche Verlags-
Anstalt 1939.

Probleme der Großstadt. Leipzig: Seemann
1940.

Lesebuch für Baumeister. Hrsg. und eingel.
von Fritz Schumacher. Berlin: Henssel 1941.

Die Sprache der Kunst. Stuttgart, Berlin:
Deutsche Verlags-Anstalt 1942.

Das Weltbild Goethes. Leipzig: Seemann 1944.

Zum Wiederaufbau Hamburgs. Rede im
Hamburger Rathaus am 10. Oktober 1945.
Hamburg: Trautmann 1945.

Erziehung durch Umwelt. Hamburg:
Trautmann 1947.

Atomphysik und Architektur. Mit einem Vorwort von Hugo Sieker. Hamburg: Hamburgische Bücherei 1948.

Wandlungen im Bühnenbild. Hamburg: Toth 1948.

Selbstgespräche. Erinnerungen und Betrachtungen. Hamburg: Springer 1949.

Vom Städtebau zur Landesplanung und Fragen städtebaulicher Gestaltung. Tübingen: Wasmuth 1951.

Nachlese. Philosophische Betrachtungen und Gedichte. Hrsg. von den Fritz Schumacher-Erben im Privat-Druck. Hamburg: Buckendahl 1951.

**Sekundärliteratur zu Fritz Schumacher**

Erich Haenel: Fritz Schumacher. In: Dekorative Kunst 11 (1903), S. 281–299.

Hermann Muthesius: Fritz Schumachers Bautätigkeit in Hamburg. In: Die Kunst 40 (= Dekorative Kunst 22) (1919), S. 93–110.

Gustav Schiefler: Eine Hamburgische Kulturgeschichte 1890–1920. Beobachtungen eines Zeitgenossen (1920). Bearb. v. Gerhard Ahrens, Hans Wilhelm Eckardt, Renate Hauschild-Thiessen. Hamburg 1985.

Erwin Ockert: Fritz Schumacher. Sein Schaffen als Städtebauer und Landesplaner. Und Erinnerungen aus dem Kreise seiner Freunde und Verehrer. Tübingen 1950.

Gerhard Langmaack: Fritz Schumacher. Vortrag in der Reihe »Bedeutende Hamburger«. Hamburg 1964.

Schumacher und Hamburg, eine fachliche Dokumentation zu seinem 100. Geburtstag. Zusammengestellt und kommentiert zum 4. November 1969 von Werner Kallmorgen. Hamburg 1969.

Petra Dorsch: Fritz Schumacher (1869–1947). In: Peter Glotz, Wolfgang R. Langenbucher (Hrsg.): Vorbilder für Deutsche. Korrektur einer Heldengalerie. München, Zürich 1974, S. 63–77.

Lutz Tittel: Zur Verwendung von Bauplastik an Schumachers Staatsbauten in Hamburg. In: Uni HH-Forschung. Wissenschaftsberichte aus der Universität Hamburg 8 (1975), S. 179–190.

Joachim Matthaei: Fritz Schumachers baugeschichtliche Perspektiven heute? Versuch einer Standortbestimmung. Vortrag in der Akademie am 6. Oktober 1977. In: Berichte 1975–1977. Jahrbuch der Freien Akademie der Künste in Hamburg. Hamburg 1977, S. 105–128.

Manfred F. Fischer: Fritz Schumacher. Das Hamburger Stadtbild und die Denkmalpflege. Hamburg 1977.

Lutz Tittel: Backstein in Hamburg (Ausstellungskatalog, Museum für Hamburgische Geschichte). Hamburg 1977.

Hans Christoph Rublack: Städtebau und Sozialreform: Fritz Schumacher. In: Die Alte Stadt 6 (1979), S. 136–155.

Hermann Hipp: Wohnstadt Hamburg. Mietshäuser zwischen Inflation und Weltwirtschaftskrise, Hamburg 1982.

Manfred F. Fischer: Neue Literatur zu Fritz Schumacher. In: Zeitschrift des Vereins für Hamburgische Geschichte 69 (1983), S. 187–199.

Kurt Rauschnabel: Stadtgestalt durch Staatsgewalt? Das Hamburger Baupflegegesetz von 1912. Hamburg 1984.

Werner Kayser: Fritz Schumacher. Architekt und Städtebauer. Eine Bibliographie. Hamburg 1984.

Hermann Hipp: Vorwort. In: Fritz Schumacher: Das Werden einer Wohnstadt. Bilder aus dem neuen Hamburg. Nachdruck der Ausgabe von 1932 (Stadt, Planung, Geschichte, Bd. 4). Hamburg 1984, S. 159–183.

Gert Kähler: Wohnung und Stadt. Hamburg, Frankfurt, Wien – Modelle sozialen Wohnens in den zwanziger Jahren. Braunschweig 1985.

Dörte Nicolaisen: Studien zur Architektur in Hamburg 1910–1930. Nijmegen 1985.

Edward H. Teague: Fritz Schumacher: A Bibliography (Vance Bibliographies, A 1469). Monticello/Illinois 1985.

Reiner Lehberger: Fritz Schumacher und der Schulbau im Hamburg der Weimarer Jahre. In: Hans Peter de Lorent, Volker Ulrich (Hrsg.): »Der Traum von der freien Schule«. Schule und Schulpolitik in der Weimarer Republik (Hamburger Schriftenreihe zur Schul- und Unterrichtsgeschichte). Hamburg 1988, S. 238–251.

Hermann Hipp: Freie und Hansestadt Hamburg. Geschichte, Kultur und Stadtbaukunst an Elbe und Alster. Köln 1989.

Hans Harms, Dirk Schubert: Wohnen in Hamburg – ein Stadtführer zu 111 ausgewählten Beispielen (Stadt, Planung, Geschichte, Bd. 11). Hamburg 1989.

Goerd Peschken: Fritz Schumachers Neubau am Lerchenfeld. In: Hartmut Frank (Hrsg.): Nordlicht. Die Hamburger Hochschule für

bildende Künste am Lerchenfeld und ihre Vorgeschichte. Hamburg 1989, S. 73–88.

Hartmut Frank: The Metropolis as a Comprehensive Work of Art. Fritz Schumacher's Plan for Cologne. Document of a forgotten Modernity. In: Jean Clair (Hrsg.): The 1920s. Age of the Metropolis. The Montreal Museum of Fine Arts 1991.

Hermann Hipp: Fritz Schumachers Hamburg: Die reformierte Großstadt. In: Vittorio Magnago Lampugnani, Romana Schneider (Hrsg.): Moderne Architektur in Deutschland 1900–1950. Reform und Tradition. Stuttgart 1992, S. 151–184.

Stefan Timpe: »Eine Trutzburg gegen die Gewerkschaften«. Zum Hintergrund der Errichtung des Gewerbehauses von Fritz Schumacher in Hamburg. In: Zeitschrift des Vereins für Hamburgische Geschichte 78 (1992), S. 163–182.

Arbeitsgruppe Fritz-Schumacher-Kolloquium (Hrsg.): Zur Aktualität der Ideen von Fritz Schumacher. Beiträge und Ergebnisse des Fritz-Schumacher-Kolloquiums 1990 in Hamburg. Hamburg 1993.

## Fritz Schumachers Lebensdaten im Überblick

### 1869
Am 4. November wird Friedrich Wilhelm (genannt Fritz) Schumacher in Bremen geboren. Seine Eltern sind Dr. Hermann Albert Schumacher und Therese Schumacher, geb. Grote. Schumacher entstammt einer alteingesessenen Bremer Kaufmanns-, Pastoren- und Ratsherrenfamilie, sein Vater war nach Gründung des Deutschen Reiches als Diplomat tätig.

### 1871–1883
Die Kindheit und erste Jugend erlebt Schumacher mit der Familie zunächst in Bogotà (1872–74), dann in New York (1875–83), wo er mit seinem Bruder Hermann eine Druckerei, »Schumacher Brothers, Book und Job Printers«, gründet.

### 1883–1889
Hermann und Fritz Schumacher besuchen das Alte Gymnasium in Bremen bis zum Abitur. Im »Prima-Verein« übt sich Schumacher in Vorträgen mit literarischen, kunstgeschicht- lichen und philosophischen Themen, die Zeitschrift *Die Kunst für Alle* prägt seine künstlerischen Anschauungen.

### 1889–1893
Schumacher hört zunächst an der Universität München Mathematik und Naturwissen- schaften, hospitiert aber gleichzeitig an der Akademie und der Technischen Hochschule. Nach seiner Entscheidung für das Architektur- studium absolviert er an der TH schnell Vorexamen und, nach einem Semester an der TH Berlin, auch das Abschlußexamen.

### 1893–1895
Im Büro von Gabriel von Seidl erwirbt Schumacher architektonische Praxis. In Tirol und am Gardasee führt er erste eigene Bauaufträge aus.

### 1895–1901
Neben seiner Tätigkeit am Stadtbauamt Leipzig unter Hugo Licht entstehen erste selbständige Bauten. Schumacher verkehrt in literarischen und künstlerischen Zirkeln, erste Publikationen und publizistische Mitarbeit an Kunstzeitschriften begründen das literarische Œuvre. Mehrmonatige Studienreisen nach Paris, Rom, London, Belgien und in die Niederlande bringen wesentliche Anregungen und Verbindungen. Seine Streitschriften zum *Kampf um die moderne Kunst*, seine mehrfach ausgestellten und publizierten architektur- utopischen *Studien* und das von ihm verfaßte Festspiel *Phantasien in Auerbachs Keller* machen ihn zu einem Protagonisten der Reformbewegungen der Jahrhundertwende.

### 1901–1909
Schumacher lehrt als Professor an der Technischen Hochschule in Dresden Innenarchitektur, Kunstgewerbestile, Bauformen der Antike, später Entwerfen. Unter seinen Studenten in Freihand- und Ornamentzeichnen sind die »Brücke«-Künstler Fritz Bleyl, Erich Heckel und Ernst Ludwig Kirchner. Erste Ehrungen sind 1900 die Ver- leihung der Staatsmedaille auf der Deutschen Bauausstellung in Dresden und die der Goldenen Medaille auf der Weltausstellung in Paris. 1903 erhält er die Ehrenurkunde der Deutschen Städte-Ausstellung Dresden. 1904 folgt die Goldene Medaille der Weltausstellung St. Louis und die Plakette der Großen Berliner Kunstausstellung. Auf der von ihm maßgeblich organisierten, wegweisenden Dritten Deutschen Kunstgewerbeausstellung in Dresden präsentiert Schumacher 1906 unter anderem einen monumentalen evangelischen Kirchenraum. Er erhält die Staatsmedaille der Dritten Deutschen Kunstgewerbeausstellung und im selben Jahr die Ehrenurkunde für die hervorragende Förderung deutscher Kultur- arbeit sowie die Ernennung zum Ritter des Albrechtsordens Erster Klasse. Seit 1906 Mitglied der Künstlervereinigung »Die Zunft« in Dresden, ist er 1907 an der sich aus der Dresdner Ausstellung ergebenden Gründung des »Deutschen Werkbundes« beteiligt. Für seine Bemühungen um die Reform des evangelischen Kirchenraumes erhält er im gleichen Jahr die Goldene Medaille auf der Ausstellung für christliche Kunst in Aachen. Schumachers wachsender Erfolg ist an einer zunehmenden Zahl von Angeboten ablesbar (Leitung der Akademie Breslau, des Stadtbauamtes Charlottenburg, der Düssel- dorfer Kunstgewerbeschule sowie ein Lehrstuhl in Stuttgart).

### 1909–1920
Die Berufung zum Leiter des Hochbauwesens und Baudirektor im höheren Verwaltungs- dienst in Hamburg nimmt Schumacher 1909 an. In den Jahren bis 1920 entstehen wesentliche Bauten im Kultur-, Sozial- und Verwaltungsbereich sowie der Hamburger Stadtpark. Im Wohnungsbau kann Schumacher Reformen verwirklichen, und er beginnt mit einer systematischen Landes- planung im Hamburger Raum. 1913 erhält er den Großen Staatspreis der Internationalen Bau-Ausstellung Leipzig. Während des Ersten Weltkrieges ist er im Dienst der Obersten Heeresleitung in Belgien, Rumänien und Polen vornehmlich im Rahmen von Bildungs- programmen für die Soldaten tätig. Nach 1919 engagiert er sich im Hamburger »Werkbund geistiger Arbeiter«, zu dessen Verdiensten die Realisierung der Hamburger Universität zählt.

### 1920–1923
1919 gewinnt Schumacher einen städte- baulichen Wettbewerb der Stadt Köln zur Gestaltung der durch das Aufheben ihrer Festungsanlagen frei gewordenen inner- städtischen Flächen. Im Anschluß entwickelt er auf Wunsch des Oberbürgermeisters, Konrad Adenauer, einen Generalsiedlungsplan für das gesamte Einzugsgebiet. Für seine Tätigkeit als »technischer Bürgermeister« erhält er von seiner Hamburger Dienststelle für den Zeitraum von drei Jahren Urlaub. Für seine Verdienste um die Großstadt-Reform wird Schumacher 1921 in die Akademie der bildenden Künste in Wien und die Akademie der Künste in Dresden aufgenommen.

### 1924–1933
Als Oberbaudirektor kehrt Schumacher nach Hamburg zurück. Er befaßt sich in der Folge mit stadtplanerischen Aufgaben wie der Gestaltung des Wohngebietes an der Jarrestraße, dem Generalbebauungsplan Hamburgs und Raumordnungsfragen. Die zahlreichen in dieser Zeit entstehenden Bauten, vor allem seine Schulen, zeigen, soweit die Einordnung in die Umgebung dies erlaubt, mit Flachdach und markant-kubischen Formen einen neuen, sachlicheren Stil. 1926 wird Schumacher Mitglied der Akademie des Bauwesens in Berlin, 1927 ernennen ihn das Royal Institute of British Architects und das Institute of American Architects zum »Honorable Member«. 1930 nimmt ihn der Bund Deutscher Architekten als korrespon- dierendes Mitglied auf, und er erhält die Medaille der Preußischen Akademie des Bauwesens.

**1933–1947**

Am 3. Mai 1933 wird Schumacher mit 63 Jahren zwangspensioniert, offiziell gilt die Entlassung als freiwilliger Rücktritt. Er beginnt ein aktives Reiseleben, hält Vorträge, beteiligt sich an Kongressen und Preisgerichten. Eine intensive schriftstellerische Tätigkeit löst die aktive Bauzeit ab. In der Folge erscheinen zwölf Bücher architekturtheoretischen, kulturellen und literarischen Inhalts. Um publizieren zu können, sucht Schumacher 1938 um die Aufnahme in die »Reichsschrifttumskammer« nach, wobei er angibt, als Schriftsteller und nicht mehr in seinem erlernten Beruf als Architekt tätig zu sein (neben der obligatorischen Mitgliedschaft im NSV einziger Eintrag zu Schumacher nach Mitteilung des Berlin Document Center). Nach der Ehrenmitgliedschaft der Deutschen Akademie für Städtebau, Reichs- und Landesplanung 1937 erhält er 1939 die Goethe-Medaille für Kunst und Wissenschaft. 1941 ernennt ihn die Wittheit zu Bremen zum korrespondierenden Mitglied. Ein Rückenleiden zwingt ihn 1942 zum Verkauf seines Hauses. Am 30. Juli 1943 wird seine daraufhin bezogene Wohnung bei einem Bombenangriff zerstört; er findet eine provisorische Unterkunft in Lüneburg. 1944 verleiht ihm die Hansestadt Hamburg den Lessingpreis wegen seiner architektonischen und literarischen Verdienste. Er erhält die Bremische Medaille für Kunst und Wissenschaft. Die Zerstörung der meisten seiner Bauten trifft ihn tief. 1944 hält er im Rathaus eine Rede über die Neugestaltung und den Wiederaufbau Hamburgs. Nach 1945 ist er gutachtend in Lüneburg und beim Wiederaufbau Bremens tätig. 1946 wird Schumacher zum Ehrenmitglied des Architekten- und Ingenieur-Vereins zu Hamburg ernannt und 1947 Ehrenmitglied der Akademie für Städtebau und Landesplanung. Fritz Schumacher stirbt am 5. November 1947 in Hamburg.

## Kurzbiographien der an Hamburger Bauten im Auftrag Fritz Schumachers beteiligten Künstler
Zusammengestellt von Maike Bruhns

Schumacher zog zu seinen Bauten regionale und auswärtige Künstler heran, die großenteils noch nicht bekannt waren. Viele von ihnen sind durch die politische Entwicklung nach 1933 in Vergessenheit geraten.

**Bargheer, Eduard,** 1901–1979 Hamburg. Maler. Zeichenunterricht an der Hamburger Kunstgewerbeschule, Schüler von Jean Paul Kayser und Friedrich Ahlers-Hestermann an der Privatkunstschule Koppel in Hamburg. Mitglied der »Hamburgischen Sezession«. In Schumachers Auftrag malte er zwölf Szenen in das Treppenhaus des Finkenwerder Aussichtsturms und zwei Wandbilder in die Gorch-Fock-Halle in Finkenwerder (Werk Nr. 260). Ein weiterer Wandbildauftrag für die Volksschule Beim Pachthof (Werk Nr. 299) wurde 1933 nicht mehr realisiert.

**Beckerath, Willy von,** 1868 Krefeld – 1938 Irschenhausen. Monumentalbildmaler. Ausbildung an der Düsseldorfer Akademie bei Peter Janssen, seit 1907 Lehrer an der Hamburger Kunstgewerbeschule. Malte 1913–18 den Wandbildzyklus *Die ewige Welle* in den Vortragsraum der Kunstgewerbeschule (Werk Nr. 126).

**Berger, Arthur.** Lebensdaten unbekannt. Goldschmied und Keramiker aus Dresden. Für Schumacher in Arbeitsgemeinschaft mit H. F. Silber, einem Keramiker, tätig. Sie fertigten 1912 die mittlerweile entfernten Knabenskulpturen aus Keramik und eine Sitzgruppe an der Volksschule am Rübenkamp (Werk Nr. 122).

**Bollmann, Paul,** 1885 Hannover – 1944 Überlingen. Maler und Graphiker. Ausbildung an der Kunstgewerbeschule Altona und der Stuttgarter Akademie bei Carlos Grethe. 1934–44 Lehrer an der Hamburger Kunstgewerbeschule. Bollmann führte 1929/30 die Farbgestaltung an der Volksschule Beim Pachthof (Werk Nr. 299) aus.

**Bossanyi, Ervin,** 1891 Regöce – 1975 London. Maler und Glasmaler. Ausbildung an der Kunstgewerbeschule Budapest, der Académie Julian in Paris und der Camden Art School in London. Der Ungar kam 1929 in der Hoffnung auf Schumacher-Aufträge nach Hamburg. Er emigrierte 1934 nach London. Schumacher beauftragte ihn 1930/31 mit der Gestaltung der Fenster des Ohlsdorfer Krematoriums (Werk Nr. 280). 1930 fertigte er für die Oberrealschule Caspar-Voght-Straße (Werk Nr. 302) eine keramische Wandmalerei an einem Brunnen, ferner ein Fliesenbild für das »Landhaus« im Stadtpark (Werk Nr. 179).

**Bossard, Johannes,** 1874 Zug – 1950 Lüllau. Maler, Bildhauer, Illustrator. Studium an den Akademien in München und Berlin. Lehrer an der Kunstgewerbeschule (Werk Nr. 126) in Hamburg, zu deren künstlerischer Ausstattung er Reliefs beitrug.

**Bürger, Fritz,** 1888–1971 Hamburg. Bildhauer. Studium der Malerei an der Münchner Akademie bei Heinrich Knirr und in Karlsruhe bei Friedrich Fehr. Fortsetzung an der Hamburger Kunstgewerbeschule als Bildhauer bei Richard Luksch, als Maler bei Arthur Illies. Mitglied der »Hamburgischen Sezession«, Mitglied des »Altonaer Künstlervereins«. Er arbeitete 1928 eine Figur für den Schulhofbrunnen der Volksschule Meerweinstraße (Werk Nr. 275).

**Czeschka, Carl Otto,** 1878 Wien – 1960 Hamburg. Entwurfzeichner für Kunstgewerbe und Glasfenster, Holzschneider, Buchkünstler und Illustrator. Ausbildung bei Griepenkerl an der Wiener Akademie. 1907–43 Professor an der Hamburger Kunstgewerbeschule. Für Schumacher-Bauten entwarf Czeschka das dreiteilige Hallenfenster in der Kunstgewerbeschule (Werk Nr. 126) und die Fenster des Sitzungssaales im Gewerbehaus (Werk Nr. 145).

**Danneboom, Wilhelm,** 1894 Hamburg. Weitere Daten unbekannt. Wandbildmaler, Schüler von Beckerath an der Hamburger Kunstgewerbeschule. Danneboom malte 1919/20 Wandbilder in den Versammlungsraum des Heims für gefallene Mädchen in den Alsterdorfer Anstalten.

**Ely, Alphons,** 1886 Hamburg – 1973 Boltenhagen. Bildhauer. Holzbildhauerlehrer-Lehre, Studium an der Hamburger Kunstgewerbeschule bei Richard Luksch, dann an der Münchner Akademie bei Hermann Hahn. In Schumachers Auftrag führte er einen Brunnen im Gewerbehaus (Werk Nr. 145) aus.

**Fiedler, Arnold,** 1900–1985 Hamburg. Maler, Graphiker. Studium bei Arthur Illies und Julius Wohlers an der Hamburger Kunstgewerbeschule und bei Hans Hofmann in München. Mitglied der »Hamburgischen Sezession«. Schumacher beauftragte Fiedler 1931 mit einem Gemälde für die Volksschule Veddel (Werk Nr. 277).

**Fischer-Trachau, Otto,** 1878 Trachau – 1958 Hamburg. Wandbildmaler, Farbgestalter und Innenarchitekt. Ausbildung an der Akademie Dresden bei Richard Müller, Otto Gußmann, Wilhelm Kreis. Seit 1907 in Hamburg. Bekannt durch eine größere Anzahl expressionistischer Wand- und Kriegsgedenkbilder. Für Schumacher führte er Farbgestaltungen und Ausmalungen aus: 1912 im Lehrerinnenseminar (Werk Nr. 125), 1910–14 in den Technischen Lehranstalten (Werk Nr. 116) und im Gewerbehaus (Werk Nr. 145), 1919/20 an der

Siedlung Langenhorn (Werk Nr. 215), vor 1922 im Hörsaal des Museums für Hamburgische Geschichte (Werk Nr. 166), 1923 in der Stadthalle (Werk Nr. 146) und im Café (Werk Nr. 182) des Stadtparks, 1927/28 in der Ohlsdorfer Kapelle XIII (Werk Nr. 253). Von ihm stammen das Deckengemälde im Kuppelsaal der Stadthalle (Werk Nr. 146), ferner die Glasfensterentwürfe für das Lehrerinnenseminar (Werk Nr. 125), die Technischen Lehranstalten (Werk Nr. 116) und 1912–14 für das Johanneum (Werk Nr. 143).

**Grimm, Willem,** 1904 Darmstadt – 1986 Hamburg. Maler und Graphiker. Ausbildung an der Offenbacher Kunstgewerbeschule bei Rudolf Koch und Ludwig Enders, in München bei Carl Caspar, an der Hamburger Kunstgewerbeschule bei Willi Titze. Mitglied der »Hamburgischen Sezession«. Grimm malte 1928/29 ein Wandbild in die Volksschule Amalie-Dietrich-Weg (Werk Nr. 273), 1929/30 eines in die Volksschule Beim Pachthof (Werk Nr. 299).

**Groth, Hinrich,** 1894 – ? Altona. Maler, Graphiker. Nach einer Malerlehre Schüler der Kunstgewerbeschule in Altona. Er führte die Farbgestaltung der Luisenschule Bergedorf (Werk Nr. 296) aus.

**Haizmann, Richard,** 1895 Villingen – 1963 Niebüll. Bildhauer. Seit 1922 in Hamburg. Künstlerisch Autodidakt. Abendkurse an der Hamburger Kunstgewerbeschule. Nachdrückliche Förderung durch Max Sauerlandt. Er erhielt von Schumacher folgende Aufträge: 1927 die Gestaltung des Geländers der Brücke am Eppendorfer Baum (Werk Nr. 262), 1926/27 die kupferne Brunnenfigur in der Berufsschule Angerstraße (Werk Nr. 237) und 1928 einen Wasserspeier für den Spielplatz Humboldtstraße.

**Hamann, Paul,** 1891 Hamburg – 1973 London. Bildhauer. Studium an der Hamburger Kunstgewerbeschule bei Luksch, 1913 bei Rodin. Mitbegründer der »Hamburgischen Sezession«, 1933 Emigration nach Paris, 1936 nach London. Von Schumacher erhielt er 1927 den Auftrag für eine große Stehende im Hammer Park.

**Hartmann, Erich,** 1886 Elberfeld – 1974 Sylt. Maler und Graphiker. Studium an der Kunstakademie in Düsseldorf, an der Münchner Akademie bei Peter von Halm, an der Privatakademie Stettler in Paris. Seit 1918 in Hamburg. Mitglied der »Hamburgischen Sezession«. Hartmann malte in Schumachers Auftrag 1928 Wandbilder für die Volksschule Ratsmühlendamm und für das Studentenheim Neue Rabenstraße 13, 1930 für die Schule Beim Pachthof (Werk Nr. 299).

**Hopf, Eduard,** 1901 Hanau – 1973 Hamburg. Maler. Studium an der Akademie in Hanau, Ausbildung als Goldschmied. Als Maler Auto-

didakt, seit 1923 in Hamburg. In Schumachers Auftrag malte er 1928/29 ein Wandbild in die Volksschule Veddel (Werk Nr. 277), 1929 ein Wandbild in die Berufsschule Uferstraße (Werk Nr. 267).

**Kayser, Jean Paul,** 1869 Hamburg – 1942 Donaueschingen. Maler und Graphiker. Besuch der Kunstgewerbeschule in München, anschließend in Dresden. Mitbegründer des Hamburgischen Künstlerclubs von 1897. Mitglied der »Hamburgischen Sezession«. Kayser malte in Schumachers Auftrag 1928/29 ein Wandbild in die Volksschule Veddel (Werk Nr. 277).

**Kluth, Karl,** 1898 Halle – 1972 Hamburg. Maler und Graphiker. Ausbildung an der Akademie in Karlsruhe bei Albert Haueisen und August Babberger. Seit 1922 in Hamburg, Mitglied der »Hamburgischen Sezession«. Kluth malte 1930 ein Wandbild in die Schule Alstertal (Werk Nr. 266), ein weiteres 1931 in die Schule Graudenzer Weg (Werk Nr. 311).

**Kronenberg, Fritz,** 1901 Köln – 1960 Hamburg. Maler und Graphiker. Studium in der Bildhauerklasse der Kölner Kunstschule und an der Akademie Karlsruhe. Seit 1926/27 in Hamburg. Mitglied der »Hamburgischen Sezession«. In Schumachers Auftrag malte er 1931 ein Wandbild in die Volksschule Osterbrook (Werk Nr. 287).

**Kunstmann, Ludwig,** 1877 Regensburg – 1961 Hamburg. Bildhauer und Keramiker. Holzbildhauerlehre in Regensburg, Ausbildung zum Bildhauer in Stuttgart. Seit 1910 in Hamburg. 1919/20 Mitglied der »Hamburgischen Sezession«. Er wurde mit bedeutender Bauplastik in Hamburg bekannt, zum Beispiel am Ballinhaus, am Thaliahof, an der Bugenhagenkirche. Für Schumacher arbeitete er vorwiegend als Bildhauer: 1911/12 Fassadenfiguren für die Volksschule Teutonenweg (Werk Nr. 123), 1914–16 Baukeramik am Kleinkinderhaus (Werk Nr. 184), 1926/27 die Klinkergruppe an der Brücke Von-Essen-Straße (Werk Nr. 240), 1927/28 Keramiken für die Volksschule Graudenzer Weg (Werk Nr. 311), 1929 Figuren für das Krematorium Ohlsdorf (Werk Nr. 280) und Modelle für Plastik in Neubauten, die nicht ausgeführt werden, 1930 eine Brunnenfigur für die Volksschule auf der Veddel (Werk Nr. 277), eine Messingmöve über einer Granitbank. 1924 arbeitete er eine Büste Schumachers.

**Kuöhl, Richard,** 1880 Meißen – 1961 Bad Oldesloe. Keramiker, Modelleur, Bildhauer. Ausbildung als Töpfer und Modelleur in Meißen, Studium an der Kunstgewerbeschule Dresden. 1910 Übersiedlung nach Berlin, Arbeit unter anderem in der Werkstatt von Hugo Lederer. Seit 1912 in Hamburg. Mitglied der »Hamburgischen Sezession«. Er leitete ein großes Atelier auf der Uhlenhorst in der Osterbekstraße. Zu seinen Mitarbeitern zählten

unter anderen die Bildhauer Rudolf Grau, Hans Bauer, Friedrich Bursch, Erich Schwarz, Veerkerk, Tscherne. Kuöhl führte einen Großteil der Baukeramik an Schumachers Staatsbauten aus: 1912–14 Volksschule am Tieloh (Werk Nr. 144), 1914–16 Kleinkinderhaus (Werk Nr. 184), 1911/12 Polizeiwache Hammer Deich (Werk Nr. 120) und 1913/14 Davidswache am Spielbudenplatz (Werk Nr. 160), 1914/15 Stiftungsschule von 1815 (Werk Nr. 175), 1919/20 kaufmännische Fortbildungsschule (Werk Nr. 214), 1926 Finanzdeputation (mit Majolika-Innenausstattung) (Werk Nr. 174), 1926/27 Amtsgericht mit Gefängnis in Bergedorf (Werk Nr. 239), 1931 Krematorium Ohlsdorf (Werk Nr. 280). Im Stadtpark oblag ihm 1922 die keramische Ausstattung der Stadthalle (Werk Nr. 146), der Stadtpark-Brücke, des Hafens und der Kaskade (Werk Nr. 181). Das keramische Reh am Planschbecken (Werk Nr. 130) war sein Werk. An der Krugkoppel-, Schleiden- und Fernsichtbrücke (Werk Nr. 255, 291, 256) führte er die Baukeramik aus. Mehr als zehn keramische Brunnen, darunter der besonders attraktive im Ziviljustiz-Erweiterungsgebäude (Werk Nr. 261) und der Klinkerbrunnen in der Volksschule Amalie-Dietrich-Weg (Werk Nr. 273) sind sein Werk. Schumacher-Aufträge erhielt er auch auf dem Friedhof Ohlsdorf.

**Löwengard, Kurt,** 1895 Hamburg – 1940 London. Maler. Ausbildung bei Arthur Siebelist in Hamburg und am Weimarer Bauhaus bei Walter Klemm und Lyonel Feininger. Mitglied der »Hamburgischen Sezession«. Löwengard malte 1930/31 ein Triptychon für die Schule Schlankreye. Ein Wandbildauftrag für die Volksschule Bogenstraße wurde 1933 nicht mehr realisiert.

**Luce, Hans.** Lebensdaten unbekannt. Bildhauer. Er arbeitete 1911/12 den Brunnen in der Halle des Verwaltungsgebäudes der Oberschulbehörde (Werk Nr. 163).

**Luksch, Richard,** 1872 Wien – 1936 Hamburg. Bildhauer. Mitglied der »Wiener Sezession« bis 1905, seit 1907 Lehrer an der Hamburger Kunstgewerbeschule. Für Schumacher 1911/13 tätig an der Kunstgewerbeschule (Werk Nr. 126) mit zwei keramischen Reliefs, einer Hof-Plastik, einem Supraporte-Relief über dem Vortragsraum, zwei keramischen Tierfiguren und Steinzeugreliefplatten. Für die Technischen Lehranstalten (Werk Nr. 116) arbeitete er 1910–14 mehrere Werksteinplastiken und Reliefs.

**Luksch-Makowsky, Elena,** 1878 St. Petersburg – 1967 Hamburg. Bildhauerin und Malerin. Bildhauerische Ausbildung in Deutenhofen/Dachau, zur Malerei in München bei Azbé. Seit 1907 in Hamburg. Ihre Steingutplastik *Frauenschicksal* von 1910/12 fand im Stadtpark (Werk Nr. 130) Aufstellung.

**Nesch, Rolf,** 1893 Oberesslingen – 1975 Oslo. Maler und Graphiker. Malerlehre in Heidenheim, Kunstgewerbeschule Stuttgart, Studium an der Kunstakademie in Dresden. Seit 1929 in Hamburg. Mitglied der »Hamburgischen Sezession«. Für die Volksschule Wendenstraße (Werk Nr. 276) malte Nesch 1929 ein Triptychon.

**Obermann, Emil,** Hamburg. Lebensdaten nicht zu ermitteln. Bildhauer. Er schuf im Auftrag Schumachers die Monumentale Bank im Stadtpark (Werk Nr. 130), 1911/12 die Fassadenplastik des Verwaltungsgebäudes der Oberschulbehörde (mit Artur Storch) (Werk Nr. 124) sowie 1929/30 einen Brunnen in der Bergedorfer Luisenschule (Werk Nr. 296).

**Opfermann, Karl,** 1891 Rödding – 1960 Ahrensburg. Bildhauer. Ausbildung an der Kunstgewerbeschule Flensburg und an der Hamburger Kunstgewerbeschule bei Luksch. Mitglied der »Hamburgischen Sezession«. Im Auftrag Schumachers schuf er 1929/30 eine Plastik *Mutter und Kind* für die Schule Alstertal (Werk Nr. 266) und Modelle für Plastiken im Ohlsdorfer Krematorium (Werk Nr. 280).

**Porsche, Franz,** 1898 Rumburg – 1970 Hamburg. Maler. Malerlehre in Zittau, Besuch der Akademie in Dresden. Seit 1925 in Hamburg. Er erhielt den Auftrag der Farbgestaltung 1929/30 in der Volksschule Schaudinnsweg (Werk Nr. 295).

**Rée, Anita,** 1885 Hamburg – 1933 Sylt. Malerin. Studium bei Arthur Siebelist in Hamburg und bei Fernand Léger in Paris. Mitglied der »Hamburgischen Sezession«. Sie malte in Schumachers Auftrag 1929 ein Wandbild in die Gewerbeschule Uferstraße (Werk Nr. 267), 1931 ein weiteres in die Höhere Mädchenschule Caspar-Voght-Straße (Werk Nr. 302).

**Rex, Wilhelm,** 1870–1944. Bildhauer. Er schuf für den Stadtpark (Werk Nr. 130) die Skulptur eines Knaben mit zwei Gänsen. In der Luisenschule Bergedorf (Werk Nr. 296) zeugt eine Tanzgruppe, die die alte Hochzeitstracht der Gegend in historischer Treue widergibt, von seiner Tätigkeit. Sie war für einen Brunnen im Vorraum des Büros des Senatspräsidenten im Rathaus vorgesehen, gefiel nicht und wurde 1930 auf dem Brunnen der Schule plaziert.

**Ruwoldt, Hans Martin,** 1891–1969 Hamburg. Bildhauer. 1909 Bildhauerlehre in Rostock, 1910–14 Ausbildung an der Hamburger Kunstgewerbeschule bei Richard Luksch. Mitglied der »Hamburgischen Sezession«. Für Schumacher arbeitete er: 1925/26 den *Panther* im Stadtpark (Werk.Nr. 130), ein liegendes Walroß am Trauns Park (zerstört), 1928 zwei Seehunde für das Familienbad Ohlsdorf, vier, um 1930 nachträglich angebrachte (mittlerweile zerstörte) Bären für die Fassade der Schule am Lübecker Tor (Werk Nr. 214), 1930/31 Vögel

und Fische an der Eingangstreppe der Schule Fraenkelstraße (Werk Nr. 295), 1930 zwei Panther für die Walddörferschule (Werk Nr. 272). Ein Brunnenauftrag für das Ohlsdorfer Krematorium (Werk Nr. 280) wurde 1933 nicht mehr realisiert.

**Silber, H. F.** Lebensdaten nicht zu ermitteln. Keramiker. Siehe dazu Berger, Arthur.

**Stegemann, Heinrich,** 1888–1945 Hamburg. Maler und Graphiker. Malerlehre, anschließend Besuch der Kunstgewerbeschule Altona, Studium an der Kunstakademie in Weimar. In Schumachers Auftrag malte Stegemann 1931 ein Wandbild in die Volksschule Bogenstraße (Werk Nr. 301).

**Storch, Artur,** 1870 Volkstedt – 1947 Rudolfstadt. Bildhauer. Ausbildung an der Münchner Akademie bei Wilhelm von Rühmann, Beteiligung an der Kunstgewerbeausstellung Dresden 1906, 1911–17 in Hamburg tätig, später wieder in Volkstedt. Für Schumacher arbeitete er 1914/15 an der Realschule Uferstraße (Werk Nr. 176) keramische Pfeilerverkleidungen und Werksteinreliefs sowie eine Brunnenfigur, 1911/12 war er mit figürlichen Arbeiten an der Fassade des Verwaltungsgebäudes der Oberschulbehörde (Werk Nr. 124) tätig (mit Emil Obermann), 1912–15 entstand der Hauptbrunnen des Gewerbehauses (Werk Nr. 145), 1914 Werksteinfiguren und Reliefs sowie ein Brunnen für die Hansaschule Bergedorf (Werk Nr. 161).

**Tanck, Walter,** 1894–1954 Hamburg. Maler, Graphiker. Studium bei Franz Nölken in Hamburg. Seit 1929 in Hamburg. Mitglied der Künstlervereinigung »Niederelbe«. In Schumachers Auftrag bemalte er den Sitzungssaal des Alten Rathauses Admiralitätsstraße mit Wandbildern.

**Thämer, Otto,** 1892–1957 Hamburg. Maler. Dekorationsmalerlehre, Ausbildung an der Kunstgewerbeschule München bei Julius Diez. Seit 1927 freischaffend. Thämer erhielt von Schumacher Wandbildaufträge für folgende Schulen: 1928/29 auf der Veddel (Werk Nr. 277), 1929/30 Schaudinnsweg (Werk Nr. 295), 1929/30 Langenhorn Nord (Werk Nr. 294).

**Ulmer, Oscar,** 1888–1963 Hamburg. Bildhauer. Mitglied des »Hamburgischen Künstlervereins«. Aufträge für Schumacher: 1912 ein kniender Bronze-Jüngling am Sonnin-Denkmal und zwei Sandsteingruppen singender Kinder in der Säulenhalle und auf der Treppe an der Michaeliskirche (Werk Nr. 114), 1913 eine Mutter-und-Sohn-Gruppe am Verwaltungsgebäude der Oberschulbehörde (Werk Nr. 124), 1914 eine Brunnenfigur und Sandsteinreliefs am Institut für Geburtshilfe (Werk Nr. 127). 1925 schuf er die Figur eines Knaben mit zwei Fischen für den Stadtpark (Werk Nr. 130).

**Weinberger, Karl,** München. Lebensdaten unbekannt. Bildhauer. Mitschüler von Georg Wrba. Er war Schumacher 1911 auf dessen Wunsch nach Hamburg gefolgt. Er führte aus: 1912–14 Fassadenfiguren am Schwesternhaus Eppendorf (Werk Nr. 141), den Hausteinbogen am Verwaltungsgebäude Dammtorwall 1926/27 (Werk Nr. 163), 1926/27 Klinkerplastik an der Hilfsschule Bundesstraße (Werk Nr. 238), 1928 ein Bärenmodell für den Wehberschen Park (nicht realisiert), 1929/30 eine Brunnenfigur, ein Junge auf einer Schildkröte, für die Volksschule Schaudinnsweg (Werk Nr. 295).

**Wield, Friedrich,** 1880–1940 Hamburg. Bildhauer. Bildhauerlehre bei W. Zehle in Hamburg, Studium an der Münchner Akademie bei W. von Rühmann, 1905–14 in Paris, Mitarbeit bei Auguste Rodin. Gründer und erster Vorsitzender der »Hamburgischen Sezession«. 1940 Freitod aufgrund von NS-Pressionen. Aufträge für Schumacher: 1912 eine *Krugträgerin* im Stadtpark (Werk Nr. 130), 1929 eine *Kauernde* an der Gewerbeschule Uferstraße (Werk Nr. 267), 1930 eine Brunnenfigur, eine *Gertenbiegerin*, für die Schule Alstertal (Werk Nr. 266).

**Woebcke, Albert,** 1896 Altona – 1980 Hamburg. Bildhauer. Steinbildhauerlehre, Studium an der Altonaer und an der Hamburger Kunstgewerbeschule bei Bossard. Mitgliedschaften: »Altonaer Künstlerverein«, »Hamburgische Sezession«, »Hamburgische Künstlerschaft«, »Deutscher Werkbund«. Arbeiten für Schumacher: eine Brunnenfigur im Lyzeum am Lübeckertorfeld (Werk Nr. 213), 1928 eine *Stehende* vor dem Erweiterungsbau der Ziviljustizbehörde (Werk Nr. 261), 1930 eine *Hockende* im Stadtpark (Werk Nr. 130), 1929 eine Brunnenfigur für die Höhere Mädchenschule Cuxhaven (Werk Nr. 286).

**Wohlwill, Gretchen,** 1878–1962 Hamburg. Malerin, Graphikerin. Studium an der Kunstschule »Valesca Röver« bei Ernst Eitner und Friedrich Ahlers-Hestermann in Hamburg. Mitglied der »Hamburgischen Sezession«, Zeichenlehrerin an der Emilie-Wüstenfeld-Schule in Hamburg. 1940 Emigration nach Portugal. Sie malte 1931 zwei Wandbilder in das Treppenhaus der Emilie-Wüstenfeld-Schule.

**Fritz Schumacher und seine Zeit**

Ausstellung in den Deichtorhallen Hamburg
vom 20. Mai bis 17. Juli 1994

Veranstalter:
Deichtorhallen Hamburg
in Zusammenarbeit mit der Hochschule für
bildende Künste Hamburg

Gesamtleitung:
Zdenek Felix

Idee, Konzept und Vorbereitung:
Hartmut Frank

Arbeitsgruppe »Schumacher-Projekt«
an der HfbK Hamburg:
Barbara Brakenhoff
Maike Bruhns
Susanne Harth
Dieter Schädel
Barbara Scharf
Christian Weller

Weitere Mitarbeiter:
Jasmin Hagenmeyer
Beate Kortmann
Gisela Schädel-Meisch
Dirk Schröder
Regine Wroblewski

Wissenschaftliche Berater:
Povl Abrahamsen, Kopenhagen
Herman van Bergeijk, Delft
Carola Hein, Paris
Werner Heinen, Köln
Heidrun Laudel, Dresden
Helmut Leppien, Hamburg
Wolfgang Voigt, Hamburg
Volker Welter, Edinburgh

Mitarbeiter der Deichtorhallen:
Christine Fichtner
Thomas Heldt-Schwarten
Ulrike König
Anahita Krzyzanowski
Angelika Leu
Hilke Möller
Sigrid Niederhausen
Rainer Wollenschläger

Ausstellungsbauten:
Büro Martin Schreiber:
Christoph Winkler, Andreas Horlitz

Bautechnische Beratung:
Bernhard Winking

Lichttechnik:
Peter Riegel (iGuzzini)

Modellbauberatung:
Sigmar Wolf

Modelle:
DREI DE Modellbau
Peter Wischhusen Modellbau
Seminar Frank, HfbK
Studio Rosenbusch, HfbK

Vitrinen:
Kai Krauskopf

Entwurf Kaskade:
Norbert Baues

Installation Kaskade:
drei plus eins

**Sponsoren:**

iGuzzini illuminazione Deutschland GmbH
Hamburgische Kulturstiftung
Körber-Stiftung
Stiftung FVS. (Stifter Prof. Dr. Alfred
Toepfer)
Alsen-Breitenburg, Zement- und Kalkwerke
GmbH
Landeszentralbank in der Freien und Hanse-
stadt Hamburg
Frank Gruppe
THYSSEN HÜNNEBECK GmbH
Dyckerhoff & Widmann AG
INTERPANE Sicherheitsglas, Hildesheim
INTERPANE Buxtehude
Philipp Holzmann AG Hamburg
Landhaus Scherrer
DREI DE Modellbau
Wittmunder Klinker
Paul Hammers GmbH, Stahlbetonbau
Wischhusen Modellbau
Freundeskreis der Hochschule für bildende
Künste e.V.
Firma Hochtief Aktiengesellschaft, vormals
Gebr. Helfmann
Freie und Hansestadt Hamburg, Wirtschafts-
behörde, Strom- und Hafenbau
Karl H. Ditze-Stiftung
HANSEATICA Unternehmens Consulting
GmbH

**Leihgeber:**

Staats- und Universitätsbibliothek »Carl von
Ossietzky« Hamburg
Staatsarchiv Hamburg
Hochbauamt der Baubehörde, Hamburg
Bauamt Altona, Hamburg
Bauamt Hamburg-Nord
Bauamt Hamburg-Mitte
Bauamt Harburg, Hamburg
Bauamt Wandsbek, Hamburg

Altonaer Museum, Hamburg
Architekturmuseum der Technischen Univer-
sität München
Archives Municipales de Lyon
Archiv Paul Schmitthenner, München
Bauaufsichtsamt Lüneburg
Bauordnungsamt Bremen

Baurechtsamt Stuttgart
Berlinische Galerie Berlin
Denkmalschutzamt Hamburg
Det Kongelige Danske Kunstakademi, Kopen-
hagen
Deutsche Immobilien Fonds AG, Hamburg
Deutsches Hygiene Museum Dresden
Deutsches Theatermuseum München
Europa Kolleg, Hamburg
Familienstiftung der Freiherren Heyl zu
Herrnsheim, Berg
Fondation Renaud, Lyon
Fritz-Schumacher-Schule, Hamburg
Germanisches Nationalmuseum, Nürnberg
Hamburger Kunsthalle
Hamburger Theatersammlung
Hamburgisches Architekturarchiv
Handelsschule Schlankreye, Hamburg
Handwerkskammer Hamburg
Harvard University, Grad. School of Design
Historisches Archiv der Stadt Köln
Historisches Museum der Stadt Wien
Institut für Architekturgeschichte, Universität
Stuttgart
Institut für Baugeschichte, Universität
Karlsruhe
Institut für Städtebau, Technische Universität
Wien
Kaiser Wilhelm Museum, Krefeld
Karl-Ernst-Osthaus-Archiv, Hagen
Karl-Schneider-Archiv Hamburg
Kirchengemeinde Dresden-Cotta
Kolbe Museum, Berlin
Kunstbibliothek Berlin
Landesarchiv Berlin
Münchner Stadtmuseum
Municipal Archives, New York
Musée des Archives d'Architecture Moderne,
Brüssel
Musée des Beaux Arts de Lyon
Museum am Ostwall, Dortmund
Museum der Stadt Wien
Museum für Hamburgische Geschichte
Museum für Kunst und Gewerbe Hamburg
Nationalgalerie, Berlin
National Museum, Stockholm
Nederlands Architektuurinstituut, Rotterdam
Nolde Stiftung, Seebüll
Pfarramt St. Petri, Bautzen
Plansammlung der Technischen Universität
Berlin
Royal Institute of British Architects, London
Sächsisches Hauptstaatsarchiv, Dresden
Schleswig-Holsteinisches Landes-
museum Schloß Gottorf
Schule Alter Teichweg, Hamburg
Sellhorn Ingenieurgesellschaft mbH, Hamburg
Staatliche Kunstsammlungen Dresden,
Gemäldegalerie
Staatliche Kunsthalle Karlsruhe
Stadtarchiv Leipzig
Stadtplanungsamt Bremen
The Art Institute of Chicago
Theaterwissenschaftliche Sammlung der
Universität zu Köln
Umweltbehörde Hamburg, Garten- und Fried-
hofsamt
Wenzel Hablik Stiftung, Itzehoe

Wiener Gesellschaft für Theaterforschung
Wilhelm-Kreis-Archiv, Burg Arntz
Wirtschaftsbehörde Hamburg, Strom und
Hafenbau

Johanna Baake, Hamburg
Anneliese Beier, Hamburg
Arlette Busch, Hamburg
Rolf Deyhle, Stuttgart
Almwick F. Harmstorf, Hamburg
Roland Jaeger, Hamburg
Niels Kronenberg, Hamburg
Dieter Langmaack, Hamburg
Volkwin Marg, Hamburg
Martin Pechstein, Berlin
Marianne Rosowsky, Hamburg
Dagmar Ruwoldt, Hamburg
Anke Stichling, Hamburg
Rudolf Tschäpe, Potsdam
Wolfgang Voigt, Hamburg
Elisabeth Voß, Hagen


**Danksagung:**

Architekturmuseum der TU München
Bauaufsichtsamt Lüneburg
Baurechtsamt Stuttgart
Bayerisches Hauptstaatsarchiv, München
Berlin Document Center
Bezirksamt Wien 19
Denkmalbehörde Krefeld
Evangelisch-Lutherisches Landeskirchen-
amt Sachsens, Dresden
Fachhochschule Hamburg, Bibliothek
Bauwesen
Fondation Appia, Bern
Friedhofsamt Leipzig
Friedhofsverwaltung Berlin-Wannsee
Friedhofsverwaltung Krefeld
Friedhofsverwaltung Plauen im Vogtland
Gartenbauamt Bremen
Generalkonsulat der Republik Polen in
Hamburg
Grünflächenamt Dresden
Hamburger Gaswerke
Historisches Museum der Stadt Wien
Hochbauamt der Stadt Chur, Abteilung
Gartenbau
Jüdischer Friedhof Berlin-Weißensee
Institut für Städtebau der Universität Wien
Kirchliches Friedhofsamt Leipzig
Kustodie der Technischen Universität Dresden
Lehrwerkstatt Lübecker Ufer der Wirtschafts-
behörde Hamburg, Strom und Hafenbau
Museum der Stadt Wien
Museum für Hamburgische Geschichte
Naturschutz- und Grünflächenamt Berlin-
Weißensee
Norddeutscher Rundfunk
Sächsische Landesbibliothek Dresden,
Abteilung Deutsche Fotothek
Sächsisches Hauptstaatsarchiv Dresden
Scandinavian Partners GmbH
Senatsverwaltung für Stadtentwicklung und
Umweltschutz, Berlin
Staatliche Landesbildstelle Hamburg
Stadtarchiv Leipzig

Stadtarchiv München
Stadtarchiv Plauen im Vogtland
Stadtplanungsamt Krefeld, Untere Denkmal-
behörde
Stadtverwaltung Kirn
Städtisches Friedhofs- und Bestattungswesen
Dresden
Universität Stuttgart, Institut für Architektur-
geschichte
Vosschemie GmbH, Vetersen
Waldfriedhof Dresden
Zentralinstitut und Museum für Sepulkral-
kultur, Kassel

Andrea Bach, Friedrichshafen
Guy Ballangé, Paris
Lisbet Balslev Jørgensen, Kopenhagen
Gerd Basilon, Hamburg
Hartmut Bauer, Hamburg
Norbert Baues, Hamburg
Beate Berger, Leipzig
Ursula Berger, Berlin
Herbert Blackert, Hamburg
Jürgen Blödorn, Baubehörde Hamburg
Theo Böll, Berlin
Gunnar Böttger, Hamburg
Koos Bosma, Rotterdam
Iain Boyd Whyte, Edinburgh
Elke Brandenburg, Lübeck
Gerhard Braun, Berlin
Sigrun und Hartwig Brettschneider, Hagen
Carol Brey, Oak Park
Jan Brockmann, Oslo
Elmar Buck, Köln
Eva Caspers, Hamburg
Willi Chlosta, Hagen
Beate Christians, Hamburg
Christiane Crasemann Collins, New York
Kenneth R. Cobb, New York
Mary F. Daniels, Cambridge, Mass.
Michael Doose, Hamburg
Volker Duvigneau, München
Klaus-Dieter Ebert, Hamburg
Ferdinand Facklam, Hamburg
Ulrike Fäuster, Hamburg
Karin Fischer, Dresden
Manfred F. Fischer, Hamburg
Norbert Fischer, Hamburg
Hugbert Flitner, Hamburg
Ronald Forkert, Hamburg
Birgit Fröbrich, Wilhelmshaven
Michaela Giesing, Hamburg
Adrienne Goehler, Hamburg
Hagen Graeff, Hamburg
Rolf Gripshöfer, Hagen
Ulf Gronwold, Oslo
Götz Gutdeutsch, Hamburg
Kai Gutschow, New York
Annett Hack, Hamburg
Jörg Haspel, Berlin
Bärbel Hedinger, Hamburg
Hedwig Heggemann, Hamburg
Elisabeth Heisenberg, Göttingen
Jörn-Hanno Hendrich, Hamburg
Bettina Hermann, Hamburg
Renate Herrmann, Hamburg
Rainer Herold, Hamburg
Claudia Heuer, Hamburg

Philipp Wilhelm Heun, Mülheim-Ruhr
Johannes Freiherr von Heyl, Freidorf
Ludwig C. Freiherr von Heyl, Berg
Wolfgang Hocquél, Leipzig
Jens Holst, Hamburg
Siegmar Holsten, Karlsruhe
Wilhelm Hornbostel, Hamburg
Dieter Jonas, Hamburg
Rüdiger Joppien, Hamburg
A. Jost, Chur
Georg Kaiser, Hamburg
Indina Kampff, Hamburg
Eberhard Kändler, Hamburg
Claus Käpplinger, Berlin
Birgit-Verena Karnapp, München
Konstantin Kleffel, Hamburg
Bernhard Klemm, Dresden
Richard Klinkhardt, Wurzen
Gerald Köhler, Köln
Herbert A. Kohlwey, Hamburg
Sabina Kuhlmann, Hamburg
Elke von Kuick-Frenz, Hamburg
Steffen Kunkel, Bremen
Roswitha Lacina, Wien
Karl-Henning von Ladiges, Hamburg
Alfred Lambeck, Quickborn
Asmus Lassen, Hamburg
Helmut Leppien, Hamburg
Jill Lever, London
Liliane Liesens, Brüssel
Björn Linn, Göteborg
Roswitha Löding, Hamburg
Hans-Dieter Loose, Hamburg
Ekkehard Mai, Köln
Inge Maisch, Hamburg
Beate Manske, Bremen
Andreas Mattschenz, Berlin
Simone Meinel, Dresden
Karl-Heinz Meux, Hamburg
Henriette Meynen, Köln
Mervin Miller, Ashwell, Baldock, Hert.
Johann Möller-Söhnke, Hamburg
Henning Nadolny, Hamburg
Martina Nath-Esser, Hamburg
Eckehardt Nölle, München
Frank Oppermann, Darmstadt
Manfred Osthaus, Bremen
Christian Otto, Ithaka NY
Claus Pese, Nürnberg
Klaus-Dieter Pett, Berlin
Jutta Petzold-Herrmann, Dresden
Carsten Prange, Hamburg
Uwe Prasse, Hamburg
Achim Preiß, Weimar
Karin Pretzel, Hamburg
Jens Quast, Hamburg
Matthias Quisdorff, Hamburg
Annette Rabe, Hamburg
Dieter Radicke, Berlin
Arno Randig, Wilhelmshaven
Christian Rathke, Hamburg
Marlies Rethmeyer, Bielefeld
Manfred Reuther, Seebüll
Klaus Richter, Hamburg
Sabine Röder, Krefeld
Gerlinde Römer, Hamburg
Hans Rönning, Hamburg
Martin Roth, Dresden

Wilfried Rottmann, Hamburg
Evi Rower, Stuttgart
Jürgen Rower, Stuttgart
Ilse Rüttgerodt-Riechmann, Hamburg
Bart Ryckbosch, Chicago
Michael Sabottka, Lübeck
Carlos Sambricio, Madrid
Frank M. Schilling, Hamburg
Wulf Schirmer, Karlsruhe
Kay Schlieker, Hamburg
Bernd Schmahl, Bozen
Dietrich Schmidt, Stuttgart
Henrik Schnedler, Berlin
Romana Schneider, Frankfurt/M.
Helmut Schoenfeld, Hamburg
Ingrid Schulte, Hagen
Hans Schulz, Hagen
Sibylle Schulz, Berlin
Roland Schwarz, Leipzig
Ullrich Schwarz, Hamburg
Martin Schwertfeger, Hagen
Regina Siegel, Ilmenau
Uwe Sievers, Hamburg
Manfred Simon, Hamburg
Julia Snyderman, Chicago
Ingo Sommer, Wilhelmshaven
Marion Sommer, Hamburg
Heinz Spielmann, Hamburg
Frau Dr. Spitzer, Dresden
Jürgen Sprau, Berlin
Jörg Stabenow, München
Horst Stake, Hamburg
Benedikt Stampa, Hamburg
Elina Standertskjöld, Helsinki
Ole Stichling, Hamburg
Zbigniew Suszek, Hamburg
Anthony Sutcliffe, Nottingham
Georg Syamken, Hamburg
Sabine Teubner-Treese, Hagen
Torsten Thees, Cuxhaven
Ulrike Theilig, Hamburg
Nicole Toutcheff, Paris
Karl-Heinz Ulmen, Hamburg
Renate Ulmer, Darmstadt
Volker Viergutz, Berlin
Irmgard Voigt, München
Elisabeth Voß, Hagen
Heinz Vrchota, Hamburg
Cecilia Währner, Stockholm
Elke Walford, Hamburg
Wolfgang-Ulrich Wallert, Hamburg
Wilfried Wang, London
Harald Weigel, Hamburg
Rolf Wichmann, Hamburg
Elisabeth Wilker, Hamburg
Karin Winter, Stockholm
Wilhelm Wortmann, Hannover
Jürgen Zimmer, Berlin
John Zukowsky, Chicago

Ein besonderer Dank geht an:
den Verlag Gerd Hatje (Cornelia Schaffner,
Ute Barba, Christiane Kraemer)
die Mitarbeiter der Deichtorhallen
die Lebenspartner der Mitglieder der
Schumacher-Arbeitsgruppe

## Personenregister

## Photonachweis

Bei Abbildungen, die nicht im nachfolgenden Verzeichnis aufgeführt werden, handelt es sich um Reproduktionen aus zeitgenössischen Publikationen.

**Staats- und Universitätsbibliothek Hamburg** Seite 6, 21, 28, 29 u., 36, 40, 43, 47, 49, 52, 56, 57, 58, 62, 77, 85, 99, 102, 107, 108, 111, 116, 117, 123 o., 145, 150, 151, 182, 185
Werk Nr. 2, 6, 9, 23, 24, 30, 34 a, 35, 45, 81, 89, 128, 141, 142, 148, 156, 158, 159, 163, 184, 190, 191, 205, 210, 212, 239, 240, 243, 252, 254, 255 b, 256, 258, 261, 262, 266, 267, 272, 273, 274, 275, 276, 277, 278, 280, 286, 287, 291, 294, 295, 296, 297, 300, 301, 302, 306, 308

**Staatsarchiv Hamburg** Seite 16, 17, 25, 26, 29 o., 76, 87, 101, 103, 137, 141, 156, 160, 161, 163, 164, 165, 167, 168, 169, 171, 173, 299
Werk Nr. 113, 116, 122, 126, 127 b, 127 c, 132, 133, 135, 140, 143, 155, 161, 165, 167, 171, 172, 174, 175, 176, 178, 182, 193, 196, 201, 211, 213, 215, 216, 218, 221, 228, 235, 242, 244, 245, 255 a, 257, 269, 282, 292

**Baubehörde Hamburg** Seite 37, 105
Werk Nr. 123, 129, 145, 153, 157, 179, 188, 208, 234, 248, 251, 259, 271, 284, 304, 307, 310, 312

**Staatliche Landesbildstelle Hamburg**
Werk Nr. 124, 130, 137, 160, 166 a, 206, 219, 260, 263

**Deutsche Fotothek Dresden** Seite 72, 82, 85

**Theatersammlung der Universität zu Köln** Seite 61; Werk Nr. 104

**Hamburger Theatersammlung** Werk Nr. 220

**Stadtarchiv Leipzig** Werk Nr. 11

**Historisches Archiv der Stadt Köln** Seite 142, 143

**Gert von Bassewitz** Seite 13, 35, 53, 59, 66, 159, 175, Umschlag

**Gerhard Braun** Werk Nr. 111

**Maike Bruhns** Seite 119

**Wolfgang Reuss** Werk Nr. 315

**Ole Stichling** Seite 93, 95, 123 u.

**Elisabeth Voß** Werk Nr. 82

**Elke Walford** Seite 113

## Impressum

Im Auftrag
der Hamburgischen Architektenkammer herausgegeben in der Reihe der Schriften des Hamburgischen Architekturarchivs von Ullrich Schwarz und Hartmut Frank

Diese Publikation erscheint anstelle eines Kataloges anläßlich der Ausstellung »Fritz Schumacher und seine Zeit« Deichtorhallen Hamburg 20. Mai bis 17. Juli 1994

Katalogredaktion: Christian Weller
Redaktionelle Mitarbeit: Barbara Scharf
Reprophotographie: Connection Photography.
Ole Stichling & Hans Rönning

© bei 1994 Verlag Gerd Hatje, Stuttgart, und den Autoren

© der abgebildeten Werke bei den Künstlern und ihren Rechtsnachfolgern

ISBN 3-7757-0491-4

Gesamtherstellung: Dr. Cantz'sche Druckerei, Ostfildern-Ruit bei Stuttgart

Alle Rechte vorbehalten

Printed in Germany

Abbildung auf dem Umschlag:
Fritz Schumacher, Finanzbehörde, Hamburg, 1914–26
(Photo: Gert von Bassewitz, Hamburg, 1994)